Michael Beißwenger und Angelika Storrer (Hrsg.)

Chat-Kommunikation
in Beruf, Bildung und Medien

Konzepte • Werkzeuge • Anwendungsfelder

Michael Beißwenger und Angelika Storrer (Hrsg.)

CHAT-KOMMUNIKATION
IN BERUF, BILDUNG UND MEDIEN

Konzepte • Werkzeuge • Anwendungsfelder

ibidem-Verlag
Stuttgart

Bibliografische Information Der Deutschen Bibliothek

Die Deutsche Bibliothek verzeichnet diese Publikation in der Deutschen
Nationalbibliografie; detaillierte bibliografische Daten sind im Internet
über <http://dnb.ddb.de> abrufbar.

∞

Gedruckt auf alterungsbeständigem, säurefreien Papier
Printed on acid-free paper

ISBN: 3-89821-347-1

© *ibidem*-Verlag
Stuttgart 2005
Alle Rechte vorbehalten

Inhalt

Einleitung

Die Beiträge in diesem Band gehen zurück auf ein gleichnamiges Symposium, welches in der Zeit vom 8.-10. Mai 2003 an der Universität Dortmund durchgeführt wurde. Das Symposium hatte zum Ziel, Chat-Forscher aus unterschiedlichen Disziplinen, Chat-Anwender aus den Bereichen Medien, Arbeitswelt und Bildung sowie die Entwickler von Chat-Werkzeugen zusammenzubringen und eine interdisziplinäre und interprofessionelle Diskussion der verschiedenen Aspekte dieses aktuellen Themas zu initiieren. Im „Software-Forum" wurden innovative Chat-Werkzeuge vorgeführt, die speziell im Hinblick auf einen Einsatz in Beruf, Bildung und Medien konzipiert wurden. Der Fokus lag auf der Nutzung von Chat-Angeboten in der Aus- und Weiterbildung sowie auf dem Einsatz in den Tätigkeitsbereichen Beratung, Öffentlichkeitsarbeit und Journalismus.

Die Beiträge in diesem Band basieren auf den Vorträgen des Symposiums und diskutieren sprach-, kommunikations- und sozialwissenschaftliche Ansätze und Konzepte der Chat-Forschung, präsentieren technische Lösungen für spezialisierte Anwendungskontexte und berichten von Erfahrungen mit dem Chat-Einsatz in den benannten Anwendungsfeldern. Sie greifen aus unterschiedlicher Perspektive die Diskussionslinien auf, die sich während der dreitägigen Veranstaltung zwischen Chat-Forschern, -anwendern und Werkzeugentwicklern herauskristallisierten: Die Bestimmung der Vorteile und der Grenzen chatbasierter Kommunikation sowie – daran anschließend – die Frage nach den konzeptionellen Vorbedingungen und Herausforderungen eines effizienten Einsatzes der Chat-Technologie in spezialisierten Anwendungskontexten. Weiterhin werden Stand und Perspektiven der Entwicklung spezialisierter Werkzeuge für den Chat-Einsatz in Beruf, Bildung und Medien reflektiert sowie innovative technische Lösungen mit Blick auf die sich durch sie ergebenden Möglichkeiten für didaktische und professionelle Anwendungskontexte diskutiert. Die Beiträge dürften deutlich machen, dass der Chat-Einsatz in Beruf, Bildung und Medien davon profitieren kann, wenn Ergebnisse aus der sprach- und sozialwissenschaftlichen Chat-Forschung mit Erfahrungen aus der Praxis des Chat-Einsatzes zusammengebracht und für die (Weiter-)Entwicklung von Chat-Werkzeugen und Anwendungsszenarien nutzbar gemacht werden.

Wir haben uns entschieden, die zentralen Aspekte der Diskussion über Potenziale, Herausforderungen und zukünftige Perspektiven des Chat-Einsatzes in unseren Beitrag „Chat-Szenarien für Beruf, Bildung und Medien" zu integrieren und dort an entsprechenden Stellen auf die anderen Artikel des Bandes zu verweisen; aus diesem Grund verzichten wir hier auf eine Kurzdarstellung der einzelnen Beiträge. Wir möchten uns aber an dieser Stelle ganz herzlich bei allen bedanken, die zum Symposium mit einer Präsentation oder einem Vortrag und zu diesem Band mit einem Artikel beigetragen haben. Unser besonderer Dank gilt auch der Deutschen Forschungsgemeinschaft (DFG), deren finanzielle Unterstützung ideale Rahmenbedingungen für den interdisziplinären Gedankenaustausch ermöglicht hat. Last but not least gilt unser Dank unseren studentischen Hilfskräften *Claudia Beißwanger, Jan Liemen, Svetlana Kiehn, Judith Moser, Vera Pleßer, Pia Rauball, Birgit Reuter, Holger Schletz, Bianca Selzam,*

Karin Vehr und *Nicole Wilkens,* die durch ihre engagierte Mitwirkung bei der Organisation und Durchführung des Symposiums wie auch bei der Herstellung, Redaktion, Formatierung und Korrektur des vorliegenden Bandes wesentlich zum Erfolg beider Unternehmungen beigetragen haben.

Dortmund, im Februar 2005   Michael Beißwenger & Angelika Storrer

Michael Beißwenger & Angelika Storrer

Chat-Szenarien für Beruf, Bildung und Medien

1 Chat-Einsatz in Beruf, Bildung und Medien: Potenziale und Herausforderungen

Lange galt der Chat im Internet nur als Medium für Plauderei und Flirt. Inzwischen wird die neue Kommunikationsform allerdings immer häufiger auch in „seriösen" Anwendungsszenarien eingesetzt. Dabei zeigt sich, dass Chat-Umgebungen, wie sie bei so genannten „Plauder"-Chats bereitgestellt werden, nicht ohne Veränderungen für Nutzungskontexte übernommen werden können, in denen eine möglichst strukturierte Abwicklung kommunikativen Austauschs notwendig und erwünscht ist. Um die Potenziale chatbasierter Kommunikation (zeitliche und finanzielle Ökonomie, Persistenz des Kommunikationsverlaufs, Niedrigschwelligkeit, Vernetzbarkeit mit anderen internetbasierten Informations- und Kommunikationsangeboten) effizient nutzen zu können, bedarf es einer Kombination aus technischen Funktionen und konversationsstrategischen Konzepten, die für die jeweils anvisierten sozialen Handlungsbereiche (z.B. Beratung, Lehren/Lernen, Community-Bildung) und Interaktionsformate (z.B. 1:1- oder 1:n-Beratungsgespräch, n:1-Befragung, n:m-Seminardiskussion) einen geeigneten Rahmen schafft, der es erlaubt, die sozialen und konversationellen Strukturierungsprinzipien funktional vergleichbarer mündlicher Diskursarten nachzubilden.

Derzeit existieren zwar noch keine Fertiglösungen für die „rechte Mischung" technischer Funktionen und konversationsstrategischer Konzepte für spezialisierte Einsatzbereiche der Chat-Technologie. Allerdings gibt es bereits eine Vielzahl an Erfahrungen mit einzelnen Chat-Werkzeugen, Konversationsstrategien und Moderationstechniken sowie Innovationen im Bereich der technischen Weiterentwicklung von Chat-Werkzeugen. Diese auszuwerten und differenziert zu erproben verspricht Gewinn für künftige Anwendungen, dies unter anderem auch im Hinblick auf eine Ermittlung der erforderlichen E-Kompetenzen, welche bei Organisatoren, Moderatoren und Nutzern entsprechender Anwendungen sichergestellt oder aufgebaut werden müssen.[1] Im Folgenden seien einige Anwendungsbereiche umrissen, in denen man zunehmend mit dem Einsatz von Chat-Angeboten experimentiert, wobei sich auch schon viel versprechende „Good Practice"-Beispiele herausgebildet haben.

(1) *Lehren und Lernen im „Virtual Classroom" und im Rahmen von Blended Learning-Szenarien*: Im Bildungsbereich ist der Chat vielfältig einsetzbar: Will der Dozent Schmidt von der Universität Dortmund mit seiner Fachkollegin Müller von der Universität Tübingen ein gemeinsames Seminar abhalten, so kann er mit Hilfe geeigneter Chat-Werkzeuge die Studierenden beider Standorte in einem „Virtual Classroom" zusammenführen. Gleiches gilt für Qualifizierungsmaßnahmen mit geographisch verteilten Lernergruppen in der betrieblichen Weiterbildung. In „Blended Learning"-Konzepten, bei denen Präsenz- und Online-Phasen miteinander kombiniert und aufeinander bezogen sind, können Chat-Plattformen beispielsweise für die Durchführung punktueller „Events" (etwa eines kollektiven Interviews mit einem externen Experten oder didaktischer Rollenspiele) und zur Koordination von Arbeits- und Projektgruppen eingesetzt werden. (Zum Chat-Einsatz im eLearning siehe ausführlich Bremer i.d.B., zu Strukturierungsmöglichkeiten Mühlpfordt & Wessner i.d.B. sowie Naumann i.d.B., zu Tutorierungskonzepten Zumbach & Spraul i.d.B., zur Notwendigkeit einer Anpassung der verwendeten Technologie an die Erfordernisse des Lernprozesses und die Bedürfnisse der Lerner Linder & Wessner i.d.B.[2] sowie die Beiträge in Münzer & Linder (Hrsg.) 2004).

    Weitere Einsatzformen von Chat in Lehr-/Lernkontexten bestehen in der Beratung und Tutorierung von Lernergruppen („virtuelle Sprechstunden"), in der Unterstützung kooperativer Aufgabenbearbeitung (z.B. Brainstorming, siehe Schümmer & Haake i.d.B.) oder in der Bereitstellung von Plattformen für kommunikativen Austausch im Rahmen selbstgesteuerten Lernens wie z.B. dem Fremdsprachentraining: Chaterfahrene Studierende vereinbaren „Chat-Tandems" mit Studierenden in Frankreich oder Japan, um sich über die getippte Konversation gegenseitig bei der Einübung kommunikativer Praxis in der jeweiligen Fremdsprache zu unterstützen. (Zu Formen des Chat-Einsatzes im Fremdsprachenunterricht siehe Apfelbaum i.d.B. und Kilian i.d.B.).

(2) *Beratungskontexte und Wissenskommunikation*: Chat bietet im Vergleich zu persönlichen Beratungsgesprächen vor Ort eine niedrigschwellige Möglichkeit der unverbindlichen Kontaktaufnahme zu Beratungsinstitutionen. Entscheidend für diese Niedrigschwelligkeit ist die Möglichkeit, unter einem frei wählbaren Pseudonym in die Kommunikation einzutreten. Insbesondere bei heiklen Beratungsanliegen stellt dies einen Mehrwert dar, der Ratsuchenden zunächst einmal das Sondieren in Frage kommender Institutionen erleichtert und es den Online-Beratern erlaubt, Ratsuchenden bedarfsgerecht geeignete (Offline-)Beratungs-

---

1   Wenn wir hier und im Folgenden generisch auf Personengruppen („Moderatoren", „Nutzer", „Teilnehmer") referieren, so schließt die durchgängig verwendete maskuline Form die Moderator*innen*, Nutzer*innen*, Teilnehmer*innen* etc. stets mit ein.

2   Das Kürzel „i.d.B." bei Literaturverweisen steht hier und im Folgenden für „in diesem Band".

und Therapiemöglichkeiten zu empfehlen (zu einem Modellprojekt mit psychosozialem Beratungsangebot siehe van Eckert i.d.B.). Gegebenenfalls kann hierbei, insbesondere bei Mehrpersonenberatungen mit terminlicher Beschränkung der Beteiligten, auch die Persistenz des Logfiles als Mehrwert genutzt und die Kommunikation nicht ausschließlich synchron, sondern auch asynchron weiterentwickelt werden (ein Beispiel hierfür beschreiben Beer & Breuer i.d.B.). Auch für den Bereich der (nicht institutionalisierten) Wissenskommunikation zu Sachthemen (z.b. in thematisch orientierten IRC-Communities) stellt Chat eine Möglichkeit dar, durch den Austausch mit Gleichgesinnten schnell und effizient an aktuell benötigte Informationen zu gelangen (siehe z.b. Döring & Pöschl i.d.B.).

(3) *Unterstützung von Arbeits- und Geschäftsprozessen*: In Zeiten knapper Kassen wird das kostengünstige Medium Chat auch zunehmend eine ernsthafte Alternative zum Treffen in „Real Life". Sowohl die interne Kommunikation global agierender Unternehmen als auch der Austausch geographisch verteilter Forscher- und Projektgruppen lässt sich durch geeignete Chat-Anwendungen ökonomisieren: Anstatt zeit- und kostenintensive Bahn- oder Flugreisen zu unternehmen, können Teile bestimmter Koordinations- und Kommunikationsprozesse von den beteiligten Akteuren bequem vom eigenen Bildschirmarbeitsplatz aus erledigt werden. Gegenüber Videokonferenzen ist die Nutzung von Chat-Angeboten technisch relativ einfach zu bewältigen. Gegenüber dem Telefon bieten Chat-Anwendungen den Vorteil, dass Mehrpersonen-Dialoge bei Konzeption eines geeigneten Settings effizienter organisiert werden können. Weiterhin besticht der schriftbasierte Chat dadurch, dass unmittelbar nach Ende einer chatbasierten Arbeitsbesprechung oder Planungssitzung ein schriftliches Wortlaut-Protokoll vorliegt, das als Grundlage für die Anschlusskommunikation dienen kann. Herausforderungen stellen sich für den Einsatz von Chats im Arbeits- und Geschäftsbereich dadurch, dass die Authentizität der Chat-Partner gewährleistet werden muss (zur Authentizitäts- und Vertrauensproblematik siehe z.B. Büffel i.d.B.). Weiterhin muss das gewählte Setting den Zielsetzungen der Beteiligten angemessen sein: Bei chatbasierten Informationsangeboten von Unternehmen für potenzielle Stellenbewerber etwa muss sichergestellt werden, dass sowohl den Bedürfnissen der Adressatengruppe als auch den Besonderheiten der Kommunikationsform Chat Rechnung getragen wird (siehe z.B. Puck & Exter i.d.B.). Dass beim Chat-Einsatz in der interkulturellen Kommunikation im Arbeits- und Geschäftsbereich auch kulturspezifische Formen des interpersonalen Umgangs zu berücksichtigen sind, um Missverständnisse zu vermeiden, zeigt Otten (i.d.B.).

(4) *Chat-Events im Medienkontext*: Im journalistischen Bereich sind Chat-Anwendungen in den letzten Jahren als Rückkanal zu Rundfunk und Fernsehen sowie als Medien zur politischen Diskussion und Meinungsbildung prominent geworden. Viele TV-Formate – sowohl „Daily Soaps" als auch Magazine zu Sachthemen – stellen in ihren WWW-Auftritten Chat-Umgebungen bereit, in denen Zuschauer über Themen und Entwicklungen aus den aktuellen Sendungen diskutieren können. Daneben finden sich zunehmend Infotainment-Konzepte, in welchen Chat-

Angebote unmittelbar mit TV-Sendungen und Medienereignissen verknüpft werden. Beispiele dafür sind Chat-Diskussionen mit Experten aus Politik und Wirtschaft in Anschluss an die TV-Talkrunden mit Sabine Christiansen oder sendungsbegleitende Chats, wie sie beispielsweise unter dem Titel „InterNetzer" mit Günter Netzer zeitgleich zu Liveübertragungen ausgewählter Fußballspiele während der Fußball-WM 2002 veranstaltet wurden. Eine ganz neue Form journalistischer Angebote zur politischen Information und Meinungsbildung sind die „Polit-Chats": Spitzenpolitiker stehen hierbei zu vorher angekündigten Terminen in einer Chat-Umgebung Rede und Antwort oder führen moderierte Streitgespräche, die von WWW-Nutzern live mitverfolgt und kommentiert werden können. Beispiele hierfür sind die Angebote von *politik-digital.de* oder *heise-online.de* (zu den Besonderheiten von „Polit-Chats" siehe Diekmannshenke 2001, 2004 und Diekmannshenke i.d.B.).

Die sprachlichen und kommunikativen Besonderheiten der Chat-Kommunikation sind in der linguistischen Forschung zum Thema mittlerweile recht gut dokumentiert.[3] Manche dieser Besonderheiten, die bei der informellen Plauderei im Freizeitbereich reizvoll sein können, werden im „seriösen" Chat-Einsatz in den Bereichen Beruf, Bildung und Medien als störend empfunden. So bieten beispielsweise die meisten Chat-Werkzeuge kein System der „Rederechtvergabe": Jeder Chatter kann jederzeit eigene Beiträge formulieren und abschicken, die dann vom Chat-Server nach der chronologischen Reihenfolge ihres Eingangs sequenziert und an die Clients der Adressaten übermittelt werden. Im entstehenden Chat-Protokoll führt dies nicht selten zur Überkreuzung von Beiträgen, die unterschiedlichen Konversationssträngen zugehören, sowie zu Mehrdeutigkeiten in der Zuordnung von Beiträgen zu Themen oder Sprachhandlungsmustern (vgl. Storrer 2001: 452ff.; Beißwenger 2003). Nicht nur Chat-Neulinge, sondern auch geübte Chat-Nutzer haben daher in gut besuchten Chat-Umgebungen oftmals Mühe, den Überblick zu behalten, die für sie relevanten Beiträge herauszufiltern und aufeinander zu beziehen. Es entstehen chat-typische Probleme der Kohärenzbildung, die in Plauderchats sogar ihren spezifischen Reiz haben mögen, in der themen- und zielfokussierten Kommunikation aber eher hinderlich sind (vgl. Herring 1999, Cornelius 2001). Für manche Probleme haben die Chatter bereits Lösungsstrategien gefunden, deren Kenntnis den „kompetenten" Chatter vom Chat-Novizen abheben (zur Chat-Kompetenz vgl. Naumann i.d.B.). Hierzu gehört beispielsweise das Aufsplitten längerer Beiträge in kleinere „Häppchen" (Chunks), die es verhindern, dass der Kommunikationspartner zu lange vor einem leeren Bildschirm auf eine Antwort oder Reaktion warten muss. Aufgrund der Intransparenz der Beitragsproduktion ist dabei allerdings nie eindeutig ersichtlich, ob der Kommunikationspartner seinen auf Chunks verteilten „Redebeitrag" abgeschlossen hat, oder ob er noch an einer Fortsetzung arbeitet. Um die hieraus resultierenden chattypischen Überschneidungen und

---

3   Als Überblick seien genannt: Runkehl et al. (1998), Beißwenger (2000), Crystal (2001); eine ausführliche Bibliographie zum Thema findet sich unter: http://www.chat-bibliography.de/. In diesem Band beschäftigen sich insbesondere die Beiträge von Apfelbaum, Beißwenger, Kilian, Sassen, Stein und Zitzen mit linguistischen Aspekten.

Überkreuzungen von Kommunikationsbeiträgen zu vermeiden, lassen sich Konventionen für Fortsetzungssignale (oft drei Punkte am Ende eines noch fortgeführten Beitragschunks) oder für eine explizite Turnendemarkierung einführen (vgl. Storrer 2001a: 15f.).

Die im vorigen Abschnitt beschriebenen Besonderheiten der Chat-Kommunikation sind der Grund dafür, dass es für die meisten der oben genannten Anwendungsbereiche nicht ausreicht, einfach ein Chat-Werkzeug bereitzustellen und alles weitere den Nutzern zur „ad hoc"-Bewältigung zu überlassen. Chat-Werkzeuge liefern per se nur rudimentäre Hilfestellungen für ein effizientes Interaktionsmanagement, da ihnen – im Gegensatz sowohl zu Face-to-face-Gesprächen als auch zu Telefon- oder Videokonferenzen – zentrale Mechanismen für die Steuerung von Sprachhandlungen, z.b. ein exklusives Äußerungsrecht und die lineare Sequenzierung, fehlen (vgl. Beißwenger 2003, Beißwenger i.d.B.). Um die Potenziale der Chat-Kommunikation für Kontexte nutzbar zu machen, in denen eine möglichst strukturierte Abwicklung kommunikativen Austauschs angestrebt wird, sollten idealiter sowohl die technischen Funktionen als auch die kommunikativen Strategien und Konventionen an die jeweiligen sozialen Handlungsbereiche (z.b. Beratung, Lehren/Lernen, Community-Bildung) und Interaktionsformate (z.b. 1:1- oder 1:n-Beratungsgespräch, n:1-Befragung, n:m-Seminardiskussion) angepasst werden. Hierzu existieren derzeit zwar noch keine Fertiglösungen. Wie die Beiträge in diesem Band dokumentieren, gibt es jedoch innovative technische Ideen bei der Entwicklung dezidierter Chat-Werkzeuge und eine wachsende Zahl von Erfahrungen, die mit dem Einsatz einfacher und technisch komplexer Chat-Werkzeuge und mit speziell auf die neue Kommunikationsform zugeschnittenen kommunikativen Strategien gesammelt wurden. Auf dieser Basis lassen sich erste Aussagen dazu treffen, wie technische Funktionen, kommunikative Strategien und Moderations- bzw. Chat-Kompetenzen der Nutzer den Erfolg des Chat-Einsatzes positiv oder negativ beeinflussen können. Der im Folgenden beschriebene Ansatz möchte diese Erfahrungen systematisieren, indem er Leitlinien für die Spezifikation von Chat-Umgebungen vorgibt, mit denen das Potenzial der aktuell verfügbaren technischen und konversationsstrategischen Möglichkeiten möglichst optimal ausgeschöpft werden kann.

2   Chat-Szenarien: Spezifikationen für die strukturierte Nachbildung von Diskursen

Ausgangspunkt des im Folgenden skizzierten Ansatzes ist die Annahme, dass Diskursarten – z.b. Beratung, Diskussion, Interview – jeweils charakteristische Merkmale und Strukturen aufweisen. Diese beeinflussen maßgeblich die kommunikativen Strategien und Erwartungen der Chat-Teilnehmer, wenn sie in Chat-Umgebungen beraten, diskutieren oder ein Interview führen. Für die Nachbildung einer bestimmten Diskursart im Chat ist es deshalb zielführend, funktionale Pendants zu den grundlegenden Strukturierungskonzepten mündlicher Diskursarten zu schaffen, und die besonderen sozialen und konversationellen Rahmenbedingungen, die für einzelne Diskursarten prägend sind, in einer Weise nachzubilden, die es erlaubt, ihre Strukturierungsleistung in einer Kommunikationsumgebung zu nutzen, die von alltagsweltlichen sozialen Rollenkonstellationen zunächst nicht (oder zumindest nicht unmittelbar) tangiert wird.

Um diese recht abstrakte Anforderung in „handliche" Leitlinien zu übersetzen, möchten wir im Folgenden eine Methode zum Entwurf von Chat-Szenarien vorstellen, die das Potenzial der neuen Kommunikationstechnologie für einen gegebenen Zweckbereich (Beratung, Diskussion etc.) möglichst effizient abschöpft. Unter einem *Chat-Szenario* verstehen wir eine Spezifikation für eine Chat-Umgebung[4], in der technische und konversationsstrategische Parameter auf die pragmatischen Anforderungen einer bestimmten Diskursart hin abgestimmt und in Bezug auf die Zwecksetzung des Chateinsatzes hin optimiert sind. Dabei werden zunächst die wesentlichen Parameter und Strukturen der zugrunde liegenden mündlichen Diskursart in einem Diskurs-Szenario erfasst (vgl. 2.1). Dieses Diskurs-Szenario bildet den Ausgangspunkt für die Nachbildung der Parameter und Strukturen im darauf bezogenen Chat-Szenario. Für eine derartige Nachbildung gibt es meist mehrere Optionen, in denen sich die technischen Funktionen des Chat-Werkzeugs und die konversationsstrategischen Optionen des Interaktionsmanagements wechselseitig bedingen. Die Regulierung des Sprecherwechsels kann beispielsweise sowohl unter Nutzung spezifischer Funktionsmerkmale des gewählten Chat-Werkzeugs als auch durch Rahmung der Funktionen des Werkzeugs durch Konventionen zu ihrer Verwendung erfolgen. In aller Regel sind Chat-Umgebungen für spezialisierte Anwendungskontexte allerdings nie ausschließlich über die Bereitstellung bestimmter technischer Funktionen oder ausschließlich konventionell konstituiert, sondern durch eine Kombination aus beidem: Bestimmten technischen Funktionsmerkmalen werden durch Einführung von Regeln pragmatische Funktionen zugeordnet, andere Funktionsmerkmale werden zur Unterstützung konventionell eingeführter konversationsstrategischer Festlegungen genutzt. Je nach dem, welchen Anforderungen eine Chat-Umgebung genügen soll und wie stark die Strukturierung des Kommunikationsaufkommens technisch reguliert oder der Kooperation der Beteiligten überantwortet werden soll, lassen sich dabei *technisch-restriktive* von eher *kooperationsorientierten Konzepten* unterscheiden: Ein prominentes technisch-restriktives Konzept findet sich beispielsweise in den vielfältigen Politiker-/Prominenten-/Expertenchats mit großen und wechselnden Teilnehmerzahlen (z.B. im *Salon Politique* von *politik-digital.de*; zur Funktionsweise vgl. Beißwenger 2003: 220ff.); stark kooperationsorientiert ist hingegen etwa das Tübinger Konzept für „virtuelle Seminare" (vgl. Lemnitzer & Naumann 2001; Naumann i.d.B.) oder auch das Dortmunder Konzept für didaktische Quizrunden (vgl. Beißwenger, Lemnitzer & Storrer 2003). Wegen des Wechselspiels von technischen Funktionen und konversationsstrategischen Festlegungen ist die von uns vorgenommene Trennung der Schritte „Wahl des Chat-Werkzeugs" (vgl. 2.2.) und „Formulierung geeigneter konversationsstrategischer Festlegungen" (vgl. 2.3) rein analytischer Natur. In der Praxis ist der Entwurf von Chat-Szenarien, wie wir in 2.4. unter dem Punkt „Testen und Evaluieren" weiter ausführen, ein zyklischer Prozess.

---

4   Die Unterscheidung zwischen *Chat-Systemen* (*Chat-Werkzeugen*) und den auf ihrer Grundlage definierten *Chat-Umgebungen* ist in Beißwenger (i.d.B.: Abschnitt 3) motiviert.

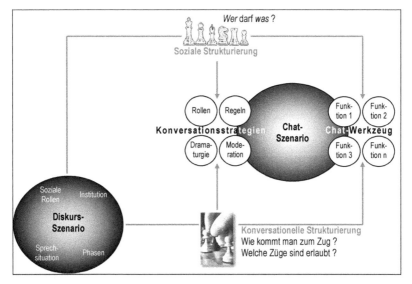

Abb. 1: Teilaufgaben und Parameter bei der Konzeption von Chat-Szenarien.

Abbildung 1 visualisiert die Komponenten und Prozesse, die beim Entwurf von Chat-Szenarien eine Rolle spielen. Es zeigt sich, dass es bei der chatbasierten Nachbildung von Diskursen zwei übergreifende Aspekte gibt, die unabhängig von der Diskursart stets eine Rolle spielen:

1. Der Aspekt der *sozialen Strukturierung*: In Chat-Umgebungen müssen zunächst fundamentale Strukturierungsmechanismen des Diskurses unter den Maßgaben der ganz oder teilweisen Unverbindlichkeit und Pseudonymität des Agierens im Netz re-etabliert werden: Es muss gewährleistet sein, dass die Kommunikationsbeteiligten einander hinsichtlich der von ihnen eingenommenen sozialen Rollen problemlos identifizieren können. Da der soziale bzw. institutionelle Kontext, in welchem Diskurse des betreffenden Typs im Alltag üblicherweise stattfinden, im Chat nicht ohne weiteres (oder zumindest nicht in ähnlich zwingender Weise) präsent gemacht werden kann, müssen die entsprechenden Rollen und die daran geknüpften kommunikativen Befugnisse den Beteiligten transparent gemacht werden.

2. Der Aspekt der *konversationellen Strukturierung*: Es müssen kommunikative Rahmenbedingungen geschaffen werden, die es erlauben, die Aktivitäten der Kommunikationsbeteiligten für ihre Kommunikationspartner insoweit antizipierbar zu machen, dass die Abfolge kommunikativer Züge im Bildschirmprotokoll der Abfolge von Positionen innerhalb der Handlungsmuster entspricht, die durch sie realisiert werden. Es gilt also die für Plauderchats typischen Überschneidungen und Überkreuzungen von Sprachhandlungsmustern möglichst zu vermeiden. Hierzu gehört auch, dass ein Teilnehmer, wenn er mit der Ausführung eines

kommunikativen Zuges befasst ist, diesen idealiter bis zum geplanten Abschlusspunkt realisieren kann, ohne dass (z.b. weil er die textuelle Repräsentation seines Zuges aus Ökonomiegründen auf mehrere Beiträge verteilt) in der Zwischenzeit ein anderer Teilnehmer seinerseits die Ausführung eines (im Muster sequenziell nachgeordneten oder einem anderen Muster zugehörigen) Zuges aufnimmt. Weiterhin sind die Anzahl der für Chat-Veranstaltungen des anvisierten Typs zu erwartenden Teilnehmer sowie der Grad der Bekanntheit der Teilnehmer untereinander zu berücksichtigen. Eine hohe Anzahl von Teilnehmern, die sich nicht oder nur wenig bekannt sind, kann ein weitaus restriktiveres Setting (mit Möglichkeiten zur technischen Regulierung des Kommunikationsaufkommens sowie zur Sanktionierung einzelner Teilnehmer) nahe legen als eine überschaubare Anzahl von Teilnehmern, die sich einigermaßen bekannt sind oder die zumindest über die Anbindung an eine realweltliche Institution (z.b. die Universität im Rahmen eines chat-unterstützten Seminars) zu kooperativem Verhalten angehalten werden können.

Im Folgenden diskutieren wir die Überlegungen, die in den einzelnen Schritten angestellt werden müssen, und die Optionen, die für entsprechende Wahlentscheidungen zur Verfügung stehen.

2.1 Beschreibung des Diskurs-Szenarios

Im Diskurs-Szenario werden diejenigen Parameter erfasst und beschrieben, die für die Nachbildung der Diskursart im Chat-Szenario maßgeblich sind. Hierfür sind die folgenden Fragen zentral:

1. *Inwieweit ist die Aushandlung der Rederechtsabfolge zwischen den Kommunikanten durch bestimmte soziale (ggf. institutionell bedingte) Rollenkonstellationen und daran geknüpfte Status zur Interaktionssteuerung bedingt?* Ein Seminarleiter oder ein Moderator einer Diskussion hat eine zentrale Funktion bei der Vergabe des Rederechts, die er zeitweise an andere delegieren kann, z.B. indem ein Referent auch die Diskussionsleitung übernimmt, die aber qua Rolle standardmäßig ihm zusteht.

2. *In welche Phasen lassen sich Diskurse des anvisierten Typs typischerweise gliedern* (z.B. bei Beratungsgesprächen in die Phasen *Anliegensklärung, Anliegensthematisierung, Lösungsbildung* und *Planbildung*)? Zu vielen Diskursarten hat die Text- und Gesprächslinguistik bereits Modelle für Gesprächsphasen entwickelt, an denen man sich orientieren kann (vgl. z.B. die diskursartenbezogenen Beiträge in Heinemann & Sager 2001).

3. *An welche Rollen (z.B. eine Berater- oder Gesprächsleiterrolle) ist der Wechsel von einer Diskursphase zur nächsten üblicherweise geknüpft und auf welche Weise wird der Phasenwechsel (sprachlich) eingeleitet?* In Seminargesprächen beispielsweise wird der Übergang vom Vortrag zur anschließenden Diskussion vom Seminarleiter durch entsprechende Ankündigung initiiert, beim Supportgespräch an der Telefon-Hotline wird der Übergang von der Gesprächseröffnung

zur Anliegensklärung üblicherweise durch entsprechende lenkende (und thematisch vorstrukturierende) Fragen des Support-Mitarbeiters eingeleitet.

4. *Welche Typen von Sprachhandlungsmustern spielen in Diskursen des anvisierten Typs eine Rolle* (z.b. Aufgabenstellung → Lösungsversuch → Bewertung; Frage → Antwort; Frage → Rückfrage → Klärung → Antwort)*?* Auch in diesem Bereich liegen bereits verschiedene Analysen aus der linguistischen Diskursforschung vor (vgl. z.b. Weigand 2003 und die Überblicksartikel in Heinemann & Sager 2001).

5. *Welche Rolle spielen in Diskursen des anvisierten Typs die Sprechsituation und der mit ihr gegebene situative Bezugs- und Verweisraum?* Wie relevant sind z.b. Zeigegesten, verbale und nonverbale Bezugnahmen auf bereitstehende Objekte und Materialien (z.b. Tafelanschrieb, Kartenmaterial, Konstruktionsmodell im Rahmen von Lehr- und Schulungssituationen) bzw. auf räumliche oder soziale Sprecher-Hörer-Konstellationen im Kontext der anvisierten Diskursart?

Auf der Grundlage dieser im Diskurs-Szenario erfassten Parameter gilt es nun, ein Zusammenspiel von technischen Funktionen und kommunikationsstrategischen Festlegungen zu finden, das den Anforderungen des Anwendungszwecks möglichst optimal gerecht wird.

2.2 Wahl des Chat-Werkzeugs

Eine wichtige Rolle bei der Konzeption des Chat-Szenarios spielt die Wahl des Chat-Werkzeugs sowie dessen Funktionsumfang. Hier ist zunächst zu entscheiden, ob man ein Standard-Chat-Werkzeug einsetzen möchte oder aber ein System, welches hinsichtlich seiner Funktionen speziell auf die Anforderungen einer bestimmten Diskursart (z.b. kollektives Experten-/Prominenten-/Politiker-Interview mit anonymen WWW-Nutzern als Fragestellern) zugeschnitten ist. Die Entscheidung wirkt sich maßgeblich darauf aus, auf welche Weise sich die benannten Anforderungen am besten umsetzen lassen und welche weiteren Planungen notwendig sind, um das anvisierte Diskurs-Szenario in strukturierter Form für den Chat adaptieren zu können. Man muss nicht zwangsläufig ein spezialisiertes Chat-Werkzeug verwenden – in vielen Kontexten kann sehr wohl mit einem Standard-Werkzeug gearbeitet werden, sofern es bestimmte Mindestanforderungen wie z.b. Persistenz des Kommunikationsverlaufs oder Registrierung von Teilnehmern erfüllt. Allerdings muss dann meist mehr Sorgfalt in die Konzeption der Konversationsstrategien gelegt werden als bei einem Werkzeug, welches – z.b. durch Funktionen zur exklusiven Vergabe des „Senderechts" durch einen Moderator – bestimmte technische Strukturierungshilfen bereits umfasst. Wichtig sind auch die Anforderungen an das Zeigen und Verweisen auf Gesprächsgegenstände (Aspekt 5 des Fragekatalogs in 2.1). Wenn es z.b. in der Anwendung darum geht, sich über Bezugspunkte auf Kartendaten oder Satellitenbildern auszutauschen (wie etwa im *geoTalk*-Projekt, vgl. Harnoncourt et al. i.d.B.), ist es sicher sinnvoll, ein Chat-Werkzeug zu wählen, das eine freie räumliche Positionierung von Beiträgen in einem zweidimensionalen Anzeigebereich erlaubt, der seinerseits wiederum mit einer Kartengrafik unterlegt werden kann. Steht aber ein solches Werkzeug nicht zur Verfügung, sondern lediglich ein Standard-Werkzeug mit schriftrollenartigem Bildschirmprotokoll, so lassen sich auch Konversationsstrategien schaffen, die festlegen, wie man auf die Punkte einer in Rede stehenden Karte (die z.B. auf einem separaten Whiteboard, auf einer Website oder als Offline-Hilfsmittel zur Verfügung steht) sprachlich in einer Weise Bezug nimmt, die explizit genug ist, um von den Kommunikationspartnern eindeutig nachvollzogen werden zu können.

Je nach anvisiertem Diskurs-Szenario, erwarteter Teilnehmerzahl und dem Grad sozialer Verbindlichkeit zwischen den Nutzern kann es hilfreich sein, nicht nur die Funktionen des verwendeten Chat-Werkzeugs durch konventionelle Festlegungen zu rahmen. Umgekehrt kann man auch konventionell eingeführten Strukturierungshilfen durch technische Hilfsmittel wie die folgenden absichern:

- Visuelle Unterscheidung von Kommunikantenrollen durch festgelegte (nicht individuell änderbare) Anzeigefarben für deren Chat-Beiträge im Bildschirmprotokoll (z.B.: *Seminarleiter*: rot, *Experte*: blau, *Studierende*: schwarz).
- Ausstattung einzelner Kommunikantenrollen mit exklusivem Zugriff auf bestimmte Systemfunktionen: z.B. Zugriff auf die Flüsterfunktion nur für bestimmte Benutzergruppen (Lehrer, Moderatoren); die Option für den Moderator, einzelnen oder sämtlichen eingeloggten Teilnehmern per Mausklick die technische Möglichkeit zum Senden weiterer Beiträge zu entziehen („Notbremse"); das Sperren und die Freigabe des Whiteboards durch den Moderator; Ausschluss einzelner Teilnehmer aus der Chat-Umgebung.
- Unterstützung der Bezugnahme auf Beiträge der Vorkommunikation sowie der expliziten Adressierung durch entsprechende Systemfunktionen – z.B. Auswahl eines Bezugsbeitrags im Protokoll durch den Benutzer beim Verfassen eines eigenen Beitrags und Visualisierung des Bezugs zwischen den beiden Beiträgen im Protokoll durch das System (etwa durch Generierung eines Hyperlinks oder durch das Angebot einer „Threaded View"; siehe Holmer & Wessner i.d.B., Harnoncourt et al. i.d.B., Mühlpfordt & Wessner i.d.B.), Auswahl eines Adressaten aus der Teilnehmerliste durch den Benutzer beim Verfassen eines eigenen Beitrags und automatische Übermittlung eines Tonsignals an den Adressaten, um diesen auf einen explizit an ihn gerichteten neuen Beitrag hinzuweisen.
- Abgabe von Wortmeldungen per Mausklick auf einen entsprechenden Button; automatische Generierung einer „Rednerliste" für den Moderator (wie z.B. im Chat-Werkzeug *TULKA*[5] implementiert).

2.3 Formulierung geeigneter konversationsstrategischer Festlegungen

Ein Chat-Werkzeug lässt sich dann optimal nutzen, wenn seine *technischen Funktionen* durch Konventionen bzw. konversationsstrategische Festlegungen gerahmt werden, die ihnen im anvisierten Verwendungskontext *pragmatische Funktionen* zuord-

---

5   http://www.fa.uni-tuebingen.de:8080/~mibe/tulka/

nen. Hierbei sind folgende Strukturierungskonzepte denkbar (und z.t. auch bereits bewährt):

- Einführung eines *Inventars an Kommunikantenrollen* (z.b. Seminarleiter – Experte – Studierender; Moderator – Quizteilnehmer – Jury; Diskutant – Diskussionsleiter).

- Einführung einer *Moderatorenrolle* als zentraler, strukturierender Instanz (exklusive Zuweisung des „Senderechts" an einzelne Kommunikanten; Prävention von Themensplitting und daraus resultierender paralleler Konversationsstränge durch Festlegung einer Reihenfolge für die Abarbeitung etablierter Themen, z.b. im Rahmen von Diskussionen).

- Vorgabe eines verbindlichen, an Diskursphasen und relevanten Sprachhandlungsmustern orientierten *Ablaufplans* (einer „Chat-Dramaturgie" bzw. eines „Protokolls"; vgl. Mühlpfordt & Wessner i.d.B. sowie Beißwenger, Lemnitzer & Storrer 2003).

- Einführung eines *Inventars an Konversationsregeln (Chatikette)*, z.b.:
  - Regeln für die Beanspruchung des „Senderechts" bzw. für die Abgabe von Wortmeldungen, z.b.: „Wenn Sie einen Beitrag zum Thema leisten möchten, dann geben Sie zunächst eine Wortmeldung ab, indem Sie die Zeichenfolge <*!*> absenden. Warten Sie anschließend mit der Verfertigung Ihres Beitrags, bis Sie vom Moderator dazu aufgefordert werden." (vgl. z.b. Lemnitzer & Naumann 2001; Beißwenger, Lemnitzer & Storrer 2003; Naumann i.d.B.);
  - Regeln für die Indizierung der Fortsetzung / des Abschlusses kommunikativer Züge, z.b.: „Wenn Sie Ihren Diskussionsbeitrag auf mehrere, nacheinander verschickte Chat-Beiträge verteilen, so markieren Sie durch <...> am Ende eines Beitrags, dass noch etwas nachfolgt, und schließen Sie den letzten Beitrag mit einer expliziten Ende-Markierung <*E*> ab." (vgl. z.b. Lemnitzer & Naumann 2001; Storrer 2001; Naumann i.d.B.);
  - Regeln für die Repräsentation von Adressierungen und für die Realisierung von Verweisen auf Beiträge der Vorkommunikation, z.b.: „Um einen Ihrer Chat-Partner direkt anzusprechen, setzen Sie bitte dessen Teilnehmernamen vor Ihren Beitrag (z.b. <andreas: könntest du deine these aus der vorigen sitzung nochmal erläutern?>); um auf einen Beitrag der Vorkommunikation Bezug zu nehmen, nennen Sie bitte dessen Autor sowie den im Timestamp vermerkten Zeitpunkt (z.b. <andreas 14:29: dazu möchte ich anmerken, dass...>)" (vgl. z.b. Lemnitzer & Naumann 2001; Naumann i.d.B.).

- Einführung eines *Inventars an Regeln zum Umgang mit den Programmfunktionen* in Abhängigkeit zum Funktionsumfang des verwendeten Chat-Systems, z.b.:
  - „Nutzen Sie die Referenzierungsfunktion ausschließlich um anzuzeigen, auf welche anderen Beiträge Sie sich beziehen und *nicht*, um Ihre eigenen Beiträge miteinander zu verknüpfen";
  - „Nutzen Sie die Zeichenfunktion des Whiteboards ausschließlich, wenn Ihnen der Seminarleiter hierzu die Erlaubnis erteilt hat und nur dazu, um Passagen auf der angezeigten E-Folie, auf die Sie sich in Ihrem Chat-Beitrag beziehen, hervorzuheben";

- „Nutzen Sie die Möglichkeit zur freien räumlichen Positionierung Ihrer Chat-Beiträge nicht willkürlich, sondern ausschließlich dazu, thematische Nähe zu anderen Beiträgen anzuzeigen";
- „Senden Sie neue eigene Beiträge erst dann ab, wenn Sie vom Moderator dazu aufgefordert wurden";
- „Wechseln Sie erst dann in einen der anderen Chat-Räume, wenn der Seminarleiter bekannt gegeben hat, welcher Kleingruppe Sie zugehören und welche Gruppe ihren Austausch in welchem Chat-Raum führen soll".

2.4 Testen und Evaluieren

Die Wahl des Chat-Werkzeugs sowie die Formulierung geeigneter konversationsstrategischer Festlegungen wurde in den beiden vorangehenden Abschnitten zunächst als eine Abfolge zweier Schritte auf dem Weg zur Adaption eines Chat-Szenarios für ein bestimmtes Diskurs-Szenario beschrieben. In der Praxis erweist sich diese Abfolge als sinnvoll, allerdings ist der Gesamtprozess der Konzeption von Chat-Szenarien eher als ein Zyklus denn als ein einmaliges Durchlaufen verschiedener Planungsschritte zu denken, insofern mit den getroffenen Entscheidungen und Festlegungen der Entwurfsprozess in der Regel noch nicht abgeschlossen ist, da das Szenario erst noch auf seine Praxistauglichkeit hin überprüft werden muss.

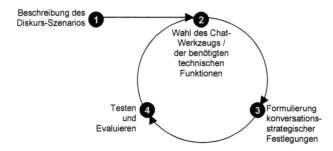

Abb. 2: Phasenmodell der Entwicklung von Chat-Szenarien.

Im Sinne dieses zyklischen Modells sollte die Konzeption eines Chat-Szenarios für einen anvisierten Anwendungskontext also sukzessive mit Testnutzern erprobt und verfeinert werden. Erfahrungsgemäß zeigen sich erst im praktischen Einsatz Herausforderungen und Probleme, für die noch geeignete Lösungen und Kompensationsmöglichkeiten gefunden werden müssen. Testläufe können zeigen, ob die Aufgaben, die einer Moderatorenrolle zugedacht sind (konversationelle Strukturierung, Führung einer „Rednerliste", thematisch strukturierender Eingriff in die Entwicklung des Kommunikationsgeschehens), tatsächlich von einer Person wahrgenommen werden können oder ob es ratsamer ist, hierfür zwei oder mehrere Personen vorzusehen. Auch die Akzeptanz des Szenarios und der in ihm enthaltenen Regeln bei den Nutzern sollte im Zuge der Auswertung von Testläufen mitberücksichtigt werden. Nicht zuletzt sollte bei der

Konzeption von Chat-Szenarien immer mitbedacht werden, welche (Chat-)Kompetenzen bei den Teilnehmern in ihren jeweiligen Kommunikantenrollen gegeben sein müssen, damit die Kommunikation für alle Beteiligten gewinnbringend verläuft und nicht nur einzelne „Privilegierte" davon profitieren. Es gilt also, den zu ermittelnden „Soll"-Zustand kontinuierlich gegen den „Ist"-Zustand (also die Voraussetzungen, welche die Adressatengruppe tatsächlich mitbringt) abzugleichen. Es hat sich erwiesen, dass Trainingsangebote im Vorfeld, die die Beteiligten an die Funktionen der Chat-Umgebung heranführen und die im Szenario vorgesehenen konversationsstrategischen Festlegungen (Rollen, Regeln, Ablaufplan) vermitteln und „hands on" einüben lassen, den erfolgreichen Einsatz von Chat-Umgebungen sehr positiv beeinflussen (vgl. Naumann i.d.B.).

3   Ausblick

Gesicherte Erkenntnisse über die adäquate Kombination von technischen Funktionen und konversationsstrategischen Festlegungen beim Entwurf von Chat-Szenarien gibt es bislang noch nicht. Die kontinuierliche Evaluation des Einsatzes von Chat-Werkzeugen in spezialisierten Anwendungskontexten ist deshalb eine wichtige Aufgabe für die interdisziplinäre Chat-Forschung. Aus dem Szenario-Ansatz, der technische und konversationsstrategische Aspekte in ihrem Zusammenspiel erfasst, ergibt sich das Desiderat, die Evaluierung und die Weiterentwicklung von Werkzeugen auf der einen und von Konversationsstrategien auf der anderen Seite eng mit der Evaluation von Beispielanwendungen zu verzahnen, und dabei dem Zusammenspiel von technischen Funktionen und konversationsstrategischen Konzepten besonderes Augenmerk zu widmen.

Nicht alle Funktionen, die für die Anwender der Chat-Technologie in unterschiedlichen Kontexten zur Interaktionsstrukturierung wünschenswert wären, sind derzeit bereits implementiert. Zugleich existiert zum gegenwärtigen Zeitpunkt aber eine Anzahl innovativer Chat-Systeme, die speziell auf einen Einsatz in professionellen und Lehr-/Lernkontexten hin konzipiert wurden und die durch die Integration von Spezialfunktionen – wie z.B. Hyperlinking-Funktionen, Funktionen zur konsequenten Vernetzung aktueller Chat-Beiträge mit dem Beitrags-Archiv, flächige anstatt schriftrollenartige Gestaltung des Bildschirmprotokolls – dem Chat-Einsatz neue Optionen eröffnen, deren Potenziale in der Anwendung erst noch auszuloten sind. Weiterhin ist die Integration von Chat-Anwendungen in Kommunikationsprozesse, die „synchrone" und „asynchrone" Formen internetbasierter Kommunikation kombiniert nutzen, hinsichtlich ihres Potenzials derzeit noch nicht systematisch erprobt und erforscht. Insbesondere über die Vernetzung chatbasierter Kommunikation mit Forendiskussionen und „statischen" (z.B. auf einer Website bereitgestellten) Materialien liegen noch wenige Erfahrungswerte vor. Viel versprechend in Hinblick auf die oben benannten Aufgabenbereiche sowie die Etablierung von „Best Practice"-Beispielen für unterschiedliche Anwendungsfelder dürften Forschungen sein, die sich den folgenden Fragestellungen widmen:

- *Analyse und Evaluation existierender Szenarien des Chat-Einsatzes:*
  Unterschiedliche Diskursarten bedürfen bei ihrer chatbasierten Nachbildung je spezifischer Rahmenkonzepte, die – idealerweise durch Kombination technischer und konversationsstrategischer Hilfestellungen – eine optimale Unterstützung der Diskursstrukturierung leisten. Auf der Basis einer Analyse von Mitschnitten und Daten aus Nutzerbeobachtungen könnten bereits existierende Anwendungen evaluiert sowie Kriterienraster für die Konzeption des Chat-Einsatzes zur Nachbildung je einzelner Diskursarten erarbeitet werden. An der Universität Dortmund wird beispielsweise zu diesem Zweck seit 2002 ein umfangreiches Korpus mit Mitschnitten aus unterschiedlichen Anwendungsbereichen der Chat-Technologie aufgebaut und für linguistische Recherchezwecke aufbereitet.[6]

- *Ergonomie von Chat-Umgebungen (Technik, Nutzeroberfläche):*
  Wie viel Komplexität an der Schnittstelle Nutzer-Kommunikationsumgebung ist realistisch? Welche und wie viele technischen Hilfestellungen werden – wenn vorhanden – von Chat-Teilnehmern in unterschiedlichen Anwendungskontexten überhaupt genutzt? Wie schlägt sich die Nutzung technischer Hilfestellungen auf die sprachliche Gestaltung des Austauschs nieder? Entsprechende Untersuchungen können auf der Basis von Nutzerbeobachtungen sowie Analysen von Schnittstellenmanipulationen erfolgen.

- *Ergonomie von Chat-Umgebungen („konversationelles Setting"):*
  Wie ausdifferenziert dürfen „Konversationsregularien" für Chat-Anwendungen in institutionalisierten Kontexten (z.B. in „Blended Learning"-Szenarien) sein, damit sie von den Nutzern in ihrer Gesamtheit angeeignet und „im Eifer des Gefechts" auch eingehalten werden? Entsprechende Untersuchungen können auf der Basis einer Analyse von Mitschnitten aus bereits existierenden Anwendungen sowie anhand von Testreihen erfolgen, in deren Rahmen die Durchführung von Chat-Veranstaltungen auf der Grundlage variierender konversationeller Settings erprobt wird.

- *Untersuchungen zu Wechselwirkungen zwischen technischen und konversationsstrategischen Faktoren in spezialisierten Chat-Anwendungen:*
  Wie lassen sich kooperationsorientierte Szenarien sinnvoll durch technische Hilfestellungen unterstützen? Wie lassen sich Kommunikantenrollen und Rollenbefugnisse durch administrative Sanktionierungsmöglichkeiten stabilisieren? Lässt sich für einzelne Szenarien des Chat-Einsatzes eine optimale Kombination zwischen technischen Funktionen (auf der Werkzeugseite) und konversationsstrategischen Festlegungen bestimmen? Entsprechende Untersuchungen können anhand von experimentellen Studien erfolgen, für die prinzipiell zwei Designs denkbar sind:

  (a) Ein Diskurs-Szenario – verschiedene Chat-Szenarien:
  Nachbildung *eines* Diskurs-Szenarios (z.B. Quizrunde, Beratungsgespräch, Experten-Fragestunde) auf der Grundlage variierender Chat-Szenarien

---

6   Informationen zum „Projekt *Dortmunder Chat-Korpus*" finden sich online unter http://www.chat-kommunikation.de/korpus/

(d.h.: mit jeweils unterschiedlichem Chat-Werkzeug und/oder unterschiedlichen konversationsstrategischen Festlegungen).

(b)   Ein Chat-Werkzeug – verschiedene Diskurs-Szenarien:
Nachbildung *unterschiedlicher* Diskurs-Szenarien auf der Grundlage jeweils desselben Chat-Werkzeugs. Anhand der Evaluation eines Chat-Werkzeugs in unterschiedlichen Anwendungskontexten und der dabei zu beobachtenden Strukturen ließe sich zeigen, für welche Anwendungen dieses Werkzeug besonders geeignet ist und welche konzeptionellen Anforderungen an Anwender gestellt werden, die dieses Werkzeug für einen bestimmten Zweck effizient einsetzen möchten.

An Material zur Erforschung dieser Fragen dürfte es nicht mangeln: Gegenwärtig befindet sich die Forschung zur Entwicklung und Nutzung von Chat-Systemen und zur Konzeption geeigneter Anwendungen in einer sehr aktiven Phase, sowohl was die Innovationsfreude der Werkzeugentwickler als auch was die Erprobung der Technologie in diversen Anwendungsfeldern betrifft. Das interdisziplinäre Symposium, aus dem heraus die Beiträge zu diesem Band entstanden sind, hat deutlich gemacht, dass der Austausch zwischen kommunikations- und sozialwissenschaftlichen Analysen, Entwicklern von Chat-Software und denjenigen, die Chat-Umgebungen beruflich nutzen, nicht nur anregend, sondern in Bezug auf die Weiterentwicklung von Möglichkeiten und Szenarien des Chat-Einsatzes in Beruf, Bildung und Medien gewinnbringend ist.

4   Literatur

Apfelbaum, Birgit (in diesem Band): Einsatzmöglichkeiten von Chat- und MOO-Protokollen in der Fremdsprachenausbildung Französisch. Überlegungen aus diskursanalytischer Sicht.

Beer, Ragnar & Paul Breuer (in diesem Band): Entwicklung eines universellen Systems für psychologische Beratung online am Beispiel von Paartherapie bzw. Eheberatung online.

Beißwenger, Michael (2000): Kommunikation in virtuellen Welten: Sprache, Text und Wirklichkeit. Stuttgart.

Beißwenger, Michael (2003): Sprachhandlungskoordination im Chat. In: Zeitschrift für germanistische Linguistik 31 (2), 198-231.

Beißwenger, Michael (in diesem Band): Interaktionsmanagement in Chat und Diskurs. Technologiebedingte Besonderheiten bei der Aushandlung und Realisierung kommunikativer Züge in Chat-Umgebungen.

Beißwenger, Michael, Lothar Lemnitzer & Angelika Storrer (2003): „Wer wird Junggrammatiker?" – Chatbasierte Quizrunden als Motivationsfaktor im Rahmen des universitären Grammatikunterrichts. In: Sprache und Datenverarbeitung 27 (1-2), 161-184.

Beißwenger, Michael (Hrsg., 2001): Chat-Kommunikation. Sprache, Interaktion, Sozialität & Identität in synchroner computervermittelter Kommunikation. Perspektiven auf ein interdisziplinäres Forschungsfeld. Stuttgart.

Bremer, Claudia (in diesem Band): Chats im eLearning. Rollenspiele und andere didaktische Elemente in der netzgestützten Hochschullehre.

Büffel, Steffen (in diesem Band): Zur sozialen Bedeutung dialogischer Kommunikationsformen im Internet. Theoretische Überlegungen und empirische Strategien zur Betrachtung der Vertrauensproblematik in der Onlinekommunikation.

Cornelius, Caroline (2001) : Gegenseitiges Verständnis in Computerkonferenzen. Voraussetzung und Folgen konversationaler Kohärenz in Entscheidungsfindungsgruppen im Medienvergleich. Münster. New York.

Crystal, David (2001): Language and the internet. Cambridge.

Diekmannshenke, Hajo (in diesem Band): Politische Kommunikation in Zeiten des Internet. Kommunikationswandel am Beispiel moderierter und unmoderierter Politik-Chats.

Diekmannshenke, Hajo (2001): „Das ist aktive Politik, Danke und Tschüß Franz" – Politiker im Chatroom. In: Michael Beißwenger (Hrsg.), 227-254.

Diekmannshenke, Hajo (2004): „Gesprächsstrategien" in Politik-Chats. In: Michael Beißwenger, Angelika Storrer & Ludger Hoffmann (Hrsg.): Internetbasierte Kommunikation (Osnabrücker Beiträge zur Sprachtheorie 68), 123-140.

Döring, Nicola & Sandra Pöschl (in diesem Band): Wissenskommunikation in themenbezogenen Online-Chats. Eine empirische Analyse von drei IRC-Channels zu Computerthemen.

Harnoncourt, Max, Astrid Holzhauser, Ursula Seethaler & Paul Meinl (in diesem Band): Referenzierbarkeit als Schlüssel zum effizienten Chat.

Heinemann, Wolfgang & Sven F. Sager (Hrsg., 2001): Text- und Gesprächslinguistik. Linguistics of Text and Conversation. Ein internationales Handbuch zeitgenössischer Forschung. 2. Halbband. Berlin. New York (Handbücher zur Sprach- und Kommunikationswissenschaft 16.2).

Herring, Susan C. (1999): Interactional Coherence in CMC. In: Journal of Computer-Mediated Communication 4 (4). http://jcmc.indiana.edu/vol4/issue4/herring.html.

Holmer, Torsten & Martin Wessner (in diesem Band): Gestaltung von Chat-Werkzeugen zur Verringerung der Inkohärenz.

Kilian, Jörg (in diesem Band): DaF im Chat. Zur Grammatik geschriebener Umgangssprache und ihrem interaktiven Erwerb in computervermittelten Gesprächen.

Lemnitzer, Lothar & Karin Naumann (2001): „Auf Wiederlesen!" – das schriftlich verfasste Unterrichtsgespräch in der computervermittelten Kommunikation. Bericht von einem virtuellen Seminar. In: Michael Beißwenger (Hrsg.), 469-491.

Linder, Ute & Martin Wessner (in diesem Band): Wie kann eine Chat-Umgebung lernförderlich gestaltet werden? Hinweise aus einer Feldstudie zu Rollenspielen im Fremdsprachentraining.

Mühlpfordt, Martin & Martin Wessner (in diesem Band): Die Rolle von Kommunikationsprotokollen und Referenzierungen in der synchronen Chat-Kommunikation.

Münzer, Stefan & Ute Linder (Hrsg., 2004): Gemeinsam online lernen. Vom Design bis zur Evaluation kooperativer Online-Übungen. Bielefeld.

Murray, Denise E. (1989): When the medium determines turns: turn-taking in computer conversation. In: Hywel Coleman (Ed.): Working with Language. A Multidisciplinary onsideration of Language Use in Work Contexts. Berlin. New York (Contributions to the Sociology of Languages 52), 319-337.

Naumann, Karin (in diesem Band): Kann man Chatten lernen? Regeln und Trainingsmaßnahmen zur erfolgreichen Chat-Kommunikation in Unterrichtsgesprächen.

Otten, Matthias (in diesem Band): Die interkulturelle Dimension in der computervermittelten Kommunikation. Das Beispiel der virtuellen interkulturellen Teamarbeit.

Puck, Jonas F. & Andreas Exter (in diesem Band): Der Einsatz von Chats im Rahmen der Personalbeschaffung.

Runkehl, Jens, Schlobinski, Peter & Siever, Torsten (1998): Sprache und Kommunikation im Internet. Überblick und Analysen. Opladen. Wiesbaden.

Sassen, Claudia (in diesem Band): Grenzen des Right Frontier Constraint im Chat.

Schümmer, Till & Jörg M. Haake (in diesem Band): Kooperative Übungen im Fernstudium: Erfahrungen mit dem Kommunikations- und Kreativitätswerkzeug FUB.

Stein, Dieter (in diesem Band): Distanz und Nähe in interaktiver Internetkommunikation.

Storrer, Angelika (2001): Getippte Gespräche oder dialogische Texte? Zur kommunikationstheoretischen Einordnung der Chat-Kommunikation. In: Sprache im Alltag. Beiträge zu neuen Perspektiven in der Linguistik. Herbert Ernst Wiegand zum 65. Geburtstag gewidmet. Hrsg. v. Andrea Lehr, Matthias Kammerer, Klaus-Peter Konerding, Angelika Storrer, Caja Thimm und Werner Wolski. Berlin 2001, 439-465.

Storrer, Angelika (2001a): Sprachliche Besonderheiten getippter Gespräche: Sprecherwechsel und sprachliches Zeigen in der Chat-Kommunikation. In: Michael Beißwenger (Hrsg.), 3-24.

van Eckert, Edgar (in diesem Band): Termingebundene Chats one-to-one in der psycho-sozialen Beratung.

Weigand, Edda (2003): Sprache als Dialog. Sprechakttaxonomie und kommunikative Grammatik. Tübingen.

Zitzen, Michaela (in diesem Band): Themenmarkierungen in Chats.

Zumbach, Jörg & Peter Spraul (in diesem Band): Tutoring in synchronen Lernumgebungen.

Birgit Apfelbaum

Einsatzmöglichkeiten von Chat- und MOO-Protokollen in der Fremdsprachenausbildung Französisch

Überlegungen aus diskursanalytischer Sicht

1   Einleitung

Synchrone, häufig schriftbasierte und multimedial unterstützte Kommunikationsformen wie Webchat und MOO nehmen einen immer breiteren Raum in unserem privaten und beruflichen Alltag ein. Ergänzend zu E-Mails, Diskussionsforen oder per SMS tauschen wir uns inzwischen immer systematischer *online* über raum-zeitliche Distanzen hinweg aus und erweitern dabei das Inventar der Schriftsprache so, dass wir auch in diesen Medien Vertrautheit und Emotionen genauso signalisieren (lernen) wie Anknüpfungen an Fragen und Themen unserer Kommunikationspartner. Kurzum: Wir bilden inzwischen Diskursformen nach, die uns aus traditionellen Verwendungssituationen gesprochener Sprache unter *Face-to-Face*-Bedingungen oder am Telefon vertraut sind, und kategorisieren diese als eine spezielle Form des dialogischen Sprechens im schriftlichen Medium (vgl. z.B. Storrer 2001: 3). Für das Französische belegt beispielsweise der Titel des 2001 von Jacques Anis herausgegebenen Ratgeberbüchleins *Parlez vous texto?*, welche gesellschaftliche Relevanz den neuen Medien und den dafür benötigten sprachlich-kommunikativen Kompetenzen beigemessen wird, wobei SMS-Nachrichten dort mit dem Nomen *texto* benannt werden, das von dem (prototypisch graphisch realisierten) *texte* abgeleitet ist, und das Verb *parler* (zumindest auch) auf phonische Realisierungsformen der damit assoziierten Produktionstätigkeit verweist.

Diese Besonderheiten gelten aber nicht nur für die Kommunikation in der Muttersprache, sondern betreffen im Zuge von Globalisierung und Migration auch die Produktion und Rezeption von Online-Beiträgen in einer Fremdsprache, und das in so unterschiedlichen privaten, geschäftlichen oder institutionellen Verwendungssituationen wie Plauderchat, Studienberatung, Ehe- und Partnertherapie, Fernstudium oder Chat mit Politikern.

Die Frage, wie Online-Kommunikation bei gleichzeitiger Verwendung einer Fremdsprache erfolgreich verlaufen kann, ist inzwischen auch ein zentrales Anliegen der Fremdsprachendidaktik, die sich – häufig im Verbund mit anderen sozialwissenschaftlichen Disziplinen – für wissenschaftlich basierte Evaluationskriterien internetbasierter Lehr-Lern-Umgebungen interessiert. Während in der zweiten Hälfte der neunziger Jahre des 20. Jahrhunderts zum Teil eine euphorische Haltung – z.B. zum Einsatz von Sprachlern-MOOs (vgl. Hall 1998; Nelson 1999; Turbee 1999) – unvermittelt und relativ pauschalisierend neben sprach- und medienkritischen Sichtweisen stand, fragt auch die Fremdsprachendidaktik nun spezieller danach, welche produktiven und rezeptiven Teilkompetenzen in welchen Kommunikationsformen des Internets trainiert und wie synchrone und asynchrone Kommunikationsformen ggf. als Lehr- und Lernplattformen über Sprach- und Kulturgrenzen hinweg sinnvoll kombiniert werden können (vgl. Schlickau 2000).

Ein wichtiger Ansatzpunkt für empirisch fundierte Grundlagenforschung wie zu didaktischen Fragestellungen ergibt sich aus der Möglichkeit, Chat- und MOO-Protokolle zu archivieren. In der Tradition verschiedener diskursanalytischer Richtungen können die Protokolle Datenkorpora konstituieren, die für Untersuchungen zum Formeninventar der geschriebenen Varietäten (vgl. Anis Hrsg. 1999) wie auch zu spezifischen Verfahren der Versprachlichung und Gesprächsstrukturierung herangezogen werden können (vgl. z.B. Meise-Kuhn 1998). Über die Untersuchung beispielsweise der je typischen Verfahren der Sequenz- und Themenorganisation (vgl. Herring und Zitzen, in diesem Band) kann man die kommunikative Grundhaltung rekonstruieren, die den schriftbasierten dialogischen Austausch der TeilnehmerInnen im je spezifischen Spannungsfeld von „konzeptioneller" und „medialer" Mündlichkeit und Schriftlichkeit (vgl. u.a. Koch & Oesterreicher 1990, 1994) bestimmt.[1] In einem weiteren Schritt können die Ergebnisse dieser Untersuchungen Eingang finden in Überlegungen zu Übungsformen, die auf eine systematischere Reflexion medienspezifischer kommunikativer Normen und Konventionen abzielen (vgl. Quasthoff 1997).[2]

Auf welche besonderen Anforderungen an die Rezeption und Produktion „getippter Gespräche" unter den Bedingungen des „Trägermediums" Chat (vgl. Beißwenger 2002) oder vergleichbarer Kommunikationsumgebungen[3] sollte man aber nun die

---

1   Eine umfassende Diskussion der Anwendbarkeit des Modells von Koch & Oesterreicher (1990, 1994) auf Internetkommunikation kann im Rahmen dieser Arbeit nicht erfolgen. Vgl. dazu ausführlicher beispielsweise Kilian (2001) und Beißwenger (2002).

2   Storrer (2001: 8) weist auf eine Vielfalt von Nutzungsmöglichkeiten der Gesprächsprotokolle in der Nachfolgekommunikation hin; zu didaktischen Nutzungsmöglichkeiten von SMS-Korpora im muttersprachlichen Deutschunterricht, vgl. Dürscheid (2002), zu Aspekten der Integration medienbezogener Reflexionen in den Fremdsprachenunterricht vgl. Lamy & Goodfellow (1998), Mangenot (1998) und Tomé (1999).

3   Für die Zwecke meiner Darstellung liegt der Schwerpunkt auf dem gemeinsamen kommunikativen Grundprinzip der verschiedenen Trägermedien. Ich spreche daher im Folgenden allgemeiner von Chats bzw. Chat-basierten Umgebungen und benenne nur dann technologiebasierte Unterschiede, wenn diese m. E. für die Interpretation der jeweiligen Protokolle aus Internet Relay Chat (IRC), Webchat, Multi User Domain (MUD) oder MUD object oriented (MOO) relevant sind (vgl. z.B. die mehrheitlich verwendeten sog. *one-way-systems* vs. *two-way-systems* vom Typ *Talk*, Herring 1999).

Lerner/innen einer Fremdsprache gezielt vorbereiten? Kann man nicht einfach davon ausgehen, die Lernenden bräuchten nur zu beobachten, wie muttersprachliche Teilnehmer/innen sich verhalten, um dann nach und nach selbst angemessene Kommunikationspraktiken in der Zielsprache zu entwickeln?

Gilt die Aussage von Jacques Anis, die dieser in einem Interview mit Bezug auf die Anforderungen an eine (muttersprachliche) *conversation virtuelle* gemacht hat, nicht auch – oder erst recht – für die Bewältigung von vergleichbaren Kommunikationsereignissen in der Fremdsprache?

Frage: Faut-il connaître les règles avant d'entamer une conversation virtuelle?

J.A.:   Je ne pense pas. Le langage se base sur la langue parlée et s'apprend par imitation. Pour communiquer avec les habitués, il suffit de suivre les conversations sur les forums ou les „chats" et l'apprentissage se fait naturellement."
(*www.parisvous.com*)

Tatsächlich dürften sich nicht zuletzt auf Grund des inhärent spielerischen Charakters von Chat-Kommunikation in vielen Fällen aufwendige Didaktisierungen erübrigen. Was jedoch spezifischere Einsatzbereiche französischsprachiger Chat-Tools betrifft, so stellt sich die Situation aus fremdsprachendidaktischer Sicht komplexer dar, zumal mit Blick auf das Lernziel möglichst umfassender kommunikativer Kompetenz zumindest fortgeschrittenen Lerner/innen systematisch auch das je verschiedene Regelinventar von *code oral* und *code écrit* vermittelt und zum Gegenstand fremdsprachlicher Reflexionsprozesse gemacht werden sollte. [4]

Wie im Paradigma der Angewandten Diskursforschung (vgl. Becker-Mrotzek & Meier 1999) Protokolle von Chats und MOOs als Ausgangs- und Bezugspunkt von Trainingseinheiten zur Förderung der rezeptiven und produktiven Kompetenz in der Zielsprache Französisch gewählt werden können, ist Gegenstand der Überlegungen im Rahmen dieser Arbeit. Nach einem Überblick über den Stand der Forschung zu Gesprächsorganisation und interaktionaler Kohärenz in Chats und MOOs in Kapitel 2 sollen in Bezug auf den Aspekt der Herstellung von sequenzieller und thematischer Kohärenz in Kapitel 3 die Überlegungen zum Einsatz als didaktisches Instrument an Ausschnitten aus französischsprachigen Protokollen aus zwei verschiedenen Settings konkretisiert werden. Zum einen soll an ausgewählten Beispielen gezeigt werden, welche Ansatzpunkte die retrospektive Beschäftigung mit Protokollen von virtuellen Begegnungen unter den Bedingungen des textbasierten Trägermediums *MOO français*

---

4   Der Quasi-Diglossie-Situation im Französischen zwischen *Code écrit* und *Code oral* wird inzwischen auch in einschlägigen Lernergrammatiken Rechnung getragen. Weiterhin wird bei der Frage des Umgangs mit sprachlichen Normen in didaktischen Settings natürlich auch immer die Frage der Fehlerkorrekturen berührt, denn es muss entschieden werden, ob die für die Sprache des Internet typischen Verstöße gegen Normen und Konventionen der Orthographie, Interpunktion und Morpho-Syntax toleriert und (ab) wann und in welcher Form sie korrigiert werden sollen (vgl. Königs 1995 und Kilian, in diesem Band). Diese Frage stellt sich sowohl bei der Entscheidung für oder gegen den Einsatz von produktiven Online-Kommunikationsformen zu Zwecken des Fremdsprachenlernens im Rahmen begegnungsdidaktischer Projekte oder autonomer Lernangebote (vgl. *eTandem* unter www.slf.ruhr-uni-bochum.de/etandem), als auch bei der Auswahl von authentischen, nicht zu Lernzwecken konzipierten Protokollen zu Zwecken der Rezeption im Rahmen der Fremdsprachenausbildung.

für die kritische Reflexion der ad hoc-Nutzung von „vorgefertigten" Ressourcen im Online-Austausch mit Muttersprachler/inne/n oder anderen Fremdsprachenlernenden bietet.[5] Zum anderen werden Ansatzpunkte für Didaktisierungen aus dem Vergleich von Ausschnitten aus einem Original-Chatprotokoll mit dessen redaktionellen Nachbearbeitungen entwickelt, die ebenfalls im Internet dokumentiert sind. An der Schnittstelle zwischen Schreibprozessforschung und Fremdsprachendidaktik sind hier insbesondere sprachlich-kommunikative Regularitäten der Sequenz- und Themenorganisation relevant, die sich an diesem authentischen Datenkorpus vom Typ Prominentenchat rekonstruieren lassen. Die Ergebnisse der Analyse sind insgesamt relevant für Vorüberlegungen zur Didaktisierung von Online-Schreibprozessen in der Erwachsenenbildung vom Typ eTandem, aber auch für die Evaluation entsprechender *tools* auf Lernplattformen, die beispielsweise im Rahmen zwei- oder mehrsprachig durchgeführter virtueller Hochschulseminare zum Einsatz kommen.

2   Gesprächsorganisation und interaktionale Kohärenz in textbasierten Chat-Umgebungen – Zum Stand der Forschung

Nicht zuletzt auf Grund der anhaltenden Popularität von Chat und Chat-ähnlichen Kommunikationsumgebungen im privaten wie im beruflichen Bereich sind in den letzten Jahren verstärkt Versuche unternommen worden, den intuitiven Eindruck konzeptioneller Mündlichkeit mit Bezug auf Modellbildungen und Forschungsergebnisse der linguistischen Gesprächsforschung zu validieren und an Hand der Interpretation von Chat-Protokollen empirisch zu fundieren. Als zentral wird in diesem Zusammenhang die Frage erachtet, inwieweit die Prinzipien der Sprecherwechsel- und Sequenzorganisation, die von der interaktionalen Linguistik (vgl. Selting & Couper-Kuhlen 2000; Mondada 2001) in der Tradition der ethnomethodologisch orientierten Konversationsanalyse in gesprochenen Konversationen als Basismechanismus für die Regulierung sozialer Interaktion identifiziert wurden (vgl. Sacks et al. 1974), auch für Chat-basierte Kommunikationssituationen Gültigkeit haben bzw. inwieweit unter den je spezifischen medialen Bedingungen (*one-way*- vs. *two-way-system*, Verzicht auf auditiven und visuellen Kommunikationskanal, vgl. Herring 1999) die für die Kommunikationsteilnehmer/innen sonst strukturierende Rolle der Sequenzialität und interaktionalen Kohärenz auf lokaler und/oder globaler Ebene ganz oder teilweise außer Kraft gesetzt wird.[6]

---

5   Eine weitere interessante Dimension aus fremdsprachendidaktischer Sicht ist die Frage, inwieweit in französischsprachigen Chats und MOOs auf Grund der Präsenz des (meist amerikanischen) Englisch dort auch realitätsnahe Übungsumgebungen für den Gebrauch des Englischen als *lingua franca* geschaffen werden (Förderung rezeptiver Mehrsprachigkeit). Aus Platzgründen kann diese Frage hier jedoch nur am Rand behandelt werden.

6   Eine kleinere Anzahl von Forscherinnen und Forschern steht eher in der Tradition der Funktionalen Pragmatik und unterscheidet zwischen *Texten*, „bei deren Produktion intendiert ist, dass sie andernorts und zu einem späteren Zeitpunkt rezipiert werden können (…)" und *Diskursen*, die sich auszeichnen „durch den geregelten Wechsel mehrerer Sprecher, die in funktional aufeinander bezogenen Beiträgen auf die aktuelle Äußerungssituation Bezug nehmen" (Storrer 2001: 5, Anm. 6).

Während von der Konversationsanalyse an Aufzeichnungen von gesprochenen Interaktionen nachgewiesen wurde, dass sich die Teilnehmer/innen gemeinsam an Turn-internen Einheiten (sog. Turnkonstruktionseinheiten) wie auch an Turn-übergreifenden Einheiten (u.a. Paarsequenzen, Sequenzmuster) orientieren und dass sie mit dem ebenfalls interaktiv operierenden Reparaturmechanismus auf geordnete Weise Störungen im Kommunikationsablauf beheben (vgl. zuerst Schegloff 1979), scheinen in Chat-Protokollen auf den ersten Blick keine Sequenzstrukturen belegt zu sein, deren Entstehung mit einem sozialen Turn-Taking-Management-System erklärt werden könnte. Die Sequenzierung scheint vielmehr primär durch das medieninhärente sog. „Mühlen-Prinzip" (vgl. Wichter 1991 und nachfolgend z.b. Grosch 1999; Storrer 2001; Hess-Lüttich & Wilde 2003) bedingt zu sein: Die beim Server eingehenden Nachrichten werden lediglich in der Reihenfolge ihres Eintreffens verarbeitet und in eine lineare Struktur gebracht, haben aber keinerlei Regelmechanismus durchlaufen, mit dem irgendeine Form von interaktionaler Kohärenz in dem oben genannten Sinne hervorgebracht würde.

Folgende Einzelbeobachtungen an den Protokollen stützen den Eindruck, „als würde jeder der Gesprächsteilnehmer nach Gutdünken Beiträge produzieren und an den Kanal schicken" (Grosch 1999: 104), ohne dass die Regel der Sprecherwechselorganisation „no gap, no overlap", die für gesprochene Konversationen nachgewiesen wurde (vgl. Sacks et al. 1974), handlungsleitend wäre (vgl. dazu auch Storrer 2001: 12):

- Sog. *backchannels* bzw. *continuers* und *assessments* sowie typische Sprecherwechselsignale treten mit geringer Frequenz auf (vgl. Grosch, 1999: 105; Schmidt 2000: 117f.; Schönfeldt 2001: 41; Hess-Lüttich & Wilde 2003: 172);
- explizite Adressierungen, die zudem fast ausschließlich in Protokollen von Chats mit vielen TeilnehmerInnen belegt sind, scheinen nicht als Sprecherwechselsignal im Sinne der von Sacks et al. (1974) nachgewiesenen Technik für Fremdauswahl zu fungieren (Grosch 1999: 105);
- in den Protokollen lässt sich mit hoher Frequenz eine Tendenz zur „disrupted turn adjacency" und zu „disruptions of extended sequences" feststellen (Herring 1999);
- Sanktionen oder Reparaturen bei Abweichungen von der linearen Sequenzstruktur (vgl. Tendenz zur systematischen „violation of sequential coherence" bei Herring 1999) sind praktisch nicht belegt (Grosch 1999: 108),
- Protokolle von (dyadischen) Interaktionen über *two-way-systems* vom Typ *Talk* wie auch über *one-way-systems* (vgl. Herring 1999) belegen eine hohe Frequenz von überlappend produzierten Beiträgen, die keine wechselseitige Orientierung an turnübernahmerelevanten Stellen erkennen lassen, auch wenn das Prinzip der Ko-Konstruktion im Sinne einer geteilten globalen Zielorientierung nicht generell aufgegeben zu werden scheint (vgl. Murray 1989; Meise-Kuhn 1998).

Bei genauerem Hinsehen ergibt die Analyse von Chat-Protokollen jedoch ein differenzierteres Bild von Befunden:

- In vielen Fällen findet man durchaus *backchannels* und *assessments* genauso wie linear organisierte Sequenzstrukturen, die als Ergebnis einer Turn-Taking-Regulation im Sinne von Sacks et al. (1974) verstanden werden können (vgl. besonders Meise-Kuhn 1998; Herring 1999; Grosch 1999; Schmidt 2000);
- explizite Adressierungen fungieren in manchen Fällen durchaus als Technik für Fremdauswahl (Herring 1999);

-   in vielen Protokollen sind thematische Wiederaufnahmen früherer Beiträge dokumentiert, mit denen über Redundanz Hinweise auf Kohärenzbeziehungen zwischen zwei oder mehr Beiträgen gegeben werden (vgl. Herring 1999; Beißwenger 2002: 12f);
-   Chat-Protokolle enthalten durchaus Belege für Manifestationen des Reparaturmechanismus; so wird beispielsweise die Erfüllung einer konditionellen Relevanz eingeklagt (vgl. z.b. Meise-Kuhn 1998: 218; Grosch 1999: 107) oder es werden Störungen „im Kanal" sanktioniert, die auf den massenhaften wiederholten Versand ein- und derselben Nachricht zurückgehen (vgl. Grosch 1999: 109);[7]
-   In Chat-Protokollen sind (schriftbasierte) Techniken dokumentiert, mit denen eine Beanspruchung des Rederechts für eine längere Sequenz von Äußerungen signalisiert wird (vgl. Herring 1999, und Schmidt 2000: 118f zu syntaktischen Segmentierungen und dem Phänomen der Nach- und/oder Voranstellung von drei oder mehr Punkten an Äußerungen; vgl. auch Storrer 2001: 14ff zur „Regulierung des Rederechts über Konventionen");[8]
-   Protokolle von „seriösen" Chat-Anwendungen – beispielsweise von sog. Prominentenchats – dokumentieren das Prinzip der „moderierten Sequenzierung" (Storrer 2001: 13f), d.h., die Entscheidung, in welcher Reihenfolge die beim Server eingehenden Beiträge für alle sichtbar gemacht werden, ist von einem eigens mit dieser Aufgabe betrauten Moderator getroffen worden.

Welche Regeln lassen sich nun aber allgemeiner für die Turn-Verteilung und die Relevanz lokal und sequenziell gemanagter Ordnungsstrukturen in Chat-basierten Dialogen formulieren? Wie ist zu erklären, dass in den jeweiligen *logfiles* immer wieder vieles auf eine rein zufällig vom Trägermedium generierte Turn-Verteilung und sequenzielle „Ordnung" hindeutet und damit die Anwendbarkeit gesprächsanalytischer Grundkategorien fragwürdig erscheint, während man gleichzeitig Belege dafür findet, dass die von der Konversationsanalyse rekonstruierten sozialen Prinzipien der Turn- und Sequenzorganisation für die Chattenden sehr wohl weiterhin Gültigkeit haben? Der Schlüssel für eine abgewogene Antwort auf diese Fragen liegt m. E. in dem methodischen Status, den man den Chat-Protokollen im Forschungsprozess einräumt. Im Unterschied zu Transkripten von phonisch realisierten Kommunikationssituationen dokumentieren Chat-Protokolle eben *nicht* die Äußerungs- und Turnabfolge aus der ursprünglichen Kommunikationssituation, sondern geben als schriftbasierte *e*Texte, die über einen bestimmten Befehl automatisch von dem verwendeten Programm generiert wurden, nur mittelbar Anhaltspunkte dafür, wie die Chattenden ihren schriftbasierten dialogischen Austausch organisiert haben.[9]

---

7   Schmidt (2000: 116) weist darauf hin, dass viele Selbstkorrekturen gar nicht im *logfile* sichtbar werden, weil sie von den Produzenten beim Eintippen vor dem Abschicken des Beitrags ausgeführt werden.

8   Unter Umständen wird jedoch die Effizienz dieser Technik auch in linguistischen Arbeiten kritisch gesehen: „ein Versuch der Entfaltung eines komplexen Gedankens oder des Aufbaus eines mehrschrittigen Arguments wird auf dem Bildschirm nur ratlose Leere hinterlassen, wenn ich ihn nicht in kleine Portionen zerstücke in der trügerischen Hoffnung, mein Wille fortzufahren (…) werde etwas durch drei Punkte hinlänglich signalisiert und dann auch respektiert" (Hess-Lüttich & Wilde 2003: 173). Vergleichbar skeptische Einschätzungen kommen in Teilnehmerbefragungen zur Chat-Nutzung zum Ausdruck, wenn die Kommunikation im Chat als „oberflächlich", „schlecht verständlich" oder „stressig" bezeichnet wird (vgl. Thimm 2001: 256).

9   Unabhängig davon wurde auch in anderen Arbeiten bereits nachgewiesen, dass die in dem von Sacks et al. (1974) rekonstruierten Turn-Taking-Regelapparat formulierte Maxime „no gap no overlap" keine universelle Gültigkeit besitzt und durchaus kulturell sensibel ist.

Relativiert man hingegen den Status der Chat-Protokolle und berücksichtigt durchgängig, dass die darin enthaltenen Sequenzstrukturen nicht zwangsläufig als linear produzierte Gesamtgestalt so von den Teilnehmenden eingegeben wurden, kann die Analyse der Protokolle gleichwohl zu dem Ergebnis führen, „dass [bei der Kommunikation im Chat] bestimmte Probleme bei der Organisation des dialogischen Austauschs entstehen, die Lösungsstrategien erfordern" (Schmidt 2000: 121). Das elektronische Medium wird „mit allen seinen Einschränkungen" (ebd.: 126) für die je spezifischen Zwecke einer dialogischen Interaktion adaptiert, ohne dass die grundlegenden Prinzipien der Text- und Gesprächsorganisation aufgegeben würden, die auch unter den Bedingungen des Mediums Chat einen sinnhaften kommunikativen Austausch eben erst ermöglichen.

Adaptationen der *User* an die spezifischen medialen Bedingungen lassen sich erklären u.a. mit Verweisen auf den Aspekt der Zeitökonomie (Meise-Kuhn 1998: 224), der Eignung als Orientierungshilfe auf dem Bildschirm (Grosch 1999: 105) und der individuell variierenden Attraktivität der besonderen, eher unverbindlich-spielerischen Art der Beziehungsgestaltung in Situationen von „hyperpersonal interaction" (Herring 1999).[10]

Was die Nutzung von Chat-Protokollen als didaktisches Instrument betrifft, so bietet es sich – in Analogie zu der von Mondada (1999) vorgenommenen Untersuchung von interaktiven Verfahren der Sequenzorganisation und Kohärenzherstellung in (asynchronen) E-mail-Wechseln und Diskussionsforen – an, die Rekonstruktion von Verfahren der Textstrukturierung (einschließlich der Formulierung) als Ausgangspunkt zu wählen. Da Chat-Protokolle als *e*Texte – z.B. als archivierte redaktionelle Bearbeitungen von Originalprotokollen – ggf. in größere Hypertext-basierte Zusammenhänge eingebunden sind, scheint es außerdem wichtig zu berücksichtigen, dass für die Rezeption dieser Texte aus der Distanz andere Kohärenzhinweise gegeben werden (müssen) (vgl. Storrer 1999; 2002).

3 Französischsprachige Chat- und MOO-Protokolle als didaktisches Instrument

3.1 Methodische Vorbemerkungen

Wesentliches Kriterium bei der Zusammenstellung des Datenkorpus war der Aspekt, authentische Protokolle von Chats und MOOs auszuwählen, an denen exemplarisch Ansatzpunkte für Didaktisierungen im fortgeschrittenen Fremdsprachenunterricht Französisch aufgezeigt werden können. Dabei bot es sich zum einen an, Auszüge aus einem individuell aufgezeichneten Protokoll einer Sprachlernbegegnung im *MOO français* zu verwenden, das in ähnlicher Form von anderen Teilnehmenden im Rahmen begegnungsdidaktischer Projekte vom Typ *e*Tandem erstellt und nachbesprochen werden könnte. Zum anderen sollte mit der Auswahl von zwei archivierten Protokollen eines Prominentenchats der Tatsache Rechnung getragen werden, dass vergleichbare

---

10   Herring (1999) verweist in diesem Zusammenhang u.a. auf Untersuchungen von Turkle (1995) zur Attraktivität des *gender-swapping* in MUDs.

französischsprachige Dokumente zunehmend auch von einem breit(er)en Adressaten-
kreis rezipiert werden, und zwar zeitlich und räumlich losgelöst von der ursprünglichen Online-Produktionssituation. Fast jede „Einrichtung" des öffentlichen Lebens im
weitesten Sinne – egal ob politische Partei, Tageszeitung, Fernsehstation oder Medien-
star – bietet InternetnutzerInnen inzwischen die Möglichkeit zum Online-Chat und
veröffentlicht ausgewählte Chat-Protokolle in ihren Archiven. Damit haben Chat-
Protokolle ggf. auch den Status von schriftbasierten eTexten, die in ein Hypertextnetz
eingebunden sind.

Die Unterschiedlichkeit der Datenkorpora ergibt sich vor allem aus den je unterschiedlichen Produktions- und Rezeptionsbedingungen der Protokolle von Prominentenchat und Sprachlern-MOO. Berücksichtigt man diese Unterschiede mit Blick auf
fremdsprachendidaktische Anwendungen, kann die Beschäftigung mit (Ausschnitten
aus) MOO-Protokollen eher für Besonderheiten der eigenen textbasierten Online-
Interaktion sensibilisieren, während die Analyse der beiden Versionen des Prominentenchats geeignet sein kann, um auf Regularitäten der redaktionellen Nachbearbeitung
von Chatprotokollen für die (lesende) Rezeption aus der Distanz aufmerksam zu machen (Schwerpunkt: Verfahren der Herstellung thematischer Kohärenz).

Was die verwendeten Varietäten bzw. Register betrifft, so belegen die Daten eine
relative Homogenität der Merkmale, weitgehend unabhängig von den jeweiligen Pro-
duktions- und Rezeptionsbedingungen. Sowohl in den Protokollausschnitten, die einem Austausch (nur) unter Muttersprachler/inne/n im Prominentenchat entnommen
sind, wie auch in solchen, in denen Teilnehmer/inne/n sich im *MOO français* explizit
zu Zwecken des Lehrens und Lernens eingeloggt haben, sind sprachliche Formen belegt, die das bereits in verschiedenen anderen Arbeiten nachgewiesene *parlécrit* (vgl.
Anis Hrsg. 1999) dokumentieren.

Deutlichere Unterschiede zwischen den beiden Szenarien bestehen hingegen hinsichtlich der Dimension der sequenziell-interaktiven Textherstellung, wobei phasenweise – so wird die nachfolgende Diskussion von Beispielsequenzen zeigen – korpus-
übergreifend auch die Integration von Elementen nachgewiesen werden kann, die als
Manifestationen einer konzeptionell schriftlichen kommunikativen Grundhaltung im
Sinne von Koch & Oesterreicher (1990, 1994) einzuordnen sind.

3.2 Beobachtungen aus dem MOO français: *Character descriptions* als kommunikative Ressource

Mit Blick auf didaktische Nutzungsmöglichkeiten von Mitschnitten aus dem *MOO
français* scheint es besonders interessant herauszuarbeiten, welche Hinweise ein Protokoll auf die an das Trägermedium MOO adaptierte Realisierung konversationell organisierter Sequenzen (hier: Phase der Kontaktbeendigung) geben kann. Zur Illustration dieses Aspekts werden Ausschnitte aus einer Begegnung vom April 1998 im *MOO
français* herangezogen, die ich an anderer Stelle unter dem Aspekt der Identitätskon-
struktion ausführlicher analysiert habe (vgl. Apfelbaum 2002). [11] [12] Allgemeiner gelten

---

11   In der bisher vorliegenden fremdsprachendidaktischen Literatur – vor allem in der Nachfolge
      von Lonnie Turbee, der Gründerin des spanischsprachigen *MundoHispano* (vgl. z.B. Hall 1998)

für ein MOO-Protokoll – im Unterschied zu Protokollen von gängigen Webchats beispielsweise mit Prominenten oder Experten – mindestens folgende Merkmale:

- Es dokumentiert den dialogischen Austausch auf einer Plattform, der auf objektorientierten Programmiersprachen basiert; dort besteht die Möglichkeit, räumliche Umgebungen mit (zumeist noch textbasierten) Objekten und characters zu definieren und deren Beschreibung über bestimmte Befehle aufzurufen (im Französischen: r + *objet*) bzw. – solange es den eigenen Raum oder character betrifft– diese Beschreibungen auch beliebig oft redaktionell zu bearbeiten; weiterhin sind im Protokoll ggf. automatisch generierte Nachrichten weiterer *characters*, sog. *(ro)bots*, verzeichnet;
- Da das Protokoll nur den Parcours des an einem Rechner eingeloggten Teilnehmers dokumentiert (hier: jeweils Dopplung der als Gast mit dem Nickname *visiteur rouge* eingetippten und abgeschickten Beiträge; s.u.), werden alle anderen Dialoge ausgeblendet, die parallel dazu in anderen Räumen stattgefunden haben; auf Grund der im Prinzip unbegrenzten Anzahl von Räumen besteht die Möglichkeit, sich mit einem Partner oder einer Partnerin in einen separaten Raum zurückzuziehen und sich dort mir ihm oder ihr allein auszutauschen;
- Das Protokoll dokumentiert einen kommunikativen Austausch, der unter der Maßgabe einer besonderen *netiquette* erfolgt ist, deren wesentliches Ziel darin besteht, eine geschützte Lehr- und Lernumgebung für einen bestimmten Sprachraum (hier: Französisch) zu bieten und insbesondere Nichtmuttersprachler/innen zu Beiträgen in der Fremdsprache zu ermutigen.

Neu eingeloggte TeilnehmerInnen im *MOO français*, auch Gäste, wurden zum Zeitpunkt der Aufzeichnung mit folgender *message de bienvenue* begrüßt (Hervorhebungen B.A.).

Ausschnitt 1: *Message de bienvenue MOO français*

Message de bienvenue

*** Connected ***

... Bienvenue au MOO Francais, un lieu de rencontre pour les etudiants et les passionne's de la langue francaise, ou vous pourrez *ameliorer votre francais ecrit en conversant*! Sur le Net!

Welcome to French MOO, a place for students and enthusiasts of the French language to meet and interact in an environment rich with excuses for *practicing conversational French*! On the Internet!

In dieser Nachricht wird – mit leicht unterschiedlichen Akzenten im französisch- und im englischsprachigen Teil – darauf hingewiesen, das MOO biete einen Anwendungs- bzw. Übungsraum für konversationelle Praktiken und trage dazu bei, das schriftliche Französisch zu verbessern (vgl. *améliorer votre francais écrit en conversant* vs. *practicing conversational French*). Eine vergleichbare, wenn auch tendenziell skeptischere Einschätzung findet man auf den Seiten des eTandem-Servers Bochum (vgl. http://www.slf.ruhr-uni-bochum.de/etandem) zur Eignung von MOOs als elektroni-

---

- dominieren eher euphorisch-begeisterte Einschätzungen des neuen Mediums. Als besonders motivierend wird die Möglichkeit angesehen, sich in einem MOO unter Pseudonym, also mit einer virtuellen Identität, anmelden zu können.

12 Im Protokoll sind keine Zeitangaben zur Eingabe der einzelnen Beiträge verzeichnet.

schem Medium für Sprachlerntandems: „Erlaubt schriftliche Dialoge und erfordert schnelle Reaktionen; für Korrekturen bleibt wenig Zeit." [13]

Was die konkrete Gestaltung der Phase der Kontaktbeendigung mit medienspezifischen Mitteln betrifft,[14] ist insbesondere ein Ausschnitt aus der Endphase des dialogischen Austauschs zwischen einem *permanent character*, Alexis, und einem Gast, *visiteur rouge*, aufschlussreich. (Die Beiträge von *visiteur rouge* wurden von mir selbst eingegeben und werden im Protokoll nur mit „vous dites" wiedergegeben, da das Protokoll an dem Rechner erstellt wurde, an dem ich mich als Gast eingeloggt hatte.) An den Ausschnitten lässt sich zeigen, dass die MOO-Partner nicht nur auf nähesprachliche, an das Trägermedium MOO adaptierte Routineformeln rekurrieren, sondern auch eine aus der Distanz redigierte *character description* als kommunikative Ressource nutzen.

Hier die Passage aus dem Protokoll, die den dreischrittigen Einstieg in die Phase der Kontaktbeendigung zu dokumentieren scheint:

Ausschnitt 2,1: „ciao"

[Auslassung von 10 Beiträgen, in denen bereits Initiativen zur Kontaktbeendigung dokumentiert sind]

16.   "ciao
17.   Vous dites, "ciao"
18.   Alexis dit, "desolee." * / „*tut mir leid.*" [im Frz.: Endung 3. Ps. Sg. fem.]
19.   Alexis dit, "A+" **

(1) *Visiteur rouge* setzt offenbar eine Reaktion seines Gegenübers mit der jugendsprachlich markierten Routineformel „ciao" relevant (Zeile 16);
(2) Alexis scheint darauf mit der ritualisierten Entschuldigungsformel „desolee" zu reagieren (Zeile 18) und
(3) Alexis scheint ihren Turn mit der medienspezifischen, auf Zeichenökonomie ausgerichteten Routineformel „A+"[15] unmittelbar fortzusetzen (Zeile 19), so dass im Gegenzug eine korrespondierende Routineformel bei *visiteur rouge* konditionell relevant gesetzt wird.

Interessant ist nun aber vor allem, welche Reaktionen auf diese Beiträge von Alexis folgen. Das *log* dokumentiert hier eine konversationell organisierte Nebensequenz in Form einer Reparatur, die sich aus einem Missverständnis bezüglich der *gender*-Dimension ergibt und in deren interaktivem Vollzug weitere schriftbasierte Mittel eingesetzt zu werden scheinen, die nur als Adaptation an die spezifischen Bedingungen des Trägermediums zu erklären sind:

Ausschnitt 2,2: „désolée"

20.   "desolEE?? [Frz.: 3. Ps. Sg. Fem.] / „*tut mir leid??*
21.   Vous dites, "desolEE??" / *Sie sagen, „tut mir leid??"*
22.   Alexis dit, "Oui. Parce que je n'ai pas compris." / *Alexis sagt, „Ja. Weil ich nicht verstanden habe."*

---

13   Als didaktische Konsequenz wird auf den Bochumer Seiten formuliert: „Gut geeignet als Ergänzung zu anderen Medien, um sich mit dem Partner zwischendurch zu unterhalten, Missverständnisse zu klären, Absprachen zu treffen usw. (...)".
14   Zur fremdsprachendidaktischen Relevanz der idiomatischen Gestaltung der Phasen Kontakteröffnung und Kontaktbeendigung vgl. bereits Gülich & Henke (1979/1980).
15   = à plus tard / *bis später* vgl. auch „@+"

23.   "non. je faisais allusion a ton sexe! / *„nein. ich wollte auf dein Geschlecht anspielen!*
24.   Vous dites, "non. je faisais allusion a ton sexe!" / *Sie sagen, „nein. ich wollte auf dein Geschlecht anspielen!"*
25.   Alexis dit, "Non je suis une femme." / *Alexis sagt, „Nein ich bin eine Frau."*
26.   Alexis dit, "Tape r alexis" / *Alexis sagt, „Tippe r alexis"*
27.   r alexis

–   *Visiteur rouge* wiederholt das von Alexis verwendete Partizip Perfekt, setzt jedoch die letzten beiden E's in Großbuchstaben und fügt ein doppeltes Fragezeichen an (*„desolEE??*, 20/21). Damit scheint zunächst die von Alexis eingebrachte Grußformel ignoriert zu werden[16] und es werden Möglichkeiten der Schriftsprache genutzt, um Erstaunen über die weibliche Endung des Partizips zum Ausdruck zu bringen.[17]
–   Alexis scheint jedoch die Absicht der Äußerung von *visiteur rouge* nicht zu verstehen, denn der nächste im *log* dokumentierte Beitrag (*Alexis dit, "Oui. Parce que je n'ai pas compris."*, 22) enthält zwar eine Begründung, warum von Alexis der Ausdruck *désolée* benutzt wurde; er geht jedoch nicht auf die *gender*-Dimension ein, die mit der Reparaturinitiierung kontextualisiert wurde.[18]
–   Im nächsten Zug (23/24) wird daraufhin die *gender*-Frage metakommunikativ kommentiert und noch einmal die Intention der Äußerung herausgestellt: "*non. je faisais allusion a ton sexe!*, 23, bzw. *Vous dites, "non. je faisais allusion a ton sexe!*", 24).
–   Der nächste Beitrag dokumentiert dezidierten Widerspruch von Alexis (*Alexis dit, "Non je suis une femme.*", 25), die außerdem ihr Gegenüber auffordert, den Befehl zum Aufruf der *character description* einzugeben: *Alexis dit, "Tape r alexis"* (26).

Das Protokoll scheint weiterhin zu dokumentieren, als werde diese Aufforderung von *visiteur rouge* umgehend umgesetzt (*r alexis*; 27), denn es ist als nächstes die *character description* im *log* verzeichnet, die Alexis selbst zu ihrer weiblichen Identität – mit zahlreichen Normverstößen und Interferenzen aus dem amerikanischen Englisch – eingegeben hat:

Ausschnitt 2,3: „r Alexis"

28.   Alexis (curieuse)
29.   une jeune fille dans le milieu vingtaine avec les cheveux blonds et les yeux
30.   bruns. Elle porte des lunettes. Elle est un etudiante en informatique et en
31.   communication. Elle adore discuter et elle toujours souriante et elle rit.
32.
33.   .... Mais prends garde! Elle peux etre mechante de temps en temps. Elle aime
34.   faire souvent des "pokes"! Si elle te fait souvent des "pokes", tu peux
35.   joindre l'APHBA (l'Association de Protection d'Homme Battus par l'Alexis. ;)

---

16   Alternativ könnte der Gebrauch von *desolee* durch Alexis damit erklärt werden, dass hier eine Interferenz mit dem Englischen *sorry* vorliegt und dass Alexis – mit Bezug auf einen schon weiter zurückliegenden Beitrag von *visiteur rouge* – selbst eine Reparatur initiieren wollte.
17   In Analogie zu Alexis Sorbas war ich als eingeloggter Gast hinter *visiteur rouge* bis zu diesem Zeitpunkt davon ausgegangen, dass es sich bei Alexis um einen männlichen Spieler handelte.
18   Während Kategorien wie Geschlecht oder Alter in Erstbegegnungen unter *Face-to-Face*-Bedingungen wie auch am Telefon entweder unmittelbar über Stimmqualität und Aussehen inferierbar sind oder in der Anfangsphase über sog. „which"-type-questions aufgerufen und zur Initiierung von Gesprächsthemen verwendet werden, erfolgt hier der Hinweis auf die für die Identität eines *characters* relevanten Grundkategorien erst, als längst verschiedene, zum Teil persönliche und realweltlich verankerte Themen behandelt worden sind. Zur Frage der Beziehungsgestaltung über virtuelle *characters* vgl. auch Herring (1999) und Sassen (2000).

36.
37.   Elle est eveillee et semble alerte.
38.   Transporte:
39.   (...)
40.   (...)
41.   (...)

Erst als das Missverständnis unter Rekurs auf die Beschreibung des *characters* repariert ist, scheint in die Hauptsequenz zurückgeleitet zu werden:

Ausschnitt 2,4: „merci de me l'avoir appris"

42.   "merci de me l'avoir appris! Maintenant je dois vraiment partir. J'ai fin!!¹⁹ *
       / „danke dass du mir das beigebracht hast! Jetzt muss ich wirklich weg. Ich habe
       Hunger!!
43.   Vous dites, "merci de me l'avoir appris! Maintenant je dois vraiment partir. J'ai
       fin!!" *
       / Sie sagen, „danke dass du mir das beigebracht hast! Jetzt muss ich wirklich weg.
       Ich habe Hunger!!"
44.   Alexis dit, "ok. :)"
45.   Alexis dit, "Bye."

−   *Visiteur rouge* bedankt sich explizit für die erteilte „Lektion" bei Alexis (42/43),
−   der Dank wird von Alexis ratifiziert (*ok.* + smiley, 44) und
−   Alexis wiederholt noch einmal das von ihr einzubringende Element der Verabschiedungssequenz (*Bye.*; 45).

Der Rechtschreibfehler hingegen, der im zweiten Teil des Beitrags von *visiteur rouge* dokumentiert ist („f(a)im"; 42), wird nicht bearbeitet.

In der Phase der Kontaktbeendigung, die sequenziell überwiegend nach den Versprachlichungsprinzipien von konversationeller Interaktion organisiert ist, kommt es also auch zur Integration (konzeptionell) schriftlicher Anteile, als die von einer Teilnehmerin selbst redigierte und (potenziell) weiter zu bearbeitende *character description* aufgerufen wird. Die Art und Weise, mit der die abgespeicherte Beschreibung unter den Bedingungen des Trägermediums MOO zur kommunikativen Ressource wird, könnte in einem nächsten Schritt zum Gegenstand systematischerer Reflexion gemacht werden, beispielsweise in Begleitkursen zu begegnungsdidaktischen Projekten vom Typ Gruppen-*e*Tandem im Hochschulbereich.

Aus fremdsprachendidaktischer Sicht sei noch angemerkt, dass sich die Reparatur- bzw. Korrekturaktivitäten der MOO-PartnerInnen in dem hier analysierten Ausschnitt auf inhaltliche Aspekte beschränken, dass Verstöße gegen orthographische, lexikalische oder morpho-syntaktische Normen jedoch unbearbeitet bleiben. Dies erklärt sich zum einen dadurch, dass die Lernenden nicht automatisch auf Muttersprachler treffen, und zum anderen dadurch, dass auf Grund des Zeitdrucks kaum Gelegenheit zur Online-Korrektur besteht.²⁰ Insofern bleibt aus fremdsprachendidaktischer Perspektive nur der Hinweis auf die Möglichkeit, im eTandem den jeweiligen Aus-

---

19   vgl. *la faim* / der Hunger
20   Vgl. auch entsprechende „warnende" Hinweise unter http://www.slf.ruhr-uni-bochum.de/
      etandem: „Chat-Gruppen mit vielen Teilnehmern eignen sich nicht für eTandem: Sorgen Sie dafür, dass Sie mit Ihrem Partner allein sprechen können."

tausch „mitzuschneiden", ihn anschließend auszudrucken und im nachhinein das abge-speicherte Protokoll in einem anderen Medium (z.b. E-Mail) gezielt nachzubearbeiten und dabei auch andere, über das Internet verfügbare Wissensquellen einzubeziehen.

3.3 Themenstrukturierung im Webchat mit Louis Bertignac

Zentraler Punkt bei der diskursanalytisch inspirierten Nutzung von zwei verschiede-nen, im Internet dokumentierten Protokollversionen eines Prominentenchats ist die Sensibilisierung für Anforderungen im Bereich der Textherstellung und Textstruktu-rierung an die Beteiligten in Abhängigkeit von den jeweiligen Produktions- und Re-zeptionsbedingungen. Während an verschiedenen Passagen der Originalversion ge-zeigt werden kann, wie sich die Themenstrukturierung mit anderen Aktivitäten der Teilnehmer/innen überlappt und laufend Strukturierungsaufgaben wahrgenommen werden müssen, die sonst eher mit medial gesprochener Sprachproduktion einherge-hen, lässt sich an der redigierten Fassung des Protokolls entwickeln, wie die themati-sche Organisation sowohl mit graphischen und lexikalischen Mitteln als auch durch eine sequenziell kohärente Auswahl der Originalbeiträge geleistet wird.

3.3.1 Originalprotokoll und redigierte Fassung als archivierte eTexte

Die Protokoll-Ausschnitte aus einem Prominentenchat sind dem Web-Archiv der Fan-liste www.bertiliste.com entnommen, das Teil einer umfangreicheren Site ist, auf der verschiedene Aktivitäten von Louis Bertignac, dem Stargitarristen der ehemaligen französischen Rockgruppe *Téléphone*, dokumentiert sind.[21] Per Verlinkung gelangt man von dort aus u.a. zu der Seite „Chat avec Louis Bertignac", wo man die folgende (verlinkte) tabellarische Übersicht über drei Versionen von Chat-Protokollen eines Austauschs führt, der am 29.11.1999 vom Listenmoderator der Fanliste, Manuel, in Zusammenarbeit mit dem französischen Internetprovider www.canalchat.com organi-siert wurde:

Trois transcriptions du chat existent:

* *Version intégrale:*

   reproduction du chat tel qu'il s'est déroulé,
   pour se replonger dans l'ambiance...

* *Le Best Of de la Bertiliste:*

   les dialogues sont remis en ordre et regroupés par thème,
   pour ne rien rater de l'essentiel...

* *Les Archives de Canalchat:*

   Entrez "Bertignac" dans leur moteur de recherche,
   pour les gens pressés..

   (Quelle: http://www.bertiliste.com/bertignac/presse/canalchat.html)

---

21   Sie wurde im Dezember 2002 mit der google-Suchmaschine aufgefunden und existierte auch im
      Sommer 2003 noch in leicht modifizierter Form.

Über die Auflistung erfahren die Seitenbesucher/innen also schon im redigierten Teil des umgebenden Hypertextnetzes (vgl. Storrer 1999) etwas über die Ziele der Dokumentation und werden – unter Einbeziehung der je unterschiedlichen Rezeptionsperspektive potenzieller Adressaten der drei Protokollversionen – über wesentliche Textmerkmale informiert:

> (1) die *Originalversion* des Chat-Protokolls entspreche im Wesentlichen dem Mitschnitt des Internetproviders Canalchat[22] und sei geeignet, sich noch einmal in die *ambiance* des Chat-Events fallen zu lassen; [23]
>
> (2) in der *redigierten Fassung* seien die Dialoge nach Themen geordnet worden und man könne sich darin einen Überblick über das Wesentliche verschaffen; [24]
>
> (3) im *Web-Archiv von Canalchat* könne man „Bertignac" als Suchwort eingeben, was insbesondere für Leute geeignet sei, die es eilig hätten. [25]

Auch geben die metakommunikativen Äußerungen des Redakteurs Hinweise darauf, dass es sich bei dem Chat mit Louis Bertignac nicht um einen Prominenten-Chat mit „moderierter Sequenzierung" gehandelt hat (vgl. Storrer 2001: 13), in dem Sinne, dass Manuel über den Zeitpunkt der Veröffentlichung bzw. Sichtbarmachung von eingehenden Beiträgen der TeilnehmerInnen entschieden hätte. Die selbst definierte und der „Fangemeinde" vermutlich vertraute Rolle des Moderators hat vielmehr darin bestanden, die teilnehmenden Listenmitglieder in der Anfangsphase des Chat, also noch vor dem „Eintreffen" des Stargasts Louis Bertignac (im Protokoll: *louis*), nach und nach immer wieder dazu aufzufordern bzw. daran zu erinnern, Fragen an den Stargast vorzubereiten, die sie dann später auf eigene Initiative haben abschicken können, nachdem Manuel selbst die beiden ersten Fragen eingebracht hat.

Ausgehend von den Kriterien, die der Seiten-Verantwortliche selbst im Zusammenhang mit seiner redaktionellen Tätigkeit benennt, sollen in der nachfolgenden Interpretation von Ausschnitten aus den beiden Protokollversionen exemplarisch die medienspezifischen Verfahren rekonstruiert werden, mit denen die Einführung und Behandlung des ersten Themas unter Rekurs auf die erste vorbereitete Frage geleistet wird. Analog zu Untersuchungsergebnissen aus dem Bereich phonisch und visuell realisierter konversationeller Interaktionen ergibt sich als Ergebnis der Analyse dieser Ausschnitte, dass die Themeneinführung in der Online-Interaktion – trotz Rückgriff von Manuel auf einen vorgefertigten längeren Textbaustein – auch die Mitwirkung der TeilnehmerInnen erfordert.

Auf der Grundlage der redigierten Protokollversion hingegen lässt sich zeigen, dass im Prozess der redaktionellen Nachbearbeitung zusätzliche Kohärenzhinweise im grafischen Code eingesetzt werden, von denen angenommen werden kann, dass dadurch der Rezeptionsprozess aus der Distanz erleichtert wird (vgl. Storrer 1999, 2002).

---

22   Weitere Hinweise auf der Einstiegsseite zur *version intégrale* unter http://www.bertiliste.com/bertignac/presse/canalchatintegral.html

23   Außerdem findet man dort einige Erläuterungen zu *Canalchat*.

24   Weitere Hinweise zu *Le Best-Of de la Bertiliste* unter http://www.bertiliste.com/bertignac/presse/canalchatbestof.html

25   Eine Überprüfung im Juli 2003 mit der Suchmaschine von www.canalchat.com ergab, dass das Chatprotokoll aus dem Jahr 1999 aus dem Archiv entfernt wurde. Diese Version bleibt deshalb im Rahmen der hier vorgestellten Analysen unberücksichtigt.

Mit Blick auf Didaktisierungen im fortgeschrittenen Französischunterricht bietet m.e. die Bewusstmachung kontextspezifischer Unterschiede hinsichtlich der Anforderungen an die sprachliche Gestaltung von Chat-Protokollen besonders interessante Ansatzpunkte (vgl. genauer Kapitel 3.4).

3.3.2 Originalversion

Hat man auf der Einstiegsseite in die Rubrik *Version intégrale* geklickt und wählt von dort den entsprechenden Link, öffnet sich ein langes Dokument, in dem beim Scrollen nicht ohne Weiteres nachvollziehbar ist, wann überhaupt mit der Behandlung der verschiedenen Themenkomplexe begonnen wurde. Erst nach einer relativ intensiven Lektüre lassen sich die beiden ersten von Manuel vorbereiteten Themen-initiierenden Fragen auffinden:

Beitrag 108 :
Manuel : Louis, tu vas bientôt sortir un nouvel album...As tu prévu de faire une tournée française ? et sinon, comment envisage tu ton avenir (Encore de la musique ou un retraite bien mérité ?) Merci ! Signé : un de tes plus grands fans !!

Beitrag 118:
Manu: Deuxième Question: Louis, que pense tu de tout les sites qu'il existe sur Toi et Téléphone (dont le mien ;-)))

Im Sinne von Koch & Oesterreicher (1990, 1994) enthalten die beiden Fragen sowohl markiert konzeptionell schriftliche Elemente (relative Länge, Inversionsfragen, ein formelhaftes *signé* am Ende der ersten Frage) als auch markiert mündliche Elemente der schriftbasierten Internetsprache (Ausrufungszeichen, Emoticons als phatische Marker; Verstöße gegen orthografische und grammatische Konventionen im Bereich von Verbendungen, Relativum, Akzentsetzungen u.ä.).

Die Platzierung der Fragen in ihrer sequenziellen Umgebung dokumentiert zusätzlich zahlreiche Verstöße gegen Prinzipien interaktionaler Kohärenz (vgl. Kapitel 2), und zwar sowohl auf der lokalen Ebene von Paarsequenzen als auch auf der Ebene globaler operierender Sequenzstrukturen im Sinne von Gesprächsphasen oder thematischen Blöcken. Beides scheint auf Überlappungen verschiedener, konversationell organisierter Aktivitäten hinzuweisen, wobei der im Protokoll erzielte Effekt zusätzlich auch auf die spezifischen technischen Übertragungsbedingungen im Trägermedium MOO zurückzuführen ist.

Zur Illustration sei hier exemplarisch im sequenziellen Zusammenhang Manuels erster Initiierungsversuch für ein Thema in Beitrag 108 des Original-Protokolls wiedergegeben:

[Auslassung von 103 Beiträgen]

        104.   Fred: PArce que t'es chez toi en plus???
        105.   louis: oui, oui un portable
        106.   Mauve: Louis, Salut de Québec !
        107.   louis: waow , Mauve, t'es si loin?
→   108.   Manuel : Louis, tu vas bientôt sortir un nouvel album...As tu prévu de faire
                une tournée française ? et sinon, comment envisage tu ton avenir (Encore de
                la musique ou un retraite bien mérité ?) Merci ! Signé: un de tes plus grands

         fans !!
109.   louis: ben oui, chez moi
110.   louis: j'envisage la retraite...
111.   Muriel&Ingrid: Retraite??? ca va pas la tete non?
112.   louis: dans 40 ans
113.   Zegut rtl: ben le louis tu dis meme po bonsoir ;o)
114.   Speed: Bonjour de la Dune
115.   Chris: Louis salut de SFO
116.   louis: salut le Zegut!
117.   Muriel&Ingrid: oufff
→ 118. Manu: Deuxième Question: Louis, que pense tu de tout les sites qu'il existe
         sur Toi et Téléphone (dont le mien ;-)))
119.   louis: ça m'eclate, tous les sites
120.   saOlOnoChrisDavid: on promet d'etre encore là dans 40 ans!!!
(...)

Wie an Hand des Protokolls rekonstruiert werden kann, ist Manuels Initiierungsversuch für ein erstes Thema vermutlich erst auf dem Bildschirm erschienen, als andere noch weiter Begrüßungsfloskeln mit Louis austauschten (105-107; 109), so dass die Reaktion von *louis* darauf erst im übernächsten Beitrag (in 110) verzeichnet ist (*louis: „j'envisage la retraite...“*). Ob die daran im Protokoll unmittelbar anschließende Nachfrage und der Kommentar von *Muriel&Ingrid: „Retraite??? ca va pas la tete non?“* (in 111) aber tatsächlich als Anschluss an den Beitrag von *louis* konzipiert waren oder ob mit dem Beitrag über Wiederaufnahme des Lexems *retraite*, das ja auch schon in Manuels Frage gebraucht wurde, nur eine im Chat durchaus übliche, fast assoziative Kohärenzbeziehung aufgebaut werden sollte (vgl. Herring 1999), kann an Hand des Protokolls allein kaum entschieden werden. Für den Fall, dass der Beitrag vom *Muriel&Ingrid* (in 111) tatsächlich als Anschluss an die Reaktion von *louis* (in 110) konzipiert war, deuten die drei Fragezeichen darauf hin, dass diese zur Indizierung von Erstaunen bzw. Empörung eingesetzt wurden. Das wiederum würde bedeuten, die drei Pünktchen am Ende des Beitrags von *louis* waren nicht als Turn-Fortsetzungs-Signal interpretiert worden, sondern im Sinne der im Französischen damit primär assoziierten Konvention verstanden worden, dass hier ein Gedanke eher aus affektiven Gründen nicht zu Ende formuliert wurde. Auch der nachfolgende klärende Beitrag von *louis* in Form einer syntaktischen Erweiterung (*„dans 40 ans“*) scheint zunächst – auf Grund von erneuten „Überlappungen“ mit weiteren Begrüßungsaktivitäten – folgenlos zu bleiben und erfährt im Rahmen der vom Chatprogramm generierten Sequenzierung erst in 117 eine angemessene Reaktion durch *Muriel&Ingrid*. Während *Manu* offenbar bereits die zweite vorbereitete Frage abschickt (in 118) und die Reaktion von *louis* darauf auch erneut unmittelbar darauf im Protokoll verzeichnet ist (in 119), ist schließlich noch ein weiterer Beitrag (in 120) im Protokoll registriert, der als Fortsetzung des ersten Themas interpretiert werden kann.

Vor dem Hintergrund der Tatsache, dass *de facto* in den Beiträgen jedoch relativ wenig explizite Hinweise auf eindeutige Kohärenzbeziehungen auf lokaler wie auch globalerer Ebene (hier: Behandlung des ersten Themas) gegeben werden, scheint es umso erstaunlicher, zu welcher Variante der internen thematischen Strukturierung der

Listenmoderator in der entsprechenden Passage der redaktionellen Nachbearbeitung gefunden hat.

3.3.3 Die redigierte Fassung des Protokolls

Wie bereits in Kapitel 3.3.1 angedeutet, ist die Einstiegsseite zur redigierten Version des Protokolls so gestaltet, dass für die SeitenbesucherInnen – als Zielgruppe eingegrenzt auf Listenmitglieder, die nicht selbst haben teilnehmen können – zunächst einige inhaltliche Hintergrundinformationen gegeben werden:

> Sur cette page, une version arrangée (plutôt rangée, arf !) du chat, où les dialogues sont remis en ordre et regroupés par thèmes.
> -- (...)

Interessant ist hier u.a. die korrigierende Kommentierung, in der über den Kontrast *arrangée („plutôt rangée, arf !)* im Reparandum zunächst die eher abstrakt-intellektuelle Dimension des Wiederherstellens von Dialogstruktur und thematischer Kohärenz der Beiträge benannt wird, bevor im Reparans dann – in Kombination mit *arf* als einer im französischen Internetjargon häufig verwendeten Kurzform für „Lachen" – eher selbstironisch der handwerklich-konkrete Aspekt der elektronischen Text- bzw. Sprachdatenverarbeitung akzentuiert wird.

Weiterhin kann man sich auf der Einstiegsseite zur redigierten Fassung des Protokolls einen tabellarischen Überblick über die Gesamtheit der behandelten Themen verschaffen. Jede Überschrift ist mit der dazugehörigen Textpassage aus dem redigierten Protokoll verlinkt (Überschriften dort: in roter Farbe).

La retraite ?	Les concerts (1)
Sites Internet	Tournée + Bertiliste
Le prochain album	L'album de Corine
Jean-Louis Aubert	La reformation de Téléphone
Les Coincoins	Charityshowbiz
Bertimusique	Partitions
Cours de guitare	Guitares etc.
Influences	Goûts musicaux
Le Québec	L'Algérie
BertiSki	Football
La vie de Louis	The end...

Schließlich wird der redigierten Best-of-Version des Chatprotokolls noch eine Nachricht in E-Mail-Format vorangestellt:

Date: Wed, 1 Dec 1999 14:46:36 +0100
From: "Th. Joubaud"
Subject: Le Chat de canalchat : Best of, volume 1
Hi y'all...

Enfin au clavier après des heures de boulot torride, je me rends compte que personne n'a rien posté (ou presque) du chat avec Louis lundi soir...

Si peu de messages, tellement de lurking, vous attendez quoi au juste ? Z'êtes malades ?

(...)

J'ai copié collé une bonne partie du chat (il m'en manque deux tout petits bouts, qq'un a dit qu'il avait l'intégralité, qu'il se manifeste à nouveau, je crois que c'est encore un Vincent mais pas sur), en voici quelques extraits choisis.

(...)

J'ai interverti certaines lignes pour essayer de reconstruire une certaine chronologie, un peu chaotique avec le principe du chat et la lenteur dactylographique de certain(e)s (arf !...)

(...)

[Kürzel Unterschrift]

Auch hier werden noch einmal eher handwerkliche Aspekte der zurückliegenden redaktionellen Tätigkeit betont (vgl. „*boulot torride*", „*J'ai copié collé...une bonne partie du chat*" und „*j'ai interverti certaines lignes*"), wobei der Redakteur im letzten Absatz zusätzlich noch seine Ziele und Motive benennt („*pour essayer de reconstruire une certaine chronologie*") und damit eher auf die abstrakt-intellektuelle Dimension seines sprachlichen Handelns verweist.

Generell sind einige typische Formen der oralisierten, aber auf Zeichenökonomie ausgerichteten Internet-Schriftsprache belegt (z.B. die englische Anredeform „*Hi y'all...*"; die Frage „*Z'êtes malades ?*", die Verbbildung „*j'ai copié collé*" und ein weiteres „*arf !*"); die syntaktischen und textuellen Konstruktionsprinzipien können hingegen als relativ elaboriert eingestuft werden, was als Signal für konzeptionelle Schriftlichkeit gewertet werden kann.

Betrachtet man nun genauer das Ergebnis der redaktionellen Bearbeitung in der Best-of-Version, zeigt sich, dass die thematische Organisation dort sowohl mit graphischen und lexikalischen Mitteln als auch durch eine sequenziell kohärente Auswahl der Originalbeiträge geleistet wird. Insgesamt können diese Verfahren als funktional für die Rezeption der Teiltexte aus der Distanz betrachtet werden.[26]

Exemplarisch lassen sich die aufgefundenen Regularitäten an der zu Thema 1 *LA RETRAITE* gehörigen Textpassage illustrieren:

***** *LA RETRAITE* *****

(Ca commençait bien, arf !)
Manuel: Louis, tu vas bientôt sortir un nouvel album...As tu prévu de faire une tournée française ? et sinon, comment envisage tu ton avenir (Encore de la musique ou un retraite bien mérité ?) Merci ! Signé: un de tes plus grands fans !!
louis: j'envisage la retraite...
Muriel&Ingrid: Retraite??? ca va pas la tete non?
louis: dans 40 ans
Muriel&Ingrid: oufff
IsaOlOnoChrisDavid: on promet d'etre encore là dans 40 ans!!!

---

26   Ohne im Rahmen dieses Beitrags die Wahl der Überschriften im Einzelnen analysieren zu können, sei angemerkt, dass durchgängig über die Parallelität der nominalen Konstruktionen wie auch über die optische Gestaltung der (als mit der Tabelle verlinkten) Teiltexte Kohärenzhinweise in Bezug auf die Gesamtstruktur des Hypertextnetzes gegeben werden (vgl. Storrer 1999, 2002)

Nach einem einleitenden Kommentar des Redakteurs, dem seinerseits textstrukturie-rende Funktion zukommt, finden wir zunächst den von *Manuel* vorbereiteten Initiie-rungsversuch für ein erstes Thema. Im Unterschied zur Originalversion schließt an diesen Beitrag hier jedoch unmittelbar die erste Reaktion von *louis* an *(„j'envisage la retraite... ")*, und es folgen unmittelbar die Nachfrage und der Kommentar von *Mu-riel&Ingrid („Retraite??? ca va pas la tete non? ")*. Im Vergleich zur Originalversion entscheidet sich der Redakteur damit für eine sequenzielle Organisation mit eindeuti-geren lokalen Kohärenzbeziehungen: Dadurch dass auf den nachfolgenden Beitrag von *louis* in Form einer syntaktischen Ergänzung auch noch unmittelbar die beiden Beiträ-ge der Fans anschließen, in denen Erleichterung über das geklärte Missverständnis signalisiert wird (*Muriel&Ingrid: oufff; IsaOlOnoChrisDavid: on promet d'etre encore là dans 40 ans!!!)*, erscheint im Nachhinein die Äußerung von *louis* als die Störquelle, auf die mit den nachfolgenden Beiträgen Bezug genommen wird. Während diese Bei-träge in der Orginalversion des Protokolls auseinander gerissen waren, erscheinen sie im Ergebnis der redaktionellen Nachbearbeitung als zusammengehörig.

Was genau den Redakteur zu der von ihm gewählten Umstrukturierung motiviert hat, lässt sich natürlich nicht mit letzter Sicherheit allein über die Interpretation der entsprechenden Passage der redigierten Protokollversion sagen.[27] Zumindest kann aber davon ausgegangen werden, dass auf Grund der eigenen Teilnahme am Chat für den Redakteur manche Disambiguierungen leichter zu leisten waren, als wäre jemand mit der Aufgabe betraut worden, der nicht über dieses Hintergrundwissen verfügt hätte.

Fachexpertise in dem Themenbereich, zu dem in einem Prominenten- oder Ex-pertenchat diskutiert wird, dürfte – so belegt exemplarisch auch der Auszug, der als Thema 2 *LES BERTISITES*[28] in der Best-of-Version wiedergegeben wird, – sicher auch die kohärente Zuordnung von reaktiven Chatbeiträgen erleichtern, in denen die Teilnehmer mit der Nennung von URLs auf andere Wissensquellen im Internet ver-weisen:

***** LES BERTISITES *****

→   Manu: Deuxième Question: Louis, que pense tu de tout les sites qu'il existe sur Toi
      et Téléphone (dont le mien ;-)))
      louis: ça m'eclate, tous les sites
      Speed: Manu, envoie l'URL !
      Manu: http://www.groupetelephone.cjb.net
      IsaOlOnoChrisDavid: www.multimania.com/bertiliste

Während in der redigierten Version des Protokolls die Reaktionen auf das von Manu initiierte 2. Thema so angeordnet sind, dass mit den fünf wiedergegebenen Zügen die Sequenzstruktur auf ihre interaktional und thematisch kohärenten Minimal-Konstituenten reduziert wird, waren diese Beiträge in der entsprechenden Passage im

---

27   Im Rahmen von wissenschaftlich begleiteten Projekten zur Schreibforschung wäre auch eine
      Kombination mit anderen Methoden der empirischen Sozialforschung wie Teilnehmerbefragung
      o.ä. wünschenswert.
28   Wie der in Abschnitt 3.3.3 wiedergegebenen tabellarischen Übersicht zu entnehmen ist, lautet
      die entsprechende Überschrift dort „Sites Internet". Möglicherweise hat der Redakteur die ge-
      wählte Überschrift noch einmal korrigiert.

Originalprotokoll von neun weiteren Zügen „durchkreuzt" worden. Andere Teilnehmer/innen hatten sich simultan offenbar bereits zu neuen Themen geäußert, während die Expertise einbringenden Beitragenden noch Zeit für die Recherche bzw. Eingabe über die Tastatur ihres Terminals benötigten.

3.3.4 Zusammenfassung

Der Vergleich der Ausschnitte aus den beiden Chat-Protokoll-Versionen zeigt, dass unter den jeweiligen Produktions- und Rezeptionsbedingungen die Aufgabe der Themeneinführung und -entwicklung in unterschiedlicher Weise bewältigt wird. Das Original-Protokoll weist – trotz relativ elaborierter Themeninitiierungen wie auch schriftbasierter Verweise auf andere, über das Internet zu erreichende Wissensquellen – markierte Spuren sequenzieller Online-Textherstellung auf, die sich in Verstößen gegen orthografische und grammatische Normen wie auch gegen Prinzipien unmittelbarer interaktional-thematischer Kohärenz manifestieren. In der redigierten Protokollversion findet man derartige Spuren weniger, selbst wenn innerhalb der einzelnen Teilnehmerbeiträge sprachliche Fehler nicht korrigiert werden. Im Prozess der redaktionellen Nachbearbeitung erfolgt jedoch eine weitgehende Reduzierung auf die minimalen Dialogkonstituenten; außerdem werden über den Einsatz lexikalischer und graphischer Mittel – tabellarische Auflistung der per Verlinkung zu erreichenden Teilthemen – zusätzliche Kohärenzhinweise gegeben, mit denen die Rezeption der Protokollausschnitte als Teile eines Hypertextnetzes vermutlich erleichtert wird.

3.4 Anwendungen im Hochschulbereich

Wie die vorausgegangenen Analysen im Paradigma der Angewandten Diskursforschung gezeigt haben, kann die retrospektive Beschäftigung mit Chat- und MOO-Protokollen auch Ansatzpunkte für die didaktisch begleitete Förderung der rezeptiven und produktiven Kompetenz in der Zielsprache Französisch bieten. Wegen der Komplexität der sprachlich-kommunikativen Besonderheiten – einschließlich des für das Trägermedium Chat bzw. MOO konstitutiven *parlécrit* – scheint es aus didaktischer Sicht allerdings sinnvoll, die Arbeit an Chat- oder MOO-Protokollen erst dann in gesteuerte Lehr- und Lernangebote einzubinden, wenn die Lernenden bereits über normgrammatische Grundkenntnisse verfügen und sie die Spezifik von Chat-Protokollen entsprechend einschätzen können. Es ist deshalb vor allem an Einsatzmöglichkeiten im Bereich der Sekundarstufe II und im Hochschulbereich zu denken, wo der traditionelle Textsortenkanon – beispielsweise im Rahmen sog. „gemischter Dossiers" zu landeskundlichen Themen – mit Chatprotokollen um eine moderne Variante erweitert werden kann. Darüber hinaus kann der punktuelle Einsatz immer dann sinnvoll sein, wenn – beispielsweise im Rahmen begegnungsdidaktischer Sprachlernangebote vom Typ *e*Tandem (vgl. Brammerts & Kleppin Hrsg. 2001) – der eigene Austausch mit dem Tandempartner oder der Tandempartnerin nachbesprochen werden soll oder wenn – als Vorbereitung auf redaktionelle Aufgaben in der Fremdsprache – im Rahmen von Studienangeboten zur Angewandten Sprachwissenschaft die Transformation von Nähe- in Distanz-Kommunikation reflektiert und trainiert werden soll.

Im Paradigma der Angewandten Diskursforschung können Chatprotokolle vor allem genutzt werden, um schriftbasierte Verfahren der interaktiv-dialogischen Textstrukturierung bewusst zu machen:

– Retrospektiv kann kritisch reflektiert werden, wie in bestimmten Phasen des *Online*-Austauschs mit Muttersprachler/inne/n oder anderen Fremdsprachenlernenden „vorgefertigte" Ressourcen vom Typ *character description* angemessen genutzt werden können und welche Rolle das Englische als *lingua franca* in diesen Kommunikationssituationen spielt bzw. spielen kann;

– Über den Vergleich von Ausschnitten aus einem Originalprotokoll vom Typ Prominenten-Chat mit dessen redaktioneller Nachbearbeitung kann auf die spätere Übernahme von Aufgaben im Bereich der redaktionellen Nachbearbeitung von Chat-Protokollen in der Fremdsprache vorbereitet werden;

– im Rahmen von zwei- oder mehrsprachig durchgeführten standortübergreifenden virtuellen Hochschulseminaren[29] kann die funktionale Archivierung von Chat-Protokollen erprobt werden, die auf einschlägigen Lernplattformen von den dort bereit gestellten Chat-Werkzeugen generiert und für die Rezeption durch andere KursteilnehmerInnen aus der Distanz als *e*Texte redaktionell aufbereitet werden können.

4   Fazit und Ausblick

Die gesellschaftliche Relevanz von internetbasierten, manchmal auch mehrsprachig zu gestaltenden Kommunikationspraktiken im privaten wie im beruflichen Bereich wird in den nächsten Jahren noch weiter zunehmen. Damit wird auch der Bedarf an wissenschaftlich fundierten Kriterien für den effizienten Einsatz einschlägiger Technologien, insbesondere im Bereich von dialogisch organisierter Distanzkommunikation, weiter steigen.

Welche Art von Beitrag die (Angewandte) Diskursforschung zur Entwicklung solcher Kriterien leisten kann, habe ich im Rahmen dieses Beitrags am Beispiel von Überlegungen zu Einsatzmöglichkeiten von Chat- und MOO-Protokollen als didaktisches Instrument in der Fremdsprachenausbildung Französisch vorgestellt. Exemplarisch wurde entwickelt, (1) welche Verfahren der Sequenz- und Textstrukturierung sich an Hand solcher Protokolle rekonstruieren lassen, (2) wie über die Arbeit mit Chat-Protokollen die Reflexion über effiziente Kommunikationspraktiken möglicherweise gefördert werden kann und (3) welche didaktisch begleiteten Anwendungsszenarien sich für eine weitere Erprobung dieses Ansatzes anbieten.

Für die Zukunft lassen sich in Bezug auf diese drei Dimensionen die folgenden Forschungsfelder skizzieren:

(1)   Im Zusammenhang mit der Relevanz des Kohärenzbegriffs sollten – sowohl unter dem Aspekt der Verfahren interaktiver Kohärenzherstellung in Chat- und MOO-basierter *Online*-Kommunikation als auch unter dem Aspekt der Funkti-

---

29   Eine konkrete Anwendung ist beispielsweise im Rahmen von Lernplattformen denkbar, die gemeinsam mit französischen Partnerhochschulen eingerichtet werden und auf denen sprachübergreifend verschiedene Kommunikationspraktiken wie Diskussionsforum, Chat und eventuell Videokonferenz erprobt und reflektiert werden können. Eine der regelmäßig anfallenden Aufgaben für die Teilnehmenden kann darin bestehen, Chatprotokolle von Gruppendiskussionen so zu redigieren, dass sie für alle Teilnehmer/innen aus der Distanz rezipierbar sind.

onsweise von Kohärenzhinweisen in redaktionellen Nachbearbeitungen von Chat-Protokollen – die Bemühungen um die begriffliche Schärfung dieses Konzepts fortgeführt werden und traditionelle Grenzen zwischen Schriftlichkeit und Mündlichkeit eventuell korpusbasiert noch einmal kritisch diskutiert werden (vgl. auch bereits Storrer 2002);

(2) Da es in vielen ein- oder mehrsprachig operierenden Berufsfeldern längst nicht mehr nur um die Einschätzung der Nutzungsmöglichkeiten einer *einzelnen* Kommunikationstechnologie geht, sondern permanent abzuwägen ist, *welches* Medium und *welche* Kommunikationsform in einem gegebenen Setting die sprach- und kulturraumüberschreitende Zusammenarbeit möglichst effizient gestalten kann, sollte die Frage nach Kombinationskriterien von Chat-Werkzeugen mit anderen Medien und Kommunikationsformen wie Videokonferenz, *mailing list* oder SMS in Zukunft noch systematischer einbezogen werden (vgl. auch Storrer 2001: 22); dabei kann über den ergänzenden Einsatz anderer sozialwissenschaftlicher Methoden wie teilnehmender Beobachtung oder Teilnehmerbefragungen ein zusätzlicher Erkenntnisgewinn erzielt werden, beispielsweise in Bezug auf individuelle Präferenzen für bestimmte Technologien (vgl. Herring 1999);

(3) Auch zu Fragen der Kombination verschiedener Werkzeuge in didaktischen Settings bieten virtuelle Hochschulseminare, die im Rahmen internationaler Hochschulpartnerschaften auf den dafür zur Verfügung stehenden Lernplattformen durchgeführt werden, den geeigneten Erprobungs- und Evaluationsrahmen (vgl. auch Anm. 29); die (jeweils vorläufigen) Ergebnisse können im Idealfall unmittelbar von SoftwareentwicklerInnen aufgegriffen und mit der entsprechenden Expertise technisch umgesetzt werden.

Wenn es den Beteiligten an diesem Forschungs- und Entwicklungsprozess gelingt, bei allen seriösen didaktischen Anwendungsszenarien nie den inhärent spielerisch-kreativen Charakter des Chats aus den Augen zu verlieren, dürften Chat-Technologien auch in der sprach- und kulturraumübergreifenden Kommunikation weiter an Attraktivität und Akzeptanz gewinnen.

5   Literatur

Anis, Jacques (1999): Chats et usages graphiques. In: Ders. (Hrsg.): Internet communication et langue française. Paris, 71-90.

Anis, Jacques (dir., 2001): Parlez vous texto? Guide des nouveaux langages du réseau. Ouvrage coordonné par Christian Diplan. Paris.

Apfelbaum, Birgit (2002): Constructing Identities in Language Learning MOOs – A Conversational Perspective. In: Anna Duszak (Hrsg.): Us and Others. Social identities across languages, discourses and cultures. Amsterdam, 111-132.

Becker-Mrotzek, Michael & Christoph Meier (1999): Arbeitsweisen und Standardverfahren der Angewandten Diskursforschung. In: Gisela Brünner, Reinhard Fiehler & Walther Kindt (Hgg.): Angewandte Diskursforschung. Bd. 1: Grundlagen und Beispielanalysen. Opladen, 18-45.

Beißwenger, Michael (Hrsg., 2001): Chat-Kommunikation. Sprache, Interaktion, Sozialität & Identität in synchroner computervermittelter Kommunikation. Perspektiven auf ein interdisziplinäres Forschungsfeld. Stuttgart.

Beißwenger, Michael (2002): Getippte „Gespräche" und ihre trägermediale Bedingtheit. Zum Einfluß technischer und prozeduraler Faktoren auf die kommunikative Grundhaltung beim Chatten. In: Ingo W. Schröder & Stéphane Voell (Hgg.): Moderne Oralität. Marburg (Reihe Curupira Bd. 13), 265-299.

Brammerts, Helmut & Karin Kleppin (Hgg., 2001): Selbstgesteuertes Sprachenlernen im Tandem: ein Handbuch. Tübingen (Forum Sprachlehrforschung 1).

Dürscheid, Christa (2002): SMS-Schreiben als Gegenstand der Sprachreflexion. In: Networx Nr. 28. WWW-Ressource: http://www.mediensprache.net/networx/networx-28.pdf [17.08.04].

Grosch, Yvonne: Turn-Verteilung in synchroner computervermittelter Kommunikation: eine Frage der medialen Rahmenbedingungen oder der sozialen Regulierung? In: Bernd Naumann (Hrsg.): Dialogue Analysis and the Mass Media. Proceedings of the International Conference Erlangen 1998. Tübingen, 101-112.

Gülich, Elisabeth & Käthe Henke (1979/1980): Sprachliche Routine in der Alltagskommunikation. Überlegungen zu „pragmatischen Idiomen" am Beispiel des Englischen und Französischen. (I) und (II). In: Die Neueren Sprachen 78(6), 513-530 und 79(1), 2-33.

Hall, Cathy (1998): „Constructing" Language at MundoHispano. Unpublished paper. George Mason University, Fairfax, VA. WWW-Ressource: http://www.angelfire.com/ma/CasaDax/MHpaper. html [17.08.04].

Herring, Susan C. (1999): Interactional Coherence in CMC. In: Journal of Computer-Mediated Communication 4(4). WWW-Ressource: http://www.ascusc.org/jcmc/vol4/issue4/herring.html [17.08.04].

Hess-Lüttich, Ernest W.B. & Eva Wilde (2003): Der Chat als Textsorte und/oder als Dialogsorte? In: Linguistik-online 13 (1/03), 161-180.

Kilian, Jörg (2001): T@stentöne. Geschriebene Umgangssprache in computervermittelter Kommunikation. Historisch-kritische Einschätzungen zu einem neuen Feld der linguistischen Forschung. In: Beißwenger (Hrsg.), 55-78.

Koch, Peter & Wulf Oesterreicher (1990): Gesprochene Sprache in der Romania: Französisch, Italienisch, Spanisch. Tübingen (Romanistische Arbeitshefte 31).

Koch, Peter & Wulf Oesterreicher (1994): Schriftlichkeit und Sprache. In: Günther, Hartmut & Otto Ludwig (Hgg.): Schrift und Schriftlichkeit. Writing and Its Use. Ein interdisziplinäres Handbuch internationaler Forschung. 1. Halbband. Berlin. New York (Handbücher zur Sprach- und Kommunikationswissenschaft 10.1), 587-604.

Königs, Frank G. (1995): Fehlerkorrektur. In: Richard Bausch (Hrsg.): Handbuch Fremdsprachenunterricht. 3., überarb. und erw. Auflage. Tübingen. Basel, 268-272.

Lamy, Marie-Noelle & Robin Goodfellow (1998): „Conversations réflexives" dans la classe de langues virtuelle par conférence asynchrone. In: ALSIC (Apprentissage des Langues et Systèmes d'Information et de Communication) 1/2, 81-99. WWW-Ressource: http://alsic.u-strasbg.fr [17.08.04].

Mangenot, François (1998): Classification des apports d'Internet à l'apprentissage des langues. In: ALSIC (Apprentissage des Langues et Systèmes d'Information et de Communication) 1/2, 133-146. WWW-Ressource: http://alsic.u-strasbg.fr [17.08.04].

Meise-Kuhn, Katrin (1998): Zwischen Mündlichkeit und Schriftlichkeit: Sprachliche und konversationelle Verfahren in der Computerkommunikation. In: Alexander Brock & Martin Hartung (Hgg.): Neuere Entwicklungen in der Gesprächsforschung. Tübingen, 213-236.

Mondada, Lorenza (1999): Formes de séquentialité dans les courriels et les forums de discussion. In: ALSIC (Apprentissage des Langues et Systèmes d'Information et de Communication) 2/1, 3-25. WWW-Ressource http://alsic.u-strasbg.fr [17.08.04].

Mondada, Lorenza (2001): Pour une linguistique interactionnelle. In: Marges linguistiques Numéro 1 (Mai 2001), 1-21. WWW-Ressource: http://www.marges-linguistiques.com [17.08.04].

Murray, Denise E. (1989): When the medium determines turns: turn-taking in computer conversation. In: Hywel Coleman (ed.): Working with language. A Multidisciplinary Consideraton of Language in Work Contexts. Berlin, 319-337.

Nelson, Lesley (1999): MOOFrançais and MH: A teacher's perspective. WWW-Ressource: http://www.umsl.edu/~flllnels/moos.html [17.08.04].

Quasthoff, Uta M. (1997): Kommunikative Normen im Entstehen: Beobachtungen zu Kontextualisierungsprozessen in elektronischer Kommunikation. In: Rüdiger Weingarten (Hrsg.): Sprachwandel durch Computer. Opladen, 23-50.

Sacks, Harvey, Emanuel A. Schegloff & Gail Jefferson (1974): A simplest systematics for the organization of turn-taking for conversation. In: Language 50, 696-735.

Schegloff, Emanuel A. (1979): The relevance of repair to syntax-for-conversation. In: Talmy Givón (Hrsg.): Syntax and Semantics, Volume 12: Discourse and Syntax. New York, 261-286.

Sassen, Claudia (2000): Phatische Variabilität bei der Initiierung von Internet-Relay-Chat-Dialogen. In: Caja Thimm (Hrsg.): Soziales im Netz. Sprache, Beziehungen und Kommunikationsstrukturen im Internet. Opladen, 89-108.

Schlickau, Stephan (2000): Kommunikationsformen in Online-Diensten und ihr Potential zur Sprach- und Kulturvermittlung. Veröffentlichungen der Deutschen Gesellschaft für Fremdsprachenforschung (DGFF). WWW-Ressource: http://www.dgff.de/Artikel8Schlickau.pdf [17.08.04].

Schmidt, Gurly (2000): Chat-Kommunikation im Internet – eine kommunikative Gattung? In: Caja Thimm (Hrsg.): Soziales im Netz. Sprache, Beziehungen und Kommunikationsstrukturen im Internet. Opladen, 109-130.

Schönfeldt, Juliane (2001): Die Gesprächsorganisation in der Chat-Kommunikation. In: Michael Beißwenger (Hrsg.): Chat-Kommunikation. Sprache, Interaktion, Sozialität & Identität in synchroner computervermittelter Kommunikation. Perspektiven auf ein interdisziplinäres Forschungsfeld. Stuttgart, 25-53.

Selting, Margret & Elisabeth Couper-Kuhlen (2000): Argumente für die Entwicklung einer ‚interaktionalen Linguistik'. In: Gesprächsforschung – Online-Zeitschrift zur verbalen Interaktion 1, 76-95. WWW-Ressource: http://www.gespraechsforschung-ozs.de [17.08.04].

Storrer, Angelika (1999): Kohärenz in Text und Hypertext. In: Henning Lobin (Hrsg.): Text im digitalen Medium. Linguistische Aspekte von Textdesign, Texttechnologie und Hypertext Engineering. Opladen, 33-65.

Storrer, Angelika (2001): Sprachliche Besonderheiten getippter Gespräche: Sprecherwechsel und sprachliches Zeigen in der Chat-Kommunikation. In: Beißwenger (Hrsg.), 3-24.

Storrer, Angelika (2002): Coherence in text and hypertext In: Document Design 3/2, 156-168.

Thimm, Caja (2001). Funktionale Stilistik in elektronischer Schriftlichkeit: Der Chat als Beratungsforum. In: Beißwenger (Hrsg.), 255-278.

Tomé, Mario (1999): Français langue étrangère et Internet : 2. La communication en FLE. In: Thot/Cursus 30-11-1999. WWW-Ressource: http://thot.cursus.edu/rubrique.asp?no=2448 [17.08.04].

Turbee, Lonnee (1999): MOOing in a foreign language; how, why, and who? WWW-Ressource: http://home.twcny.rr.com/lonniechu/itechtm.html [17.08.04].

Turkle, Sherry (1998): Life on the Screen. Identity in the Age of the Internet. New York: Simon and Schuster (dt. Titel: Leben im Netz. Identität in Zeiten des Internet. Reinbek bei Hamburg).

Wichter, Sigurd (1991): Zur Computerwortschatz-Ausbreitung in die Gemeinsprache. Elemente der vertikalen Sprachgeschichte einer Sache. Frankfurt/M.

Chatprotokolle und Sprachlern-MOO:

Bertiliste
    http://www.bertiliste.com
    http://www.bertiliste.com/bertignac/presse/canalchatintegral.html
    http://www.bertiliste.com/bertignac/presse/canalchatbestof.html
eTandem
    http://www.slf.ruhr-uni-bochum.de/etandem
MOO français
    www.moofrancais.org bzw. http://admiral.umsl.edu:7779

Ragnar Beer & Peter Breuer

Entwicklung eines universellen Systems für die psychologische Beratung online am Beispiel von Paartherapie bzw. Eheberatung online

1   Einleitung

In den letzten Jahren entstehen zunehmend Beratungsangebote im Internet, die in immer größerem Ausmaß vertrauliche Inhalte haben. Letzteres gilt insbesondere für Beratungsangebote mit psychologischem Inhalt. Das hier vorgestellte Projekt hatte den Wunsch zum Ausgangspunkt, ein Angebot für Eheberatung und Paartherapie online zu realisieren, bei dem an die speziellen Umstände angepasste Chats zum Einsatz kommen sollten. Dabei sollte aber auch gleichzeitig eine universelle Grundlage für andere Angebote zur psychologischen Beratung online geschaffen werden.

2   Klassische Probleme der Eheberatung bzw. Paartherapie

Vergleicht man die klassische Beratungssituation mit einer Online-Beratung, so springen einige relevante Unterschiede mit sehr weit reichenden Konsequenzen ins Auge. In der klassischen Therapiesituation von Angesicht zu Angesicht müssen Therapeut und Klienten einen Termin finden, an dem alle Beteiligten Zeit haben. Wegen des oft engen Terminplans von Therapeuten müssen sich die Klienten dann weitgehend nach den zur Verfügung stehenden Terminen richten. Das Treffen findet in der Regel in einer therapeutischen Praxis statt, so dass für die Klienten zusätzlich noch Zeit und Kosten für den Weg in die Praxis anfallen.

Im Falle der Eheberatung bzw. Paartherapie ist der Aufwand sogar noch höher: Es müssen mindestens drei Personen zeitlich und örtlich koordiniert werden, die oft auch noch alle berufstätig sind. Dies ist erheblich schwieriger als bei nur zwei beteiligten Personen. Ganz besonders offensichtlich wird dies, wenn die Paare, aus welchen Gründen auch immer, nicht (oder nicht mehr) zusammen leben. Ein bei Paaren in Therapie zusätzlich noch häufig auftretendes Problem ist die Kinderbetreuung. Wenn die Kinder noch relativ jung sind und ständig betreut werden müssen, stehen die Paare vor dem Problem, einen Babysitter organisieren und bezahlen zu müssen, und so muss sogar noch eine weitere Person mit in die Organisation der Therapie einbezogen werden. Hier bietet das vorgestellte Projekt der Eheberatung bzw. Paartherapie online völlig neue Möglichkeiten. Die gesamte Kommunikation zwischen den an der Therapie beteiligten Personen erfolgt online, schriftlich und asynchron: Die Beteiligten begeben sich immer nur dann in die Beratungsumgebung, wenn sie gerade Zeit dafür haben. Antworten werden in einer asynchronen Umgebung nicht unmittelbar erwartet, was Zeit zum Nachdenken schafft. Vereinbart wird lediglich eine Kontaktfrequenz (im vorliegenden Fall einmal werktäglich) und damit eine maximale Reaktionszeit. Da der gesamte Beratungsverlauf für alle Beteiligten jederzeit komplett nachvollziehbar (nachlesbar) ist, geht nichts verloren und man kann sich die Beiträge unter völlig verschiedenen Gesichtspunkten und in ganz verschiedenen Stimmungen immer wieder durchlesen. So ist es möglich, dem „Gesagten" viele verschiedene Nuancen abzugewinnen, es immer wieder in einem neuen Kontext zu sehen und es langsam immer besser zu verstehen. Durch die asynchrone Eheberatung online ist es nicht mehr notwendig, dass sich alle beteiligten Personen zu einer bestimmten Zeit an einem Ort treffen müssen. Der dargelegte große organisatorische Aufwand erübrigt sich somit.

So werden sogar Beratungssituationen möglich, die im klassischen Setting nicht realisiert werden können. Beispielsweise kann Paaren, die eine Wochenendbeziehung haben oder die sich aus beruflichen Gründen in verschiedenen Ländern aufhalten, eine zeitnahe und wenig aufwändige Eheberatung angeboten werden.

3   Vertraulichkeit und Datenschutz

Ein Angebot dieser Art stellt in mehrfacher Hinsicht sehr hohe Anforderungen an das zugrunde liegende EDV-System, mit Hilfe dessen es durchgeführt wird. Die wichtigste Anforderung ist dabei eine strikte Einhaltung der Vertraulichkeit der Klientendaten.

Diese Anforderung entsteht für einige Berufsgruppen (z.B. Diplom-Psychologen und Ärzte) schon aufgrund ihrer gesetzlich geregelten Schweige- und Sorgfaltspflicht. Aber auch ethische und finanzielle Überlegungen lassen sehr hohe Anforderungen an die Vertraulichkeit notwendig erscheinen: Ein seriöser Eheberater wird nicht in Kauf nehmen wollen, dass höchst vertrauliche Daten seiner Klienten, wie z.B. sexuelle Gewohnheiten, Seitensprünge etc., in falsche Hände geraten. Dies ist natürlich auch ein wichtiges Argument bei der Vermarktung eines solchen Beratungsangebotes.

Auch beim Aspekt der Vertraulichkeit ist ein Vergleich des Online-Angebotes mit der Face-to-face-Situation sehr interessant. In der klassischen Beratungs- bzw. Therapiesituation sind alle beteiligten Personen an einem Ort versammelt – meist in einer Praxis oder Beratungsstelle. Zum einen werden die Klienten in diesem Fall alleine schon dadurch als Klienten erkennbar, dass sie eine solche Praxis überhaupt aufsuchen, was die Vertraulichkeit bereits verringert. Zum anderen geht der Schutz der Privatsphäre unter Umständen auch durch die oft unvermeidliche Begegnung der gerade Behandelten mit den Wartenden im Wartezimmer verloren – was besonders schwerwiegend sein kann, wenn sich diese Personen aus einem anderen Kontext kennen.

Verschärft wird diese Situation noch dadurch, dass sich viele Praxen auf bestimmte Typen von Störungen spezialisiert haben. Stellt man sich beispielsweise eine auf sexuelle Störungen spezialisierte Beratungsstelle vor, so „outet" man sich quasi schon allein durch den Besuch dort als eine Person, die sexuelle Probleme hat.

All diese unwägbaren Begegnungen fallen in der Online-Umgebung zwangsläufig weg, da alle Beteiligten lediglich über einen Rechner verfügen müssen, der mit dem Internet verbunden ist.

Bei der Umsetzung der hohen Anforderungen an die Vertraulichkeit sind drei Komponenten des Gesamtsystems besonders betroffen: Die Rechner von Berater und Klient, der Webserver, der zwischen beiden vermittelt und so die Kommunikation erst ermöglicht, sowie die Übertragungskomponenten zwischen den beteiligten Rechnern (also das Internet). Hohe Anforderungen sind dabei sowohl an die Sicherheit der gespeicherten Daten, als auch an die Verschlüsselung der eigentlichen Kommunikation zu stellen.

Auf Seiten der Klienten sollte vor allem darauf geachtet werden, dass die genannten Sicherheitsanforderungen nicht durch einen Zwang zum Einsatz von Technologien unterlaufen werden, die in den letzten Jahren immer wieder durch ihre Unsicherheit von sich reden gemacht haben. Erreicht werden kann das vor allem durch einen konsequenten Verzicht auf den Einsatz von potentiell gefährlichen Technologien, wie z.B. *JavaScript, Java, Flash* oder *ActiveX*-Scripting.

Neuere Browser (z.B. *Mozilla*) lassen differenzierte Sicherheitseinstellungen zu. Dem entsprechend geben verschiedene Computerzeitschriften (z.B. c't) ihren Lesern immer wieder die sehr sinnvolle Empfehlung, die oben genannten Technologien rigoros abzuschalten. Das wiederum erfordert bei webgestützten Beratungssystemen ebenfalls den Verzicht auf solche problematischen Technologien, um nicht gerade sicherheitsbewusste Klienten zum Einsatz dieser Technologien zu zwingen bzw. diese andernfalls als potentielle Kunden zu verlieren.

4   Benutzbarkeit

Eine weitere Anforderung ist eine möglichst einfache Handhabbarkeit des Systems auf Seiten der Klienten aber auch auf Seiten der Berater. Hier sollte vor allem darauf geachtet werden, dass die Klienten nicht durch die Notwendigkeit zur Installation von Spezialsoftware verwirrt oder überfordert werden. Dadurch würde einerseits der Kreis der potentiellen Klienten unnötig eingeschränkt, was bei einem Beratungsangebot, das sich auf dem Markt gerade erst etabliert, besonders unerwünscht wäre. Eine andere unerwünschte Konsequenz kann durch eine außerordentlich hohe Belastung der Hotline des Beraters entstehen, wenn die erforderlichen Installationen von Klienten nicht erfolgreich durchgeführt werden konnten. Die dadurch entstehenden Kosten müssten wiederum auf den Preis der Beratung umgelegt werden, was unter anderem wiederum die Markteinführung erschwert.

Schließlich sollte auch eine einfach und funktional zu bedienende Benutzeroberfläche eine Selbstverständlichkeit sein. Dies gilt umso mehr, als sich Beratungsangebote auch an ältere Personen wenden, die Internet-Angeboten nach wie vor mit einem gewissen Misstrauen begegnen und häufig auch über geringe Erfahrung mit dem Medium verfügen.

Auf Seiten der Berater gelten prinzipiell dieselben Anforderungen. Darüber hinaus ist es aber auch notwendig, Möglichkeiten zu schaffen, um komfortabel mehrere Klienten gleichzeitig betreuen zu können. Zusätzliche Übersichts-Möglichkeiten, z.B. über die Beteiligungs-Häufigkeit der Klienten, können dem Berater seine Arbeit sehr erleichtern.

5   Entwicklung der Eheberatung bzw. Paartherapie online

Das hier zugrunde liegende Angebot einer Eheberatung bzw. Paartherapie online wurde nach einem Therapie-Prozess modelliert, bei dem eine sorgfältige Diagnostik essentieller Bestandteil ist. Dabei kommen unter anderem auch diverse psychologische Testverfahren zum Einsatz, die dem entsprechend auch online zur Verfügung stehen sollten.

Ein besonderer Vorteil von Online-Fragebögen gegenüber Papier-und-Bleistift-Verfahren ist dabei, dass erstere leicht dynamisch und kontext-sensitiv gestaltet werden können, wenn die notwendige Software zur Verfügung steht. Desweiteren ist es bei Fragebögen online auch besonders leicht möglich, den Ausfüllenden eine unmittelbare Rückmeldung über ihre Ergebnisse zu geben. Selbst die Dynamik von zeitlichen Verläufen ist so leicht darstellbar. So kann die Motivation der Klienten beim Ausfüllen der Fragebögen gesteigert werden, die Akzeptanz der Diagnostik nimmt zu und damit werden falsche Antworten unwahrscheinlicher.

Ein zentraler Faktor in der zugrunde liegenden Paartherapie von Angesicht zu Angesicht ist eine grafische Darstellung der Hierarchie elementarer Ziele der beteiligten Partner für ihre Partnerschaft. Gerade solch eine grafische Strukturierung kann eine große Stärke Computer-basierter Systeme sein, und dem entsprechend sollte dieser Vorteil auch konsequent ausgeschöpft werden.

Dies alles wäre mit dem Medium E-Mail nicht oder nur sehr schwer möglich gewesen. E-Mail hat zwar den großen Vorteil weit verbreitet zu sein, bietet aber nur sehr eingeschränkte Möglichkeiten was die Abbildung der Elemente des Therapie-Prozesses angeht. Desweiteren wären durch die Verwendung von E-Mail als Grundlage des Beratungs-Prozesses auch ganz erhebliche Sicherheitsprobleme entstanden: Zwar ist es grundsätzlich möglich, den E-Mail-Verkehr zu verschlüsseln, die dafür notwendigen Technologien sind aber so wenig verbreitet und zudem so schwierig zu bedienen, dass sie in der Praxis selbst von Experten so gut wie nicht eingesetzt werden.

Erheblich umfangreichere Möglichkeiten sind durch den Einsatz des World Wide Web (WWW) möglich, das auch hervorragende Möglichkeiten zur Umsetzung von Sicherheits-Konzepten bietet. So wurde im vorgestellten Projekt schließlich eine Lösung gewählt, die auf Seiten des Beraters und des Klienten lediglich einen Standardbrowser mit starker Verschlüsselung voraussetzt. Auf diese Weise muss spezielle Software nur auf einem dedizierten Webserver laufen, wo sie leicht installiert und gepflegt werden kann.

Zunächst wurde einige Zeit darauf verwendet, nach geeigneten Fertig-Lösungen für ein solches vertrauliches Beratungsangebot zu suchen. Jedoch erfüllte kein Produkt auch nur annähernd die hohen Anforderungen an Sicherheit, Benutzbarkeit, Flexibilität und Zuverlässigkeit.

Daher wurde für das Projekt schließlich eine eigene Lösung entwickelt, die auf einen speziellen Server mit auf Sicherheit optimiertem Betriebssystem aufsetzt. Um die Sicherheit weiter zu optimieren, wurde die Anzahl der Serverdienste minimiert und es wurden speziell auf Sicherheitsaspekte hin optimierte Konfigurationen der Webserver-Software entwickelt. So kann beim Hochfahren des Servers eine sehr hohe Sicherheit erreicht werden. Diese muss aber in einem kontinuierlichen Prozess aufrecht erhalten werden, denn neue Sicherheitsprobleme können auch bei bewährter Software jederzeit auftauchen. Besonders kritisch ist dabei der Zeitraum, der zwischen dem Bekanntwerden einer Sicherheitslücke und deren Beseitigung entsteht. Hier zeichnet sich Open-Source-Software durch besonders schnelle Reaktionszeiten aus, weshalb für das gesamte Projekt mit Ausnahme der selbst entwickelten Software ausschließlich Open-Source-Software zum Einsatz kommt. Um schnell feststellen zu können, wann Sicherheitslücken geschlossen werden müssen, besteht eine wichtige Aufgabe der beiden Systemadministratoren darin, sich täglich über mögliche Probleme zu informieren und diese gegebenenfalls schnellstmöglich zu beseitigen.

Um die Klienten davor zu bewahren, aus Versehen unverschlüsselte Daten zu versenden, wurde die Server-Software zusätzlich so eingerichtet, das eine unverschlüsselte Übermittlung vertraulicher Daten von vornherein verhindert wird.

Zur Benutzerverwaltung und Überprüfung der Zugangsberechtigung wird eine spezielle Software verwendet. Zur Speicherung aller Daten kommt eine für ihre Robustheit und Zuverlässigkeit bekannte Datenbank-Software zum Einsatz. Als Basis für alle Applikationen wurden schließlich geeignete Software-Bibliotheken entwickelt. Dabei wurde zunächst großer Wert auf die Auswahl einer geeigneten Programmiersprache gelegt. Diese sollte insbesondere eine hohe Übersichtlichkeit und Wartbarkeit des Programmcodes gewährleisten, was eine wichtige Grundlage für die Vermeidung bzw. Beseitigung von Sicherheitsproblemen darstellt. Um eine gute Lesbarkeit des Programmcodes aber auch in der Praxis sicherzustellen und gleichzeitig Fehler zu minimieren, wird der Code grundsätzlich jeweils von einem Programmierer geschrieben und von einem anderen auf gute Lesbarkeit, ausreichende Dokumentation und Korrektheit geprüft. Beide Programmierer sind für die besonderen Sicherheits-Anforderungen sensibilisiert und werden in diesem Bereich ständig weitergebildet.

Ein angenehmer Nebeneffekt dieses hohen Aufwandes zur Überprüfung auf Sicherheit und korrekte Funktion ist eine deutliche Zunahme der Qualität der programmierten Software. So war bisher in etwa fünf Jahren Laufzeit des Projektes bisher kein einziger Ausfall der Software zu verzeichnen.

Basiskomponenten der erstellten Software sind:

–   Ein universeller, sehr flexibler und anpassbarer stark gesicherter Spezial-Chat, der neben vielen anderen Features nicht nur synchron, sondern auch asynchron verwendet werden kann. Hiermit können zeitlich offene Gesprächssituationen hervorragend realisiert werden. Im Chat ist eine Bezugnahme auf vorangegangene Beiträge ebenso möglich wie eine Thread-Ansicht.

– Ein universelles System zur Test-Diagnostik, mit dem sich sehr komplexe Tests verwirklichen lassen, die beispielsweise antwortabhängiges Verzweigen und eine zeitliche Begrenzung der Ausfüllzeit zulassen. Eine unmittelbare grafische Rückmeldung über die Testergebnisse ist ebenso möglich wie die Wiederaufnahme eines teilweise ausgefüllten Tests nach einem Browser- oder Systemabsturz beim Klienten.

– Ein System zur strukturierten Arbeit mit Zielen der Klienten. Dabei werden verschiedene Aspekte der Ziele visualisiert und zu jedem Ziel existiert ein eigener Chat, so dass stark fokussiert mit jedem einzelnen Ziel gearbeitet werden kann.

6   Ein Einblick in die Eheberatung bzw. Paartherapie online

Mit Hilfe einiger Screenshots soll im Folgenden ein Einblick in das existierende System vermittelt werden.

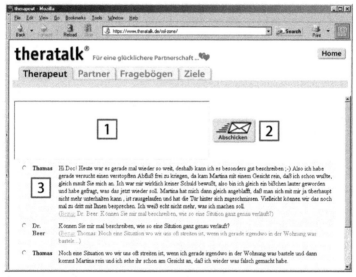

Abb. 1: Das Web-Interface für die Kontaktaufnahme.

In Abb. 1 ist das Web-Interface zu sehen, über das die Klienten mit den Therapeuten Kontakt aufnehmen. Neben wenigen grundlegenden Navigationselementen (im oberen Teil hauptsächlich über die Reiter-Metapher umgesetzt) ist das Interface klar in drei Bereiche gegliedert: Das Eingabefenster, in dem die Klienten ihre Nachrichten an die Therapeuten schreiben (1). Daneben dient eine „Abschicken"-Taste (2) dazu, die fertig eingegebenen Beiträge abzuschicken. Schließlich findet sich im unteren Teil des Interfaces ein hellgelb unterlegter Bereich (3), in dem die Klienten den gesamten Verlauf der Eheberatung chronologisch nachlesen können. Dieser Bereich weist einige, für konventionelle Chats untypische Eigenschaften auf. Eine wichtige Eigenschaft ist, dass die Beiträge nicht „durchlaufen": Ein Beitrag, den z.B. der Therapeut gerade geschrieben hat, taucht nicht automatisch im Chat auf. Neu eingehende Beiträge werden grundsätzlich nur nach Anforderung angezeigt. Dadurch wird die Stelle, an der ein Benutzer gerade liest, nicht ständig verschoben (gescrollt), was dazu führt, dass bei einem synchronen Einsatz (der in der Eheberatung online jedoch die Ausnahme ist) alle Benutzer in Ruhe lesen und die Inhalte nachvollziehen können.

Die aktuellsten Beiträge erscheinen immer oben im „Lesebereich", so dass sichergestellt ist, dass die Klienten sofort sehen, ob aktuelle Meldungen des Therapeuten für sie vorliegen bzw. sofort sehen, mit welcher Thematik oder Frage sie zuletzt beschäftigt waren.

Weiterhin hilft eine Bezugsmöglichkeit insbesondere bei mehreren parallel besprochenen Themen, die inhaltlichen Bezüge zu klären und zu verdeutlichen. Bezieht sich eine Nachricht auf einen früheren Beitrag, so wird unter der aktuellen Meldung in etwas hellerer Schrift der Beitrag kurz angerissen, auf den Bezug genommen wird. Zur weiteren Klärung ist auch die Person erkennbar, die den Originalbeitrag verfasst hat.

Links neben jedem Beitrag ist der Verfasser des Beitrages genannt und es gibt eine Möglichkeit, den Beitrag zu markieren. Wenn ein Beitrag markiert wurde, so wird beim Abschicken ein Bezug zwischen dem, was aktuell im Eingabefenster geschrieben wurde, und dem markierten Beitrag hergestellt.

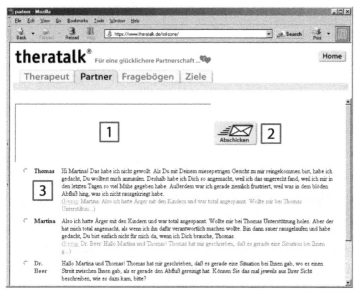

Abb. 2: Das Web-Interface mit einem Ausschnitt aus einem Chat, an welchem beide Partner beteiligt sind.

Der in Abb. 1 gezeigte Chat ist ein Chat „unter vier Augen", in dem ein Klient als Einzelperson mit dem Therapeuten in Kontakt treten kann. So werden Sitzungen unter vier Augen nachgebildet, die in der Eheberatung bzw. Paartherapie von Angesicht zu Angesicht wichtig sind, um über Themen sprechen zu können, bei denen in Gegenwart des Partners jedes Wort auf die Goldwaage gelegt werden müsste. Im Gegensatz dazu sieht man in Abb. 2 einen Chat, in dem beide Partner an dem „Gespräch" mit dem Therapeuten beteiligt sind.

Nach vorheriger Anmeldung haben, wie in der Abbildung gezeigt, die beiden an der Eheberatung beteiligten Partner (Thomas und Martina) die Möglichkeit, alle Beiträge des Therapeuten sowie des Partners zu sehen und mitzuverfolgen. So werden in der Eheberatung übliche gemeinsame Sitzungen des Therapeuten mit beiden Partnern nachgebildet, und für die Partner besteht die Möglichkeit, sich auf die Beiträge aller beteiligten Personen zu beziehen.

Diese Möglichkeiten sind in anderen Kontexten natürlich auch auf ganze Gruppen anwendbar. Beispielsweise wurden mit der vorgestellten Umgebung auch Gruppendiskussionen im Rahmen von Lehrveranstaltungen am Georg-Elias-Müller-Institut für Psychologie in Göttingen erfolgreich durchgeführt. Aber auch öffentliche, moderierte und anonymisierte Diskussionen wurden mit erweiterter Software bereits in unterschiedlichen Konstellationen durchgeführt.

Einen ganz anderen Aspekt der vorgestellten Umgebung zeigt Abb. 3. Hier wird am Beispiel einer Zieltabelle deutlich, wie mit dynamisch generierten Seiten sehr detailliertes Feedback gegeben werden kann. Ganz besonders mag auch die graphische Übersicht über eine Vielzahl von aggregierten Informationen die Möglichkeiten verdeutlichen, die der vorgestellte Ansatz bietet.

Abb. 3: Das Web-Interface der „Zieltabelle" für detailliertes Feedback.

Dabei bekommt der aktuell angemeldete Benutzer im Bereich (1) eine Übersicht über die erarbeiteten Therapieziele sowie deren hierarchische Untergliederung in Teil- bzw. Unterziele. Durch die eingerückte Darstellung (3) wird die Zielhierarchie sehr eingängig verdeutlicht. Zudem ist vor allem bei vielen Zielen die Möglichkeit, einzelne Ziel-Zweige ein- bzw. auszuklappen, sehr hilfreich, um sich die aktuell wichtigsten Ziele komplett, also in ihrer gesamten Tiefe, darstellen zu lassen, während die Ziele, an denen aktuell nicht gearbeitet wird, auf die oberste Hierarchieebene reduziert werden können.

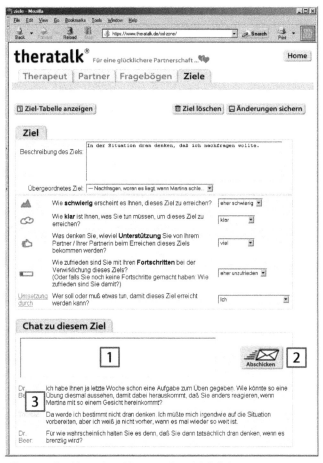

Abb. 4: Detailansicht zu einem Eintrag aus der „Zieltabelle".

Ein weiteres in der Arbeit mit Zielen sehr sinnvolles Merkmal der dargestellten Seite ist die Übersicht über die Bewertungen der Ziele nach verschiedenen Kriterien. Für alle Ziele werden Einschätzungen nach den Kriterien „Schwierigkeit", „Klarheit", „Unterstützung" und „Fortschritt" graphisch dargestellt. Dabei wird die Übersichtlichkeit durch entsprechende Farbgebung nochmals erhöht.

Zusätzlich wird im rechten Bereich (2) angezeigt, wenn zu einem Ziel eine neue Nachricht vorliegt, denn zu jedem Ziel existiert ein eigener Chat. Durch einfachen Klick auf das Symbol oder auf den Text des Ziels wird das entsprechende Ziel dann in der Detailansicht aufgerufen, in der auch der Chat dargestellt wird. Die Detailansicht zeigt Abb. 4.

Bei jedem einzelnen Ziel der gesamten Zielhierarchie können in der Detailansicht Veränderungen vorgenommen werden. Zunächst kann die Definition des Zieles festgelegt bzw. verändert werden, beispielsweise, wenn sich im Laufe der Eheberatung Präzisierungen ergeben haben oder wenn Missverständliches geklärt werden konnte.

Des Weiteren können für jedes Ziel Unterziele definiert werden. Somit kann eine komplette Ziel-Hierarchie angelegt und ständig an den aktuellen Stand der Eheberatung angepasst werden.

Im nächsten Bereich des Interfaces ist es möglich, das dargestellte Ziel nach den genannten Kriterien zu bewerten bzw. bereits erfolgte Bewertungen zu modifizieren. Über diese ständig zur Verfügung stehenden dynamischen Bewertungen können Fortschritte in der Eheberatung sehr gut visualisiert werden.

Schließlich ist im unteren Teil das bereits vorgestellte Chat-Interface zu sehen. Bei jedem einzelnen Ziel gibt es die Möglichkeit, chatvermittelt an diesem Ziel zu arbeiten. Durch die beliebig feine Auffächerung in Teilziele ist dabei die Möglichkeit gegeben, sehr genau festzulegen, was gerade im Zentrum der Aufmerksamkeit oder der Behandlung liegen soll.

7   Evaluation der Eheberatung bzw. Paartherapie online

In der Entwicklungszeit, die 1996 begann, wurden mehrere Studien zur Benutzbarkeit und zur Umsetzbarkeit eines derartigen therapeutischen Angebotes über das Internet erfolgreich durchgeführt (Beer 2001, 2002). Einen wichtigen Beitrag stellte dabei der häufige Einsatz des Systems in Lehrveranstaltungen dar. Aber auch mit Senioren bis zu einem Alter von 70 Jahren wurde die hervorragende Benutzbarkeit überprüft.

Inzwischen wurde die Wirksamkeit der Eheberatung bzw. Paartherapie online nach dem beschriebenen Konzept empirisch untersucht (Beer & Breuer 2002, 2003). Dabei wurde die Online-Therapie mit einer ansonsten äquivalenten Therapie von Angesicht zu Angesicht verglichen. Die Online-Therapie zeigte im Vergleich eine leichte Überlegenheit, jedoch ergaben sich keine statistisch signifikanten Unterschiede zwischen den beiden Therapieformen.

Neben dem ursprünglich realisierten Projekt, das sich unter *www.theratalk.de* im Internet finden lässt, wurden auf der Basis der erstellten Software bereits einige andere Projekte realisiert, wie z.B. ein Online-Coaching-System zum Zeitmanagement oder verschiedene Chats, bei denen insbesondere auch ältere und im Umgang mit Computern unerfahrene Menschen zum ersten Mal mit einem Chat in Berührung kamen, ohne dass dabei Probleme mit der Bedienung entstanden.

8 Literatur

Beer, Ragnar (2001): Outcome of Brief Behavioral Couples Therapy and its Transformation Into an Internet Based Telehealth Program. Paper presented at the World Congress of Behavioral and Cognitive Therapies, 17.-21. Juli 2001,Vancouver, Canada.

Beer, Ragnar (2002): Interaktive Vermittlung therapeutischer Fertigkeiten via Internet. Poster, 20. Symposium der Fachgruppe Klinische Psychologie und Psychotherapie der Deutschen Gesellschaft für Psychologie (DGPs), 9.-11. Mai 2002, Konstanz.

Beer, Ragnar & Peter Breuer (2002): Brief Behavioral Couples Therapy as an Internet Based Tele-Health Program. Paper presented at the 36th Annual Convention of the Association for Advancement of Behavior Therapy (AABT), 14.-17. November 2002, Reno, Nevada, USA.

Beer, Ragnar & Peter Breuer (2003): Verhaltenstherapeutische Kurzzeit-Paartherapie von Angesicht zu Angesicht und online: Vergleich der Wirksamkeit zweier Settings. Vortrag, 3. Workshopkongreß für Klinische Psychologie und Psychotherapie und 21. Symposium der Fachgruppe Klinische Psychologie und Psychotherapie, 29.-31. Mai 2003, Freiburg.

Michael Beißwenger

Interaktionsmanagement in Chat und Diskurs

Technologiebedingte Besonderheiten bei der Aushandlung und Realisierung kommunikativer Züge in Chat-Umgebungen

1   Einleitung

Chatbasierte Interaktion lässt sich als eine Form des Kommunizierens auffassen, die zuvorderst durch das Zugrundeliegen einer spezifischen *Kommunikationstechnologie* konstituiert wird und die zunächst außer durch die Restriktionen der Technologie noch in keinerlei Hinsicht festgelegt ist. Kommunikationsvollzüge, die unter Nutzung dieser Technologie abgewickelt werden, lassen sich in ihrer Gesamtheit daher nicht als eine „Gesprächsart" oder als ein pragmatisches „Genre" bezeichnen, sondern zunächst nur als Instantiierungen einer Kommunikations*form*, die sich aus den allgemeinen Rahmenbedingungen der zugrunde liegenden Technologie ergibt und je nach deren Implementierung in je spezifischen Chat-*Systemen* (Chat-Werkzeugen) in struktureller Hinsicht z.t. recht unterschiedliche Ausprägungen annehmen kann[1]. Die Kommunikationsform Chat kann – je nach den Zielsetzungen, die in einzelnen Kontexten mit dem Einsatz der Chat-Technologie verbunden sind – zur Nachbildung ganz unterschiedlicher Diskursarten bzw. pragmatischer Genres genutzt werden. So lassen sich einerseits aus unterschiedlichen Bereichen des sozialen Alltags bekannte Diskursarten unter den Rahmenbedingungen des Chat nachbilden (z.B. Beratungsdiskurse, Seminardiskussionen, Arbeitsbesprechungen) als auch neue Kommunikationsformate „erfinden" (z.B. kollektive Politiker- und Experteninterviews), die von den spezifischen kommunikativen Rahmenbedingungen chatbasierten Austauschs profitieren.[2]

Dieser Beitrag motiviert aus pragmatischer und diskurstheoretischer Sicht die grundsätzlichen Herausforderungen, vor die Spezifikationen für ein geeignetes Interaktionsmanagement im Chat gestellt sind. Zunächst wird anhand einer Skizze der maßgeblichen Unterschiede zwischen Face-to-face-Gesprächen und Chat-Konversationen

---

1   Vgl. z.B. Beißwenger (2003: 200-204).
2   Vgl. Storrer (2001a: 5).

dargelegt, dass effizienter Austausch via Chat Hilfestellungen zur sozialen und insbesondere zur konversationellen Strukturierung bedarf (Abschnitt 2). Begründen lässt sich die Notwendigkeit solcher Hilfestellungen aus den spezifischen kommunikativen Rahmenbedingungen in Chat-Umgebungen: Chat-Konversationen unterscheiden sich von Face-to-face-Gesprächen nicht allein dadurch, dass Kommunikationsbeiträge in zweiteren im Medium der Mündlichkeit, in ersteren aber im Medium der Schrift realisiert werden. Viel wichtiger ist, dass die schriftbasierte Chat-Kommunikation aufgrund ihrer Fixiertheit auf die Schrift und der damit einhergehenden Kanalreduktion sowie aufgrund der Nicht-Simultaneität von Produktion und Rezeption die Koordination von Sprachhandlungen in nicht unerheblicher Weise erschwert und überdies zu einer nie gänzlich synchronen Sicht der Beteiligten auf den aktuellen Progress gemeinsam gewebter Handlungssequenzen führt (Abschnitt 4).

Interaktionsstrukturen in Chat-Konversationen zunächst unter der Perspektive eines Vergleichs mit den Strukturen von Face-to-face-Gesprächen zu betrachten, macht Sinn, da die chatbasiertem Austausch zugrunde liegende Konstellation aus Kommunikationsinfrastrukturen, technischen Medien und prozeduralen Festlegungen als eine *Kommunikationstechnologie* aufgefasst werden kann, die darauf zielt, den elementaren Diskurs (also das Gespräch von Angesicht zu Angesicht) trotz fehlender Kopräsenz der Beteiligten und unter Zuhilfenahme elektronischer Medien in funktionaler Hinsicht rekonstruierbar zu machen (Abschnitt 3). In je konkreten Implementierungen begegnet diese Technologie in Form einzelner *Chat-Werkzeuge*, deren genuiner Zweck es ist, ihren Nutzern Überbrückungsleistungen zu ermöglichen, die mit ausschließlich körpereigenen Medien nicht zu bewerkstelligen sind. Da Werkzeuge ganz gleich welcher Art den mit ihrer Hilfe ausgeführten Prozessen eine spezifische Prägung verleihen, besteht der Beitrag von *Chat-Werkzeugen* zu chatbasierten Kommunikationsprozessen nicht lediglich darin, die Infrastruktur und damit das unabdingbare Fundament für den Austausch von Kommunikationsbeiträgen bereitzustellen – vielmehr hinterlassen sie zugleich auch Spuren in der Art und Weise, wie Kommunikanten ihren Austausch sprachlich gestalten und sich bei der Realisierung aufeinander bezogener Sprachhandlungen koordinieren. In Abschnitt 5 werden daher die exemplarisch gewonnenen Problematisierungen in Bezug auf das Interaktionsmanagement im Chat zugespitzt auf eine Sichtweise, die davon ausgeht, dass in jeder Form technologiebasierter Kommunikation gewisse Potenziale des elementaren Face-to-face-Diskurses teilweise oder ganz außer Kraft gesetzt oder nur mit Abstrichen für die Kommunikanten im Zugriff sind.

Für die Chat-Kommunikation, die auf *Text*formen zurückgreift, um *Diskurs* nachzubilden, gilt dies in besonderer Weise. Eine effiziente Nutzbarmachung der Technologie ist daher stets mit einer Reihe von Herausforderungen verbunden, die dadurch motiviert werden können, die gegenüber dem elementaren Diskurs teilweise Außerkraftsetzung des Hier und Jetzt sowie die Einflüsse der Technologie insoweit zu kompensieren, dass Formen des Interaktionsmanagements möglich werden, die sich unter den generellen, durch die Technologie auferlegten Rahmenbedingungen als weitestmöglich effizient und medienadäquat erweisen. Abschließend zu diesem Beitrag werden die Herausforderungen zusammengefasst, die sich in punkto Interaktionsmanagement an die Spezifikation geeigneter Chat-Umgebungen für spezialisierte Anwendungskontexte stellen.

2   Soziale und konversationelle Organisationsformen als Rahmenbedingungen strukturierter Konversation

Gespräche im Alltag, ganz gleich welcher Art (seien es nun informelle Gespräche zwischen Bekannten, institutionell verankerte Beratungsgespräche, Podiumsdiskussionen oder Seminargespräche), sind als Einheiten des Vollzugs soziokommunikativer Praxis immer notwendigerweise sozial und konversationell strukturiert. *Sozial strukturiert* sind sie dahingehend, dass einerseits die Rollen, welche von einzelnen Gesprächspartnern bei der Realisierung von Gesprächen eines bestimmten Typs ausgefüllt werden, durch das realisierte Schema (z.B. das prototypische Schema für 1:1-Beratungsgespräche oder für 1:n-Seminarvorträge) vorgegeben sind, und dass andererseits eine Disposition, *wer* zur Übernahme *welcher* Rolle(n) befugt ist, durch den Status der Beteiligten im Rahmen gesellschaftlicher Organisationsformen bzw. Institutionen festgelegt ist.

Konversationell strukturiert sind Gespräche dadurch, dass die Gesprächsbeteiligten aus Gründen einer weitestmöglich effizienten Herbeiführung wechselseitigen Verstehens fundamentale Prinzipien des Interaktionsmanagements beachten – z.B. das Prinzip, dass nie zwei Personen über einen längeren Zeitraum gleichzeitig sprechen, dass die Redebeiträge in einem sequenziellen Nacheinander realisiert werden, und dass die Frage, wer wann „zum Zug kommt", zwischen den Beteiligten zur Laufzeit der Interaktion ausgehandelt wird. Die Beachtung und Anwendung dieser Prinzipien lässt sich am plausibelsten aus einem Bestreben der Kommunikationsbeteiligten um ein ökonomisches Haushalten mit dem zur Erreichung ihrer kommunikativen Ziele erforderlichen Aufwand begründen.[3] Eine Kooperation der Beteiligten bei der Aushandlung der Reihenfolge von Sprachhandlungszügen in Gesprächen ist daher „schon von unserer kognitiven Konstitution her rational", was „schlagend an den Schwierigkeiten offenbar [wird], den Fokus des Bewusstseins auf mehr als einen Vorgang gerichtet zu halten" (Franck & Franck 1985: 63):

> Ohne die beschränkte Verfügbarkeit und alternative Verwendbarkeit von Aufmerksamkeit wäre überhaupt nicht zu verstehen, warum die Organisation des Sprecherwechsels das Ziel hat, die beiden komplementären Tätigkeiten des Sprechens und Zuhörens in der Weise zu koordinieren, dass im Resultat möglichst nur einer spricht und alle anderen zuhören. (Ebd.)

Dass die Notwendigkeit der Aushandlung einer klaren Sprecherreihenfolge von den Gesprächsbeteiligten nicht in Frage gestellt wird, gründet somit – wie auch in anderen

---

3   Die hiermit vorgenommene Fundierung der Handlungsabfolge in Gesprächen auf Ökonomie und Aushandlung folgt dem in Franck & Franck (1985) niedergelegten Ansatz, der den Sprecherwechsel in Gesprächen nicht – wie in der Tradition von Sacks, Schegloff & Jefferson (1974) – rein „mechanistisch" konzipiert, sondern seine jeweilige Organisation „als Mittel zu den Zwecken" fasst, „die die Teilnehmer als eigentliche Gesprächszwecke haben" (Franck & Franck 1985: 61).

Kontexten sozialer Praxis – auf der Einsicht, dass bei unkoordinierter Ausführung und Abfolge individueller Handlungszüge (*turns*) die Effizienz des kommunikativen Zusammenwirkens gefährdet würde. Weitgehend ökonomisch realisierbar wird die erforderliche Aushandlungstätigkeit dadurch, dass (zumindest in Gesprächen mit physischer Kopräsenz der Beteiligten) simultan zur Realisierung eines Redebeitrags durch einen Gesprächsbeteiligten sowohl sprecher- als auch hörerseitig (sprachliche wie nichtsprachliche) Signale gesetzt werden können, um simultan zur Äußerung die weitere Organisation und Koordination der Interaktion zu vereinbaren.

Da an die in Gesprächen eines bestimmten Typs vorgesehenen Kommunikantenrollen in vielen Fällen spezifische kommunikative Privilegien (z.B. das Recht einer Moderatorenrolle zur Vergabe des Rederechts an die übrigen Beteiligten) geknüpft sind, ist die konversationelle Strukturiertheit eines Gesprächs häufig direkt auf die soziale Strukturiertheit (d.h.: auf das Inventar an Kommunikantenrollen und deren Rückbindung an den sozialen bzw. institutionellen Status der Gesprächsbeteiligten) bezogen. Die Beachtung sozialer Status und damit zusammenhängender Rollenbefugnisse einzelner Gesprächsbeteiligter folgt ebenfalls Vernunftgründen, da bei wiederholter Missachtung ggf. soziale Sanktionen zu befürchten sind, deren Wirksamkeit über die Dauer des Gesprächs hinausreichen kann. So kann die wiederholte Missachtung der Befugnis des Seminarleiters zur Rederechtvergabe im Rahmen einer Seminardiskussion nicht nur zum Ausschluss aus der betreffenden Seminarveranstaltung führen, sondern darüber hinaus beim Seminarleiter auch einen negativen Eindruck der eigenen Person hinterlassen, welcher sich in der Folge (z.B. im Rahmen von Prüfungssituationen) zum eigenen Nachteil auswirken kann.

Konversationen, die unter Nutzung moderner Kommunikationstechnologien und unter Fehlen jedweder physischer Kopräsenz der Beteiligten abgewickelt oder nachgebildet werden, können sich hinsichtlich ihrer sozialen und konversationellen Strukturierung prinzipiell auf weitaus geringere Verbindlichkeiten stützen als Gespräche, die von Angesicht zu Angesicht (und damit immer notwendigerweise eingebunden in ein alltagsweltliches „soziales Netz") stattfinden. Während „face to face" durchgeführte Gespräche in Struktur und Ablauf durch ihre Einbettung in realweltliche soziale Beziehungen und Organisationsformen geprägt sind, ist kommunikativer Austausch im „Cyberspace" zunächst einmal durch eine prinzipielle Beliebigkeit gegenüber einer Authentifizierung des realweltlichen Selbst sowie eine Ermangelung des Körperlichen gekennzeichnet. Viele der öffentlich zugänglichen Diskussionsforen und Chat-Angebote im Internet zeichnen sich nicht deshalb durch einen bisweilen rüden Umgangston und häufiges „Flaming" aus, weil etwa ihre Nutzerklientel vorwiegend aus sozial inkompetenten Individuen bestünde, sondern deshalb, weil unter dem Schutz selbstgewählter „Nicknames" (Teilnehmernamen) und ohne die Notwendigkeit eines eindeutigen Rückbezugs dieser Nicknames auf realweltliche Verbindlichkeiten (z.B. Angabe und Überprüfung der Postadresse als Voraussetzung für die Erlaubnis zur Teilnahme an einem Diskussionsforum oder Chat-Angebot) im Rahmen der Kommunikation nur solche Sanktionen befürchtet werden müssen, die sich auf die Kommunikation selbst beziehen (z.B. Ausschluss aus der Community), die aber keine weiter reichenden realweltlichen sozialen Konsequenzen nach sich ziehen. Sich in einer Chat-

oder Foren-Community zu desavouieren, bedeutet somit im Grunde nichts weiter, als dass damit die von den übrigen Mitgliedern der Community auf den betreffenden Nickname projizierte „Identität" desavouiert ist, nicht aber derjenige, der diesen Nickname als Individuenausweis führt. Schließlich kann er prinzipiell unter neuem Nickname wieder an demselben Foren- oder Chat-Angebot teilnehmen; sofern er sich unter seinem neuen Nickname nicht explizit als Träger des alten, desavouierten Nicknames zu erkennen gibt, werden die auf seinen alten Nickname bezogenen Sanktionen nicht zwangsläufig auch auf seinen neuen Nickname bezogen werden (es sei denn, er zieht auch unter neuem Nickname wieder entsprechende Sanktionen auf sich).

Neben der prinzipiellen sozialen Unverbindlichkeit des individuellen Agierens zeichnet sich die Kommunikation im „Cyberspace" weiterhin durch das Nicht-Vorhandensein von Körperlichkeit aus. Während beim Telefonieren (bei welchem sich die Kommunikationspartner – ähnlich wie beim Chatten – synchron, aber über Distanz austauschen) durch die Stimme immerhin noch eine wichtige Spur des Körpers gegeben ist (an welcher sich eine ganze Reihe von Individuenmerkmalen ablesen lassen), steht in den schriftbasierten Formen internetbasierter Kommunikation nicht einmal mehr diese Spur zur Verfügung, um vorgebliche oder vermeintliche Eigenschaften des Kommunikationspartners (z.B. Alter, Geschlecht, Stimmung) zu verifizieren.

Eine effiziente Nachbildung von Gesprächen im Chat steht also vor der Herausforderung, zunächst eine Rückbindung der prinzipiell nur wenig verbindlichen „virtuellen Identitätschiffren" an soziale Rollenkonstellationen des Alltags zu leisten. Wo Verbindlichkeit für eine klare Absteckung kommunikativer Rechte im Rahmen online abgewickelter Kommunikationsprozesse benötigt wird, müssen die Nutzer über Rolle und Status ihrer Kommunikationspartner im Bilde sein. Neben der Re-Etablierung sozialer Rollen im prinzipiell sozial unverbindlichen Kommunikationsraum des Chat muss weiterhin eine Etablierung von Formaten zur Handlungskoordination zwischen den Beteiligten geleistet werden: Wo Kommunikanten räumlich getrennt sind und sich weder sehen noch hören können, bedarf es technischer und/oder konversationsstrategischer Regulative, um eine im zeitlichen Nahbereich angesiedelte Bewältigung kommunikativer Aufgaben ähnlich konzentriert organisieren zu können wie in Face-to-face-Situationen. Die gegenüber dem Face-to-face reduzierten Koordinationsmöglichkeiten erklären sich aus den Eigenschaften der verwendeten Kommunikationstechnologie.

Die folgenden Abschnitte fokussieren v.a. auf den Punkt der konversationellen Strukturiertheit chatbasierter Kommunikation und zeigen die Herausforderungen auf, die sich an eine effiziente Nachbildung von Diskursereignissen in Chat-Umgebungen stellen. Im folgenden Abschnitt wird zunächst beschrieben, was es bedeutet, Chat als Kommunikationstechnologie aufzufassen, und auf welche Art und Weise diese Technologie in unterschiedlichen Chat-Systemen unterschiedlich implementiert sein und in verschieden ausgestalteten Chat-Umgebungen auf je unterschiedliche Weise zur Anwendung gelangen kann. In den Abschnitten 4 und 5 werden anschließend unter diskurslinguistischem Aspekt die zentralen Charakteristika erläutert, die sich aufgrund der Eigenschaften der verwendeten Technologie für das Interaktionsmanagement im Chat feststellen lassen. In Abschnitt 6 werden aus diesen Charakteristika Anforderungen abgeleitet, die sich an eine effiziente Nutzbarmachung der Chat-Technologie stellen.

3   Chat als Kommunikationstechnologie I

Während in der *Face-to-face*-Kommunikation der Austausch von Äußerungen im zeitlich-räumlichen Hier und Jetzt erfolgt und für die Produktion und Rezeption ausschließlich körpereigene Medien benötigt werden, sind sämtliche Kommunikationsformen, in welchen die Kommunikanten zeitlich und/oder räumlich disloziert sind, auf die Verfügbarkeit eines Mindestmaßes an Technologie angewiesen, um für mindestens einen der Faktoren *Produktion, Austausch* und *Rezeption* eine Überwindung der Aufhebung des Hier und Jetzt zu gewährleisten.

Ganz allgemein lässt sich eine *Kommunikationstechnologie* definieren als eine Konfiguration über das Zusammenspiel von Prozeduren und (nicht-körpereigenen) Medien, welche die Produktion, den Austausch und die Darstellung von Zeichen zwischen Kommunikanten ermöglichen sollen (vgl. Beißwenger 2003). Ein solches Zusammenspiel von Prozeduren und Medien kann im Falle einfach zu überbrückender räumlich-zeitlicher Disloziertheit einigermaßen simpel sein, im Falle schwieriger zu überbrückender Verhältnisse aber auch einen hohen Komplexitätsgrad annehmen. Eine Kommunikationstechnologie von recht niedrigem Komplexitätsniveau wäre beispielsweise das „Joghurt-Telefon" (zwei leere Joghurtbecher, verbunden durch eine gespannte Schnur), mit welchem Kinder bisweilen experimentieren. Zu den Kommunikationstechnologien mit hohem Komplexitätsniveau zählen all diejenigen Technologien, die ihrerseits wiederum andere Technologien voraussetzen. Hierzu gehören insbesondere die internetbasierten Kommunikationstechnologien, die auf eine ganze Reihe ebenfalls komplexer Technologien – nämlich die Computertechnologie, die Netzwerktechnologie und andere – angewiesen sind, um überhaupt funktionieren zu können. Doch nicht nur die Computer- und Netzwerktechnologie, der Buchdruck und die digitale Datenfernübertragung sind Technologien, auf die im Rahmen von Kommunikationstechnologien zurückgegriffen wird. Auch das Schreiben ist zu den Technologien zu rechnen, derer wir uns im Rahmen diverser technologiebasierter Kommunikationsprozesse bedienen, insofern es „den Gebrauch von Werkzeugen und anderer Ausrüstung voraussetzt: Man braucht Bleistifte, Pinsel, Feder, es bedarf sorgfältig präparierter Oberflächen wie des Papiers, der Tierhäute, der Holzstücke, man braucht Tinte und Farben und vieles mehr" (Ong 1987: 84) oder – im Zeitalter digitaler Medien – Eingabegeräte, computertechnologisch basierte Enkodierungstechniken, Speichermedien, Datenverarbeitungsprozeduren und Datensichtgeräte.

Abb. 1 zeigt eine Möglichkeit zur Typologisierung von Kommunikationsformen, die auf erster Stufe zwischen technologiebasierten und nicht-technologiebasierten Formen untergliedert und auf zweiter Stufe nach Familien von Technologien eine Abgrenzung internetbasierter Kommunikationsformen von Kommunikationsformen erlaubt, die auf Basis anderer (hier nicht weiter differenzierter) Familien von Technologien ermöglicht werden (z.B. Fernmeldetechnologien, Botensysteme etc.). Die Zusammenfassung von Technologien zu Familien erfolgt hier nach den unterschiedlichen

Infrastrukturen, die für die Übermittlung von Kommunikationsbeiträgen genutzt werden (z.b. Internet-Architektur vs. reisender Bote vs. per Fernmeldetechnik auf Reisen geschickte Nachricht). Auf dritter Stufe lassen sich dann innerhalb der internetbasierten Kommunikationsformen einzelne Kommunikationsformen wie z.b. die Chat- oder die E-Mail-Kommunikation unterscheiden, die durch unterschiedliche Kommunikationstechnologien konstituiert werden.

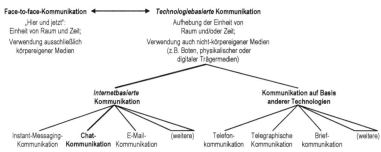

Abb. 1: Ausschnitt aus einer Typologie technologiebasierter Kommunikationsformen.

Die Chat-Technologie legt ein geregeltes Zusammenspiel von Prozeduren und Medien fest, das die Produktion, den Austausch und die Darstellung von Zeichen im Rahmen von Kommunikationsprozessen ermöglichen soll. Wie die Implementierung dieser Technologie im Einzelnen ausgestaltet sein kann, ist in dieser Festlegung noch nicht konkretisiert. Die Technologie beschreibt zunächst einmal lediglich die Grundparameter, die für die Abwicklung von Kommunikationsprozessen gegeben sein müssen; in einigen ihrer Festlegungen lässt sie jedoch Spielraum für prinzipiell unterschiedliche Möglichkeiten der Ausgestaltung (vgl. Beißwenger 2003: 204).

Einzelne Implementierungen der Chat-Technologie nenne ich *Chat-Systeme*. Ein Chat-System (also ein jeweils konkretes Chat-Werkzeug) setzt die Vorgaben der Technologie technisch um, gestaltet sie (sofern variabel) in spezifischer Weise aus und beinhaltet ggf. weitere, über die Vorgaben der Technologie hinausgehende Funktionen. So kann beispielsweise der Modus für die Darstellung der Verlaufsprotokolle auf den Nutzerrechnern in unterschiedlichen Chat-Systemen unterschiedlich realisiert sein, vom „traditionell" linear fortgeschriebenen Protokoll bis hin zu grafischen Darstellungsmodi, die sich hinsichtlich der Logik der Anordnung von Teilnehmerbeiträgen nicht mehr an der Schriftrolle, sondern eher an der Mindmap (mit Möglichkeit zur räumlichen Positionierung) orientieren (wie z.b. in den Systemen *Chat Circles* und *factChat*[4]). Systeme, die neben der Umsetzung der Vorgaben der Technologie speziali-

---

4   Eine Demo der *Chat Circles* (v.2) findet sich unter http://chatcircles.media.mit.edu/ und ist beschrieben in Viegas & Donath (1999); eine Installation des *factChat*-Systems steht unter http://www.factchat.com bereit, die Funktionen des Systems sind beschrieben in Harnoncourt et al. (in diesem Band).

sierte Zusatzfunktionen beinhalten, sind beispielsweise die Systeme *EasyDiscussing*[5] und *Erklärungsdiskurs*, welche die Zuordnung von Sprechaktmarkierungen zu Teilnehmerbeiträgen erlauben, sowie der *ThreadedChat*[6] und der *factChat*, die Hyperlinking-Funktionen beinhalten, anhand derer über nutzerseitig definierbare Hyperlinks explizit auf Beiträge aus der Vorkommunikation Bezug genommen werden kann. Die Systeme *TULKA* und *FUB* ergänzen den Chat um Funktionen zur Verfügbarmachung von Grafiken und zur Visualisierung von Themen, Diskussionslinien und Stichpunkten, die im Rahmen der Konversation eine Rolle spielen („Whiteboard"-Funktion bzw. gemeinsamer Arbeitsbereich zur grafischen Anordnung von Konzepten).[7] Ein System, das für Chat-Events mit großer Teilnehmerzahl konzipiert ist und Möglichkeiten zur redaktionellen Vorselektion und Filterung von Teilnehmerbeiträgen bietet, ist *talk42*.[8]

Eine je konkrete Installation eines Chat-Systems nenne ich eine *Chat-Umgebung*. Chat-Umgebungen sind auf einen spezifischen Anwendungskontext angepasste Verwendungen eines Chat-Systems. Die Unterscheidung zwischen Chat-Systemen und Chat-Umgebungen macht deshalb Sinn, weil nicht jede Verwendung ein- und desselben Systems dessen prinzipiell zur Verfügung stehende Funktionen in gleicher Weise und in vollem Umfang nutzen muss. Weiterhin stellen insbesondere spezialisierte Chat-Umgebungen (z.B. Chat-Umgebungen für die Durchführung von Gruppendiskussionen im Rahmen „virtueller Seminare") die Funktionen des verwendeten Chat-Systems nicht bloß zur Verfügung, sondern rahmen deren Nutzung oftmals durch spezifische Konventionen. So kann beispielsweise das Funktionsmerkmal des *factChat*, das eine freie räumliche Positionierung von Beiträgen erlaubt, für unterschiedliche Anwendungskontexte nach ganz unterschiedlichen Logiken genutzt werden (z.B. im Rahmen von Pro-/Contra-Diskussionen zur räumlichen Gegenüberstellung konträrer Argumente oder im Rahmen von Konversationen mit mehreren thematischen Entwicklungslinien zur Symbolisierung thematischer Nähe bzw. Distanz zwischen Beiträgen). Auch kann das in vielen Chat-Systemen prinzipiell jederzeit für alle Nutzer zur Verfügung stehende „Senderecht" (= die Möglichkeit zur Verschickung eigener Beiträge) in einzelnen Chat-Umgebungen durch Konventionen begrenzt werden, beispielsweise durch Regeln, die festlegen, wer an welcher Stelle im Konversationsverlauf vom „Senderecht" Gebrauch machen darf bzw. dass vor Inanspruchnahme des „Senderechts" zunächst eine explizite Erlaubnis durch einen Moderator erteilt worden sein muss. Daneben führen unterschiedliche Chat-Umgebungen unterschiedliche Kommu-

---

5   Das System *EasyDiscussing* wurde von der *Collide*-Gruppe an der Universität Duisburg entwickelt; eine Beschreibung der wichtigsten Funktionen findet sich z.B. in Zumbach & Reimann (2001).

6   Die Systeme *Erklärungsdiskurs* und *ThreadedChat* wurden am IPSI Fraunhofer Institut in Darmstadt entwickelt und sind beschrieben in Holmer & Wessner (2003) sowie in Holmer & Wessner (in diesem Band).

7   *TULKA*, eine Entwicklung des Instituts für Mathematik der Universität Tübingen, ist dokumentiert und als Installations-Paket verfügbar unter http://www.fa.uni-tuebingen.de/~mibe/tulkawhiteboard/; eine Beschreibung von *FUB*, dem Brainstorming-Werkzeug der FernUniversität Hagen, findet sich in Schümmer & Haake (in diesem Band).

8   Eine Installation des Systems *talk42* ist der *salon politique* auf http://www.politik-digital.de. Das Funktionsprinzip von *talk42* und vergleichbarer Systeme ist in Beißwenger (2003: 220-224) beschrieben und veranschaulicht.

nikantenrollen ein (z.b. DozentIn – Studierende(r)) und definieren für die Angehörigen der zugeordneten Nutzergruppen unterschiedliche Befugnisse des Zugriffs auf bestimmte Funktionen des Systems. So lässt sich beispielsweise in *TULKA* festlegen, dass nur bestimmte Nutzergruppen (z.b. die „teachers") Lese- und Schreibzugriff auf einen separaten und diskreten „Flüster"-Kanal haben, während anderen Nutzergruppen (z.b. den „students") die auf diesem Nebenkanal laufende Kommunikation verborgen bleibt.

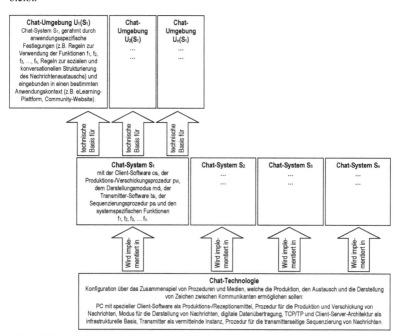

Abb. 2: *Chat-Umgebungen* als anwendungsspezifische „Kommunikationsökologien" – *Chat-Systeme* als deren technische Basis.

Die Unterscheidung zwischen Chat-Systemen und Chat-Umgebungen lässt sich auch daraus motivieren, dass sich Chat in spezialisierten Anwendungskontexten häufig genau dann als ineffizient erweist, wenn lediglich ein Chat-System auf einem Server installiert wird und die anvisierten Nutzer dann ohne weitere Instruktionen Konversationen eines bestimmten Typs (z.b. Experteninterview, Diskussionsrunde, Arbeitsbesprechung, Gruppenberatung) realisieren sollen. Dass sich Chat in solchen Anwendungen als ineffizient erweist, liegt aber nicht daran, dass Chat-Kommunikation per se ein wenig geeignetes Medium für die Nachbildung spezieller Diskursarten ist, sondern daran, dass es einfach nicht ausreicht, zu Zwecken der strukturierten Durchführung von Konversationen lediglich die technische Grundlage bereitzustellen, derer es bedarf, um sich überhaupt austauschen zu können. Vielmehr kann Chat erst dann gewinnbringend eingesetzt werden, wenn neben den technischen Voraussetzungen auch geeignete Rahmenbedingungen geschaffen werden, um eine bestimmte Diskursart optimal nachzubilden und ihren spezifischen Anforderungen Rechnung zu tragen.

Natürlich gibt es eine Vielzahl an Chat-Anwendungen, bei welchen tatsächlich einfach nur ein Chat-Werkzeug bereitgestellt wird, um es Nutzern zu ermöglichen, zueinander in Kontakt zu treten und Diskursereignisse (ganz gleich welcher Art) selbstorganisiert und gewissermaßen „ad hoc" zu initiieren und abzuwickeln. Man denke diesbezüglich vor allem an die zahlreichen „Plauder-Chat"-Angebote auf dem World Wide Web. Anbietern solcher Chat-Umgebungen geht es nicht darum, Umgebungen für die bestmögliche Nachbildung *bestimmter* Diskursarten bereitzustellen, sondern (z.b. motiviert durch die Intention, eine anvisierte Adressatengruppe längerfristig zum kontinuierlichen Besuch eines WWW-Angebots zu animieren) lediglich darum, einen „virtuellen Treffpunkt" bzw. einen Ort für die Anbahnung und Pflege sozialer Kontakte zu etablieren. Solche Chat-Umgebungen bezeichne ich als *rudimentäre Chat-Umgebungen*, insofern sie sich ausschließlich auf die Bereitstellung der für die interpersonale kommunikative Kontaktaufnahme notwendigen Infrastruktur beschränken, sprich: eines Chat-Servers, dessen Leistung von Nutzern, die über die erforderliche Client-Software verfügen, in Anspruch genommen werden kann. Auf welche Weise die Nutzer vom Funktionsumfang dieser Infrastruktur Gebrauch machen, bleibt ihnen selbst überlassen – der Zugriff auf die technischen Möglichkeiten der Kommunikationsumgebung ist durch keinerlei Regeln außer denjenigen begrenzt, welche die Nutzer im Bedarfsfalle selbst aushandeln.

Der in Beißwenger & Storrer (in diesem Band) skizzierte Chat-Szenario-Ansatz zielt darauf, einen allgemeinen Rahmen dafür abzustecken, was bei der Konzeption von Chat-Umgebungen für die Nachbildung je spezifischer Diskursarten zu berücksichtigen ist und wie sich technische Funktionen auf Seiten des Chat-Systems am besten mit diskursstrategischen Festlegungen kombinieren lassen, die es erlauben sollen, nicht nur die Funktionen des Systems adäquat nutzen zu können, sondern darüber hinaus auch Konversationen des anvisierten Typs strukturiert zu organisieren.

4   Probleme des Interaktionsmanagements im Chat

Verschiedentlich ist in der linguistischen Literatur zum Gegenstand die Anwendbarkeit diskursanalytischer Kategorien auf eine Beschreibung der Strukturen von Chat-Konversationen diskutiert worden (z.B. Murray 1989; Garcia & Jacobs 1999; Grosch 1999; Schönfeldt 2001; Storrer 2001a; Beißwenger 2003; Apfelbaum in diesem Band). Zentraler Punkt bei der Frage nach einer Beschreibung von Chat-Strukturen unter Rückgriff auf das anhand mündlicher Gespräche entwickelte Kategorieninventar ist die Frage einer Tauglichkeit des *Turn*-Begriffs für die Fassung dessen, was die Nutzer von Chat-Angeboten schriftlich produzieren, als Einheiten an den Chat-Server abschicken und schließlich auf den Darstellungsflächen der Adressatenrechner zur Anzeige gebracht wird. Bereits Murray (1989: 333) stellt fest, dass die Anwendung des *Turn*-Begriffs auf die Beschreibung von Diskursstrukturen in Chat-Konversationen aufgrund der gegenüber Face-to-face-Konversationen eingeschränkten Möglichkeiten zur Aushandlung von Handlungszügen als problematisch zu gelten hat. Werry (1996) merkt an, dass Prinzipien des Sprecherwechsels, so wie sie an mündlichen Diskursen zu beobachten sind, im Chat immerhin nicht in gleicher Weise funktionieren wie im Rahmen mündlicher Interaktion:

> turn-taking does not function as a means of managing interaction as it does in spoken discourse, and a degree of discontinuity in structures of exchange can be identified which would be unlikely to occur in spoken communication due to the transitoriness of speech and the tendency for overlaps to occur. (Werry 1996: 63)

Storrer (2001a: 11f.) betont, dass sich aus den technischen Rahmenbedingungen der Chat-Kommunikation „schwerwiegende Konsequenzen für das wichtige System des ‚Turn-Taking' [ergeben], das in mündlichen Gesprächen den Sprecherwechsel und damit die dialogische Organisation von Gesprächen maßgeblich bestimmt" und begründet dies unter anderem aus der chat-typischen Suspendierung des für mündliche Gespräche fundamentalen Prinzips, dass „– von Überschneidungen an den Übergangspunkten abgesehen – nur ein Gesprächsteilnehmer redet, während die anderen schweigen und einen geeigneten Moment für die Ergreifung des Rederechts abwarten". In Beißwenger (2003) wurde schließlich explizit dafür argumentiert, zentrale interaktionsstrukturierende Konzepte wie *Rederecht* (*floor*), *Sprachhandlungszug* (*turn*) und *Sprecherwechsel* (*turn-taking*) zumindest für Standard-Chat-Umgebungen (wie sie in den prominenten „Plauderchats" auf dem WWW sowie im IRC gegeben sind) für gänzlich außer Kraft gesetzt anzusehen. Dies bedeutet nicht, dass sich vergleichbare Konzepte bei geeigneter Konzeption des Chat-Einsatzes nicht wieder einführen lassen.

Die aus der Technologie begründbare Andersartigkeit des Interaktionsmanagements im Chat im Gegensatz zum Face-to-face-Gespräch soll im Folgenden anhand einiger authentischer Beispiele nachgezeichnet werden.

4.1 Chat-Beiträge als ökonomische, nicht pragmatische Einheiten

Betrachtet man Chat-Konversationen auf der Grundlage von Mitschnitten (sog. „Logfiles"), so erscheint aufgrund der häufig zu beobachtenden und der Ökonomie und Schnelligkeit chatbasierten Austauschs geschuldeten Aufsplittung von Sprachhandlungszügen in eine Sequenz von unterhalb der pragmatischen Ebene angesiedelten Chunks die Anwendbarkeit des Turn-Begriffs als problematisch. Beispiel 1 zeigt einen solchen Fall.

Beispiel 1: Ausschnitt aus einer Kleingruppendiskussion im Rahmen eines chatbasierten Seminars:

    (1) *Olga:*   um alles im korrekten Deutsch zu formulieren, findet sie nötige Inf. und was sachliche Inf. angeht,

    (2) *Olga:*   kann sie nich viel damit anfangen

    (3) *Olga:*   und wie eine Banane aussieht, ist nich so relevant

    (4) *Marianne:*   Eine genaue Trennung zwischen sachlichen und sprachlichen ist aber schwierig, da ohne die Bedeutungsangabe das Wort für eine Fremdsprachlerin nicht verstanden wird, daher auch das Bild....

→ (5) *Olga:*   für ihr Bericht, oder?

    (6) *Marianne:*   Für ihre Zwecke ist aber die (sachliche) Angabe nicht ausreichend.

Dass die Chat-Nutzer ihr Sprachhandeln an aus dem Face-to-face bekannten Turn-konstruktions- und Turn-taking-Prinzipien orientieren, soll damit nicht in Abrede gestellt sein. Allerdings stellt sich die Frage, wo eigentlich im Rahmen chatbasierter Kommunikationsprozesse eine Existenz von Turns (im Sinne der linguistischen Pragmatik) angesiedelt werden kann. Mit Blick auf Logfiles wohl kaum, da in diesen (wie in Beispiel 1 zu sehen) die Grenzen von Beiträgen nicht unbedingt mit den Grenzen von Sprachhandlungszügen zusammenfallen. In der individuellen Sicht der Teilnehmer schon eher, allerdings stellt sich dann die Frage, ob alle Beteiligten zum gleichen Zeitpunkt jeweils exakt dieselbe Sicht auf den Sprachhandlungsverlauf haben.

Rosenberger et al. (2000) differenzieren zwischen der Turn-Aushandlung (*turn negotiating*) und der Turn-Ergreifung (*turn taking*) und vertreten die Ansicht, dass nur erstere im Chat außer Kraft gesetzt sei, zweitere jedoch sehr wohl für gegeben erachtet werden könne. Eine solche Unterscheidung setzt allerdings voraus, dass Turns auch dann existieren, wenn kein klares System zur Aushandlung einer Rederechtsabfolge vorhanden ist. Nach Ansicht des Verfassers ist das Konzept des Rederechts (*floor*) im Sinne eines exklusiven Privilegs (vgl. z.B. Levinson 1983: 297) nur dann gegeben, wenn klare Prinzipien für dessen Vergabe existieren. Somit setzt die aktive Wahrnehmung des Rederechts, d.h. die Ergreifung des Turns (*turn taking*), den Aushandlungscharakter des Rederechts und damit der Turnabfolge (*turn negotiating*) notwendigerweise voraus. Die Unterscheidung von Rosenberger et al. (2000) macht zwar Sinn, wenn man sie auf die individuelle Sicht der einzelnen Kommunikanten bezieht – betrachtet man die Konversation im Chat jedoch aus der Außenperspektive und unter Einbeziehung ihrer technologiebedingten Beschränkungen, so erscheint sie unter der hier vertretenen Position, die das Rederecht als ein Privileg und grundlegendes Strukturierungskonzept begreift, als problematisch.

4.2   Nicht-Simultaneität und Divergenz der individuellen Sichten auf den aktuellen Stand des Interaktionsverlaufs

Weiterhin ist zu beobachten, dass zwei Chat-Nutzer, die an der Realisierung eines Sprachhandlungsmusters arbeiten, nie eine gänzlich identische Sicht auf den Fortschritt ihres Interaktionsverlaufs haben, was sich aus den spezifischen technologischen Rahmenbedingungen chatbasierter Kommunikation motivieren lässt. Dies sei im Folgenden dargelegt anhand der Beispiele 2 und 3, zwei Ausschnitten aus chatbasierten 1:1-Beratungsdiskursen.[9] [10]

---

9   Zum Problem der Sequenzialität aufeinander bezogener Sprachhandlungen im Chat vgl. ausführlich Beißwenger (2003: 213-219).

10   Wenn hier und im Folgenden von *chatbasierten Diskursen* die Rede ist, so ist dies stets im Sinne einer *chatbasierten Nachbildung von Diskursen* zu verstehen. Hinter dieser Sichtweise steht die Ansicht, dass Chat aufgrund seiner relativen kommunikationstheoretischen Eigenständigkeit nicht eine einfache *Umsetzung* von Diskurs unter besonderen medialen Vorzeichen erlaubt, sondern stets nur eine *Nachbildung* von Diskurs unter den besonderen Prägungen leisten kann, die er als Kommunikationsform durch die Orientierung am Diskurs einerseits sowie den Zugriff auf Textformen und gewisse kommunikationstechnologisch vorgegebene Prozeduren andererseits erfährt. Diese Auffassung wird in Abschnitt 5 näher motiviert.

Beispiel 2: Ausschnitt aus einer 1:1-Chat-Beratung (die Ratsuchende ist eine Studentin mit Prüfungs-angst)[11]:

(1) 16:58:01 *Beraterin:*   Doch ich denke, das ist trotzdem kein Grund, deine eigenen Dinge zu vernachlässigen!

(2) 16:58:11 *Ratsuchende:* ich bekomme zwar auch schöne Geschenke, aber ich finde sie übertreiben, meine Eltern das mit den Kindern meiner Schwester. Es gibt viele Familien, die mehrere Kinder haben und die leben VIEL viel schlechter

(3) 16:58:43 *Ratsuchende:* nein natürlich nicht, aber das beschäftigt mich halt ständig, da ich auch 2-3 mal bei meinen Eltern bin, wei lich da jobbe

(4) 16:59:15 *Beraterin:*   Das klingt ziemlich kompliziert. Da ist dann schwer, sich abzugrenzen.

(5) 16:59:39 *Beraterin:*   ich empfehle dir sehr, dir für beide Probleme Unterstützung zu holen!

(6) 16:59:56 *Beraterin:*   Wir müssen hier nämlich gleich aufhören!

(7) 17:00:05 *Ratsuchende:* und meine ältere Schwester ruft mich auch nur noch an, damit ich den Babysitter spiele oder mit ihr und den Kindern was unternehme, aber nicht mehr so von Schwester zu Schwester, das finde ich auch schade . Da verstehen mich und meine jüngere Schwest

(8) 17:00:33 *Ratsuchende:* meinen sie dass ich echt nur eifersüchtig bin?

(9) 17:00:41 *Ratsuchende:* haben sie demnächst wieder termine?

Die an der Konversation in Beispiel 2 beteiligte Beraterin beschrieb in einer Anmerkung zum Logfile die Kommunikation als „sehr schwierig: ich war noch am antworten, während die Userin schon weiterschrieb". Während die Beraterin ganz offenbar einige ihrer kommunikativen Züge als ‚Antworten‘ und somit als reaktive Züge konzipiert hat, zeigt der Logfile-Ausschnitt, dass die Ratsuchende an den Positionen (4), (5) und (6) des Logfiles, an welchen Beiträge der Beraterin dargestellt wurden, noch überhaupt keine Reaktion der Beraterin erwartet hatte. Vielmehr steht zu vermuten, dass die Ratsuchende ihre Beiträge (3) und (7) insgesamt als *einen* Handlungszug intendiert und diesen lediglich aus Ökonomiegründen in zwei „Etappen" an den Server abgeschickt hat. Diese Vermutung lässt sich unter Einbeziehung der Timestamps, die den Zeitpunkt des Eintreffens der einzelnen Beiträge beim Server vermerken, stützen: Der Logfile-Auszug im Beispiel präsentiert einen Konversationsausschnitt von 2 Minuten und 40 Sekunden Länge, in dessen Verlauf insgesamt 924 Zeichen (Leerzeichen miteingerechnet) übermittelt wurden. Von diesen 924 Zeichen wurden 660 von der Ratsuchenden getippt. Dies ergibt eine Aktivität von durchschnittlich 4 Tastaturanschlägen pro Sekunde. Da die Ratsuchende mit ihren Beiträgen in Position (3), (8) und (9) ganz offensichtlich auf Beiträge der Beraterin *re*-agiert, ist davon auszugehen dass sie nicht kontinuierlich am Tippen war, sondern zwischendurch zumindest minimale Rezeptions- und Reflexionszeiten in Anspruch genommen hat. Insofern ist anzunehmen, dass sie – selbst wenn sie eine geübte Tipperin ist – nicht nach jedem der von ihr angezeigten Beiträge den Fortschritt des Verlaufsprotokolls am Bildschirm überprüft, sondern

---

11 Die Beispiele 2, 3 und 4 entstammen Logfiles, die freundlicherweise aus dem Berliner Modellprojekt „Psychosoziale Hilfe online" zur Verfügung gestellt wurden (siehe http://www.dasberatungsnetz.de; vgl. auch den Beitrag von Edgar van Eckert in diesem Band); die Teilnehmernamen der beteiligten Kommunikantinnen wurden anonymisiert.

phasenweise nach Absenden eines Beitrags unmittelbar die Produktion des nächsten Beitrags aufgenommen hat, ohne sich dazwischen ein ‚Update' über den aktuellen Stand des Protokolls geholt zu haben. Mit ziemlicher Sicherheit gilt dies für die Produktion der Beiträge in Position (3) und (7), was sich auch durch den *und*-Anschluss in (7) sowie durch das offensichtliche Ignorieren der in der Zwischenzeit eingegangenen Beiträge (4), (5) und (6) der Beraterin zeigt. Letztlich ist das Ignorieren der Beiträge der Beraterin jedoch nur ein vermeintliches: der abrupte Abbruch von Beitrag (7) – nicht nur mitten im Satz, sondern mitten im Wort (!) – lässt darauf schließen, dass die Ratsuchende erst an dieser Stelle wieder auf den Bildschirm geblickt und bemerkt hat, dass für die Beraterin ihre bis dahin produktiv weitergeführte Problembeschreibung ganz offensichtlich schon nicht mehr aktuell ist (insofern die Beraterin die Problemberschreibung der Ratsuchenden bereits mit Beitrag (3) – der syntaktisch und propositional abgeschlossen ist und damit als vollständig ausgeführter Zug gedeutet werden kann – als vollständig interpretieren konnte). Somit verletzt keine der beiden beteiligten Kommunikantinnen das Kooperationsprinzip. Vielmehr haben beide Kommunikantinnen zu gleicher Zeit aufgrund der technischen Rahmenbedingungen jeweils minimal unterschiedliche Sichten auf den Interaktionsverlauf und aufgrund fehlender nonverbaler Kanäle überdies im Falle syntaktisch und propositional „geschlossener" Beiträge auch unterschiedliche Möglichkeiten, einen Beitrag zu deuten. Die minimal verschobene Sicht auf den Interaktionsverlauf ist groß genug, selbst bei nur zwei beteiligten Kommunikantinnen zu der für Chat charakteristischen Verschränkung von Sprachhandlungsmustern zu führen. Das Fehlen des Nonverbalen, der „visual awareness" sowie einer echten Simultaneität von Aktivität und Wahrnehmung ist eklatant genug, um bestimmte Beiträge entweder als vollständig ausgeführten Turn oder aber lediglich als Turnkonstruktionseinheit deuten zu können. So stellt Beitrag (3) für die Ratsuchende in ihrem individuellen Produktionsplan ganz offensichtlich lediglich eine Turnkonstruktionseinheit (von mehreren) dar, während er von der Beraterin als Turn interpretiert und zum Anlass für die (ebenfalls auf mehrere Beiträge verteilte) Ausführung einer Reaktivhandlung genommen wird.

Letztlich kommen natürlich beide Kommunikantinnen mit dem Problem der Fehlinterpretation von Turngrenzen und der kontinuierlich nicht gänzlich synchronisierten Sicht auf den Sprachhandlungsverlauf *irgendwie* zurecht. Allerdings beschrieb einerseits die Beraterin in der Rückschau die Konversation als „schwierig", andererseits brach die Ratsuchende in Position (7) ihren Beitrag und somit die weitere Ausführung der Problembeschreibung im Rahmen der Beratungssituation unvermittelt ab. Somit verlief also für beide Kommunikantinnen die geführte Konversation in gewisser Weise suboptimal – für die Beraterin aufgrund unzureichender Koordinationsmöglichkeiten, für die Ratsuchende deshalb, weil sie aufgrund der Verschränkung von Sprachhandlungsmustern und in Anbetracht des Produktionsdrucks in der Chatsituation von einer weiteren Ausführung ihrer Problembeschreibung absehen und sich stattdessen einer abschließenden Respondierung der Beiträge (4), (5) und (6) zuwenden musste (dies insbesondere deshalb, weil die Beraterin bereits in Beitrag (6) das Ende der Chatsitzung angekündigt hat, zu einem Zeitpunkt also, zu welchem die Ratsuchende aktual noch mit der Weiterführung ihres in (3) begonnenen Zuges befasst war).

Beispiel 3: Ausschnitt aus einer 1:1-Chat-Beratung (die Ratsuchende ist eine Referendarin mit schwierigem Fachleiter)

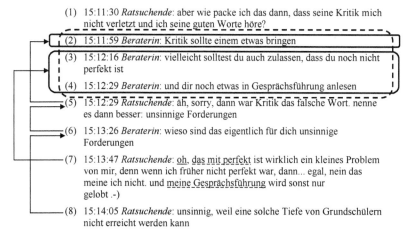

(1) 15:11:30 *Ratsuchende:* aber wie packe ich das dann, dass seine Kritik mich nicht verletzt und ich seine guten Worte höre?

(2) 15:11:59 *Beraterin:* Kritik sollte einem etwas bringen

(3) 15:12:16 *Beraterin:* vielleicht solltest du auch zulassen, dass du noch nicht perfekt ist

(4) 15:12:29 *Beraterin:* und dir noch etwas in Gesprächsführung anlesen

(5) 15:12:29 *Ratsuchende:* äh, sorry, dann war Kritik das falsche Wort. nenne es dann besser: unsinnige Forderungen

(6) 15:13:26 *Beraterin:* wieso sind das eigentlich für dich unsinnige Forderungen

(7) 15:13:47 *Ratsuchende:* oh, das mit perfekt ist wirklich ein kleines Problem von mir, denn wenn ich früher nicht perfekt war, dann... egal, nein das meine ich nicht. und meine Gesprächsführung wird sonst nur gelobt .-)

(8) 15:14:05 *Ratsuchende:* unsinnig, weil eine solche Tiefe von Grundschülern nicht erreicht werden kann

Auch Beispiel 3 lässt es als problematisch erscheinen, in Bezug auf die Teilnehmeraktivitäten, so wie sie sich im Rahmen einer Chat-Konversation im sukzessive fortgeschriebenen Verlaufsprotokoll am Bildschirm dokumentieren, von *Turns* zu sprechen. Darüber hinaus stellt sich die Frage, ob – unabhängig von den bereits angesprochenen Problematisierungen – der *Turn*-Begriff für einen Phänomenbereich brauchbar ist, in welchem Aktivitäten sprachlicher Produktion von den Kommunikationspartnern nicht zur Laufzeit ihrer Ausführung wahrgenommen, sondern jeweils *en bloc* und überdies zeitlich versetzt zur Darstellung gebracht und damit der Wahrnehmung zugänglich gemacht werden.

Möglicherweise hat die Beraterin in Beispiel 3 die Beiträge (2), (3) und (4) – mit ziemlicher Sicherheit aber (in Anbetracht der zeitlichen Abstände sowie der syntaktischen Verknüpfung) die Beiträge (3) und (4) – als *einen* kommunikativen Zug intendiert. Die Beiträge (2), (3) und (4) sind aber an ihrem Ende jeweils syntaktisch soweit vollständig, dass sie von der Ratsuchenden entweder als vollständig ausgeführter Zug oder zumindest als Abschlussbeitrag im Rahmen eines auf mehrere Beiträge verteilten Zuges und somit als Anknüpfungspunkt für eigene Folgebeiträge interpretiert werden können – was offenbar auch der Fall ist: mit Beitrag (5) reagiert die Ratsuchende ganz offensichtlich ausschließlich auf Beitrag (2). Dass sie bei der Produktion ihres Beitrags (5) den Beitrag (3) der Beraterin noch nicht wahrgenommen hat, zeigt sich an späterer Stelle im Protokoll (nämlich in Beitrag (7), in welchem sie durch die thematische Wiederaufnahme *das mit perfekt*, verbunden mit der Interjektion *oh*, explizit zu erkennen gibt, dass sie Beitrag (3) eben erst bemerkt hat). Beitrag (4) der Beraterin, obwohl im Protokoll Beitrag (5) der Ratsuchenden vorausgehend, war für letztere bei der Produktion von Beitrag (5) noch überhaupt nicht zugänglich, da die Timestamps belegen, dass beide Beiträge exakt zeitgleich (nämlich um 15:12:29 Uhr) an den Server verschickt wurden. Mit Beitrag (7) arbeitet die Ratsuchende schließlich rückwirkend die Beiträge (3) und (4) der Beraterin ab und macht dies durch entsprechende thematische Wiederaufnahmen (*das mit perfekt, meine Gesprächsführung*) deutlich. Anschließend respondiert sie mit Beitrag (8) das von der Beraterin zwischenzeitlich mit Beitrag (6) eröffnete Frage-Antwort-Muster. Letztlich ergeben sich (symbolisiert durch die Bezugspfeile in Beispiel 3) auch hier die für viele Chat-Umgebungen so typischen Überkreuz-Strukturen.

Die Frage der Anwendbarkeit diskursanalytischer Kategorien auf die Beschreibung von Chat-Strukturen soll hier nicht weiter vertieft werden. Wichtig ist aber festzuhalten, dass die spezifische Disloziertheit der Kommunikanten beim Chatten (die nicht nur eine räumliche, sondern tendenziell auch eine zeitliche ist) erhebliche Auswirkungen auf die Handlungskoordination hat, die (wie anhand der Beispiele 2 und 3 ersichtlich) bereits in relativ „einfachen" Chat-Konstellationen mit lediglich zwei beteiligten Kommunikanten zutage treten. Koordinationsprobleme bestehen hierbei nicht nur in Hinblick auf eingeschränkte Möglichkeiten zum kooperativen Aufbau klarer Handlungssequenzstrukturen, sondern auch in Hinblick auf Aktivitäten, die „im Verborgenen" der Repräsentation von kommunikativen Zügen auf den Teilnehmerbildschirmen vorausgehen, nämlich der Aufnahme von Produktionshandlungen (ohne vorherige Abstimmung mit den Kommunikationspartnern), dem individuellen Wechsel von der Rezipienten- zur Produzentenrolle und umgekehrt (ohne, dass dies für die Kommunikationspartner ohne weiteres ersichtlich ist), der Verschickung eigener Beiträge an den Chat-Server sowie der diskontinuierlichen (weil immer wieder von Phasen des Produzierens durchbrochenen) Rezeption neu eingehender Beiträge im Bildschirmverlaufsprotokoll. Letztlich stellt der Zeitraum von der Entscheidung eines Kommunikanten zur Produktion eines neuen eigenen Beitrags bis hin zu dessen Verschickung an den Server und Darstellung auf den Teilnehmerbildschirmen einen kleinen asynchronen Redaktions- und Publikationsprozess dar: Mit der Entscheidung zur Produktion eines neuen Beitrags klinkt sich der Kommunikant kurzfristig aus der Weiterentwicklung des Kommunikationsgeschehens (so wie es sich an den Bildschirmen dokumentiert) aus, um ein sprachliches Produkt anzufertigen, dessen Entstehungsprozess einer Einsichtnahme durch die Mitkommunikanten entzogen ist. Folglich können die Kommunikationspartner während dieses Authoring-Prozesses auch keinerlei Einfluss auf Form und Inhalt des in Entstehung befindlichen Produkts nehmen (eine Tatsache, die charakteristisch für textbasierte asynchrone Kommunikation ist, was zeigt, dass Chat-Kommunikation nur unter Vorbehalt als „synchron" etikettiert werden kann). Hat der Kommunikant seinen Produktionsprozess (der unter Umständen auch Redaktionierungselemente wie z.B. Korrekturlesen oder partielle Umarbeitungen beinhalten kann) abgeschlossen, gibt er das fertige Produkt durch Ausführung einer Verschickungshandlung (Betätigen der Eingabetaste) zur Publikation frei. Das an den Server übermittelte Erzeugnis wird dann *en bloc* als aus seinem individuellen Produktionsprozess hervorgegangenes Artefakt im Verlaufsprotokoll auf den Teilnehmerbildschirmen veröffentlicht. Die Beteiligten an chatbasierten Kommunikationsprozessen sind somit – obwohl sie durch ihr synchrones Eingeloggtsein die Möglichkeit zu schneller Aktion und Re-Aktion sowie zum fluiden Wechsel zwischen Produzenten-

und Rezipientenrolle haben – eher den (Text-)Produzenten und Lesern im Rahmen zeitversetzter Textkommunikation vergleichbar als den Sprechern und Hörern der Face-to-face-Kommunikation (die aufgrund der Möglichkeit zu simultanem Feedback und redebegleitenden Steuerungssignalen wechselseitig im Prozess der Produktion/Veräußerung und Rezeption aufeinander einwirken können):

> Participants in QS-CMC [quasi-synchronous computer-mediated communication] are not actually speakers and hearers; they are writers of textual messages who then post those messages. Recipients of messages are readers of completed messages rather than „hearers". (Garcia & Jacobs 1999: 346)

Greift man – wie im vorangehenden Absatz – auf Publikationsprozesse als Vergleichsgröße für die Beschreibung der besonderen Produktions-/Rezeptionssituation beim Chatten zurück, so wird deutlich, woher ein guter Teil der fehlenden Koordinationsmöglichkeiten in Chat-Konversationen rührt, nämlich aus der Tatsache, dass die Chat-Kommunikation, obgleich im zeitlichen Nahbereich angesiedelt, durchaus auch Merkmale aufweist, die für Diskurs eher ungewöhnlich sind: Während zwar sämtliche Kommunikanten gleichzeitig eingeloggt sind und synchron neue Kommunikationsbeiträge zur Anzeige auf ihren Bildschirmen zugespielt bekommen, vollziehen sich die Phasen der Produktion eigener Beiträge asynchron zur kontinuierlichen Fortschreibung des Interaktionsverlaufs in den Bildschirmprotokollen. In Chat-Umgebungen, die auf nichts weiter als der Installation eines Standard-Chat-Systems basieren und in denen jeder Kommunikant zu jeder Zeit nach eigener Entscheidung die Produktion eines eigenen Beitrags aufnehmen kann, lassen sich diese der Synchronizität des Protokollaufbaus enthobenen Phasen auch nicht ohne weiteres mit der Sequenzierung der Anzeige von Beiträgen in den Bildschirmprotokollen verkoppeln. Die Folge ist, dass zwischen der (servergenerierten) Sequenz von Teilnehmerbeiträgen am Bildschirm und der individuell wahrgenommenen Sequenz von Sprachhandlungen Diskrepanzen entstehen, die dadurch noch verschärft werden, dass bei fehlenden Konventionen oder technischen Mitteln für die Herstellung einer globalen Organisationsstruktur, die den gesamten Kommunikationsprozess (inklusive der „privaten" Produktionsphasen) umfasst, der von den Kommunikanten zu einem bestimmten Zeitpunkt individuell wahrgenommene bzw. angenommene aktuelle Stand des Sprachhandlungsverlaufs nie gänzlich deckungsgleich ist. Zentrale Anforderung an einen effizienten Einsatz von Chat ist somit in konversationeller Hinsicht die Bewältigung dieser Koordinations- und Sequenzierungsprobleme: Der Kommunikationsprozess muss so organisiert werden können, dass die individuelle Freiheit zum Wechsel von der Rezipienten- in die Produzentenrolle einer aus dem Face-to-face bekannten (entweder kooperativ oder durch einen „Gesprächsleiter" verantworteten) linearen Sequenzierung unterworfen wird und dass „private" Produktionsaktivitäten, die parallel zur kontinuierlichen Fortentwicklung des Bildschirmprotokolls verlaufen und erst nach ihrem Abschluss (und somit zeitversetzt) in diesem dokumentiert werden, mit ihren Start- und Endpunkten ebenfalls in eine solche Sequenzstruktur eingebunden werden (z.B. durch auf Konventionen oder technischen Funktionen basierende Systeme für die sukzessive und jeweils exklusive Vergabe der Berechtigung zur Aufnahme der Produktion bzw. Verschickung eigener Beiträge).

5   Chat als Kommunikationstechnologie II

Unter der Perspektive eines Vergleichs von Chat-Konversationen mit Face-to-face-Gesprächen erweist sich Chat insbesondere mit Blick auf die Möglichkeiten zur Handlungskoordination und Diskursorganisation als gegenüber dem Face-to-face defizitär. Als Konsequenz lässt sich (wie im vorangehenden Abschnitt getan) als besondere Anforderung an eine effiziente Nutzbarmachung der Chat-Technologie die Re-Etablierung zentraler Konzepte zur Diskursorganisation benennen. Anders ausgedrückt bedeutet das: Die Chat-Kommunikation muss – wenn sie in spezialisierten Anwendungskontexten gewinnbringend zum Einsatz kommen soll – dahingehend „aufgerüstet" werden, dass grundlegende Strukturierungskonzepte des Face-to-face-Gesprächs nutzbar werden.

Das Unterfangen von Vergleichen zwischen Chat-Konversationen und Face-to-face-Gesprächen setzt natürlich stillschweigend voraus, dass beide Kommunikationsformen überhaupt miteinander vergleichbar sind. Vergleichbarkeit setzt voraus, dass zwei gegeneinander zu kontrastierende Gegenstände in mindestens einer Hinsicht etwas Gemeinsames aufweisen, das als Maßstab für den Vergleich dienen kann und die Eigenschaften liefert, deren jeweilige Ausprägungen dann an den beiden Gegenständen verglichen werden können. In den vorangegangenen Abschnitten wurde der Vergleich von Chat-Konversationen mit Face-to-face-Gesprächen durch die Annahme legitimiert, dass Chat eher der Kategorie *Gespräch* bzw. *Diskurs* zuzurechnen sei denn der Kategorie *Text* (einer Auffassung, die in der linguistischen Chat-Forschung wohl kaum mehr strittig sein dürfte). Als Maßstab für den Vergleich dienten daher Eigenschaften, die für Gespräche bzw. Diskurse als prominent bzw. konstitutiv erachtet werden können. Im Zuge des Vergleichs wurde allerdings stets eingeräumt, dass Chat-Konversationen zwar *eher* dem Diskurs denn dem Text zuzurechnen seien, dass sie aber durchaus auch Merkmale aufweisen, die für Diskurs eher untypisch sind und dass die Gründe für diese Besonderheiten in den Vorgaben der zugrunde liegenden Technologie zu suchen sind. Der Vergleich zwischen Chat-Konversationen und Face-to-face-Diskursen ist durchaus zielführend, wenn es darum gehen soll, aus den zu gewinnenden Unterschieden Erkenntnisse darüber abzuleiten, wie sich letztlich wiederum Diskurse bestmöglich via Chat nachbilden lassen. Trotzdem sind Vergleiche zwischen Chat-Konversationen und Face-to-face-Diskursen (nicht nur aufgrund des gänzlich unterschiedlichen Status und Quellenwerts von Chat-Logfiles und Gesprächstranskripten) stets mit der Crux behaftet, den zu Vergleichszwecken konstituierten Maßstab einer in gewisser Hinsicht (aber irgendwie auch nicht gänzlich) gemeinsamen Oberkategorie *Diskurs* in verschiedenen Punkten mit Anführungszeichen und Einschränkungen versehen zu müssen.

Aus diesem Grunde soll im Folgenden der alternative Versuch unternommen werden, Chat nicht gegenüber der Vergleichsgröße Face-to-face-Gespräch zu etablieren, sondern vielmehr unter Rückgriff auf das in Abschnitt 3 umrissene Konzept der Kommunikationstechnologie als eine Kommunikationsform zu profilieren, die zwar mehr Gemeinsamkeiten mit Gesprächen bzw. Diskursen als mit Texten aufweist, unter konsequenter Berücksichtigung ihres Status als *technologiebasierter Kommunikation* aber letztlich nicht widerspruchsfrei der Kategorie Diskurs zugerechnet werden kann, sondern vielmehr als eine Form des Kommunizierens anerkannt werden muss, die auf der Grundlage einer auf die *Nachbildung von Diskursen* gerichteten Technologie als *paradiskursiv* (i.S.v. Hoffmann 2004) zu verorten ist. Die Konsequenzen für die Spezifikation von Chat-Umgebungen für spezialisierte Anwendungskontexte bleiben bei dieser Perspektive auf den Gegenstand letztlich dieselben wie beim Vergleich von Chat-Konversationen mit Face-to-face-Gesprächen – die Gründe für die Unterschiede zwischen Chat-Konversationen und Face-to-face-Gesprächen zeigen sich dabei allerdings tendenziell in einem etwas anderen Licht.

Die Überlegungen setzen an bei der Annahme, dass die effizienteste Form diskursiven Austauschs diejenige ist, in welcher die Kommunikanten über ein gemeinsames Hier und Jetzt verbunden sind, gleichermaßen Zugriff auf Orientierungsmöglichkeiten in der Kommunikationssituation besitzen und die Produktion, Veräußerung und Rezeption von Kommunikationsbeiträgen simultan läuft und ausschließlich unter Nutzung körpereigener Medien bewältigt werden kann:

> Für diese Situation sind Kopräsenz der Handelnden, gemeinsamer situativer Verweisraum mit Synchronisationsmöglichkeit, Simultanität der Verarbeitung, unmittelbare Rezeption der Produktion, steuernder Eingriff aus der Hörerposition typisch. Sie bildet die *elementare Diskursform*. (Hoffmann 2004: 103)

In Situationen, in welchen zum Austausch von Kommunikationsbeiträgen räumliche oder zeitliche Distanz überbrückt werden muss, bedarf es artifizieller Hilfsmittel (Werkzeuge), die es erlauben, die Gebundenheit von Äußerungen an das Hier und Jetzt der elementaren Sprechsituation durch Techniken zur Verdauerung (Speicherung) und zum Transport transzendierbar zu machen. Kommunikationsprozesse, die sich durch Verwendung nicht-körpereigener Werkzeuge, Enkodierungs-, Archivierungs- und Übermittlungsprozeduren der minimalen Verfügbarkeit von Äußerungen im räumlich-zeitlichen Nahbereich entheben, sind (im Sinne der in Abschnitt 3 verwendeten Terminologie) *technologiebasiert* bzw. (i.S.v. Weingarten 2001) *technisch realisiert*:

> Unter „technisch realisierter Kommunikation" soll [...] ganz allgemein jede Kommunikationsform verstanden werden, die zu ihrer Durchführung auf bestimmte Artefakte angewiesen ist. Der diesem Einsatz von Artefakten zugrunde liegende Zweck besteht darin, diejenigen Begrenzungen der Kommunikation zu überwinden, die durch Kopräsenz der Kommunikationsteilnehmer in einer Sprechsituation entstehen. (Weingarten 2001: 1141)

Kommunikationstechnologien, die auf die Ermöglichung von Verständigung im zeitlichen Nahbereich gerichtet sind, leiten aus dem elementaren Diskurs entweder andere Diskursformen ab (z.B. die Telefonkommunikation oder die Videokonferenz) oder bilden den elementaren Diskurs unter Zuhilfenahme der Qualitäten von Textformen nach (Chat-Kommunikation).[12] Hiermit sind jedoch stets Reduktionen in der Effizienz des kommunikativen Austauschs verbunden. Zwar zielen solche Technologien darauf,

---

12   Hoffmann (2004) unterscheidet *derivierte Diskursformen*, die zeitlich simultan und unter Verfügbarkeit eines gemeinsamen akustischen Wahrnehmungsraums ablaufen, von *paradiskursiven Formen*, zu deren Realisierung Überlieferungsqualitäten von Textformen genutzt werden und bei welchen die Simultaneität durch eine (nicht-simultane) zeitliche Nähe von Produktion und Rezeption ersetzt wird.

das Fehlen von echter (physischer) Kopräsenz durch die Bereitstellung von Hilfsmitteln zu kompensieren, letztlich sind jedoch selbst Videokonferenzen, bei welchen die räumliche Situiertheit eines Kommunikanten für dessen kommunikative Koakteure durch die nur minimal zeitverzögerte Übermittlung von Bewegtbildern ersichtlich ist, hinsichtlich der Koordination der Kommunikationsbeteiligten und der Herstellung von Verstehen gegenüber dem elementaren Diskurs mit deutlichen Abstrichen verbunden. Technologiebasierter Austausch im zeitlichen Nahbereich behält somit durch den Einfluss der zur Herstellung kommunikativer Nähe benötigten technischen Medien und Prozeduren stets eine charakteristische Differenz zur elementaren Sprechsituation. So auch im Falle der Chat-Technologie:

> Das diskursive Moment besteht darin, dass der Chat anders als der Text nicht primär auf „die Bearbeitung des Vergessens" […] zielt, sondern auf aktuelle Verständigung. Was jeweils auf den Schirmen entsteht, erhält in der Rezeption diskursive Qualität. Zweck ist eine unmittelbare Kommunikation, die wechselseitige Verständigung aktualgenetisch, im zeitlichen Nahbereich anstrebt. Daher schlage ich vor, von einer *paradiskursiven* Form zu sprechen. Funktionieren kann sie nur, weil sie Überlieferungsqualitäten der Textualität nutzt. Dadurch behält sie eine Differenz zum elementaren Face-to-Face-Diskurs. (Hoffmann 2004: 105)

Je stärker paradiskursive Formen in Differenz zum elementaren Face-to-face-Diskurs stehen (d.h.: je ausgeprägter sie sich Überlieferungs- und Textualitätsmerkmalen bedienen), desto stärker begrenzt sind sie auch hinsichtlich ihrer Möglichkeiten zur Sprachhandlungskoordination und Diskursorganisation. Dadurch, dass in einigen Instant-Messaging-Systemen die Produktion mit der Übermittlung aligniert ist, d.h. die Eingabe eines Zeichens per Tastatur zugleich dessen Übermittlung auslöst, ist im Falle solcher Instant-Messaging-basierter im Gegensatz zu chatbasierten Kommunikationsprozessen der Prozess der Beitragsproduktion durch einen Kommunikanten für die übrigen Kommunikanten prinzipiell transparent. Zudem erfolgt die Übermittlung von Beiträgen linear zu deren Produktion (Zeichen für Zeichen) und somit simultan zur Produktion. Trotzdem ist diese Transparenz der Produktion, die Linearität der Übermittlung sowie deren Simultaneität zur Produktion eine andere als bei der Telefonkommunikation: Akustische Signale lassen sich bei offenem Übertragungskanal nicht *nicht* wahrnehmen – bei der Telefonie ist dadurch eine *tatsächliche* Simultaneität von Produktion und Rezeption zwangsläufig gewährleistet. Die Darstellung von Schriftzeichen auf dem Bildschirm hingegen vollzieht sich geräuschlos. Blickt der Adressat während der sukzessiven Übermittlung eines Textbeitrags nicht auf den Darstellungsbereich seines Bildschirms (beispielsweise, weil er gerade mit der Produktion eines eigenen Beitrags beschäftigt ist), so ist die Wahrnehmung der Entstehung eines an ihn gerichteten Beitrags zur Laufzeit der Produktion für ihn lediglich eine Option, von deren Existenz er aber nichts bemerkt. Sitzt er hingegen mit Blick auf den Bildschirm und verfolgt die Entstehung des neuen Beitrags und entschließt sich zu simultanem Feedback, so ist umgekehrt keinesfalls gewährleistet, dass der Produzent des an ihn gerichteten Beitrags die von ihm als simultane Rückmeldung intendierten Schriftzeichen auch als solche registriert (weil er während des Produzierens möglicherweise nicht kontrolliert, ob simultan zu seiner Produktionstätigkeit ggf. Feedbacksignale seines Kommunikationspartners eintreffen). Trotzdem ist aber bei solchen Instant-

Messaging-Systemen die Möglichkeit zur Wahrnehmung simultan realisierter Aktivität noch gewährleistet, insofern die Produktions- und Übermittlungskomponente der zugrunde liegenden Technologie zwar die Schrift als Träger für verbalisierte Kommunikate vorsieht, der prozedurale Zusammenhang zwischen Produktion und Übermittlung jedoch am Charakter der Sprachproduktion im lautlichen Medium orientiert ist. Dem gegenüber greift die Chat-Technologie stärker auf den Verdauerungscharakter textueller Formen zu, insofern die Übermittlung von Kommunikaten nicht linear zur Produktion konzipiert ist, sondern Produktion und Übermittlung als hintereinander geschaltete Phasen des Kommunikationsprozesses vorgesehen sind, zwischen denen – ähnlich beispielsweise der Brief- oder E-Mail-Kommunikation – der Produzent überdies eine explizite Übermittlungsanweisung (oder, unter Rückgriff auf die Publikationsmetaphorik: eine *Publikationsfreigabe*) erteilen muss. Bei der Instant-Messaging-Kommunikation mit simultaner Übermittlung ist die Freigabe des Produzierten implizit: Ebenso wie in mündlicher Kommunikation verantwortet der Kommunikant sein sprachliches Produkt mit Beginn der Produktion/Veräußerung des ersten einer linear realisierten Folge von Sprachbausteinen. Bei der Chat-Kommunikation hingegen bleibt das sprachliche Produkt als Entwurfsfassung so lange privat, bis es explizit zur Übermittlung freigegeben wird. Konsequenterweise wird es dann auf den Adressatenbildschirmen auch nicht in nachträglich linearisierter Form (Zeichen für Zeichen) als Metapher für ein Imitat des Gesprochenen zur Darstellung gebracht, sondern *en bloc* als Komplettprodukt sichtbar gemacht. Genau besehen handelt es sich somit bei jedem einzelnen Chat-Beitrag um ein Stück *Text*, welches als Ganzes ausgearbeitet und erst anschließend dem Adressaten zugestellt wird, allerdings zu Zwecken unmittelbarer Rezeption (was durch simultanes Eingeloggtsein der Kommunikationsteilnehmer möglich wird), Verarbeitung und Erwiderung. Der Chat bedient sich somit in stärkerem Maße als die Instant-Messaging-Kommunikation mit simultaner Übermittlung textueller Formen, nutzt diese letztlich aber lediglich als Träger für diskursiv zu prozessierenden Austausch, auch wenn die Einbettung der textuell repräsentierten Information in den Diskursverlauf aufgrund der beschriebenen Produktions-/Übermittlungsprozedur immer erst im zeitlichen Nachhinein zur Produktion erfolgen kann:

> Aus dem schriftlich auf dem jeweiligen Bildschirm repräsentierten Text müssen der Diskurs sowie die pragmatischen und thematischen Zuordnungen erst in der Rezeption hergestellt werden. (Hoffmann 2004: 105)

Die Prozedur, die von der Entscheidung eines Kommunikanten zur Realisierung eines Kommunikationsbeitrags zu einer produktiven Reaktion des Adressaten führt, durchläuft fünf einander zeitlich nachgeordnete Phasen, nämlich:

1 Produktion → 2 Publikation → 3 Darstellung → 4 Rezeption → 5 produktive Reaktion.

Für keinen der beteiligten Kommunikanten sind dabei sämtliche Phasen der Prozedur transparent:

- Für den Produzenten ist der Zeitpunkt der Rezeption [4] nicht vorhersehbar und die potenzielle Aufnahme und Ausführung einer produktiven Reaktionstätigkeit durch den Adressaten [5] nicht ersichtlich.

- Für den Adressaten ist die Aufnahme, Ausführung und Dauer der Produktionstätigkeit [1] nicht einsehbar sowie der zeitliche Abstand zwischen Produktion [1] und Publikation [2] nicht ersichtlich.
- Jeder Kommunikant kann prinzipiell jederzeit einen individuellen Rollenwechsel vollziehen (von der Rezipienten- in die Produzentenrolle und umgekehrt) oder (als geübter Chatter) beide Rollen gleichzeitig wahrnehmen (kontinuierliche Produktionstätigkeit, begleitet von regelmäßiger Überprüfung des Bildschirminhalts). Diese individuellen Rollenwechsel sind für die übrigen Kommunikanten nicht ersichtlich, was dazu führt, dass, wenn sich B zu produktiver Reaktion [5] auf einen Beitrag von A entschließt, A zugleich schon wieder die Produktion [1] eines neuen eigenen Beitrags aufgenommen haben kann.
- Der Publikationsvorgang [2] ist, da in ihm durch Betätigung der Eingabetaste das aus [1] hervorgegangene Produkt an einen Transmitter überstellt wird, vom reibungsfreien Funktionieren des verwendeten Systems abhängig. So wie Sendungen auf dem Postweg bisweilen länger als geplant unterwegs sein oder mithin auch verloren gehen können, sind auch Chat-Beiträge nicht davor gefeit, länger als üblich in der Verarbeitungsroutine des Servers „festzuhängen" oder ggf. verloren zu gehen. Dass sein Produkt den Bildschirm des Adressaten erreicht hat [3], kann der Produzent erst nach erfolgreicher Übermittlung eines als reaktiv interpretierbaren Beitrags des Adressaten evaluieren. Wie lange das an ihn gerichtete Produkt von der Verschickung [2] bis zur Anzeige auf seinem Bildschirm [3] unterwegs war, ist wiederum für den Adressaten nicht erkennbar.

Nutzt man ein Chat-System mit sitzungsübergreifend persistentem Protokoll für die Realisierung asynchronen textbasierten Austauschs, so wird die partielle Intransparenz der Kommunikationsprozedur nicht zum Problem, insofern die Notwendigkeit entfällt, im zeitlichen Nahbereich Textbeiträge auf Positionen von Sprachhandlungsmustern sowie thematisch aufeinander zu beziehen und trotz Fehlen einer vollständig synchronisierten Sicht der Beteiligten auf den Progress des Interaktionsverlaufs eigene und fremde Produktionsaktivitäten so miteinander zu koordinieren, dass sich Beitragsabfolgen ergeben, die sich von allen Beteiligten als einigermaßen kohärent interpretieren lassen. Geht es hingegen um die *Nachbildung von Diskursen in der paradiskursiven Form des Chat*, so ist eine Bewältigung genau dieser Notwendigkeiten unabdingbare Voraussetzung für effizienten Austausch. Dass die entsprechenden Koordinationsleistungen von den Kommunikanten ad hoc nur ansatzweise erbracht werden können, zeigen die für Standard-Chat-Umgebungen so typischen Überkreuz-Strukturen in den in Abschnitt 4 beschriebenen Beispielen. Dass die Erkennung von Turngrenzen für die Kommunikanten zum Problem wird, liegt daran, dass aufgrund der Nicht-Simultaneität der einzelnen Phasen der Kommunikationsprozedur keine für alle Beteiligten gleichermaßen im Zugriff befindliche Aushandlungsgröße *Turn* existiert, sondern dass die Ergreifung und Ausführung von Turns nur relativ zur individuellen Sicht jedes einzelnen Kommunikanten erfolgt. Dass Handlungsmuster einander im Bildschirmprotokoll (und damit im als Rezeptionsgrundlage dienenden Textarchiv) überschneiden, liegt daran, dass die Kommunikanten jeweils (wenn auch häufig nur minimal) zeitlich versetzt rezeptiv auf den aktuellen Stand des Protokolls zugreifen und sich ein „Update" holen, welches dann die Grundlage für den von ihnen aktuell wahrgenommenen Stand der Fortentwicklung des Kommunikationsgeschehens bildet. Folglich kann Kommunikant B an der Fortführung eines Antwortbeitrags auf eine Frage von Kommunikant A arbeiten, während zeitgleich Kommunikant A die Antwort von B nach Blick auf den Bildschirm bereits als abgeschlossen interpretiert (und B somit die vollständige Ausführung eines Turns zugesprochen) hat und bereits mit der Produktion einer weiteren Frage zur Initiierung eines neuen Frage-Antwort-Musters befasst ist:

Beispiel 4: Auszug aus einer 1:1-Chatberatung:

(1) 15:52:42	*Berater:*	wie sieht denn die krise in der familie bei dir aus?
(2) 15:53:08	*Ratsuchender:*	meine ma redet nicht mit meinemdad und andersrum
(3) 15:53:22	*Ratsuchender:*	mein bruder redet nicht mit ihnen und andrsrum
(4) 15:53:37	*Ratsuchender:*	ich rede wenig mit ihnen und sie gar nicht
(5) 15:53:50	*Ratsuchender:*	meine eltern wollen sich scheiden
→ (6) 15:54:01	*Berater:*	darf ich fragen, wie alt du bist?
→ (7) 15:54:03	*Ratsuchender:*	meine mutter is hysterisch
(8) 15:54:06	*Ratsuchender:*	12

6   Fazit und Ausblick

Abschließend lassen sich die zentralen Anforderungen an ein geeignetes Interaktionsmanagement im Chat wie folgt motivieren:

(1)   Die Chat-Technologie zielt auf eine Realisierung diskursiven Austauschs unter Rückgriff auf Textformen und eine für textbasierten Austausch charakteristische Produktions- und Übermittlungsprozedur.

(2)   Das Produktions-/Publikations-/Textformat, das die Grundlage chatbasierten Austauschs bildet, schreibt sich in die entsprechenden Kommunikationsprozesse dahingehend ein, dass trotz simultanen Eingeloggtseins der Kommunikationsbeteiligten keine vollständige Synchronisation sämtlicher für den Kommunikationsprozess relevanter Aktivitäten möglich ist.

(3)   Dadurch werden zentrale Strukturierungskonzepte des Diskurses, die eine vollständige Synchronisation der Sichten der Kommunikationsbeteiligten voraussetzen, außer Kraft gesetzt.

(4)   Chatbasierte Kommunikation ist daher kein technisch realisierter Diskurs, bei welchem die verwendete Diskurstechnologie die Veräußerungs-, Rezeptions- und Koordinationsmöglichkeiten lediglich reduziert. Chatbasierte Kommunikation ist *Paradiskurs* (i.S.v. Hoffmann 2004) und insofern eine Form, die durch eine am Diskurs orientierte und sich der Textualität bedienende Technologie erst generiert wird.

(5)   Beim Chat-Einsatz zur diskursiven Bewältigung kommunikativer Aufgaben handelt es sich daher nicht um eine *Realisierung* von Diskurs unter technisch eingeschränkten Rahmenbedingungen, sondern um eine *Nachbildung* von Diskurs unter den Vorzeichen einer dem Diskurs nachempfundenen eigenständigen Kommunikationsform.

(6)   Die eigentliche Aufgabe einer effizienten Nutzbarmachung von Chat zur Nachbildung einzelner Diskursarten besteht daher nicht darin, technisch bedingte Defizite des Chat gegenüber Face-to-face-Diskursen auszugleichen, sondern darin, zentrale Strukturierungsmerkmale des Diskurses einer Nutzung durch die Chat-Beteiligten überhaupt erst zugänglich zu machen.

Pointiert formuliert: Die Frage lautet nicht:

Wie lässt sich das Turn-taking im Chat verbessern?

sondern vielmehr:

(Wie) lassen sich die Voraussetzungen für Turn-taking im Chat überhaupt schaffen?

Beziehungsweise:

(Wie) lässt sich etwas, das dem aus dem Diskurs bekannten Turn-taking funktional vergleichbar ist, in der paradiskursiven und durch Textformen geprägten Kommunikationsform Chat etablieren?

Eine zentrale Aufgabe bei der Konzeption von Chat-Umgebungen für spezialisierte Anwendungskontexte besteht somit darin, geeignete Rahmenbedingungen dafür zu schaffen, den nicht-simultanen, textbasierten Austausch in konversationeller Hinsicht ähnlich effizient strukturierbar zu machen wie im elementaren Diskurs. „Strukturierbar" heißt in diesem Zusammenhang: Die Grenzen und Abfolge der Darstellung von Sprachhandlungseinheiten im Bildschirmprotokoll sollten für jeden Kommunikationsbeteiligten weitgehend antizipierbar sein. Dies kann dadurch geschehen, dass durch die Bereitstellung geeigneter technischer Hilfestellungen und/oder die Einführung von Konventionen für die exklusive Vergabe von Senderechten (z.b. geregelt über eine Moderatorenrolle, einen Ablaufplan, Konversationsregeln) und für das Format von Beiträgen (z.B. hinsichtlich der Zulässigkeit von Splitting-Strategien) funktionale Pendants zu den für Face-to-face-Diskurse prägenden Konzepten *Rederecht, Turn* und *Turn-taking* geschaffen werden. Eine Methode für die Konzeption von Chat-Umgebungen, in welcher dieser Aspekt berücksichtigt ist, ist in Beißwenger & Storrer (in diesem Band) beschrieben.

7   Literatur

Apfelbaum, Birgit (in diesem Band): Einsatzmöglichkeiten von Chat- und MOO-Protokollen in der Fremdsprachenausbildung Französisch. Überlegungen aus diskursanalytischer Sicht.

Beißwenger, Michael (2003): Sprachhandlungskoordination im Chat. In: Zeitschrift für germanistische Linguistik 31 (2), 198-231.

Beißwenger, Michael (Hrsg., 2001): Chat-Kommunikation. Sprache, Interaktion, Sozialität & Identität in synchroner computervermittelter Kommunikation. Perspektiven auf ein interdisziplinäres Forschungsfeld. Stuttgart.

Beißwenger, Michael & Angelika Storrer (in diesem Band): Chat-Szenarien für Beruf, Bildung und Medien.

Franck, Dorothea & Georg Franck (1986): Zwischenmenschliche Verhandlung versus intersubjektive Norm. Für eine Analytik des Sprecherwechsels als nicht regelgeleitete Selbstorganisation des Gesprächs. In: Papiere zur Linguistik 35 (2), 55-78.

Garcia, Angela Cora & Jennifer Baker Jacobs (1999): The Eyes of the Beholder: Understanding the Turn-Taking System in Quasi-Synchronous Computer-Mediated Communication. In: Research on Language and Social Interaction 32 (4), 337-367.

Grosch, Yvonne (1999): Turn-Verteilung in synchroner computervermittelter Kommunikation: eine Frage der medialen Rahmenbedingungen oder der sozialen Regulierung? In: Bernd Naumann (Hrsg.): Dialogue Analysis and the Mass Media. Proceedings of the International Conference Erlangen, April 2-3, 1998. Tübingen, 101-112.

Harnoncourt, Max, Astrid Holzhauser, Ursula Seethaler & Paul Meinl (in diesem Band): Referenzierbarkeit als Schlüssel zum effizienten Chat.
Hoffmann, Ludger (2004): Chat und Thema. In: Michael Beißwenger, Ludger Hoffmann & Angelika Storrer (Hrsg.): Internetbasierte Kommunikation (Osnabrücker Beiträge zur Sprachtheorie 68), 103-122.
Holmer, Torsten & Martin Wessner (2003): Werkzeuge für kooperatives Lernen in L3. In: Ulf-Daniel Ehlers, Wolfgang Gerteis, Torsten Holmer & Helmut W. Jung (Hrsg.): E-Learning-Services im Spannungsfeld von Pädagogik, Ökonomie und Technologie. Bielefeld, 146-162.
Holmer, Torsten & Martin Wessner (in diesem Band): Gestaltung von Chat-Werkzeugen zur Verringerung der Inkohärenz.
Lemnitzer, Lothar & Karin Naumann (2001): „Auf Wiederlesen!" – das schriftlich verfasste Unterrichtsgespräch in der computervermittelten Kommunikation. Bericht von einem virtuellen Seminar. In: Beißwenger (Hrsg.), 469-491.
Levinson, Stephen C. (1983): Pragmatics. Cambridge (Cambridge Textbooks in Linguistics).
Murray, Denise E. (1989): When the medium determines turns: turn-taking in computer conversation. In: Hywel Coleman (Ed.): Working with Language. A Multidisciplinary onsideration of Language Use in Work Contexts. Berlin. New York (Contributions to the Sociology of Languages 52), 319-337.
Naumann, Karin (in diesem Band): Kann man Chatten lernen? Regeln und Trainingsmaßnahmen zur erfolgreichen Chat-Kommunikation in Unterrichtsgesprächen.
Rosenberger Shankar, Tara, Max VanKleek, Antonio Vicente & Brian K. Smith (2000): Fugue: A Computer Mediated Coversational System that Supports Turn Negotiation. In: Proceedings of the 32nd Hawaii International Conference on Systems, 1998. WWW-Ressource: http://web.media.mit.edu/~tara/HICSS2000.pdf (24.08.04).
Sacks, Harvey, Emanuel A. Schegloff & Gail Jefferson (1974): A Simplest Systematics for the Organization of Turn-Taking for Conversation. In: Language 50.4, 696-735.
Schönfeldt, Juliane (2001): Die Gesprächsorganisation in der Chat-Kommunikation. In: Beißwenger (Hrsg.), 25-53.
Schümmer, Till & Jörg M. Haake (in diesem Band): Kooperative Übungen im Fernstudium: Erfahrungen mit dem Kommunikations- und Kreativitätswerkzeug FUB.
Storrer, Angelika (2001): Getippte Gespräche oder dialogische Texte? Zur kommunikationstheoretischen Einordnung der Chat-Kommunikation. In: Sprache im Alltag. Beiträge zu neuen Perspektiven in der Linguistik. Herbert Ernst Wiegand zum 65. Geburtstag gewidmet. Hrsg. v. Andrea Lehr, Matthias Kammerer, Klaus-Peter Konerding, Angelika Storrer, Caja Thimm und Werner Wolski. Berlin 2001, 439-465.
Storrer, Angelika (2001a): Sprachliche Besonderheiten getippter Gespräche: Sprecherwechsel und sprachliches Zeigen in der Chat-Kommunikation. In: Beißwenger (Hrsg.), 3-24.
van Eckert, Edgar (in diesem Band): Termingebundene Chats one-to-one in der psycho-sozialen Beratung.
Viegas, Fernanda B. & Donath, Judith S. (1999): Chat Circles. In: Proceedings of the 1999 ACM Conference on Human Factors in Computing (CHI 99). WWW-Ressource: http://web.media.mit.edu/~fviegas/chat_circles.pdf (24.08.04).
Weingarten, Rüdiger (2001): Voraussetzungen und Formen technisch realisierter Kommunikation. In: Klaus Brinker, Gerd Antos, Wolfgang Heinemann & Sven F. Sager (Hrsg.): Text- und Gesprächslinguistik. Linguistics of Text and Conversation. Ein internationales Handbuch zeitgenössischer Forschung. 2. Halbband. Berlin. New York (Handbücher zur Sprach- und Kommunikationswissenschaft 16.2), 1141-1148.
Werry, Christopher C. (1996): Linguistic and interactional features of Internet Relay Chat. In: Susan C. Herring (Ed.): Computer-mediated communication. Linguistic, social and cross-cultural perspectives. Amsterdam. Philadelphia (Pragmatics & Beyond. New Series 39), 47-63.
Zifonun, Gisela, Ludger Hoffmann & Bruno Strecker (1997): Grammatik der deutschen Sprache. 3 Bde. Berlin. New York (Schriften des Instituts für deutsche Sprache 7.1-7.3).
Zumbach, Jörg & Peter Reimann (2001): Analyse und Förderung komplexer Kooperation und Kollaboration in synchronen Lernumgebungen. In: Beißwenger (Hrsg.), 515-536.

Claudia Bremer

Chats im eLearning

Rollenspiele und andere didaktische Elemente in der netzgestützten Hochschullehre

1   Einleitung und Zielsetzung dieses Beitrags

Chats spielen im eLearning eine kontroverse Rolle: einerseits werden sie oftmals als virtuelle Plauderecken abgetan und es wird ihnen keine wesentliche Rolle in netzbasierten Bildungsangeboten zugesprochen, andererseits stellen sie in einigen virtuellen Veranstaltungsangeboten ein wichtiges Kommunikationselement dar und tragen zum sozialen Zusammenhang der lernenden Gruppe bei. Ob Chats im Rahmen von eLearning erfolgreich eingesetzt werden können oder nicht, hängt von den Zielsetzungen der Veranstaltung, dem jeweiligen Kontext und den eingesetzten didaktischen Methoden ab. Es muss gelingen, die besonderen medialen Eigenschaften des Chats gewinnbringend in den Bildungsangeboten einzusetzen – wobei mit Gewinn nicht ein monetärer, sondern ein didaktischer Mehrwert bezeichnet wird. Dieser Beitrag widmet sich den Einsatzmöglichkeiten des Chats im eLearning: auf der Basis von Beispielen und Erfahrungen zum Einsatz dieses Mediums in virtuellen Hochschulveranstaltungen werden Gestaltungsempfehlungen abgeleitet und Anwendungsszenarien in der Hochschullehre und der beruflichen Bildung beschrieben.

2   Eigenschaften des Chats im Kontext von eLearning

Die Eigenschaften von Chats wurden in der Literatur schon häufig beschrieben und sollen hier nicht ausführlich behandelt werden (vgl. Beißwenger 2000; Döring 1998; Storrer 2001). Hier sei der Fokus auf die Bedeutung der Chateigenschaften für Bildungsangebote gelegt. Der textbasierte synchrone Austausch, der den Chat auszeichnet, kann sich hier als Vorteil wie auch als Nachteil erweisen. Chats bringen eine Reduktion von Informationen über die jeweiligen KommunikationspartnerInnen wie auch in der vermittelten Botschaft selbst mit sich (Döring 2000). Der Verlust der körpersprachlichen Signale einer face-to-face Situation kann zu einer Verbesserung wie auch zu einer Beeinträchtigung der Kommunikation führen. Eine Verbesserung findet dort statt, wo z.B. Ablenker ausgeschaltet sind und eine Fokussierung auf den Inhalt stattfindet. Einige Hochschullehrende sehen hier sogar die Chance, in der Verschriftlichung die wissenschaftliche Denkweise und Argumentation besser fördern zu können als durch das gesprochene Wort – ein Vorteil, der sicherlich nicht nur im Hochschulbereich und mehr noch in Foren und Emails als in Chats zum Tragen kommt. Aufgrund der fehlenden Informationen über das Gegenüber ergibt sich jedoch gleichzeitig eine mangelnde Anschlussfähigkeit auf deren Beiträge. Diese verminderte Reaktionsbereitschaft wirkt sich vor allem dann aus, wenn der Kommunikationsanlass unklar, die Zielsetzung nicht deutlich und die Bereitschaft, in ein getipptes „Gespräch" mit Unbekannten einzutreten, nicht vorhanden ist.

Chats ermöglichen sicherlich Vorteile im Bereich der Vernetzung dezentraler KommunikationspartnerInnen. So lässt sich leicht eine effiziente, schnelle Absprache zwischen den vernetzten Personen realisieren – hier liegen die Vorteile in der Vernetzung selbst und der Überwindung räumlicher Distanzen. Da dies jedoch auch durch andere Medien wie Email und Foren realisiert werden kann, ist genau abzuwägen, welche dieser Medien in dem jeweiligen Lernkontext zum Einsatz kommen.

3   Einordnung des Chats im Verhältnis zu anderen Medien

Vergleicht man den Chat mit einem persönlichen Gespräch, in dem ein oder mehrere Personen sich gegenüber stehen, dann ist vor allem von einer Reduktion an Informationen über das Gegenüber auszugehen. Einige Autoren haben versucht, die Kommunikation im Chat zwischen dem gesprochenen Wort und der Schriftsprache einzuordnen (z.B. Storrer 2001; Lenke/Schmitz 1995; Runkehl 1998).

Doch gerade in den Szenarien, in denen eLearning zum Einsatz kommt, steht ein Präsenztreffen meist nicht als Alternative zur Verfügung. Da die dezentrale Teilnahme netzbasierte Lösungen für die Kommunikation erfordert, ist der Chat dann als Alternative zu Kommunikationsmedien wie Foren, Email und Videokonferenzen zu betrachten.

Mehrere Autoren widmen sich der Einordnung des Chats in diesem Medienspektrum. Schönfeldt (2001: 28) unterscheidet als konstituierendes Merkmal des Chats die dialogische Ausrichtung: Man kann „davon ausgehen, dass der synchrone Kommunikationsdienst erst dann seine Funktion erfüllt, wenn es zu einer unmittelbaren wechselseitigen Abfolge von Äußerungen kommt (im Gegensatz zu den asynchronen Kommunikationsdiensten eMail und Newsgroups)". Diese Abgrenzung zu den anderen genannten Medien ist immens wichtig, da im Rahmen einer eLearning Veranstaltung meist als Alternative zwischen genau diesen Medien abgewogen werden muss. Einen anderen Ansatzpunkt zu dieser Entscheidung liefern uns die Autoren Dennis und Valacich in ihrer „Theory of Media Synchronicity" (Dennis & Valacich 1999). Danach haben Medien unterschiedliche Synchronizitätsgrade und ermöglichen eine unterschiedliche Parallelität gleichzeitig möglicher Diskussionsstränge und Themen. Es ist sofort einsichtig, dass Chats beispielsweise einen hohen Grad an Synchronizität haben, der sich durch unmittelbare Rückmeldungen auf die Beiträge auszeichnet. Niedrige Synchronizitätsgrade haben z.B. per Post versendete Briefe. Medien, die einen unbestimmten Synchronizitätsgrad haben (daher synchronizitätsunspezifisch sind)

sind Anwendungen, die je nach Kontexten entweder zur schnellen oder langsamen Rückmeldung genutzt werden können. Auch Schönfeldt betont, dass Email durchaus eine schnelle Folge von Produktion und Rezeption einer Äußerung ermöglicht, „wenn zwei Kommunikationsteilnehmer sich zufällig gleichzeitig an einem angeschlossenen Computer befinden" (Schönfeldt 2001: 28). Schickt der Adressat eine Antwort sofort wieder zurück, so erreicht selbst Email einen hohen Synchronizitätsgrad (auch Filk (2001) führt die Möglichkeit der fast synchronen Nutzung von Email an). Da dies aber im Normalfall nicht intendiert ist, zählen Email und Foren – wenn auch anders nutzbar – zu den Medien mit zwar unspezifischen, aber im Anwendungsfall vor allem niedrigen Synchronizitätsgraden.

Was leistet diese Unterscheidung in niedrige und hohe Synchronizitätsgrade für den Einsatz des Chats in eLearning Szenarien? Dennis & Valacich (1999) unterscheiden *konvergente* und *divergente Kooperationsprozesse*. Im Rahmen konvergenter Prozesse führen Teilnehmende Informationen zusammen, um z.B. eine Entscheidung herbeizuführen, Mehrdeutigkeit einzugrenzen und einen gemeinsamen Wissensstand aufzubauen oder abzugleichen, um so eine Gruppe arbeitsfähig zu machen (Filk 2001). Anders als Daft & Lengel (1986), die in der ‚Media Richness Theory' davon ausgehen, dass der Reichtum eines Mediums im Zusammenhang mit der zu bewerkstelligenden Aufgabe stünde und so die Medienwahl zu treffen sei, betonen Dennis & Valacich, dass allein die Synchronizität ausschlaggebend sei. Prozesse, die dem Erreichen von Konvergenz dienen sollen, benötigen Medien mit hohen Synchronizitätsgraden, um durch eine schnelle Rückmeldung Entscheidungen, das Ausräumen von Missverständnissen, die Verhandlung von Bedeutungen und Konsensbildung zu ermöglichen. Dazu gehören im Rahmen der im eLearning zur Verfügung stehenden Medien sicherlich der Chat wie auch Audio- und Videokonferenzen – wobei letztere zudem eine visuelle Unterstützung der Kommunikation ermöglichen. Medien für eher divergente Prozesse wären demnach eher asynchrone Anwendungen wie Email und Foren, wobei Dennis und Valacich noch weiter differenzieren und unterscheiden, ob ein Medium parallele Stränge in der Kommunikation zulässt. Während dies beim Chat oftmals durch die Fokussierung der Aufmerksamkeit auf wenige Beiträge und damit Stränge schwierig wird, leidet die Email unter der schwierigen Zuordnung der aufeinander folgenden Beiträge. Vorteile bieten hier vor allem Foren, die durch die optische Strukturierung der Beiträge einen hohen Parallelitätsgrad ermöglichen. Laut Dennis & Valacich (1999) benötigen divergente Prozesse vor allem parallele Kommunikationsstränge, während der Konvergenz gerade die niedrige Parallelität zuträglich ist.

Was bedeutet das für die Medienwahl?[1] Die Gefahr der Wahl des falschen Mediums ist groß. Während der Austausch und das Verfolgen vieler paralleler Ideen im Chat für die Teilnehmenden frustrierend werden kann, da Beiträge übersehen, Ideen nicht verfolgt werden usw., so scheint hier das Forum das geeignete Medium. Die Verhandlung von Ideen, Entscheidungsfindungsprozesse und der Abgleich von Mei-

---

[1]   Auch Döring (2000) unterscheidet verschiedene Ansätze der Medienwahl (rationale, normative, und interpersonale), stellt hier aber weniger die Medien direkt nebeneinander als vielmehr die Methoden der Medienwahl, die alternative Verständnismöglichkeiten für diese Entscheidungsprozesse anbieten.

nungen und Bedeutungen erfordert jedoch eine schnellere Rückmeldung, um nicht der Frustration der Teilnehmenden zum Opfer zu fallen, wenn diese lange auf Antworten und Entscheidungen warten müssen. Hier scheint der Chat ein geeignetes Medium – wenn möglich auch mit zusätzlicher Unterstützung durch eine gemeinsame Dokumentenablage, Abstimmungstools usw.

Filk unterscheidet in seinem Beitrag „Synchronizitätsgrade beim kollaborativen eLearning" Szenarien, in denen Medien aufgrund dieser Eigenschaften zum Einsatz kommen (Filk 2001). Gleichzeitig betont er, es sei zu bedenken, dass Dennis & Valacich (1999) durchaus die Grenze ihrer Theorie erkannten und drei weitere Einflussgrößen im Hinblick auf die Kommunikation in Gruppen hinzufügten:

– Herstellung eines gemeinsamen Ergebnisses
– Unterstützung der Gruppenmitglieder
– Wohlbefinden der Gruppe

Filk (2001) betont zudem, dass es wichtig ist, ob die Gruppenmitglieder sich kennen.

4   Parameter für den Einsatz von Chats im eLearning

Aufgrund der bisherigen Betrachtungen ist deutlich geworden, dass sich kein generelles Ja oder Nein für den Einsatz von Chats im eLearning aussprechen lässt. Die wesentlichen Eigenschaften des Chats wirken sich je nach Verwendungskontext und dem zu unterstützenden eLearning Szenario unterschiedlich aus. Folgende Parameter beeinflussen nach Ansicht der Autorin die Einsatzmöglichkeiten von Chats im eLearning:

– Kennen sich die Teilnehmenden vor dem Chat? Haben sie sich persönlich getroffen und haben sie Gelegenheit, sich bald wieder zu treffen? In welchem Rhythmus finden persönliche Treffen statt?
– Welche Rolle übernimmt der Chat im Rahmen des sozialen Austausches der (Lern)gruppe?
– Welche Funktion hat der Chat im Rahmen der Gesamtveranstaltung? Wird eine Zielsetzung verfolgt?
– Wie wird der Chat gestaltet? Wird er moderiert?
– Welche technischen Funktionalitäten kommen zum Einsatz? (Farben für einzelne Teilnehmenden, die Option für private Chats, Unterstützung der Moderation, Rednerlisten)
– Wie viele Personen nehmen an dem Chat teil?
– Ist er offen oder geschlossen, das heißt: ist für die Teilnehmenden überschaubar, wer am Chat teilnimmt? Können sie selbst ggf. bestimmen, wer einen Zugang hat?
– Welche anderen Medien stehen zur Verfügung? Mit welchen Zielsetzungen?

Nach Dennis & Valacich (1999) sind dieser Liste noch das Wohlbefinden der Gruppe, das Hinarbeiten auf ein gemeinsames Ergebnis und die Unterstützung der Gruppenmitglieder zuzufügen.

5   Einsatzmöglichkeiten von Chats im eLearning

Werfen wir jetzt einen Blick auf die Einsatzmöglichkeiten des Chats im eLearning, so ergeben sich eine Reihe von Optionen, die allerdings aufgrund der Vielfältigkeit der Einsatzszenarien nur als Beispiele nebeneinander stehen können und sicherlich keine vollständige Übersicht ergeben. Beispiele, die in der Praxis zu finden sind:

(a) Online Sprechstunde zwischen Lernenden und BetreuerInnen
(b) Chats zum Kennenlernen und regelmäßigen Austausch der Lerngruppen
(c) Diskussionen in Chats
(d) Chats in der Kleingruppenarbeit zum Abstimmen, Verhandeln und Besprechen
(e) Moderierte oder unmoderierte Expertenbefragung durch Chats
(f) Pro-Kontra-Diskussionen zwischen Einzelpersonen oder mehreren Gruppen
(g) „Englische Debatte" als Besonderheit der Pro-Kontra-Diskussion mit Rollentausch
(h) Brainstorming
(i) Rollenspiele

Wie schon oben mehrfach erwähnt wurde, ist es wichtig zu beachten, mit welcher Zielsetzung der Chat im Rahmen der Gesamtveranstaltung eingesetzt wird, wie er als Alternative zu anderen Kommunikationsmöglichkeiten betrachtet wird und welche didaktische Rolle dem Chat zukommt (letzteres unterscheidet auch den Einsatz von Chats im eLearning im Gegensatz zu anderen Kommunikationsanlässen wie z.B. einer virtuellen Teamsitzung zum Zwecke einer online Kooperation in einem Unternehmen usw.).

Betrachten wir die Beispiele im Einzelnen, so stechen folgende Kriterien ins Auge: der jeweiligen Chatsituation muss eine klare Rolle zukommen. Den Teilnehmenden müssen Zielsetzung und Anlass des Chats deutlich sein; selbst wenn es sich um eine offene Plauderstunde handelt, muss dies vorher bekannt und mit den Moderationsstilen (oder eben in diesem Fall ohne Moderation) umgesetzt werden. Rollenverteilungen, Chatdauer, Verhalten und Aufgabe der Moderierenden, Teilnehmeranzahl usw. wie auch die technischen Möglichkeiten müssen sich an der Zielsetzung des Chats ausrichten und ihnen entsprechen.

Online-Sprechstunden

dienen beispielsweise dem Austausch zwischen Lernenden und BetreuerInnen. Hier muss klar sein, ob die Betreuung eine Moderation übernimmt, in welcher Reihenfolge Fragen beantwortet werden, wer welche Rollen übernimmt usw. Sind z.B. ein oder mehrere Betreuungspersonen online? Wer übernimmt die Beantwortung von Fachfragen, wer die Moderation? Wird eine Rednerliste geführt? Chatregeln helfen, dem möglichen Chaos vorzubeugen. Digitale Handzeichen (ein Zeichen wie bspw. * oder seinen eigenen Namen eintippen), machen kenntlich, dass man etwas beitragen möchte. Unter Umständen können die Rollen der Betreuungspersonen aufgeteilt werden in inhaltliche Experten und eine ModeratorIn. Ggf. sind diese Rollen sogar personell vorgegeben: ein Experte steht für die Beantwortung von Fachfragen bereit, während eine Betreuungsperson die Beantwortung der Fragen moderiert und die Teilnehmenden „dran nimmt".

Für die Teilnehmenden an einer eLearning Veranstaltung muss transparent sein, ob die online Sprechstunde verbindlich oder ihre Teilnahme optional ist. Zudem können Chatprotokolle veröffentlich werden, so dass auch diejenigen, die nicht an der Sprechstunde teilnahmen, die Fragen und Antworten nachlesen können. Es ist eine wichtige didaktische und soziale Entscheidung, ob nur diejenigen das Chatprotokoll zur Verfügung gestellt bekommen, die auch selbst an der online Sitzung teilnahmen oder auch weitere Personen, d.h. der gesamte Teilnehmerkreis der Veranstaltung. Von einer Veröffentlichung über diesen Kreis hinaus ist abzuraten, da dies zu Hemmschwellen bei der Beteiligung im Chat, beim Einbringen von Fragen und der Offenlegung eigener Wissenslücken führen kann. Alternativ dazu besteht in Chats auch die Chance, eine anonyme Beteiligung zu ermöglichen und so Teilnehmende zu ermutigen, Fragen einzugeben. Gleichzeitig kann darunter jedoch auch die Bezugnahme zwischen den Teilnehmenden leiden – soweit dies überhaupt in einer Sprechstunde erwünscht ist.

Der Chat einer online Sprechstunde ist im Rahmen einer eLearning Veranstaltung immer im Kontext der anderen verfügbaren Kommunikationsmöglichkeiten zu sehen. Sind wöchentliche Präsenztreffen möglich, so wird wenig Anreiz bestehen, sich zusätzlich an einer online Sprechstunde zu beteiligen. Ist jedoch in den Präsenzsitzungen zeitlich keine Möglichkeit für Fragen und deren Beantwortung gegeben, so kann die online Sprechstunde eine sinnvolle Ergänzung sein. In rein virtuellen Veranstaltungen ist der Anreiz, sich an solchen Sprechstunden zu beteiligen, weitaus höher, wenn dies die einzige Möglichkeit für Rückfragen ist. Der Vorteil des Chats gegenüber der Beantwortung von Fragen durch Emails liegt eindeutig in der plenaren Situation: alle Beteiligten können von den Fragen und Antworten aller profitieren. Im Laufe des Dialoges können sich neue Fragen und Aspekte ergeben, die einzelne Teilnehmende ohne diesen Diskurs nicht entwickelt hätten. Entgegen einer Frage-Antwort-Situation kann sich daher ein Diskurs entwickeln. Dies ist auch der wesentliche Unterschied zu einem Forum: die synchrone Beantwortung von Fragen und der schnelle Austausch von Beiträgen führt zu einer Fokussierung auf ein bestimmtes Thema innerhalb dieser Zeitspanne – während das Lesen und Verfassen von Foren- oder Emailbeiträgen durchaus einer zeitlichen Konkurrenz mit anderen Beschäftigungen unterliegen kann. Gleichzeitig leidet die Chatkommunikation an einer Verkürzung der Beiträge, so dass längere Textpassagen eher nicht vorkommen und Gedanken abgekürzt oder gar weggelassen werden. Daher ist die chatbasierte Online Sprechstunde als ein Ergänzungsmedium zu Anfragen per Email zu sehen. In direkter Konkurrenz mit einem Forum sollte sie jedoch nicht eingesetzt werden, da dann den Lernenden die spezielle Funktion des jeweiligen Mediums unklar sein kann. Besser ist es, themenzentrierte Diskussionen im Forum und offene Sprechstunden im Chat oder umgekehrt Diskussionen im Chat und offene Fragen im Forum zu behandeln, um eine klare didaktische Trennung der Funktion der beiden Medien vorzunehmen.

Der letzte Aspekt, der hervorgehoben werden soll, ist die lineare Struktur des Chats. Fragen werden sukzessive bearbeitet und der Reihe nach beantwortet. Daher ist ein Vertiefen schon abgehandelter Fragen oftmals schwierig. Das asynchrone Bearbeiten von Beiträgen in Foren bietet hier sicherlich Vorteile. Eine Möglichkeit, dieser Problematik zu entgehen, ist eine asynchrone Nachbearbeitung von Chatprotokollen. In einer Software können Chatprotokolle netzbasiert editiert werden und so durch Ergänzungen und Zusatzfragen erweitert werden.

Zu beachten in diesem – wie auch allen anderen Chatszenarien – ist letztendlich die geeignete Teilnehmerzahl. Nach Erfahrung der Autorin sind online Sprechstunden mit bis zu 20 Teilnehmenden durchführbar - allerdings nur bei geeigneter Moderation. Hilfreich sind zudem eine vorher bekannt gegebene Struktur und Zielsetzung des

Chats und eine gewisse Chaterfahrung der Teilnehmenden, die aufgrund eigener Vorerfahrungen von der Nützlichkeit von Chatregeln überzeugt sind und selbst auf deren Einhaltung achten. Unmoderierte Chats waren mit bis zu 5-6 Teilnehmenden problemlos möglich.

Chats zum Kennenlernen und regelmäßigen Austausch von Lerngruppen

bieten gerade am Anfang einer reinen online Veranstaltung eine wichtige Möglichkeit, soziale Kohäsion herzustellen. Im Gegensatz zu Vorstellrunden per Email, editierbaren Profilen oder Foren bietet der Chat Raum für spontane Äußerungen, informelle Kommunikation und Spaß. Gerade die „Flüchtigkeit" des Chats ermutigt Teilnehmende sich persönlich zu äußern, auch private Inhalte bekannt zu geben usw. Die schnelle Rückmeldung auf eigene Beiträge in der synchronen Kommunikation ermöglicht die Entwicklung eines spontanen Gespräches, wie es in Foren seltener der Fall ist. Daher sollte der Chat oder ein anderes synchrones Medium unbedingt eingesetzt werden, um in rein webbasierten Bildungsangeboten das Kennenlernen der Teilnehmenden zu unterstützen und über einen regelmäßigen (optionalen) Chattermin den weiteren Zusammenhalt zu fördern. Sind die Lerngruppen zu groß, um in einem Chat ausreichend Gelegenheit zu bieten, „zu Wort zu kommen", so können Untergruppen gebildet oder mehrere Chattermine angeboten werden. Oftmals werden solche virtuellen Treffen auch von den Teilnehmenden selbst initiiert und finden jenseits fachlicher Anliegen als Plauderstunden statt – ggf. auch ohne die Teilnahme der Betreuungspersonen.

Diskussionen im Chat

unterscheiden sich wie hier bezeichnet von den regelmäßigen Plauderstunden durch ihre explizite Zielsetzung. Anders als in den online Sprechstunden steht hier nicht ein LernerInnen-BetreuerInnen-Gespräch im Vordergrund, sondern die Teilnehmenden diskutieren miteinander. Ziel kann dabei sein, sich zu einem Thema auszutauschen, Vereinbarungen zu treffen, Pro-Kontra-Diskussionen und Englische Debatten durchzuführen oder eine Hypothese zu diskutieren. Zielsetzung ist dabei die Vertiefung von Wissen, das Entdecken von Wissenslücken oder das Anwenden von Wissen durch eigene Neuformulierungen und die Überprüfung des eigenen Lernerfolges. Ausgangssituation muss immer ein Szenario, eine Frage, eine Aufgabe oder provokante These sein. Hilfreich ist, den Chat ggf. zu moderieren und ihm vorab eine Struktur zu geben. Beispiel für die Struktur einer online Diskussion im Chat:

a) 10 min Anmeldung, Begrüßung
b) 30 min offene Diskussion zu Statement X
c) 10 min Zwischenfazit durch die Moderation
d) 20 min Verfassen und Eingeben von Abschlussstatements (ohne Kommentierung)
e) 10 min Verabschiedung, Verabreden weiterer Schritte

Zudem ist es möglich, in Schritt (b) nach und nach einzelne Teilnehmende aufzurufen, ihr vorher verfasstes Eingangsstatement einzugeben. Danach wird sequentiell auf jedes Statement reagiert, oder alle geben gleichzeitig ihren Beitrag ein und man diskutiert sie durcheinander. Die Vorgehensweise wird letztendlich von dem jeweiligen Thema und der Teilnehmerzahl abhängen. Ob die Eingangsthese, das provokante Statement oder die zu bearbeitende Problemstellung vorab bekannt gegeben wird, ist je nach Komplexität der Fragestellung und Chatdauer zu entscheiden. Im Laufe des Chats können Pausen eingeplant werden, um den Teilnehmenden Zeit zu geben, ihre Statements zu verfassen (vor allem bei fremdsprachlichen Chats). Zudem können Eingangsstatements vorab verfasst werden, wenn die Aufgabenstellung vorher bekannt gegeben wird. Unter Umständen werden unterschiedliche Aufgaben oder Perspektiven an verschiedene Teilnehmende verteilt, um eine zunehmende Kontroversität am Anfang sicher zu stellen. Aufgrund der konvergenten Eigenschaften des Chats eignen sich Aufgaben zur Abstimmung, Einigung und Verhandlung wie z.B.:

> „Entwickeln Sie 5 Kriterien zum volkswirtschaftlichen Vergleich von Ländern. Einigen Sie sich mit den anderen Teilnehmenden des Chats, die wie Sie als Experten des IWF in eine Kommission eingesetzt werden, auf 7 Kriterien, unter denen Sie gemeinsam Länderanalysen und volkswirtschaftliche Vergleiche vornehmen würden."

> (Das Beispiel wurde im Rahmen eines virtuellen Tutoriums zur Wirtschaftspolitik im Sommersemester 1999 an der Universität Frankfurt/Main umgesetzt)

Solche Aufgabenstellungen eignen sich auch als begleitende Angebote zu Präsenzveranstaltungen, in denen solche Kommunikationsprozesse keine Zeit finden. Chats können dann z.B. zur Umsetzung und Diskussion des in der Vorlesung erworbenen Wissens genutzt werden.

Pro-Kontra-Diskussion und „Englische Debatte"

sind eine Besonderheit dieser Diskussionsszenarien und folgen einem bestimmten Ablauf: ein Teilnehmender stellt eine These oder eine Reaktion auf eine Eingangsfrage in den Chat und argumentiert dabei aus einer bestimmten Sichtweise, z.B. für eine bestimmte Position. Der nächste Beitrag folgt von einem Vertreter der Gegenposition usw. Das Besondere dieses Szenarios liegt in der Strukturiertheit der Diskussion, die eine Sequenzierung der Beiträge vorsieht und sich dadurch gut für den Chat eignet. In der „Englischen Debatte" werden nach der Hälfte der Zeit die Rollen getauscht und Pro-Vertreter müssen Kontra-Haltungen einnehmen und umgekehrt. Im Anschluss kann die Diskussion ausgewertet und reflektiert werden.

Rollenspiele

Alternativ können Teilnehmende nicht allein Pro- und Kontra-Positionen einnehmen, sondern Rollen in vorgegebenen Szenarien übernehmen. Ein Rollenspiel bedarf einer Ausgangssituation, einer Zielsetzung und Rollenbeschreibungen, die vorab auf Webseiten oder per Email bekannt gegeben werden können. Die Szenarien können zudem multimedial aufbereitet und damit noch kontextbezogener werden, z.B. durch Bilder, Videointerviews, Zeitungsausschnitte, Zusatzmaterial zu den einzelnen Rollen usw. Erfahrungen mit solchen chatbasierten Rollenspielen an der Universität Frankfurt haben gezeigt, dass sich die Teilnehmenden nach anfänglichen Eingewöhnungsproblemen (1-2 Chatsitzungen) schnell in das Szenario einfanden, konzentriert und diszipliniert daran teilnahmen, dabei eine hohe Motivation erlebten und dies zum Lernerfolg beitrug (Bremer 2000). In so genannten „private Chats" (1:1 Personen chatten parallel zu einem Hauptchat in privaten Räumen, auf die andere keinen Zugriff haben) konnten Inhaber der gleichen Rolle sich zudem auf weitere Schritte einigen und ihre Vorgehensweise abstimmen. Die Chats wurden mit je 5 Gruppen (Rollen) und dahinter 25 Teilnehmenden durchgeführt.

Chats in der Kleingruppenarbeit

Waren die bisher beschriebenen Chatszenarien meist durch den Veranstalter einer eLearning-Veranstaltung vorgegeben, so können Chats auch unabhängig von dem zentralen Lehrangebot von Kleingruppen selbst genutzt werden, um z.b. im Rahmen einer Projektarbeit Entscheidungen abzustimmen, Prozesse, Formulierungen, Einreichungen zu verhandeln und sich abzusprechen. Die entsprechenden Chatprotokolle können intern in der Gruppe bereitgestellt werden. Die Veranstalter des jeweiligen eLearning-Angebotes können zur Unterstützung solcher Gruppenarbeitsphasen gruppeninterne Foren und Mailinglisten, virtuelle Räume zur Dokumentenanlage und gruppeninterne Chaträume anbieten. Es obliegt dann den Gruppen selbst, zu entscheiden, welche Medien sie für welche Zwecke nutzen wollen.

Moderierte oder unmoderierte Expertenbefragung per Chat

Auch die Befragung externer Experten lässt sich in Chats durchführen. Hier ist zu klären, ob

- die Befragung durch alle Teilnehmenden gleichzeitig stattfindet oder eine Moderation die Fragen sortiert und die Beteiligten aufruft
- Fragen vorher eingereicht und redaktionell sortiert werden und
- alle Teilnehmenden Zugriff auf einen Rechner haben oder den Chat eher an einer zentralen Projektsfläche verfolgen, während die Moderation die Fragen eingibt

Im letzten Fall werden sozusagen Experten durch den Chat in den realen Unterrichtsraum geholt, während alternativ die Teilnehmenden auch dezentral an vernetzten Rechnern sitzen können. Expertenbefragungen benötigen eine gute Vorbereitung und Moderation, da sich Experten durch unstrukturierte Diskussionsverläufe sicherlich nicht für solche Befragungen begeistern lassen. Beispiele finden sich – jenseits von Unterrichtsszenarien – unter *www.politik-digital.de*, wo PolitikerInnen für online Befragungen bereitstehen.

Brainstorming, Blitzlichter und Meinungsabfragen

Als letztes Szenario sei eine etwas andere Form von Chatkommunikation beschrieben: eine Brainstorming-Anwendung. Während sich Chats vor allem für die Rückkopplung von Beiträgen und damit für Diskussionsprozesse eignen, so können sie auch gerade dieser Funktion enthoben und für (divergente) Brainstormingprozesse genutzt werden. Voraussetzung ist, dass die Teilnehmenden nicht direkt auf die Beiträge der anderen reagieren, sondern diese nebeneinander stehen bleiben. Während inzwischen andere Tools zur Verfügung stehen, um solche Prozesse zu unterstützen (bspw. eine visualisierte Kartenabfrage im Gruppenraum des Projektes ModerationVR), eignen sich

Chats nach wie vor für diese Anwendung und stehen in all jenen Lernumgebungen bereit, wo aufgrund technischer Gegebenheiten keine anderen Tools zur Verfügung stehen. Realisiert man Brainstormingprozesse in einem Chat, so ist durch die Moderation darauf zu achten, dass Reaktionen auf Beiträge ausbleiben. Ebensolches gilt für so genannte Blitzlichter und Meinungsabfragen in Chats. Das Chatprotokoll dient anschließend der Dokumentation und Auswertung der gesammelten Ideen und Eindrücke. Optional lassen sich solche Prozesse auch anonym durchführen, um ggf. so eine höhere Kreativität freizusetzen.

6   Moderation und Regeln in Chats

An vielen Stellen wurde auf die Bedeutung der Moderation von Chats hingewiesen. Ebenso wurden Regeln als ein wichtiges Instrument für die erfolgreiche Chatkommunikation aufgeführt. Die Frage, inwiefern Regeln vorzugeben sind, hängt von der Rolle der jeweiligen Chatsitzung ab. Chats, die Gruppenbildungsprozessen dienen, profitieren sicherlich nicht von der Vorgabe von Regeln. Das gemeinsame Diskutieren und Entwickeln von Regeln kann zum wichtigen Schritt in der Gruppenbildung werden und sollte daher der Kleingruppe obliegen. In größeren Gruppen und plenaren Szenarien sprengt die Entwicklung solcher Regeln allerdings die zeitliche Spanne des Chats und sollte durch Vorgaben unterstützt werden. Aber erst durch das Erfahren der Sinnhaftigkeit von Regeln werden Teilnehmende bereit sein, sich auch tatsächlich daran zu halten (abgesehen von Sanktionen wie den Ausschluss aus dem Chat). Sie werden sogar selbst die Einhaltung von Regeln fordern, wenn sie deren Notwendigkeit erkennen. Neue Gruppen benötigen nach Erfahrung der Autorin oftmals ein bis zwei Chatsitzungen, bis sie selbst die Wichtigkeit von Regeln erkennen und diese anwenden oder gar einfordern. Eine sinnvolle Lösung kann das Vorschlagen und Anregen von Regeln sein, die die Gruppen selbst annehmen, verändern, weiterentwickeln oder ergänzen können. Beispiele für solche Regeln sind (Bremer & Schumacher 2002):

–   das Kenntlichmachen, dass ein Satz noch weitergeht und man nur einen Teil seines Beitrages abgeschickt hat durch „..." am Ende des Textes (so verkürzt man die Wartezeiten der anderen Teilnehmenden),
–   das „Nichtunterbrechen" (= Nichtreinschreiben) in einen so markierten Beitrag – mit Ausnahme der Moderation,
–   das optische Kenntlichmachen der Moderation durch Farben oder den Namen,
–   klare Aufgabenstellung für die Moderation, usw.

Wie hier deutlich wird, hängen Moderation und Regelbeachtung eng zusammen. Die Moderation übernimmt letztendlich auch die Aufgabe, auf die Einhaltung der Regeln zu achten und ggf. Sanktionen durchzuführen (Verwarnung, Ausschluss aus dem Chat usw.). Daneben führt sie Rednerlisten, fasst Zwischenstände zusammen, regt die Diskussion an, leitet Schreibpausen und neue Chatphasen ein, erläutert die Regeln, begrüßt Neulinge, usw. (Die Moderation von Chats wird sicherlich in Zukunft als Forschungsfeld Interesse gewinnen und im Rahmen von Teletutor-Qualifizierungen mehr Bedeutung erhalten.)

7   Fazit und Ausblick

Chats sind nicht jedermanns Sache. Das gilt für Hochschullehrende ebenso wie für Studierende. Döring (2000) betont in ihrem Beitrag zur Kommunikation im Internet in Anlehnung an Schmitz und Fulk (1991), dass die Wahrnehmung eines Mediums vor allem auch von der Medienerfahrung der Nutzer abhängt. Personen mit viel Medienerfahrung nehmen z.b. Email als lebendiger und reichhaltiger wahr als andere. Dies gilt vor allem auch für den Chat, der zudem eine schnelle Tippfrequenz verlangt, um erfolgreich durchgeführt und vor allem moderiert zu werden. Die Wahl des Chats als Medium im eLearning hängt damit zum einen von den didaktischen und kommunikativen Anforderungen, von den verfügbaren technischen Möglichkeiten und letztendlich von der Medienkompetenz der Teilnehmenden und vor allem der Veranstalter ab – sowie von deren individueller Medienpräferenz.

Die Autorin hat zudem in einer früheren Studie untersucht, dass die Präferenz zum Chat auch von dem jeweiligen Lerntyp abhängt (Bremer 2000). Wie auch in Präsenzsitzungen einige sich kommunikativ beteiligen und andere ruhiger sind, so spiegeln sich Lernstile und Kommunikationsverhalten auch beim Chat wieder.

Zurzeit sind vielen Chats noch Grenzen gesetzt, die sich in einer mangelnden Visualisierung, Strukturierungsmöglichkeit des Verlaufes, fehlender Unterstützung der Moderation und der mangelnden Integration von Formeln und Bildern niederschlagen. In Zukunft werden diese Hemmnisse jedoch überwunden, wie Beiträge in diesem Buch zeigen (vgl. die Beschreibungen zum Thread Chat und Fact Chat in diesem Band). Zudem lässt sich in der Praxis des Alltags ein zunehmender Bedarf nach Shared Application Anwendungen und Mindmapping Tools beobachten, in deren Rahmen Chats unterstützende Funktionen erhalten wie z.B. parallele Meinungsäußerungen. Heißt: der Chat ist im eLearning noch lange nicht überflüssig!

8   Literatur

Beißwenger, Michael (2000): Kommunikation in virtuellen Welten: Sprache, Text und Wirklichkeit. Stuttgart.

Beißwenger, Michael (Hrsg., 2001): Chat-Kommunikation. Sprache, Interaktion, Sozialität & Identität in synchroner computervermittelter Kommunikation. Perspektiven auf ein interdisziplinäres Forschungsfeld. Stuttgart.

Bremer, Claudia (2000): Virtuelles Lernen in Gruppen: Rollenspiele und Online-Diskussionen und die Bedeutung von Lerntypen. In: F. Scheuermann (Hrsg.): Campus 2000, Münster, 135-148.

Bremer, Claudia & Eva Schumacher (2002): Betreuung mediengestützter Kommunikation, Modul Kommunikationswissenschaftliche Grundlagen. Studienbrief im Rahmen des eduMedia Studienganges, Universität Duisburg.

Daft, Richard H. & Robert H. Lengel (1986): Organizational Information Requirement, Media Richness and Structural Design. In: Management Science 32 (5), 554-571.

Dennis, Alan R. & Joseph S. Valacich (1999): Rethinking Media Richness. In: R. H. Sprague Jr. (Hrsg.): Proceedings of the 32nd Hawaii International Conference of System Science. Los Alamitos, California , IEEE Computer Society.

Döring, Nicola (1998): Sozialpsychologie des Internet. Die Bedeutung des Internet für Kommunikationsprozesse, Identitäten, soziale Beziehungen und Gruppen. Göttingen.

Döring, Nicola (2000): Kommunikation im Internet: Neun theoretische Ansätze. In: Bernad Batinic (Hrsg.): Internet für Psychologen, Göttingen, 345-373.

Filk, Christian (2001): Synchronizitätsgrade beim kollaborativen e-Learning : einige Hypothesen und Perspektiven. In: Wagner, Erwin & Michael Kindt (Hrsg.): Virtueller Campus, Szenarien – Strategien – Studium. Münster, 66 - 74.

Lenke, Nils & Peter Schmitz (1995): Geschwätz im Globalen Dorf. Kommunikation im Internet. In: Osnabrücker Beiträge zur Sprachtheorie Nr. 50, 117-141.

Runkehl, Jens, Peter Schlobinski & Torsten Siever (1998): Sprache und Kommunikation im Internet. Opladen.

Schmitz, Joseph & Janet Fulk (1991): Organizational Colleagues, Media Richness, and Electronic Mail. A Test of the Social Influence Model of Technology Use. Communication Research, 18 (4), 487-523.

Schönfeldt, Juliane (2001): Die Gesprächsorganisation in der Chat-Kommunikation. In: Michael Beißwenger (Hrsg.): Chat-Kommunikation. Stuttgart, 25-53.

Storrer, Angelika (2001): Sprachliche Besonderheiten getippter Gespräche: Sprecherwechsel und sprachliches Zeigen in der Chat-Kommunikation. In: Michael Beißwenger (Hrsg.): Chat-Kommunikation. Stuttgart, 3-24.

Steffen Büffel

Zur sozialen Bedeutung dialogischer Kommunikationsformen im Internet

Theoretische Überlegungen und empirische Strategien zur Betrachtung der Vertrauensproblematik in der Onlinekommunikation

1   Einleitung

Betrachtet man die derzeit möglichen Verwendungsweisen der im Internet angebotenen Dienste und Anwendungen, so ergibt sich ein recht breit gefächertes Spektrum: Menschen informieren sich online, treten miteinander in Kontakt über E-Mail, Chat, Video-Konferenzen oder Instant Messaging, erledigen Bank- und Aktiengeschäfte online, kaufen über das World Wide Web ein, treffen und verlieben sich in einer Flirt-Community oder geben sich auf ihrer privaten Homepage eine eigene virtuelle Identität. Diese exemplarische Zusammenstellung typischer und weit verbreiteter Verwendungs- und Kommunikationsweisen im Internet macht deutlich, dass eine *Virtualisierung* vieler unserer Lebensbereiche beobachtet werden kann. Es kommt zu einer zunehmenden Verbindung und Überlagerung der realen Offline-Welt und der virtuellen Online-Welt. Ein Grund hierfür ist, dass der Computer nicht mehr nur Werkzeug am Arbeitsplatz ist, sondern seit Anfang der 1990er Jahre in nahezu allen öffentlichen und privaten Kontexten Einzug gehalten hat. Bestätigt wird dieser Trend durch repräsentative Erhebungen zur Mediennutzung. So kommt die ARD/ZDF-Onlinestudie 2003 beispielsweise zu dem Ergebnis, dass erstmals seit Beginn der seit 1997 jährlich durchgeführten Befragung mehr als die Hälfte der Deutschen Onlinemedien nutzt und sich dabei der Ort der Nutzung konsequent in den privaten Bereich verlagert hat: Die Werte für die ausschließliche Nutzung zu Hause sind von 27 Prozent im Jahr 1997 auf 46 Prozent im Jahr 2003 angestiegen. Gleichzeitig ist die ausschließliche Nutzung am Arbeitsplatz von 59 Prozent auf 13 Prozent zurückgegangen und der Wert für die parallele Nutzung zu Hause und am Arbeitsplatz um das dreifache auf knapp über 40 Prozent gewachsen (van Eimeren et al. 2003). Die Omnipräsenz der Onlinemedien nimmt also zu und das Spektrum der Aufgaben und menschlichen Bedürfnisse, die mittlerweile mit Hilfe von Computer und Internet erledigt und befriedigt werden können, erweitert sich zusehends.

Am Beispiel der Vertrauensarbeit soll in diesem Beitrag die soziale Bedeutung dialogischer Kommunikationsformen im Internet betrachtet werden. Hierzu wird in Kapitel 2 zunächst herausgearbeitet, dass Formen netzwerkbasierter Kommunikation tatsächlich als vernetzte Kommunikation begriffen werden können und sich dies auf unterschiedlichen Ebenen zeigt. Des Weiteren wird für eine integrative wissenschaftliche Beschäftigung mit der Onlinekommunikation plädiert, die als Bindeglied zwischen makro- und mikrostruktureller Perspektive fungieren soll und dazu auf einer mittleren, *mesostrukturellen*, Ebene ansetzt. Daran anschließend wird in Kapitel 3 theoretisch begründet, warum die Onlinekommunikation als eine in hohem Maße entbettete Form der Kommunikation verstanden werden muss und wie sich aufgrund dessen die Vertrauensproblematik in der computervermittelten Kommunikation darstellt. Der Vertrauensbegriff wird dazu zunächst eingeführt und kurz diskutiert, um im Anschluss daran die Rolle der Mensch-Computer-Schnittstelle bei der Vertrauensarbeit zu beleuchten. Anhand dreier Beispiele wird in Kapitel 4 konkretisiert, worin die spezifische soziale Bedeutung dialogischer Kommunikationsformen im Internet zu sehen ist und mit welchen Methoden Vertrauensarbeit in der Onlinekommunikation untersucht werden kann. Ein zusammenfassendes Fazit bildet den Abschluss.

2   Onlinekommunikation = vernetzte Kommunikation

> There has to be some way of facilitating communication among people without bringing them together in one place. (Licklider & Taylor 1968: 29)

Diese schlichte Forschungsthese haben die beiden Computer- und Internetpioniere John Licklider und Robert Taylor in ihrem aus heutiger Sicht visionären Artikel „The Computer as a Communication Device" formuliert – das war 1968. Heute, gut 35 Jahre später, ist aus dieser Vision längst alltägliche Realität geworden, wenngleich der Grundgedanke, durch Technologie Raum- und Zeitspannen überwindende Kommunikation zu ermöglichen, nichts Neues darstellt. Denn mit der Erfindung des Telegrafen durch Samuel Morse im Jahre 1836 wurde bereits frühzeitig der Startschuss für den Übergangsprozess in ein Informationszeitalter vorweg genommen, das erst ein Jahrhundert später durch die Vernetzung von Informations- und Kommunikationstechnologien zu seinem endgültigen Durchbruch kommen sollte. Diesen zu Beginn des 19. Jahrhunderts mit der Erfindung Morses einsetzenden Prozess der Entstehung neuer medial vermittelter Kommunikationsformen beschreibt Fidler als die *third mediamorphosis*, die nach dem Auftreten gesprochener Sprache vor gut 30 000 Jahren (*first mediamorphossis*) und der Entwicklung von Schriftsprachen vor etwa 6000 Jahren (*second mediamorphosis*) zu einer rasanten Beschleunigung in der Entstehung und Ausdifferenzierung neuer Medientechnologien führte (vgl. Fidler 1997). Diese medientechnologische Evolution hat mit der Erfindung des Computers und des Internet, sowie deren Weiterentwicklung hin zu den heute bekannten Formen, ihren vorläufigen Höhepunkt erreicht. Die Möglichkeit, zeit- und ortsunabhängig mit stationären oder

mobilen Endgeräten über das Internet miteinander zu kommunizieren, sich zu informieren und Informationen zu publizieren, stellt eine Kommunikationstechnologie
vollkommen neuer Qualität dar. Denn neben der Virtualität und Globalität des Mediums, die eine Nutzung unabhängig von Zeit und Ort ermöglicht, ist die Onlinekommunikation gekennzeichnet durch ihren interaktiven und multimodalen Charakter: Jeder
Onlinenutzer ist nicht mehr nur Rezipient, sondern hat in dem neuen Medium die
Möglichkeit, problemlos auch zum Sender von Information zu werden. Die Onlinekommunikation hebt somit nicht nur die interaktiven Restriktionen der klassischen
Massenmedien Radio, Fernsehen und Printmedien auf, sondern bringt deren Kommu-
nikationsmodi in einem einzigen Medium zusammen: (Schrift-)sprachlicher, auditiver
und visueller Kanal stehen in der Onlinekommunikation gleichermaßen zur Verfügung. Zusätzlich wird durch die netzwerkbasierte Grundstruktur des Internet die unidi-
rektionale one-to-many-Kommunikation der klassischen Medien in eine bi- beziehungsweise multidirektionale many-to-many-Kommunikation von gleichberechtigten
Kommunikationspartnern überführt. Auch diese Eigenschaften des Internet hat Licklider bereits 1960 vorausgedacht. In dem Aufsatz „Man-Computer Symbiosis" schreibt
er:

> Today the on-line communities are separated from one another functionally as well as
> geographically. Each member can look only to the processing, storage and software capa-
> bility of the facility upon which his community is centered. But now the move is on to in-
> terconnect the separate communities and thereby transform them into, let us call it, a su-
> percommunity. The hope is that interconnection will make available to all the members of
> all the communities the programs and data resources of the entire supercommunity.
> (Licklider 1960: 6)

Licklider beschreibt hier den zentralen Mechanismus des Internet: Vernetzung von
Informationen, sowie geografisch und funktional getrennten Gemeinschaften. Im Zuge
der Weiterentwicklung der Medientechnologien ist das Internet damit nicht nur als ein
weiteres Medium auf der Bildfläche erschienen, sondern es brachte und bringt tief
greifende Veränderungen für das gesamte Mediensystem, die Kommunikationsteilnehmer und die Gesellschaft mit sich: Es eröffnet neue Formen der Individual-, Grup-
pen- und Massenkommunikation, ermöglicht die Integration bestehender Telekommu-
nikationstechnologien, vereinigt Eigenschaften der klassischen Massenmedien Zeitung, Hörfunk und Fernsehen (vgl. z.B. Döring 2003) und ist somit Ausdruck der vo-
ranschreitenden Konvergenz der Medien (vgl. Fidler 1997). Das Internet ist damit *ver-
netztes* und *vernetzendes* Medium zugleich. Der Vernetzungscharakter manifestiert
sich dabei nicht allein in der Technik, sondern tangiert eine Reihe weiterer Ebenen:

 - die *technische Ebene* als Vernetzung von Medientechnologien;
 - die *geografische Ebene* als Vernetzung von beliebig weit voneinander entfernten Orten;
 - die *soziale und sozialpsychologische Ebene* als Vernetzung der Nutzer der Onlinekommunikation;
 - die *informationelle Ebene* als Vernetzung von Inhalten und Wissensbeständen;
 - die *modale Ebene* als Vernetzung von auditivem, visuellem und (schrift-)sprachlichem Kanal; und
 - die *kulturelle Ebene* als Vernetzung von realen und virtuellen Kulturräumen.

Die wissenschaftliche Auseinandersetzung mit diesen Dimensionen der Vernetzung stellt eine besondere Herausforderung für die einzelnen Fachdisziplinen dar. Denn einerseits entsteht eine Fülle neuer und interessanter Problembereiche, andererseits stellen sich alte Fragenkomplexe in dem sich schnell wandelnden medialen Gesamtkontext immer häufiger neu. Verursacht durch diese hohe Dynamik erscheint der Untersuchungsgegenstand also überkomplex, so dass neue theoretische und methodische Ansätze entwickelt beziehungsweise alte Herangehensweisen adaptiert und überarbeitet werden müssen, um eine adäquate Gegenstandsbeschreibung des Internet und eine Analyse der dort beobachtbaren ökonomischen, gestalterischen, kommunikativen, psychologischen und sozialen Prozesse zu ermöglichen.

In den unterschiedlichen wissenschaftlichen Disziplinen wurden diese Prozesse zunächst jeweils auf einer makrostrukturellen Ebene (z.b. Wirtschaftswissenschaften, Soziologie, Kommunikationswissenschaft) oder auf einer mikrostrukturellen Ebene (z.b. Sozialpsychologie, Text- und Gesprächslinguistik) betrachtet. Die seit geraumer Zeit beobachtbare Tendenz hin zu interdisziplinär angelegten Symposien und Konferenzen, sowie entsprechend ausgerichteter Sammelband-Publikationen, belegt, dass ein Austausch zwischen den Disziplinen und eine Verknüpfung von makro- und mikrostruktureller Betrachtungsebene für ein besseres Verständnis des Gegenstandes als fruchtbar erkannt wurde. Auf Seiten der Wissenschaft scheint also ebenfalls ein Prozess der Vernetzung in Gang gekommen zu sein, wobei das derzeit noch vorherrschende *interdisziplinäre* Neben- und Miteinander nicht mit der in weiten Teilen noch zu leistenden tatsächlichen Integration von Theorien und Methoden verschiedener Forschungszweige verwechselt werden darf. Die anwendungsbezogene und *transdisziplinär* ausgerichtete Medienwissenschaft versucht diese Integration zu leisten, indem sie sich Theorien und Methoden klassischer Wissenschaftstraditionen zu Nutze macht und dabei bestrebt ist, systematische Zusammenhänge zwischen Mikro- und Makroperspektive aufzuzeigen (vgl. Saxer 1999: 2). Um diesen Brückenschlag leisten zu können, wird im vorliegenden Beitrag der Vorschlag aufgegriffen, Analysen auf einer mittleren Ebene vorzunehmen (vgl. Schmitt 2001). Bezogen auf die Betrachtung der computervermittelten Kommunikation und die Nutzung von Onlinemedien heißt das konkret, dass die Strategie verfolgt wird, den empirischen Blickwinkel auf den Kommunikationsprozess Schritt für Schritt zu erweitern. Damit soll erreicht werden, dass mikrostrukturelle Befunde, die etwa mit Hilfe sprachwissenschaftlicher Methoden erhoben worden sind, auch hinsichtlich ihrer konkreten situativen Einbettung, also ihrem lokalen sozialen Nutzungskontext eingeordnet werden können. Indem das Raster wie beim Zoomen mit einer Photokamera immer weiter aufgezogen wird, können in der mesostrukurellen Betrachtung die Befunde aus den einzelnen Rasterstufen in der jeweils nächsthöheren Stufe integriert und damit das Gesamtbild verdichtet werden. Theoretisierungen auf Basis der dabei erlangten Befunde können so schrittweise verallgemeinert werden und sind somit im Idealfall an übergeordnete Theorien anschließbar. Es ist zu beachten, dass die hier beschriebene Vorgehensweise nicht unidirektional ausgerichtet ist, indem vom empirischen Einzelfall in Richtung eines theoretischen Modells gearbeitet wird, sondern als zweiter Verankerungspunkt ein theoretischer und damit makrostruktureller Bezugsrahmen notwendig ist. Denn nur so kann zwischen

Mikro- und Makroebene in sinnvoller Art und Weise auch eine mittlere, mesostrukturelle Perspektive eingenommen werden.

3 Internetkommunikation und Vertrauen – Theoretische Überlegungen

In diesem Kapitel wird unter Rückgriff auf den Soziologen Anthony Giddens zunächst ein begriffliches Instrumentarium eingeführt, mit dem Giddens makrostrukturelle Phänomene in modernen Gesellschaften beschrieben und dabei vor allem die Vertrauensproblematik behandelt hat (Kapitel 3.1). Nach der Einführung und kurzen Diskussion des Vertrauensbegriffs in Abschnitt 3.2 wird in Kapitel 3.3 die Problematik der Vertrauensarbeit in der Onlinekommunikation behandelt und die besondere Rolle der Mensch-Computer-Schnittstelle beleuchtet. Diese Überlegungen bilden den makrostrukturellen Bezugsrahmens innerhalb dessen die tief greifenden Veränderungen durch das Internet und die daraus resultierenden Konsequenzen für die Kommunikationsteilnehmer im Sinne einer mesostrukturellen Betrachtungsweise anhand von Beispielen zur Vertrauensarbeit in der Onlinekommunikation behandelt werden sollen (vgl. dazu Kapitel 4).

3.1 Entbettung, Expertensystem, Zugangspunkte

Moderne Gesellschaften sind nach Giddens durch so genannte *Entbettungsmechanismen* geprägt. Unter Entbettung ist „das Herausheben sozialer Beziehungen aus ortsgebundenen Interaktionszusammenhängen und ihre unbegrenzte Raum-Zeit-Spannen übergreifende Umstrukturierung" (Giddens 1999: 33) zu verstehen. In diesem Sinne stellt beispielsweise die medial vermittelte Kommunikation die Entbettung der an örtliche und zeitliche Kopräsenz gebundenen face-to-face-Kommunikation dar. Die dafür notwendigen Informations- und Kommunikationstechnologien sind im Verständnis von Giddens als *Expertensysteme* begreifbar, die er definiert als „Systeme technischer Leistungsfähigkeit oder professioneller Sachkenntnis, die weite Bereiche der materiellen und gesellschaftlichen Umfelder, in denen wir heute leben, prägen" (Giddens 1999: 40). Expertensysteme sind charakteristisch und allgegenwärtig in modernen Gesellschaften. Sie bilden zudem die Basis für Globalisierungsprozesse: Internationaler Handel, interkontinentaler Flugverkehr, weltumspannende Kommunikationsmöglichkeiten und dergleichen sind alles Beispiele für Entbettungsmechanismen, die auf Expertensystemen beruhen. Die Funktionsweise dieser Systeme entzieht sich dabei aber der Kontrollierbarkeit und Sachkenntnis des Einzelnen, des Laien, so dass eine Wissensdifferenz entsteht. Folglich lassen eingeschränkte Kontrollierbarkeit und informationelle Unterbestimmtheit mit Risiken behaftete Situationen entstehen, in denen Handlungsfähigkeit nur dann aufrechterhalten werden kann, wenn zum Beispiel Vertrauen als Kompensationsstrategie eingesetzt wird. Der Kontakt zwischen Laien und Expertensystemen kommt in den so genannten *Zugangspunkten* zustande. Giddens versteht darunter Stellen, „an denen eine Verbindung zustande kommt zwischen Einzelpersonen oder Kollektiven ohne Fachkenntnisse und den Vertretern abstrakter Systeme. Dies sind Orte, an denen abstrakte Systeme verwundbar sind, aber zugleich Kreuzungspunkte, an denen Vertrauen gewahrt oder aufgebaut werden kann" (Giddens 1999: 113).

Ein Beispiel zur Illustration: Das Bank- und Kreditwesen kann als Expertensystem verstanden werden, durch den der ehemals praktizierte direkte Tauschhandel in ein abstraktes Währungs- und Finanzsystem überführt wurde. Das Schalterpersonal in der Bankfiliale repräsentiert das Expertensystem und bildet den Zugangspunkt zu diesem System. Im direkten Kontakt kann dort Vertrauensarbeit geleistet werden, so dass die Möglichkeit besteht, die oben beschriebene Wissensdifferenz und die wahrgenommenen Risiken durch den kommunikativen Austausch mit der Person im Zugangspunkt zu verhandeln und gegebenenfalls zu minimieren.

Bezogen auf die Medienkommunikation stellt das Internet das am hochgradigsten entbettete Medium dar, da es die face-to-face-Kommunikation am stärksten aus ihrem lokalen Kontext heraushebt (vgl. Bucher 2002). So kommt es zum Beispiel beim Online-Banking gewissermaßen zu einer Entbettung zweiter Ordnung, da eine bereits hochgradig entbettete Situation – der Kontakt mit dem Schalterpersonal in der Bank – erneut aus ihrem Kontext enthoben und in ein weiteres Expertensystem überführt wird.

Die Kommunikationssituation verschärft sich also insofern, als dass in der computervermittelten Kommunikation der Zugangspunkt nicht mehr durch den direkten Kontakt der Kommunikationspartner zustande kommt, sondern an die Stelle das Computer-Interface rückt. Statt durch reale Personen wird der Kontakt zwischen den Kommunikationspartnern quasi simuliert, beispielsweise auf der Website eines Anbieters, durch einen E-Mail- oder Instant-Messaging-Client, in Forenboards oder über die Oberfläche eines Chat-Tools. In weiten Teilen ist dabei ein *Anthropomorphisierungseffekt* erkennbar, indem versucht wird, den auf der Oberfläche der Mensch-Computer-Schnittstelle realisierten Darstellungs- und Kommunikationsformen menschliche Züge zu verleihen (vgl. Kuhlen 1999). Beispiele hierfür sind virtuelle Agenten oder Berater die dem Nutzer etwa auf einer Shopping-Website beratend zur Seite gestellt werden, die verschiedenen Ausprägungen von 3-D Chats, in denen die Teilnehmer virtuellen Figuren individuelle Züge verleihen können oder aber textlich realisierte Beschreibungen menschlicher Äußerlichkeiten und Eigenschaften im Rahmen von reinen Text-Chats oder MUDs.

Was die Tatsache, dass an Stelle direkter Kontakte das Computer-Interface rückt für die Vertrauensarbeit bedeutet und welche Rolle dadurch der Mensch-Computer-Schnittstelle zukommt, wird im Folgenden behandelt.

3.2 Zur Bedeutung von Vertrauen

Vertrauen kann verkürzt definiert werden, als das „Zutrauen zu oder Sichverlassen auf eine Eigenschaft oder ein Merkmal einer Person oder einer Sache bzw. auf die Wahrheit einer Aussage" (Giddens 1999: 44). Wie sehr Mechanismen, die auf diesem Vertrauensbegriff beruhen, in unseren Alltag eingewoben sind, wird uns in der Regel immer erst dann ins Bewusstsein gerufen, wenn diese Mechanismen durch einen Akt des Vertrauensbruchs erschüttert oder sogar ganz zerstört werden. Welche weitreichenden

Folgen ein solcher Vertrauensbruch haben kann, zeigte sich etwa bei der Tschernobyl-Katastrophe, während der BSE-Krise oder bei den Terroranschlägen des 11. September 2001. Es Bedarf jedoch nicht solch apokalyptischer Ereignisse, um die Frage nach dem Vertrauen auf die Tagesordnung zu bringen. Auf Vertrauensmechanismen – auch wenn uns dies in der Regel nicht bewusst ist – fußt unser ganzes Leben.

Im Alltagsverständnis ist Vertrauen dabei ein äußerst präsenter Begriff: Jeder Mensch weiß was es heißt, einer anderen Person zu vertrauen, Selbstvertrauen zu haben, auf das Wetter, die Diagnose des Arztes oder den Informationen in der Zeitung zu vertrauen. Vertrauen weist in seinem Alltagsgebrauch also viele Bedeutungsnuancen auf, die wir ohne größere Probleme verstehen und unterscheiden können. Eine wissenschaftliche Definition solcher umgangssprachlich omnipräsenter Begriffe ist ungleich schwerer, gerade weil „sie trotz ihrer Ubiquität im Alltag kaum eindeutig fassbare interindividuelle, intraindividuelle und kontextuelle Bedeutungsvariationen aufweisen" (Schweer 1997: 16). Da sich das Vertrauenskonstrukt in der Forschungsliteratur dementsprechend sehr vielschichtig darstellt, muss an dieser Stelle auf eine umfassende Diskussion verzichtet werden. Statt dessen wird exemplarisch die Position von Fine und Holyfield angeführt, die unter Einnahme einer ganzheitlichen Perspektive zu dem Schluss kommen, dass Vertrauen alle Bereiche unseres Lebens tangiert und neben kognitiven Eigenschaften auch Aspekte der „world of cultural meanings, emotional responses, and social relations" betroffen sind, denn „one not only thinks trust, but feels trust" (Fine & Holyfield 1996). Auch Giddens kommt in seiner Analyse zu den Konsequenzen der Moderne zu dem Schluss, dass alle Entbettungsmechanismen auf Vertrauen beruhen. Er schreibt in diesem Zusammenhang: „Vertrauen ist [...] in fundamentaler Weise mit den Institutionen der Moderne verbunden. Das Vertrauen wird hier nicht in Individuen gesetzt, sondern in abstrakte Fähigkeiten" (Giddens 1999: 39). Vertrauensmechanismen existieren in modernen Gesellschaften aber nicht nur ausschließlich auf der Ebene abstrakter Expertensystemen, sondern auch auf der individuellen, der Beziehungs- und der institutionellen Ebene (vgl. Sheppard & Sherman 1998). Wie auf der individuellen und der Beziehungsebene Vertrauen koordiniert und verhandelt wird ist offensichtlich, nämlich über den direkten face-to-face-Kontakt mit den Personen, denen vertraut wird. Schwieriger zu beantworten ist diese Frage in Bezug auf die institutionelle Ebene, also die Ebene der Expertensysteme (vgl. dazu Kapitel 4).

3.3 Die Rolle der Mensch-Computer-Schnittstelle

Rainer Kuhlen hat sich in Anlehnung an Giddens mit den Konsequenzen von Informationsassistenten auseinandergesetzt und ist der Frage nachgegangen, wie Vertrauen in elektronische Dienste gesichert werden kann. Zur Vertrauensproblematik schreibt er:

> Vertrauen [ist] abhängig von den Erfahrungen mit den Personen in den Zugangspunkten zu den Systemen, von ihrem Auftreten des facework commitment, durch die die Transformation von Vertrauen in Personen in Vertrauen in abstrakte Prinzipien und in die auf sie gegründeten Systeme geleistet werden kann. (Kuhlen 1999: 102)

Wie bereits erwähnt, tritt in der Onlinekommunikation anstelle der Personen in den Zugangspunkten das Computer-Interface. Es bildet aber nicht nur die Schnittstelle zwischen Mensch und Computer, sondern im weiteren Sinne auch die Schnittstelle zwischen den an der computervermittelten Kommunikation beteiligten Kommunikationspartner. Für die Vertrauensarbeit hat das weitreichende Konsequenzen, da das im Zitat angesprochene *facework commitment* in der Onlinekommunikation durch eine grafisch aufbereitete Benutzeroberfläche ersetzt wird. Rutter weist in diesem Zusammenhang auf folgende Eigenschaft von Vertrauen hin:

> trust is not something that can be offered to technologies regardless of how artificially intelligent or interactive they may appear. Trust is a good traded between individuals rather than between people and mediating technologies. (Rutter 2000)

Vor diesem Hintergrund muss ein erweiterter Interaktionsbegriff modelliert werden, in dem davon ausgegangen wird, dass die Interaktion an der Mensch-Computer-Schnittstelle von den Beteiligten grundsätzlich als dialogische Situation wahrgenommen wird und zwar auch dann, wenn es sich nicht wie im Falle der Chatkommunikation oder Instant-Messaging um offensichtlich dialogisch strukturierte synchrone Kommunikationsformen handelt, sondern auch bei asynchronen Kommunikationsformen wie E-Mail, Foren- oder Newsgroup-Postings. Demnach ist auch die Interaktion mit einer Website, bei der die zeitliche Kopräsenz eines Kommunikationspartners fehlt, in diesem erweiterten Verständnis als dialogisch zu betrachten. Beispielsweise können Begrüßungstexte auf der Homepage eines Online-Angebotes, Abfragemasken bei einer Anmeldeprozedur oder der Prozess des Kaufvorgangs etwa in einem Online-Buchladen als Züge in einem Dialog verstanden werden, der sich durch die Interaktion des Nutzers mit dem Online-Angebot an der Mensch-Computer-Schnittstelle konstituiert und entwickelt. In seiner Medienaneignung interagiert der Nutzer mit einem Online-angebot demnach so, *als ob* er in Kontakt mit einem Gegenüber stünde (vgl. Bucher 2001). In der Onlinekommunikation kommt dieser Kontakt sowohl bei dieser *als-ob-Interaktion*, als auch bei der Teilnahme an synchronen Formen der computervermittelten Kommunikation über das Computer-Interface zustande. Es ist die vermittelnde Instanz, die in der entbetteten Situation der Onlinekommunikation den Zugangspunkt im Verständnis von Giddens darstellt und an die Stelle eines physisch präsenten Kommunikationspartners tritt. In Bezug auf die Chatkommunikation kommen Götzenbrucker und Hummel in diesem Zusammenhang zu dem Schluss:

> Chatten ist eine relativ „reiche" Konversationsvariante mit hoher Interaktivität, welche das Gefühl „echter" Kontakte mit Menschen (hinter den Maschinen) vermittelt. (Götzenbrucker & Hummel 2001: 223)

Dass Menschen mit Technologien, Computern und neue Medien generell so umgehen, als ob es sich dabei um reale Kommunikationspartner handelt, auch wenn es nicht so explizit deutlich ist wie im Falle der Chatkommunikation, konnten Reeves und Nass in ihren Arbeiten zur *Media Equation* belegen. Sie kommen unter anderem zu dem folgenden Ergebnis:

Social and natural responses come from people, not from media themselves. Ultimately, it's the pictures in our heads that matter, not the ones on the screen. (Reeves & Nass 1996: 252)

Mit dem bis hierhin skizziertem Verständnis von Interaktion kann die Tatsache, dass Vertrauensarbeit kommunikativ im Dialog zwischen Personen geleistet wird, in die Betrachtung der computervermittelten Kommunikation integriert werden. Denn im Vergleich zur face-to-face-Kommunikation ist die Onlinekommunikation informationell insofern defizitär, als kommunikative Indizien, die für die Vertrauensarbeit wichtig sind, wie z.B. nonverbales Verhalten, Sprachduktus und dergleichen, teilweise oder ganz fehlen beziehungsweise wie in der Chatkommunikation nur mit Hilfe von Alternativstrategien kompensiert werden können, beispielsweise durch die Verwendung von Smilies, Aktionswörtern und Emoticons (vgl. Götzenbrucker & Hummel 2001). Verglichen mit der direkten face-to-face-Kommunikation sind diese Einschränkungen tatsächlich als Defizite zu verstehen. Für die Nutzer der computervermittelten Kommunikation ergeben sich aus diesen spezifischen Eigenschaften der Onlinekommunikation allerdings auch Potentiale, da unterschiedliche Grade von Anonymität und Verbindlichkeit ermöglicht werden. (Zur Spezifik der Onlinekommunikation vgl. z.B. Rheingold 1993, Turkle 1997 und Döring 1999, oder die Beiträge in Smith & Kollock 1999, Thimm 2000 und Beißwenger 2001).

3.4 Konsequenzen computervermittelter Kommunikation

In den bis hierhin gemachten Ausführungen ist deutlich gemacht geworden, dass die Onlinekommunikation auf Expertensystemen beruht und deshalb als in hohem Maße entbettet verstanden werden muss. Die unterschiedlichen synchronen und asynchronen Kommunikations- und Darstellungsformen im Internet fungieren dabei als Zugangspunkte zu diesem Expertensystem, das in der Mensch-Computer-Schnittstelle seine vermittelnde Instanz findet. Sie dient als visuelle Projektions- und Repräsentanzfläche für die über die Infrastruktur des Internets geführten Kommunikationszüge. Die Interaktion der Nutzer mit dem Mensch-Computer-Interface hat dabei immer dialogischen Charakter, unterstellt man einen wie in Kapitel 3.3 eingeführten erweiterten Interaktionsbegriff. Vertrauensarbeit beispielsweise wird demnach in der computervermittelten Kommunikation durch die dialogisch strukturierte Interaktion am Zugangspunkt des Mensch-Computer-Interface geleistet. Die Konsequenzen, die sich aus dieser entbetteten Kommunikationskonstellation für die Vertrauensarbeit ergeben, lassen sich in den folgenden Punkten zusammenfassen:

- Die Vertrauensproblematik ist in der Onlinekommunikation verschärft, da im Vergleich zur face-to-face-Kommunikation vertrauensrelevante Indizien wie Körpersprache, Gestik und Mimik, die normalerweise im direkten Kontakt mit transportiert werden, teilweise oder ganz fehlen, oder nur mit Hilfe der genannten Kompensationsmöglichkeiten wie etwa in der Chatkommunikation ausgeglichen werden können.
- Der in dieser Hinsicht defizitäre Charakter der Onlinekommunikation entsteht durch das Herausheben der Vertrauensarbeit aus dem direkten Kontakt in eine medial vermittelte und damit entbettete Situation. Diese Entbettung führt zu einem erhöhten Kontrollverlust, so dass die Gefahr von einem Mehr an wahrgenommenen Risiken besteht. Vertrauen als Kompensationsstrategie kommt in diesem Kontext deshalb eine zentrale Rolle zu.

-    Aufgrund dieser sich vollkommen neu darstellenden Situation müssen alle an der computervermittelten Kommunikation beteiligten Parteien neue Strategien der Vertrauensarbeit entwickeln, um das Fehlen vertrauenskritischer Indizien ausgleichen zu können. Nur so kann Handlungsfähigkeit in den veränderten Kontexten der in hohem Maße entbetteten Onlinekommunikation aufrechterhalten werden.
-    Diese veränderten Strategien der Vertrauensarbeit kommen über das Computer-Interface in den verfügbaren Darstellungs- und Kommunikationsformen zum Ausdruck und können dort mit Hilfe empirischer Verfahren beobachtet und damit genauer untersucht werden.

In der direkten Beobachtung des Kommunikationsprozesses liegt einer der Ansatzpunkte für die hier vertretene Form einer mesostrukturellen Vorgehensweise. Im folgenden Kapitel werden anhand von Beispielen Probleme und Lösungsstrategien der Vertrauensarbeit skizziert und Möglichkeiten aufgezeigt, mit welchen Methoden welche Art von Kontextdaten erhoben werden können.

4   Beispiele zur Vertrauensarbeit in der Onlinekommunikation

In der Onlineforschung ist eine Reihe von quantitativen und qualitativen Erhebungsverfahren etabliert, die zu je spezifischen Zwecken eingesetzt werden können. Um jedoch ein ganzheitlicheres Bild zu erhalten, bietet es sich an, durch Kombination und Integration von unterschiedlichen Beobachtungs- und Analyseverfahren empirische Mehr-Methoden-Designs zu entwickeln. Dadurch kann eine Fülle von Kontextdaten erarbeitet werden, die dabei helfen, eine bessere Einordnung und dichtere Beschreibung von auf der Mikroebene erzielten Detailbefunden vornehmen zu können. Zur ganzheitlichen Betrachtung computervermittelter Kommunikationsprozesse schreibt Nicola Döring beispielsweise:

> Insbesondere um Dokumente der computervermittelten zwischenmenschlichen Kommunikation zu kontextualisieren, bietet es sich an, neben der einfachen Registrierung und Auswertung ausgewählter Beiträge bzw. Beitragssequenzen, das soziale Geschehen im Zusammenhang mit einem speziellen Online-Angebot ganzheitlicher zu betrachten. (Döring 2003: 223)

Der Sprung von der Aufzeichnung und Analyse von einzelnen Kommunikationssequenzen hin zum sozialen Kontext ist recht groß. Es ist möglich und ergiebig, Analyseschritte dazwischen zu schalten, die zum Beispiel neben der kommunikativen Einbettung auch die Einbettung der Kommunikationsform im medialen Kontext berücksichtigen, die Dynamik der Produktions- und Rezeptionsprozesse mit einbeziehen und durch zusätzliche Perspektivenerweiterungen auch soziale und gesellschaftliche Kontexte integrieren. Problematisch ist dabei sicherlich die Fülle der Analyseebenen und die Menge der dabei entstehenden Daten. Durch ein gestuftes Vorgehen sollte es jedoch möglich sein, in Modulen zu arbeiten, die für sich genommen zwar abgeschlossene Einheiten darstellen, aber dennoch systematisch zueinander in Beziehung gesetzt werden können, so dass eine Integration von Theorien und Methoden auch transdisziplinär geleistet werden kann.

Im Folgenden wird anhand von verschiedenen Beispielen zur Vertrauensarbeit in der Onlinekommunikation exemplarisch erläutert, welche Bedeutung dialogischen Kommunikationsformen im Internet zukommt. Gleichzeitig werden dabei methodische

Strategien genannt, die bei einem gestuften Vorgehen im Sinne einer mesostrukturellen Betrachtung eingesetzt werden können.

Die beiden ersten Beispiele konzentrieren sich auf Vertrauensarbeit in der Chatkommunikation, im dritten Beispiel wird die Vertrauensarbeit bei der Interaktion mit einem Online-Angebot betrachtet.

Synchrone Formen der computervermittelten Kommunikation weisen in der *zeitlichen Kopräsenz* der Kommunikationsteilnehmer eine Gemeinsamkeit mit der face-to-face-Kommunikation auf. Durch den Wegfall der *räumlichen Kopräsenz* in der Onlinekommunikation ergibt sich allerdings eine Situation, in der Vertrauensarbeit nicht nach den gewohnten Prinzipien geleistet werden kann. Denn aufgrund der hochgradigen Entbettung der computervermittelten Kommunikation fehlen wichtige vertrauensrelevante Indikatoren teilweise oder ganz.

Ein erstes Beispiel anhand dessen die besondere Relevanz dialogischer Kommunikationsformen für die Vertrauensarbeit deutlich gemacht werden soll, sind die diversen peer-to-peer-Tauschbörsen, bei denen zusätzlich zur File-Sharing-Funktionalität mittlerweile auch ein Chat- oder Instant-Messaging-Tool integriert ist. Neben dem Einsatz als Plauderkanal werden diese beiden Kommunikationsmöglichkeiten auch dazu verwendet, um Tauschmodalitäten zu verhandeln, etwa welche Dateien zum Download freigegeben werden oder wie viel Bandbreite zur Verfügung gestellt wird. Das Einhalten dieser Vereinbarungen stellt eine vertrauenskritische Situation dar, die aber insofern kontrollierbar ist, als man die Versprechungen des anderen anhand der Kontrollanzeigen in der peer-to-peer Software – zum Beispiel, ob tatsächlich mehr Bandbreite zugeteilt wurde – direkt überprüfen kann. Seit geraumer Zeit hat sich die Vertrauensproblematik in diesem Zusammenhang weiter verschärft, da die großen Unterhaltungskonzerne aufgrund von Umsatzeinbußen die Tauschbörsen gezielt mit virenbefallenen oder unbrauchbaren Dateien zu sabotieren versuchen und damit das Grundvertrauen der Tauschbörsen-Nutzer unmittelbar mitbetroffen ist. Die Möglichkeit der Anonymität stellt sich in diesem Zusammenhang als besonders problematisch dar. Denn hinter einem Nickname kann sich potentiell auch ein Fahnder der Unterhaltungsindustrie oder einer Kontrollinstanz verbergen, der nach unrechtmäßigen Tauschgeschäften recherchiert. Nur im direkten Kontakt über die integrierten Kommunikationskanäle können die Tauschbörsen-Benutzer versuchen sich rückzuversichern, dass die Dateien vollständig sind und sie die Systemstabilität des eigenen Computers nicht negativ beeinflussen. Auf diese Weise kann zumindest ein Teil der Risiken minimiert werden, wenngleich Indikatoren, die Aufschluss über die tatsächliche Identität des Gegenübers geben, wesentlich schwieriger zu erhalten sind. Denn Hinweise zur Identität und zur Vertrauenswürdigkeit können nur im kommunikativen Austausch schrittweise erarbeitet werden. Dabei kann beobachtet werden, dass die Tauschpartner dazu Strategien der *Rückbettung* entwickeln, bei denen nach und nach der Grad der Anonymität gelockert wird. Dies kann beispielsweise so geschehen, dass durch Chatkontakte verbesserte Tauschkonditionen ausgehandelt werden und im Laufe der Zeit, wenn sich beide Tauschpartner für den jeweils anderen vertrauenswürdig verhalten haben, E-Mail-Adressen, Telefonnummern und Anschrift ausgetauscht werden, was bis hin zu einem persönlichen Treffen führen kann (vgl. z.B. Gallery 2000).

In den dabei auftretenden Kommunikationssträngen ist die Vertrauensarbeit beobacht-
bar, so dass sie durch die in der Onlineforschung etablierten Methoden erschlossen
und mit Hilfe *text- und konversationsanalytischer* Verfahren untersucht werden kann.

In ähnlicher Weise stellt sich die Frage nach der Identität der Kommunikationspartner bei der Online-Partnersuche. Laut einer von FOCUS bei der GfK in Nürnberg
in Auftrag gegebenen Studie, suchen bereits acht Prozent der Deutschen im Internet
Kontakte (vgl. FOCUS-online 2003). Die Möglichkeit, sich über verschiedene Ano-
nymitätsgrade eine oder gar mehrere Identitäten im Internet zu geben, stellt im Falle
der ernst gemeinten Online-Partnersuche eine vertrauenskritische Situation dar. Am
Beispiel der Flirt-Community *bildkontakte.de* soll deshalb verdeutlicht werden, wie
von Anbieterseite aus den Usern zusätzliche vertrauensrelevante Indikatoren zur Verfügung gestellt werden können.

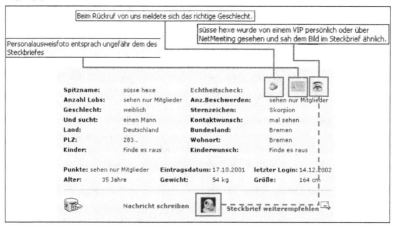

Echtheitscheck bei *www.bildkontakte.de* (Stand: Februar 2003).

Die Abbildung zeigt die Profilansicht bei *bildkontakte.de*. Die hervorgehobenen Stellen illustrieren die dort auf der Produktebene integrierten Mechanismen zur Vertrauenssicherung. Der so genannte Echtheitscheck umfasst drei Strategien: Der User kann
zum einen sein Personalausweisfoto mit dem auf der Plattform eingestellten Bild vergleichen lassen und zum anderen einer Überprüfung seines Geschlechts anhand der
Stimme durch einen unangemeldeten Telefonanruf durch den Anbieter zustimmen.
Eine dritte Methode besteht darin, dass ein VIP-Mitglied durch den Kontakt über Vi-
deochat bestätigt, dass das Bild und die Angaben im Steckbrief der Wahrheit entsprechen. Den Status des VIP können sich jedoch nur diejenigen User erarbeiten, die aufgrund ihres Verhaltens von anderen positiv bewertet und mit Punkten belohnt wurden.
Vertrauensarbeit wird in diesem Fall somit also auch kollektiv über die Community
geleistet. Auf dieser Strategie beruht beispielsweise das Geschäftsmodell von *eBay*:
Die kurzen Bewertungs-Postings zum Verlauf einer Auktion dienen als Reputations-
system und adressieren alle Käufer und Verkäufer, die aufgrund des jeweiligen Bewer-

tungskontos die Vertrauenswürdigkeit des Auktionspartners einschätzen können. In diesem Zusammenhang sei das an anderer Stelle eingeführte Modell des Vertrauenskontos erwähnt (vgl. Büffel 2002). Mit der Konto-Metapher soll verdeutlicht werden, dass Vertrauen nicht einfach entweder vorhanden oder nicht vorhanden ist, sondern dass es verschiedene Vertrauens- und Misstrauensgrade gibt – ähnlich wie bei einem Geldkonto, das im Plus oder Minus stehen kann. Durch den Kontakt mit einem Zugangspunkt – im Falle der computervermittelten Kommunikation über die Mensch-Computer-Schnittstelle – wird der Vertrauenswert überprüft und je nach den dabei gemachten Erfahrungen als Gutschrift oder Abzug auf dem Vertrauenskonto festgehalten.

Wie das Beispiel *bildkontakte.de* zeigt, bietet sich eine Ausweitung der Perspektive auf die mediale Einbettung dialogischer Kommunikationsformen an, da so die inter- und intramedialen Zusammenhänge verdeutlicht und Befunde aus der Text- und Konversationsanalyse in einem erweiterten Rahmen kontextualisiert werden können. Die in der computervermittelten Kommunikation veränderten Bedingungen der Vertrauenssicherung können damit leichter identifiziert und neue Strategien der Vertrauensarbeit detaillierter analysiert werden. Methodisch kann die Perspektivenerweiterung mit Verfahren der *Medieninhaltsforschung* realisiert werden, die auf der Ebene der Medienprodukte ansetzen (vgl. Bonfadelli 2002).

Das abschließende Beispiel bezieht sich auf den Bereich des E-Commerce, genauer auf E-Brokerage, also den Handel mit Aktien über das Internet. Für das Scheitern der New Economy wird eine Reihe von Gründen angeführt, unter anderem das fehlende Vertrauen der Kunden in die neuen Möglichkeiten des Einkaufs über das Internet. Die Preisgabe persönlicher Informationen, Kreditkartennummern, E-Mail- und Adressdaten wurde vom Großteil der Internetnutzer in vielen Fällen als zu riskant angesehen. Gleichzeitig verzeichneten Dienste wie das Online-Broking, die von der Sache her bereits in besonderem Maße mit Risiken behaftet sind, in den vergangenen Jahren einen regelrechten Boom. Die Wahrnehmung erhöhter Risiken ergibt sich auch hier wie in den anderen Beispielen aufgrund der hochgradigen Entbettung der Kommunikationssituation. Bei reinen E-Brokerage-Anbietern, die über kein real existierendes Filialnetz verfügen, stellt sich die Vertrauensfrage in besonderem Maße. Wie hierbei Vertrauen dennoch aufgebaut und kommunikativ verhandelt werden kann, wurde in einer Studie betrachtet, die den Zusammenhang zwischen der Usability der Benutzerschnittstelle von E-Brokerage-Angeboten und dem von den Nutzern eingebrachten Vertrauen untersuchte (vgl. Büffel 2002). Dabei zeigte sich in den Befunden deutlich, dass Onlinenutzer ihr Vertrauen gegenüber dem Anbieter von den Erfahrungen aus der Interaktion mit dem Online-Angebot abhängig machen. Anhand der Äußerung eines Teilnehmers der Studie soll dies illustriert werden. Der Proband wollte im Webangebot eines E-Brokerage-Anbieters seine Zugangsdaten zum Musterdepot löschen, welches er zuvor ununterbrochen genutzt hatte. Er vollzog hierzu die notwendigen Schritte, indem er die Abfragen des Systems entsprechend beantwortete, erhielt am Ende aber die aus seiner Perspektive irritierende Rückmeldung, dass die Verbindung auf Grund von längerer Inaktivität getrennt wurde. Der Nutzer blieb an dieser Stelle also

im ungewissen, ob sein Account mit seinen persönlichen Angaben gelöscht wurde o-
der nicht. Diese Unstimmigkeit kommentierte der Proband wie folgt:

> Die Aussage war einfach nicht korrekt, ich habe *MyBrokerage* gerade eben ständig ge-
> nutzt und es gab keinen Anlass aus Sicherheitsgründen es deshalb zu unterbrechen, son-
> dern *ich habe ja ausdrücklich gesagt* ich möchte gelöscht werden. Dann *erwarte ich auch
> die Antwort, wir haben Ihren Zugang auf Ihren Wunsch* gelöscht. Da das nicht kam, gehe
> ich davon aus, dass *sie* es auch nicht getan haben. Gut, nun habe ich es überprüft und ein-
> verstanden. Aber normalerweise fehlt mir dann an dem Punkt das Vertrauen.

Besonders in den hervorgehobenen Stellen wird deutlich, dass der Proband die Situation als dialogisch wahrnimmt und es aufgrund des irritierenden System-Feedbacks zu
einer vertrauenskritischen Situation kommt. Um die Vertrauensarbeit an dieser Stelle
nicht nur auf der Textebene analysieren zu können, sondern auch ihren dynamischen
Charakter mit zu berücksichtigen, muss die Betrachtungsperspektive auf die Interakti-
onsabläufe bei der Nutzung gelenkt werden. Verfahren der *qualitativen empirischen
Rezeptionsforschung* wie sie beispielsweise im Bereich der Usabilityforschung zur
Anwendung kommen, können hierfür operationalisiert werden (vgl. z.B. Nielsen
1993). Bei dieser Art der Beobachtung handelt es sich typischerweise um *Mehr-
Methoden-Designs*, bei der die Interaktionshandlungen und Eingaben der Nutzer am
Bildschirm, ihr gestisches und mimisches Verhalten und – mit Hilfe der Methode des
Lauten Denkens – auch die Gedanken und verbalen Äußerungen gewissermaßen live
mitprotokolliert werden (vgl. z.B. Bucher & Barth 1998). Zur Systematisierung der so
erlangten Befunde hat sich dabei das weiter oben bereits erwähnte Modell des Vertrauenskonto bewährt, da so auch Vorher-/Nachher-Messungen umsetzbar sind.

5   Zusammenfassung

Im Sinne von *übergeordnetem* Medium kann das Internet als *Super-Medium* etikettiert
werden, denn es verbindet bestehende Medientypen und Darstellungsmodi und vereinigt in sich eine Fülle von Kommunikationsformen. Durch seinen vernetzten und ver-
netzenden Charakter kann es als quartäres Medium (vgl. Faßler 1997) begriffen werden, wobei das Vernetzungspotential mehrere Ebenen tangiert. Neben den anderen
Formen medial vermittelter Kommunikation stellt die Onlinekommunikation eine
hochgradige Entbettung der face-to-face-Kommunikation dar. Denn die Voraussetzung
zeitlicher und räumlicher Kopräsenz der Kommunikationsteilnehmer ist aufgehoben
und ermöglicht so die weltweite Nutzung synchroner und asynchroner Kommunikati-
onsdienste. Diesen offenkundigen Vorteilen stehen aber auch Probleme und Herausforderungen gegenüber, wie in diesem Beitrag anhand der Vertrauensarbeit in der Onlinekommunikation gezeigt werden konnte. Durch Entbettung ergibt sich ein Kontrollverlust, der zu vermehrten Risiken führt. Im direkten face-to-face-Kontakt werden
wahrgenommene Risiken durch eine Vielzahl von vertrauensrelevanten Indikatoren
abgefangen, die aufgrund der spezifischen Eigenschaften der Onlinekommunikation
dort nur eingeschränkt greifen. Diese Tatsache und die mögliche Anonymität der
Kommunikationspartner machen es erforderlich, dass neue Mechanismen der Vertrauenssicherung entwickelt werden müssen. Die Mensch-Computer-Schnittstelle bildet

dabei den Ersatz für die physische Präsenz eines Gegenübers. Sie ist der Zugangspunkt, über den beispielsweise in Form von Chatmodulen, E-Mail-Diensten oder Online-Angeboten Vertrauensarbeit kommunikativ im Dialog geleistet wird. Dass jeglicher Form der Onlinekommunikation dialogischer Charakter zu unterstellen ist, wurde unter Verwendung des erweiterten Interaktionsbegriffs nach Bucher (2001) begründet und mit Hilfe der besprochenen Beispiele illustriert. Die Bedeutung dialogischer Kommunikationsformen für die Vertrauensarbeit konnte dabei ebenso deutlich gemacht werden wie die Tatsache, dass nur durch die Berücksichtung der kontextuellen Einbettung der Kommunikationszüge, aussagekräftige Befunde und Erklärungsmodelle zu Strategien der Vertrauensarbeit generiert werden können. Als ein ergiebiges Modell wurde in diesem Kontext das Modell des Vertrauenskonto genannt.

Um eine systematische Kontextualisierung von Befunden auf der Mikroebene leisten zu können, wurde vorgeschlagen, eine mesostrukturelle Perspektive einzunehmen. Dieses Vorgehen kann als das gestufte Verschachteln von Kontextdaten verstanden werden, die durch die schrittweise Erweiterung der Betrachtungsperspektive erlangt werden. Befunde auf der Mikroebene können dadurch zueinander in Beziehung gesetzt und auf eine mögliche Verallgemeinerung hin kontrolliert werden. Durch die Integration der Ergebnisse auf den unterschiedlichen Ebenen entsteht damit ein dichtes Beschreibungsgeflecht, das das Potential bietet, übergeordnete Strukturen erkennbar und die Anschließbarkeit an einen makrostrukturellen Bezugsrahmen transparent zu machen.

Die Beispiele haben gezeigt, dass den besonderen Herausforderungen und Problemen, die sich etwa bei der Vertrauensarbeit in der Onlinekommunikation stellen, nur dann begegnet werden kann, wenn unterschiedliche Theorien und Methoden kombiniert und in Mehr-Methoden-Designs operationalisiert werden. Denn die systematische Integration verschiedener Verfahrensweisen aus unterschiedlichen Forschungstraditionen macht eine transdisziplinäre Beschäftigung mit der computervermittelten Kommunikation möglich.

Für die Zukunft gilt es, die hier nur theoretisch vorgeschlagene und mit Hilfe der Beispiele illustrierte integrative Strategie einer mesostrukturellen Betrachtungsweise in der empirischen Praxis zu erproben, um eventuelle Probleme und mögliche Potentiale auszuloten.

6   Literatur

Beißwenger, Michael (Hrsg., 2001): Chat-Kommunikation. Sprache, Interaktion, Sozialität & Identität in synchroner computervermittelter Kommunikation. Perspektiven auf ein interdisziplinäres Forschungsfeld. Stuttgart.

Bonfadelli, Heinz (2002): Medieninhaltsforschung. Grundlagen, Methoden, Anwendungen. Konstanz.

Bucher, Hans-Jürgen & Michael Jäckel (Hrsg., 2002): Die Kommunikationsqualität von E-Business-Plattformen. Empirische Untersuchungen zu Usability und Vertrauen von Online-Angeboten. Trier.

Bucher, Hans-Jürgen (2002): Crisis Communication and the Internet: Risk and Trust in a Global Media. In: First Monday 7 (4), April 2002. WWW-Ressource: http://firstmonday.org/issues/issue7_4/bucher/index.html (10.10.2003).

Bucher, Hans-Jürgen (2001): Wie interaktiv sind die neuen Medien? Grundlagen einer Theorie der Rezeption nicht-linearer Medien. In: Hans-Jürgen Bucher & Ulrich Püschel (Hrsg.). Die Zeitung zwischen Print und Digitalisierung. Wiesbaden, 139-171.

Bucher, Hans-Jürgen & Christof Barth (1998): Rezeptionsmuster der Onlinekommunikation. In: Media Perspektiven 10, 517-523.

Büffel, Steffen (2002): Usability und Vertrauen bei der Nutzung von Internet-Angeboten: Theoretische Überlegungen und empirische Befunde. In: Hans-Jürgen Bucher & Michael Jäckel (Hrsg.): Die Kommunikationsqualität von E-Business-Plattformen. Empirische Untersuchungen zu Usability und Vertrauen von Online-Angeboten. Trier, 145-173.

Döring, Nicola (2003): Sozialpsychologie des Internet. Die Bedeutung des Internet für Kommunikationsprozesse, Identitäten, soziale Beziehungen und Gruppen. 2., vollst. überarb. u. erw. Aufl. Göttingen. Bern. Toronto. Seattle.

Faßler, Manfred (1997): Was ist Kommunikation. Stuttgart.

Fidler, Roger (1997): Mediamorphosis. Understanding New Media. London. New Delhi.

Fine, G.A. & L. Holyfield (1996): Secrecy, Trust and dangerous Leisure: Generating Group Cohesion in Voluntary Organizations. In: Social Psychology Quarterly 59 (1), 22-38, 199.

FOCUS-online: "Schatz-Suche online" vom 28.08.2003. WWW-Ressource: http://focus.msn.de/G/GV/GVA/gva.htm?snr=123852 (abgerufen am 15.10.2003).

Gallery, Heike (2000): „bin ich-klick ich" – Variable Anonymität im Chat. In: Caja Thimm (Hrsg.), 71-88.

Giddens, Anthony (1999): Die Konsequenzen der Moderne. Übers. v. Joachim Schulte. 3. Aufl. Frankfurt am Main.

Götzenbrucker, Gerit & Roman Hummel (2001): Zwischen Vertrautheit und Flüchtigkeit. Beziehungsdimensionen in computervermittelten Konversationen – am Beispiel von Chats, MUDs und Newsgroups In: Michael Beißwenger (Hrsg.), 201-224.

Kuhlen, Rainer (1999): Die Konsequenzen von Informationsassistenten. Was bedeutet informationelle Autonomie oder wie kann Vertrauen in elektronische Dienste in offenen Informationsmärkten gesichert werden? Frankfurt am Main.

Licklider, J.C.R. & Robert Taylor (1968): The computer as a communication device. In: Science and Technology, April 1968, 21-31.

Licklider, J.C.R. (1960): Man-computer Symbiosis. In: IRE Transactions on Human Factors in Electronics, März 1960, 4-11.

Nielsen, Jakob (1993): Usability Engineering. San Diego.

Reeves, Byron & Clifford Nass (1996): The Media Equation. How People Treat Computers, Television, and New Media Like Real People and Places. Cambridge.

Rheingold, Howard (1993): The Virtual Community. Homesteading on the Electronic Frontier. Reading, Massachusetts.

Rutter, Jason (2001): From the Sociology of Trust towards a Sociology of ‚E-Trust'. In: International Journal of New Product Development & Innovation Management 2 (4), 371-385.

Saxer, Ulrich (1999): Der Forschungsgegenstand der Medienwissenschaft. In: Joachim-Felix Leonhard, Hans-Werner Ludwig, Dietrich Schwarze & Erich Straßner (Hrsg.). Medienwissenschaft: Ein Handbuch zur Entwicklung der Medien und Kommunikationsformen. Berlin. New York, 1-14.

Schmitt, Reinhold (2001): Von der Videoaufzeichnung zum Konzept ‚Interaktives Führungshandeln': Methodische Probleme inhaltlich orientierter Gesprächsanalyse. In: Gesprächsforschung – Online-Zeitschrift für verbalen Interaktion 2, 141-192. WWW-Ressource: http://www.gepraechsforschung-ozs.de (01.09.2003).

Schweer, Martin (1997): Vertrauen – ein alltägliches Phänomen. In: Martin Schweer: Vertrauen und soziales Handeln. Facetten eines alltäglichen Phänomens. Neuwied. Kriftel. Berlin.

Sheppard, Blair H. & Dana M. Sherman (1998): The Grammars of Trust. A Model and General Implications. In: Academy of Management review 23 (3), 422-427.

Smith, Marc & Peter Kollock (Hrsg., 1999): Communities in Cyberspace. London.

Thimm, Caja (Hrsg., 2000): Soziales im Netz. Sprache, Beziehungen und Kommunikationskulturen im Internet. Opladen. Wiesbaden.

Turkle, Sherry (1997): Life on the Screen. Identity in the Age of the Internet. New York, NY.

van Eimeren, Brigit, Heinz Gerhard & Beate Frees (2003): ARD/ZDF-Online-Studie 2003. Internet-verbreitung in Deutschland: Unerwartet hoher Zuwachs. In: Media Perspektiven 8, 338-358.

Hajo Diekmannshenke

Politische Kommunikation in Zeiten des Internet
Kommunikationswandel am Beispiel moderierter und unmoderierter Politik-Chats

1   Einleitung: Amüsiert sich die Politik zu Tode?

,Direkte Demokratie' war eine der Forderungen der Studentenbewegung der späten 60er Jahre, den ,herrschaftsfreien Diskurs' propagierte Jürgen Habermas als Ideal der demokratischen Zivilgesellschaft (Habermas 1981), Teach-Ins und Vollversammlungen wurden zu zentralen Kommunikationsformen studentischer Politik und auch die Aufhebung der Trennung von Privatem und Politischem stand bei vielen damaligen Gruppierungen der APO auf der Agenda.[1] Und heute? ,Politikverdrossenheit' herrscht bei einem großen Teil der Bevölkerung, auf der anderen Seite ist die ,Spaßguerilla', wie sie insbesondere von Fritz Teufel verkörpert wurde, zur Politunterhaltung zur Prime Time mutiert.

Mitte der 70er Jahre stellte Michael J. Robinson seine These von der so genannten ,Videomalaise' auf (Robinson 1974). Kern seiner Überlegungen ist, dass diejenigen Menschen, die ihre politischen Informationen in erster Linie aus dem Fernsehen beziehen, stärker politisch entfremdet sind als andere. Sie stehen Politik und PolitikerInnen skeptischer, teilweise sogar zynisch gegenüber. ,Politikverdrossenheit' lautet in den 90er Jahren das Schlagwort für diese Haltung.

Christina Holtz-Bacha hat Ende der 80er Jahre die Ergebnisse der Untersuchungen von Robinson für die Bundesrepublik Deutschland einer kritischen Revision unterzogen und dahingehend spezifiziert, dass weniger das jeweilige Medium (Fernsehen vs. Printmedien) die entscheidende Rolle hinsichtlich der jeweiligen Einstellung spielt,

---

[1]   Zum Thema 1968 sind spätestens seit dem 30. ,Jahrestag' 1998 immer wieder Darstellungen, Biographien, kritische Auseinandersetzungen usw. erschienen. Stellvertretend sei hier nur auf eines der letzten Werke (Wesel 2002) verwiesen.

sondern die vorrangig rezipierte Art der Politikvermittlung (Holtz-Bacha 1990). Wird Politik vor allem als Unterhaltung rezipiert, so steigt die negative Einstellung der RezipientInnen, während ihre Bereitschaft zur Partizipation sinkt. Bei genauerer Betrachtung entpuppt sich die ‚Videomalaise' als ‚Unterhaltungsmalaise'.

Nahe liegend scheint also zu sein, dass diese von Holtz-Bacha konstatierte ‚Unterhaltungsmalaise' zu einem nicht unwesentlichen Teil Mitschuld an eben jener Politikverdrossenheit trägt, eine Entwicklung, die sich perspektivisch eher noch verstärken wird. Betrachtet man die Veränderungen in der Präsentation von Politik insbesondere im Fernsehen, so fällt auf, dass ‚Politainment', wie Andreas Dörner diese Erscheinung nennt (Dörner 2001), eine immer größere Rolle spielt. Polit-Talkshows gibt es in vielerlei Ausprägungen, andererseits sitzen immer öfter prominente PolitikerInnen bei Thomas Gottschalk oder in anderen Unterhaltungssendungen auf dem Mitspieler-Sofa, und auch die beiden Kanzler-Duelle vor der Bundestagswahl des Jahres 2002 hatten zu einem nicht unbeträchtlichen Teil Unterhaltungscharakter. Dass der selbsternannte Kanzlerkandidat der FDP, Guido Westerwelle, vor allem einen Spaßwahlkampf führte, verstärkt den Eindruck, dass Unterhaltsamkeit zumindest zu einem als unverzichtbar empfundenen Bestandteil der Präsentation von Politik geworden ist (Diekmannshenke 2003). Nimmt die ‚Unterhaltungsmalaise' unaufhaltsam zu?

2   ‚Politainment' als Kennzeichen der ‚Netz-Politik'

Gerade die Etablierung des Internet als virtueller Ort der Präsentation und Vermittlung von Politik scheint die Unterhaltungsmalaise nur noch zu verstärken. Denn neben die traditionelle Informationsvermittlung als Kern politischen Handelns treten verstärkt Unterhaltungsangebote. Begründet wird dies mit der vor allem jugendlichen Klientel, die damit erreicht werden soll, wie der Bundesgeschäftsführer der SPD, Mathias Machnig, im letzten Bundestagswahlkampf erklärte:

> „Unsere Online-Aktivitäten richten sich in erster Linie an junge Leute, die bekanntlich eine hohe Internet-Affinität aufweisen. Eine zunehmend wichtige Rolle spielt das Medium auch bei der Kommunikation mit Multiplikatoren wie etwa Medienvertretern, die wir über das Netz schnell und zielgenau informieren können. Neben den bereits etablierten Services für TV- und Print-Journalisten werden wir hier in Kürze auch spezielle Hintergrundkreise für Internetredakteure anbieten, da Onlinemedien für die Verbreitung von politischen Botschaften gerade in Wahlkampfzeiten enorm an Bedeutung gewonnen haben."[2]

Während die SPD gar eine eigene Website unter der URL *www.nicht-regierungsfaehig.de* mit verschiedenen Unterhaltungsangeboten präsentierte, bei denen UserInnen auf tanzende oder Rodeo-reitende PolitikerInnen Tomaten und andere Utensilien werfen, klatschen oder buhrufen konnten, waren die anderen Parteien zwar nicht ganz so kreativ, verzichteten aber keineswegs auf entsprechende Unterhaltungsangebote (Diekmannshenke 2002a; 2004a). So bot der Vorsitzende und Spitzenkandidat der

---

2   http://www.spd.de/servlet/PB/-s/u88cc21aawvjyk39opq1stkr8011slve1/menu/1013385/index.html (30.9.2002).

FDP, Guido Westerwelle, neben E-Postkarten auch die Möglichkeit, WM-Tipps abzugeben. Bei Joschka Fischer erfuhr man neben Politischem auch einiges über das Laufen und konnte sich mit dem Minister zum Lauftreff verabreden sowie sich einen eigenen Laufplan erstellen (lassen). Selbst auf der offiziellen Homepage des Bundeskanzlers fanden sich unter dem Stichwort „Kanzler für Kids" neben einer „Regierungsfibel" und dem Gästebuch zwei Internetspiele („Minister Klick" und „Memory"). Selbstverständlich besitzt Gerhard Schröder auch eine persönliche Homepage, in der die politische Geschichte der Bundesrepublik Deutschland aus dem persönlichen Blickwinkel Gerhard Schröders und mit zeithistorischen wie privaten Fotos dargestellt wird. Edmund Stoiber zeigte sich stärker als Privatperson und bot neben Familien- und Urlaubsfotos noch ein Quiz mit Fragen zu seiner Person, welches allerdings in der Tradition der *human interests* stand und immerhin Buchpreise für richtige Lösungen versprach.

Der Grünen-Abgeordnete Cem Özdemir präsentierte sich bis zu seinem Rücktritt Ende Juli 2002 in ironisch-spielerischer Weise als Politik-James Bond und Spaßvogel in seinem Intro-Flash:

Abb. 1: Aus dem Intro-Flash auf der Homepage von Cem Özdemir vor seinem Rücktritt.

Dass die UserInnen solche Angebote offenbar erwarten und positiv beurteilen, zeigt das Resümé der Bewertung der Homepage vom Cem Özdemir durch den Informationsdienst Politik: „Für Unterhaltung ist gesorgt."[3] Nach dem Rücktritt von Özdemir war allerdings ‚Schluss mit lustig'. Anstelle des vergnüglichen Intros zierte nun nur noch die Presseerklärung zum Rücktritt die Homepage.

---

3   http://www.politikerscreen.de/static/blickpunkt/cemrezzo/index.htm (22.11.2001).

3   Netz-Kuriositäten

Doch nicht nur in Wahlkampfzeiten, wenn zukünftige oder ehemalige Minister schon einmal mit dem Fallschirm zur Kundgebung einfliegen, sondern auch in scheinbar ‚normalen' Zeiten glauben manche PolitikerInnen, dass sie nur durch Ungewöhnliches, welches oft einen hohen Unterhaltungswert aufweist, in unserer mediatisierten Welt auffallen können. So hat *politik-digital* nicht nur die Websites der PolitikerInnen nach ernsthaften Kriterien bewertet[4], es wurde dabei auch allerlei Kurioses gesammelt[5]. Zur Illustration dieser Entwicklung soll hier als ein Beispiel die Homepage des einzigen bloß virtuellen Abgeordneten des Deutschen Bundestages, Jakob Maria Mierscheid, angeführt werden:

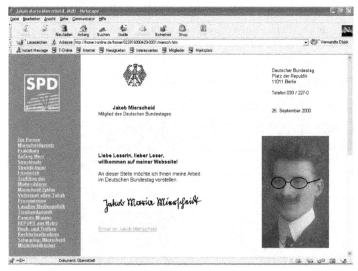

Abb. 2: Die Homepage des ‚virtuellen Abgeordneten' Jakob Maria Mierscheid.

Dieses Beispiel erinnert ein wenig an die kreativen Politaktionen der 68er, andere der von *politik-digital* aufgelisteten Websites lassen sich allenfalls noch als Kuriosa einordnen, wenn der Lieblings-Döner-Laden oder die private Fotogalerie mit Ehefrau, Katze und Kochtopf die Polit-Homepage zieren. Man mag darüber schmunzeln, es zeigt sich aber auf jeden Fall ein offensichtlicher Wandel in der Selbstpräsentation von Politik und ihren VertreterInnen. Ähnlich wie in den Talkshows ist auch von seiten der PolitikerInnen (und nicht nur von seiten der MacherInnen und ModeratorInnen solcher Sendungen) ein Trend zur Vermischung von Politischem und Persönlichem zu beobachten, vielleicht eine bewusste (oder unbewusste) Strategie, um ein positives Image zu erzeugen und zugleich um den unterstellten Medienerwartungen zu entsprechen.

---

4   http://www.politik-digital.de/e-demokratie/test/mdbtest2001/test1-29.shtml (30.8.2002).
5   http://www.politik-digital.de/e-demokratie/test/mdbtest2001/kurios.shtml (30.8.2002).

Darin zeigt sich ein weiteres verbindendes Element zwischen Fernseh-Politik und Netz-Politik: die Präsenz des Visuellen. Fast alle PolitikerInnen platzieren ihr Konterfei auf der Startseite ihrer Homepage und vielfach bieten sie auch einen bebilderten Einblick in ihren nicht nur politischen Alltag. Das elektronische Fotoalbum wird zum Bestandteil der Selbstpräsentation und -inszenierung im Internet. Die für das Auftreten von PolitikerInnen im Fernsehen offensichtlich wichtige „Kompetenz zur unterhaltsamen Selbstdarstellung" (Winterhoff-Spurk 1999: 125) scheint für die Selbstpräsentation im Internet nicht minder wichtig zu sein.

4 Neue kommunikative Nähe? – Politik-Chats

Nun ist das Thema nicht die Frage, wie unterhaltsam Politik sein darf oder sein soll (vgl. dazu insbesondere Diekmannshenke 2003a), und auch nicht, welchen Stellenwert Unterhaltsamkeit z.B. in politischen Fernsehsendungen besitzt, sondern die Betrachtung von Politik-Chats im Internet. Dennoch scheint es angebracht, die Untersuchung von Politik-Chats vor dem Hintergrund der genannten Thesen von Robinson, Holtz-Bacha und Dörner zu sehen. Denn nicht umsonst gilt das Internet nicht nur als Informationshighway, sondern auch als kommunikative Spielwiese, wobei gerade Chats von vielen NutzerInnen wie auch von außenstehenden Betrachtern als das Unterhaltungsforum unter den verschiedenen Kommunikationsweisen des Internet angesehen wird. Setzt sich also die ‚Unterhaltungsmalaise' auch in den Politik-Chats des Internet weiter fort? Oder bietet das Internet mit seinen neuartigen Kommunikationsangeboten auch vielen Politikverdrossenen und NichtwählerInnen eine Chance, diese Politikverdrossenheit durch eine neue kommunikative Direktheit zu ersetzen? Eine Befragung von *politik-digital* hinsichtlich der Wichtigkeit der kommunikativen Angebote auf politischen Websites stützt zumindest eine solche Annahme (Abb. 3).

Abb. 3: Wichtigkeit von Kommunikationsangeboten auf politischen Websites (www.politik-digital.de).

Politik-Chats sind in erster Linie moderierte, selektierte Chats, die sowohl von den verschiedenen Parteien als auch insbesondere von *politik-digital* mit dem wohl umfangreichsten Angebot an Politik-Chats im Internet offeriert werden. Daneben gibt es wenige nicht-selektierte, aber dennoch moderierte Chats, so z.B. bei der Bundestagsfraktion von Bündnis 90/Die Grünen. Hier gibt es zwar einen formellen Moderator, der auch durch besondere kommunikative Rechte einschließlich diverser Sanktionsmöglichkeiten ausgezeichnet ist, der aber – technisch gesehen – nur einer unter vielen Chattern ist. Insofern nimmt diese Art des Chats eine Zwischenstellung zwischen den erstgenannten und den unmoderierten, nicht-selektierten Chats ein, die die überwiegende Mehrzahl der Chats im Internet bildet. Hier, dies sei schon vorweggenommen, fällt es allerdings schwer, noch von Politik-Chats zu sprechen. Wir werden sehen, dass Politik zwar ein Thema sein kann und ist, aber in aller Regel keineswegs das einzige und vor allem nicht das dominierende.

Im folgenden sollen nun diese verschiedenen Chattypen dargestellt und anschließend hinsichtlich ihrer unterschiedlichen Personenkonstellationen, der jeweiligen Weisen der Selbstpräsentation der verschiedenen Chattergruppen und schließlich hinsichtlich ihrer unterschiedlichen kommunikativen Strategien betrachtet werden. Abschließend sollen noch einige Überlegungen angestellt werden, die die Bedeutung der Politik-Chats für die politische Kommunikation am Anfang des 21. Jahrhunderts und in Hinblick auf den Kommunikationswandel in der Politik diskutieren.

5   Das politische Personal: ModeratorInnen, PolitikerInnen, UserInnen

Schon mehrfach wurden diese moderierten Chats mit Fernsehtalkshows verglichen: „Dies sind solche, in denen ein Diskussionsleiter das Rederecht verteilt. Sie sind vergleichbar mit einer Talkshow, in der einige wenige zu Wort kommen, die Masse dem Chat allerdings als passive Teilnehmer folgen." (Runkehl, Schlobinski & Siever 1998: 80) Dies mag auf den ersten Blick zutreffen, dennoch zeigt sich bei genauerer Betrachtung ein wesentlicher Unterschied zu Fernsehtalkshows, was insbesondere durch die im Vergleich zu den Fernsehtalkshows unterschiedliche Rollenverteilung begründet ist.

Moderierte Politik-Chats sind durch eine spezifische ‚Dreigruppenkonstellation' gekennzeichnet, die bereits mehrfach dargestellt wurde (Diekmannshenke 2001; Diekmannshenke 2004b). Die erste Gruppe bildet der sog. ‚Moderator', der mitunter auch die Chatbeiträge des Politikers eintippt.[6] Vor allem aber scheint seine Aufgabe darin zu bestehen, die – mitunter von Submoderatoren vorselektierten – Chatbeiträge auf den Monitor auszugeben und durch eigene, in der Regel kurze Beiträge Themen einzuleiten und Übergänge zu schaffen.

---

6   Hierbei scheint es sich jedoch um ein temporäres Phänomen zu handeln. Vor allem jüngere PolitikerInnen dürften inzwischen im Umgang mit PC-Tastatur und Internetkommunikation so sicher sein, dass sie ihre Beiträge zumindest mehrheitlich selbst verfassen können.

Moderator: Herr Pflüger erwähnte die Verantwortung der Europäer. Dazu gibt es auch
viele Fragen.
(politik-digital v. 19.3.2003)

Insbesondere die Herstellung von Kohärenz zwischen diesen Beiträgen wird so zu einer wichtigen Moderationsfunktion. Das vielfach anschließend erstellte und im Netz veröffentlichte Chattranskript, welches als eigene Textsorte mit spezifischen Textmustern und Textbausteinen angesehen werden kann (Diekmannshenke 2004b), erhält dadurch seine thematische Kohärenz.

Eine weitere für die Rezeption solcher Chats bedeutsame Funktion des jeweiligen Moderators besteht im Kommentieren einzelner Beiträge mittels des Einsatzes von Emoticons:

soLong: Wann geht es endlich los?
Moderator: Gleich ;-)
(politik-digital v. 25.4.2000)

Moderator: ... und nun die letzte Frage;-(
(politik-digital v. 27.6.2000)

CemOezdemir: Hallo! Alles im Lack?
Moderator: Alles im Lack ;-) Erste Frage:
[...]
CemOezdemir: Was soll ich jetzt sagen? Ich schweige vornehm...
Moderator: ;-)
(politik-digital v. 2.6.2000)

Insbesondere der evaluative Aspekt des Gebrauchs von Smileys (Runkehl, Schlobinski & Siever 1998: 98) spielt hier eine Rolle.[7] Zugleich wird dadurch die Ernsthaftigkeit als eines der Kennzeichen von politischer Kommunikation in ihrem Stellenwert relativiert. Dass dies gerade durch den Moderator geschieht, zeigt, dass die Anbieter solcher Politik-Chats verstärkt auf den Faktor ‚Unterhaltsamkeit‘ setzen.

Der Hauptakteur in Politik-Chats ist der/die jeweilige Politiker/in. Er/Sie steht im Mittelpunkt des Kommunikationsgeschehens und dominiert dieses. Anders als in denjenigen Talkshows, bei denen ein Moderator einen einzigen Politiker interviewt, ihn befragt, sich mit ihm unterhält, und entsprechenden Sendungsformaten im Hörfunk, entwickelt sich im Politikerchat kein vergleichbares Gespräch. Der Moderator hat hier nur unterstützende Funktion zugunsten des Politikers, der die Rolle des Experten[8] einnimmt. Insgesamt dient der Chat der politischen Imagebildung, eine wichtige Funktion besonders in Wahlkampfzeiten.

---

7   Am Rande bemerkt: Eigentlich kehren die Emoticons damit wieder in ihre ursprüngliche Domäne zurück. Der Standard-Smiley :-) hat seinen Ausgang in der Anti-Atomkraft-Bewegung der 70er Jahre genommen und hier vor allem als Button und Auto- oder sonstiger Aufkleber schnell eine große Popularität genossen. Diese Ursprünge dürften vielen heutigen Internetnutzern wahrscheinlich unbekannt sein.

8   Wie bereits an anderer Stelle bemerkt, ist ‚Experte‘ hier in einer weiten Bedeutung zu verstehen (Diekmannshenke 2004b). Weiteres dazu auch im folgenden Text.

Wie ebenfalls schon früher gezeigt (Diekmannshenke 2001), können die Chatter-Innen nur sehr bedingt mit dem Publikum von Talkshows verglichen werden. Sie stehen nicht als gleichberechtigte PartnerInnen neben den PolitikerInnen oder ihnen gegenüber, sondern sie nehmen eine eindeutig rangniedrigere Position ein. Ihre Beiträge sind ausdrücklich auf die jeweiligen PolitikerInnen bezogen, denen insgesamt eine übergeordnete Position zugestanden wird.

6   Der Name als (politisches) Programm: Nicknames

Während der/die ModeratorIn in solchen Chats üblicherweise auch als ModeratorIn gekennzeichnet ist und der chattende Politiker unter seinem meist vollständigen Namen auftritt, präsentieren sich die ChatterInnen mit ihren jeweiligen Nicknames, im Chat das zentrale Mittel zumindest der ersten Selbstpräsentation. Während in der Face-to-face-Kommunikation die GesprächsteilnehmerInnen ihr jeweiliges ‚Erst-Bild' vom Kommunikationspartner zusätzlich zu einem eventuell vorhandenen Vorwissen vor allem durch visuelle und auditive (mitunter auch durch olfaktorische) Eindrücke aufbauen, verfestigen oder verändern, erfüllt diese Funktion in der Chatkommunikation zuerst nur der Nickname.

Während Wetzstein et al. (1995: 81) und Runkehl, Schlobinski & Siever (1998: 86) bei ihrer Analyse vor allem Wahlpräferenzen in den Bereichen Fantasy, Märchen und Sagen, Musik, Comic, Film, Computerbereich, Werbeprodukte, aber auch modifizierte (Vor-) Namen festgestellt haben, gilt diese für die Politik-Chats nicht. Bei der Wahl der Nicknames spielen diese Themenbereiche – bis auf die Modifikation des (Vor-) Namens – keine Rolle. Wie auch von Klemm & Graner (2000) für Uni-Chats und Thimm & Schäfer (2001) für Polit-Chats beobachtet, ist die Wahl des Nicknames abhängig von der Thematik des jeweiligen Chats und der mit diesem Thema verbundenen Selbstpositionierung der ChatterInnen. „So dürfte die Thematik des Wahlkampfes, der ‚Doppelpass/Doppelte Staatsbürgerschaft' die Schreiber der Nicks ‚Mehmet', ‚Hans_Eichel', ‚argus' oder ‚critic' zur Namensgebung angeregt haben." (Thimm & Schäfer 2001: 218) Diese Annahme wird durch die von den genannten Chattern angesprochenen Themen sowie die in ihren Beiträgen zum Ausdruck kommende politische Haltung deutlich:

> Critic: Herr Koch, ich verfüge über drei Staatsbürgerschaften und habe damit keine Probleme. Viele Aussiedler und die deutschstämmigen Polen sind doppelte Staatsbürger, CSU gefördert. Das ist doch alles Doppelmoral, oder sehe ich das falsch?
>
> (politik-digital v. 25.1.1999)

Der These, dass „in der Chat-Kommunikation die persönliche Identität camoufliert" (Runkehl, Schlobinski & Siever 1998: 85) werde, kann für die Polit-Chats nicht zugestimmt werden. Nicht die persönliche Identität, sondern die jeweilige politische Einstellung sind die imagestiftenden Elemente in der politischen Diskussion. Anders als in politischen Alltagsdiskussionen positionieren sich die Diskutanten im Chat jedoch vielfach wesentlich deutlicher und eindeutiger. Zwar ist dies auch im Alltag, z.B. an

Informationsständen der Parteien, in öffentlichen Anhörungen und Ratsitzungen oder am Stammtisch durch die Wahl entsprechender Accessoires möglich, muss aber ansonsten erst verbal explizit gemacht werden, z.B. durch eine Selbstpositionierung in Form einer Äußerung der eigenen politischen Überzeugung.

Die Wahl eines entsprechenden Nicknames betont im Politik-Chat die jeweilige politische Haltung und dient in der Regel gerade nicht der Tarnung. *schwarzekonten, kiep, besserossi, Stoiber, DocPoliday, WillyBrandt, Kissinger, germania* und *SaddamHoussein* markieren in einem Chat mit dem sächsischen Ministerpräsidenten Kurt Biedenkopf (*politik-digital* v. 2.12.1999) einerseits politische Haltungen, können aber auch der Provokation dienen. Ähnliches gilt für Nicknames wie *Kritische_Stimme, bndagent21, Antigonos* oder auch *Fritzchen* im Politik-Chat mit Margret Johannsen, wissenschaftlicher Mitarbeiterin am Institut für Friedensforschung und Sicherheitspolitik an der Universität Hamburg (IFSH), am 3. April 2003 im ARD-Hauptstadtstudio (*politik-digital*). Nicknames wie *Friedenstaube, Landmine, Antikapitalist, eu-friend, Cassandra, walter-rotgrün, peacecorp* und *Blausocke* in Polit-Chats im Vorfeld des Irakkriegs beziehen zumindest eine kriegskritische Stellung bzw. lassen eine solche vermuten. Damit ist – anders als eben in der Face-to-face-Kommunikation – von Anfang an eine Fokussierung auf eine politische Einstellung vorhanden, was nicht ohne Auswirkung auf die Rezeption entsprechender Chatbeiträge bleiben kann.

Anders als in den parteiunabhängigen Chats von *politik-digital* fällt in den Chats der SPD auf, dass nur vergleichsweise wenig provokante Nicknames gewählt werden. Eine politische Positionierung innerhalb des sozialdemokratischen Spektrums findet aber auch hier statt. *NeueMitte, NeueSPD* oder *Juso*, aber auch *glocalizer, AmmachtDampf, egal* und *Zweifler* signalisieren Meinungen und Einstellungen, haben nur ein sehr geringes Provokationspotential bzw. beziehen nur bedingt eine oppositionelle Position.

Ansonsten dominieren in den Politik-Chats unspektakuläre und kaum zur Imagebildung beitragende Nicknames wie *Gregor, Rasmussen, Bastian Lux, Jens, tom491, Hr. Dreier* oder *Prof. Dr. Abeltshauser* (alle aus dem Chat mit Angela Merkel auf *politik-digital* v. 5.2.2003), bei denen offensichtlich der eigene Vor- und/oder Nachname praktisch unverschlüsselt für den Nickname verwendet wird. Übrigens wird die Wahl des Nicknames normalerweise nicht thematisiert, weder von Seiten der Politiker, noch von der des Moderators oder der anderen ChatterInnen.

Insgesamt kann man die These aufstellen, dass die Wahl eines provozierenden oder zumindest den Chatter deutlich politisch positionierenden Nicknames erkennbar zunimmt, je umstrittener das jeweilige Thema bzw. die Meinung des einzelnen Politikers bzw. der Politikerin ist. Dieser Befund kann nicht überraschen. Untersuchungen zur Rezeption von politischer Kommunikation im Fernsehen zeigen insbesondere bei kontrovers ausgetragenen Debatten, dass sich ZuschauerInnen durch klare Positionierungen häufig zur ‚Diskussion' herausgefordert fühlen (Diekmannshenke 2002b). Wenn sie nun, wie im Chat, die Möglichkeit nicht nur zur sprachlichen Reaktion (die ja durchaus als Kommentar vor dem Fernseh- oder Computerbildschirm ungehört erfolgen kann), sondern auch zur Interaktion haben, stellt die Wahl eines entsprechenden Nicknames eine erste Reaktionsmöglichkeit dar.

Ganz anders präsentieren sich die ChatterInnen dagegen in den unmoderierten Chats. Hier finden wir jene „Selbstinszenierung als virtuelle *dramatis persona*", wie Michael Beißwenger es einmal genannt hat (Beißwenger 2000: 170), allerdings nicht in einem politischen Sinne. Da der soziale Aspekt der Chatkommunikation dominiert, finden wir hier all jene Nicknames, die immer wieder in der Literatur genannt werden, aber eben untypisch für Politik-Chats sind: *MaCriPu, WasGast, psychoduck14, Krisi-TanjaJessi* oder *Superboy885.*

7   Diskursive Strategien in moderierten Politik-Chats

Eines der hervorstechenden Kennzeichen der moderierten Politik-Chats ist der konzeptionell hochgradig schriftsprachliche Sprachgebrauch, wobei teilweise auffällige Unterschiede zwischen einzelnen PolitikerInnen und den ChatterInnen zu beobachten sind. Während viele PolitikerInnen sich bemühen, einen eher ungezwungenen, mitunter sogar als jugendlich-chattypisch zu bezeichnenden Sprachstil zu verwenden, scheinen die ChatterInnen vielmehr eine grundsätzlich förmlich geführte Kommunikationsweise zu erwarten.

Dies zeigt sich zum einen in den vergleichsweise förmlich realisierten Anredeweisen und Höflichkeitskonventionen, die eindeutig die Asymmetrie der Beziehungen dokumentiert. Dies liegt sicher zu einem großen Teil auch an der – im Gegensatz zum unmoderierten Chat – nicht vorhandenen Anonymität zumindest des chattenden Politikers. Damit sind jedenfalls die Erwartungen der ChatterInnen befreit von den ansonsten üblichen (und sicher auch einen gewissen Reiz ausmachenden) Vermutungen hinsichtlich der anderen ChatterInnen. Allerdings nicht ganz, kommt doch mitunter auch noch die Frage nach der Identität des jeweiligen Politikers auf:

Robby: Woher wissen wir, ob wirklich Roland Koch am anderen Ende der Leitung sitzt?

(politik-digital v. 25.1.1999)

Allerdings kann dies nicht der einzige Grund sein. Eigene Erfahrungen sowie Darstellungen in der Literatur (z.B. Runkehl, Schlobinski & Siever 1998: 88f.) zeigen, dass auch in den Fällen, in denen die Identität einzelner ChatterInnen verbunden mit unterschiedlichem sozialen Status bekannt ist, dennoch andere kommunikative Verfahrensweisen z.B. hinsichtlich der Anredekonventionen gewählt werden als z.B. in E-Mails oder in der Face-to-face-Kommunikation. So haben StudentInnen nach eigenen Aussagen des Öfteren Schwierigkeiten, in unmoderierten Chats eine ihnen passend erscheinende Anredeweise für ihre DozentInnen zu finden. Meist wird dann praktischerweise auf eine direkte Anrede verzichtet.

Die förmlich gehaltenen Anredeweisen, das Bemühen um grammatikalisch wohlgeformte Äußerungen und die im Vergleich zu unmoderierten Chats deutlich stärkere Beachtung der Rechtschreibnormen unterstreichen die Annahme, dass hier eher von einer schriftbasierten Experten-Laien-Kommunikation mit zeitlicher Verzögerung denn von einem ‚klassischen‘ Chat geredet werden muss.

Jens: Liebe Frau Merkel, sind sie bereit, auch deutsche Soldaten notfalls in den Krieg zu schicken ? Bitte um kurze und präzise Antwort ... danke sehr.

Freundchen: Sehr geehrte Frau Merkel, mit großer Sorge verfolge ich als junger Mensch die Thematik Altersvorsorge. Welches Konzept ist Ihrer Meinung nach entscheidend, damit wir als junge Bevölkerung nicht nur Einzahler sondern in 40 Jahren auch Empfänger bleiben?

(beide aus politik-digital v. 5.2.2003)

Valentin: Sehr geehrter Herr Pflüger, meinen Sie nicht auch, dass es langsam an der Zeit ist für die CDU, zu erkennen, dass Europa den Amerikanern gemeinsam entgegentreten muss, um zu verhindern, dass diese illegale Art der Kriegsführung unterbunden werden kann?

(politik-digital v. 19.3.2003)

Fabian Wendenburg:
      Lieber Herr Hoyer! Glauben Sie, dass eine Verbesserung des Verhältnisses zwischen den USA und Deutschland überhaupt möglich ist, solange bei uns die Schröder-Regierung und in Washington die Bush-Administration an der Macht ist?

(politik-digital v. 8.4.2003)

Teilweise erinnern diese Anredeformen sogar eher an Briefe oder formell gehaltene E-Mails denn an Chatbeiträge. Insbesondere in den Anreden finden wir Höflichkeitskonventionen, die nicht unbedingt denen in traditionellen geschäftlichen Schreiben entsprechen, dennoch Respekt und Distanz signalisieren (Lüger 2001).[9] Zwar stellen die Chatbeiträge dieser Art nur einen geringen Teil der gesamten Beiträge dar, stilistisch gesehen unterscheiden sie sich aber nicht von den übrigen Beiträgen. Es ist zu beobachten, dass eine entsprechende förmliche Anrede in aller Regel nur beim ersten Chatbeitrag gewählt wird. Spätere Beiträge desselben Chatters verzichten normalerweise auf eine erneute Anrede – dies entspricht den Gesprächs- und Textkonventionen in Face-to-face-Gesprächen und Briefen, in denen eine explizite Anrede zu einem späteren Zeitpunkt oder in einer späteren Textpassage allenfalls der besonderen Aufmerksamkeitssteuerung dient, da der soziale Kontakt nach der (förmlichen) Anrede und einer entsprechenden Erwiderung – die allerdings in den Politikchats von Politikerseite meistens nicht erfolgt – als etabliert gilt. Explizite Anreden finden wir denn auch in ihnen erst wieder bei der Verabschiedung, bei der häufig noch einmal der Name des Kommunikationspartners erwähnt wird.

Auch diejenigen Beiträge, die auf entsprechende Anredeformeln verzichten, sind ausgesprochen schriftsprachlich konzipiert:

Daniela: Sind sie bereit, die Steuerpläne der Regierung zu unterstützen?

Prof. Dr. Abeltshauser:
      Haben wir es durch die Wahlsiege in Hessen und Niedersachsen, zu denen ich gratuliere, faktisch mit einer Großen Koalition auf Bundesebene zu tun?

Kleio: Und wie sollte dieser demografische Faktor aussehen? Ich bin 31 und gehe davon aus, mal kein Geld mehr vom Staat zu bekommen.

(alle aus politik-digital v. 5.2.2003)

---

9   Hierin gleichen sie vielfach den Anreden, wie sie Kleinberger-Günther (2001) für betriebliche E-Mails untersucht hat.

Insgesamt zeigen diese Chatbeiträge eine deutliche Nähe zu Anfragen, die in schriftlicher Form an einen ‚Experten' gerichtet werden. Selbstverständlich kann nur in einem bestimmten Verständnis von ‚Experten' und ‚Laien' gesprochen werden, zumal eher von einer Experten-Laien-Skala denn einer starren Dichotomie geredet werden muss.[10] Zwar sind einige der Fragen – so die von *Freundchen* und *Kleio* – ohne weiteres als Fragen von (politischen) Laien an den jeweiligen (politischen) Experten zu verstehen, die anderen, obwohl es sich auch um Fragen handelt, unterscheiden sich jedoch qualitativ von diesen. Hier wird nach einer politischen Meinung, Einstellung oder einer Programmatik gefragt. Anders jedoch als in Diskussionsrunden, wo eine solche Frage nur die Eröffnungsfrage für eine wahrscheinlich kontrovers geführte Diskussion bildet, besteht in den moderierten, selektierten Chats für die ChatterInnen kaum die Möglichkeit zu einer erfolgreichen Nachfrage.[11] Auf die Frage erfolgt in der Regel ein Politiker-Statement, bevor die nächste Frage gestellt und auf dieselbe Weise beantwortet wird. Ein erneutes Anknüpfen an die Antwort des Politikers erfolgt normalerweise nicht. Explizite Nachfragen bedürfen dann der besonderen Einordnung durch den Moderator:

Moderator: Nachfrage zu Powell und dem Verhalten der Franzosen im Sicherheitsrat:
eu-friend: Ich nehme bezug auf das Statement von gerade: Ich würde dann doch gerne diesen "Wahrheitsgehalt" erfahren und das nicht nur als plakative Behauptung im Raum stehen lassen!

(politik-digital v. 27.3.2003)[12]

Der Charakter einer Experten-Laien-Kommunikation wird auch dadurch unterstrichen, dass im Gegensatz zum obigen Beispiel die überwiegende Zahl der Chatbeiträge mit einer Frage eingeleitet wird. Erst dann folgt unter Umständen eine eigene Stellungnahme zum jeweiligen Thema:

solaris: Aber brauchen die USA die UN, dass ist doch die Frage? Die USA haben ein Veto, wir nicht.

(politik-digital v. 8.4.2003)

Allerdings gibt es auch Chatbeiträge, die Politikeräußerungen kommentieren. Wie in dem folgenden Beispiel stehen sie meist jedoch nicht isoliert, sondern werden selbst wiederum durch einen Moderatorenkommentar in die ‚Textstruktur' integriert und

---

10   ‚Experte' und ‚Laie' können als relationale Bezeichnungen betrachtet werden. ‚Experte' ist jemand immer nur in Bezug auf eine bestimmte Thematik und in Relation zu anderen. So kann ein Politiker in Bezug auf politische Themen zweifellos als Experte gegenüber Nicht-Politikern (wie z.B. den meisten Chattern) angesehen werden, nimmt jedoch gegenüber Fachleuten des betreffenden Fachgebiets (Ökonomen, Physikern, Biologen usw.) selbst eher eine Laien-Perspektive ein.

11   Gelegentlich finden sich solche Nachfragen, sie stellen aber die Ausnahme dar. Vor allem bei Chats mit einer großen Zahl an eingehenden Beiträgen findet so etwas praktisch nicht statt. Selbst dort, wo mehrere Chatbeiträge eines Chatters vertreten sind, stellen diese meist keine Weiterführung des vorherigen Beitrags dar.

12   Aufschlußreich ist in einem anderen Zusammenhang auch die Charakterisierung des Politikerbeitrages als „Statement" durch *eu-friend*.

damit kohärent gemacht, denn die unmittelbare Referenz des Beitrags ist nicht offensichtlich bzw. muss erschlossen werden:

Moderator: ein Kommentar von:
logoset: Mit der Fahne werden erst die Gehirne verhüllt und dann die Särge der Ge-
            fallenen!
Moderator: ein weiterer Kommentar:
Ute: Darf ich dem Moderator eine Antwort geben als in Amerika lebende Deut-
            sche? Für die Amerikaner in meiner Umgebung ist es tatsächlich außer Fra-
            ge, dass man den Irak entwaffnen will, weil es offenbar Beweise für Mas-
            senvernichtungswaffen und chemische Waffen gibt.

(beide aus politik-digital v. 27.3.2003)

Die explizite sprachliche Markierung des Chatbeitrags als ‚Kommentar' durch den Moderator zeigt auch, dass Kommentare offensichtlich als Ausnahmen und ungewöhnliche Erscheinungen in einem Politik-Chat angesehen werden. Zwar sollen sie nicht zensiert werden, ihren spezifischen Status erhalten sie jedoch durch den Moderatorenkommentar.

Anders auch als in Talkshows kommt es auch nicht zu einer Diskussion unter den ChatteilnehmerInnen. Das folgende, deswegen bewusst länger gehaltene Beispiel soll dies veranschaulichen:

Moderator: Wir kommen nun zum zweiten aktuellen Thema, der Irak-Krise. Hier
                die erste Frage dazu:
limo: Sollte man den Irak nicht notfalls doch militärisch entwaffnen und das
                irakische Volk von diesem Diktator befreien?
Hans-Christian Ströbele:
                Der Sturz eines Diktators - wie Saddam Hussein im Zweifel einer ist -
                muss durch die eigene Bevölkerung erfolgen. Die Entwaffnung des Re-
                gimes kann am besten und schnellsten durch die UN-Inspektoren erfol-
                gen. Diese waren schon sehr erfolgreich. Sie können sich im Irak völlig
                frei bewegen und die Waffen zerstören, die sie auffinden. Vor allem
                aber ist die Entwaffnung durch sie nicht mit dem Tod von möglicher-
                weise 100.000 Menschen, der Zerstörung des Landes und unendlichem
                Leid für viele Familien verbunden.
walter-rotgrün: Was ist mit einem Einsatz der Awacs-Flugzeuge in der Türkei bei ei-
                nem möglichen Irak-Krieg? Ist eine Zustimmung des Bundestags not-
                wendig? Da gibt's auch keine eindeutigen Signale von Rot-Grün.
Hans-Christian Ströbele:
                So lange die AWACS Flugzeuge ihre Arbeit auf das NATO-Gebiet wie
                etwa die Türkei beschränken ist eine Zustimmung des Bundestages
                nicht erforderlich. Erst wenn sie über die Grenzen hinaus, etwa im Irak,
                den USA für einen Krieg Ziele ausmachen oder andere Unterstützung
                leisten, müsste der Bundestag zustimmen. Eine solche Grenzüberschrei-
                tung will aber weder die Bundesregierung noch die Koalition.
z43:   Hat die rot-grüne Regierung Beweise und Informationen über den Irak
                zurückgehalten?
Hans-Christian Ströbele:
                Nein, alle Informationen die der Bundesregierung zur Verfügung ste-
                hen, wurden an die Inspektoren im Irak weitergegeben und von diesen
                vor Ort überprüft. Selbstverständlich gibt es immer auch Informationen,

die nicht an die große Glocke gehängt werden können, aber diese wurden den Abgeordneten aller Fraktionen zugänglich gemacht.

Moderator: Erwarten Sie, dass am Mittwoch wirklich neue Beweise vorgelegt werden? Hans-Christian Ströbele: Das erwarte ich nicht. Es wäre völlig unverantwortlich von der US-Regierung, wenn sie von Massenvernichtungswaffen und Raketen im Irak gewusst hätte oder weiß und wenn sie diese Information nicht unverzüglich an die Inspektoren im Irak weitergibt, damit diese die Angaben überprüfen und gegebenenfalls solche Waffen entsprechend ihrem Auftrag sofort vernichten können. Deshalb gehe ich davon aus, dass neues, bisher den Inspektoren nicht bekanntes nicht mitgeteilt und nicht bewiesen werden kann.

Moderator: War der Termin eine Brüskierung Außenminister Fischers, da er eigentlich am gleichen Tag mit Blix verabredet war?

Hans-Christian Ströbele:

Ich glaube nicht, dass Präsident Bush so genau über die Besuchstermine des deutschen Außenministers informiert ist und seine Terminplanung auf eine Störung des deutschen Terminkalenders ausrichtet.

peacecorp: Warum dreht sich die Frage nur um Krieg oder nicht Krieg? Es gibt doch weitere Mittel zur Konfliktbearbeitung, aber von den Grünen höre ich auch leider nicht viel dazu?

(politik-digital v. 4.2.2003)

Zwar antwortet Ströbele auf die gestellten Fragen und bezieht auch Stellung zu den jeweiligen politischen Haltungen und Einstellungen, dennoch kann hier kaum von einer Diskussion gesprochen werden. Die einzelnen Chatbeiträge selbst stehen nur in einem lockeren thematischen Zusammenhang und erinnern eher an einzelne Anfragen, wie sie z.B. von Journalisten in einer Pressekonferenz gestellt werden. Die thematische Kohärenz wird vor allem durch die Auswahl der Beiträge durch den Moderatoren bzw. die Submoderatoren hergestellt. So entstehen nur selten längere diskursive Stränge, in denen komplexere Argumentationen aufgebaut werden und entsprechend komplexe Diskussionen entstehen.

Das übliche Ablaufschema kann folgendermaßen dargestellt werden:

–   Einleitung des Themenblocks durch den Moderator
–   Frage eines Chatters
–   Antwort/Statement des Politikers
–   Frage eines anderen Chatters
–   Antwort/Statement des Politikers
–   usw.

Dass hier keine inhaltlich stringenten Diskussionen entstehen (können), ist zu einem wesentlichen Teil im technischen Ablauf der moderierten Chatkommunikation begründet. Die zeitliche Versetztheit der Rezeption eines oder mehrerer Chatbeiträge auf dem Monitor, der sich daran anschließenden Produktion eines eigenen Beitrags am eigenen PC inklusive des Abschickens an den Server und die letztliche Platzierung innerhalb des inzwischen weitergelaufenen Chatgeschehens auf dem Monitor verhindert eine ausgebaute und strukturell komplexe Diskussion. Vielmehr haben wir es mit einer Erscheinung zu tun, wie sie z.B. in Pressekonferenzen oder moderierten Diskussionen mit Fragen aus dem Publikum zu beobachten ist. Doch während hier der eigene Beitrag erst dann seine endgültige Formulierung erfährt, wenn der Fragende an der

Reihe ist – und er somit entsprechend den vorherigen Beiträgen noch modifiziert werden kann –, erfolgt in den Chats die Formulierung noch vor der eigentlichen ‚Wortmeldung', entfällt damit auch die spätere Korrekturmöglichkeit. Nach Auskunft von TeilnehmerInnen an solchen Chats vergeht teilweise eine recht große Zeitspanne, bis der eigene Beitrag (wenn überhaupt) auf dem Monitor erscheint. Der auf dem Monitor entstehende Chat hat somit einen ausgeprägt konstruierten Charakter, der das eigentliche Geschehen vor den Monitoren in keiner Weise wiedergibt, ja noch nicht einmal annähernd den eingehenden Beiträgen folgen muss. Theoretisch ist es sogar denkbar, dass – vielleicht mit Ausnahme der allerersten Sequenzen – Beiträge, die vergleichsweise spät beim Moderator eingehen, deutlich vor früheren Beiträgen platziert werden. Damit stellt letztlich auch das schließlich entstehende und vielfach im Netz veröffentlichte Chattranskript ein vom Moderator und dem jeweiligen Politiker wesentlich konstruiertes Textgebilde dar, auf dessen Gestaltung und nachträgliche ‚Ordnung' die übrigen ChatteilnehmerInnen keinen Einfluss haben.[13]

Zu Diskussionen in einem engeren Sinne kommt es vor allem dann, wenn der Moderator im Anschluss an einen Politikerbeitrag selbst nachfragt, wie im folgenden Beispiel gleich zweimal kurz hintereinander:

Dr. Philipp Müller: Die Präsidentschaft G.W. Bush versteht man am besten mit dem CEO-Modell: Der CEO oder Chief Executive Officer einer amerikanischen Firma trifft strategische Entscheidungen überlässt die Implementierung aber seinen Untergebenen. Im Fall der Bush Administration ist das so: Bush lässt seine Berater diskutieren, Vorschläge machen und entscheidet dann. Nachzulesen im Buch "Bush at War" von Bob Woodward.

Moderator: War das bei Bill Clinton auch so?

Dr. Philipp Müller: Nein, da war das anders. Clinton war ein sogenannter "policy wonk". D.h. er saß bis tief in die Nacht mit seinen Beratern zusammen und kaute die Themen durch.

Ralf Leiteritz: Warum ist Colin Powell plötzlich die Fronten zu den 'Falken' gewechselt?

Dr. Philipp Müller: Ich denke, die Geschichte mit der Enttäuschung über das Verhalten der Franzosen in der UNO hat einen gewissen Wahrheitsgehalt.

Moderator: Welchen Einfluss hat Powell denn noch?

Dr. Philipp Müller: Das ist im Moment nicht ganz klar. Der Einfluss von Powell ist aber in Krisen-Situationen immer am größten und man kann davon ausgehen, dass nach dem Irak-Krieg, wenn es notwendig wird, eine Koalition für den Wiederaufbau zusammenzustellen, Powell wieder eine exponiertere Rolle spielen wird.

(politk-digital v. 27.3.2003)

---

13 Über Manipulationsmöglichkeiten solcher Chattranskripte soll hier nicht spekuliert werden. Dennoch sollte deutlich geworden sein, dass das Chattranskript einen ausgesprochen konstruierten/gestalteten Charakter besitzt und deswegen als Text anzusehen ist.

8 Personalisierung und Selbstdarstellung

Zu beobachten ist in den moderierten Chats auch ein nicht unbeträchtlicher Anteil an Human-interests-Themen, wobei diese nicht nur von den ChatterInnen angeschnitten werden, sondern auch von den Politikern selbst und insbesondere von den Moderatoren. Hier findet sich eine Nähe zu den Polit-Talkshows, die vielfach einen bunten Mix von politischer Information und Diskussion mit Human-interests-Themen bieten.

Moderator:	Kommen wir mehr zu Ihnen persönlich
antigone:	Hallo Herr Uhde! Wieso sind Sie nebenberuflich Kabarettist? verträgt sich das mit dem Politikerdasein?
ChristianUde:	Nebenberuflich ist übertrieben – in Wahrheit sind es einige Abende p ro Jahr ....
ChristianUde:	es macht mir sehr viel spass, man kann Dampf ablassen und eine kritische Distanz bewahren zum Politikbetrieb. Ich nehme vor alle
ChristianUde:	sorry nochmal: vor allem mich selbst auf den Arm.
[...]	
Moderator:	gleich komen wir zum fussball;-)
[...]	
Robert:	Mit wem halten Sie es, dem FC Bayern oder den Löwen?
ChristianUde:	Das ist kein Geheimnis; ich bin lebenszeit Mitglied und Aufsichtsrat bei den Löwen – vielleicht ist das auch ein grund , warum die Bayern-Fans gerne auf mich schimpfen...

(politik-digital v. 17.8.2000)

Auch andere Politiker ‚outen' sich gern als Fußball-Fans: Michael Vesper als Anhänger von Arminia Bielefeld, während der Grüne Rezzo Schlauch gar als „bekennender Fußball-Fan" vorgestellt wird – ein Beispiel für Politainment im Internet:[14]

HansM:	Hallo?
Rezzo-Schlauch:	Hallo Hans, willkommen !
Moderator:	Herzlich Willkommen zum Chat mit Rezzo Schlauch
Moderator:	Und jetzt freuen wir uns auf Eure Fragen
HansM:	Hallo Herr Schlauch, wie sieht es denn nun aus? Es hieß wenn die Deutschen nicht Fußballweltmeister werden, verliert Schröder die Wahl. Haben Rudis Jungs am Sonntag das Aus für Rot-Grün besiegelt?
Rezzo-Schlauch:	Es gibt Niederlagen, die so gut sind, dass sie zu Siegen werden. Deshalb ist mir um die Wahl nicht bange.
HansM:	Oli Kahn soll ja Joschka Fischer ganz toll finden. Welchen Grund haben Fußballfans denn nun, grün zu wählen?
Rezzo-Schlauch:	Ausserdem: Wer Stoiber beim kläglichen Versuch, zwei Papierfähnchen in die Kamera zu schwenken, der weiss: dass ist nicht der kommende Kanzler Rezzo-Schlauch: Na, die Farbe grün dominiert doch beim Fussball noch mehr als in der Politik....
Rezzo-Schlauch:	Fussball - Fans sind auch Bürger! Stichwort Kirch, Stichwort 15:30 Kampagne
Caroline:	Ist es wirklich so geschickt, den Fußballvergleich zu bemühen ?!?
Caroline:	Immerhin sind wir nur Zweiter geworden ...

---

14 Allerdings scheint es hierbei auch eine Rolle zu spielen, dass es sich zwar um einen moderierten, aber nicht selektierten Chat handelt.

HansM:	Ja und wie sieht beim Thema Arbeit aus? Heute liest man, grün will die 400-Euro-Jobs? Hilft uns das aus Arbeitslosenmisere? Und kann der Fan, davon die Stadionkarte bezahlen?
Rezzo-Schlauch:	"Nur" Zweiter????
Caroline:	OK, ich geb' mich geschlagen, 1:0 für Dich ;-)

(aus dem *Grünen Chatroom* v. 3. Juli 2002)

Personalisierungen sind keineswegs neu in der politischen Kommunikation. Und es sind nicht nur Journalisten, die diese Themen in den Vordergrund stellen, sondern auch die Parteien und ihre führenden Politiker selbst. Schon frühe Wahlwerbespots der SPD zeigen z.B. den damaligen regierenden Bürgermeister von Berlin Willy Brandt am Frühstückstisch im Kreise seiner Familie sitzend und bei der Verabschiedung von seinem Sohn, bevor er ins Rote Rathaus fährt. Während hier jedoch vor allem Sympathiewerbung mittels einer ‚heilen Familienwelt' Willy Brandts betrieben wird, die eher den Eindruck erweckt, als habe der Politiker neben seiner Arbeit auch noch eine (für seine politischen Aktivitäten wichtige) Familie, so rücken heute die eher privaten Themen immer stärken in den Vordergrund und werden, dies haben die oben angeführten ‚Netzkuriositäten' gezeigt, immer wichtiger für die jeweilige Imagebildung. Nur wer ‚persönlich' interessant ist, scheint auch ein ‚interessanter' Politiker zu sein. Dass mitunter die sog. First Lady wichtiger ist als der Präsident selbst, hat nicht erst Hillary Clinton für die USA eindrucksvoll demonstriert.

9   Chattypische Register in moderierten Chats

Dass die ansonsten so typischen sprachlichen und semiotischen Register wie Emoticons, Abkürzungen, Akronyme und Inflektive in den moderierten, selektierten Chats nur sehr selten verwendet werden, wurde oben bereits gezeigt. Dennoch gibt es einige wenige Ausnahmen von diesem Befund. Wie wichtig dabei die situative Einbettung für die kommunikativen Erwartungen der ChatterInnen ist und die Wahl ihres sprachlichen Registers bestimmt, zeigt sich in moderierten Politik-Chats besonders dann, wenn nach der Verabschiedung des jeweiligen Politikers oder der Politikerin der Chatraum zwar noch geöffnet ist, nunmehr aber die Möglichkeit zu einem unmoderierten Chat bietet. In solchen Fällen kann beobachtet werden, dass die ChatterInnen wieder in den Kommunikationsstil eines unmoderierten Chats übergehen, so wie hier im ‚Nachklang' eines Chats mit dem DAG-Vorsitzenden Roland Issen:

tetralin:	richtig, mann sollte konsequenz zeigen. schönen abend noch *lach*
biebi:	ciao tetralin
Becero:	da geht er hin...
biebi:	wahlkampf könnte ja zur abwechslung auch mal amüsant sein.....
Becero:	bis dann, ich verabschiede mich jetzt auch!
biebi:	ciao becero
susie:	CU Becero !
Becero:	ciao ragazzi
biebi:	ein italiener *g*
biebi:	hi opm
opm:	hi biebi
susie:	biebi - der tut nur so *g * pronto pronto ...

```
biebi:      und jetzt denken alle heftig nach, susie *g*
biebi:      über die klugen worte...
biebi:      nicht gesehen, opm
susie:      biebi - sollen sie doch - Hauptsache , sie
opm:        biebi, schade, aber danke
biebi:      das schweigen spricht dafür.....
susie:      biebi - du glaubst doch nicht wirklich - das da jetzt irgendwo ein Denkpro-
            zess angesetzt hat??? *wunder*
```

(politik-digital v. Oktober 1998)

Dass ein solcher Sprachgebrauch stark vom Thema und insbesondere von den kommunikativ-sozialen Erwartungen der ChatterInnen abhängt, zeigt sich in einem anderen Chat auf *politik-digital*, bei dem nun kein Politiker, sondern der Computerfachmann und -kritiker Raymond Wiseman zu Gast ist.

```
RaymondWiseman hat es scih vorm Bildschirm bequem gemacht.
[...]
RaymondWiseman:   Mein Sohn hat erste Erfahrungen mit dem Internet schon im Alter
                  von 56 Jahren gemacht.
RaymondWiseman:   Tschuldigung: 6 Jahren.
skagway:          *lachlaut*
[...]
UUUUUUUPS:        wie soll das den in der praxis funktionieren???*wunder*
[...]
UUUUUUUPS:        hier erspart der chat so manchen psychiater*GG+
skagway:          Er chattet nicht oft!*lach*
Akita-Inu:        das stimmt 7up *g*
UUUUUUUPS:        kommen sie doch öfters..da kriegen sie kondition
UUUUUUUPS:        *lach*
skagway:          Wir haben allr Hornhaut auf den Fingerkuppen!*lächel*
[...]
RaymondWiseman:   Vielen Dank für das Forum. Und: Klar komme ich wieder ;-))
UUUUUUUPS:        *freu*
RaymondWiseman:   Also bis bald mal. Ciao :-)
```

(politik-digital v. 30.9.1999)

Wiseman selbst scheint hier die Rolle des Moderators zu übernehmen, womit offenbar die Erwartung verknüpft ist, es hier mit einem unmoderierten und unselektierten Chat zu tun zu haben.

10 Textsorte Chattranskript?

In aller Regel wird kurze Zeit nach Abschluss des Chats ein entsprechendes ‚Transkript'[15] erstellt und auch im Internet veröffentlicht.[16] Betrachtet man nun die Chatprotokolle oder -transkripte insgesamt, so muss man wohl eher von einem Text im

---

15 Damit ist jedoch keine Transkription im Sinne von Phonetik oder Gesprächsanalyse gemeint, da
    hier die sprachliche Basis ausschließlich in schriftlicher Form vorliegt.
16 Dies gilt wohl grundsätzlich für moderierte Chats. Allerdings werden diese nicht immer, wie
    z.B. bei *politik-digital*, archiviert.

traditionellen Sinne denn von einem ‚Gesprächstranskript‘ sprechen, der eine gewisse Nähe zum Zeitungsinterview aufweist. Im Unterschied zum Zeitungsinterview sind jedoch eine vergleichsweise große Zahl von vorher unbekannten ‚Interviewern‘ beteiligt, die zudem nicht als Journalisten ausgewiesen sind. Zudem bleibt deren Identität prinzipiell unbekannt.

Die Auswahl der Beiträge, die Präsentation auf dem Monitor, eventuelle Bearbeitungen sowie die schließliche Präsentation im Netz nach Beendigung des Chats konstituieren ein Exemplar einer neuen Textsorte innerhalb der politischen Kommunikation, das Transkript eines moderierten, selektierten Politik-Chats (Diekmannshenke 2004b). Legt man eine Definition wie die von Brinker (1992: 17) zugrunde,

> „Der Terminus ‚Text‘ bezeichnet eine begrenzte Folge von sprachlichen Zeichen, die in sich kohärent ist und als Ganzes eine erkennbare kommunikative Funktion signalisiert.“

so kann in jedem Fall von einer Textsorte gesprochen werden. Kriterien wie Intentionalität, Textthema, Textfunktion und Kohärenz werden in Hinblick auf das nachträglich erstellte Transkript erfüllt (Heinemann & Viehweger 1991), wobei insbesondere dem Moderator eine zentrale Rolle bei der Textstrukturierung zukommt. Durch den Selektionsvorgang (und eine eventuelle nachträgliche Aufbereitung) dokumentiert es keineswegs bloß den jeweiligen Chatverlauf, sondern wird zum Einzeltext einer spezifischen Textsorte, nämlich Transkripten von moderierten, selektierten Politik-Chats.

Der Gesamttext wird dabei von den aneinander gereihten selektierten Chatbeiträgen gebildet, deren Kohärenz – wie gesehen – nicht im eigentlichen Chatgeschehen durch Moderator, Politiker und Chatter hergestellt wird, sondern erst im Rezeptionsvorgang durch die späteren LeserInnen eben dieses Chattranskriptes.[17] Die spezifische ‚Ordnung‘ des entstehenden Textes ist also eine nachträgliche. In gewisser Weise gilt hier jene Grunderkenntis der modernen Naturwissenschaften, dass das Ergebnis einer Entwicklung zwar im Nachhinein nach-konstruiert und damit erklärt, dies aber keineswegs während des Prozesses selbst sicher prognostiziert werden kann.

Typisch für die Textsorte ‚Transskript eines Politik-Chats‘ ist die spezifische und durch den Moderator konstruierte Abfolge der Beiträge der am Chat beteiligten Gruppen Moderator, Chatter und Politiker. Die jeweiligen Chatbeiträge bilden dabei die kleinsten Textbausteine eines solchen Textes, wobei sie sich – wie bereits dargestellt – je nach Emittentengruppe in der sprachlichen Ausgestaltung und der Wahl des sprachlichen Registers, aber auch hinsichtlich ihrer kommunikativen Funktion innerhalb des Gesamttextes deutlich unterscheiden.

---

17 Dies gilt an und für sich grundsätzlich für Texte, schließlich kann Kohärenz als eine rezeptive Größe betrachtet werden, die zwar durch jeweils text- und textsortenspezifische Kohäsionsmittel, Themenentfaltung und verschiedene andere sprachlich-thematische Mittel maßgeblich unterstützt und gelenkt wird, deren Zustandekommen jedoch allein der rezeptiven Seite zugeschrieben werden muss.

11   Klatsch und Tratsch:
Politik als Thema in unmoderierten Chats

Eine Zwischenform zwischen den genannten moderierten und selektierten Chats wie bei *politik-digital* oder bei der SPD sind Chats, die zwar nominell einen Moderator aufweisen, selbst aber wie unmoderierte Chats ablaufen. Die Bundestagsfraktion von Bündnis 90/Die Grünen bietet einen solchen Chat an (*www.gruene-fraktion.de*). In dem ausgewählten Transkriptausschnitt handelt es sich um einen Chat mit dem Bundestagsabgeordneten Winnie Nachtwei. Deutlich erkennbar wird hier die Auflösung der sequentiellen Struktur. Wie im unmoderierten Chat treffen die einzelnen Beiträge unselektiert ein und werden ungefiltert auf den Monitor ausgegeben. Dies wird bereits zu Beginn der vorliegenden Passage vom Beginn des Chats deutlich, als *mattmurdock* seinen Beitrag offensichtlich aus Versehen zweimal abgeschickt hat. Dadurch verändert sich auch die Funktion des Moderators. Er ist sowohl für technische Fragen zuständig als auch dafür, dass bereits zurückliegende Chatbeiträge nicht ‚verloren gehen'. In diesem Fall ist es seine Aufgabe, sie in reformulierter Form aufzugreifen und an den Politiker ‚weiterzugeben'. Was in den moderierten, selektierten Chats durch den Filtervorgang konstruiert werden kann, muss hier während des sich entwickelnden Chats geschehen. Anders als in den moderierten selektierten Chats ist der Moderator hier in höherem Maße für den aktuellen diskursiven Fortschritt des Chats zuständig.

Moderator:	Wir werden den Chat protokollieren, d.h., man kann ihn auch im Nachhinein via www.gruene-fraktion.de (Rubrik Diskussion) abrufen.
mattmurdock:	Bush könnte den Sicherheitsrat ignorieren, Schröder hat es schon getan. Bush - Schröder, same combat?
mattmurdock:	Bush könnte den Sicherheitsrat ignorieren, Schröder hat es schon getan. Bush - Schröder, same combat?
Moderator:	Joe fragt, wie man mit dem Vorwurf umgeht, einer der Hauptgründe für den drohenden Krieg sei das Öl.
Winni_Nachtwei_MdB:	
	Joe: Gute Idee! Weil es den Weg zeigt, unabhängig vom Öl und einem gefährlichen Kampf darum zu werden. Allerdings hilft es im akuten Konflikt. viel.
abaumhoer:	schade, leider läuft der chat bei mir nicht, der bildschirm bleibt weiß. mag wohl an den proxies liegen. da kann ich wohl leider nicht mitchatten. ich wünsche allen interessante gespräche und frieden für die welt.
Moderator:	Mattmurdock fragt, ob nicht auch Deutschland das Votum des Sicherheitsrats ignorieren könne ...
Moderator:	abaumhoer: Versuch's mal mit einem anderen Browser ...
petzi:	Hallo miteinander, wie sieht die Chance für eine friedliche Lösung wirklich aus?
abaumhoer:	Guten Morgen allerseits - jetzt kann ich doch etwaqs sehen :-). Oh Wunder der Technik.
Winni_Nachtwei_MdB:	
	mattmurdock: Schröder will den Sicherheitsrat keineswegs ignorieren. Er/wir halten die VN und den Sicherheitsrat für die einzig legitime Entscheidungsinstanz über Krieg und Frieden. Allerdings halten wir ein kriegerisches Vorgehen grundsätzlich für falsch

Joe: Gestern wurde im Report Mainz vorgeworfen, wir Europäer würden die
                neue Strategie der USA nicht verstehen. Tun wir doch: es geht um den
                sicheren Zugang zum Öl. Oder etwa nicht?
Moderator: petzi fragt, wie die Chancen für eine friedliche Lösung stehen.
                mattmurdock: Und wenn der SR den militärischen Einsatz gutheisst?
Moderator: Hallo stevie, hallo dr. hase
Ulrich: Guten morgen erstmal. Meine Frage ist, wie verhält sich die BRD, wenn
                die USA sich einen Dreck um die VN kümmern. Dulden wir, oder ge-
                hen wir endlich einmal auch auf Konfration zu den USA?
Winni_Nachtwei_MdB:
                petzi: Die Chancen sind klein, aber es gibt sie. Entscheidend ist a) das
                weitere Verhalten von Saddam, ob er jetzt wirklich uneingeschränkt mit
                den Inspektoren zusammenarbeitet, und b) das Meinungsklima in den
                USA.
(www.gruene-fraktion.de v. 4.2.2003)

Anders als bei den moderierten, selektierten Chats dokumentiert der Mitschnitt die
Dynamik des Chatgeschehens. So sind denn auch all jene Besonderheiten und Probleme insbesondere der Referentialisierung von Beiträgen und der nur mangelhaft vorhandenen thematischen Sequentialität zu beobachten, die unmoderierte Chats üblicherweise kennzeichnen (Storrer 2001).

Unmoderierte Chats sind vorrangig auf den Bereich der persönlich-sozialen Interaktion ausgerichtet. Dementsprechend spielt Politik als Thema in ihnen kaum eine
Rolle. Dies wird noch dadurch unterstützt, dass die meisten unmoderierten Chats thematisch vergleichsweise unspezifisch sind. Selbst dort, wo wie bei chat4free die
Chaträume thematisch ausgewiesen sind, entscheiden letztlich die ChatterInnen darüber, welche Themen sie behandeln wollen. Ganz deutlich zeigt sich dies im Chatroom
‚Politik‘ bei chat4free: Vielfach findet hier entweder überhaupt kein Chat statt oder
einzelne ChatterInnen nutzen diese Räume zu allem anderen, nur nicht zum Chatten
über Politik:

<melle_13>   alles klar
<melle_13>   hajo verpiss dich
<Tim und Tjark>   verpiss dich
<Tim und Tjark>   weg mit dir
<melle_13>   nicht zu hart
<melle_13>   wir wollen nicht das er heulelt
<Tim und Tjark>   hajo, wärst du jetzt nicht lieber woanders?? Ganz ganz weit weg??
<melle_13>   schon besser
<Tim und Tjark>   hajo weg mit dir
<Tim und Tjark>   du wixa
<melle_13>   solange er nicht da zwischen sabbelt
<Tim und Tjark>   jo
<melle_13>   weiß du was
<melle_13>   ich muss gleich
<Tim und Tjark>   was denn
<Tim und Tjark>   weg???
<melle_13>   ja
<Tim und Tjark>   wir auch!
<Tim und Tjark>   und hajo auch
<melle_13>   der heulelt schon   (www.chat4free.de, Januar 2003)

Zwar gelingt es <Tim und Tjark> und <melle_13> nicht, den ungebetenen Gast so schnell loszuwerden, doch nach mehreren Versuchen, ihn durch provokante Äußerungen zu vertreiben, wenden sie sich wieder ihrem Insiderchat zu. Das offensichtlich mangelnde Interesse der übrigen ChatterInnen am Thema Politik hat die Genannten wohl dazu bewogen, den Chatroom als Separè zu nutzen.

Politik scheint eher zufällig Thema in unmoderierten Chats zu sein. Selbst im Vorfeld und am Abend der Landtagswahlen in Niedersachsen und Hessen im Jahr 2003 war dieses Thema zumindest in den von mir und einer studentischen Hilfskraft besuchten verschiedenen Chaträumen praktisch kein Thema. Das Material zeigt nur vereinzelte Äußerungen zur Politik, insbesondere zu einzelnen PolitikerInnen. Ein längerer Strang mit mehreren Turns war nicht zu beobachten. Wird das Thema doch einmal aufgenommen, so erfolgt in der Regel ein einzelner Kommentar und die Aufmerksamkeit wird wieder auf die chatüblichen sozialen Aktivitäten verlagert.

MaCriPu:	Glaubt ihr, dass die SPD morgen verliert???
[...]	
WasGast:	Schröder ist cool MaCriPu
[...]	
MaCriPu:	Warum findest du Schröder cool, WasGast?
[...]	
WasGast:	Weil ich finde seine Augen süß MaCriPu
[...]	
MaCriPu:	Und was hältst du von seiner Politik, WasGast????
[...]	
WasGast:	ganz schön cool seine Politik
[...]	
psychoduck14:	ich liebe politik !
[...]	
psychoduck14:	er ist ein verficktes rosanes steuerschwein
KrisiTanjaJessi:	Worms is nähe mannheim
psychoduck14:	schröder
Superboy885:	JA

(chatcity, 1.2.2003)

Und nur in einem weiten Sinne kann hier von Politik als Thema gesprochen werden. Vielmehr geht es um die Person Gerhard Schröder, auf den die einzelnen Beiträge eindeutig bezogen sind, obwohl die Ausgangsfrage von *MaCriPu* nicht auf die Person des Bundeskanzlers, sondern die Wahlchancen der SPD gerichtet ist. Politische Meinungskundgebung erfolgt hier in hohem Maße personalisiert.

In diesem Fall konnte auch beobachtet werden, dass *WasGast* gleichzeitig mit anderen UserInnen zu anderen, sozial-persönlichen Themen chattete, die auch einen wesentlich größeren Raum einnahmen als seine Äußerungen zu Gerhard Schröder.

Können die Transkripte der moderierten Chats als ‚Text' angesehen werden, so stehen die unmoderierten Chats in der Nähe des Alltagsgesprächs und seiner kommunikativen Flüchtigkeit. Wird Politik zum Thema in unmoderierten Chats, so ähnelt dies eher einem alltäglichen Kneipengespräch, bei dem die Beteiligten unter vielen anderen, vor allem aber sozialen Themen, auch einmal bei der Politik landen. Allerdings – und dies ist ein wichtiger Unterschied – halten die ChatterInnen die übrigen Themenstränge daneben weiterhin aufrecht. Während die reale Kneipenrunde wenigstens eine zeitlang relativ geschlossen beim Thema Politik bleibt, passiert dies im Chat nicht. Als ein Themenstrang unter vielen anderen läuft dieser weiter und verschwindet meist recht schnell wieder, es sei denn zwei ChatterInnen halten ihn über einen längeren Zeitraum aufrecht. Allenfalls in als explizit politisch ausgewiesenen Bereichen wie beim oben genannten unselektierten moderierten Chat der Grünen finden längere, vergleichsweise zusammenhängende Diskussionen statt.

12 Politische Kommunikation in Zeiten des Internet: Fazit und Ausblick

Moderierte selektierte Politik-Chats stellen eine neue Kommunikationsform innerhalb der politischen Kommunikation dar. Die im Internet veröffentlichten Chattranskripte bilden parallel dazu eine neue Textsorte. Funktional gesehen bieten diese Politik-Chats politisch interessierten UserInnen ein Angebot zur medial vermittelten direkten Kommunikation mit einzelnen PolitikerInnen. Allerdings kann dabei beobachtet werden, dass der politische Diskurs vorrangig in Form einer Experten-Laien-Kommunikation realisiert wird und damit vielfach an Beratungsgespräche und schriftliche Anfragen erinnert. Weniger die ChatterInnen als vielmehr die PolitikerInnen und insbesondere die ModeratorInnen dominieren das Chatgeschehen, welches vorrangig nach dem Frage-Antwort-Schema abläuft und von den PolitikerInnen vor allem als Forum zur Imagepflege und -bildung genutzt wird.

Als kommunikatives Geschehen im Medium Internet zeigt sich auch ein Wandel des Sprach- und Zeichengebrauchs im Vergleich zur traditionellen politischen Kommunikation. Was im Fernsehen begann, setzt sich nun im Internet und dort auch in den Chats fort: Politainment wird offensichtlich von allen Seiten als unverzichtbares Element medialer Politik angesehen. Damit erhalten Klatsch und Tratsch sowie Humaninterests-Themen einen noch stärkeren Stellenwert. Die Ernsthaftigkeit politischer Kommunikation tritt stellenweise hinter das Unterhaltungsangebot zurück. Während eine große Zahl der ChatterInnen sich noch in hohem Maße der konzeptuellen Schriftlichkeit und eher dem Brief- oder Leserbriefstil verpflichtet fühlt, bemühen sich viele PolitikerInnen um einen eher chattypischen Stil. Während so etwas, wie z.B. Untersuchungen zu spezifischen Wahlkampfangeboten für Jugendliche belegen, von diesen als Anbiederung empfunden wird (Diekmannshenke 2002a), wird ein vergleichbarer Sprachgebrauch in den Chats häufig positiv bewertet. Ob sich dies generell auf den Sprachgebrauch in der politischen Kommunikation auswirken wird, bleibt abzuwarten.

In unmoderierten Chats ist Politik dagegen zweifellos ein Randthema. Und stärker noch als in den moderierten Chats spielen hier persönliche Haltungen, Meinungen und Einstellungen eine dominierende Rolle. Eingebettet in chattypische Sozialaktivitäten spielen vereinzelte Äußerungen zur Politik eher eine Rolle in Hinsicht auf die sozial-kommunikativen Intentionen der einzelnen ChatterInnen als in Hinblick auf das eigentliche Thema. Wer hier über Politik chattet, macht dies offensichtlich mehrheitlich unter sozialen denn unter politischen Aspekten. Ernsthafte politische Diskussionen finden in unmoderierten Chats praktisch nicht statt, allenfalls in Insiderzirkeln, die jedoch keine größere öffentliche Relevanz beanspruchen können.

Es steht weiterhin die Frage im Raum, ob das Internet mit seinem großen Unterhaltungsangebot auch im Bereich des Politischen die von Holtz-Bacha (1990) diagnostizierte ‚Unterhaltungsmalaise' noch weiter verstärken wird. Ähnlich wie im Falle der ‚Videomalaise' und ihrer Modifikation zur ‚Unterhaltungsmalaise' scheint mir im Fall der ‚Internetunterhaltungsmalaise' der Umstand von großer Bedeutung, inwieweit einzelne Vertreter der Gattung *homo politicus* ihr politisches Wissen derzeit und zukünftig vorrangig aus Unterhaltungsangeboten beziehen und Politik damit als eine Form medialer Unterhaltung unter vielen anderen betrachten. Wer dies nicht so sieht, dem bieten insbesondere Politik-Chats eine neuartige Form ‚politischer Direktheit', die vielleicht ihren Teil dazu beitragen kann, der allgemeinen und weit verbreiteten Politikverdrossenheit Paroli zu bieten. Aber das wird die Zukunft zeigen.

13 Literatur

Beißwenger, Michael (2000): Kommunikation in virtuellen Welten: Sprache, Text und Wirklichkeit. Eine Untersuchung zur Konzeptualität von Kommunikationsvollzügen und zur textuellen Konstruktion von Welt in synchroner Internet-Kommunikation, exemplifiziert am Beispiel eines Webchats. Stuttgart.

Brinker, Klaus (1992): Linguistische Textanalyse. Eine Einführung in Grundbegriffe und Methoden. 3. Aufl.. Berlin.

Diekmannshenke, Hajo (2001): „Das ist aktive Politik, Danke und Tschüß Franz". Politiker im Chatroom. In: Michael Beißwenger (Hrsg.): Chat-Kommunikation. Sprache, Interaktion, Sozialität & Identität in synchroner computervermittelter Kommunikation. Perspektiven auf ein interdisziplinäres Forschungsfeld. Stuttgart, 227-254.

Diekmannshenke, Hajo (2002a): Internetwahlwerbung für Jungwähler. Mehr Unterhaltung als Politik? In: Der Deutschunterricht, H. 5, 12-20.

Diekmannshenke, Hajo (2002b): Unterhaltung contra Information? Zur Nutzung politischer Fernsehdiskussionen. In: Jens Tenscher & Christian Schicha (Hrsg.): Talk auf allen Kanälen. Angebote, Akteure und Nutzer von Fernsehgesprächssendungen. Wiesbaden, 387-402.

Diekmannshenke, Hajo (2004a): Erlaubt ist, was gefällt. Zur unterhaltsamen Selbstdarstellung von Politik in den Neuen Medien. In: Michael Klemm & Eva Maria Jakobs (Hrsg.): Das Vergnügen an und in den Medien. Frankfurt/Main [erscheint].

Diekmannshenke, Hajo (2004b): Gesprächsstrategien in Politik-Chats. In: Osnabrücker Beiträge zur Sprachtheorie [erscheint].

Dörner, Andreas (2001): Politainment. Politik in der medialen Erlebnisgesellschaft. Frankfurt/Main.

Dürscheid, Christa (2003): Medienkommunikation im Kontinuum von Mündlichkeit und Schriftlichkeit. Theoretische und empirische Probleme. In: Zeitschrift für Angewandte Linguistik 38, 37-56.

Habermas, Jürgen (1981): Theorie des kommunikativen Handelns. Frankfurt/Main.

Heinemann, Wolfgang & Dieter Viehweger (1991): Textlinguistik. Eine Einführung. Tübingen.

Holtz-Bacha, Christina (1990): Ablenkung oder Abkehr von der Politik? Mediennutzung im Geflecht politischer Orientierungen. Opladen.

Klein, Josef (1996): Unterhaltung und Information. Kategorien und Sprechhandlungsebenen. Medienlinguistische Aspekte von TV-Akzeptanzanalysen mit dem Evaluationsrecorder. In: Ernest W.B. Hess-Lüttich, Werner Holly & Ulrich Püschel (Hrsg.): Textstrukturen im Medienwandel. Frankfurt/Main [u.a.], 107-119.

Kleinberger-Günther, Ulla (2001): Sprachliche Höflichkeit in innerbetrieblichen *e-mails*. In: Lüger (Hrsg.), 147-164.

Klemm, Michael & Lutz Graner (2000): Chatten vor dem Bildschirm: Nutzerkommunikation als Fenster zur alltäglichen Computerkultur. In: Caja Thimm (Hrsg.): Soziales im Netz. Sprache, Beziehungen und Kommunikationskulturen im Internet. Opladen. Wiesbaden, 156-179.

Koch, Peter & Wulf Oesterreicher (1985): Sprache der Nähe – Sprache der Distanz. Mündlichkeit und Schriftlichkeit im Spannungsfeld von Sprachtheorie und Sprachgeschichte. In: Romanistisches Jahrbuch 36, 15-43.

Koch, Peter & Wulf Oesterreicher (1994): Schriftlichkeit und Sprache. In: Hartmut Günther & Otto Ludwig (Hrsg.): Schrift und Schriftlichkeit. Ein interdisziplinäres Handbuch internationaler Forschung. 1. Hbbd.. Berlin. New York (Handbücher zur Sprach- und Kommunikationswissenschaft 12.1), 587-604.

Lüger, Heinz-Helmut (2001): Höflichkeit und Höflichkeitsstile. In: Heinz-Helmut Lüger (Hrsg.): Höflichkeitsstile. Frankfurt/Main, 3-23.

Robinson, Michael J. (1974): The Impact of the Television Watergate Hearings. In: Journal of Communication 24, H. 2, 17-3.

Runkehl, Jens, Peter Schlobinski & Torsten Siever (1998): Sprache und Kommunikation im Internet. Überblick und Analysen. Opladen.

Thimm, Caja & Holger Schäfer (2001): Politische Kommunikation im Internet: Hyper-Textsorten und politische Semantik im Online-Wahlkampf. In: Hajo Diekmannshenke & Iris Meissner (Hrsg.): Politische Kommunikation im historischen Wandel. Tübingen, 199-223.

Wesel, Uwe (2002): Die verspielte Revolution. 1968 und die Folgen. München.

Wetzstein, Thomas A., Hermann Dahm, Linda Steinmetzk Anja Lentes, Stephan Schampaul, Stephan & Roland Eckert (1995): Datenreisende. Die Kultur der Computernetze. Opladen.

Winterhoff-Spurk, Peter (1999): Medienpsychologie. Eine Einführung. Stuttgart. Berlin. Köln.

Nicola Döring & Sandra Pöschl

Wissenskommunikation in themenbezogenen Online-Chats

Eine empirische Analyse von drei IRC-Channels zu Computerthemen

Einleitung

Im Internet und in den bekannten Online-Diensten (z.B. AOL) stehen Hunderttausende von Chat-Räumen (*chat rooms*) bzw. Chat-Kanälen (*chat channels*) zur Verfügung (z.B. unter www.webchat.de und www.searchirc.com). Die zeitgleich im Chat eingeloggten Personen können durch schnelles Lesen vom Monitor und Tippen auf der Computertastatur untereinander *maschinenschriftliche Gespräche* führen (Storrer 2001). Von den 28,3 Millionen deutschen Onlinerinnen und Onlinern über 14 Jahre nutzten im Jahr 2001 23% regelmäßig mindestens einmal pro Woche Online-Foren und Chats; bei den 14-19-jährigen waren es sogar 59% (Eimeren, Gerhard & Frees 2002: 355).

Doch was geschieht in den Online-Chats? Ist die neue computervermittelte Kommunikationsform „Chatten" pädagogisch vertretbar, vielleicht sogar wertvoll, oder nicht vielmehr gerade für junge Menschen schädlich und gefährlich? Tatsächlich werden mit dem Chatten in öffentlichen und fachlichen Diskussionen eine Vielzahl von *Problemen* assoziiert, darunter etwa Sprachverfall durch comicartige Chat-Ausdrücke, Identitätstäuschungen im Schutz der Anonymität bis hin zu kriminellen Übergriffen, Vereinsamung durch Online-Kontakte ohne echte Nähe, soziale Verrohung durch Regellosigkeit, Chat-Sucht durch Flucht in virtuelle Traumwelten. Andererseits werden aber auch *positive Aspekte des Chattens* gewürdigt: Etwa eine Vergrößerung des sozialen Netzwerkes, wechselseitige Unterstützung bei Problemen, kreativer Umgang mit Sprache, aktiver Zeitvertreib im Unterschied zum Fernsehen, Chancen der Selbsterfahrung sowie partielle Überwindung sozialer Stereotypisierung und Marginalisierung (Beißwenger 2001; www.chat-bibliography.de).

Nach rund 15 Jahren intensiver Internet- und Chat-Forschung und wachsender Veralltäglichung des Mediums sind negativ wie positiv *dramatisierende Einschätzungen* heute in der Fachdiskussion eher durch eine Position der *Normalisierung* abgelöst worden (vgl. Döring 2003: 348/556): Anstatt von übermächtigen dystopischen oder utopischen Medienwirkungen auszugehen, werden nun die einzelnen Nutzerinnen und Nutzer sowie die verschiedenen Nutzungskontexte stärker beachtet. Pauschale Bewertungen „des Internets" oder „des Chattens" sind aus dieser Perspektive ebenso fragwürdig und unsinnig wie es pauschale Bewertungen „des Postsystems" oder „des Briefeschreibens" – von der Briefbombe über das Amtschreiben, die Werbesendung bis zum Liebesbrief – wären. Differenzierte Beschreibungen und Analysen konkreter und abgrenzbarer Anwendungsweisen sind notwendig, um die Chancen und Risiken der Nutzung eines Mediums herauszuarbeiten.

Der erste Abschnitt dieses Beitrags geht zunächst ganz allgemein der Frage nach, inwiefern Online-Chats als *virtuelle Lebenswelten* zu verstehen sind. Anschließend wird die Nutzung von Chats für themenbezogenen *Wissensaustausch* erläutert. Im dritten Abschnitt werden die *Methoden* einer Chat-Studie vorgestellt, die Wissenskommunikation in drei ausgewählten IRC-Channels empirisch untersucht. Der vierte Abschnitt präsentiert die *Ergebnisse* dieser Studie. Der Beitrag endet mit einem kurzen *Ausblick*.

1   Chats als virtuelle Lebenswelten?

Das Konzept der *Lebenswelt* wurde von dem Soziologen Alfred Schütz (1899-1959) geprägt. Der phänomenologische Lebenswelt-Ansatz wendet sich gegen eine isolierte wissenschaftliche Analyse einzelner psychischer oder sozialer Prozesse und plädiert stattdessen für eine ganzheitliche Betrachtung menschlichen Handelns und Erlebens im Alltag. Schütz definiert die Lebenswelt in seinem posthum erschienenen Hauptwerk „Strukturen der Lebenswelt" folgendermaßen (Schütz & Luckmann 1979: 25):

„[Die alltägliche Lebenswelt] ist der Wirklichkeitsbereich, an dem der Mensch in unausweichlicher, regelmäßiger Wiederkehr teilnimmt. Die alltägliche Lebenswelt ist die Wirklichkeitsregion, in die der Mensch eingreifen und die er verändern kann, indem er in ihr durch die Vermittlung seines Leibes wirkt. Zugleich beschränken die in diesem Bereich vorfindlichen Gegenständlichkeiten und Ereignisse, einschließlich des Handelns und der Handlungsergebnisse anderer Menschen, seine freien Handlungsmöglichkeiten. Sie setzen ihm zu überwindende Widerstände wie auch unüberwindliche Schranken entgegen. Ferner kann sich der Mensch nur innerhalb dieses Bereichs mit seinen Mitmenschen verständigen, und nur in ihm kann er mit ihnen zusammenwirken. Nur in der alltäglichen Lebenswelt kann sich eine gemeinsame kommunikative Umwelt konstituieren. Die Lebenswelt des Alltags ist folglich die vornehmliche und ausgezeichnete Wirklichkeit des Menschen."

Von der alltäglichen Lebenswelt grenzt Schütz (1972) andere Wirklichkeitsbereiche ab, etwa Wahnwelten, Drogenerfahrungen, Trance und Phantasiewelten wie Spiel, Witz, Kunst oder Tagtraum. Diese verschiedenen *außeralltäglichen Wirklichkeitsbereiche* lassen sich gemäß Alfred Schütz von der Alltagswirklichkeit bzw. Lebenswelt durch drei Qualitäten unterscheiden:

1. eigener Aufmerksamkeitsfokus,
2. spezifisches Zeit- und Raumerleben und
3. eigener Erkenntnisstil, d.h. eigene Logik und Wahrheitskriterien.

Das *Internet* wurde und wird von Außenstehenden wie von Beteiligten immer wieder als außeralltäglicher Wirklichkeitsbereich im Schütz'schen Sinne interpretiert und etikettiert. Dabei wird dem *real life* das *virtual life* gegenüber gestellt. Tatsächlich lässt sich selbst erfahren und bei anderen Menschen beobachten:

- Man kann in einen Chat richtig gehend eintauchen und die reale Umgebung dabei vergessen (Kriterium 1: Aufmerksamkeitsfokus; vgl. Jacobson 2002).
- Auch ist das Zeitgefühl beim involvierten Chatten oftmals beschleunigt, gleichzeitig wird der textuelle Chatraum mit seinen Akteuren teilweise akustisch und visuell vergegenwärtigt (Kriterium 2: spezifisches Zeit- und Raumerleben; vgl. Roberts, Smith & Pollock 1996).
- Schließlich gelten beim Chatten nicht selten andere soziale Spielregeln als im Alltag, so werden bestimmte Aussagen und Erzählungen im Chat eher nach ihrem Unterhaltungswert als ihrem Wahrheitsgehalt bewertet (Kriterium 3: eigener Erkenntnisstil; vgl. Höflich & Gebhardt 2001).

Doch die klare Gegenüberstellung und Abgrenzung von „realem Leben" bzw. alltäglicher Lebenswelt einerseits und „virtuellem Leben" bzw. Internet- oder Chat-Wirklichkeit andererseits ist auch zu hinterfragen. Denn das Internet bzw. einzelne Internet-Dienste und -Anwendungen (z.B. Online-Chats) bilden ja nur die *technische Infrastruktur* für soziale Handlungsräume, wobei die individuelle und kollektive *Sinngebung* wesentlich den Anbietern und Nutzern obliegt und dabei mehr oder minder alltagsbezogen (z.B. Beratungs-Chat für Gesundheitsfragen) oder alltagsfern (z.B. Rollenspiel-Chat) ausfallen kann.

Das Konzept der „virtuellen Lebenswelt" wird hier – angewendet auf Online-Chats – als *Hybrid* aus außeralltäglicher Virtualität einerseits und alltagsbezogenem Lebensraum anderseits aufgefasst. In dem Maße, in dem neue Medien mit alltagsnahen Verwendungen angeeignet werden, verändert sich auch unsere alltägliche Lebenswelt: Sie erscheint zunehmend mediatisiert bzw. virtualisiert. Denn das oben bereits zitierte Postulat von Alfred Schütz „nur in der alltäglichen Lebenswelt kann sich eine gemeinsame kommunikative Umwelt konstituieren" gilt in der Mediengesellschaft schon lange nicht mehr.

Da Online-Chats ebenso wenig homogen sind wie die Chattenden, ist es für das Verständnis von Chats als virtuellen Lebenswelten wichtig, verschiedene Typen von Chats (1.1), verschiedene Typen von Chattern (1.2) sowie verschiedene Typen von Online-Offline-Verknüpfungen (1.3) zu unterscheiden.

1.1 Typen von Chats

Online-Chats werden oft mit Kneipen oder auch mit Single-Bars verglichen und somit als gesellige Freizeit-Treffpunkte und Kontaktbörsen charakterisiert. Doch diese Betrachtung ist viel zu eng, denn Chats erfüllen auch ganz andere Funktionen. Um die verschiedenen Typen von Chats zu umreißen werden im Folgenden Kriterien auf fünf Ebenen herangezogen, wobei nicht alle Ausprägungen miteinander kombinierbar sind.

1.1.1 Technische Ebene

Auf technischer Ebene sind im wesentlichen die bereits Ende der 1980er Jahre entwickelten Chats auf der Basis der IRC-Technologie (*Internet Relay Chat*) und die seit Mitte der 1990er Jahre populär gewordenen Chats auf Basis der Web-Technologie (*Webchat*) zu unterscheiden. Beide Technologien bieten sowohl *öffentliche* Chat-Räume bzw. Chat-Kanäle für Gruppen als auch *private* Chats für Zwiegespräche.

Zur Nutzung des IRC (Döring 2003: 83ff.) muss man einen *IRC-Client* installieren und starten, sich in ein *IRC-Netzwerk* (z.B. IRCnet, EFnet, Dalnet, Undernet) einwählen und sich dort mit einem oder mehreren *IRC-Channels* verbinden (z.B. #flirtcafe, #simpsons, mp3, #html; siehe Abb. 1). Chat-Channels im IRC bieten den Nutzerinnen und Nutzern mehr Interaktionsmöglichkeiten als die neueren Webchats, dafür ist die IRC-Nutzung auch etwas komplizierter (zur Information siehe: irc.fu-berlin.de; irchelp.org).

Webchats (Döring 2003: 91ff.) dagegen erreicht man einfach über eine klassische *Webadresse* mit einem normalen *Webbrowser* (siehe Abb. 2). Im Unterschied zu IRC-Chats bieten Webchats mehr grafische Elemente, z.B. können die Chattenden neben ihrem Chat-Namen (*nick name*) auch eine Grafik anzeigen lassen (*avatar*) sowie in ihre Textmitteilungen kleine Grafiken einfügen (siehe Abb. 2).

Neben den gängigen *textbasierten* IRC- und Webchats existieren noch zwei- und dreidimensionale *Grafik-Chats* (Döring 2003: 94ff.) sowie auf Zweier-Chats spezialisierte *Instant Messaging-Dienste* (Döring 2003: 82ff.).

1.1.2 Zeitliche Ebene

Auf zeitlicher Ebene sind rund um die Uhr geöffnete *Chats* von zeitlich nur zu fixen Terminen stattfindenden und meist auf eine Stunde begrenzten *Chat-Sitzungen* (z.B. im Rahmen virtueller Seminare) oder *Chat-Events* (z.B. mit Prominenten) abzugrenzen.

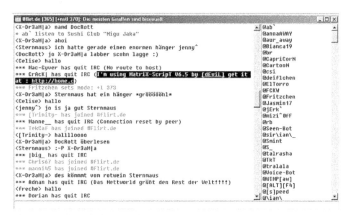

Abb. 1: IRC-Channel #flirt.de auf IRCnet.

Abb. 2: Webchat Playground (www.playground.de).

1.1.3 Organisationale Ebene

Die organisationale Einbettung von Chats betrifft zum einen die Anbieterseite und zum anderen die Nutzerseite. Auf *Anbieterseite* ist zu fragen, welche Person oder Organisation den einzelnen Chat bzw. die Chat-Infrastruktur betreibt und kontrolliert. Auf *Nutzerseite* lassen sich Chats danach unterscheiden, bis zu welchem Grad und wie die TeilnehmerInnen organisiert sind. Das Spektrum reicht von Chats mit hoher Fluktuation und geringem sozialem Zusammenhalt der Chattenden bis zu Chats mit ausgesprochenem sozialen Gemeinschaftscharakter (vgl. Liu 1999).

1.1.4 Personale Ebene

Auf personaler Ebene lassen sich nach der Teilnehmerzahl kleine (bis zu 30 Personen), mittlere (etwa 30 bis 100 Personen) und große (über 100 Personen) Chats differenzieren. Neben der Größe des Teilnehmerkreises sind auch andere personale Merkmale der Chattenden zur Unterscheidung heranziehen (z.b. nationalitäts- oder altersbezogene Zusammensetzung).

1.1.5 Thematische Ebene

Grob lassen sich *Off-Topic*-Chats (ohne festen Themenbezug zum freien Plaudern und Flirten) von *On-Topic*-Chats (mit konkretem Themenbezug) abgrenzen. On-Topic-Chats kommen seltener im Webchat und häufiger im IRC vor. Oft sind sie dem Wissensaustausch über Computerthemen gewidmet. Daneben existieren im IRC zahlreiche stark frequentierte Channels zum Tausch von Bildern, Musikstücken und Computerprogrammen, bei denen es um *Transaktion* und nicht um Kommunikation geht und außeralltägliche Wirklichkeitserfahrungen unwahrscheinlich sind.

1.2 Typen von Chattern

Für eine sozialwissenschaftliche Analyse des Chattens ist es besonders einschlägig, die Chatter gemäß den von ihnen im Chat gesuchten Gratifikationen (z.B. Information, Unterhaltung, Kontakt, Eskapismus etc.) sowie gemäß ihrer Partizipation am Chat-Geschehen zu gruppieren: In konkreten Chat-Räumen lassen sich Neulinge und Gelegenheitsgäste von regelmäßigen TeilnehmerInnen und StammnutzerInnen (regulars) abgrenzen, von denen wiederum eine Teilgruppe als FunktionsträgerInnen aktiv sind (z.B. Chat-ModeratorIn, Channel-OperatorIn, SuperuserIn etc.). Für regelmäßige ChatterInnen mit hohem Unterhaltungs- und Eskapismus-Bedürfnis wird das Chatten eher eine außeralltägliche Erfahrung darstellen als etwa für gelegentliche ChatterInnen mit hohem Informations-Bedürfnis.

1.3 Typen von Online-Offline-Verknüpfungen

Das Chatten kann in unterschiedlicher Weise mit der alltäglichen Lebenswelt verknüpft sein:

1. *Über Personen.* Kontakte zwischen den Chattenden finden nicht nur im Netz (online), sondern auch außerhalb des Netzes telefonisch oder persönlich statt (offline).
2. *Über Themen.* Im Chat behandelte Themen spielen auch außerhalb des Chats im Alltag der Beteiligten eine wichtige Rolle.
3. *Über Aktivitäten.* Chat-Aktivitäten werden mit anderen alltäglichen Aktivitäten verknüpft, etwa mit Radio-/Musikhören, Fernsehen oder Büroarbeiten am Computer. Zudem lassen sich Chats auch gemeinsam nutzen, indem zwei oder mehr Personen in Gruppen am Rechner sitzen und das Online-Geschehen durch parallele Face-to-Face-Kommunikation begleiten.

Je enger die Verknüpfungen zwischen Online- und Offline-Welt ausfallen, umso weniger lässt sich den Online-Aktivitäten ein Charakter der Außeralltäglichkeit zuschrei-
ben, stattdessen wird das Chatten in die alltägliche Lebenswelt integriert.

2   Wissensaustausch in Chats

Neben der quantitativ dominierenden Freizeit-Nutzung von Chats für Geselligkeit und
Unterhaltung (vgl. Löchel 2002; Rainer 1999; Reid 1991; Scherer & Wirth 2002) wird
der Einsatz von Chats auch für die Wissenskommunikation vorangetrieben: Beispiele
sind etwa ExpertInnen-Interviews per Chat, Chatberatungen für Kunden oder auch
chatbasierte Diskussionen im Rahmen der virtuellen Teamarbeit oder des netzbasierten
kooperativen Lernens (vgl. Cerratto 2001; Heidbrink 2000; Hesse, Garsoffky & Hron
2002; Lemnitzer & Naumann 2001; Weinberger & Mandl 2001; www.wissenskommu-
nikation.de). Nicht zuletzt existieren gerade im IRC seit Jahren Hunderte von selbst
organisierten und teilweise stark frequentierten On-Topic-Chats. Auf der Basis von
Praxiserfahrungen, Theorie und Empirie lassen sich eine Reihe von Chancen (2.1) und
Problemen (2.2) des Wissensaustauschs in Chats benennen.

2.1   Chancen des Wissensaustauschs in Chats

Ein Chat-Raum im Netz bietet im Unterschied zum Meeting-Raum außerhalb des Netzes vor allem folgende Chancen für einen verbesserten Wissensaustausch:

1.   Ein *größerer Wissenspool* kann erschlossen werden, weil TeilnehmerInnen aus aller Welt
     sich ohne zeit- und kostenintensive Anreise einloggen können.
2.   Der sofortige Zugriff sowie der zeitgleiche Austausch sorgen für *Schnelligkeit* im Wissens-
     austausch.
3.   Bei der Chat-Kommunikation (wie bei der computervermittelten Kommunikation generell)
     ist *automatische Protokollierbarkeit und Archivierbarkeit* gegeben, d.h. im Unterschied zur
     Face-to-Face-Kommunikation sind Gesprächsverläufe im Nachhinein wortwörtlich rekon-
     struierbar.
4.   Während des Chattens ist im digitalen Medium ein *Dokumentenaustausch* möglich, d.h.
     TeilnehmerInnen können sich ohne Medienbrüche von ihren jeweiligen Arbeitsplatzrech-
     nern Protokolle, Programme, Bilder etc. zuspielen.
5.   Ein weiterer Vorteil der digitalen Medienumgebung von Chats sind *Verweise auf Online-
     Quellen*, die von den Chattern sofort besucht und kommentiert werden können

2.2   Probleme des Wissensaustauschs in Chats

Die Wissenskommunikation in Online-Chats ist aber auch mit diversen Problemen
behaftet:

1.   Die zeitgleiche Schriftkommunikation im Chat erfordert schnelles Lesen und Schreiben
     bzw. Tippen, was insbesondere für ungeübte TeilnehmerInnen eine *Hürde und Belastung*
     darstellt.
2.   Die Schnelligkeit des Austausches erfordert kurze Äußerungen (in der Regel ein bis zwei
     Zeilen), so dass Beiträge *inhaltlich nicht stark elaboriert* werden können.
3.   Die Chat-Kommunikation läuft in zeitlich chronologischer Abfolge linear über den Moni-
     tor, so dass inhaltlich aufeinander bezogene Beiträge insbesondere bei hoher Kommunika-

tionsdichte und mehreren Parallel-Gesprächen oftmals zerrissen werden (*mangelnde Kohärenz*).

4. Geschwindigkeit und Inkohärenz des Textflusses können zur Informationsüberlastung (*information overload*) führen.

5. Die KommunikationsteilnehmerInnen sind im Chat in der Regel nur durch ihre selbst gewählten Nicknames und ihre maschinenschriftlichen Textbeiträge repräsentiert, dies bedeutet *geringe soziale Präsenz* im Sinne der interpersonalen Lebendigkeit, ganzheitlichen Eindrucksbildung und erlebten Nähe zum Gegenüber.

6. Die geringe soziale Präsenz bei gleichzeitiger Pseudonymisierbarkeit erschwert die Einschätzung der Expertise der an der Wissenskommunikation beteiligten Personen, so dass der *Validitätsgrad der Beiträge* unklarer ist.

3 Methoden der Chat-Studie

Das methodische Vorgehen der vorliegenden Studie gliedert sich in vier Schritte.

3.1 Auswahl der untersuchten Chats

Für die Studie wurden drei Chats ausgewählt, die sich gemäß der Chat-Typologie (siehe 1.1) folgendermaßen charakterisieren lassen: Es handelt sich auf technischer Ebene um drei Channels aus verschiedenen IRC-Netzwerken (siehe Tab.1). Diese sind rund um die Uhr geöffnet und werden von den NutzerInnen selbst organisiert und verwaltet. Auf personaler Ebene handelt es sich um mittlere bis große Chats mit deutsch- und englischsprachigen computerinteressierten TeilnehmerInnen.

ausgewählte IRC-Channels	Chatter im Channel	IRC-Netzwerke	Channels im Netzwerk	Chatter im Netzwerk
#html	050	Undernet	45.000	100.000
#HTML	100	EFnet	45.000	110.000
#linuxger	150	IRCnet	50.000	090.000

Tabelle 1: Übersicht der drei ausgewählten IRC-Channels (Quelle: irc.netsplit.de).

3.2 Feldbeobachtungen in den Chats

Die Kommunikation in den drei IRC-Channels wurde im Winter 2003 über 12 Tage hinweg je zwischen 11 Uhr und 22 Uhr mindestens eine Stunde lang beobachtet und mit Hilfe einer entsprechenden Funktion im IRC-Client automatisch mitgeloggt. Eine verdeckte Feldbeobachtung in öffentlichen Chats ist analog verdeckten Feldbeobachtungen an öffentlichen Orten außerhalb des Netzes ethisch vertretbar (zur Ethik der Online-Forschung siehe Döring 2003: 236).

3.3 Inhaltsanalyse der Chat-Gespräche

Aus den Chat-Protokollen wurden N=60 in sich abgeschlossene themenbezogene Chat-Gespräche extrahiert und einer Inhaltsanalyse unterzogen. Dabei kam das von Tessy Cerrato (2001) entwickelte Kategoriensystem zur inhaltlichen Differenzierung von Gesprächs-Äußerungen zum Einsatz. Dieses reliable Kategoriensystem wurde für die Zwecke der vorliegenden Studie induktiv anhand von Chat-Material erweitert (die Kategorien sind in den Tabellen 2-6 ersichtlich). Als Kodiereinheit diente die einzelne Chat-Äußerung, die mit Drücken der Returntaste abgeschickt wird.

3.4 Online-Befragung der Chatter

Im Rahmen der Feldbeobachtungen wurden informelle Feldgespräche mit zehn Chattern durchgeführt. Zudem wurde den Chattern der drei ausgewählten IRC-Channels der Link zu einem selbst konstruierten deutsch- und englischsprachigen standardisierten Web-Fragebogen übermittelt, der Erfahrungen mit diesen Chats abfragt. N=20 Personen füllten diesen Fragebogen vollständig aus.

4 Ergebnisse der Chat-Studie

Im Folgenden werden die quantitativen und qualitativen Ergebnisse der Studie in acht Abschnitten berichtet.

4.1 Häufigkeit und Länge von On-Topic-Gesprächen in den drei Chats

Die Feldbeobachtungen und Log-File-Analysen in den drei Chat-Channels ergaben, dass pro Stunde etwa drei themenbezogene Gespräche stattfanden. Die Dauer dieser Gespräche betrug bei den 60 Gespräch-Logs zwischen 1 und 44 Minuten, im Durchschnitt rund 10 Minuten. Chat-Gespräche bestanden aus 3 bis 72 Äußerungen, der Mittelwert betrug 17,35 Äußerungen (SD=15,22). Das Geschehen auf den drei On-Topic-Channels gestaltete sich als Wechsel von (teilweise recht langen) *Schweigepausen* und *themengebundenen Gesprächen*, wobei die Gespräche sich zuweilen überlappten. Bemerkenswert ist die starke themenbezogene Disziplin der Chattenden (insbesondere in den beiden HMTL-Chats). Auf der Homepage des IRC-Channels *#linuxger* sind 11 „Benimmregeln" zu finden, die unter anderem auch auf die thematische Disziplinierung und auf Schweigen eingehen:

> „Wenn Du ein Problem hast, dann komm in den Channel, grüß kurz und erkläre Dein Problem. [...] Wenn wir nichts zur Lösung eines Problems beitragen können, sind wir oft still, wir sagen dann noch nicht einmal, daß wir nicht helfen können - oder möchtest Du einhundert mal 'Nein' lesen, nur weil niemand der gerade 100 wachen anwesenden Personen nichts zu Deinem Problem beitragen kann?"
> (http://www.linuxger.de/LinuxGER-6.html)

4.2 Beteiligung an den On-Topic-Gesprächen

Die regelmäßigen NutzerInnen der drei untersuchten IRC-Channels waren überwiegend männlich, unter 30 Jahre alt, hatten privat sowie durch Ausbildung und Beruf mit Computerthemen zu tun und waren sehr interneterfahren. Sie berichten, dass sie bei ihrer täglichen Arbeit am Computer nebenbei oft ein Chat-Fenster geöffnet haben und das Chat-Geschehen sozusagen „mit einem Auge" verfolgen, um sich punktuell einzuschalten, wenn sie eine Frage haben oder eine Antwort anbieten können. Diese Nutzungsweise erklärt sehr lange Nutzungszeiten von bis zu 12 und mehr Stunden pro Tag bei gleichzeitig geringer Aktivität (von 50 bis 150 Chattern im Channel, äußern sich pro Stunde nur ca. 10 Personen, die übrigen schweigen). 50% der 60 themengebundenen Gespräche fanden in Dyaden und 50% in Gruppen (d.h. mit mehr als 2 Personen) statt. Der relativ hohe Anteil an Zweier-Gesprächen unterstreicht die Funktion der Channels als *Wissensbörsen*: Hier ist es möglich, im Pool der anwesenden Chatter jeweils gezielt einen Experten für das eigene Problem zu finden. Wenn sich mehr als zwei Personen einschalteten, dann handelte es sich oft um wechselseitige Korrekturen (siehe Abb. 3).

19:29<**specter79**>	kann mir jemand sagen, wie ich ein files "x" in einem bestimmten verzeichnis und allen unterverzeichnissen lösche ?
19:30<**fronti**>	specter79: find verzeichnis -exec rm {}\;
19:31<fronti>	specter79: stop
19:31<fronti>	specter79: war falsch
19:32<specter79>	:)
19:32<**aeis\aruu**>	specter79: find verzeichnis --name 'x' -exec rm {} \; ist besser
19:32<fronti>	--name fehlt
19:33<fronti>	ja
19:34<specter79>	thx !

Abb. 3: Chat-Gespräch zwischen drei Chattern auf *#linuxger* mit Selbst- und Fremdkorrektur der Antwort.

4.3 Typen von Äußerungen in den On-Topic-Gesprächen

Die 60 themenbezogenen Chat-Gespräche bestanden aus 1.041 einzelnen Chat-Äußerungen. Diese wurden durch Einordnung in ein semantisches Kategoriensystem inhaltsanalytisch ausgewertet (siehe 3.3). Es zeigte sich, dass 85% der Äußerungen in themengebundenen Fragen, Antworten und Feedback bestanden. Da die Beteiligten netz- und chaterfahren waren, wurde kaum metakommunikativ über das Medium gesprochen. Soziale Beziehungsregulation (z.B. durch Grüße) und Off-Topic-Äußerungen (z.B. Witze) kamen innerhalb der themenbezogenen Gespräche selten vor (siehe Tab. 2).

4.4 Arten von On-Topic-Fragen in den Chats

Die Kategorie der On-Topic-Fragen wurde in acht Subkategorien differenziert, denen acht entsprechende Antwort-Kategorien gegenüber stehen (siehe 4.5). Es zeigte sich, dass Problembeschreibungen (60%) und Fragen nach konkreten Programmen oder Befehlen (26%) am häufigsten vorkamen (siehe Tab. 3). Offensichtlich sind die drei betrachteten IRC-Channels auf die Behandlung individueller Probleme und Anliegen zugeschnitten. Im Chat steht nicht die Bearbeitung eines gemeinsamen Problems im Zentrum, sondern das gemeinsame Interesse liegt darin, sich *individuelle Unterstützungsressourcen* zu erschließen.

Typen von Chat-Äußerungen	Beispiele	Anteil an allen Äußerungen (%)
On-Topic-Frage	kann mir jemand sagen, wie ich ein files "x" in einem bestimmten verzeichnis und allen unterverzeichnissen lösche ?	25
On-Topic-Antwort	find verzeichnis -exec rm {}\	25
On-Topic-Feedback (Rückfrage, Statusbericht etc.)	das ist echt eine dumme Frage. konkretisiere sie	35
Metakommunikation über das Chat-Medium	do I have to message you?	1
Soziale Beziehungsregulation (Grüße etc.)	Hi olli	7
Off-Topic-Äußerungen (Witze, Privatgespräche etc.)	i really can't say much about microsoft, I fear for my safety (i live in seattle)	5
Unklar	he's afk	1
Summe (60 Gesprächs-Logs)	**N=1.041 Äußerungen**	**100%**

Tabelle 2: Typen von Chat-Äußerungen in drei themenbezogenen Chats.

Typen von On-Topic-Fragen	Beispiele	Anteil an allen On-Topic-Fragen (%)
1. Metafrage	Can anyone help me?	4
2. Idee/Brainstorming	Any suggestions on what might be going on?	4
3. Problembeschreibung	i made a menu in fireworks the pics are high quality when i veiw them alone but when i insert them in into an page with javascript they look blured is this normal?	60
4. Programm/Befehl	Anyone know if you need Red Hat CD 3 for an 8.0 install?	26
5. Wissensquelle gesucht	whats the other html channel? #webdevelopment or what?	2
6. Experte gesucht	hm ist hier einer der sich schonmal mit ntp beschäftigt hat ?	1
7. Meinung/Präferenz erfragt	I'm contemplating trying either Debian or Gentoo, any preference?	3
8. Arbeitsübernahme erbeten	kannst Du das für mich erledigen?	0
Summe (60 Gesprächs-Logs)	**N=265 On-Topic-Fragen**	**100%**

Tabelle 3: Typen von On-Topic-Fragen in drei themenbezogenen Chats.

4.5 Arten von On-Topic-Antworten in den Chats

Die Subkategorien der On-Topic-Antworten zeigen, dass auf Anfragen am häufigsten konkrete Programme oder Befehle (40%) genannt sowie Problembeschreibungen (35%) und Wissensquellen (11%) geliefert werden (siehe Tab. 4).

Die Gegenüberstellung der acht Fragentypen mit den acht komplementären Antworttypen zeigt eine gewisse Verzerrung auf der Seite der Antworten zu Gunsten der Nennung von Wissensquellen. Diese Verzerrung kommt zustande, weil Chatter sich gemäß der expliziten und impliziten Regeln dieser Channels weigern, auf Problembeschreibungen mit individuellen Vorschlägen zu reagieren, wenn die Lösung allgemeinen Wissensquellen zu entnehmen ist (z.B. Websites, Chats).

Typen von On-Topic-Antworten	Beispiel	Anteil an allen On-Topic-Antworten (%)
1. Reaktion auf Metafrage	not unless you ask a question, no	1
2. Idee/Brainstorming	You might be able to do something with JavaScript	3
3. Problemerklärung	i think you have to turn i off on the window - not the document	35
4. Programm/Befehl	<table><tr><td><iframe src="blah"></td></tr></table>	40
5. Wissensquelle genannt	http://ftpfs.sourceforge.net/	11
6. Experte genannt	Granted, I have little experience with them. I suggest asking Donald.	2
7. Meinung/Präferenz geäußert	debian, i prefer red hat and slackware though	5
8. Arbeitsübernahme	i'm just doing the code for you right now paul, hold on...	2
Summe (60 Gesprächs-Logs)	**N=256 On-Topic-Antworten**	**100%**

Tabelle 4: Typen von On-Topic-Antworten in drei themenbezogenen Chats.

4.6 Effektivität der Wissenskommunikation in den Chats

Die Effektivität der Wissenskommunikation lässt sich aus den Gesprächsprotokollen erschließen (Tab. 5). Es zeigte sich, dass gut zwei Drittel aller Probleme im Chat unmittelbar gelöst werden konnten und die Ratsuchenden dies entsprechend quittierten (z.b. mit Bestätigung der Problemlösung oder Dank). Auch in der Online-Befragung äußerten die Chatter, dass ihre themenbezogenen Anfragen oft zufriedenstellend beantwortet wurden.

Lösungsstatus	Anzahl der Gespräche	Anteil der Gespräche (%)
Problem gelöst	41	68
Problem nicht weiterverfolgt	4	7
keine Problemlösung gefunden	3	5
Status unklar	12	20
Gesamt	**60**	**100%**

Tabelle 5: Lösungsstatus von 60 On-Topic-Gesprächen in drei themenbezogenen Chats.

„Ist bei diesem Code alles in Ordnung", „Brauche ich die dritte CD, um xy zu installieren" – derartige On-Topic-Fragen (vgl. 4.4) zeichnen sich dadurch aus, dass sie aus sehr wenigen Chat-Äußerungen bestehen, selten mehr als einer. Diese Art zu fragen scheint bei den Antwortenden sehr beliebt zu sein: Je konkreter die Frage, desto eher wird geantwortet. Chatter, die solche Fragen stellen und eine besonders effektive Wissenskommunikation im Chat erreichen, verfügen zum einen über relativ viel domänenspezifisches Vorwissens (sie können das Kernproblem selbst eingrenzen) und zum anderen über viel Chat-Erfahrung (sie stellen die Frage mediumsangemessen).

4.7 Bedeutung der Wissenskommunikation im Chat im Medienvergleich

Die Online-Befragung ergab, dass als Wissensquellen für Computerfragen von den Chattern nur Websites häufiger als Chats genutzt wurden: Mit abnehmender Häufigkeit informierten sich die Befragten durch Websites (fast täglich), Chats, Kollegen, Bücher, Mailinglisten, Newsgroups, Zeitschriften und Telefon-Hotlines (fast nie). Interessant ist die enge Verknüpfung der Wissens-Chats mit themenbezogenen Websites. Oft wird auf Websites als Wissensquellen verwiesen. Andererseits stellen Chatter aber auch immer wieder Fragen zu selbst entwickelten oder als Vorbild genutzten Websites (Abb. 4).

16:15 **<Borka2>**	does any1 knows the **name of the font** used for bottons (on blue side) here : http://www.idgmedia.com/ ... thnx a lot
16:16 **<optix`>**	Borka2: www.whatthefont.com
16:16 **<Borka2>**	thnx a lot optix

Abb. 4: Frage und Antwort mit Verweisen auf Websites im IRC-Channel #html.

4.8 Soziale Aspekte der themenbezogenen Chats

Im Unterschied zur Rezeption von themenbezogenen Websites oder Fachzeitschriften ist der Informationsgewinn in Chats an *interpersonale bzw. Gruppenkommunikation* geknüpft. Somit sind soziale Aspekte wie Identität, Beziehung und Gruppe virulent. Es zeigte sich, dass die betrachteten Chats einen hohen Anteil von *Stammusern* verzeichnen, die einander anhand der Nicknames erkennen, sich namentlich begrüßen und teilweise auch außerhalb des Netzes miteinander in Kontakt stehen. Die befragten Chatter der beiden HTML-Channels berichteten ein bis zwei Freunde im Chat zu haben, im Linux-Channel lag die Zahl der Freunde zwischen einem und fünf. Die Channel-Nutzer verbindet das jeweils geteilte Interesse an HTML und Linux. Aber auch ihre wechselseitigen sozialen Bindungen tragen dazu bei, im Channel zu bleiben. Die Suche nach Hilfe und Unterstützung bei computerbezogenen Problemen ist für regelmäßige Chatter nur *ein* Motiv der Channel-Teilnahme. Ebenso wichtig ist es für sie laut eigenen Angaben, im Chat anderen Menschen zu *helfen*, Chat-Gespräche anderer *mitzulesen* und *Bekannte und Freunde zu treffen*.

Zu den sozialen Aspekten der Wissens-Chats zählt auch die starke *Normierung und Kontrolle* des Kommunikationsverhaltens durch explizite und implizite Regeln und technische (z.B. Channel-Ausschluss) wie soziale (z.b. Spott, Kritik) Sanktionsmethoden (vgl. Döring 2001; Döring & Schestag 2000). Der folgende Kommentar eines Chatters liefert ein soziales Normierungs- und Sanktionierungsbeispiel:

„Man bekommt nur sachliche Antworten im Chat auf Fragen, wenn diese vorher recherchiert sind, und nicht wenn man Sachen fragt, die man selber mit 1 min im Web selber beantworten könnte. Wer dumme Fragen stellt muss sich nicht wundern, dass er verarscht wird."

Zur Erhöhung der *sozialen Präsenz* im Chat wurden originelle und aussagekräftige Nicknames, parallele Privat-Chats sowie Darstellungen nonverbalen Verhaltens (vor allem Smileys für Emotionsausdruck) genutzt.

5   Ausblick

Aus der Fülle der verschiedenen Chats greift der vorliegende Beitrag IRC-Channels zu Computerthemen heraus. Anhand von drei ausgewählten Channels zu Linux und HTML konnte eine starke Integration des Chattens in die – ohnehin computerzentrierte – alltägliche Lebenswelt der NutzerInnen nachgewiesen werden: Die Beteiligten erleben den Chat nicht als außeralltäglichen Wirklichkeitsbereich (der ihre Aufmerksamkeit völlig absorbiert, ein verändertes Zeit- und Raumerleben sowie einen anderen Erkenntnismodus impliziert), sondern als alltagspraktische Wissensressource und sozialen Treffpunkt mit Gleichgesinnten. Dabei sind auf personaler, thematischer und aktivitätsbezogener Ebene enge Online-Offline-Verknüpfungen zu registrieren.

Die besonderen Chancen der Wissenskommunikation im Chat werden in den untersuchten Channels ausgeschöpft: Es erfolgt eine schnelle Problemlösung durch den Zugriff auf einen Pool von ExpertInnen, wobei sich der komfortable Dokumentenaustausch sowie Verweise auf Web-Ressourcen als sehr nützlich erweisen. Kaum systematisch genutzt werden indessen Protokolle der Chat-Kommunikation. Die spezifischen Probleme des Wissensaustausches in Chats kommen in den untersuchten IRC-Channels teilweise gar nicht zum Tragen bzw. werden erfolgreich kompensiert: Die computerinteressierten User bringen überdurchschnittliche Internet- und Chat-Kompetenz mit. Die computerbezogenen Wissensdomänen erfordern keine ausführlichen Argumentationen, sondern lassen eine starke Verknappung und Formalisierung zu (z.B. Programmkommandos, Programmcode). Probleme der mangelnden Kohärenz oder der Informationsüberlastung bei unstrukturiertem Kommunikationsfluss im Chat werden in den drei untersuchten Chats durch starke Kommunikationsdisziplin verhindert (kaum Small Talk, primär themenbezogene Beiträge oder konsequentes Schweigen). Bei rein sachbezogener Chat-Nutzung ist geringe soziale Präsenz der TeilnehmerInnen nicht unbedingt ein Nachteil, sondern kann durch das Ausblenden sozialer Differenzen die gemeinsame Identifikation mit dem Thema und dem Channel fördern. Für die Vertrauenswürdigkeit des ausgetauschten Wissens ist eine Identifizierbarkeit der Kommunizierenden nicht notwendig, da im Falle von Fehlinformationen eine wechselseitige Korrektur der TeilnehmerInnen stattfindet.

Der Erfolg der in dieser Studie untersuchten Wissenskommunikation in computerbezogenen Chat-Channels lässt sich im pädagogischen Kontext durch neu eingerichtete Chats kaum wiederholen. Schon allein weil dann in der Regel die kritische Masse an engagierten StammnutzerInnen für einen rund um die Uhr belebten Chat fehlt. Medienpädagogisch sehr sinnvoll kann es sein, mit Lernenden und Lehrenden gemeinsam bestehende Chats aktiv zu nutzen und sich anschließend über Nutzungserfahrungen kritisch auszutauschen.

Zum jetzigen Zeitpunkt ist die Förderung effizienten Wissensaustauschs im Chat ein Ziel, das auf verschiedenen technischen, sozialen und wissenschaftlichen Wegen verfolgt wird:

1. *Verbesserung von Chat-Tools* (z.b. technische Unterstützung der Kohärenzbildung durch entsprechende räumliche Anordnung oder farbliche Markierung; Hilfen für die Erstellung und Verwaltung von Protokoll-Archiven für Chats).
2. *Verbesserung von Chat-Kompetenz* (z.b. Vermittlung von Regeln für angemessenes und effektives Frage- und Antwortverhalten im Chat).
3. *Geeignete Integration von Chats in den Medien-Mix* (z.B. Kriterien für die aufgaben- und wissensdomänenspezifische Nutzung oder Nicht-Nutzung von themenbezogenen Chats).
4. *Chat-Forschung zur Wissenskommunikation* (z.b. weitere Untersuchungen von gut funktionierenden selbst organisierten On-Topic-Chats, um Anhaltspunkte zur sozio-technischen Gestaltung von Wissens-Chats in formalen Arbeits- oder Bildungskontexten zu gewinnen; Untersuchung der Chattauglichkeit unterschiedlicher Wissensdomänen).

6   Literatur

Beißwenger, Michael (Hrsg.; 2001): Chat-Kommunikation. Sprache, Interaktion, Sozialität und Identität in synchroner computervermittelter Kommunikation. Stuttgart.

Cerratto, Tessy (2001): The use of synchronous text-based environments for teacher professional development. In: Beißwenger (Hrsg.), 493-514.

Döring, Nicola (2001): Belohnungen und Bestrafungen im Netz: Verhaltenskontrolle in Chat-Foren. In: Gruppendynamik und Organisationsberatung – Zeitschrift für angewandte Sozialpsychologie 32 (2), 109-143.

Döring, Nicola (2003). Sozialpsychologie des Internet. Die Bedeutung des Internet für Kommunikationsprozesse, Identitäten, soziale Beziehungen und Gruppen. 2. vollst. überarb. u. erw. Aufl. Göttingen.

Döring, Nicola & Alexander Schestag (2000): Soziale Normen in virtuellen Gruppen. Eine empirische Analyse ausgewählter Chat-Channels. In: Udo Thiedeke (Hrsg.): Virtuelle Gruppen. Charakteristika und Problemdimensionen. Opladen, 313-355.

Eimeren, Birgit v., Heinz Gerhard & Beate Frees (2002): ARD/ZDF-Online-Studie 2002. Entwicklung der Onlinenutzung in Deutschland: Mehr Routine, weniger Entdeckerfreude. In: Media Perspektiven 8, 346-362. WWW-Ressource: http://www.ard-werbung.de/MediaPerspektiven/.

Heidbrink, Horst (2000): Virtuelle Methodenseminare an der FernUniversität. In Bernad Batinic (Hrsg.), Internet für Psychologen. 2. Aufl. Göttingen, 479-508.

Hesse, Friedrich W., Bärbel Garsoffky & Aemilian Hron (2002): Netzbasiertes kooperatives Lernen. In Ludwig J. Issing & Paul Klimsa (Hrsg.): Information und Lernen mit Multimedia und Internet. 3. vollst. überarb. Aufl. Weinheim, 283-300.

Höflich, Joachim & Julian Gebhardt (2001): Der Computer als Kontakt- und Beziehungsmedium. Theoretische Verortung und explorative Erkundungen am Beispiel des Online-Chats. In: Medien & Kommunikationswissenschaft 49 (1), 24-43.

Jacobson, David (2002). On Theorizing Presence. In: The Journal of Virtual Environmens 6 (1). WWW-Ressource: http://www.brandeis.edu/pubs/jove/.

Lemnitzer, Lothar & Karin Naumann (2001): „Auf Wiederlesen!" – das schriftlich verfasste Unterrichtsgespräch in der computervermittelten Kommunikation. Bericht von einem virtuellen Seminar. In: Beißwenger (Hrsg.), 469-491.

Liu, Geoffrey (1999): Virtual Community Presence in Internet Relay Chatting. In: Journal of Computer-Mediated Communication, 5 (1). WWW-Ressource: http://www.ascusc.org/jcmc/vol5/ issue1/liu.html.

Löchel, Elfriede (2002): Zur psychischen Bedeutung „virtueller" Welten – Eine tiefenhermeneutische Untersuchung der Beziehungsmuster jugendlicher Chatter. In: Wege zum Menschen 54 (1), 2-20.

Rainer, Gerhard (1999): Night on Earth. Erkenntnisse eines Chatset Junkies in der „Community". In: Tools & Toys 12. WWW-Ressource: http://www.hrz.uni-dortmund.de/~hytex/chatbib/papers/ rainer.pdf.

Reid, Elizabeth (1991): Electropolis: Communication and Community on Internet Relay Chat. Honours Thesis on IRC, University of Melbourne, AU, Department of History. WWW-Ressource: http://www.aluluei.com/.

Roberts, Lynne D., Leigh M. Smith & Clare Pollock (1996): Exploring virtuality: Telepresence in text-based virtual environments. Paper presented at the Cybermind Conference (29th November-1st December 1996). Perth, Western Australia: Curtin University of Technology. WWW-Ressource: http://www.nicola-doering.de/Hogrefe/roberts.htm.

Scherer, Helmut & Werner Wirth (2002): Ich chatte – wer bin ich? Identität und Selbstdarstellung in virtuellen Kommunikationssituationen. In: Medien + Kommunikationswissenschaft, 50 (3), 337-358.

Schütz, Alfred & Thomas Luckmann (1979): Strukturen der Lebenswelt. Band. 1. Frankfurt am Main.

Schütz, Alfred (1972). Gesammelte Aufsätze. Band 2. Den Haag.

Storrer, Angelika (2001): Getippte Gespräche oder dialogische Texte? Zur kommunikationstheoretischen Einordnung der Chat-Kommunikation. In: Andrea Lehr, Matthias Kammerer et al. (Hrsg.): Sprache im Alltag. Beiträge zu neuen Perspektiven in der Linguistik. Berlin, 439-466.

Weinberger, Armin & Heinz Mandl (2001): Wandel des Lernens durch Neue Medien – das virtuelle Seminar „Empirische Erhebungs- und Auswertungsverfahren". In: Helmut F. Friedrich & Friedrich Hesse (Hrsg.): Partizipation und Interaktion im virtuellen Seminar. Münster, 243-268.

Der vorstehende Beitrag ist ein vom Verlag genehmigter Reprint des Artikels „Wissenskommunikation in themenbezogenen Chat-Räumen", zuerst erschienen in: Medien + Erziehung – Zeitschrift für Medienpädagogik 47 (5). 2003, 100-114.

Max Harnoncourt, Astrid Holzhauser,
Ursula Seethaler & Paul Meinl

Referenzierbarkeit als Schlüssel zum effizienten Chat

1   Einleitung

Seit 1999 entwickelt die Firma *factline Webservices GmbH* webbasierte Content- und Community-Management-Systeme für virtuelle Wissensgemeinschaften. Das Ergebnis der bisherigen Arbeit ist der *factline Community Server* (im Folgenden: *FCS*).

Bei der Entwicklung des *FCS* wurde der Fokus auf einfache und verlässliche Vernetz- und Verknüpfbarkeit aller auf dem System publizierten Informationen gelegt. Der Grundgedanke dieser Entwicklungsstrategie ist die Annahme, dass es für die Zusammenarbeit virtueller Wissensgemeinschaften unumgänglich ist, verlässlich auf online publizierte Informationen referenzieren (Bezug nehmen) zu können. Dies gilt sowohl für asynchron erzeugte Informationen wie beispielsweise Forumsbeiträge als auch für synchron erzeugte Texte wie sie im Chat üblich sind.

Als Lösung für die Vernetzung asynchron generierter Texte wurde das Konzept „True Online Publishing" (TOP) entwickelt und gemeinsam mit einigen speziellen Funktionen in den *FCS* implementiert (Näheres dazu siehe Abschnitt 2).

In Bezug auf den Chat stellte sich heraus, dass mit der herkömmlichen seriellen Chattechnologie das Problem der Referenzierung von Chatbeiträgen kaum gelöst werden kann. Es galt daher, alternative Chatkonzepte ausfindig zu machen, auf ihre „Referenzierungsfähigkeit" hin zu analysieren und die daraus gewonnenen Erkenntnisse in ein neues Chatwerkzeug einfließen zu lassen. Das Ergebnis dieser Auseinandersetzung ist der *factchat*. Das hervorstechende Merkmal des *factchat* ist die Möglichkeit, Chatbeiträge frei auf einem Board zu positionieren, wodurch es durch räumliche Nähe möglich wird, Bezug auf bestimmte Beiträge zu nehmen.

In den nächsten Abschnitten werden folgende Themen behandelt:

- Abschnitt 2 erläutert die allgemeine Entwicklungsstrategie von *factline*, die maßgeblich für die Entwicklung des *factchat* verantwortlich war.
- In Abschnitt 3 beschäftigen wir uns mit dem Potential und den Problemen des Einsatzes von Chattechnologien in der Arbeitswelt.
- In Abschnitt 4 werden die Vorteile des *factchat* gegenüber der seriellen Chattechnologie dargelegt.
- Abschnitt 5 beschäftigt sich mit Überlegungen zu speziellen Eigenschaften des *factchats*.
- In Abschnitt 6 werden zwei aktuelle Forschungsprojekte vorgestellt: *viwiKom* – ein Projekt, in dem der breite Einsatz des *factchat* an der Universität Wien getestet wird; *geoTalk* – ein Projekt zur Integration von Raumdaten (GIS, z.B. Landkarten oder Stadtpläne) in den *factchat*.

2   Entwicklungsstrategie von *factline*

2.1   Ziel

factline beschäftigt sich mit der Entwicklung von Internetsoftware für virtuelle Wissensgemeinschaften (Knowledge Communities). Darunter verstehen wir alle Gemeinschaften (Lern-, Projekt-, Expertengruppen etc.), deren Mitglieder sich mittels „virtueller Arbeitsräume" vernetzen wollen, mit dem Ziel, Wissen auszutauschen, gemeinsam aufzubereiten und zu präsentieren. Die Software soll in gleicher Weise für synchrone als auch für asynchrone Kommunikation geeignet sein.

2.2   Ansprüche

Die Arbeit mit online publizierter Information, deren Veränderungen man nicht nachvollziehen kann oder die unangekündigt verschwinden, ist problematisch. Inhalte müssen daher auf verlässliche Weise verfügbar sein.

Ein entscheidender Vorteil von Online-Texten liegt in der Vernetzbarkeit von Inhalten. So können Texte über Hyperlinks sehr einfach mit anderen Informationen in Kontext gesetzt werden. Es ist daher wichtig, die Vernetzbarkeit bestmöglich zu unterstützen, ohne dass die Funktionstauglichkeit von Hyperlinks darunter leidet.

2.3   Ergebnis

Das Ergebnis der Entwicklungsarbeit von *factline* ist der *factline Community Server* (*FCS*), ein Content- und Community-Management-System (CMS) für virtuelle Wissensgemeinschaften im Inter-, Intra- und Extranet. Die zuvor erläuterten Ansprüche wurden mit dem Konzept „True Online Publishing" (TOP) umgesetzt.

Mit TOP werden dauerhafte Verknüpfungen und wissenschaftliches Zitieren von Information im World Wide Web möglich. Im Gegensatz zum herkömmlichen Link, der lediglich die Seite im Internet angibt, auf der die Information zu einem bestimmten

Zeitpunkt abgelegt ist (Verweis auf eine URL) werden auf dem *factline Community Server* alle Informationen mit einer eindeutigen Identifikationsnummer („infoID") ausgestattet. Auch wenn Information verschoben wird, identifiziert der Verweis die Information selbst und bleibt daher bestehen. Es gibt also keine „toten Links". Weiterhin gewährt TOP eine Bestandsgarantie: Bei Eingabe der Information muss festgelegt werden, wie lange diese Information garantiert verfügbar bleiben soll. Erst durch diese Transparenz wird es möglich, sich auf online publizierte Information verlassen und damit arbeiten zu können. Möchte also jemand eine bestimmte Information in einen von ihm erstellten Text einbinden, so kann er mittels Bestandsgarantie darauf achten, dass sein Text immer gemeinsam mit der referenzierten Information verfügbar bleibt. Damit kann er vermeiden, dass sein Text durch nicht funktionierende Verweise nach einiger Zeit unvollständig wird.

Eine weitere wesentliche Funktionalität im Zusammenhang mit dem effizienten Verknüpfen von Informationen ist der dynamische Link. Der *FCS* verfügt über ein eigenes Versionierungssystem, mit dem Dokumente editiert werden können, ohne dass ältere Versionen verloren gehen. Auf jede publizierte Version kann explizit verwiesen werden. Beim Setzen eines Links auf ein Dokument innerhalb des *FCS* hat man die Option, entweder auf die jeweils aktuellste Version (= dynamischer Link) oder auf eine ganz bestimmte Version eines Dokuments zu verweisen.

Die Kombination aus gesicherter Verfügbarkeit online publizierter Information und dynamischen Links verbessert maßgeblich die Erstellung komplexer, asynchron generierter Hypertexte.

Die in Abschnitt 2.2 formulierten Ansprüche gelten natürlich auch für synchron generierte Daten, also den Chat. Mit dem heute am häufigsten implementierten Typ von Chat, dem „seriellen Chat" (siehe Abschnitt 3), ist jedoch das Bezugnehmen (Referenzieren von Chatbeiträgen) so gut wie unmöglich. Entsprechende Argumente werden in Abschnitt 4.1 näher ausgeführt. In Abschnitt 4.2 wird anschließend der von *factline* entwickelte Lösungsvorschlag, der *factchat*, erläutert.

3   Chat als effizientes Arbeitstool

Entgegen häufig geäußerter Meinungen sind wir davon überzeugt, dass Chatkommunikation eine wertvolle Ergänzung des Kommunikationsspektrums in der Arbeitswelt sein kann. Um die Anforderungen der Chattechnologie im Arbeitsumfeld einschätzen zu können, wurde eine Diplomarbeit angeregt, in der das Thema „Chat-Technologien in der Arbeitswelt" (Holzhauser 2003) näher untersucht wurde. Die wichtigsten Ergebnisse dieser Arbeit werden im Folgenden kurz zusammengefasst.

3.1   Wo wird Chat bereits eingesetzt?

Holzhauser (2003) konnte im Zuge ihrer Arbeit Chatanwendungen in folgenden vier Bereichen finden:

- *Interne Firmen- und Projektkommunikation:* In diesem Bereich werden vorwiegend Chat-Tools verwendet, die in ein Instant-Messanger-Programm eingebettet sind. Die hierdurch wohl ausschlaggebendste Zusatzfunktion zum Chat ist die „presence awareness" (Anwesenheitsanzeige). Diese gibt über die Verfügbarkeit einzelner Mitarbeiter Auskunft. Dadurch kann viel Zeit gespart werden, die normalerweise für das Erreichen (per Telefon oder realer Begegnung) eines Kollegen aufgewendet werden muss. Diese transparentere, erhöhte Erreichbarkeit bildet den Rahmen für neuartige, spezielle Kommunikationsphänomene. Konkret vereinbarte Meetings in speziellen Chat-Räumen scheinen noch selten zum Einsatz zu kommen.

- *Kundenbetreuung:* Neben der klassischen Face-to-Face-Kommunikation mit Kunden in einer Geschäftsfiliale oder dem Gespräch über Telefon bietet das Internet einige neue Möglichkeiten. Websites, Foren und E-Mail Kommunikation haben sich schon stark durchgesetzt, der Einsatz von Chat-Tools als synchrone Kommunikationsvariante im Internet erfolgt jedoch z.T. noch sehr zaghaft. Diese Variante bietet jedoch einige Vorteile:
  1. Kein Medienbruch (siehe auch 3.3)
  2. Sehr kostengünstig für beide Seiten (Kunde & Unternehmen)
  3. Zeitgleiche Kommunikation
  4. Geringer Zeitverlust für beide Seiten

- *Gruppendiskussionen in der Marktforschung:* Vermehrt wird das Medium Internet auch in der Marktforschung eingesetzt. So werden beispielsweise Online-Gruppendiskussionen durchgeführt. Laut Naderer & Wendpap (2000) steht der Begriff Gruppendiskussion (englisch „focus group") in der Marktforschung für eine durch eine(n) Moderator(in) geleitete Gruppe, die über ein gemeinsames Thema diskutiert. Ein Moderator gibt feste Rahmenbedingungen und Regeln vor, an die sich alle Teilnehmer halten müssen. Von Online-Gruppendiskussionen deutlich abzugrenzen sind e-Mail-Focus-Groups. Diese kommunizieren asynchron, ermöglichen also keine zeitgleiche Kommunikation zwischen den Teilnehmern.

  Erste Berichte über die Durchführung von Online-Gruppendiskussionen gab es Mitte der 90er Jahre. Die rasante Entwicklung der Online-Technologien erweitert das Möglichkeitsspektrum kontinuierlich. Der Einsatz von Online-Gruppendiskussionen verspricht vor allem eine kostengünstigere Durchführung und eine Verringerung von sozial erwünschten Antworten. Selbstverständlich werden Online-Gruppendiskussionen die traditionellen Formen nicht ablösen. Diese Variante stellt nur eine „attraktive Ergänzung des marktforscherischen Methodenspektrums" (Naderer&Wendpap, 2000) dar. Online-Gruppendiskussionen haben ihre eigenen speziellen Stärken in thematischer als auch methodischer Hinsicht. Laut Naderer & Wendpap (2000) sind dies:

  - Zeit- und Kostenvorteile
  - Regionale Unabhängigkeit
  - Wechselseitige Kommunikationsmöglichkeiten zwischen Moderator und Beobachter
  - Größere Anonymität
  - Automatisch erzeugtes Gesprächstranskript

  Natürlich hat diese Methode auch Grenzen:

  - Beschränkte Repräsentativität (keine flächendeckende Verbreitung des Internet)
  - Eingeschränkte Kommunikationsmöglichkeiten (keine körperliche Kommunikation, nonverbale Techniken nicht einsetzbar)
  - Höherer Einsatz des Moderators notwendig, um die Diskussion erfolgreich durchzuführen

- *Personalrekrutierung:* In diesem Bereich konnte Holzhauser (2003) zwei Beispiele finden. Am bekanntesten sind die virtuellen Jobmessen des Jobportals *www.jobfair.de*. Einmal im Monat werden die Tore der virtuellen Messe für fünf Stunden geöffnet. Etwa 4000 Interessenten durchsuchen das Angebot von durchschnittlich 50 Unternehmen. An jedem Stand können Internet-User mit Firmenvertretern chatten und ihre Bewerbungsmappen hiterlassen. Unternehmen nutzen diesen Service als Vorstufe zum Bewerbungsgespräch oder Assessment Center.

Das zweite gefundene Beispiel betrifft den Personalchat auf der Website der *Siemens AG* (vgl. hierzu Puck & Exter in diesem Band).

In allen vier Anwendungsbereichen werden eigenständige Entwicklungsfortschritte erzielt. In jedem Fall ist eine Chattechnologie immer Teil einer größeren, umfassenden Kommunikations- oder Arbeitssoftware. Chats allein kommen in der Arbeitswelt bisher nicht zum Einsatz. Je nach Anwendungsbereich gibt es unterschiedliche Ansätze, welchen Funktionsrahmen ein Chat braucht. So gibt es einerseits Funktionen, die nur für einen bestimmten Anwendungsfall brauchbar sind, andererseits werden aber auch Funktionalitäten entwickelt, deren Einbindung sehr wohl auch für andere Bereiche von Nutzen sein könnte. Aus diesem Grund wären eine verstärkte Zusammenarbeit und ein intensiver Erfahrungsaustausch für die weitere Entwicklung von Chat-Technologien und ihrer allgemeinen Verbreitung für alle Beteiligten vorteilhaft.

3.2 Gründe für die noch geringe Nachfrage

In der Öffentlichkeit wird Chatten häufig als eine jugendliche, Spaß orientierte und informelle Form des Austauschs angesehen, die nichts mit der Arbeitswelt zu tun hat. Die Sprache ist gespickt mit vielen neuen Modewörtern und Abkürzungen. Bisweilen wird dies als Anzeichen eines „Kulturverfalls" interpretiert. Das Medium Chat wird also oft in keinem sehr positiven Licht gesehen. Stellt man dem jedoch die speziellen Vorteile des „geschriebenen Gesprächs"[1] gegenüber, so liegt die Vermutung nahe, dass das schlechte Image für die geringe Verbreitung von Chats im Arbeitsbereich mitverantwortlich ist.

Ebenso dürften die offensichtlichen Defizite der seriellen Chattechnologie eine Rolle spielen (siehe dazu Abschnitt 3). Die ersten Erfahrungen mit Chats werden meistens mit seriellen Chats gemacht. Wegen der Beschränkungen dieser Art von Chats wird dann oft die Chatkommunikation als Ganze für kaum effizient einsetzbar erachtet. Alternative Ansätze liegen außerhalb der Vorstellungskraft der meisten Internetbenutzer und sind noch kaum bis in die breite Öffentlichkeit vorgedrungen. Wie den folgenden Absätzen zu entnehmen sein wird, bestehen oft auch sehr individuelle Gründe, die zu einer Ablehnung der Chattechnologien führen.

Die Notwendigkeit sich in Chatgesprächen kurz und prägnant auszudrücken, macht es mühsam, mit Höflichkeitsfloskeln zu operieren. Das Medium drängt zur Verwendung informeller Kommunikationsgepflogenheiten. Weiterhin ist zu bemerken, dass in privaten Freizeitchats Schriftsymbole wie z.B. Smileys intensiv eingesetzt werden, um das Fehlen von nonverbalen und stimmlichen Mitteln zu kompensieren.

Der Einsatz von Chats in der Arbeitswelt erfordert demzufolge einen informelleren Zugang zum Thema Kommunikation, was dem Anschein nach viele Berufstätige als unangebracht empfinden.

---

1   Uns ist durchaus bewusst, dass mit dem Terminus Gespräch, das mündlich Gesprochene gemeint ist. Da es zwischen Face-to-Face-Kommunikation und dem schriftlichen Chat einige Gemeinsamkeiten gibt, verwenden wir im Folgenden häufig den Begriff „Chatgespräch" oder „geschriebenes Gespräch".

Abschließend sind noch zwei ganz triviale Gründe für die derzeit geringe Verbreitung von Chats in der Arbeitswelt zu nennen: Wenn ein oder mehrere Gesprächsteilnehmer nur sehr langsam tippen können, kann dies den Gesprächsverlauf erheblich verzögern. Daneben sind Personen, die orthografische oder grammatikalische Schwierigkeiten haben, nur sehr schwer zu einem Chat im Arbeitsumfeld zu motivieren.

3.3 Vorteile der Chat-Kommunikation

Unter Berücksichtigung der vielen verschiedenen Chatumgebungen und deren unterschiedlichem, spezifischen Funktionsangebot lassen sich folgende grundlegende Vorteile von Chatanwendungen im Allgemeinen hervorheben:

1. *Kostengünstige synchrone Kommunikation:*
    Zum Arbeitsalltag vieler Firmen gehört die Kommunikation zwischen Mitarbeitern unterschiedlicher Firmenstandorte. Reale Treffen sind nur durch zeitraubende und teure Geschäftsreisen möglich. Daher werden häufig Telefon- und Videokonferenzen als alternative Kommunikationsmöglichkeiten verwendet. Diese sind allerdings im Vergleich mit Kommunikationsformen via Internet noch immer wesentlich kostenintensiver. Technisch gesehen können Telefongespräche oder Videoübertragungen zwar bereits über das Internet abgewickelt werden, in der Praxis sind die Bandbreiten der Internetleitungen für diese Kommunikationswerkzeuge jedoch noch nicht ausreichend. Der Chat bietet sich daher als eine flexiblere Variante an: weniger Technik, einfache Organisation und kostengünstige Durchführung.

2. *Automatische Protokollierung von Kommunikationsverläufen:*
    Die Dokumentation von Besprechungen ist in den meisten Fällen von großer Wichtigkeit. Das Erstellen eines Protokolls stört jedoch erstens die aktive Teilnahme am Gespräch und benötigt zweitens zusätzlichen, nachträglichen Zeitaufwand. Die Tätigkeit des Protokollierens entfällt beim Chat: es braucht niemand mitzuschreiben, da das System alle getippten Beiträge automatisch abspeichert.
    Zusätzlich hat sich gezeigt, dass bei Chatgesprächen die Teilnehmer ihre Beiträge von vornherein auf das Wesentliche reduzieren. Naderer & Wendpap (2000) führen an, dass die Quantität der Beiträge im Chat geringer ist, jedoch die Qualität von Chat-Diskussionen realen Gruppendiskussionen in nichts nachsteht.
    Werden in einem Chat-Raum die Gespräche für alle Beteiligten archiviert, so können zum Beispiel einzelne Personen, die zu bestimmten Chat-Terminen verhindert sind, das Versäumte später nachlesen.

3. *Schneller Informationsaustausch ohne Medienbruch im Internet:*
    Daten- oder Informationsaustausch kann mit Hilfe von verschiedenen Medien erfolgen (Sprache, Papier, Internet,...). Werden während eines Austauschprozesses mehrere unterschiedliche Medien verwendet, so kommt es bei jedem Übergang von einem Medium in das andere zu einem Medienbruch. Medienbrüche verursachen Kosten, meistens in Form von Übertragungs- und Bearbeitungsaufwand.
    Diese Medienbrüche und ihre Kosten können durch das Angebot eines zusätzlichen Kommunikationskanals auf der gleichen Medienoberfläche vermieden werden. Stellt ein Unternehmen seinen Kunden oder Interessenten auf seiner Website einen Chat als Dialogtool zur Verfügung, ist es dem Unternehmen jederzeit möglich, Webinformationen via Chat direkt und ohne Medienwechsel zu vertiefen. Die synchrone Kommunikation kann in solchen Fällen wesentlich dazu beitragen Zeit und Kosten einzusparen, sowie Interessenten unmittelbare Präsenz zu signalisieren.

Zu diesen drei grundlegenden Vorteilen lassen sich noch weitere aufzählen. Diese stehen jedoch meistens in starkem Zusammenhang mit den konkreten Anwendungsbereichen eines Chats.

4   Chattechnologien im Überblick

Idee bei der Entwicklung des Content- und Community-Management-Systems *FCS* war es, zusätzlich zur Möglichkeit einer asynchronen Erstellung und Bearbeitung von Information (Texte, News, Downloads, Forum etc.) auch synchrone Kommunikations- und Arbeitswerkzeuge anzubieten. Hierbei sollte ein Chat, der den von *factline* formulierten Anforderungen (siehe Abschnitt 2.2) entspricht, zum Einsatz kommen.

Da die konventionellen seriellen Chats diese Anforderungen nicht erfüllen, entwickelten wir eine alternative Chat-Technologie, den *factchat*. Zur besseren Nachvollziehbarkeit werden im Folgenden zunächst die von uns gesehenen Nachteile des seriellen Chats erläutert. Anschließend stellen wir unseren Lösungsansatz, den *factchat*, sowie dessen Potential für den Einsatz in der Arbeitswelt vor. Im Vergleich dazu wird am Ende dieses Kapitel noch der Lösungsansatz des *ThreadChat* vorgestellt.

4.1 Problempunkte der seriellen Chattechnologie

Wenn man von einem „Chat" spricht, so haben die meisten Internetbenutzer die Benutzeroberfläche eines seriellen Chats vor Augen. Die typische Oberfläche eines seriellen Chats erkennt man an dem Textbereich, der wie ein Filmabspann über den Bildschirm läuft. Darin sind die vergangenen Nachrichten aller Chat-Beteiligten zu lesen. Dieser Bereich wird oft „History" genannt. Neue Textbeiträge erscheinen am unteren Ende dieser History, so dass die älteren Beiträge Zeile für Zeile nach oben wandern. Sind die Beiträge am oberen Rand angelangt, verschwinden sie aus der Anzeige. Man kann aber jederzeit mit Hilfe eines Scrollbalken zu diesen älteren Nachrichten zurückblättern. Unter dem History-Bereich befindet sich eine Eingabezeile, in welche der Benutzer eigene Nachrichten eintippen kann. Mit Betätigung der Eingabetaste wird die Nachricht losgeschickt und erscheint binnen kurzer Zeit im History-Feld aller übrigen Chat-Teilnehmer.

Um mit einem seriellen Chat erfolgreich kommunizieren zu können, müssen bestimmte Fertigkeiten (wie z.B.: zahlreiche programmspezifische Funktionskürzel, Referenzierungsmethoden, ...) erlernt werden. Doch selbst mit speziellen Fertigkeiten wird man bei dieser Chattechnologie mit bestimmten Kommunikationshindernissen konfrontiert.

1. *Unklare Frage-Antwort-Beziehungen:*
    Chatbeiträge (Postings) erscheinen streng in einer vom Zeitpunkt ihrer Verschickung abhängigen Reihenfolge untereinander am Bildschirm. Es gibt keinerlei erkennbaren Bezug zu anderen Nachrichten. Dies Nachvollziehen eines Erzählstranges wird dadurch sehr erschwert. Dieser Schwierigkeit wird oft dadurch entgegengewirkt, dass ein Posting mit einem kopierten oder wiederholten Ausschnitt der jeweiligen Bezugsnachricht eingeleitet wird.

2. *Parallele Gespräche wirken als Störgeräusch:*
   Durch die serielle Anordnung wird viel Zeit mit dem Lesen von nicht relevanten Chat-Beiträgen vergeudet. Erst nachdem ein Beitrag gelesen wurde, kann man ihn einem Erzählstrang zuordnen.

3. *Fehlerkorrektur nicht möglich*
   Fehlerhafte Beiträge, gleich ob es sich dabei um inhaltliche, grammatische oder orthografische Fehler handelt, können nicht mehr rückgängig gemacht werden. Der Geschriebene Beitrag bleibt für alle Teilnehmer sichtbar, auch wenn im Folgenden der Fehler durch einen neuen Beitrag korrigiert wird. Das Aufklären von Missverständnissen ist mit viel Schreib- und daher Zeitaufwand verbunden.

4. *Keine Verlinkung auf ältere Beiträge möglich:*
   Bereits das Referenzieren auf unmittelbar zuvor geschriebene Chatbeiträge ist in einem seriellen Chat sehr schwer. Demnach ist das Referenzieren auf ältere Beiträge, die schon lange vom Bildschirm verschwunden sind, fast unmöglich. Man müsste einen ganzen Gesprächsstrang kopieren, um einen Kontext vermitteln zu können. Wird die Chat-History erst gar nicht gespeichert, ist ein Referenzieren unmöglich.

5. *Keine Anhaltspunkte und Regelungen zum Redewechsel:*
   Beim verbalen Gespräch ist ein geplanter Redewechsel (z.B. der Abschluss einer Aussage oder die Absicht, etwas zu sagen) über nonverbale sowie stimmliche Anhaltspunkte erkennbar. Für den geordneten Ablauf eines Gesprächs ist diese Information unumgänglich. Der serielle Chat bietet hierfür keinerlei Ersatzfunktionen an.

4.2 Die Lösung für den *FCS*: der *factchat*

4.2.1 Inspiration für den *factchat*

Mit dem *factchat* haben wir versucht, einen Ansatz zu realisieren, der direktes Referenzieren im Chat ermöglichen soll. Dieser baut auf der Idee des *fog Chat* auf, der im Jahre 1998 auf der Website der Wiener Firma *The Thing Enterprise* verfügbar war. Beim *fog Chat* wurden die Nachrichten räumlich positioniert. Diese räumliche Positionierung wurde im *factchat* durch die Einführung einer Zeitdimension erweitert. Die Kombination von Raum und Zeit ermöglicht ein klares Verfolgen von Kommunikationsverläufen, sowohl während ihrer Entwicklung als auch im Nachhinein.

Dieses Basiskonzept wurde im Laufe der Zeit durch weitere Detailfunktionen ergänzt.

4.2.2 Beschreibung des *factchat*

Der *factchat* ist ein auf *Java* und *php* basierender Webchat. Vor dem Einstieg in den *factchat* wird ein Chatnahme gewählt:

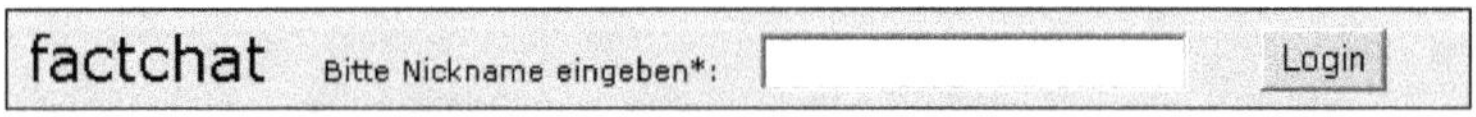

Abb. 1: Login für den *factchat*.

Anschließend wählt der Nutzer eine Farbe für die Anzeige seiner Kommunikationsbeiträge:

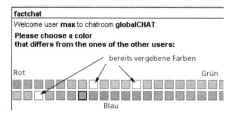

Abb. 2: Farbauswahl.

Nach der Farbwahl wird automatisch ein Chat-Applet mit der aktuellen Chat-History geladen:

Abb. 3: *factchat*-Oberfläche.

In einem grauen Texteingabefenster kann jeder Teilnehmer nun seine Chat-Beiträge frei positionieren. Dazu klickt man an eine beliebige Stelle im grauen Fenster, um an dieser Stelle dann eine Nachricht einzugeben. Nach spätestens 30 Zeichen erfolgt ein automatischer Zeilenumbruch, so dass die Nachrichten ein kompaktes Kästchen ergeben und keine langgezogenen Zeilen entstehen.

Um den Chat-Beitrag abzuschicken, damit alle User ihn lesen können, betätigt man wie auch in seriellen Chats die Eingabetaste. Erst dadurch wird die Nachricht auch fix platziert. Bis dahin gibt es die Möglichkeit, das Nachrichtenkästchen mit der Maus beliebig im Eingabefenster zu verschieben und zu positionieren. Um neue Nachrichten von alten unterscheiden zu können, verblassen die alten im Laufe der Zeit und verschwinden im Hintergrund.

Die neueste Nachricht ist immer am deutlichsten zu sehen. Mit Hilfe eines Reglers kann man die Anzahl der Nachrichten, die gleichzeitig im Eingabefenster angezeigt werden sollen, steuern. Je nach Wunsch können Nachrichten bestimmter User ausgeblendet werden.

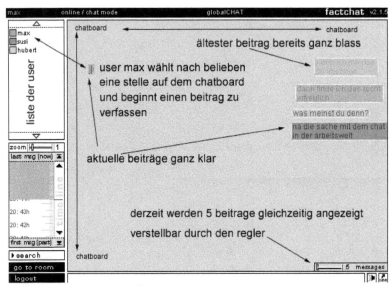

Abb. 4: Chat-Beiträge eingeben und lesen.

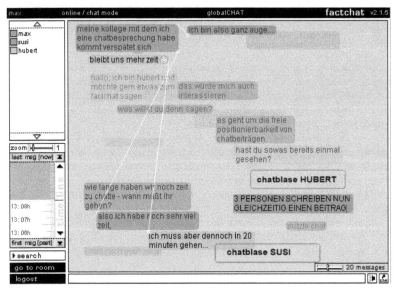

Abb. 5: Positionieren von Chat-Beiträgen.

Beginnt ein Benutzer eine Nachricht zu tippen, sehen alle anderen an der entsprechen Stelle eine leere „Chatblase" wachsen. Damit soll verhindert werden, dass zwei Benutzer gleichzeitig an derselben Stelle eine Nachricht positionieren. Ferner geben diese Blasen zugleich zu erkennen, wann ein Gegenüber aktiv wird und etwas „sagen" will. Vergangene Chat-Gespräche kann man wie auf einem Videoband abspielen. Mit Hilfe einer Zeitachse kann man vor- und zurückspulen.

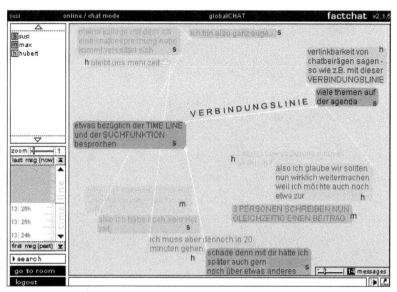

Abb. 6: Visualisierung von Bezügen zwischen Beiträgen durch Verbindungslinien.

Durch räumliche Positionierung der Beiträge können inhaltliche Zusammenhänge sehr einfach und intuitiv sichtbar gemacht werden (z.B. Antwort unter die Frage, Kommentar unmittelbar daneben). Neben dieser Möglichkeit kann man einzelne Nachrichten auch mittels Verbindungslinien zu einander in Beziehung setzen.

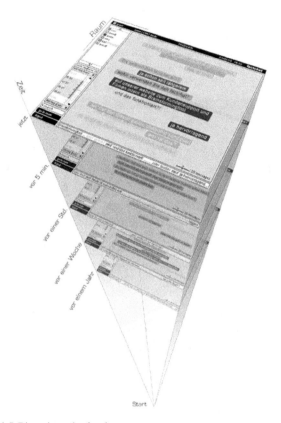

Abb.7: Dimensionen des *factchat.*

Eine integrierte Suchfunktion erlaubt ein gezieltes Auffinden von Nachrichten über Stichwörter und/oder Zeitangaben.

Um Gesprächsprotokolle auszudrucken oder weiterzubearbeiten, können alle Gespräche in Excel-Tabellen exportiert werden.

Im Folgenden wird nun geprüft, inwieweit die unter Abschnitt 4.1 genannten Nachteile serieller Chats beim *factchat* vermieden wurden:

4.2.3 Lösung der Nachteile serieller Chattechnologien durch den *factchat*

1. *Unklare Frage-Antwort-Beziehungen:*
   Räumliche Nähe sowie direkte Verbindungslinien zeigen Kontext-Beziehungen an.

2. *Parallele Gespräche wirken als Störgeräusch:*
   Parallele Gesprächsstränge können räumlich von einander getrennt werden und stören so nicht die Übersichtlichkeit.

3. *Fehlerkorrektur nicht möglich:*
Fehlerhafte Nachrichten können sehr schnell durch Überschreiben mit einem neuen Beitrag korrigiert werden.

4. *Keine Verlinkung auf ältere Beiträge möglich:*
Alte Beiträge werden abgespeichert und bleiben mittels History-Funktion abrufbar. Verbindungslinien können von einem Beitrag auch an nicht mehr sichtbare Postings geknüpft werden. Ein kleines Ankerzeichen an der Nachricht lässt erkennen, dass eine Verbindung zu einem weiter zurückliegenden Beitrag besteht. Per Mausklick kann der referenzierte ältere Beitrag dann in die Anzeige zurückgeholt werden.

5. *Keine Anhaltspunkte und Regelungen zum Redewechsel:*
Der Erstellungsprozess einer Nachricht wird im *factchat* durch leere, wachsende Blasen angezeigt. Die Blasen haben die Farbe des entsprechenden Autors. Für die User ist somit erkennbar, wenn einer der Benutzer an einem Betrag arbeitet, also etwas „sagen" will.

4.2.4 Alternatives Konzept: *ThreadChat*

Ein alternativer Ansatz zur Lösung der erwähnten Problempunkte der seriellen Chat-Technologien ist das Konzept des *ThreadChat* (vgl. Holmer & Wessner in diesem Band).

Bei der Entwicklung dieser Technologie wurde das Augenmerk auf die korrekte Darstellung (klare Zuordnung) von Bezügen zwischen Beiträgen gelegt. Erzielt wird dies durch die Einbindung der in (asynchronen) Diskussionsforen verwendeten Baumstruktur in den Chat.

Die hier noch zu lösende Schwierigkeit ist das Erhalten der Übersichtlichkeit eines Gesprächverlaufes. Wenn laufend immer mehr parallele Erzählstränge anwachsen, können nicht alle neuen Äste der Baumstruktur zeitgleich mitverfolgt werden. Eine schnelle synchrone Kommunikation wird dadurch erschwert. Ein Lösungsansatz wäre hier die Ergänzung durch ein serielles Chatfenster, in dem man die aktuellen Beiträge mitverfolgen kann.

5   Weiterführende Überlegungen zur *factchat*-Technologie

Ein auf dem Prinzip der räumlichen Positionierung von Chatbeiträgen aufbauender Chat könnte in punkto Gestaltung und Funktionalität auch ganz anders aussehen als der *factchat*. Die Frage, die im Folgenden beantwortet werden soll ist: Warum sieht der *factchat* so aus wie er aussieht?

5.1   Technische und administrative Vorgaben

Der *factchat* wurde für die Arbeitswelt entwickelt. Das heißt, es wurde grundsätzlich davon ausgegangen, dass die potentiellen Benutzer ein konstruktives Verhalten an den Tag legen. Innerhalb des Chats sind daher alle User gleichberechtigt, es besteht lediglich die Möglichkeit, einer Person den Zugang zum Chat zu verwehren. Es wurden also bisher so gut wie keine technisch-administrativen Funktionen in den *factchat* implementiert, die eine technische Steuerung des Chatverlaufs ermöglichen würden.

Damit Chat-Sitzungen erfolgreich ablaufen, sollte sich eine Gruppe von Chat-Benutzern vor dem eigentlichen Chat-Einsatz auf bestimmte Kommunikations- und Ablaufregeln einigen. Dies verhält sich nicht anders, als bei realen persönlichen Besprechungen, bei denen Teilnehmer auch nach vereinbarten Agenden vorgehen. Der Vorteil dieser Herangehensweise: Die Kommunikationspartner sind frei bei der Wahl der Spielregeln und werden nicht von technischen Vorgaben begrenzt. Flexibles Reagieren in Ausnahmefällen bleibt ebenfalls im menschlichen Ermessen. Das Risiko: Kann die Gruppe sich auf keine Regeln einigen oder wird dies vergessen, scheitert der Chat möglicherweise.

5.2 Das Chatboard

Auf den ersten Blick scheint der Größe des Boards (also des Bereichs für die Anzeige der Chat-Beiträge) keine besondere Bedeutung zuzukommen. Es zeigte sich jedoch, dass die Boardgröße einen wesentlichen Einfluss auf die Übersichtlichkeit des Chats hat und daher ein wichtiger Parameter ist.

Da der räumlichen Anordnung für das Verständnis des Inhalts große Bedeutung zukommt, müssen alle Nutzer dasselbe sehen (homogener Informationsstand). Das ist nur möglich, wenn alle mit der gleichen Boardgröße arbeiten. Da die Hardware der Nutzer nicht immer dem neuesten Stand der Technik entspricht und die verwendeten Monitore häufig eine sehr geringe Auflösung haben, wurde die Standardausführung des *factchat* für eine Auflösung von 600x420 Pixel entwickelt.

Aufgrund der räumlichen Positionierbarkeit von Chatbeiträgen, kann im *factchat* gleichzeitig über verschiedene Themen gechattet werden. Je mehr Platz zur Verfügung steht, desto mehr Themen können demnach gleichzeitig angeführt werden. Dabei stellt sich jedoch die grundsätzliche Frage, ob es überhaupt erwünscht ist, dass in einem Chatroom viele verschiedene Themen zur gleichen Zeit diskutiert werden. Unserer Meinung nach können hier Parallelen zu Gesprächen in einem realen Raum gezogen werden: Kurzfristig können mehrere parallele Gespräche durchaus Sinn machen, mittelfristig sollten jedoch alle Diskussionsstränge wieder zusammenfinden.

Ein weiterer wichtiger Parameter ist die Board*tiefe*. Darunter ist die Anzahl der dargestellten Beiträge zu verstehen. Beim *factchat* kann dies mittels eines Reglers (rechts unten) eingestellt werden. Wenige Beiträge erleichtern die Gesamtübersicht, viele Beiträge ermöglichen einen „tieferen Einblick" in einzelne Diskussionsstränge. Für die Boardgröße 600x420 Pixel hat sich die Voreinstellung auf 20 Beiträge bewährt. Bei größerem Board könnte diese Anzahl entsprechend erhöht werden.

Entsprechend der Lesegewohnheit verläuft der Gesprächsverlauf im *factchat* meist von links oben nach rechts unten und gerät dann in der Ecke ins Stocken. Die Frage ist nun, welche Möglichkeiten man Usern eröffnen könnte, um an diese Beiträge intuitiv anzuschließen. Ein Lösungsansatz dafür wäre, das Chatboard nach oben und unten sowie nach links und rechts scrollbar zu machen. Damit kann allerdings nicht mehr gewährleistet werden, dass alle Benutzer dieselbe Information sehen. Der homogene Informationsstand ginge verloren. Die derzeit im *factchat* implementierte Lösung ist die Verlinkbarkeit von Chatbeiträgen über sichtbare Verbindungslinien (siehe Abb. 6).

5.3 Überschreibbarkeit von Chatbeiträgen und Chatblasen

Hinsichtlich der freien Positionierbarkeit von Chatbeiträgen galt es zu entscheiden, ob zugelassen werden sollte, Chatbeiträge anderer Benutzer zu überschreiben. Ein großer Vorteil der Überschreibbarkeit von Chatbeiträgen ist die Möglichkeit, Beiträge schnell und nachvollziehbar korrigieren zu können. Wurde beispielsweise eine unpassende Formulierung verwendet, kann diese einfach durch eine geeignetere überschrieben und somit ersetzt werden.

In einer älteren Version des *factchat* kam es relativ häufig vor, dass Beiträge unabsichtlich überschrieben wurden. Dies beeinträchtigte einerseits die Lesbarkeit des Gesprächverlaufes und wurde andererseits von den Nutzern, deren Beiträge überschieben wurden, häufig als unfreundlicher Akt aufgefasst.

Um dies zu vermeiden, wurden die „Chatblasen" (siehe Abb. 5) eingeführt. Sobald ein Benutzer beginnt, einen Chatbeitrag zu verfassen, wird an der betreffenden Stelle eine Art Sprechblase angezeigt. Die anderen User können somit erkennen, an welcher Stelle ein Posting beabsichtigt ist, um Rücksicht darauf zu nehmen.

Die Option, einen Chatbeitrag vor der Eingabe noch verschieben zu können, verursacht auch einen interessanten Nebeneffekt. Die noch leeren Chatblasen können demnach über das Board wandern und somit als Zeichen im Rahmen einer symbolischen Metakommunikation darüber fungieren, wer seinen Beitrag an welcher Stelle platziert.

6   Aktuelle Forschungsprojekte zur Weiterentwicklung des *factchat*

Hinsichtlich der Weiterentwicklung des *factchat* sowie des gesamten *FCS* arbeitet *factline* intensiv mit Anwendern zusammen, die regelmäßiges Feedback über die Nutzung geben. Ein besonderer Fokus liegt auch auf Kooperationen mit wissenschaftlichen Institutionen.

6.1 *viwiKom*

Im Herbst 2003 konnte das Institut für Publizistik- und Kommunikationswissenschaft der Universität Wien für eine Kooperation gewonnen werden. In dem aktuellen gemeinsamen Projekt *viwiKom* (virtuelle wissenschaftliche Kommunikationsplattform) stellt *factline* 900 Publizistikstudierenden des ersten Semesters (aufgeteilt in 41 Arbeitsgruppen) auf *FCS* basierende Internetplattformen zur Verfügung. Besonderes Augenmerk wird dabei auf die Chatkommunikation innerhalb dieser Gruppen sowie auf extra angekündigte Chat-Events zu konkreten fachspezifischen Themenstellungen gelegt. In Begleitung der inhaltlichen Arbeit werden daher Befragungen zum Einsatz der Arbeitsplattformen sowie des *factchats* durchgeführt.

Da die Nutzung der Plattformen und der Chats nicht anonym und im Rahmen von Arbeitsgruppen (Tutorien) stattfindet, sind diese Anwendungen durchaus mit Situationen in der Arbeitswelt vergleichbar. Es werden daher auch die Möglichkeiten des Chats als Instrument der Unternehmenskommunikation – die bislang erst ansatzweise erkannt und noch kaum erforscht sind – untersucht und hinterfragt.

Die gewonnen Daten sind unter anderem Basis für folgende offene Fragestellungen:

- Ist eine konkrete, themenbezogene Konversation sinnvoll möglich?
- Wie wird der verfügbare Bildschirmraum von den Chatteilnehmern im Rahmen ihrer Gespräche genützt? Trägt dieser zur Strukturierung und Verständlichkeit von Dialogen bei?
- Ermöglicht die Nutzung eines Eingabeboards mit räumlichen Positionierungsmöglichkeiten den Einsatz von Moderationsmethoden, wie sie bei realen Gruppendiskussionen vor Ort (mit einem extra Flipchart,...) eingesetzt werden?
- Wie beeinflusst die Beziehungsstruktur der Kommunikationspartner (Teilnehmer kennen sich, Anonymität) den Kommunikationsfluss?
- Erleichtert die Referenzierbarkeit der Beiträge die Verständlichkeit des Gesprächs? Reduziert die Möglichkeit zur Referenzierung den Zeitdruck, der bei seriellen Chats auftritt?

Im Allgemeinen werden also die Besonderheiten der Kommunikation in den Chats der Studentengruppen beobachtet, analysiert und evaluiert. Als Ergebnisse erwarten wir uns einen ersten Einblick in die Besonderheiten (Stärken und Schwächen) derartiger Chat-Kommunikation.

6.2 geoTalk

Im Rahmen eines zweiten Forschungsprojektes wurde eine Kooperation zwischen den Unternehmen *multimediaplan* und *factline* sowie wissenschaftlichen Einrichtungen der Technischen Universität Wien, der Wirtschaftsuniversität Wien und dem Institut für Publizistik initiiert. Im Mittelpunkt des Projekts steht die Verknüpfung des *factchat* mit Daten eines geografischen Informationssystems (GIS).

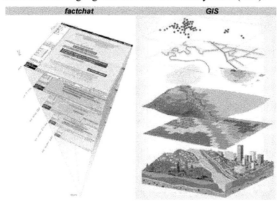

Abb. 8: Die Dimensionen des *factchat* und von geografischen Informationssystemen (GIS).

Effiziente Diskussionen über räumliche Informationen sind bisher praktisch nur in „der realen Welt", persönlich und zeitgleich vor Ort oder anhand zur Verfügung stehender Materialien (Karten, Pläne), möglich. Werden Daten auch in „der digitalen Welt" räumlich und zeitlich klar referenzierbar, so lässt sich die Herstellung des notwendigen Gesprächskontextes stark vereinfachen. Erklärende oder beschreibende Textteile können stark reduziert werden. Räumliches Bezugnehmen im realen Raum, meist realisiert mittels nonverbaler Gesten (Zeigen), wird in der digitalen Welt durch Markierungen auf GIS-Daten wesentlich präziser und ortsübergreifend möglich.

Derzeit ist keine Technologie auf dem Markt erhältlich, die es mehreren Personen gleichzeitig ermöglicht, über räumliche Problemstellungen auf Basis von Karten und GIS-Daten via Internet zu diskutieren. Beide Technologien, der *factchat* als auch GIS-Systeme, verfügen über eine Zeit- und eine Raumdimension. Eine Kombination dieser beiden Technologien scheint für die genannte Problemstellung eine adäquate Lösung bieten zu können.

Abb. 9: Beispiel: *factchat*-Beiträge verknüpft mit Plankoordinaten.

Das anwendungsorientierte Forschungs- und Entwicklungsprojekt bzw. deren Teilnehmer widmen sich im Laufe der Konzeption und Umsetzung von *geoTalk* insbesondere auch nutzerorientierten Fragestellungen. So werden unterschiedliche Einsatzszenarien in entsprechenden Bereichen der Informationsbereitstellung (Bauvorhaben, Tourismusinformation, Koordination von freiwilligen Helfern bei Umweltkatastrophen etc.) sowie der Dialog-/Konfliktkommunikation (z.B. Bürgerbeteiligungsverfahren aller Art) analysiert. Ebenso wird die Möglichkeit des Einsatzes von *geoTalk* innerhalb der Projektorganisation bei stark räumlich orientierten Branchen wie z.B. Architekten, Raumplaner, Bauunternehmungen etc. untersucht.

Basis für diese Analysen werden aber auch Fragestellungen sein, die sich vom grundsätzlichen Umgang der User mit Karten und GIS-Daten für die Chatkommunikation ableiten. Solche sind etwa:

- Welche Formen und welche Komplexität von Karten und GIS-Daten werden von Usern in der synchronen Onlinekommunikation akzeptiert bzw. erwartet?
- Welche Möglichkeiten, die einen visuellen Raumbezug herstellen können (Zeiger, Markierung etc.) müssen bereitgestellt werden, damit diese Raumbezüge während eines Chats effizient lesbar sind?
- Welcher Stellenwert wird der Zeitdimension zugeordnet (z.B. hinsichtlich der rückwirkenden Nachvollziehbarkeit von Gesprächsergebnissen)?

Die Evaluierung der Erfahrungen aus dem *geoTalk*-Projekt wird sich wahrscheinlich um einiges schwieriger gestalten als die Beobachtungen und Analysen des laufenden Projekts mit dem Institut für Publizistik. Dessen ungeachtet meinen wir, dass es an der Zeit ist, die Möglichkeiten der Chatkommunikation durch Visualisierungstechniken zu erweitern und auszubauen, um einen professionellen Einsatz von Chats in der Arbeitswelt und in Unternehmen zu fördern.

7   Fazit

Seit nahezu 5 Jahren beschäftigt sich die Firma *factline* mit webbasierenden Kommunikationsplattformen. Begriffe wie *Teamware, Groupware, Community* oder *Online Collaboration Software* haben eines gemeinsam: Sie beschreiben Werkzeuge, die Menschen die orts- und zeitungebundene Zusammenarbeit über das Internet ermöglichen sollen. Dabei ist ein Chat häufig Bestandteil solcher Gesamtlösungen.

Der Nutzen webbasierter Kommunikationsplattformen liegt auf der Hand: Organisationen jeglicher Art können standort- bzw. organisationsübergreifende Projekte wesentlich effizienter abwickeln. Dennoch, zwischen dem anerkannten Potential und dem tatsächlichen Einsatz derartiger Technologien besteht weiterhin eine erhebliche Kluft. Ein wesentlicher Grund dafür dürfte in den Mängeln der derzeit eingesetzten Technologien liegen, die ein effizientes Zusammenarbeiten via Internet häufig unmöglich machen.

Einer der gewichtigsten konzeptionellen Schwachpunkte der eingesetzten Technologien dürfte in der mangelnden Verknüpfbarkeit von online publizierten Informationen liegen. Die Konsequenz daraus: Benutzer von webbasierten Kommunikationsplattformen kopieren und publizieren laufend bestehende Inhalte anstatt auf gesicherte Informationsbestände via Hyperlink verweisen zu können. Dadurch wächst das Volumen isolierter (nicht in Kontext stehender) und redundanter Informationen.

Wie in diesem Beitrag gezeigt wurde, gilt dies nicht nur für asynchron generierte Daten, sondern in gleicher Weise auch für synchron (z.B. im Rahmen von Chats) erzeugte Daten. Das enorme Potential der chatbasierten Kommunikation für die Arbeitswelt kann vermutlich erst dann voll ausgeschöpft werden, wenn das Problem der Referenzierbarkeit gelöst ist. Der *factchat* mit seiner freien Positionierbarkeit von Chatbeiträgen erscheint uns derzeit die plausibelste Lösung dafür zu sein.

8   Literatur

Holmer, Torsten & Martin Wessner (in diesem Band): Gestaltung von Chat-Werkzeugen zur Verringerung der Inkohärenz.

Holzhauser, Astrid (2003): Chat-Technologien in der Arbeitswelt. Diplomarbeit, Fachhochschule Eisenstadt. WWW-Ressource: http://chat.themenplattform.com/126558.0/.

Naderer, Gabriele & Wendpap, Marion (2000): Online-Gruppendiskussionen – Möglichkeiten und Grenzen. Vortrag auf dem BVM-Kongress 2000 in Basel. WWW-Ressource: http://www.ifm-mannheim.de/veroeffentlichung/gruppendiskussion_online.html.

Puck, Jonas F. & Exter, Andreas (in diesem Band): Der Einsatz von Chats im Rahmen der Personalbeschaffung.

Torsten Holmer & Martin Wessner

Gestaltung von Chat-Werkzeugen zur Verringerung der Inkohärenz

1   Zusammenfassung

Trotz seiner weiten Verbreitung und großen Akzeptanz ist die Nutzung des Mediums Chat mit einer Reihe von Problemen verbunden. Immer wieder wird auf das konversationale Chaos hingewiesen, das durch inkohärente Diskurse hervorgerufen wird. In diesem Beitrag werden die Hauptursachen des konversationalen Chaos analysiert, bisherige nichttechnische und technische Lösungsansätze diskutiert und das Chatwerkzeug ThreadChat vorgestellt, welches mit Hilfe einer Kombination verschiedener Lösungsansätze das konversationale Chaos reduzieren kann.[1]

2   Inkohärenz als typisches Problem des Mediums Chat

Die weite Verbreitung des Mediums Chat für die synchrone textuelle Kommunikation sollte nicht über die mit der Kommunikation per Chat verbundenen Probleme hinwegtäuschen. Als Hauptnachteil des Chats wird das „konversationale Chaos" (Herring 1999, Boos & Cornelius 2001) gesehen. Konversationales Chaos wird durch inkohärente Diskurse erzeugt, bei denen die Bezüge zwischen den Nachrichten unklar sind

---

1   Wir danken Martin Mühlpfordt für die Entwicklung des *Chatblocks*-Frameworks und Axel Guicking für die Implementierung von *ThreadChat* sowie allen Kolleginnen und Kollegen im Forschungsbereich CONCERT am Fraunhofer IPSI für die konstruktive Begleitung und Mitarbeit bei der Entwicklung der hier vorgestellten Konzepte.

und somit mehrdeutige Kommunikationssequenzen entstehen. Inkohärenz verursacht eine höhere kognitive Belastung für die Chatteilnehmer, da sie für das Verständnis des Diskurses die Bezüge zwischen den Beiträgen (re-)konstruieren müssen. Für viele Benutzer ist die Teilnahme an einer inkohärenten Chatdiskussion anstrengend und oft der Grund, Chatdiskussionen zu meiden. Für die erfolgreiche Nutzung dieses Mediums müssen bestimmte Konversationsregeln erlernt werden, die den Besonderheiten des Mediums angepasst sind und sich von den Regeln für mündliche Diskussionen unterscheiden (O'Neill & Martin 2003).

Im Bereich der Freizeitchats (sog. „Social Chats") findet eine Selbstselektion der Benutzer statt. Die übrigbleibenden Benutzer arrangieren sich mit dem Medium und seinen Eigenschaften, entwickeln entsprechende Kommunikationsstile oder empfinden Chats gerade wegen der Inkohärenz als eine anregende Form der Kommunikation (Herring 1999). Aus diesem Grund lassen sich in diesem Nutzungsbereich nur wenige Anstrengungen beobachten, die Ursachen der Inkohärenz zu analysieren und Lösungen für die Erhöhung der Kohärenz zu finden.

In den letzten Jahren nimmt die Nutzung von Chat als Kommunikationswerkzeug im Kontext des computerunterstützten Arbeitens und Lernens zu. Die in Freizeitchats meist nicht weiter thematisierte Inkohärenz des Diskurses wirkt sich im Arbeits- und Lernkontext negativ aus. Beispielsweise erschwert die Inkohärenz die Konstruktion von Wissen in einer Lerngruppe (Boos & Cornelius 2001, Hron et al. 2000). Die Anwender in beruflichen Arbeits- und Lernkontexten nutzen den Chat meist nicht freiwillig, sondern der Chat wird als Arbeits- oder Lernmittel vom Arbeitgeber oder vom Bildungsanbieter bereitgestellt bzw. vorgeschrieben. Die Nicht-Nutzung des Mediums hat – im Vergleich zur Selbstselektion in Freizeitchats – schwerwiegendere Konsequenzen. Um die Akzeptanz und Wirksamkeit des Mediums Chat auch für Arbeits- und Lernkontexte zu erhöhen, ist es sinnvoll, nach Lösungen zu suchen, die die Kohärenz in Chatdiskursen erhöhen und damit effizienteren Wissensaustausch und bessere Problemlösungen zu ermöglichen (siehe auch Linder & Wessner in diesem Band). Ziel solcher Lösungen ist es, die Kommunikation zu unterstützen und die kognitive Belastung, die von der Bearbeitung der eigentlichen Aufgabe (Wissensaustausch, gemeinsames Lernen, Problemlösen) ablenkt, möglichst gering zu halten. Da Inkohärenz die kognitive Belastung erhöht und die Kommunikation erschwert, sehen wir in der Verringerung der Inkohärenz einen erfolgversprechenden Weg, die Akzeptanz und Wirksamkeit des Mediums Chat zu erhöhen.

Der Beitrag ist folgendermaßen aufgebaut: Im nächsten Abschnitt stellen wir die Ursachen der Inkohärenz von Chatdiskursen anhand von Beispielen dar. Danach wird der Begriff Kohärenz diskutiert und ein Maß für die Kohärenz eines Chatdiskurses vorgestellt, das die lokale Kohärenz berücksichtigt. Im darauf folgenden Abschnitt werden Ansätze zur Erhöhung der Kohärenz vorgestellt und ihre Umsetzung in verschiedenen Chatwerkzeugen skizziert. Wir stellen unseren Ansatz zur Erzeugung verknüpfter Diskursstrukturen und das Chatwerkzeug *ThreadChat* vor, das mehrere Ansätze zur Erhöhung der Kohärenz kombiniert. Der Beitrag schließt mit einer Zusammenfassung und einem Ausblick auf zukünftige Entwicklungen.

3 Ursachen der Inkohärenz

Die besonderen Eigenschaften der bisherigen technischen Realisierung von Chatkommunikation sind in der Chat-Literatur gut dokumentiert (Storrer 2001, Herring 1999; Vronay, Smith & Drucker 1999). Man kann sich die wesentlichen Unterschiede zwischen der Face-to-face- und der Chatkommunikation klarmachen, wenn man folgendes Bild (siehe Abb. 1) betrachtet. Die Abbildung zeigt, wie der Modus von Chatkommunikation funktioniert, wenn man statt Computern und getippten Beiträgen ein bewegliches Rollband und handbeschriebene Zettel verwendet.

Abb. 1: Chatroom in „Real Life".

Die Benutzer sind sich in diesem Szenario nicht über die Aktivitäten der anderen Benutzer bewusst, d.h. kein Teilnehmer weiß, ob und welche anderen Teilnehmer gerade einen Beitrag verfassen oder nicht. Die Benutzer veröffentlichen ihre Beiträge erst dann, wenn sie fertiggestellt sind, und fügen sie an das Ende der rollbaren Liste. Alle Beiträge der Benutzer werden in der Reihenfolge der Veröffentlichung dargeboten.

Diese Arbeitsweise erzeugt die Ursachen für Inkohärenz:

– Mangel an Aktivitäts- und Status-Awareness: Die Benutzer wissen nicht, wer gerade anwesend ist und wer gerade einen Beitrag schreibt.
– Mangel an Bezugsindikatoren: Die Benutzer wissen nicht, auf welchen vorhergehenden Beitrag sich ein neuer Beitrag bezieht.
– Parallele Diskussionsstränge (Threads): Die Benutzer wissen nicht, zu welchem Diskussionsstrang ein neuer Beitrag gehört.

Diese Eigenschaften werden wir im Folgenden anhand der ins Deutsche übersetzten Beispiele von Chattranskripten aus Vronay et al. (1999) kurz erläutern.

3.1 Mangelnde Aktivitäts-Awareness

Schwarz:	Wollen wir morgen ins Kino?
Schwarz:	Oder wollen wir etwas Essen gehen??
Rot:	Hört sich gut an, ich bin dabei. Ich frage Blau, ob er mitkommen will.

Die Nachricht von *Rot* ist zweideutig, weil man nicht erkennen kann, auf welche Frage von *Schwarz* sie sich bezieht. Wir schlagen folgende Erklärung vor: Nach der ersten Frage von *Schwarz* begann *Rot* mit dem Verfassen seiner Antwort. Diese Antwort ist relativ lang und ihre Erstellung benötigt eine entsprechende Zeit. *Schwarz* hat nur eine kurze Antwort erwartet und schlägt, nachdem er keine Reaktion von *Rot* sieht, eine weitere Alternative vor. Diese zweite Nachricht von *Schwarz* erscheint vor der Antwort von *Rot* auf die erste Frage und verursacht daher eine Zweideutigkeit, die *Rot* bei der Erstellung seiner Antwort nicht erkennen und beseitigen konnte. Hätte *Schwarz* erkennen können, dass *Rot* bereits angefangen hat, eine Antwort zu verfassen, hätte er wahrscheinlich auf die Antwort gewartet, um die Reaktion von *Rot* zu sehen.

Bei fehlender *Aktivitäts-Awareness* ist den Benutzern nicht erkennbar, welche anderen Benutzer noch an der Diskussion teilnehmen und in welchem Zustand (vor dem Rechner oder nicht, schreibend oder lesend) sie sich gerade befinden. Das führt dazu, dass oft Abfragen wie: „Wer ist noch da?" erfolgen, die nicht zum eigentlichen Gesprächsthema gehören. Das Erstellen dieser Beiträge kostet Zeit und füllt das Transkript mit überflüssigen Nachrichten.

3.2 Fehlende Bezugsindikatoren

Schwarz:	Welche Band magst Du?
Rosa:	Wo kommst Du her?
Rot:	Chicago

Die Nachricht von *Rot* kann hier nicht eindeutig einer der beiden vorherigen Nachrichten zugeordnet werden. Beide Varianten sind möglich und würden einen Sinn ergeben. Wenn Informationen über den zeitlichen Abstand vorhanden wären, könnte man prüfen, ob die Antwort von *Rot* in der Zeit zwischen den Sendezeitpunkten der Beiträge von *Rosa* und *Rot* geschrieben werden konnte. Ohne eine explizite Information im Chattranskript bleibt für den Leser dieser Zusammenhang jedoch unbestimmbar.

3.3 Parallele Diskussionsstränge

Schwarz:	Hast Du schon den neuen Mel Gibson Film gesehen– er heisst "Payback"?
Rosa:	Ich habe die Oskar-Verleihung gesehen, Du auch?
Rosa:	Ja, genau.
Rosa:	Etwas brutal, aber lustig.
Schwarz:	Du hast sie gesehen, war sie gut?
Schwarz:	Wie ging es aus, wer hat gewonnen?
Rot:	Soll gut sein, habe ich gehört.
Rosa:	War OK. „Titanic" hat zum Glück nicht alles abgeräumt

Dieses Beispiel ist wesentlich komplexer und wir verwenden zur Analyse eine Methode, die bereits Herring (1999) benutzt hat, die Explizierung der Adjazenz-Paare, also der Beitragspaare, die sich inhaltlich direkt aufeinander beziehen, unabhängig davon, ob diese im Transkript direkt aufeinanderfolgend erscheinen. Die Bezüge zwischen diesen Beiträgen werden hier durch Halbkreise sichtbar gemacht (siehe Abb. 2), die jeweils zwei Beiträge miteinander verbinden.

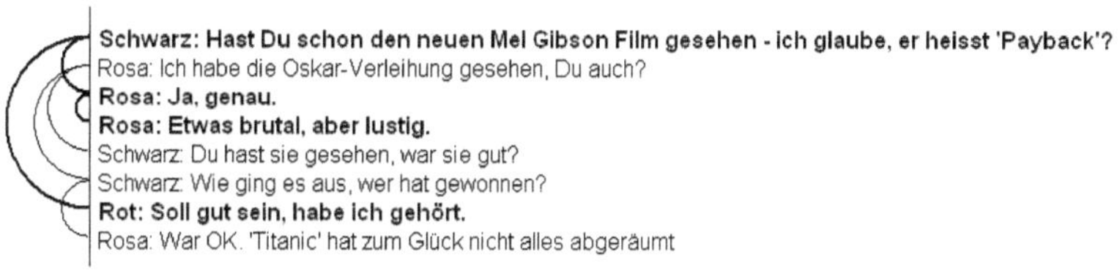

Schwarz: Hast Du schon den neuen Mel Gibson Film gesehen - ich glaube, er heisst 'Payback'?
Rosa: Ich habe die Oskar-Verleihung gesehen, Du auch?
Rosa: Ja, genau.
Rosa: Etwas brutal, aber lustig.
Schwarz: Du hast sie gesehen, war sie gut?
Schwarz: Wie ging es aus, wer hat gewonnen?
Rot: Soll gut sein, habe ich gehört.
Rosa: War OK. 'Titanic' hat zum Glück nicht alles abgeräumt

Abb. 2: Adjazenz-Paare und paralle Gesprächsstränge.

Schwarz beginnt die Konversation mit einer Frage. Der erste Beitrag von *Rosa* ist jedoch nicht die Antwort auf die Frage von *Schwarz*, sondern eine neue Frage. Damit wird ein neues Thema oder auch ein neuer Thread (engl. Gesprächsfaden) begonnen, was in Abb. 2 durch eine andere Textfarbe verdeutlicht wird. Erst der zweite Beitrag von *Rosa* („Ja, genau") ist die Antwort auf die Frage von *Schwarz* und wird durch den nächsten eigenen Beitrag ergänzt. Der folgende Beitrag von *Schwarz* bezieht sich auf die erste Frage von *Rosa*, gefolgt von einer weiteren Frage. Erst jetzt kommt *Rot* zum Zuge und sein Kommentar kann nur durch Schlussfolgern („Soll gut sein ..." bezieht sich vermutlich eher auf den aktuellen Film als auf die vergangene Verleihung) dem ersten Thread zugeordnet werden. Diese Konfusion kommt dadurch zustande, dass *Schwarz* und *Rosa* mehrere Fragen und Antworten hintereinander abschicken, ohne auf die Antworten des anderen zu warten. Dadurch, dass *Rot* scheinbar länger für die Erstellung seines Beitrags gebraucht hat und in der Zwischenzeit andere Beiträge erschienen sind, ist der Kontext seiner Antwort schwer zu erschließen.

Überlappende Gesprächsfäden können aus unterschiedlichen Gründen entstehen:

– In offenen Chatrooms tritt das Phänomen der Paralleldiskussion vor allem dadurch auf, dass sich *verschiedene Gruppen* (meistens Dyaden) untereinander unterhalten und sich deren Beiträge damit gegenseitig überkreuzen.

– Im vorangegangenen Beispiel diskutieren *dieselben Personen mehrere Themen* gleichzeitig und wechseln in ihren Beiträgen jeweils abwechselnd die Themen. Wenn sich im Laufe des Gesprächs zwei Themen ergeben, wird nicht eins nach dem anderen behandelt, sondern alle können dank der Schriftlichkeit des Mediums gleichzeitig bearbeitet werden.

– Dadurch, dass das Tippen einer Nachricht relativ lange dauert, teilen viele Teilnehmer ihren *Beitrag in mehrere Sätze* auf, die jeweils separat gesendet werden. Wenn dies die anderen Teilnehmer auch parallel tun, verteilen sich die Beiträge wie die Karten eines Kartenspiels beim Mischen durch Zusammenschieben.

– Wenn mehr als zwei Teilnehmer miteinander sprechen, ergibt sich oft die Situation, dass *ein Beitrag mehrere Antworten* zur Folge hat. Wenn jetzt der Fragende jeder Antwort eine weitere Nachricht widmet, verzweigt sich die Diskussion unvermeidlich in mehrere Stränge, deren parallele Verfolgung sehr komplexe Strukturen zur Folge haben kann.

– Wenn die Benutzer eines Chats versuchen, *fehlende Bezüge zu erfragen* („Wie hast Du Beitrag X gemeint?"), entsteht ein zusätzlicher Anteil an „Rauschen", also an Diskussion, die nicht mehr inhaltsbezogen ist, sondern sich auf einer Meta-Ebene abspielt und parallel zum Hauptstrang verläuft.

Nicht alle dargestellten Situationen sind für die Teilnehmer a priori von Nachteil, auch wenn sie die Inkohärenz erhöhen. Denn die Möglichkeit, mehrere Themen gleichzeitig und damit zeitsparend zu diskutieren, gehört zu den Vorteilen der Schriftlichkeit von Chats (Yom, Wilhelm & Holzmüller 2003). Trotzdem erhöht sich die kognitive Belastung der Teilnehmer durch die Komplexität der Diskussion.

Wie kann die Kohärenz der Diskussion erhöht werden? Im nächsten Abschnitt widmen wir uns zunächst der Frage, wie Kohärenz gemessen werden kann, ehe wir dann verschiedene Lösungsansätze zur Steigerung der Kohärenz betrachten.

4   Messverfahren für Kohärenz

Die Kohärenz einer Kommunikation und deren Messung ist Gegenstand linguistischer und psychologischer Forschung (Boos & Cornelius 2001). Generell wird zwischen globaler und lokaler Kohärenz unterschieden (Goldberg 1983), wobei globale Kohärenz die Verbundenheit eines Beitrags mit der Makrostruktur eines Gespräches ist und lokale Kohärenz die Verbundenheit aufeinander folgender Äußerungen bezeichnet.

Die globale Kohärenz wird durch themenfremde Beiträge wie z.B. Plaudereien und Nebensächlichkeiten verringert. Die lokale Kohärenz kann durch Kohäsion und Adjazenz gefördert werden. Die Kohäsion wird durch lexikalische Bezüge wie das Wiederholen von wichtigen Wörtern oder Indexikalität, das Ersetzen eines Substantives des vorangegangenen Satzes durch z.B. „sie" oder „das" erzeugt. Adjazenz (Sacks, Schegloff & Jefferson 1974) bezeichnet die Segementierung des Gespräches in Sequenzen, die nach bestimmten Mustern gebildet sind: Reaktionen folgen Aufforderungen, Antworten folgen Fragen. (Lexikalische) Kohäsion und Adjazenz liefern wichtige Hinweise, um lokale Kohärenz zu identifizieren und Zusammenhänge zwischen Beiträgen zu erkennen. Unerlässlich ist dabei der semantische Zusammenhang, d.h. der sinnvolle inhaltliche Bezug zwischen den Beiträgen. Die obigen Beispiele zeigen, dass es in Chatdiskussionen (insbesondere mit mehr als zwei Teilnehmern) schwierig sein kann, den zutreffenden Zusammenhang sofort zu identifizieren, da es mehrere Möglichkeiten der Zuordnung gibt und nicht nur der unmittelbar vorangehende Beitrag als Kandidat für einen Bezug in Frage kommt.

Boos & Cornelius (2001) stellen ein Messverfahren vor, welches sich vorrangig auf die globale Kohärenz bezieht. Dabei wird gemessen, wie kohärent sich Beiträge zu einem aktuellen Thema verhalten und durch das Einführen neuer Themen die Inkohärenz der Diskussion auf der globalen Ebene erhöht wird. Diese Beschreibungsebene erfasst jedoch nicht alle Aspekte der Kohärenz (siehe auch Mühlpfordt & Wessner in diesem Band). Wir schlagen vor, Inkohärenz auch auf der lokalen Ebene zu identifizieren, nämlich bei den für Chats so typischen ungeordneten Beitragssequenzen, die durch das gleichzeitige Erstellen von Nachrichten entstehen und, obwohl innerhalb desselben Themas bleibend, die Komplexität der Diskussionsstruktur erhöhen. Im Gegensatz zu einer mündlichen Diskussion, in der jeder Sprecher seinen Beitrag bewusst platzieren und damit dessen Bezug verdeutlichen kann, haben Benutzer eines Chats keinen Einfluss darauf, hinter welchen Beitrag ihre Äußerung gestellt wird. Auch der Ansatz, lokale Kohärenz durch so genannte Kohäsionsreize („Das sehe ich genauso wie Du") herzustellen, kann fehlschlagen. Der Beitrag eines anderen Teilnehmers, der sich zwischen ein zusammengehöriges Beitragspaar schiebt, kann die Erkennung des Zusammenhanges erschweren. Für die Messung der Kohärenz ist es daher sinnvoll, die zeitlich-lineare Struktur der Beiträge in einem Chat mit den intendierten Bezügen abzugleichen und deren Verzerrungen zu beschreiben.

Wie im Abschnitt 3.3 (Parallele Diskussionsstränge) dargestellt, ist es meist möglich, die semantischen Bezüge zwischen Beiträgen im Chattranskript zu identifizieren und durch Linien zu visualisieren. Wir gehen im Folgenden von der Annahme aus, dass sich für jeden Beitrag einer Diskussion entscheiden lässt, ob und auf welchen anderen Beitrag er sich bezieht. Kein Bezug liegt vor, wenn der Beitrag ein neues Thema eröffnet oder ein bereits genanntes Thema wieder aufgreift, ohne jedoch auf einen bestimmten vorhergehenden Beitrag zu referenzieren. In diesem Fall ist es für das Verständnis des Beitrages nicht erforderlich, den Bezug zu einem konkreten anderen Beitrag herzustellen. Bei zweideutigen Beiträgen stellt sich oft heraus, dass diese Zweideutigkeit im weiteren Verlauf von der Gruppe thematisiert oder implizit klar wird, was gemeint ist. Wir sind in diesem Fall in genau derselben Lage wie die Chatteilnehmer und müssen die wahrscheinlichste Deutung annehmen.

Zur Messung der Kohärenz sollen nun die Eigenschaften dieser Verbindungen zwischen Beiträgen betrachtet werden. Zum einen bestimmen wir den Abstand, der zwischen zwei semantisch aufeinander bezogenen Beiträgen besteht. Wenn ein Beitrag unmittelbar nach dem Beitrag erscheint, auf den er sich bezieht, haben die Teilnehmer kaum Probleme, diesen Zusammenhang herzustellen. Je größer aber die Anzahl der Beiträge, die zwischen ihnen stehen, desto schwieriger ist es, den dazugehörigen Beitrag auszumachen, wie es im vorherigen Abschnitt mit dem Beitrag von *Rot* der Fall ist („Soll gut sein..."). Der Abstand zwischen zwei Beiträgen, die einen Bezug zueinander haben, beeinflusst die Kohärenz. Mit zunehmendem Abstand wird die Kohärenz verringert (siehe Abb. 3a – besonders die Äußerung von *Herrn C.*).

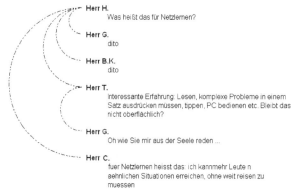

Herr H.
Was heißt das für Netzlernen?

Herr G.
dito

Herr B.K.
dito

Herr T.
Interessante Erfahrung: Lesen, komplexe Probleme in einem Satz ausdrücken müssen, tippen, PC bedienen etc. Bleibt das nicht oberflächlich?

Herr G.
Oh wie Sie mir aus der Seele reden ...

Herr C.
fuer Netzlernen heisst das: ich kannmehr Leute n aehnlichen Situationen erreichen, ohne weit reisen zu muessen

Abb. 3a: Abstände zwischen Beiträgen innerhalb einer Diskussion.

Neben der Anzahl der Beiträge, die zwischen zwei zusammengehörigen Beiträgen stehen, kann man zum anderen deren semantische Beziehung zu diesen Beiträgen betrachten. Es ist ein Unterschied, ob sich zwei völlig getrennte Themendiskussionen überschneiden, oder die Überschneidungen nur innerhalb eines Themas stattfinden. Die Erschließung des Zusammenhangs zwischen zwei Beiträgen dürfte sich erschweren, je mehr Beiträge eines anderen Gesprächsstranges dazwischen liegen bzw. je mehr Gesprächsstränge gleichzeitig geführt werden (siehe Abb. 3b – besonders die Äußerung von *Herrn T.*).

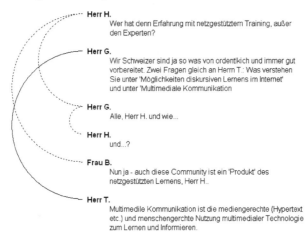

Abb. 3b: Abstände zwischen Beiträgen in überlappenden Diskussionen.

Die in Abschnitt 3 dargestellten Ursachen der Inkohärenz wirken sich wie folgt auf die Kohärenz aus: Fehlende Aktivitäts-Awareness führt zu größeren Abständen zwischen zusammengehörigen Beiträgen, da zusätzliche Nachfragen provoziert werden. Der Mangel an Bezugsindikatoren erschwert das Verständnis derjenigen Beiträge, die nicht unmittelbar auf den Beitrag folgen, auf den sie sich beziehen. Parallele Diskussionsstränge erzeugen größere Abstände zwischen den Beitragspaaren und erhöhen durch ihre Themenvielfalt die Wahrscheinlichkeit für Mehrdeutigkeiten. Wie kann man den Einfluss dieser beiden Faktoren verringern und damit die Kohärenz erhöhen?

5   Lösungsansätze zur Verringerung der Inkohärenz

Da das benutzte Chat-Werkzeug von den Benutzern meist nicht verändert oder angepasst werden konnte, wird häufig versucht, durch Regeln, Konventionen und explizite Moderation die Kohärenz in Chatdiskussionen zu erhöhen. Außerdem werden von Softwareherstellern und Forschungsgruppen Chatanwendungen entwickelt, die durch technische Gestaltungsmerkmale die Kohärenz erhöhen sollen.

5.1 Regeln, Konventionen und Moderation

In Chats haben sich viele Regeln und Konventionen herausgebildet, welche die Koordination im Chat erhöhen und damit mehr Struktur und Kohärenz ermöglichen können. Um anzuzeigen, welchen Aktivitätsstatus ein Benutzer hat, kann er diesen z.b. als Mitteilung formulieren („Muss grad weg", „Bin wieder da", „Moment..."). Mit solchen expliziten Nachrichten werden überflüssige Nachfragen erübrigt, die sonst als themenfremde Beiträge den Diskussionsfluss beeinträchtigen. Will man anzeigen, dass ein Beitrag Teil einer längeren Nachricht sein soll, ist es üblich geworden, mit mehreren Punkten am Ende auf eine Fortführung hinzuweisen („und dann sagte er folgende Worte..."). In gleicher Weise kann das explizite Ende eines Beitrages mit einem vereinbarten Kode markiert werden.

Häufig wird in Chats der Adressat eines Beitrags explizit genannt (Y: „an X: was meinst Du damit?"), um den Bezug des Beitrags herzustellen (Rautenstrauch 2001). Dies funktioniert besonders gut, wenn sich in einer großen Gruppe nur jeweils zwei Personen miteinander unterhalten und dadurch die Beiträge leicht den Personenpaaren zugeordnet werden können. Es erleichtert auch zu erkennen, wenn eine Nachricht des anderen ausnahmsweise nicht an einen selbst gerichtet ist. Der Mehraufwand des Namenschreibens kann so die Konfusion bezüglich der intendierten Bezüge vermindern. Trotzdem sind Missverständnisse nicht ausgeschlossen, wenn die letzte Nachricht des Benannten eben nicht diejenige ist, auf welche sich bezogen wird (vgl. das Beispiel in Abschnitt 3.1).

Gerade für große Gruppen wird oft die explizite Moderation empfohlen (Boos & Cornelius 2003, Savicki, Kelly & Ammon 2002). Hier wird die Themenkoordination durch einen Moderator gesteuert, der die Teilnehmer einzeln und nacheinander aufruft und dadurch Parallelkommunikation verhindert. Dies ermöglicht – vorausgesetzt, es ist ein Moderator verfügbar – einen geordneten Diskurs, lässt aber die typische Spontaniät des Chats nicht zu.

5.2 Technische Lösungsansätze

Chat-Werkzeuge orientieren sich hinsichtlich ihrer Funktionalität meist am 1988 entstandenen *IRC (Internet Relay Chat)*. Es gibt eine Menge von Chatkanälen oder -räumen, die von Benutzern betreten werden können. Beiträge werden privat verfasst und können nach dem Abschicken an den Chatraum von allen Benutzern in diesem Raum gelesen werden. In den letzten Jahren sind vermehrt Chat-Werkzeuge entwickelt worden, welche die bereits mehrfach erwähnten Nachteile dieses Ansatzes zu vermindern versuchen. Im Folgenden werden jeweils einzelne Lösungskonzepte und typische Werkzeuge, die diese Konzepte umsetzen, vorgestellt.

5.3 Aktivitäts-Awareness

Um den Mangel an Aktivitäts-Awareness zu beheben, kann der Status der Benutzer explizit angezeigt werden. Beispielsweise zeigt *Lotus Sametime* (siehe Abb. 4 links oben) in einer separaten Benutzerliste, ob ein Benutzer gerade aktiv ist (grünes Quadrat), er nicht am Arbeitsplatz ist (Rautensymbol) oder nicht gestört werden möchte (Verboten-Zeichen). Das aktuelle Schreibverhalten wird bei einem Chat zwischen zwei Teilnehmern durch eine Textmeldung auf dem Bildschirm angezeigt („Benutzer X is responding"; siehe Abb. 4 rechts oben). In der Gruppensituation ändert sich die Anzeige: Statt der textuellen Information werden in der Benutzerliste zusätzliche Icons angezeigt, weil auf diese Weise der Aktivitätsstatus von mehreren Personen parallel angezeigt werden kann (siehe Abb. 4 unten).

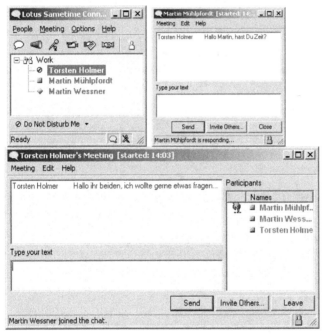

Abb. 4: Aktivitäts-Awareness in *Lotus Sametime*: Links oben – Benutzerstatus, Rechts oben – Aktivitätsanzeige in der Statuszeile, Unten – Aktivitätsanzeige durch „Tippen"-Icons.

5.4 Rednerlisten

Das Steuern der Kommunikation durch eine Rednerliste ist eine Möglichkeit, um die Themenentwicklung und die Informationsmenge zu beeinflussen. Hierbei müssen sich die Benutzer entweder erst melden, um ihre Beiträge verschicken zu können, oder die Beiträge zunächst zu einem Moderator senden, der diese begutachtet und in eine Reihenfolge bringt. Dadurch können parallele Diskussionen verhindert werden.

Rednerlisten werden vor allem bei Chats eingesetzt, in denen das Publikum einem Experten Fragen stellt, die durch einen Moderator gefiltert, sortiert und an den

Experten weitergeleitet werden (vgl. Beißwenger 2003). Hat der Experte seine Antwort geschrieben, wird die Frage zusammen mit der Antwort publiziert und damit der eindeutige Bezug zwischen Frage und Antwort hergestellt. Obwohl ein beständiger Strom neuer Fragen generiert wird, kann die publizierte Liste auf diese Weise gut strukturiert werden. Auch in selbstgesteuerten Gruppen werden Rednerlisten oder – als Erweiterung – so genannte „Lernprotokolle" eingesetzt (siehe Mühlpfordt & Wessner in diesem Band sowie Pfister, Mühlpfordt & Müller 2003). Nachteilig bei diesem Ansatz ist die Verlangsamung der Kommunikation und die Einschränkung spontaner Beiträge.

5.5 Explizite Auswahl der Adressaten einer Nachricht

Die Konvention, den Adressaten explizit zu Beginn des Beitrags zu benennen, wird teilweise auch in Werkzeugen umgesetzt. *MainChat* (www.mainchat.de) kopiert nach Anklicken eines Benutzer-Icons dessen Name in den eigenen Beitrag. Im *Microsoft Comic Chat* bewirkt das Auswählen des Adressaten-Icons, dass die Nachricht mit den Benutzerbildern von Produzent und Adressat zusammen dargestellt wird (siehe Abb. 5).

Abb. 5: *Microsoft Comic Chat.*

Da wiederum nur der Bezug auf Personen, nicht aber der Bezug auf einen bestimmten Beitrag hergestellt wird, bleibt die Möglichkeit von Missverständnissen (vgl. das Beispiel in Abschnitt 3.3, das auch in Abb. 5 benutzt wird).

5.6 Trennung von Paralleldiskussionen

Die Trennung in verschiedene Kanäle oder Räume, wie sie bereits im IRC existiert, erlaubt es überlappende Diskussionen zu vermeiden, indem für jedes Thema ein anderer Raum genutzt wird und die Benutzer zwischen den Räumen je nach Interesse wechseln. Das Chat-Werkzeug *Virtual World* (Roddy & Epelman-Wang 1998) ermöglicht einen fließenderen Übergang zwischen parallelen Diskussionen. Die Benutzer sehen alle Beiträge, die innerhalb ihres „Hörradius" entstehen, auf der rechten Seite und alle anderen Beiträge im oberen Fensterbereich (siehe Abb. 6).

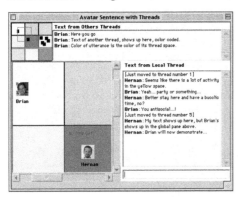

Abb 6: Virtual World.

Chat Circles (Viegas & Donath 1999) benutzt ebenfalls eine räumliche Anordnung, um Benutzergruppen zu separieren (Abb. 7). Die Benutzer platzieren ihren Cursor, der die Form eines Kreises hat, auf der Chatfläche. Während sie einen Beitrag schreiben, vergrößert sich für alle Teilnehmer sichtbar dieser Kreis (im Sinne einer Sprechblase). Sobald der Beitrag abgeschickt wird, ist der Text für die Benutzer sichtbar, die sich in unmittelbarer Nähe befinden, alle anderen sehen den Text nicht („Party-Metapher"). Dies ermöglicht es, Themen „räumlich" verteilt zu diskutieren, ohne dass Beiträge verschiedener Themen durcheinander geraten.

Das Lösungsprinzip der Trennung vermeidet, dass sich Diskussionen von unterschiedlichen Personengruppen überschneiden, wie es in offenen und vielbevölkerten Chaträumen beobachtet werden kann. In (Klein-)Gruppen, die verschiedene Themen mit einem gemeinsamen Oberthema diskutieren, ist diese strikte Trennung nachteilig. So müsste auch für kurze Themenstränge jeweils ein neuer Chatraum angelegt werden. Zudem zeigt sich meist erst im Laufe der Diskussion, ob ein Thema unterschiedlich genug ist, um dafür einen neuen Raum anzulegen, wie dieser zu benennen wäre und ob überhaupt Diskussionsbedarf zu diesem Thema besteht.

Ein Problem stellt auch die Koordination der Gruppe dar, wenn jeder, der ein neues Thema in die Diskussion einbringt, zunächst alleine in einem neuen Raum ist, bzw. wenn Untergruppen verschiedene Themen in separaten Räumen bearbeiten. Lässt man zu, dass Benutzer gleichzeitig in mehreren Räumen sind, erzeugt dies Aufmerksamkeits- und Platzprobleme. Anstelle eines Ortes, an dem etwas passiert (dem unteren Ende der Beitragsliste), gibt es nun so viele Orte, wie es Themen gibt, an denen potentiell Veränderungen passieren können. Wie behalten die Benutzer den Überblick bzw. wie werden sie auf Veränderungen aufmerksam (gemacht)? Wie können alle Diskussionen, an denen sich ein Teilnehmer beteiligt, gleichzeitig dargestellt werden? Dies führt zu eher asynchroner Kommunikation, da die Teilnehmer ihre Aufmerksamkeit und Aktivität auf verschiedene Themen verteilen müssen.

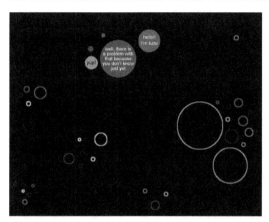

Abb. 7: *Chat Circles.*

5.7 Visualisierung des zeitlichen Verlaufs

Die Darstellung des zeitlichen Verlaufs der Beitragserstellung erlaubt es, manche Unklarheiten aufzulösen, etwa dass ein bestimmter Beitrag schon erstellt wurde, als ein anderer noch nicht fertig war und somit kein Bezug zwischen diesen Beiträgen intendiert sein kann. Beispielsweise zeigt *Flow Client* (Vronay et al. 1999) den Zeitpunkt der Erzeugung einer Nachricht, die Dauer der Erstellung und den Zeitpunkt, an dem sie an die Gruppe abgeschickt wurde (siehe Abb. 8). Der zeitliche Verlauf der Kommunikation wird auch beim *factChat* (Harnancourt et al. in diesem Band) und dem oben vorgestellten Werkzeug *Chat Circles* visualisiert.

 Flow Client bietet keine Möglichkeit, einen expliziten Zusammenhang herzustellen. Die Gefahr der Verwirrung durch parallele Diskussionen und unklare Bezüge sind durch diesen Ansatz nicht zu vermeiden. *factChat* erlaubt explizite Bezüge und erlaubt im Gegensatz zu *Chat Circles* nicht nur die räumliche Positionierung der Sprechers, sondern auch der einzelnen Beiträge.

 Ein Problem dieses Ansatzes ist die bei den vorgestellten Systemen fehlende Möglichkeit, die Beiträge unter Wahrung der Kohärenz in ein Transkript zu exportieren. Vielmehr können die Diskussionen nur innerhalb der Anwendung rezipiert werden. Auch die im Vergleich zu üblichen Chat-Werkzeugen deutlich unterschiedliche

Bedienung (z.B. zur räumlichen Positionierung der Beiträge) erhöht die kognitive Belastung der Teilnehmer.

Abb 8: *Flow Client.*

Abb. 9: *Threaded Chat.*

5.8 Explizite Threads

Durch Gesprächsfäden (Threads) kann der Bezugsbeitrag für einen Beitrag explizit angegeben werden. Der Forschungsprototyp *Threaded Chat* (Smith, Cadiz & Burkhalter 2000) erlaubt es einem Benutzer, seinen Beitrag exakt in einer logischen Baumstruktur zu positionieren (Abb. 9). Der neue Beitrag wird nicht zeitlich sortiert, sondern als Unterzweig zu dem Beitrag eingefügt, auf den sich der Benutzer beziehen will. Das Resultat ist eine Struktur, die asynchronen Forendiskussionen entspricht. Es gibt keine Aktivitätsawareness, die anzeigt, ob und wo ein Benutzer gerade einen Beitrag verfasst. Neue Beiträge werden in Fettschrift angezeigt, um sie leichter identifizieren zu können.

Threaded Chat ermöglicht durch die direkte Verknüpfung von Beiträgen sowie die Trennung von Paralleldiskussionen einen hochkohärenten Diskurs. In Benutzerstudien haben die Autoren jedoch herausgefunden, dass die Übersicht, an welchen Stellen die Diskussion gerade durchgeführt wird, schnell verloren geht. Da die Struktur schnell größer wird als der Bildschirm, müssen die Benutzer häufig hoch- und runterscrollen, um neue Beiträge finden zu können. Dies erhöht die kognitive Belastung und führt zu einer verminderten Akzeptanz durch die Benutzer.

6   *ThreadChat*

In diesem Abschnitt stellen wir das Werkzeug *ThreadChat* vor, das basierend auf einer Kombination der oben vorgestellten Lösungsansätze die Kohärenz in Chatdiskussionen fördern soll.

ThreadChat (Holmer & Wessner 2003) wurde im Rahmen des vom BMBF geförderten Projektes „L³ – Lebenslanges Lernen" als Werkzeug für das kooperative Lernen in kleinen Gruppen örtlich verteilter Lernender entwickelt. Zu den Anforderungen an *ThreadChat* gehörten:

- Unterstützung synchroner und asynchroner Kommunikation
- Auswertung der Kommunikation durch Tutoren zur Bewertung der Aufgabenbearbeitung
- Wiederverwendung von Chattranskripten, z.B. als Basis zur Reflektion eigenen Lernens, in aufbereiteter Form als neue Lernmodule („Best-Practise-Beispiele")
- Verbesserung der Akzeptanz und des Lernerfolgs durch Verringerung der chattypischen Inkohärenz

Dazu weist *ThreadChat* folgende, über normale Chat-Werkzeuge hinausgehende Funktionalitäten auf:

Persistenz

Chaträume sind prinzipiell persistent, d.h. alle Beiträge sind auch für nach Beginn der Diskussion dazu kommende Personen lesbar, alle Beiträge verbleiben im Raum, auch wenn kein Benutzer im Raum anwesend ist. Dadurch sind synchrone und asynchrone Kommunikationsformen sowie fließende Übergänge zwischen diesen Formen möglich. Tutoren bzw. Moderatoren können auf die Chatbeiträge zu Betreuungs- oder Bewertungszwecken zugreifen. Das Chattranskript kann zur weiteren individuellen oder kooperativen Bearbeitung abgelegt werden.

Aktivitäts-Awareness durch Symbole

Der aktuelle Status aller Teilnehmer des Chats wird durch Symbole in der Benutzerliste visualisiert (vgl. die Symbole in Abb. 10 sowie die Benutzerliste in Abb. 11 und 12). Für jeden zu diesem Chatraum gehörenden Benutzer wird angezeigt, ob er gerade abwesend („offline"), anwesend („inaktiv") oder aktiv anwesend („lesend") ist bzw. ob er gerade einen Beitrag verfasst („schreibend"). Die Unterscheidung von „anwesend" und „aktiv anwesend" beruht darauf, ob dieser Benutzer in den letzten Minuten die Maus oder die Tastatur bedient hat. Über den Status „abwesend" kann ein Benutzer z.B. erkennen, wer noch zur Gruppe gehört, auch wenn diese Person gerade nicht anwesend ist. In der asynchronen Nutzung kann ein Benutzer über dieses Symbol abwesende Benutzer einladen, um die Kommunikation synchron fortzusetzen.

Offline	Inaktiv	Lesend	Schreibend

Abb. 10: Symbole für die Aktivitäts-Awareness in *ThreadChat*.

Explizite Referenzen auf andere Beiträge

Per Mausklick kann ein Benutzer einen Beitrag als Bezug für seinen neuen Beitrag auswählen. Der Bezug wird je nach gewählter Darstellung der Beiträge visualisiert. (Der Beitrag von Mühlpfordt & Wessner in diesem Band beschreibt ein Werkzeug, das es auch ermöglicht, einzelne Teile eines Beitrags als Bezug auszuwählen, beispielsweise ein Wort oder Satzteil, um den Zusammenhang noch deutlicher zu machen.)

Verschiedene Darstellungen: Liste und Baum

In *ThreadChat* kann der Benutzer jederzeit zwischen zwei Darstellungen der Beiträge wählen. Die Listenansicht (vgl. Abb. 11) zeigt alle Beiträge in der zeitlichen Reihenfolge. Dies entspricht der von traditionellen Chat-Werkzeugen bekannten Darstellung. Neue Beiträge werden am unteren Ende der Liste angefügt. Bezüge zwischen Beiträgen werden in der Listenansicht nicht visualisiert. (Zur Visualisierung der Bezüge auch in der Listenansicht siehe den Beitrag von Mühlpfordt & Wessner in diesem Band.) Alternativ dazu kann der Benutzer die Baumansicht auswählen (vgl. Abb. 12). Da auch hier die in Abschnitt 5.8 für *Threaded Chat* beschriebenen Probleme bestehen, wird folgende Verwendung der beiden Darstellungen empfohlen: Für die synchrone Diskussion wird die Listenansicht gewählt. Zum Einsteigen in eine bereits laufende Diskussion und zur asynchronen Diskussion wird die Baumansicht gewählt.

Export des Chattranskripts

Für den Export des Chattransriptes inklusive aller Bezüge wurde das Datenformat *ChatML* entwickelt und eine Exportschnittstelle in *ThreadChat* implementiert. Mit Hilfe des Werkzeugs *ChatLine* (Holmer 2003) kann das Chattranskript in weiteren Ansichten dargestellt werden. Erste Versuche mit der Darstellung in der Art eines Organigramms als Erinnerungshilfe wurden bereits gesammelt (Pfister, Müller & Holmer 2004).

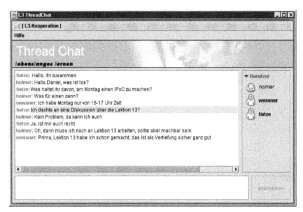

Abb. 11: *ThreadChat*: Listenansicht.

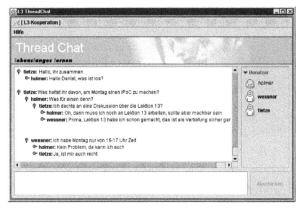

Abb. 12: *ThreadChat*: Baumansicht.

7 Fazit und Ausblick

Für Freizeitchats werden die durch die chattypische Inkohärenz entstehenden Probleme von vielen Autoren als nicht gravierend erachtet (Herring 1999, O'Neil & Martin 2003, McDaniel, Olson & Magee 1996). Für andere Anwendungsbereiche, beispielsweise Projektbesprechungen und Lerndiskurse, in denen die Teilnehmer nicht freiwillig an der Chatdiskussion teilnehmen, wirkt sich die Inkohärenz nachteilig auf die Akzeptanz und den Erfolg der Kommunikation aus. Bisher liegen aber erst wenige wissenschaftliche Untersuchungen zur Verwendung von Chat außerhalb des Freizeitbereichs vor. Cornelius (2001) zeigt beispielsweise, dass die Kohärenz in Diskussionen zu besseren Gruppenleistungen führt.

Die in diesem Beitrag vorgestellten Konzepte zeigen, dass die Kohärenz durch eine geeignete Gestaltung des Chat-Werkzeugs gefördert werden kann. Ähnlich, wie sich die graphischen Emoticons in immer mehr Chat-Werkzeugen finden, erwarten wir, dass Konzepte wie Aktivitäts-Awareness und explizite Referenzierung sich zunehmend verbreiten werden. Insbesondere die Persistenz von Chaträumen ermöglicht neue Formen der synchronen und asynchronen Chat-Kommunikation.

Weiterhin sehen wir einen Bedarf für die Integration von Chatwerkzeugen und gemeinsam betrachtetem Material (z.B. Lernmaterial, Arbeitsunterlagen). Explizite Bezüge sollten dann nicht nur zu anderen Beiträgen, sondern auch auf das gemeinsame Material bzw. einzelne Elemente davon möglich sein. Ein Prototyp mit dieser Funktionalität wurde ebenfalls am Fraunhofer IPSI entwickelt. Dadurch werden weitere Anwendungsgebiete für den Chateinsatz erschlossen, sei es das gemeinsame Diskutieren von Kunstwerken, Designentwürfen oder Bedienungsanleitungen, sei es der Aufbau neuen Wissens in Lerngruppen mit Hilfe von Lernmaterialien.

Weiterer Forschungsbedarf besteht hinsichtlich der Visualisierung von Chats mit expliziten Referenzen. Insbesondere wenn sich Beiträge auf mehr als einen anderen Beitrag beziehen können, wird die Darstellung schnell unübersichtlich. Verschiedene Visualisierungen müssen entwickelt werden und sich in Studien bzw. im praktischen Einsatz bewähren.

Ein großes Potential besteht sicher auch in der Analyse und Unterstützung der Kommunikation durch das Chat-Werkzeug. Aus dem Wissen über die Struktur der Kommunikation (Threads, Bezüge) kann das Werkzeug Diskursmuster identifizieren und bestimmte Parameter der Kommunikation berechnen. Auf dieser Basis kann das Werkzeug beispielsweise die Darstellung der Beiträge der aktuellen Kommunikationssituation anpassen oder der Gruppe bzw. einzelnen Benutzern gezielte Hinweise zu ihrem Kommunikationsverhalten geben.

8   Literatur

Beißwenger, Michael (2003): Sprachhandlungskoordination im Chat. In: Zeitschrift für germanistische Linguistik 31, 198-231.

Boos, Margarete & Carolin Cornelius (2001): Bedeutung und Erfassung konversationaler Kohärenz in direkter und computervermittelter Kommunikation. In: Friedrich W. Hesse & Helmut F. Friedrich (Hrsg.) Partizipation und Interaktion im virutellen Seminar. Münster, 55-80.

Cornelius, Carolin (2001): Gegenseitiges Verständnis in Computerkonferenzen: Voraussetzung und Folgen konversationaler Kohärenz in Entscheidungsfindungsgruppen im Medienvergleich. Münster.

Cornelius, Carolin & Margarete Boos (2003): Enhancing mutual understanding in Synchronous Computer-Mediated Communication by Training: Trade-offs in Judgmental Tasks. In: Communication Research 30, 147-177.

Goldberg, Julia A. (1983): A move toward describing coherence. In Robert T. Craig & Karen Tracy (Eds.), Conversational coherence. Beverly Hills, 37-51.

Harnoncourt, Max, Astrid Holzhauser, Ursula Seethaler & Paul Meinl (in diesem Band): Referenzierbarkeit als Schlüssel zum effizienten Chat.

Herring, Susan (1999): Interactional coherence in CMC. In: Journal of Computer-Mediated Communication 4 (4). WWW-Ressource: http://www.ascusc.org/jcmc/vol4/issue4/herring.html.

Holmer, Torsten (2003): ChatLine [Software]. Darmstadt: Fraunhofer IPSI.

Holmer, Torsten & Martin Wessner (2003): Werkzeuge für kooperatives Lernen in L3. In: Ulf-Daniel Ehlers, Wolfgang Gerteis, Torsten Holmer & Helmut W. Jung (Hrsg.): E-Learning-Services im Spannungsfeld von Pädagogik, Ökonomie und Technologie. Bielefeld, 146-162.

Hron, Aemilian, Friedrich W. Hesse, Ulrike Creß & Christo Giovis (2000): Implicit and explicit dialogue structuring in virtual learning groups. In: British Journal of Educational Technology 70, 53-64.

Linder, Ute & Martin Wessner (in diesem Band): Wie kann eine Chat-Umgebung lernförderlich gestaltet werden? Hinweise aus einer Feldstudie zu Rollenspielen im Fremdsprachentraining.

McDaniel, Susan E., Gary M. Olson & Joseph C. Magee (1996): Identifying and Analyzing Multiple Threads in Computer-Mediated and Face-To-Face Conversations. In: Mark S. Ackerman (Ed.): CSCW'96: Proceedings of the Conference on Computer Supported Cooperative Work. New York: ACM, 39-47.

Mühlpfordt, Martin & Martin Wessner (in diesem Band): Die Rolle von Kommunikationsprotokollen und Referenzierungen in der Chat-Kommunikation.

O'Neill, Jacki & David Martin (2003): Text Chat in Action. In: Mark Pendergast, Kjeld Schmidt, Carla Simone & Marilyn Tremaine (Eds.): GROUP'03. Proceedings of the Conference on Supporting Group Work. New York : ACM, 40-49.

Pfister, Hans-Rüdiger, Martin Mühlpfordt & Werner Müller (2003): Lernprotokollunterstütztes Lernen – ein Vergleich zwischen unstrukturiertem und systemkontrolliertem diskursivem Lernen im Netz. In: Zeitschrift für Psychologie 211, 98-109.

Pfister, Hans-Rüdiger, Werner Müller & Torsten Holmer (2004): Learning and Re-Learning from Net-Based Cooperative Learning Discourses. In: Lorenzo Cantoni & Catherine McLoughlin (Eds.), Proceedings of the Conference on Educational Multimedia, Hypermedia & Telecommunications (ED-MEDIA 2004). Norfolk, VA/USA: AACE, 2720-2724.

Rautenstrauch, Christina (2001): Tele-Tutoren. Qualifizierungsmerkmale einer neu entstehenden Profession. Bielefeld.

Roddy, Brian J. & Hernan Epelman-Wang (1998): Interface Issues in Text Based Chat Rooms. In: ACM SIGCHI Bulletin 30 (2), 119-123.

Sacks, Harvey, Emanuel A. Schegloff & Gail Jefferson (1974): A simplest systematics for the organization of turn-taking for conversation. In: Language 50, 696-735.

Storrer, Angelika (2001): Sprachliche Besonderheiten getippter Gespräche: Sprecherwechsel und sprachliches Zeigen in der Chat-Kommunikation. In: Michael Beißwenger (Hrsg.): Chat-Kommunikation. Sprache, Interaktion, Sozialität & Identität in synchroner computervermittelter Kommunikation. Perspektiven auf ein interdisziplinäres Forschungsfeld. Stuttgart, 3-24.

Smith, Marc, Jonathan J. Cadiz & Byron Burkhalter (2000): Conversation Trees and Threaded Chats. In: CSCW 2000: Proceedings of the Conference on Computer Supported Cooperative Work. New York: ACM, 97-105.

Viegas, Fernanda & Judith B. Donath (1999): Chat Circles. In: CHI '99: Proceedings of the Conference on Human Factors in Computing Systems. New York: ACM, 9-16.

Vronay, David, Marc Smith & Steven M. Drucker (1999): Alternative Interfaces for Chat. In: UIST'99: Proceedings of the ACM Symposium on User Interface Software and Technology. New York: ACM, 19-26.

Yom, Miriam, Thorsten Wilhelm & H. Holzmüller (2003): Online-Fokusgruppen als innovative Methode zur nutzerbasierten Beurteilung der Web Usability. In: Gerd Szwillus & Jürgen Ziegler (Hrsg.): Mensch & Computer 2003: Interaktion in Bewegung. Stuttgart, 207-218.

Jörg Kilian

DaF im Chat
Zur Grammatik geschriebener Umgangssprache und ihrem interaktiven Erwerb in computervermittelten Gesprächen

1   Zur Einführung: Innere Mehrsprachigkeit und DaF

In der Kontaktlinguistik, in der kontrastiven Linguistik wie auch im Bereich „Deutsch als Fremd- und Zweitsprache" gilt grundsätzlich als Ausgangshypothese, dass der Forschung und Lehre jeweils die Normen der geschriebenen Standardvarietäten der beteiligten Einzelsprachen zugrunde zu legen seien. Vergleichend beschrieben werden dann, beispielsweise, *das* Deutsche und *das* Griechische, *das* Deutsche und *das* Türkische, *das* Deutsche und *das* Italienische, wie sie in standardsprachlichen Grammatiken und Wörterbüchern kodifiziert sind.[1] In gleicher Weise orientiert sich auch der institutionell eingebettete, gesteuerte DaF-Unterricht[2] grundsätzlich an der schriftsprachlich geprägten Standardnorm des Deutschen und wirft nur hin und wieder auch einen Blick auf andere Normen, zumeist auf wissenschafts- und fachsprachliche Normen, eher selten – und mitunter mit warnendem Augenaufschlag – auch auf substandardsprachliche Normen wie beispielsweise die von gruppenspezifischen Sondersprachen (z.B. Jugendsprachen) oder regional geprägten Umgangssprachen. In dieser Konzentration auf die deutsche Standardsprache sind sich die unterschiedlichen fachdidaktischen Methodenkonzeptionen im großen Ganzen einig, auch wenn sich die eine, nämlich die audiolinguale Methode, schon mehr der gesprochenen Sprache öffnet, oder sich die andere,

---

1   Vgl. z.B. die „Sprachvergleiche" von Almeida & da Silva (1977); Eideneier (1979); Figge & de
     Matteis (1979); Cimilli & Liebe-Harkort (1980).
2   Insofern in diesem Beitrag der gesteuerte DaF-Unterricht im Vordergrund steht, wird auf eine
     explizite Differenzierung zwischen DaM, DaF und DaZ im Text verzichtet.

etwa die kommunikativ-pragmatische Methode, konkreteren Sprachhandlungstypen zuneigt.[3]

Dieser Bezug auf die schriftsprachlich geprägten Normen der deutschen Standardsprache als Lehr-Lern-Gegenstand im DaF-Unterricht hat gute, auch fremdsprachendidaktisch validierte Gründe, die hier nicht im Einzelnen darzulegen, noch viel weniger in Frage zu stellen sind. Festzuhalten ist, dass die Vermittlung und der Erwerb einer standardsprachlichen kommunikativen Kompetenz das oberste Ziel auch des DaF-Unterrichtes ist und bleiben muss, und zwar nicht nur für akademisch gebildete DaF-LernerInnen, die im Anschluss an die bestandene DSH-Prüfung im Kommunikationsbereich der Wissenschaften sprachlich bestehen müssen, sondern auch für alle Nicht-AkademikerInnen, die Deutsch als Fremd- oder Zweitsprache lernen und nicht Opfer einer Sprachbarriere im öffentlichen Alltag werden sollen.[4]

Das Sprachleben in der (noch) fremdsprachlichen Sprachwirklichkeit malt allerdings ein ungleich bunteres Varietätenbild des Deutschen, das die DaF-LernerInnen vor sehr viel höhere Anforderungen stellt. Denn im Unterschied zur schriftsprachlich geprägten Standardsprache der Lehrwerke begegnet den DaF-LernerInnen in Deutschland in der Regel zuallererst und fürderhin auch zumeist eine Variante der gesprochenen Umgangssprache, und zwar auch im akademischen Umfeld, sodann auch in den funktionalstilistischen Varianten der Standardsprache, vor allem aber im diastratisch, diaphasisch und diatopisch bunt gefärbten Alltag. DaF-LernerInnen übersiedeln grundsätzlich in ein mundartlich, zumindest regional umgangssprachlich geprägtes Gebiet in Deutschland, seien sie nun so genannte Arbeitsmigranten in Rüsselsheim, Köln oder München, seien sie Studentinnen und Studenten in Dresden, Berlin oder Hamburg. Hier müssen sie den Alltag kommunikativ bewältigen, doch nicht selten können selbst fortgeschrittene DaF-LernerInnen, angekommen im südlichen Deutschland, nicht einmal eine Wegauskunft verstehen,[5] oder jugendliche DaF-LernerInnen nicht an einem Gespräch deutscher Gleichaltriger teilnehmen.[6] Hans-R. Fluck und Anatolij S. Karpov bestätigen in einem Bericht über ihr DaF-Internet-Projekt „Germnet" mittelbar diese umgangssprachliche Inkompetenz von DaF-LernerInnen, wenn sie von Anfangsschwierigkeiten im von deutschen und burjatischen StudentInnen gemeinsam eingerichteten Chat-Raum berichten: „Die russischen Studenten konnten zum Teil die umgangssprachlich und salopp formulierten Texte beim Chat nicht immer auf Anhieb verstehen."[7] Denselben Befund, nämlich dass DaF-LernerInnen wohl zwar eine standardschriftsprachliche Kompetenz erwerben, indes auch einer umgangssprachlichen Kompetenz bedürfen, erhält man bei der Analyse der Gesprächsschritte chattender DaF-LernerInnen. So finden sich in DaF-Chats nicht selten typisch schriftsprachliche Strukturen, zum Teil auch hyperkorrekte, die im gesprochenen Deutsch zumindest un-

---

3   Zu den unterschiedlichen sprachdidaktischen und methodischen Ansätzen vgl. Rösler (1994: 98ff.); Huneke & Steinig (1997: 142ff.); Storch (1999), bes. Kap. 1 und 2.

4   Sehr aufschlussreich dazu – auch in Bezug auf DaF und Neue Medien – Steinig (2000: 132ff.)

5   Vgl. Ehnert (1993: 278); dazu auch Schild (1981).

6   Vgl. Huneke & Steinig (1997: 35ff. und 74ff))

7   Fluck & Karpov (2000/01: 239).

üblich sind, wie z.b. die Voranstellung des Genitiv-Attributs in folgendem Chat-Beitrag: „<ori> ich bin sehr zufrieden in meines Bruders Haus."[8]

Um einer herkunftssprachlichen Ghettoisierung, wie sie bei Arbeitsmigranten, aber auch an den standardsprachnahen Universitäten nicht selten festzustellen ist, zu entgehen, müssen DaF-LernerInnen Anregungen und Anleitungen erhalten, sprech-sprachlich tiefer in den neuen Varietätenraum des Deutschen einzutauchen. Ziel ist es dann, sie in den Stand zu versetzen, sich den verschiedenen deutschen Sprechergruppen mit ihren Gruppensprachen, denen sie in ihrem Alltag begegnen, anschließen zu können.

Die grammatischen und lexikalischen Strukturen sowie die stilistischen und kommunikativ-pragmatischen Herausforderungen der gesprochenen Standard-, vor allem aber der gesprochenen Umgangssprache könnten nun zwar durchaus ungesteuert, gleichsam im natürlichen Spracherwerb, erlernt werden, doch trügt diese Hoffnung. So macht schon ein kurzer Seitenblick auf die ausschließlich im ungesteuerten Lernprozess erworbenen Deutschkenntnisse vieler so genannter Arbeitsmigranten deutlich, dass deren zumeist reduktions- oder mischsprachliche Lernervarianten nicht selten auf einem bestimmten Substandard-Niveau im Lernprozess stehen geblieben sind und die SprecherInnen eine sowohl produktive wie rezeptive Sprachbarriere zur Umgangssprache ihrer deutschen Umgebung und mehr noch zur Standardvarietät aufweisen.[9]

Es bleibt daher nur der Schluss, dass zumindest auch die standardsprachnahen Strukturen der gesprochenen Umgangssprache Gegenstand des gesteuerten DaF-Erwerbs werden müssen, dass sich mithin der institutionell gesteuerte DaF-Unterricht, und zwar sowohl der akademische wie auch der nicht-akademische, mit dem Aufbau einer wie weit auch immer gediehenen standardsprachlichen Kompetenz allein nicht zufrieden geben darf. Er muss und kann vielmehr Abhilfe verschaffen, indem er, zum Beispiel in kontrastiv-kreativen Vergleichen zu den Normen der geschriebenen und gesprochenen Standardsprache, Normen von Non- und Substandardvarietäten im Varietätenraum des Deutschen entdecken lässt, namentlich die Normen der zwischen Mundarten und Standardsprache vermittelnden gesprochenen Umgangssprache.[10] Neuere fachdidaktische Ansätze, die dem Sprache-Können größeren Raum als dem Sprache-Kennen gewähren und dies, erstens, nicht mit einer Verabschiedung der Standardsprachnorm aus dem DaF-Unterricht verwechseln, und die, zweitens, die neuen fachdidaktischen Schlagwörter „Authentizität" und „Autonomes Lernen" mit kritischem Verstand aufnehmen und nicht als Devise eines „leave your students alone" missverstehen, haben diesen Weg bereits beschritten.[11] Zwar konzentrieren sie den

---

8   Platten 2001; 2. Chat-Sitzung.
9   Vgl. Meisel (1975: 21ff.); Kilian (2000a).
10   Insofern diese Bestimmung von *Umgangssprache* mehrere Relationen herstellt, kann von *der* oder *einer* deutschen Umgangssprache freilich keine Rede sein. Lediglich die prototypischen Merkmale aller regionalen deutschen Umgangssprachen (‚zwischen Mundart und Standard vermittelnde Varietät', ‚grundsätzlich der Mündlichkeit und nähesprachlichen Konzeption verpflichtet', ‚im alltäglichen Sprachverkehr verwendet' u.a.) sollen hier den Begriff „Umgangssprache" nähren, weshalb der Terminus auch im Singular gebraucht wird. Vgl. Henne (1988).
11   Vgl. Storch (1999: 23).

Begriff der „Kommunikativen Kompetenz" bzw. den der „Kommunikationsfähigkeit" noch immer weitgehend auf das Ziel, die Lernenden zum adäquaten Gebrauch der Standardsprache auch in *umgangssprachlichen* Situationen zu befähigen, doch öffnen sie die Tore zum kontrastiv-kreativ vergleichenden Blick auch auf andere Varietäten des Deutschen.[12]

Ob und inwiefern die neuen Medien diesen Prozess mit in Gang gebracht haben, braucht hier nicht erörtert zu werden; festzuhalten ist, dass sie ihn maßgeblich befördern können. Die neuen Medien, und insbesondere die computervermittelten asynchronen (E-Mail) und synchronen (Chat) „Kommunikationstechnologien" bieten hier ganz besondere Möglichkeiten, insofern sie in Bezug auf den Varietätenraum des Deutschen so offen sind wie die schriftliche Korrespondenz und das natürliche Gespräch auch.

2 Zur Didaktik des DaF-Chats

Die neuen Medien, insbesondere der mittlerweile beinahe zum alltäglichen Gebrauchsgut avancierte Computer, eröffnen auch dem Unterricht und Erwerb des Deutschen als Fremdsprache neue Möglichkeiten und Perspektiven. Ich verzichte an dieser Stelle darauf, diese Möglichkeiten und Perspektiven – einschließlich ihrer Grenzen und Gefahren – im Einzelnen auszuleuchten. Die bisher vorliegende Forschung zusammenfassend darf festgestellt werden, dass es für den Computer im Fremdsprachenunterricht – und damit auch im DaF-Unterricht – grundsätzlich drei Nutzungsmöglichkeiten gibt: die Nutzung als Lehr/Lernmittel (z.B. CD-ROM), die Nutzung als Werkzeug und – via Internet – die Nutzung als Kommunikationsmittel.[13] Als Kommunikationsmittel – und in dieser Rolle steht der Computer hier im Vordergrund – vermag es der Computer, sofern die Erfüllung der technischen (Hard- und Software) und kulturtechnischen (Umgang mit der Tastatur) Bedingungen vorausgesetzt werden kann, dem DaF-Unterricht völlig neue Wege zu eröffnen, zumal Wege des direkten Sprachkontaktes mit MuttersprachlerInnen.

Durch den virtuellen Besuch eines Native speakers der Zielsprache via Internet entstehen authentische Sprachbegegnungen. Mailboxen und Newsgroups, Chat-Ecken und Videokonferenzen laden zu arrangierten oder auch natürlichen, in jedem Fall: authentischen – und nicht simulierten – Sprachkontakten ein, beispielsweise in Form der Immersion bzw. des bilingualen Unterrichts in E-Mail-Tandem-Partnerschaften.[14] Insbesondere E-Mail-Korrespondenzen und Chats sind hier hervorzuheben, sind sie doch ohne größeren technischen und finanziellen Aufwand realisierbar und knüpfen sie doch an vorhandene Kommunikationserfahrungen der LernerInnen an, insofern sie elektronische Verwandte der Briefkorrespondenz und des Gespräches sind. Und weil

---

12 Vgl. Storch (1999: 302), der ein Beispiel für den Vergleich von Standard- und Umgangssprache im DaF-Unterricht aus der Unterrichtsdokumentation 1982 des Goethe-Instituts anführt. Vgl. auch Huneke & Steinig (1997: 148f).

13 Vgl. Kilian (2003).

14 Vgl. z.B. Brammerts & Little (Hrsg., 1996); Fischer (1998); Donath (Hrsg., 1998a: 5); Nowak (1998: 133f.).

in beiden Fällen Menschen unterschiedlicher Sprachherkünfte und kommunikativer Kompetenzen miteinander ins Gespräch (bzw. in die Korrespondenz) kommen, erlauben die E-Mail, viel mehr aber noch der Chat sogar die eingangs geforderten didaktischen Annäherungen auch an die Umgangssprache und andere, mit der Standardsprache in Geber- und Nehmerbeziehungen stehende Varietäten des Deutschen im DaF-Unterricht, ohne auf die Vermittlung der standardsprachlichen Leitnorm verzichten zu müssen.

2.1 Die „Kommunikationstechnologie" Chat im Rahmen der vier kommunikativen Fertigkeiten

Die computervermittelte Kommunikationstechnologie *Chat* ist in den letzten Jahren eingehend erforscht und ihre Verortung zwischen medialer Schriftlichkeit und konzeptioneller Mündlichkeit medien-, kommunikations- und sprachwissenschaftlich ausgeleuchtet worden; das ist hier nicht zu referieren.[15] Ich möchte in Bezug auf den Einsatz von Chats im DaF-Unterricht lediglich noch einmal hervorheben, dass der Begriff des „Chats" wenigstens zwei Lesarten kennt, nämlich eine weitere i.S.v. ‚Kommunikationstechnologie', die vornehmlich durch die herausragenden Merkmale der Synchronizität sowie der Vereinigung medialer Schriftlichkeit mit konzeptioneller Mündlichkeit der dialogischen Interaktion gekennzeichnet ist. In dieser Lesart ist der Chat, wie Angelika Storrer zu Recht bemerkt, „keine neue kommunikative Gattung oder Gesprächsart, sondern eine Kommunikationstechnologie, mit der sich einerseits viele ‚traditionelle' Gesprächsarten in getippter Form organisieren lassen, in der aber auch neue Gesprächsarten entstehen, die kein Pendant in der Mündlichkeit mehr haben."[16] Ergänzend hinzuzufügen ist, dass sich diese „Gesprächsarten" in ihrer sprachlichen Gestaltung denn auch aus ebenso vielen unterschiedlichen Sprachverkehrs- und Varietätennormen speisen können wie ihre natürlichen Verwandten auch: Die Vielfalt reicht auch hier vom standardsprachlich geprägten Polit-Chat im Anschluss an den „Sabine-Christiansen-Talk" bis zum regionalsprachlich durchsetzten Schwatz über den virtuellen Gartenzaun, vom gruppensprachlich geprägten Rollenspielchat bis zum fachsprachlichen Chat etwa von Biochemikern.[17]

Sodann gibt es eine engere Lesart von *Chat*, die in Anlehnung an die wörtliche Bedeutung von *to chat* nur *eine* bestimmte computervermittelte Dialogsorte fokussiert, nämlich das arbeitsentlastete Plaudern, Klatschen und Tratschen in zumeist substandardsprachlichen Registern. Diese engere Lesart scheint die prototypische, mithin auch stereotypische zu sein; sie belegt den Begriff des „Chats" jedoch auch in seiner weiteren Lesart („Kommunikationstechnologie") mit dem Anhauch einer subkulturellen Bildungsferne – was die Legitimation des Einsatzes von Chats in der (Fremd-) Sprachendidaktik aufwändiger macht. Ich lege meinen Ausführungen die weitere Lesart zugrunde, die die engere aber sehr wohl einschließt. Denn wenn ich hier für die

---

15   Vgl. z.B. die fortlaufend aktualisierte „Bibliographie zur Chat-Kommunikation" (http://www. chat-bibliography.de).

16   Storrer (2001: 5); vgl. Kilian (2001: 73).

17   Vgl. z.B. die Beiträge in Beißwenger (Hrsg., 2001).

Berücksichtigung umgangssprachlicher grammatischer Strukturen im DaF-Unterricht plädiere und den Chat gleichsam als besonders geeignetes Übungsfeld dafür empfehle, fokussiere ich die engere Lesart im Rahmen der weiteren.

Die besondere Positionierung der Kommunikationstechnologie Chat zwischen konzeptioneller Mündlichkeit und medialer Schriftlichkeit hat Auswirkungen auf die Konzeptionen der Sprachproduktion und -rezeption relativ zu den medialen Bedingungen und Möglichkeiten, die die fremdsprachendidaktisch unterschiedenen kommunikativen Fertigkeiten unterschiedlich berühren:[18]

	Gesprochen	geschrieben
produktiv	SPRECHFERTIGKEIT	SCHREIBFERTIGKEIT
rezeptiv	HÖRVERSTEHEN	LESEVERSTEHEN

Abb. 1: Kommunikative Fertigkeiten in der Fremdsprachendidaktik und ihre Relationen zu medialen Varietäten.

In Chats werden *medial* das Leseverstehen und die Schreibfertigkeit besonders gefordert; doch wird in *konzeptioneller*, dialogisch-sprachplanerischer Hinsicht die Sprechfertigkeit einbezogen, und zwar sowohl in sprachpragmatischer Hinsicht (z.b. Arten des Sprecherwechsels) wie in lexikalisch-semantischer (z.B. Gesprächswörter) und morphosyntaktischer Hinsicht (z.B. in Chats der engeren Lesart: Reduktionen von Flexionsformen, Kontraktionen, Satzbrüche u.a.; s.u.).

In Bezug auf eine fachdidaktische Bewertung der Kommunikationstechnologie Chat als Kommunikationsmittel im DaF-Unterricht darf man vor dem Hintergrund des Modells der kommunikativen Fertigkeiten davon ausgehen, dass mit Hilfe von Chats verschiedene der erforderlichen Fertigkeiten zugleich herausgefordert werden, in erster Linie aber gar die zur Sprechfertigkeit gehörende „dialogisch-interaktive Fertigkeit".[19] Insofern diese konzeptionell mündliche „dialogisch-interaktive Fertigkeit" im Chat medial schriftlich zu erwerben ist, hat der Chat im DaF-Unterricht des Weiteren auch Auswirkungen auf den Erwerb und die Ausbildung der den vier Fertigkeiten zugrunde liegenden „sprachsystematischen Komponenten"[20], insbesondere auf den Erwerb graphematischer, morphologischer, lexikalischer und syntaktischer Strukturen. Gerade darin sehen manche DaF-DidaktikerInnen Gefahren des DaF-Chats, nämlich dahin gehend, dass im DaF-Chat „falsches" Deutsch gelernt werde. Auf dieses gewichtige Argument wird noch zurückzukommen sein. Bevor aber Gefahren zu erkennen und zu bannen sind, müssen Chancen und Möglichkeiten geschätzt werden.

Wenn davon auszugehen ist, dass nicht grammatisches Wissen per se als übergeordnetes Ziel des DaF-Unterrichts – und als Zweck der Grammatikvermittlung – gilt, sondern die „Kommunikationsfähigkeit"[21] der LernerInnen, also mithin das, was soeben als „dialogisch-interaktive Fertigkeit" bezeichnet wurde, dann gehören dazu auch die großraumregionalen und überregionalen Normen und Strukturen der gesprochenen Umgangssprache. So wird beispielsweise in der „Ordnung für die Deutsche Sprach-

---

18   Vgl. Storch (1999: 15f).
19   Vgl. Storch (1999: 15).
20   Vgl. Storch (1999: 16).
21   Huneke & Steinig (1997: 77f).; vgl. Storch (1999: 12ff).

prüfung für den Hochschulzugang ausländischer Studienbewerberinnen und Studien-
bewerber an der Freien Universität Berlin", die sich ausschließlich an akademische
DaF-LernerInnen wendet, als Leistungsnachweis in der mündlichen Prüfung u.a. erwartet, dass die Kandidatinnen und Kandidaten „nachweisen, dass sie in der Lage sind,
in einem Gespräch über studienrelevante Sachverhalte angemessen zu reagieren."
Wenngleich diese Ordnung keinen Zweifel daran lässt, dass die erwartete Sprachkom-
petenz in erster Linie an den Normen der deutschen Standardsprache und ihrem wis-
senschaftssprachlichen Funktionalstil gemessen wird, deutet der Verweis auf das Gespräch als Kommunikationsform eine Kompetenz im Bereich der (akademischen)
Umgangssprache wenigstens an. In ähnlicher Weise setzte auch der umstrittene „einfache Sprachtest" im Rahmen des Entwurfs für ein Zuwanderungsgesetz Kenntnisse
der gesprochenen Umgangssprache als Bewertungskriterien an, insofern dieser Test
bestanden war, „wenn der Antragsteller über ausreichende aktive und passive
Deutschkenntnisse verfügt, um ein ‚einfaches Gespräch' in der deutschen Sprache oder
in einem Dialekt über Themen des alltäglichen Lebens zu führen".[22]

Die Kommunikationstechnologie Chat eröffnet – die Erfüllung der technischen
und kulturtechnischen Bedingungen wiederum vorausgesetzt – eine medial vermittelte
Möglichkeit, u.a. grammatische und dialogstrukturelle Besonderheiten auch solcher
„einfachen Gespräche" kennen zu lernen – falls gewünscht, sogar schon im Herkunft-
land. Im Rahmen des DaF-Unterrichtes gelingt der Kommunikationstechnologie Chat
gleichsam die Quadratur des Kreises, insofern sie 1.) authentische, natürlich-spontane
und zugleich arrangierte, gar fiktiv-inszenierte Dialoge hervorzubringen vermag, 2.)
dabei, wie erwähnt, unterschiedliche Fertigkeiten herausfordert und zudem verschiedene Eingangskanäle des Lerners gleichzeitig anspricht, und dies alles 3.) im Schutz
sowohl der Anonymität des virtuellen Sprachraumes des Chats wie im institutionell
geborgenen Raum des betreuten DaF-Unterrichtes leistet.

Der Einsatz von Chats im DaF-Unterricht ist dabei vornehmlich ergänzender Natur. Das heißt: Die schriftsprachlich geprägten grammatischen Normen der deutschen
Standardsprache und ihre adäquate Verwendung sind, wie eingangs erwähnt, nach wie
vor der vornehmste Gegenstand des DaF-Unterrichtes und müssen von den DaF-
LernerInnen vom zunächst expliziten zum impliziten Wissen erhoben werden.[23] Erst
auf dieser Grundlage ist es möglich – aber auch nötig –, die Kenntnis dieser Normen
um die Kenntnis von Normen des alltäglichen Sprachlebens zu ergänzen, und an dieser
Stelle findet der Chat seinen Einsatzort. Es lassen sich, mindestens, drei verschiedene
Formen dieser Ergänzung im Sinne einer betreuten Einbindung von Chats in den
DaF-Unterricht unterscheiden:

1.) der gemeinsame Besuch von monolingualen sprachdidaktischen Chats, die von deutschen
MuttersprachlerInnen in besonderen DaF-Chat-Räumen moderiert werden, wobei die
deutschsprachigen ModeratorInnen bei konkreten Fragen auch die Rolle des Deutschlehrers
übernehmen können;

2.) der gemeinsame Besuch von allgemein verfügbaren Chats, wobei jedoch eine an varietä-
tenspezifischen Kriterien orientierte Vorauswahl seitens des DaF-Lehrers stattfinden sollte;

---

22   Heinen (2000) (Online-Version).
23   Vgl. Huneke & Steinig (1997: 131ff).

3.) der individuelle Besuch von bilingualen Tandem-Chats (die per definitionem institutionali-
siert und zumindest im Vorfeld betreut sind).[24]

Der individuelle, unbetreute Besuch allgemein zugänglicher Chats ist aus fremdsprachendidaktischer Sicht hingegen nicht zu empfehlen, da er auf den Spracherwerbspro-
zess ähnliche Auswirkungen haben wird wie der ungesteuerte Zweitsprachenerwerb
im substandardsprachlichen Umfeld.

Wie erwähnt sind Chats, abgesehen von ihrer Bindung an das Medium der
Schrift, authentische, natürlich-spontane oder natürlich-arrangierte Gespräche, denn es
kommunizieren, zumindest, zwei reale Menschen synchronisch dialogisch sprachhan-
delnd miteinander. In dieser Situation gelten für sie ähnliche Bedingungen der Sprachproduktion und -rezeption, wie sie auch in Face-to-face-Gesprächen erfüllt werden
müssen: Der DaF-Lerner ist auch hier zur raschen, beinahe simultanen Analyse der
empfangenen graphischen Wortketten gezwungen, in Bezug auf die Grammatik etwa
der morphosyntaktischen und satzsemantischen Strukturen; und er muss auch hier e-
benso rasch und automatisch (im Sinne der Automatisierung fremdsprachlicher
Kenntnisse) wie im natürlichen Gespräch grammatisch, semantisch und pragmatisch
reagieren. Diese Nähe zu automatisierenden Methoden bei gleichzeitiger Authentizität
und Synchronizität der dialogischen Kommunikation zeichnet die Kommunikationstechnologie Chat vor anderen didaktisch einsetzbaren technischen Kommunikationsmedien aus. Chats, zumindest standardsprachnahe Chats, sind insofern auch eine authentische Übungsform, um explizites Grammatikwissen in implizites Sprachhand-
lungswissen zu überführen bzw. es situationsadäquat zu modifizieren. Hinzu kommt
die erwähnte Anonymität des Chats, die es gestattet, dass sich die KommunikationspartnerInnen gewissermaßen in ein DaF-Gesprächsspiel begeben, in dem sie auf
Wunsch unerkannt bleiben und ohne Gefahr des Gesichtsverlustes Gesprächsrollen
übernehmen und ihre fremdsprachlichen Spielsteine einsetzen können.[25] Hier kann
man, wie auf einem Sprachverkehrsübungsplatz, authentisch probieren, ohne dass etwas passiert.

2.2 Die „Kommunikationstechnologie" Chat in der DaF-Praxis

Während die E-Mail in den vergangenen Jahren vor allem im Verbund von Tandem-
Projekten einen mittlerweile anerkannten Platz in der Medienwelt des DaF-
Unterrichtes gefunden hat, ist die Kommunikationstechnologie Chat als fremdsprachendidaktisch zu nutzendes Kommunikationsmittel im DaF-Unterricht bislang kaum
entdeckt. So bietet zwar annähernd jedes im Internet vertretene DaF-Forum auch die
Möglichkeit des Chats an, doch handelt es sich dabei in der Regel nicht um fremdsprachendidaktische Chats, sondern um Chats vornehmlich von und für Lehrerinnen und
Lehrer, die, wie es bei „german.about.com" heißt, „[want] to chat in or about German". Nur wenige Chats dieser DaF-Foren sind demgegenüber wirklich als didaktische DaF-Chaträume ausgestattet, wobei indes das besondere Sprachprofil des Chats

---

24   Zu bilingualen Zwie-Gesprächen im Tandem vgl. Brammerts & Kleppin (Hrsg., 1998: 44f.)
25   Vgl. auch Mause (2000, 1/5), die den Abbau von Redehemmungen im Chat hervorhebt.

nicht selten bewusst ausgeblendet wird: In den Chats wird grundsätzlich versucht, der Standardsprache möglichst großen Raum zu gewähren, was angesichts des Status der Standardsprache als Leitvarietät des Deutschen erst einmal nahe liegt. So wird beispielsweise zum Chat-Projekt der „Tandem Fundaziona" in San Sebastián sogar eine Liste namens „Interessantes Vokabular" zur Verfügung gestellt, die standardschriftsprachliche Formeln für die ersten Gehversuche im Chat bereitstellt, wie z.B. „Ich heiße", „Wie heißt du?", „Wie [sic] sind deine Hobbies?"[26]

Aber auch in den gängigen Überblicksdarstellungen zur Didaktik des Deutschen als Fremdsprache blieb der fremdsprachendidaktische Einsatz von Chats bislang grundsätzlich unerwähnt, und selbst in spezielleren Publikationen zum Themenkomplex „DaF und neue Medien" findet der Chat noch immer eher en passant Erwähnung im Zusammenhang allgemeiner Erörterungen von Möglichkeiten sowie personeller und technischer Anforderungen des Einsatzes neuer Medien im DaF-Unterricht.[27]

Aus diesem noch relativ engen Kreis ragen einige wenige Arbeiten heraus: Doris Mauses Beitrag „Chatten im Fremdsprachenunterricht" aus dem Jahr 1997 und die DaF-didaktische Diplomarbeit von Eva Platten „Die Bedeutung von Chats für das Fremdsprachenlernen" aus dem Jahr 2001. Diese zuletzt genannte Untersuchung ist überdies insofern bemerkenswert, als ihr ein umfangreiches DaF-Chat-Korpus zugrunde liegt, bestehend aus Chat-Protokollen aus einem DaF-didaktischen Chat-Raum (http://www.goethe.de/z/jetzt/dejchat/dejchat1.htm), der zur Zeit an vier Tagen in der Woche jeweils für eine Stunde geöffnet ist.[28]

Darüber hinaus stößt man vereinzelt auf Erfahrungsberichte über den Einsatz von Chats im DaF- oder allgemein im Fremdsprachenunterricht. In dem bereits erwähnten Projekt „Germnet", das von Hans-R. Fluck in Bochum und Anatolij S. Karpov in U-lan-Ude (Burjatien) initiiert wurde, fand seit 1998 nach Absprache „jeweils einmal wöchentlich ein Chat der ganzen Gruppe mit Bochumer Studenten statt." Der Einsatz dieser Kommunikationstechnologie stieß zwar anfangs auf Schwierigkeiten – die chattypische deutsche Umgangssprache bereitete, wie erwähnt, Probleme; ein weiteres, ebenfalls aus dieser Kommunikationstechnologie selbst erwachsenes Problem war die Zeitverschiebung zwischen Bochum und Ulan-Ude –, doch wurde am Chat als Möglichkeit des authentischen Sprachkontakts festgehalten.[29]

Die Zeitverschiebung und vor allem institutionelle Einschränkungen (Leistungsdruck zum Semesterende u.a.) führen auch Julie A. Belz und Andreas Müller-Hartmann in ihrem Bericht über „Deutsch-amerikanische Telekollaboration im Fremdsprachenunterricht" als Hindernisse beim Einsatz von E-Mails und Chats in bilingualen Langzeitprojekten an. Was den Einsatz von Chats selbst anbelangt, bietet ihr Bericht Beispiele für eine gemeinsame Produktion eines deutschen Essays im bilingualen Gespräch, die sehr deutlich machen, dass die Kommunikationstechnologie Chat

---

26 http://www.tandem-f.org/pages/depale15_004.htm
27 Vgl. z.B. Donath (Hrsg., 1998a: 6); Rösler (1998: 11); Brammerts & Kleppin (Hrsg., 1998: 43); Steinig (2000: 139f.); Rösler & Tschirner (2002: 147); vgl. auch das Tandem-Projekt von Helmut Brammerts u.a. http://www.slf.ruhr-uni-bochum.de/etandem/etindex-de.html
28 Meinen folgenden Ausführungen liegen Protokolle aus diesem DaF-Chat-Raum zugrunde, die mir Eva Platten dankenswerterweise zur Verfügung gestellt hat.
29 Vgl. Fluck & Karpov (2000/01: 237ff.).

durchaus einen Begriff von grammatischen, lexikalischen und pragmatischen Charakteristika der gesprochenen Umgangssprache im Gespräch, mithin von konzeptioneller Mündlichkeit in der Fremdsprache, vermitteln kann.[30]

    Erwähnenswert ist schließlich noch ein Bericht über „E-Mail-Schreiben und Chatten als gemeinschaftlicher Projektunterricht" einer 8. Klasse des Herbartgymnasiums in Oldenburg und des Collège Clemenceau in Cholet. In der Auswertung heißt es, dass „der Einsatz von E-Mail und Chat [...] die Lernfortschritte in der 2. Fremdsprache beachtlich beschleunigte. [...] Das Chatten hat auf beiden Seiten den größten Spaß gemacht und entspricht auch am Deutlichsten dem ‚lebensnahen' Fremdsprachenunterricht, doch die Schnelligkeit, in der man sprachlich und inhaltlich reagieren musste, stellte für alle Beteiligte eine große Herausforderung dar."[31]

    Zusammenfassend ist festzustellen, dass in all diesen Projekten der Einsatz des Chats im DaF-Unterricht grundsätzlich didaktisch vorbereitet und betreut ist. Das kann, zum einen, dadurch geschehen, dass besondere DaF-Chat-Räume eingerichtet werden, in denen DaF-LernerInnen mit mehr oder minder speziell DaF-didaktisch oder/und germanistisch (aus)gebildeten MuttersprachlerInnen ins Gespräch gehen[32] oder aber, zum anderen, dadurch, dass Chat-Tandems begründet werden, die den allgemeinen Tandem-Regeln folgen.[33]

3   Strukturen konzeptioneller Mündlichkeit im DaF-Chat: Zur Grammatik der gesprochenen und geschriebenen Umgangssprache

Gesprochene Sprache im umgangssprachlichen Gespräch folgt anderen Regeln als die formal monologische Sprache in geschriebenen standardsprachlichen Texten, aber auch anderen Regeln als die schriftnahe, öffentlich gesprochene Standardsprache (wenngleich hier die Übergänge fließend sind). Aber sie *folgt Regeln*, mithin normativ geronnenen Regeln, die grundsätzlich zwar beschreib-, aber sehr viel schwieriger explizit vermittelbar sind.[34] Seit knapp vierzig Jahren ist die germanistische Linguistik den grammatischen Phänomenen der gesprochenen deutschen Sprache beschreibend auf der Spur, und sie hat bereits viele der so genannten Abweichungen von der Standardnorm und der vermeintlichen Fehler als Regularitäten entzaubert.[35] So gelten beispielsweise folgende syntaktische Phänomene als ‚reguläre Strukturen und Elemente der gesprochenen Sprache im Gespräch:

---

30   Belz & Müller-Hartmann (2002: 6ff.)

31   vgl. http://www.herbartgymnasium.de/angebot/archiv/kwe/index.shtml und die Auszüge aus dem Projektbericht http://www.herbartgymnasium.de/angebot/archiv/kwe/auszuege.html

32   Vgl. Platten (2001) bes. Kap. 4: „Der Chat im didaktischen Kontext"; vgl. auch Steinig (2000: 139f. und 147f.) sowie Donath (Hrsg., 1998a: 9), der vor unbetreuten Internet-Besuchen von DaF-Lernern warnt.

33   Vgl. Brammerts & Little (Hrsg., 1996).

34   Zur Schwervermittelbarkeit auch standardsprachlicher grammatischer Normen vgl. auch Huneke & Steinig (1997: 82).

35   Vgl. die Bibliographie von Hoffmann aus dem Jahr 1998 sowie, als jüngste Überblicksdarstellung Schwitalla (1997).

- Ausklammerung:[36] <knigge> klien, gar nicht, bin voll der schlaffi, wuerd ich natuerlich nie
  zugeben <u>vor ihr</u>, wa;
- Konstruktionen aus subordinierender Konjunktion (z.B. *obwohl*, *weil*) mit Verbzweitstel-
  lung: *Lysander ist jetzt beleidigt, weil apfel <u>hat</u> ihn matschbirne genannt;
- „Ersparungen von Redeteilen" (Duden-Grammatik) und Übernahmen syntaktischer Konstruktionen: <LadyX> naja aber oesterreicher gibts hier auchoder – <Naschi> in der Regel
  [gibt es hier] schon [auch Österreicher] aber nicht heute :);
- Linksherausstellungen (<Lysander> sansaro: <u>also bei der neueren irc version, da</u> brauch ich
  ihn bloß mit der rechten maustaste anklicken und dann kan ich meinen text eingeben).

Des Weiteren finden sich in Chats Spiegelungen phonetischer und morphosyntaktischer Charakteristika der gesprochenen Sprache im Schriftbild, z.B.

- Kontraktionen: <|MAD|> sledge: DER war ja wieder toll am WE! haezzte echt ma erleben
  muessen! *ablach* willste die beste story hoeren?; <damp> apfel: wie <u>gehts</u> dir; <|MAD|>
  paule: wo <u>warstn</u> am samstag?;
- Reduktionen: (<u>wuerd</u> ich natuerlich nie zugeben).

All diese Strukturen und Elemente entspringen der „konzeptionellen Mündlichkeit",
d.h. „nähesprachlichen" Sprachplanungsprozessen, die die ko- und kontextuelle Situierung des Sprechens zum Ausgangspunkt der Verbalisierung machen. Hinzu kommen –
vor allem morphosyntaktische und lexikalische – Phänomene, die noch stärker dialek-
tal[37] oder gruppensprachlich geprägt sind und im Medium der Schrift eine „nähesprachliche" Beziehung anzeigen sollen, z.B. <Sansaro> *murphy: obwohl* <u>*ick*</u> *ja zwei
maedels enttauscht habe, die* <u>*mir*</u> *tanzen sehen wollten.... *traurigsei**. Ebenfalls dem
Ausdruck konzeptioneller Mündlichkeit, vor allem aber der subtilen und doch so alltäglichen Gesprächssteuerung dienen schließlich die oft polyfunktionalen Gesprächswörter: <Dhyani> *Apfel:* <u>*Jo*</u>*, bei deiner Gehirnmasse ... aber es muss auch deppen geben,* <u>*nech*</u>?

Insofern der Chat als Kommunikationstechnologie im Medium der „distanz-
sprachlichen" Schrift verhaftet ist, die TeilnehmerInnen in einem prototypischen Chat
indes miteinander „nähesprachlichen" Umgang pflegen wollen, liegt es geradezu auf
der Hand, dass grammatische Strukturen der gesprochenen Umgangssprache gleichsam als „nähesprachliche" Indexe die Chat-Sprache prägen; alle oben angeführten Beispiele stammen aus einem Chat.[38] Sehr viele der Regularitäten der „konzeptionellen
Mündlichkeit" des Umgangsdeutschen sind daher nicht nur im Chat zu beobachten –
sondern im DaF-Chat zu üben. Dies sei an ausgewählten Beispielen veranschaulicht.[39]

---

36   Zur Ausklammerung vgl. aber auch Schwitalla (1997: 82), der darauf hinweist, dass die Aus-
      klammerung nicht typisch sprechsprachlich, sondern auch in der Schriftsprache häufig ist. Hin-
      zu kommt, dass sie in der gesprochenen Sprache gerade vermieden wird, wenn der Gesprächs-
      schritt gehalten werden soll.
37   Zu regionalen Varietäten im Chat vgl. Kelle (2000).
38   Es handelt sich um das Chat-Protokoll „IRC-Kanal #Berlin 02.11.98", aus dem Chat-Korpus
      von Krumm (1998).
39   Die Beispiele stammen aus dem Korpus von Eva Platten.

3.1 Morphosyntaktische Strukturen

Die meisten DaF-LernerInnen haben die deutsche Sprache in der Regel als Schrift-sprache kennen gelernt. Im Unterschied zum natürlichen Mutterspracherwerb, bei dem zuerst die gesprochene Sprache erworben und die erworbene Lautstruktur erst im schulischen sekundären Spracherwerb mit der Buchstabenordnung der Schriftsprache in Übereinstimmung gebracht werden muss, müssen DaF-Lerner bei ihrem ersten au-thentischen Kontakt mit der gesprochenen Fremdsprache die bereits befestigten schriftsprachlichen Wortbilder mit der Lautstruktur in Übereinstimmung bringen – und dies ist zumeist die Lautstruktur der gesprochenen Umgangssprache mit all ihren re-gelgeleiteten Abweichungen von der Schriftsprache. In didaktisch betreuten DaF-Chats wird nun, wie erwähnt, grundsätzlich zunächst versucht, der standardsprachlich geprägten konzeptionellen Schriftlichkeit zu folgen, und zwar sowohl von den DaF-LernerInnen, die oft noch gar nichts anderes kennen, wie von den Tutorinnen, denen die schriftsprachliche Prägung der Deutschkenntnisse ihrer Klientel durchaus bewusst ist, die sie aber auch in den didaktischen DaF-Chats weiterhin pflegen (sollen). Gleich-wohl fließen sehr rasch Elemente des Mündlichen in diese wohlgeordnete Schriftlich-keit ein:

```
<euro>      na ja, es ist fast 18:00 hier :)
<admin>     Und du hast Hunger?
<euro>      und ich bin noch auf der Arbeit :(
<euro<       lol, nein, hab' nicht Hunger
<admin>     Und chattest mit mir :)
<admin>     hab KEINEN Hunger
<euro>      Danke fuer die Korrektur
<admin>     null problemo⁴⁰
```

Die Apokope des unbetonten [ə] wird hier schon wie selbstverständlich durchgeführt und birgt keinerlei Schwierigkeiten. Dies zeigt auch die folgende Reaktion der DaF-Tutorin, die diese apokopierte Form unkommentiert wiederholt und als Korrektur le-diglich den Ersatz der fehlerhaften Negationspartikel durch das Negationspronomen einbringt. Hier wäre eine fremdsprachendidaktische Reflexion möglicherweise ange-bracht gewesen, doch scheint <euro> die Regeln bereits zu kennen.

Ein ähnliches Bild gewährt die Beobachtung der angesprochenen Kontraktionen, vor allem der Kontraktionen von finiter Verbform und anschließendem Personalpro-nomen, das in der chattypischen Schreibweise zumeist enklitisch angefügt wird (wie z.B. im obigen Beispiel *haezzte*). In den Chats des hier zugrunde gelegten DaF-Chat-Korpus findet sich diese enklitische Anfügung des Personalpronomens an das finite Verb zwar nicht, allerdings die Kontraktion der 3. Pers. Sing. mit dem Pronomen *es*:

```
<aLDI>      Mir ist bewusst,dazwischen gibt's nur Studium und Leben(Essen, schlafen...)
<Gast3631>  wird's mir gelungen?
```

Sehr oft erfolgt diese Kontraktion überdies mit dem Verb *gehen*, was auf den formel-haften Charakter der umgangssprachlichen Höflichkeitsfloskel zurückzuführen ist:

---

40   Vgl. Platten (2001).

<kim>   hallo Ina wie geth's[41]

Da sich im selben Chat auch die standardschriftsprachlich korrekte Form dieser For-
mel findet („wie geht es"), werden den DaF-LernerInnen die strukturellen Unterschiede zwischen gesprochener und geschriebener Sprache sehr viel deutlicher bewusst als
dem Muttersprachler, und gerade diese Bewusstwerdung kann durch den Einsatz von
Chats bis hin zur kritischen Reflexion gefördert werden.[42] Die Chatterin (<kim>) gebraucht einige Zeilen später selbst die standardschriftsprachlich korrekte Form und
dies weist auf eine kommunikative Kompetenz hin, die unterschiedliche kommunikativ-pragmatische Bedürfnisse durch unterschiedliche morphosyntaktische Formen auszudrücken weiß:

<admin>   Wie geht es euch?
<Carla>   mir geht es gut. Und Sie?
<kim>   mir geth ist sehr gut und dir?
<Ina>   danke, gut
<admin>   (Ihnen) :-) Danke sehr gut![43]

Denn selbst wenn <kim> hier lediglich „abschreibt", das heißt den morphosyntaktischen Vorgaben der VorrednerInnen folgt, so ist zu unterstellen, dass sie weiß, wann
sie diesen Vorgaben in welchem soziopragmatischen Kontext mit welchen Stilregis-
tern zu folgen hat und wann nicht.

3.2 Zur Syntax der geschriebenen Umgangssprache im DaF-Chat

Wie schon an diesem Beispiel zu erkennen ist, können DaF-LernerInnen im Chat ü-
ben, welche Aussageinhalte in einem Gespräch verbalisiert werden müssen und welche nicht – und wie das syntaktisch zu leisten ist. Als grundsätzlich der gesprochenen
Sprache angehörige, zumindest für sie typische syntaktische Formen sind u.a. die
Links- und Rechtsherausstellung sowie u.a. die „Ersparungen" („Ellipsen"), Satzbrüche und Ausklammerungen beschrieben worden.[44] Da Chat-„turns", und zumal solche
von DaF-LernerInnen, in der Regel zur Kürze neigen, sind Ausklammerungen, aber
auch Links- und Rechtsherausstellungen nicht sehr häufig. Das folgende Beispiel für
eine Rechtsherausstellung belegt aber sehr schön, dass DaF-Chats dazu beitragen können zu lernen, dass und wie der eigenen syntaktisch gesättigten Aussage noch Informationen nachgereicht werden können (Hervorhebung hier und im Folgenden von mir,
J.K.):

<marichka1>   Und welche Arbeitsstelle wuerdest du am liebsten kriegen?
<OpClaudia>   Nichts Besonderes. Nur etwas, damit ich bis Oktober Geld verdienen
               kann, zB. Fließbandarbeit.
<marichka1>   was ist fliessbandarbeit? [...]

---

41   Die Chat-„turns" sind hier authentisch, d.h. ohne stillschweigende Korrekturen, aber auch ohne
      ständigen Einschub eines „sic" wiedergegeben.
42   Vgl. dazu auch Steinig (2000: 126f.).
43   Platten (2001).
44   Vgl. Schwitalla (1997: 76ff); Duden-Grammatik (1998: §§1259ff.).

<OpClaudia>   Man muss zB. Teile montieren, schrauben. Alles läuft auf einem Band
              vor dir. Wie früher die Autoherstellung. [...]
<marichka1>   Bei uns machen das nur die Maenner, Ich meine schrauben, und Teile
              montieren"

Die konkrete ko- und kontextuelle Situierung eines natürlichen Gesprächs ist den daran beteiligten DialogpartnerInnen grundsätzlich gleichermaßen bekannt. Viele Ge-
sprächstextreferenzen können deshalb durch situationsbezogene Anadeiktika hergestellt oder brauchen auch gar nicht verbalisiert zu werden. Dasselbe gilt für die so genannten Ellipsen, also die in der Duden-Grammatik als „Ersparung von Redeteilen"
bezeichneten syntaktischen Strukturen. Wenngleich sich die TeilnehmerInnen an einem Chat in unterschiedlichen realen Räumen befinden und deshalb die situative Ellipse im engeren Sinne nicht angezeigt ist, gestalten sie doch einen gemeinsamen Ge-
sprächsraum mit einer gemeinsamen ko- und kontextuellen Einbettung des Chat-
Gesprächs. In DaF-Chats können deshalb durchaus derlei syntaktische „Ersparungen"
beobachtet und geübt werden, etwa Übernahmen des syntaktisch-semantischen (rhe-
matischen) Rahmens des Vorredners:

<Ramses>   Wo wohnst du in Agypten,, diaa
<diaa>   in Alexandrai und du?
<Ramses>   ich auch!

Oder, ein weiteres Beispiel:

<star>   Ja, es gibt in Deutschland cerca 4 Millionen Arbeitslöser
<katrin>   ja, leider.. Arbeitslose
<star>   Schade. In Spanien das gleiche.

Auch an diesem Beispiel wird deutlich, dass der Unterschied zwischen standardsprachlicher und umgangssprachlicher Syntax in Chats gleichsam gefahrlos beobachtet
und geübt werden kann.

Dieser Ausschnitt bietet überdies ein Beispiel für eine Sprachhandlung, die eigentlich chat-untypisch ist: die Korrektur des sprachlichen Ausdruckes (*Arbeitslöser
– Arbeitslose). Ebenso wie im ungesteuerten Fremdsprachenerwerb sind Fehlerkorrekturen in Chats eher die Ausnahme.[45] Sie widersprechen den Normen dieser Kommunikationstechnologie ebenso wie sie den Normen des natürlichen Gesprächs widersprechen. Aus diesem Grund, aber auch weil im Rahmen des Aufbaus einer kommunikativen Kompetenz die aktive dialogische Sprachproduktion und -rezeption Vorrang hat
vor dem Anspruch an sprachliche Korrektheit, wird seitens der Fremdsprachendidaktik
mittlerweile empfohlen, auf die Fehlerkorrektur während des Interaktionsflusses zu
verzichten.[46] In den betreuten DaF-Chats jedoch gehören Korrekturen zu den Aufgaben der TutorInnen. Diese besonders eingerichteten DaF-Chat-Räume, Platten nennt

---

45   Vgl. z.B. Androutsopoulos & Hinnenkamp (2001: 389), die ein Beispiel für eine orthographi-
     sche Korrektur anführen. Vgl. auch Platten 2001, die als Richtschnur für Fehlerkorrekturen in
     Chats auf das Korrekturverhalten in natürlichen Gesprächen und die Unterscheidung zwischen
     kommunikationsbehindernden und nicht-kommunikationsbehindernden Fehlern verweist.
46   Vgl. Storch (1999: 317); Rösler (1994: 137).

sie in Anlehnung an Wolfgang Steinig „DCR" (= Didaktischer Chat-Raum), sind auch aus diesem Grund fremdsprachendidaktisch überschaubar, bergen allerdings die Gefahr, dass der Chat-Sprache (*Chat* jetzt im engeren Sinne) mitunter das genommen wird, was ihren Reiz als Repräsentantin einer umgangssprachlichen Grammatik gerade ausmacht: die non-, mitunter auch substandardsprachliche Rebellion gegen Standardnormen sowie die Freiheit des schriftlichen Plauderns ohne Furcht vor Fehlern.[47] Aus diesem Grund, aber auch um die oben erwähnte Dialogsorten- und Varietätenvielfalt des Deutschen im Chat zu erkunden, empfiehlt es sich, im betreuten DaF-Erwerb zusätzlich zu den didaktisch eingerichteten auch ausgewählte öffentlich zugängliche Chaträume zu besuchen und anschließend die sprachlichen Abweichungen von der Standardnorm zu explizieren (nach Möglichkeit im Wege der Phonierung des in den Chat-Protokollen schriftlich Fixierten). Auf diese Weise können unterschiedliche Varietäten und Register des Deutschen gleichsam kontrastiv begutachtet und kann der Begriff des „Fehlers" in seiner Relativität und in seiner Abhängigkeit von der Standardnorm veranschaulicht werden. Im Übrigen ist auch in DaF-Chats immer wieder festzustellen, dass Korrekturen – wie im herkömmlichen DaF-Unterricht auch – durchaus gewünscht werden:

<Rajsr>   [zu m-luise] ich sagt, das=bitte korrektor mich wenn du findet Grammatik
           oder Buchstabieren Fehler

Oder, ein weiteres Beispiel:

<Euro>   damals besuchte ich auch andere Laender [...]
<Euro>   auch Deutschland :)
<admin>   „damals" hoert sich an, als waere es im vorigen Leben gewesen... [...]
<Euro>   was musste ich den sagen, bitte? :)
<Euro>   (korrekturen immer willkommen) :) [...]
<admin>   „zu der Zeit" oder „dann" oder „da" oder ... „als ich da war" [...]
<Euro>   ok, Danke :)[48]

3.3 Gesprächswörter, oder: Zur Lexik der gesprochenen Umgangssprache

Abschließend sei ein kurzer Blick auf ein Phänomen der dialogisch gesprochenen Umgangssprache geworfen, das nur im Gespräch lehr- und lernbar ist: die Gesprächswörter.[49] Sie sind, handle es sich nun um Rückmeldungspartikeln oder Interjektionen, Sprechhandlungspartikeln, Gliederungspartikeln oder Abtönungspartikeln, gleichsam die lexikalischen Scharniere im Rahmen der dialoggrammatisch beschreibbaren Progression der „turns". Sei es, dass „marichka1" mit einem Trost bekundenden „oh, ich habe gar keinen Fernseher" auf OpClaudias Klage, dass ihr Fernseher kaputt ist, reagiert, sei es, dass „aLDI" mit einem Verständnis anzeigenden „Ah! So!" der Tutorin Mira signalisiert, dass er ihre Erklärung verstanden hat, oder sei es, dass „Gast 3631" mit zufrieden rückmeldendem „hm" ausdrückt, dass sie jetzt verstanden hat, was das

---

47 Vgl. Platten (2001), die sogar explizit vom deutschsprachigen Tutor fordert, in den Chats „orthographische und syntaktische Korrektheit an[zu]streben".
48 Vgl. Platten (2001), Kapitel 6.1.: „Korrekturen und sprachliche Hilfen".
49 Vgl. dazu, mit weiterführender Literatur, Kilian (2002: 437ff.).

Wort *geloben* bedeutet: Die DaF-LernerInnen im betreuten didaktischen DaF-Chat können den Gebrauch und die Funktion dieser Wörter bei den TutorInnen beobachten, erfragen und selbst ausprobieren und auf diesem Wege Formen und Funktionen von Mitteln der Gesprächssteuerung – etwa zum Zweck des Sprecherwechsels – kennen lernen. Ein besonders anschauliches Beispiel bietet der folgende Ausschnitt aus einem DaF-Chat:

<m-luise>	Es gibt ja auch nur weibliche Chat-Tutorinnen hier...
<OpClaudia>	Tja, wir hatten auch mal EINEN Mann! [...]
<Rajsr>	was ist Tja [...]
<m-luise>	tja = Englisch für „well" am Anfang eines Satzes
<OpClaudia>	an Rajsr: Tja = Naja = englsich (well)
<OpClaudia>	Hey, du warst schneller :-))

Wie viel weniger könnte Rajsr aus „Langenscheidts Großwörterbuch Deutsch als Fremdsprache" dazu erfahren:

„**tja!, tja!** *Interjektion* verwendet als Floskel am Anfang des Satzes (ohne eigentliche Bedeutung): *Tja, was sollen wir jetzt tun?*"

Die Angabe „ohne eigentliche Bedeutung" ist nicht nur irreführend, sondern aus sprachpragmatischer Sicht falsch. Rajsr lernt die gesprächsschrittgliedernde und die satzsemantische Funktion des *tja* im Chat besser – und überdies auf dieselbe Weise wie wenn im natürlichen Spracherwerb auf metasprachlichem Wege derlei Informationen eingeholt werden: Ausgehend von einem Sprachgebrauch in konkreten kommunikativen Zusammenhängen erfolgt eine Synonym-, hier: Heteronymerklärung, gefolgt von Hinweisen zum Gebrauch in Sätzen und Texten. Ein Blick auf den die Nachfrage initiierenden Gesprächsakt von OpClaudia zeigt schließlich den Gebrauch im Kontext.

4   Standardnorm und chatsprachliche „Fehler"

Der wohl am schwersten wiegende Einwand gegen den Einsatz von Chats im DaF-Unterricht zielt auf die grammatischen Abweichungen der umgangssprachlich, gar gruppensprachlich geprägten Chat-Sorten von den grammatischen Normen der geschriebenen Standardsprache. Die Gefahr sei sehr groß, dass diese Abweichungen, zumal es sich um schriftlich fixierte Sprache handelt, nicht als Abweichungen von der Standardnorm, mithin nicht als Fehler erkannt würden. In diesem Falle internalisierten die DaF-LernerInnen die Abweichungen als grammatische und akzeptierte Formen des Deutschen. Eine ähnliche Kritik kam bereits am Immersions-Konzept auf; Huneke/Steinig fassen sie wie folgt zusammen: „Die Flüssigkeit (fluency) sei zwar mit der von Muttersprachlern vergleichbar, es mangele jedoch an der formalsprachlichen Korrektheit (accuracy)."[50]
Diese Kritik ist ernst zu nehmen, und es führt, wie eingangs erwähnt, beim gesteuerten Erwerb des Deutschen als Fremdsprache auch kein Weg an den Normen der schriftsprachlich geprägten deutschen Standardsprache vorbei. Und wenn Chats, zumal

---

50   Huneke & Steinig (1997: 80).

moderierte didaktische Chats, als Ergänzung zu diesem Erwerb der deutschen Standardsprache hinzutreten, bilden deren Normen stets das Korrektiv, an dem die Abweichungen des Chats auszurichten sind. In diesem Sinne ist die Kritik am Einsatz von
Chats berechtigt und ist ihr Folge zu leisten.

Sprache lernen ist allerdings, wenn man die innere Mehrsprachigkeit einer Ein-
zelsprache berücksichtigen will, Sprachen lernen. Weder im natürlichen Erwerb der
Muttersprache noch im ungesteuerten Zweitspracherwerb ist die „formalsprachliche
Korrektheit" gänzlich ausgeblendet, sondern lediglich zugunsten der Befriedigung
kommunikativer Bedürfnisse in den Hintergrund gerückt. Werden Chats im DaF-
Unterricht mit fortgeschrittenen LernerInnen eingesetzt, dann wird im Grunde nur die
Reihenfolge umgedreht, insofern aufbauend auf dem bereits erworbenen standardsprachlichen Normenwissen (der „formalsprachlichen Korrektheit") non- oder auch
substandardsprachliches Normenwissen und damit ein Wissen über die Abweichungen
von der „formalsprachlichen Korrektheit" im informellen realisierten Sprachverkehr
vermittelt wird. Denn die Non- und Substandardvarietäten des Deutschen sind keine
anarchischen Abwandlungen der Standardnormen, sondern sind selbst regelhafte, mitunter in subsistenten Normen eingefasste Existenzformen des Deutschen. Ebenso wie
DaF-LernerInnen das natürliche Gespräch nicht aufsuchen, um grammatische Strukturen zu lernen, sondern um in einer ihnen fremden Sprache ihre Kommunikationsbe-
dürfnisse zu befriedigen, ist auch der Chat nicht als Lehr-Lern-Mittel zu instrumentali-
sieren. Im Chat lernt man keine Fremdsprache. Die Gefahr, dass DaF-LernerInnen hier
zu Fehlern geführt werden, ist ebenso gering oder ebenso groß wie im natürlichen Gespräch auch, wenn FremdsprachenlernerInnen auf Native speakers treffen.[51]

Hinzu kommt, dass im Rahmen der didaktischen Betreuung die non- und substandardsprachlichen Abweichungen der Chat-Sprache von der schriftsprachlich geprägten Standardnorm gemeinsam nachgearbeitet werden müssen, z.B. anhand von
Chat-Protokollen. Hier gilt für Chats das, was für kommunikativ-pragmatische Ansätze der Fremdsprachendidaktik allgemein gilt: Der allein in die Fremdsprache geschickte Lerner erwirbt trotz aller Authentizität der Lernumgebung keine muttersprachliche
Kompetenz, sondern bedarf dazu der Anleitung, und zwar auch der Anleitung über
„richtig" oder „falsch" in verschiedenen Varietäten der Fremdsprache; das neuere
Schlagwort von der „Lernerautonomie" stößt hier an seine Grenzen. Je älter der Lerner
ist (und der – ohnedies ergänzende – Einsatz von Chats im DaF-Unterricht setzt fortgeschrittene, mithin ältere Lerner voraus), desto höher wird der Anteil an Explizierung
und Kognitivierung zu veranschlagen sein.[52] Auf diesem Wege, nämlich durch Explizierung und Kognitivierung der Normenunterschiede, kann übrigens auch der Gefahr
begegnet werden, dass DaF-LernerInnen im Falle unbetreuter Chat-Besuche gleichsam
pidginisierte Lernervarianten ausbilden, wie sie in älteren Untersuchungen zum ungesteuerten Zweitspracherwerb der ersten Einwanderergeneration festgestellt wurden.

Zusammenfassend lässt sich in Bezug auf die „Fehler"-Gefahr des Chats feststellen: Da der Chat, erstens, als Kommunikationstechnologie potenziell den gesamten

---

51   Zur fremdsprachendidaktischen Bewertung des freien Sprechens und der damit verknüpften
      Fehlergefahr vgl. auch Storch (1999: 216); Rösler (1994: 136f.); Dürscheid (2001: 45).
52   Vgl. z.B. Storch (1999: 74).

Varietätenraum des Deutschen in den medial vermittelten Sprechsälen spiegeln kann, darf der Begriff des „Fehlers" in Bezug auf die Sprache der Chat-Kommunikation nicht allein an der Standardnorm ausgerichtet werden, sondern muss relativ zu den verschiedenen Varietäten- und Sprachverkehrsnormen definiert werden. So gilt, um auf die obigen Beispiele noch einmal zurückzukommen, die „Ellipse" zwar in der geschriebenen Standardsprache in vielen Fällen als Verstoß gegen stilistische Normen, mithin als „Fehler"; in der gesprochenen Umgangssprache hingegen gilt diese Form der „Ersparung von Redeteilen" geradezu umgekehrt als normativ geronnene Regel. Und es ist, zweitens, in Erinnerung zu rufen, dass der Erwerb einer Fremdsprache in der Regel als Entwicklungsprozess zu begreifen ist, in dessen Verlauf verschiedene Lernervarianten ausgebildet werden, die im Zuge ihrer Erweiterungen und Verwerfungen immer weiter in der zu erlernenden Sprache aufgehen. Insofern zu dieser Wanderung durch die Fremdsprache auch der Erwerb non- und substandardsprachlicher Strukturen gehört, ist der Begriff des „Fehlers" auch vor diesem Hintergrund zu relativieren – und auch dazu können DaF-Chats beitragen.

5   Literatur und Links (in Auswahl)

Almeida, Antonio & Jamie da Silva (1977): Sprachvergleich Portugiesisch – Deutsch, Düsseldorf.

Androutsopoulos, Jannis & Volker Hinnenkamp (2001): Code Switching in der bilingualen Chat-Kommunikation: ein explorativer Blick auf #hellas und #turks. In: Beißwenger (Hrsg.), 367-401.

Beißwenger, Michael (Hrsg., 2001): Chat-Kommunikation. Sprache, Interaktion, Sozialität & Identität in synchroner computervermittelter Kommunikation. Perspektiven auf ein interdisziplinäres Forschungsfeld. Stuttgart.

Belz, Julie A. & Andreas Müller-Hartmann (2002): Deutsch-amerikanische Telekollaboration im Fremdsprachenunterricht – Lernende im Kreuzfeuer der institutionellen Zwänge. WWW-Ressource: http://www.courses.psu.edu/Materials/ling597_jab63/Belz.Mu_Ha.2002.doc.

Bibliographie zur Chat-Kommunikation. Bibliography on Chat Communication. Bearb. v. Michael Beißwenger. WWW-Ressource: http://www.chat-bibliography.de.

Brammerts, Helmut (1996): Tandem per Internet und das International E-Mail Tandem Network. Mit Beiträgen von Annette Gaßdorf. In: Brammerts & Little (Hrsg.), 1-14.

Brammerts, Helmut & Karin Kleppin (1998): Autonom lernen mit einem deutschsprachigen Tandempartner. In: Donath (Hrsg.), 42-46.

Brammerts, Helmut & David Little (Hrsg., 1996): Leitfaden für das Sprachenlernen im Tandem über das Internet, Bochum.

Breindl, Eva (1997): DaF goes Internet! Neue Entwicklungen in Deutsch als Fremdsprache. In: Deutsche Sprache 25, 289-342.

Cimilli, Nükhet & Klaus Liebe-Harkort (1980): Sprachvergleich Türkisch – Deutsch, 3. Aufl. Düsseldorf.

Donath, Reinhard (Hrsg., 1998): Deutsch als Fremdsprache. Projekte im Internet, Stuttgart.

Donath, Reinhard: Das Internet im Deutsch als Fremdsprache-Unterricht. In: Donath (Hrsg., 1998), 5-11.

Duden. Grammatik der deutschen Gegenwartssprache. 6., neu bearb. Aufl. Hrsg. von der Dudenredaktion. Bearb. von Peter Eisenberg, Hermann Gelhaus, Helmut Henne, Horst Sitta und Hans Wellmann. Mannheim [usw.] 1998.

Dürscheid, Christa (2001): Alte und neue Medien im DaF-Unterricht. In: Deutsch als Fremdsprache 38, H. 1, 42-46.

Eck, Andreas, Lienhard Legenhausen & Dieter Wolff (1994): Telekommunikation als Werkzeug zur Gestaltung einer spracherwerbsfördernden Lernumgebung: Möglichkeiten und Probleme. In:

Jürgen Fechner (Hrsg.): Neue Wege im computergestützten Fremdsprachenunterricht, Berlin [usw.], 59-74.

Ehnert, Rolf (1993): Regionale Varianten des deutschen Sprachraums im Fremdsprachenunterricht. In: Csaba Földes (Hrsg.): Germanistik und Deutschlehrerausbildung. Festschrift zum hundertsten Jahrestag der Gründung des Lehrstuhls für deutsche Sprache und Literatur an der Pädagogischen Hochschule Szeged. Szeged. Wien, 277-288.

Ehnert, Rolf & Gerhard Wazel (1996): Computer, in: Gert Henrici & Claudia Riemer (Hrsg.): Einführung in die Didaktik des Unterrichts Deutsch als Fremdsprache, mit Videobeispielen. Bd. 2. 2. Aufl. Baltmannsweiler, 453-466.

Eideneier, Hans (1979): Sprachvergleich Griechisch – Deutsch. 2. Aufl. Düsseldorf.

Eisenberg, Peter (1998/99): Grundriß der deutschen Grammatik. Bd. 1: Das Wort; Bd. 2: Der Satz. Stuttgart. Weimar.

Figge, Udo & Mario de Matteis (1979): Sprachvergleich Italienisch – Deutsch, 2. Aufl. Düsseldorf.

Fischer, Gerhard (1998): E-mail in Foreign Language Teaching. Toward the Creation of Virtual Classrooms. Tübingen.

Fluck, Hans-R. & Anatolij S. Karpov (2001): Zum Multimediaeinsatz in der DaF-Ausbildung: Aus- und Fortbildung für burjatische Deutschstudenten und –lehrer via Internet (Projekt „Germnet"). In: Germanistisches Jahrbuch der GUS „Das Wort" 2000/01, 235-246.

Hahn, Martin, Sebastion Künzel & Gerhard Wazel (1998): Multimedia – eine neue Herausforderung für den Fremdsprachenunterricht. 2., durchgesehene Aufl. Frankfurt/M.

Heinen, Ute (2000): Aussiedler. Bonn (Informationen zur politischen Bildung 267).

Helbig, Gerhard & Joachim Buscha (1980): Deutsche Grammatik. Ein Handbuch für den Ausländerunterricht. 6., unv. Aufl. Leipzig.

Henne, Helmut (1988): Stichwort Umgangssprache. Werkstattbericht zum neuen ‚Paul'. In: Horst Haider Munske [u.a.] (Hrsg.): Deutscher Wortschatz. Lexikologische Studien. Ludwig Erich Schmitt zum 80. Geburtstag von seinen Marburger Schülern. Berlin. New York, 813-826.

Hinrichs, Gisela: Gesprächsanalyse Chatten (1998): WWW-Ressource: http://www.websprache.uni-hannover.de/networx/docs/networx-2.pdf.

Hoffmann, Ludger (1998): Grammatik der gesprochenen Sprache. Heidelberg (Studienbibliographien Sprachwissenschaft 25).

Huneke, Hans-Werner & Wolfgang Steinig (1997): Deutsch als Fremdsprache. Eine Einführung. Berlin.

Kelle, Bernhard (2000): Regionale Varietäten im Internet – Chats als Wegbereiter einer regionalen Schriftlichkeit? In: Deutsche Sprache, 28, H. 4, 357-371.

Kilian, Jörg (1997): Gespräche im Computer-Zeitalter – Kommunikation und Kultur? In: Michael Zöller (Hrsg.): Informationsgesellschaft – Von der organisierten Geborgenheit zur unerwarteten Selbständigkeit? Köln (Veröffentlichungen der Hanns Martin Schleyer-Stiftung 49), 240-247. Wieder abgedruckt in: Seminar – Lehrerbildung und Schule 2 (1998) 72-77; überarb. Fassung in: Carolo-Wilhelmina 36 (1999), 132-136.

Kilian, Jörg (2000a): *Lahmacun* mit „klə:rem /ə/"? Europäische Migrationssprachen im Braunschweiger Raum. In: Braunschweigische Heimat 86, H. 2, 10-19.

Kilian, Jörg (2000b): Literarische Gespräche – online? Facetten des „dramatischen Dialogs" im Computer-Alltag. In: Zeitschrift für germanistische Linguistik 28, 223-236.

Kilian, Jörg (2001): T@stentöne. Geschriebene Umgangssprache in computervermittelter Kommunikation. Historisch-kritische Ergänzungen zu einem neuen Feld der linguistischen Forschung. In: Beißwenger (Hrsg.), 55-78.

Kilian, Jörg (2002): Lehrgespräch und Sprachgeschichte. Untersuchungen zur historischen Dialogforschung. Tübingen (Reihe Germanistische Linguistik 233).

Kilian, Jörg (2003, im Druck): Grammatik mit digitalen Dialog. Zur Qualität des dialogischen Transfers grammatischen Wissens in interaktiven Lehr-Lernprogrammen für DaF. In: Gerd Antos & Sigurd Wichter (Hrsg.): Transferwissenschaften: Transferqualität. Gekürzte Fassung als WWW-Ressource unter www.germanistik.uni-halle.de/t_joerg_kilian.pdf.

Krumm, Katja Rebekka (1998): Die Sprache im Internet. Untersuchungen am Beispiel des Chat. MA-Arbeit. Hamburg.

220 Jörg Kilian

Little, David (1996): Lernerautonomie und Lernerberatung. In: Brammerts & Little (Hrsg.), 15-28.

Löschmann, Martin (1994): Zur Weiterentwicklung der Lehr- und Lernmitteltheorie für den Fremdsprachenunterricht durch Einsatz von Computern. In: Jürgen Fechner (Hrsg.): Neue Wege im computergestützten Fremdsprachenunterricht. Berlin [usw.], 21-36.

Mause, Doris (1997): Chatten im Fremdsprachenunterricht, http://www.dorismause.com/39.html (2000; zuerst 1997).

Mause, Doris (2001): Didaktische Anmerkungen zum Einsatz von CD-ROMs im Fremdsprachenunterricht. In: Donath (Hrsg.): CD-ROM im Fremdsprachenunterricht. Stuttgart [usw.], 7-12.

Meisel, Jürgen M. (1975): Ausländerdeutsch und Deutsch ausländischer Arbeiter. Zur möglichen Entstehung eines Pidgin in der BRD. In: Zeitschrift für Literaturwissenschaft und Linguistik 18, 9-53.

Nowak, Wojciech (1998): Einsatzmöglichkeiten des Internets im DaF-Unterricht. In: Schröder & Wazel (Hrsg.), 131-137.

Platten, Eva (2001): Die Bedeutung von Chats für das Fremdsprachenlernen. WWW-Ressource: http://www.uni-giessen.de/~ga1040/chatfors/index.htm.

Potter, James (1998): On-line and off-line: Software Tools for Foreign Language Teaching and Evaluation. In: Schröder & Wazel (Hrsg.), 53-82.

Rösler, Dietmar (1994): Deutsch als Fremdsprache. Stuttgart. Weimar.

Rösler, Dietmar (1998): Neun Anmerkungen zum Fremdsprachenlernen mithilfe der Neuen Medien. In: Donath (Hrsg.), 11.

Rösler, Dietmar & Erwin Tschirner (2002): Neue Medien und Deutsch als Fremdsprache. Viele Fragen und ein Aufruf zur Diskussion. In: Deutsch als Fremdsprache 39, H. 3, 144-155.

Schild, Kurt W. (1981): Man spricht woanders anders: „Study abroad" und die Barriere lokaler Mundarten. In: Die Unterrichtspraxis for the teaching of German 1, 44-52.

Schröder, Hartmut & Gerhard Wazel (Hrsg., 1998): Fremdsprachenlernen und interaktive Medien. Dokumentation eines Kolloquiums an der Europa-Universität Viadrina, 21.-24. März 1996, Frankfurt (Oder). Frankfurt/M.

Schwitalla, Johannes (1997): Gesprochenes Deutsch. Eine Einführung. Berlin.

SODIS-Datenbank: Bildungsmedien,. WWW-Ressource: http://www.fwu.de/db-bm.

Steinig, Wolfgang (2000): Kommunikation im Internet: Perspektiven zwischen Deutsch als Erst- und Fremdsprache. In: Zeitschrift für Fremdsprachenforschung 11, H. 2, 125-156.

Storch, Günther (1999): Deutsch als Fremdsprache – Eine Didaktik. Theoretische Grundlagen und praktische Unterrichtsgestaltung. München.

Storrer, Angelika (2001): Sprachliche Besonderheiten getippter Gespräche: Sprecherwechsel und sprachliches Zeigen in der Chat-Kommunikation. In: Beißwenger (Hrsg.), 3-24.

Online-Ressourcen:

http://www.medid.de/frames/frame_mitte/projekte.htm
http://www.deutsch-als-fremdsprache.de
http://www.goethe.de/z/jetzt
http://www.cas.usf.edu/languages/german/germlinks
http://www.slf.ruhr-uni-bochum.de/etandem/etindex-de.html
http://www.german.about.com
http://www.iglou.com/xchange/ece/index.html
http://www.daf-portal.de
http://www.tandem-f.org/pages/depale15_001.htm
http://www.tandem-f.org/pages/depale15_004.htm
http://www.lernforum.uni-bonn.de
http://www.uncg.edu/~lixlpurc/german.html
http://www.ualberta.ca/~german/ejournal/ejournal.htm

Ute Linder & Martin Wessner

Wie kann eine Chat-Umgebung lernförderlich gestaltet werden?

Hinweise aus einer Feldstudie zu Rollenspielen im Fremdsprachentraining[1]

1   Zusammenfassung

Im vorliegenden Beitrag wird eine Feldstudie zum kooperativen Lernen mit einem Chat-Werkzeug präsentiert, in der erwachsene Lernende ihr Wirtschaftsenglisch in tutoriell betreuten Rollenspielen anwenden und ausbauen sollten. Für die Durchführung der Übung wurden eine kommerziell verfügbare Lernplattform und das darin enthaltene Chat-Werkzeug genutzt. Eine Lernprozessanalyse ergab einen bedeutsamen Unterschied zwischen dem von der Sprachtrainerin erwarteten und dem tatsächlichen Verhalten der TeilnehmerInnen. Die Befunde belegen, dass die Übung bezogen auf die vorgesehenen Lernaktivitäten sowohl in quantitativer als auch in qualitativer Hinsicht ein Misserfolg war. Das Scheitern der Übung hatte mehrere Ursachen: Zum einen wa-

---

1   Dieser Beitrag entstand im Projekt ALBA, das vom Bundesministerium für Bildung und Forschung (BMBF) 2001-2004 unter dem Förderkennzeichen 08NM117A finanziert wurde. Die Autoren sind verantwortlich für den Inhalt dieser Veröffentlichung. Für hilfreiche Anmerkungen zu einer früheren Fassung dieses Textes danken wir Edna Balzer, Martin Mühlpfordt und Thomas Richter.

ren die Lernenden nicht adäquat auf ihre Rolle vorbereitet worden. Zum anderen erwies sich das Chat-Werkzeug nicht hinsichtlich aller Lernaktivitäten als gebrauchstauglich. Aus den Evaluationsergebnissen werden nicht nur Empfehlungen zur Verbesserung des Instruktionsdesigns und der Softwareunterstützung für diese spezifische Übung, sondern auch allgemeine Hinweise für die lernförderliche Gestaltung von Chat-Umgebungen abgeleitet.

2   Chancen und Probleme des Einsatzes von Chat-Werkzeugen in Lernsituationen

Chat-Werkzeuge, die den nahezu synchronen Austausch von schriftlichen Äußerungen zwischen zwei oder mehr Personen ermöglichen, wurden schon bald nach Erfindung des Internet Relay Chat (IRC) im Jahr 1988 durch den Finnen Jarkko Oikarinen auch zu Lernzwecken eingesetzt. Ein Chat-Werkzeug ist heute in den meisten kommerziell verfügbaren Lernplattformen enthalten (Baumgartner, Häfele & Maier-Häfele 2002).

Welche Chancen und Probleme sind mit der Nutzung von synchroner, textbasierter Kommunikation in Lernsituationen verbunden? Chat-Werkzeuge bieten verteilten Lerngruppen und Lehrkräften eine hohe Interaktivität zu relativ geringen Kosten[2] und eignen sich somit potenziell für z.B. diskursives Lernen, Kommunikationstrainings, virtuelle Sprechstunden oder Treffen von Projektgruppen. Die Verschriftlichung aller Beiträge sowie die Möglichkeit, Diskurse automatisch aufzuzeichnen, sorgen für Transparenz und Persistenz des Gesprächsverlaufs (vgl. Herring 1999): Die Transkripte können noch im Verlauf bzw. nach Abschluss der gemeinsamen Arbeit eingesehen werden und bieten eine gute Basis für die Nachbereitung von Treffen, etwa die Erstellung von Ergebnisprotokollen. Beim Einsatz von Chat-Werkzeugen in Lernsituationen lassen sich aber auch Nachteile beobachten (Hron et al. 2000; Pfister, Mühlpfordt & Müller 2003): Diskurse verlaufen vielfach ungeordnet; es fällt schwer, alle Beiträge und die Bezüge zwischen diesen zu verstehen; die (im Vergleich zur Nutzung asynchroner, textbasierter Medien) häufig geringe Sach- bzw. Aufgabenorientierung der TeilnehmerInnen ist unbefriedigend. Praxisberichte über den erfolgreichen Einsatz von Chat-Werkzeugen als Lerntechnologien sind bislang selten, ebenso Feldstudien zum Lernen in Chat-Umgebungen (Chou 2001).

Die Verfügbarkeit eines Chat-Werkzeugs in Lernsituationen garantiert somit noch keinen Lernerfolg (vgl. Barton 1994; Bates 1995). Entscheidend ist vielmehr, wie das Medium von den Beteiligten genutzt wird und ob es die NutzerInnen bei der Bearbeitung von bestimmten Aufgaben sinnvoll unterstützt. Beide Fragen lassen sich nur im Zuge einer praktischen Erprobung des Chat-Werkzeuges und einer Evaluation des Lernprozesses beantworten. In diesem Beitrag wird daher die Auffassung vertreten, dass sich Chat-Werkzeuge sowie lernförderliche Nutzungskonzepte nur evidenzbasiert entwickeln bzw. optimieren lassen (vgl. Flagg 1990). Dementsprechend wird zunächst

---

2   Die Kosten für die Beschaffung von entsprechender Software sowie die technischen Voraussetzungen für deren Nutzung (Bandbreite und Rechnerausstattung auf Nutzerseite) sind gering, ebenso der Einarbeitungsaufwand, da die Handhabung der Benutzungsschnittstellen aufgrund der geringen funktionalen Komplexität meist einfach zu erlernen ist.

ein Ansatz zur Evaluation von netzbasierten, kooperativen Übungen vorgestellt und dann am Beispiel einer kooperativen Übung aus einem Wirtschaftsenglischkurs illustriert. Aus den Evaluationsergebnissen werden nicht nur Empfehlungen zur Verbesserung des Instruktionsdesigns sowie der Softwareunterstützung für diese spezifische Übung, sondern auch allgemeine Hinweise für die lernförderliche Gestaltung von Chat-Umgebungen abgeleitet.

3 Zur Einschätzung des Erfolgs von netzbasierten, kooperativen Übungen

Computergestütztes kooperatives Lernen „kann als Lernform definiert werden, in der mehrere Personen unter Nutzung von Computern ein Lernziel verfolgen, indem sie über den Lerninhalt kommunizieren und neues Wissen kooperativ aufbauen" (Wessner & Pfister 2001). Im Verlauf netzbasierter, kooperativer Übungen erfolgt die Kommunikation und Kooperation mittels vernetzter Computer; die Beteiligten arbeiten räumlich verteilt. Wie lässt sich der Erfolg solcher Übungen einschätzen?

Nach Friedrich, Hron & Hesse (2001) bildet der Lernprozess (bestehend aus Ereignissen im Zuge der Auseinandersetzung der Lernenden mit der Technologie, mit den Lerninhalten sowie mit anderen Personen) die entscheidende Verbindung zwischen den Eingangsgrößen (z.B. Merkmale der Zielgruppe, der Instruktionen und Lernmaterialien, der Technologie etc.) und den Lernergebnissen (z.B. Lernerfolg, Zufriedenheit der Lernenden und Tutoren etc.) in virtuellen Lernumgebungen. Eine Untersuchung des Lernprozesses kann wertvolle Hinweise dazu liefern, wie sich die Technologie, andere Elemente des Instruktionsdesigns oder das Nutzerverhalten optimieren lassen. Im Zuge einer formativen Evaluation sollte deshalb der Lernprozess genau analysiert werden. Den Lernerfolg als zentralen Indikator für die Qualität des Lernangebots zu wählen, ist im Fall von Pilotstudien nicht ratsam, da ein schwaches Testergebnis zwar belegen mag, dass die Lernenden ein bestimmtes Lernziel nicht erreicht haben, ein solcher Befund jedoch häufig keinerlei Information zu den Ursachen des Scheiterns bietet.

Welche Merkmale des Lernprozesses sprechen nun konkret für den Erfolg einer netzbasierten, kooperativen Übung, und wie kann man diese Merkmale im Zuge einer formativen Evaluation erfassen? Aus Sicht der Autoren sind das Ausmaß und die Qualität der Aufgabenbearbeitung im Verlauf des Lernprozesses entscheidend für den Erfolg der Übung. Nur wenn die Ergebnisse einer qualitativen Analyse des beobachtbaren Verhaltens der Lernenden, hier vor allem der Chat-Beiträge, dafür sprechen, dass das kommunikative Geschehen mit Blick auf die Aufgabenbearbeitung effizient und inhaltlich zufriedenstellend verlief, kann die Umsetzung einer Übung als gelungen gelten. Bleibt die Aufgabenbearbeitung hinter den Erwartungen zurück, sollte in den Daten zu den Eingangsgrößen sowie zum Lernprozess nach den Ursachen des Scheiterns gesucht werden. Mit Blick auf den systemischen Charakter kooperativer E-Learning Angebote sollte dabei insbesondere die Passung zwischen Zielgruppenmerkmalen, Instruktionsdesign und Technologie überprüft werden (Linder & Rochon 2003).

Was genau unter der Effektivität und der Effizienz einer Übung sowie unter der Qualität der Aufgabenbearbeitung zu verstehen ist, und wie sich diese Merkmale erfassen lassen, soll im Folgenden näher erläutert werden.

3.1 Einschätzung der Effektivität der Übung

Im Mittelpunkt jeder professionellen Unterrichtsplanung stehen gewisse Aufgabenstellungen, die es den Lernenden ermöglichen sollen, bestimmte Lernziele (Wissenserwerb oder Förderung von Kompetenzen) durch eigene Aktivitäten zu erreichen. Das gilt auch für das Lernen mit Neuen Medien. Die Durchführung der so genannten Lernaktivitäten durch die Lernenden kann somit als notwendige Bedingung für den Lernerfolg aufgefasst und im Zuge der Evaluation überprüft werden. Zu diesem Zweck werden die Diskurse aus den Lerngruppen anhand zweier Fragen analysiert: Setzen sich die Lernenden im Verlauf der Übung mit den gestellten Aufgaben und Inhalten auseinander? Werden alle geplanten Lernaktivitäten von den Lernenden auch tatsächlich ausgeführt? Lassen sich diese Fragen für alle Lernaktivitäten positiv beantworten, dann kann die Übung insgesamt als effektiv bezeichnet werden.

3.2 Einschätzung der Effizienz der Übung

Die institutionellen bzw. individuellen Kosten für die Entwicklung und Durchführung bzw. für die Teilnahme an einer netzbasierten, kooperativen Übung sind nur dann zu rechtfertigen, wenn die Aufgabenbearbeitung im Vordergrund des kommunikativen Geschehens steht. Für den Erfolg einer kooperativen Übung genügt es somit nicht, wenn die Lernaktivitäten nachweislich auftreten. Vielmehr sollten die Lernenden der Auseinandersetzung mit den Aufgaben und Inhalten verglichen mit anderen Aktivitäten mehr Aufmerksamkeit und Energie widmen. Welches Verhältnis im Einzelfall angemessen ist, kann nur der Autor der Übung als Experte für Lernprozesse und als Kenner der Zielgruppe vorab festlegen. Bei der Analyse wird dann die vom Autoren der Übung erwartete Verteilung der Aktivitäten mit der realen Verteilung verglichen. Dazu werden die Diskurse der Lernenden anhand folgender Frage überprüft: In welchem Verhältnis stehen aufgabenbezogene und andere kommunikative Aktivitäten der Lernenden? Nur wenn das Verhältnis in etwa den vom Autor erwarteten Werten entspricht, kann die Übung insgesamt als effizient bezeichnet werden.

3.3 Einschätzung der Qualität der Aufgabenbearbeitung

Bewertet man die Effektivität und Effizienz der Übung auf der Basis der Beitragsverteilung, so gewinnt man einen groben quantitativen Überblick über das Verhalten der Lernenden im Lernprozess. Die Einschätzung, wie ernsthaft bzw. detailliert sich die Lernenden mit den Inhalten auseinander gesetzt haben, erfordert dagegen eine differenzierte Beschreibung des Verhaltens auf der Basis einer qualitativen Analyse des Lernprozesses. Dazu werden alle Diskurse aus den Lerngruppen anhand zweier Leitfragen ausgewertet: Inwieweit befolgen die Lernenden die Instruktionen? Inwieweit verwenden die Lernenden in ihren Beiträgen das Lernmaterial oder beziehen sich darauf?

In den nächsten Abschnitten soll die Anwendung des Verfahrens am Beispiel der Evaluation einer kooperativen Übung aus einem Wirtschaftsenglischkurs illustriert werden. Im Anschluss an die Präsentation der Evaluationsergebnisse werden die daraus abgeleiteten Empfehlungen zur Entwicklung einer lernförderlichen Softwareunterstützung für die Übung vorgestellt.

4 Die Evaluationsstudie

4.1 Kontext und Zielsetzung der Studie

Der vorliegende Beitrag basiert auf einer Studie, die im Jahr 2002 in einer öffentlich geförderten Weiterbildungseinrichtung mit erwachsenen Lernenden aus Umschulungskursen durchgeführt wurde. Die Institution war damals dabei, netzbasierte Lernangebote und eine kommerzielle Lernplattform einzuführen. Die Aufgaben der erstgenannten Autorin lagen im Bereich der wissenschaftlichen Begleitung und Beratung eines internen Projektteams in Fragen der Qualitätsentwicklung von netzbasierten, kooperativen Lernangeboten.

In den Monaten vor Durchführung der Studie waren erfahrene Lehrkräfte auf freiwilliger Basis in internen Schulungsangeboten darauf vorbereitet worden, netzbasierte, kooperative Übungen zu konzipieren sowie durchzuführen und entsprechende Lernmaterialien zu erstellen. Sie hatten verschiedene Übungen entwickelt, die in einer Pilotphase erprobt und mit Hilfe der Autorin formativ evaluiert werden sollten. Zum Zeitpunkt der Durchführung der Studie sammelten Lehrkräfte wie Lernende erste Erfahrungen mit der Kombination von netzbasierten und Präsenzlernangeboten.

Ziel der Studie war es, die netzbasierten, kooperativen Lernangebote systematisch zu erproben und zu optimieren. Dabei sollten diejenigen Faktoren identifiziert werden, welche den Lernprozess und somit die Qualität dieser Lernangebote beeinflussen.

4.2 Instruktionsdesign der evaluierten kooperativen Übung

Die hier präsentierte Übung wurde von einer erfahrenen Lehrkraft als Ergänzung zum Präsenzunterricht entwickelt. Bei der Durchführung hat die Lehrkraft die Rolle der Tutorin selbst übernommen. Die Sprachtrainerin wollte den Lernenden mit der Übung die Möglichkeit bieten, eine berufstypische, mündliche Kommunikationssituation in der Fremdsprache zu simulieren und dabei sowohl ihre sprachlichen Fähigkeiten als auch das Lernmaterial auszuschöpfen, ohne zugleich auf die Aussprache achten zu müssen. Die Lernenden sollten sich während der Übung zunächst nützliche Redewendungen für Telefonate mit Geschäftspartnern aneignen und dieses Wissen in Kleingruppen in Rollenspielen gestützt auf das Medium Chat selbst anwenden. Die Lernenden arbeiteten während der Übung örtlich verteilt. Im nächsten Präsenztreffen sollten sie dann mittels einer Telefonanlage üben, in englischer Sprache zu telefonieren.

Die Übung bestand insgesamt aus fünf Arbeitsphasen (siehe Abb. 1). Zentrale Lernaktivitäten waren das Lesen und Verstehen der Instruktion (Phase 1), das gemeinsame Klären offener Fragen zur Aufgabe bzw. zum Lernmaterial (Phase 2), das Sichten und Einprägen von englischen Redewendungen (Phase 3), die Simulation von Telefongesprächen mit verteilten Rollen, das gemeinsame Überprüfen und Korrigieren der Rollenspielbeiträge der Kleingruppe (Phase 4) und das gemeinsame Auswerten der Lernerfahrungen (Phase 5).

Arbeitsphasen der Übung	Aktivitäten der Lernenden
1. Individuelle Information über die Aufgabenstellung sowie den Ablauf der Sitzung	• Einloggen auf der Plattform • In das virtuelle Klassenzimmer gehen und den Arbeitsauftrag sowie das Lernmaterial aus dem Dokumentenspeicher herunterladen • Ausdrucken der Dokumente • Den Arbeitsauftrag lesen und unklare Punkte identifizieren
2. Plenum zur Klärung von Fragen	• In den Chat-Raum auf Kursgruppenebene gehen • Der Tutorin nach Bedarf Fragen stellen zur Aufgabenstellung sowie zur Organisation der Sitzung
3. Individueller Wissenserwerb und Vorbereitung auf das Rollenspiel	• Das Lernmaterial (Redewendungen für Telefonate mit Geschäftspartnern) und die Rollenbeschreibungen lesen und verstehen • Das Rollenspiel, den Gesprächseinstieg vorbereiten
Pause	
4. Kooperatives Lernen in Kleingruppen: Rollenspiel und korrektives Feedback	• Auf Kleingruppenebene in richtigen Chat-Raum gehen und Teamkollegen begrüßen • Neu erworbenes Wissen (Redewendungen) in einem Rollenspiel anwenden • Sprachbezogenes Feedback zu den Rollenspieldialogen geben und empfangen
5. Plenum zur Auswertung der Sitzung	• In den Chat-Raum auf Kursgruppenebene gehen • Die eigenen Lernerfahrungen reflektieren und der Tutorin Feedback geben

Abb. 1: Aufbau der netzbasierten, kooperativen Übung zum Thema „Business Calls".

Von den Lernenden wurde erwartet, dass sie vorwiegend selbstgesteuert, unter Nutzung des Arbeitsauftrages sowie des Lernmaterials arbeiten (Phasen 1, 3 und 4). Die beiden fest eingeplanten, virtuellen Treffen mit allen Beteiligten im Chat (Phase 2 und 5) hatten ergänzenden Charakter. Sie sollten zum einen der Tutorin die Betreuung der Kursgruppe, die zeitliche Steuerung sowie die Auswertung der Übung erleichtern; zum anderen sollten sie den Lernenden Austausch- und Reflexionsmöglichkeiten über die Kursgruppe hinweg bieten.

4.3 TeilnehmerInnen und Rahmenbedingungen

An der Evaluationsstudie nahmen insgesamt 19 Erwachsene aus kaufmännischen Umschulungskursen (10 Frauen und 9 Männer) im Alter von 21 bis 49 Jahren teil. Das Durchschnittsalter betrug 34 Jahre. Die TeilnehmerInnen kannten sich sowie die Tutorin bereits aus Präsenztreffen im Fach Wirtschaftsenglisch. Die Englischkenntnisse der TeilnehmerInnen waren heterogen; die durchschnittlichen Sprachkenntnisse lagen auf geringem bis mittlerem Niveau. Alle TeilnehmerInnen hatten vorab eine Einführung in die Lernplattform und die zugehörigen Kommunikationswerkzeuge erhalten. Ein Drittel der Lernenden nahm von zuhause an der Übung teil, die übrigen TeilnehmerInnen und die Tutorin saßen verteilt in verschiedenen Räumen der Weiterbildungseinrichtung. Pro Person stand ein Rechner mit Internetzugang zur Verfügung.

4.4 Lernumgebung und Lernmaterial

Die kooperative Übung wurde unter Nutzung einer kommerziellen Lernplattform (*IBT®Server e-learning suite*, Version 5, von der Firma *time4you GmbH*, Karlsruhe) durchgeführt. Sowohl Tutorin als auch Lernende kommunizierten dabei ausschließlich mit Hilfe textbasierter Kommunikationswerkzeuge. Die Plattform hielt auf zwei Ebenen verschiedene Werkzeuge für Kommunikation und Kooperation bereit: Auf Kursgruppenebene wurden ein gemeinsamer Dokumentenspeicher, ein Chat-Raum, ein Mail-an-Tutor-Werkzeug sowie ein Broadcasting-Werkzeug genutzt, mit dem die Tutorin kurze Sofort-Nachrichten an die gesamte Kursgruppe senden konnte. Auf Kleingruppenebene standen den Lernenden zehn separate Chat-Räume zur Verfügung. Der Wechsel von einer Ebene zur anderen erfolgte mit Hilfe der Navigationsleiste am rechten Bildschirmrand und erforderte nur einen Mausklick.

Der Arbeitsauftrag sowie das Lernmaterial für die Übung hatten jeweils einen Umfang von eineinhalb DIN A4 Seiten. Beide Dokumente wurden über den gemeinsamen Dokumentenspeicher bereitgestellt. Der Arbeitsauftrag lag in deutscher Sprache vor und enthielt Informationen zu allen Arbeitsphasen und Aktivitäten der Lernenden, zum zeitlichen Ablauf und den verfügbaren Dokumenten. Zur Kleingruppenphase enthielt die Instruktion Beschreibungen aller Rollen, einen detaillierten Zeitplan, Informationen zur Zusammensetzung der Teams und Rollenzuweisungen für jedes Teammitglied. Das Lernmaterial bestand aus englischen Redewendungen für Telefonate im Berufsleben, die nach Redeabsichten (z.B. aus Sicht des Anrufers: Ein Gespräch beginnen, sich mit einer Person verbinden lassen, eine Nachricht hinterlassen, sich bedanken, sich verabschieden etc.) gruppiert waren.

4.5 Durchführung der Übung

Zum vereinbarten Zeitpunkt riefen die Lernenden von ihrem Webbrowser aus die Startseite der Lernplattform auf und meldeten sich dort durch Eingabe ihres Namens an. Auf dem Monitor erschien dann automatisch eine Liste mit Themen, aus der die Lernenden per Mausklick wie vereinbart das Thema „Telephoning" auswählten und

sofort in das zugehörige virtuelle Klassenzimmer gelangten. Dort fanden sie eine Be-
grüßungsnachricht der Tutorin sowie die Aufforderung vor, sich die relevanten Materialien aus dem gemeinsamen Dokumentenspeicher herunterzuladen, auszudrucken
und zu lesen (Phase 1). Danach hatten sie Gelegenheit, der Tutorin im Chat-Raum auf
Kursgruppenebene Fragen zum Arbeitsauftrag bzw. zum Ablauf der Übung zu stellen
(Phase 2). Die Tutorin forderte die Lernenden dann auf, sich die englischen Redewendungen in Einzelarbeit einzuprägen und sich somit auf das Rollenspiel vorzubereiten
(Phase 3). Im Anschluss an eine kurze Pause gab die Tutorin im Chat-Raum auf Kursgruppenebene sowie per Sofort-Nachricht das Startsignal für die Kleingruppenarbeit
(Phase 4). Im Mittelpunkt der Übung stand der Auftrag an die Lernenden, in Dreier-
gruppen ein Telefongespräch zu simulieren. Dabei sollten sie jeweils eine von drei
Rollen spielen: Anrufer/in, Sekretär/in und Beobachter/in. Im Anschluss sollten der
Telefondialog anhand des Transkripts gemeinsam überprüft und Verbesserungsvorschläge erarbeitet werden. Da die Sprachtrainerin mit 21 TeilnehmerInnen rechnete,
hatte sie die Kursgruppe für die Kleingruppenarbeit in sieben Dreiergruppen eingeteilt.
Das Rollenspiel wurde insgesamt dreimal durchgeführt, damit jeder Lernende die
Chance erhielt, jede Rolle einmal selbst zu übernehmen. Nach den Rollenspielen
konnten sich die Lernenden im Chat-Raum auf Kursgruppenebene über ihre Lernerfahrungen austauschen und der Tutorin Rückmeldung zur Übung geben (Phase 5).

Die Tutorin konnte von den TeilnehmerInnen während der gesamten Übung sowohl im Chat-Raum auf Kursgruppenebene als auch per E-Mail kontaktiert werden.
Während der Kleingruppenaktivität (Phase 4) betreute und überwachte sie bis zu sieben Gruppen parallel. Sie konnte das entweder offen tun, indem sie mit den Lernenden
kommunizierte, oder verdeckt, indem sie eine Gruppe nur beobachtete, ohne sich
selbst am Diskurs zu beteiligen. Die Durchführung der Übung beanspruchte insgesamt
dreieinhalb Stunden. Für die Kleingruppenübung standen 90 Minuten zur Verfügung,
ein Durchgang dauerte 30 Minuten.

4.6 Datenerhebung und Datenanalyse

Vor Durchführung der Übung wurde die Tutorin zu ihren Erwartungen hinsichtlich des
Verhaltens der Lernenden in den einzelnen Arbeitsphasen befragt. Im Zuge des Interviews wurde Sie gebeten, folgende Fragen zur Kleingruppenarbeit (Phase 4) zu beantworten:

1. Welche sprachlichen Aktivitäten werden die Lernenden in dieser Phase zeigen, welche
    kommunikativen Zwecke werden sie verfolgen?
2. Wie viel Prozent der Beiträge der Lernenden im Durchschnitt werden auf die von Ihnen
    erwarteten sprachlichen Aktivitäten und kommunikativen Zwecke (Telefonieren, korrekti-
    ves Feedback, Meta-Kommunikation sowie Small talk) entfallen?
3. Welche inhaltliche Qualität werden die Äußerungen im Zuge der Aufgabenbearbeitung
    (Lernaktivitäten: Simulation von Telefonaten und korrektives Feedback) aufweisen?

Die Daten über den tatsächlichen Verlauf der Übung und das Verhalten der Beteiligten
stammen aus verschiedenen Quellen: Alle schriftlichen Beiträge wurden in der Lernplattform aufgezeichnet. Neben den Chat-Transkripten wurden Notizen aus einer nicht

teilnehmenden Beobachtung der Übung durch die erstgenannte Autorin sowie Rückmeldungen der Lernenden (aus Phase 5) und der Tutorin (aus einem Interview) nach Abschluss der Übung ausgewertet.

Vorrangiges Ziel der Datenanalyse war es, eine detaillierte Beschreibung des Lernprozesses zu generieren. Der Erfolg der Übung sollte anhand eines Vergleiches des von der Tutorin erwarteten Verhaltens der Lernenden mit deren tatsächlicher Leistung bewertet werden. Um zu verstehen, wie der Lernprozess in den verschiedenen Phasen ablief, wurden alle verfügbaren Daten ausgewertet, im Mittelpunkt des Interesses stand jedoch die Durchführung der Rollenspielübung in Kleingruppen (Phase 4).

Von 19 Transkripten aus den Kleingruppen wurden 17 inhaltsanalytisch ausgewertet. Zwei Transkripte wurden nicht berücksichtigt, da die Tutorin in diesen Fällen selbst an den Rollenspielen teilgenommen hatte, um erkrankte Lernende zu ersetzen, und diese Gespräche somit nicht als typische Umsetzungen der Kleingruppenaktivität betrachtet werden konnten.

Im Zuge einer ersten Inhaltsanalyse wurden alle 705 in den 17 Transkripten enthaltenen Äußerungen einer von vier groben Kategorien zugeordnet. Analyseeinheit war somit der einzelne Chat-Beitrag. Die Kategorien wurden aus den Vorhersagen der Tutorin zum Teilnehmerverhalten im Lernprozess abgeleitet. Für jede vorhergesagte kommunikative Aktivität der Lernenden (Telefongespräch, Feedback, Meta-Kommunikation, Small Talk) wurde eine Kategorie definiert. Alle 705 Chat-Beiträge wurden von zwei Forschern unter Nutzung eines gemeinsamen Kodierleitfadens unabhängig voneinander kodiert[3]. Anschließend wurden die kodierten Äußerungen ausgezählt und die tatsächliche Verteilung der Chat-Beiträge mit der quantitativen Vorhersage der Tutorin verglichen, um eventuelle Differenzen zu identifizieren.

Angeregt durch die Ergebnisse der ersten Inhaltsanalyse wurden alle Beiträge, die zunächst den Kategorien Telefongespräch, Feedback und Meta-Kommunikation zugeordnet worden waren, erneut analysiert, mit dem Ziel, das Lernerverhalten und die Qualität der Beiträge detaillierter zu beschreiben. Im Zuge der zweiten Inhaltsanalyse wurden alle Beiträge einer Kategorie erneut durchgesehen, nach Themen gruppiert und für die so entstandenen Beitragsgruppen Unterkategorien formuliert. Befunde zur tatsächlichen Qualität der aufgabenbezogenen Beiträge wurden anschließend mit den entsprechenden Erwartungen der Tutorin verglichen.

4.7 Ergebnisse und Interpretation

In den folgenden Abschnitten werden die Ergebnisse zum Verhalten der Lernenden präsentiert und mit den Erwartungen der Tutorin verglichen. Treten dabei Diskrepanzen auf, so wird versucht, jene Faktoren zu identifizieren, die Einfluss auf das Lernverhalten hatten. Im Interesse einer prägnanten Präsentation werden Ergebnisse und Interpretationen für jede Arbeitsphase gemeinsam dargestellt.

---

3   Die Beurteilerübereinstimmung betrug über alle Kategorien hinweg 84 %. Cohens Kappa, ein zufallsbereinigtes Maß für die Beurteilerübereinstimmung, lag bei 0,76. Die Qualität des Kategoriensystems und der Kodierung war somit zufriedenstellend.

Phase 1: Individuelle Information über die Aufgabenstellung

Die Beobachtung der Lernenden in der Institution ergab, dass es einigen Teilnehmer-Innen nicht gelang, die Instruktion auf Ihrer Festplatte zu speichern oder auszudrucken; es fehlte ihnen an grundlegenden Computerkenntnissen. Weiterhin haben nicht alle Lernenden, denen der Arbeitsauftrag und das Lernmaterial ausgedruckt vorlag, diese Dokumente sorgfältig gelesen, Verständnislücken identifiziert und offene Fragen notiert. Der oberflächliche Umgang mit dem Arbeitsauftrag mag zum einen daran gelegen haben, dass die Lernenden bislang wenig Erfahrung mit selbstgesteuertem Lernen gesammelt hatten, wie die Sprachtrainerin im Interview einräumte. Zum anderen ergab eine Analyse der Instruktion, dass diese visuell gering strukturiert und dadurch unübersichtlich war.

Phase 2: Klärung von offenen Fragen im Plenum

Der Tutorin wurden im Chat-Raum auf Kursgruppenebene nur drei Fragen zum Auftrag bzw. Verlauf der Übung gestellt. Geplauder und die Suche nach Gruppenmitgliedern dominierte diese Arbeitsphase. Letzteres mag an einem Defizit des Chat-Werkzeuges gelegen haben, das über keine Anwesenheitsliste verfügte, so dass die TeilnehmerInnen ihre Anwesenheit nur über das Senden von Beiträgen signalisieren konnten. Negativ auf die Aufgabenorientierung der Lernenden könnte sich ausgewirkt haben, dass diese sowohl mit Blick auf selbstgesteuertes Lernen als auch auf computervermittelte Kommunikation Neulinge waren und noch nicht über angemessene Arbeitsgewohnheiten und Kommunikationshaltungen verfügten.

Phase 3: Individueller Wissenserwerb

Noch immer hatten nicht alle TeilnehmerInnen das Lernmaterial zur Hand. Einige Lernende, denen die Liste mit englischen Redewendungen vorlag, überflogen die Liste meist rasch, ohne sich Notizen zu machen. Auch den Arbeitsauftrag und somit die Rollenbeschreibungen sahen sich nur wenige noch einmal an. Die wenig intensive Auseinandersetzung mit dem Lernmaterial und den Vorgaben für die Kleingruppenarbeit mag auch in dieser Phase mit der gering ausgeprägten Selbststeuerungsfähigkeit der Lernenden zusammenhängen. Eine Analyse des Lernmaterials ergab, dass auch dieses Dokument unübersichtlich gestaltet war, über 90 Redewendungen und damit sehr viel Information enthielt.

Phase 4: Rollenspiel und korrektives Feedback in Kleingruppen

Nach Erwartung der Sprachtrainerin sollten sich die Lernenden in der Kleingruppenarbeit auf das Rollenspiel und das Feedback konzentrieren und im Wesentlichen aufgabenbezogen kommunizieren. Sie hatte prognostiziert, dass jeweils ein Drittel der Beiträge auf die Simulation von Telefondialogen, das korrektive Feedback sowie auf metakommunikative bzw. Small-Talk-Aktivitäten entfallen würden (siehe Abb. 2).

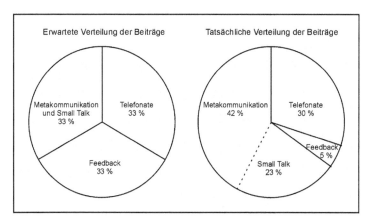

Abb. 2: Vergleich von erwarteter und tatsächlicher Verteilung der Chat-Beiträge.

Demgegenüber zeigen die Ergebnisse der ersten Inhaltsanalyse, dass nur etwas mehr als ein Drittel (35 Prozent) der Chat-Beiträge in Kleingruppen auf die von der Tutorin erwarteten aufgabenbezogenen Aktivitäten entfielen (siehe Abb. 2). Während sich die Lernenden in 30 Prozent der Äußerungen der Simulation von Telefonaten widmeten, konnten nur fünf Prozent aller Beiträge der Feedbackaktivität zugeschrieben werden. Die Mehrheit der Beiträge entfiel dagegen entweder auf metakommunikative (42,3 Prozent) oder auf Small-Talk-Aktivitäten (22,7 Prozent).

Simulation von Telefonaten. Die Lernenden machten – anders als von der Tutorin erwartet – insgesamt wenig Gebrauch von den im Lernmaterial enthaltenen Redewendungen. Sie zogen es vor, die Telefongespräche frei zu improvisieren. Die Telefonatsbeiträge waren insgesamt von geringer Qualität: Sie wiesen viele Fehler im Bereich der Lexik und Grammatik auf. Die Beobachtung der Lernenden während der Kleingruppenarbeit ergab, dass diese die Liste mit den Redewendungen häufig kaum mehr beachteten. Letzteres könnte wiederum auf einen Mangel an Erfahrung mit selbstgesteuertem Lernen sowie die unangemessene Gestaltung des Lernmaterials zurückzuführen sein.

Feedback. Es zeigten sich vielfach Mängel im Zeitmanagement: Die Kleingruppen gingen häufig erst kurz vor Ende einer Runde zum Feedback über. Das kann zumindest teilweise erklären, warum diese Aktivität kaum ausgeführt wurde. Die meisten der 31 als Feedback kodierten Beiträge enthielten ein allgemein positives Feedback an Mitlernende („Das habt ihr gut gemacht") oder eine vergleichbare Selbsteinschätzung („Wir waren super!") oder aber signalisierten Zustimmung zu einer solchen Äußerung. Nur 0,6 Prozent der Beiträge (4 Äußerungen) griffen einen spezifischen sprachlichen Aspekt eines Telefonatsbeitrages auf und enthielten somit korrektives Feedback im Sinne der Instruktion. Nur zwei von 19 Lernenden bezogen sich in ihren Feedbackbeiträgen direkt auf einen Rollenspiel-Beitrag oder das Lernmaterial, wie die Tutorin es erwartet hatte. Die Beiträge der Lernenden lassen den Schluss zu, dass diese nicht genau wussten, was sie tun sollten. Das mangelnde Aufgabenverständnis lässt sich zum einen auf die Instruktion zurückführen, die keine genauen Angaben zu den im Feedback zu berücksichtigenden Aspekten enthielt. Zum anderen verfügten die Lernenden – wie das Interview mit der Sprachtrainerin ergab – hinsichtlich dieser Aufgabe über keine Vorerfahrung. Außerdem erschwerte das Chat-Werkzeug die Feedbackaktivität. Das Chat-Fenster zeigte maximal zehn Beiträge an, von denen nur sieben gelesen werden konnten ohne zu scrollen. Die älteren Beiträge verschwanden vom Bildschirm und konnten nur bei Nutzung eines umständlich zu bedienenden Chat-Archivs erneut eingesehen werden. Zusammen mit dem Erfahrungsmangel und der unzureichenden Instruktion bieten die Defizite des Chat-Werkzeuges eine Erklärung dafür, dass das korrektive Feedback von den Lernenden so gut wie nicht ausgeführt wurde.

Metakommunikation. Mit ihren metakommunikativen Beiträgen verfolgten die TeilnehmerInnen eine Reihe von Absichten: Sie wollten herausfinden, wer in einem bestimmten Teamraum anwesend war, oder ihre Anwesenheit kundtun; sie verhandelten über die Vergabe von Rollen und den Beginn des zu simulierenden Telefonats; sie diskutierten über den Sinn oder Unsinn der Feedbackaktivität; sie vereinbarten Pausen oder sprachen darüber, wann sie zum nächsten Durchgang übergehen würden. Aus Sicht der Sprachtrainerin ist dies ein bemerkenswerter Befund: Sie hatte den Koordinationsaufwand sowohl für die Simulation der Telefonate als auch die Feedbackaktivität geringer eingeschätzt, da der Arbeitsauftrag alle notwendigen organisatorischen Informationen enthielt (z.B. Rollenverteilung für alle Teams und Runden, detaillierter Zeitplan). Der Umstand, dass nicht alle Lernenden die Instruktion aufmerksam gelesen hatten, bietet eine Erklärung für den überraschend hohen Koordinationsbedarf: Das Wissen der TeilnehmerInnen über oder ihre Erinnerung an die organisatorischen Vorgaben war zu Beginn der Kleingruppenphase so gering, dass sie z.B. die Rollenübernahme ad hoc aushandelten, um mit dem Rollenspiel beginnen zu können.

Phase 5: Auswertung der Übung im Plenum

In dieser Phase gab es anfangs viel paralleles Geplauder zwischen jeweils zwei oder drei Lernenden, das die Tutorin später unterband. Die Sequenz der Beiträge war chaotisch. Ein Teilnehmer begann, seinen Teammitgliedern gar Feedback zur Kleingruppenaktivität zu geben bis die Tutorin ihn darauf hinwies, dass das Plenum nicht der richtige Ort für diese Aktivität sei. Das Feedback der Lernenden zur Übung enthielt elf global positive sowie fünf global negative Kommentare und Bewertungen. 17 Beiträge bezogen sich auf Punkte, die einer Optimierung bedürfen, davon thematisierten elf Beiträge das Verhalten oder die Motivation von Mitlernenden. Kritisiert wurden die unzureichende Vorbereitung auf die Kleingruppenarbeit und die daraus resultierende unbefriedigende Beteiligung einzelner Lernender.

Zusammenfassung der empirischen Befunde

Keine der fünf Arbeitsphasen verlief wie geplant. Zentrale Lernaktivitäten wurden von den Lernenden nicht erfolgreich durchgeführt. Die Lernenden absolvierten die Übung insgesamt weniger engagiert und aufgabenorientiert als die Sprachtrainerin erwartet hatte. Die Diskrepanz zwischen dem erwarteten und dem tatsächlichen Verhalten der

Lernenden während der Kleingruppenarbeit war in quantitativer und qualitativer Hinsicht groß. Die Übung kann zwar hinsichtlich der Simulation von Telefonaten in Rollenspielen sowie des Feedbacks als effektiv bezeichnet werden, da beide Lernaktivitäten prinzipiell nachgewiesen werden konnten; das Feedback wurde jedoch kaum ausgeführt. Die Effizienz der Übung war gering, da die Lernenden weniger Beiträge für die Aufgabenbearbeitung als für die Koordination und Geplauder aufwandten und die Beitragsverteilung somit deutlich von der Erwartung der Tutorin abwich. Die Qualität der Aufgabenbearbeitung lässt sich als gering charakterisieren. Zum einen machten die Lernenden in den Rollenspielen wenig Gebrauch von den im Lernmaterial enthaltenen Redewendungen und produzierten daher viele Fehler; zum anderen gaben sie einander kaum Feedback zu sprachlichen Aspekten der Rollenspielbeiträge und bezogen sich in ihren Feedbackbeiträgen kaum auf das Lernmaterial oder die Telefondialoge. Angesichts dieser Befunde war die Übung insgesamt ein Misserfolg.

4.8 Ursachen des Misserfolgs

Worauf lässt sich der Misserfolg zurückführen? Der Hauptgrund für das Scheitern der Übung lag in der Überforderung der Lernenden. Sie waren mit Anforderungen konfrontiert, die sie nicht erfüllen konnten. Die Ursachen dafür lagen in den Bereichen Vorbereitung der Lernenden, Instruktionsdesign sowie Softwareunterstützung.

4.8.1 Defizite der Lernervorbereitung

Die Lernenden waren auf typische Anforderungen beim selbstgesteuerten Lernen, wie das selbständige Auswerten von Instruktionen, oder zentrale Aufgabenstellungen, wie das gegenseitige kollegiale Feedback, nicht hinreichend vorbereitet. Einigen fehlten zudem grundlegende Fertigkeiten im Bereich der Computernutzung (z.B. Speichern, Wiederfinden und Drucken von Dokumenten).

4.8.2 Defizite des Instruktionsdesigns

Das Instruktionsdesign war für die Zielgruppe zu anspruchsvoll. Zur Überforderung der Lernenden haben Gestaltungsmängel hinsichtlich folgender Aspekte beigetragen:

- Dauer der Übung
- Umfang und optische Gestaltung der Materialien
- Paralleler Einsatz zweier visueller Medien

Die gesamte Übung dauerte 3,5 Stunden, die zentrale Kleingruppenarbeit 1,5 Stunden. Dies ist mit Blick auf die menschliche Konzentrationsspanne zu lange.

Der Arbeitsauftrag enthielt mehr Informationen als die Lernenden beim ersten Lesen verarbeiten konnten. Dies gilt auch für das Lernmaterial und führte mit Blick auf die begrenzte Kapazität des menschlichen Arbeitsgedächtnisses (siehe z.B. Baddeley 1992) wahrscheinlich schon in den individuellen Arbeitsphasen 1 und 3 zu einer

Informationsüberlastung[4]. Ein aufgabenorientiertes Verhalten erfordert, dass die Lernenden beim Überfliegen der Materialien die jeweils zur aktuellen Arbeitsphase passende Information rasch aus dem Dokument herausfiltern und im Arbeitsgedächtnis speichern können, so dass sie auf diese Information bei der Aufgabenbearbeitung, z.B. beim Formulieren von Chat-Beiträgen, jederzeit zugreifen können. Diese Such-, Filter- und Speicherprozesse wurden den Lernenden erschwert durch eine geringe optische Strukturierung sowohl der Instruktion als auch des Lernmaterials bei zugleich hohem Informationsgehalt der Dokumente. Die unangemessene Gestaltung der Materialien führte zu einer erhöhten kognitiven Belastung der Lernenden und verbrauchte somit Verarbeitungsressourcen zu Lasten der eigentlichen Lernaktivitäten.

Der parallele Einsatz zweier visueller Medien führte zu weiteren Problemen: Da Arbeitsauftrag und Lernmaterial (im günstigsten Fall) in Papierform vorlagen, hätten Lernende im Verlauf der Übung ihre Aufmerksamkeit abwechselnd auf die gedruckten Materialien und das Chat-Fenster richten müssen, um Informationen aus beiden Medien integrieren und aufgabenorientiert handeln zu können. Nach John Sweller führt die Anforderung, in Lernsituationen die Aufmerksamkeit zwischen zwei oder mehr Informationsquellen aufzuteilen, zu einer erhöhten Belastung des Arbeitsgedächtnisses der Lernenden und reduziert dadurch deren Kapazität, sich mit den eigentlichen Lerninhalten auseinander zu setzen (zum Split-Attention-Effekt siehe z.B. Sweller et al. 1998). Solche Wechsel zwischen Papier und Monitor unterblieben – wie die Beobachtung der Lernenden während der Studie ergab – häufig. Die Aufmerksamkeit der Lernenden war einseitig auf das Geschehen im Chat-Raum fixiert.

Angesichts der anzunehmenden kognitiven Belastungen bei der Lektüre bzw. Auswertung der Materialien und beim Wechsel zwischen zwei visuellen Medien sowie der geringen Vorerfahrung der Lernenden mit selbstgesteuertem Lernen überrascht es nicht, dass die Lernenden im Verlauf der Übung Probleme mit der Nutzung der Vorgaben und Lerninhalte hatten.

4.8.3 Defizite der Softwareunterstützung

Das Chat-Werkzeug wies zwei Schwächen auf. Zum einen enthielt es keine Anwesenheitsliste, so dass die TeilnehmerInnen ihre Anwesenheit nur über das Senden von Beiträgen signalisieren konnten[5]. Dieser Umstand führte vor allem in Phase 2 (aber auch Phase 4 und 5) dazu, dass sich die Lernenden nicht auf die Bearbeitung der eigentlichen Aufgaben konzentrieren konnten. Zum anderen hat das Chat-Werkzeug die Lernenden während der Kleingruppenarbeit insbesondere hinsichtlich der Feedbackaktivität nicht hinreichend unterstützt. Vielmehr behinderte das umständlich zu bedie-

---

4   Die Lernenden hätten die Instruktion deshalb zumindest teilweise mehrfach lesen müssen. Denn selbst wenn sie den Arbeitsauftrag zu Beginn einmal komplett gelesen und verstanden hätten, ist es doch eher unwahrscheinlich, dass sie etwa die Details zur Kleingruppenarbeit bei deren Start mehr als eine Stunde später noch hätten erinnern können.

5   Im Fall von Präsenzkursen entspricht das ungefähr einer Situation, in der sich eine ungewisse Zahl von Personen mit verbundenen Augen in einem Seminarraum trifft: Die Anwesenden können dann z.B. durch Rufen herausfinden, wer sich momentan mit ihnen im selben Raum befindet.

nende Chat-Archiv eine Durchsicht der Telefonatsbeiträge nach Abschluss der Rollen-spiele: Die Lernenden konnten sich im Archiv immer nur zehn Beiträge auf einmal, nicht jedoch das gesamte Transkript anzeigen lassen. Ein aufgabenorientiertes Verhal-ten hätte erfordert, dass die Lernenden wiederholt im Chat-Archiv navigieren und alle Beiträge in englischer Sprache durchgehen, dann einen verbesserungswürdigen Bei-trag selektieren, markieren und in das Eingabefenster des Chat-Werkzeugs kopieren. Dort hätten sie auch ihre Zweifel an der Qualität des Beitrages bzw. einen Überarbei-tungsvorschlag formulieren und gemeinsam mit dem Zitat aus dem Telefondialog ab-senden können. Einem solch langwierigen Verfahren wollten sich die Lernenden of-fenbar nicht unterziehen.

Die Evaluationsergebnisse legen nahe, vor einer erneuten Durchführung dieser Übung mit der gleichen Zielgruppe zunächst Verbesserungen in allen drei genannten Bereichen vorzunehmen. Die Passung zwischen Zielgruppe, Instruktionsdesign und Technologie war unzureichend.

Die wichtige Frage, mit welchen Maßnahmen die Vorbereitung der Lernenden verbessert werden könnte (siehe dazu Linder & Rochon 2003), soll hier jedoch aus Platzgründen ausgeklammert werden. Möchte man die Passung zwischen Instruktions-design und Technologie optimieren, können prinzipiell zwei Wege beschritten werden. Entweder passt man die Aufgabenstellung und die Arbeitsmaterialien an die verfügba-re Technologie an oder man verfährt umgekehrt.

Wollte man die hier präsentierte Übung bei gleicher Softwareunterstützung er-neut durchführen, könnte man z.B. Instruktion und Lernmaterial kürzen sowie visuell besser strukturieren, im moderierten Plenum (Phase 2) zusätzlich Kernpunkte der In-struktion mit den Lernenden gezielt durchsprechen und die an sich sinnvolle Feed-backaktivität in eine Nachbereitungsphase ausgliedern. Die Lernenden könnten die Transkripte aus der Rollenspielphase asynchron kommentieren und die Ergebnisse per Mail-Anhang oder Dokumentenspeicher austauschen.

Im Rahmen des interdisziplinären Forschungsprojektes ALBA war es möglich, die Passung zwischen Technologie und Instruktionsdesign durch Austausch bzw. Neu-entwicklung der Technologie zu erhöhen. Deshalb steht im folgenden Abschnitt die Frage im Mittelpunkt, wie sich die Softwareunterstützung und zugleich das didakti-sche Design für diese spezifische Übung und Zielgruppe verbessern lässt. Auf Basis der Evaluationsergebnisse werden entsprechende Gestaltungsempfehlungen abgeleitet.

4.9 Empfehlungen zur Optimierung des Instruktionsdesigns sowie der Softwareunterstützung

Wie lassen sich das Instruktionsdesign und die Softwareunterstützung für diese Übung und für diese Zielgruppe optimieren? Die Lernenden hatten im Verlauf des Lernpro-zesses mit unterschiedlichen Problemen zu kämpfen, einige traten nur in einer be-stimmten Arbeitsphase auf, andere hatten übergreifenden Charakter. Hier sollen nach-einander Lösungen für beide Problemgruppen präsentiert werden. Die Empfehlungen implizieren jeweils eine Erweiterung der Softwareunterstützung um zusätzliche Funk-tionalitäten.

Die Befunde zum Verhalten der Zielgruppe, insbesondere hinsichtlich der Nutzung der Arbeitsmaterialien, führten zu der Schlussfolgerung, dass die Aufgabenorientierung der Lernenden aufgrund einer Überlastung ihres Informationsverarbeitungssystems gering ausgeprägt war. Mit Blick auf die in der Instruktion und im Lernmaterial enthaltenen Informationen ist daher eine stärkere Steuerung der Aufmerksamkeit und eine Entlastung des Arbeitsgedächtnisses wünschenswert.

4.9.1 Zur Lösung phasenübergreifender Probleme

Möchte man die Lernenden hinsichtlich der Lektüre und Auswertung der Instruktion sowie des Lernmaterials künftig besser unterstützen und kognitive Belastungen reduzieren, so ist zu empfehlen,

1. Informationen genau dort anzubieten, wo die Lernenden ihren Aufmerksamkeitsfokus haben und handeln sollen: auf dem Monitor (Integration von Instruktion, Lernmaterial und Chatbereich);
2. neben einem groben Überblick über den Verlauf der Übung zu Beginn der Sitzung die Details immer genau dann zu präsentieren, wenn sie im Lernprozess gebraucht werden (phasenweise Präsentation der Information);
3. nur diejenigen Informationen zu präsentieren, die in einer Phase wirklich benötigt werden (phasenweise Portionierung der Information);

Das Chat-Werkzeug aus der kommerziell verfügbaren Lernplattform hatte das Manko, dass es die Beteiligten über die Anwesenheit weiterer Personen sowie die für eine Arbeitsphase verbleibende Zeit im Unklaren ließ. Im Interesse größtmöglicher Transparenz hinsichtlich der Arbeitsbedingungen (vgl. Gutwin & Greenberg 1999) ist zu empfehlen,

1. Informationen zur Anwesenheit von anderen Personen im selben Chat-Raum anzuzeigen und ständig zu aktualisieren (automatische Teilnehmerliste);
2. Informationen zur verbleibenden vorgesehenen Bearbeitungszeit anzubieten (automatische Restzeitanzeige).

4.9.2 Zur Lösung phasenspezifischer Probleme

Eine effiziente Kooperation in einer Chat-Umgebung setzt Transparenz hinsichtlich der Arbeitsteilung voraus. Dies gilt umso mehr, wenn mit verteilten Rollen gearbeitet wird. Möchte man die Lernenden bei der Durchführung der Rollenspiele künftig besser unterstützen und insbesondere den Koordinationsaufwand reduzieren, so ist zu empfehlen,

1. den TeilnehmerInnen ihre Rollen vom System zuweisen zu lassen (automatische Rollenvergabe);
2. in der Teilnehmerliste Informationen zur Rollenverteilung anzuzeigen (automatische Rollenanzeige).

Möchte man die Wahrscheinlichkeit dafür erhöhen, dass sich die Lernenden in der Rollenspielphase auf ihre Rollen und Aufgaben konzentrieren, so ist zudem zu empfehlen,

3. das Verfassen und Senden von Beiträgen in dieser Phase den Rollen Anrufer/in sowie Sekretär/in vorzuhalten und die Rolle Beobachter/in mit virtuellen Notizblöcken auszustat-

ten, so dass sie erste Verbesserungsvorschläge schon im Verlauf der simulierten Telefongespräche festhalten können (rollenspezifische Funktionalität).

Die Befunde zu den Einflüssen des Chat-Werkzeuges auf das Verhalten der TeilnehmerInnen in der Feedbackphase führten zur Hypothese, dass die Aufgabenorientierung und Motivation der Lernenden unter der zu geringen Nutzerfreundlichkeit des Chat-Archivs litt. Möchte man die Lernenden bei der Durchführung des korrektiven Feedbacks künftig besser unterstützen und kognitive Belastungen reduzieren, so ist zu empfehlen,

1. den Übergang vom Rollenspiel zur Feedbackaktivität durch eine automatische Weiterschaltung nach Ablauf der maximalen Bearbeitungszeit zu forcieren (automatische Phasenweiterschaltung) oder zumindest durch automatisch auf dem Monitor erscheinende Aufforderungen zu fördern;
2. die Rollenspieldialoge in der Feedbackphase genau dort anzuzeigen, wo die Lernenden ihren Aufmerksamkeitsfokus haben und handeln sollen: auf dem Monitor, jedoch getrennt vom Chatfenster. Die Rollenspieldialoge sind in dieser Phase als Lernmaterial aufzufassen, sollten permanent eingesehen werden können und daher in einem eigenen Fenster angezeigt werden (Integration von Instruktion, Lernmaterial, Rollenspieldialog und Chatbereich);
3. den Lernenden innerhalb der Rollenspieldialoge eine einfache Navigation zu ermöglichen (Scrollbares Chat-Transkript);
4. eine Funktionalität anzubieten, die eine explizite Bezugnahme auf Rollenspielbeiträge oder das Lernmaterial visuell unterstützt, die Notwendigkeit verbaler expliziter Bezüge mindert und schließlich beim Lesen der Beiträge die Verarbeitung der Feedbackbeiträge erleichtert (Referenzierungsfunktion; vgl. Pfister, Mühlpfordt & Müller 2003).

Fazit: Die Softwareunterstützung für die hier vorgestellte kooperative Übung lässt sich durch eine Fokussierung auf den geplanten Lernprozess und die Anforderungen an Lernende in den einzelnen Arbeitsphasen optimieren. Eine Integration von Instruktion, Lernmaterial und Chat-Fenster, die phasenspezifische Steuerung der Anzeige von Informationen sowie Bereitstellung von Zusatzfunktionalitäten verspricht kognitive Belastungen zu reduzieren und die Aufgabenorientierung der Lernenden zu erhöhen.

5 Schlussfolgerungen

5.1 Desiderate für die Gestaltung von Chat-Umgebungen

Aus Sicht der Autoren weisen die Ergebnisse der hier präsentierten explorativen Feldstudie darauf hin, dass für ein erfolgreiches netzbasiertes Lernen in Kleingruppen mehr Softwareunterstützung benötigt wird als konventionelle Chat-Werkzeuge bieten. Damit virtuelle Lerngruppen auf effiziente Weise aufgaben- und themenorientiert arbeiten können, benötigen sie mehr als einen Kanal für synchrone, verbale Kommunikation[6]. Die Benutzungsschnittstellen chat-basierter Lernwerkzeuge sollten vielmehr so

---

6 In Präsenzlehrsituationen würde heute kaum eine Lehrkraft freiwillig auf visuelle Medien (Projektoren, Tafeln, Karten oder anderes Anschauungsmaterial) verzichten und sich hinsichtlich der Vermittlung von Wissen bzw. Steuerung von Gruppenarbeiten alleine auf die Einprägsamkeit ihrer mündlichen Ansagen und die Erinnerung der Lernenden daran verlassen. Ebenso wenig würde sie vorschlagen, das Unterrichtsgespräch bzw. die Kleingruppenarbeit in einem Raum abzuhalten und die zugehörigen Arbeitsmaterialien im Nachbarraum auszulegen. Beim Lernen

gestaltet werden, dass auf dem Monitor der Lernenden Instruktion, Lernmaterial (Bild und/oder Text) und Chat-Fenster kombiniert zur Verfügung stehen.

Lernförderliche Chat-Umgebungen sollten die Beteiligten in jeder Phase des Lernprozesses mit spezifischen, kognitiv ergonomischen Funktionalitäten (siehe Dzida 1983) unterstützen, damit sich die NutzerInnen vor allem auf die Aufgabenbearbeitung und ihre jeweilige Rolle konzentrieren können. Weiterhin sollten chat-basierte Lernwerkzeuge zur Unterstützung verschiedener Aufgabentypen durch PraktikerInnen selbst konfiguriert werden können. Eine ideale Softwareunterstützung für kooperative Aufgabenstellungen ist daher modular aufgebaut und erlaubt eine flexible Anpassung der Funktionalität an die konkreten Anforderungen in den verschiedenen Arbeitsphasen (vgl. Zigurs & Buckland 1998).

Am Fraunhofer Institut für Integrierte Publikations- und Informationssysteme (IPSI) in Darmstadt wurde auf der Basis der oben präsentierten Gestaltungsempfehlungen ein maßgeschneidertes Chat-Werkzeug namens „Role-Play" entwickelt, das den intendierten Lernprozess besser unterstützen sollte als ein konventionelles Werkzeug. Inzwischen wurde die eigens geschaffene Chat-Umgebung in einem Feldexperiment mit Lernenden aus der gleichen Zielgruppe eingesetzt und deren Wirkung mit der eines konventionellen Chat-Werkzeugs verglichen. Erste Auswertungsergebnisse sprechen dafür, dass der Ansatz, den geplanten Lernprozess besser zu unterstützen und kognitive Belastungen durch softwaretechnische Lösungen zu minimieren, ein erfolgreiches Lernen in Chat-Umgebungen fördert. So arbeiteten Lerngruppen mit einer spezifischen Softwareunterstützung aufgabenorientierter als Kontrollgruppen. Sie gaben mehr sprachliches Feedback bei insgesamt geringerem Koordinationsaufwand.

5.2 Desiderate für künftige Forschungsarbeiten

Die hier präsentierten Evaluationsergebnisse zeigen auf, dass der kontextspezifischen Weiterentwicklung von Chat-Werkzeugen und deren kognitiver Ergonomie in der Forschung mehr Aufmerksamkeit gewidmet werden sollte. Mit Blick auf den Einsatz von Chat-Werkzeugen in Lernkontexten sollten dabei nicht nur solche Funktionalitäten berücksichtigt werden, die das Kommunikationsmedium Chat ausmachen, sondern auch diejenigen, die z.B. die Visualisierung von Informationen mittels „Shared Screen"-Anwendungen wie Whiteboards unterstützen (vgl. Naumann & Lemnitzer 2002).

Aus Sicht der Autoren ist es zudem dringend erforderlich, in Forschungsprojekten zum Einsatz von Chat-Werkzeugen in Lernkontexten häufiger auch nicht-akademische Zielgruppen sowie deren Fähigkeiten und Bedürfnisse zu berücksichtigen, um künftig zu breit einsetzbaren, nützlichen Technologien zu kommen.

Für die effiziente Nachbildung von bekannten Lernszenarien wie „Seminar" oder den Transfer von Lernmethoden wie „Rollenspiel" reicht es nicht aus, lediglich eine Kommunikationsumgebung zur Verfügung zu stellen und für die Durchführung entsprechender kooperativer Sitzungen zu nutzen. Vielmehr muss die Nachbildung tradi-

---

in Chat-Umgebungen sind Beteiligte dagegen häufig mit entsprechenden Ausstattungsmängeln und Rahmenbedingungen konfrontiert.

tioneller ebenso wie das Design neuartiger Szenarien durch technische Hilfestellungen (und spezifische Nutzerschulungskonzepte) unterstützt werden, so dass technologiebedingte Probleme kompensiert werden können (vgl. Naumann & Lemnitzer 2002 sowie den Beitrag von Beißwenger & Storrer in diesem Band).

Das Medium Chat hat das Potenzial, erfolgreiche Lernprozesse zu fördern. Voll entfalten kann sich dieses Potenzial in vielen Lernsituationen jedoch nur, wenn die Technologie stärker als bislang üblich an die Aufgabenstellung bzw. den Lernprozess und die damit verbundenen konkreten Anforderungen und Bedürfnisse der NutzerInnen angepasst werden kann. Bislang fehlen:

1. Erkenntnisse darüber, welche Aufgabentypen und Lernprozessmodelle sich für netzbasiertes, verteiltes Lernen eignen (Darhower 2000);

2. Erkenntnisse darüber, wie den Bedürfnissen und Fähigkeiten von verschiedenen Zielgruppen, inklusive jener ohne akademischen Hintergrund, adäquat begegnet werden kann (Linder & Rochon 2003);

3. praxistaugliche Modellierungsmethoden sowie Hilfen zur Planung und Darstellung von kooperativen Lernprozessen (Hirumi 2002; Linder & Rochon 2003);

4. aus Sicht von PraktikerInnen handhabbare, konfigurierbare (Chat-)Werkzeuge für kooperative Lernprozesse;

5. Lernumgebungen, die individuelles und kooperatives sowie selbstorganisiertes und technisch-strukturiertes Lernen inklusive flexibler Übergänge zwischen diesen Lernprozessen erlauben (Wessner & Pfister 2000).

Wenn es künftig durch ein evidenzbasiertes, interdisziplinäres Vorgehen gelingt, lernförderliche Software, sinnvolle Lernszenarien sowie wirksame Konzepte für Nutzerschulungen zu entwickeln, könnte das chat-basierte Lernen eine Erfolgsgeschichte werden.

6   Literatur

Baddeley, Alan (1992): Working memory. In: Science 255, 556-559.

Barton, Ellen L. (1994): Interpreting the discourses of technology. In: Cynthia L. Selfe & Susan Hilligoss (eds): Literacy and computers: The complications of teaching and learning technology. New York, 56-75.

Bates, Tony (1995): Technology, Open Learning and Distance Education. London.

Baumgartner, Peter, Hartmut Häfele & Kornelia Maier-Häfele (2002): E- Learning Praxishandbuch: Auswahl von Lernplattformen – Marktübersicht, Funktionen, Fachbegriffe. Innsbruck.

Beißwenger, Michael & Angelika Storrer (in diesem Band): Chat-Szenarien für Beruf, Bildung und Medien.

Chou, Candace (2001): Formative evaluation of synchronous CMC systems for a learner-centered online course. In: Journal of Interactive Learning Research 12 (2/3), 173-192.

Darhower, Mark L. (2000): Synchronous computer-mediated communication in the intermediate foreign language class. A sociocultural case study. Doctoral thesis, University of Pittsburgh, Faculty of Arts and Sciences. Pittsburgh. WWW-Ressource: http://cuhwww.upr.clu.edu/~darhower/diss.pdf.

Dzida, Wolfgang (1983): Über den möglichen Einfluß der kognitiven Ergonomie auf die Software-Produktion. In: Ahmed E. Cakir (Hrsg.): Bildschirmarbeit: Konfliktfelder und Lösungen. Heidelberg, 229-248.

Flagg, Barbara N. (1990): Formative evaluation for educational technologies. Hillsdale, New Jersey.

Friedrich, Helmut Felix, Aemilian Hron & Friedrich Wilhelm Hesse (2001): A framework for designing and evaluating virtual seminars. In: European Journal of Education 37 (2), 157-174.

Gutwin, Carl & Saul Greenberg (1999): The effects of workspace awareness support on the usability of real-time distributed groupware. In: ACM Transactions on Computer-Human Interaction (TOCHI) 6 (3), 243-281.

Herring, Susan (1999): Interactional coherence in CMC. In: Journal of Computer-Mediated Communication4 (4). WWW-Ressource: http://www.ascusc.org/jcmc/vol4/issue4/herring.html.

Hirumi, Atsui (2002): The design and sequencing of e-learning interactions: a grounded approach. In: International Journal of E-Learning 1 (1), 19-27.

Hron, Aemilian, Friedrich Wilhelm Hesse, Ulrike Cress & Christo Giovis (2000): Implicit and explicit dialogue structuring in virtual learning groups. In: British Journal of Educational Psychology 70, 53-64.

Linder, Ute & Rebecca Rochon (2003): Using Chat to Support Collaborative Learning: Quality Assurance Strategies to Promote Success. In: Educational Media International 40 (1/2), 75-89.

Naumann, Karin & Lothar Lemnitzer (2002): Lernen im Chat: ergebnisorientierte Kommunikation in einem synchronen Virtuellen Seminar. In: Ulrike Rinn & Joachim Wedekind (Hrsg.): Referenzmodelle netzbasierten Lehrens und Lernens – virtuelle Komponenten der Präsenzlehre. Münster, 201-219.

Pfister, Hans-Rüdiger, Martin Mühlpfordt & Werner Müller (2003): Lernprotokollunterstütztes Lernen – ein Vergleich zwischen unstrukturiertem und systemkontrolliertem diskursivem Lernen im Netz. In: Zeitschrift für Psychologie 211 (2), 98-109.

Sweller, John, Jeroen J.G. van Merrienboer & Fred G.W.C. Paas (1998): Cognitive Architecture and Instructional Design. In: Educational Psychology Review 10 (3), 251-296.

Wessner, Martin & Hans-Rüdiger Pfister (2000): Points of Cooperation: Integrating Cooperative Learning into Web-Based Courses. In: Proceedings of the International Workshop for New Technologies for Collaborative Learning. Hyogo, Japan, 11/2000, 33-41.

Wessner, Martin & Hans-Rüdiger Pfister (2001): Kooperatives Lehren und Lernen. In: Gerhard Schwabe, Norbert Streitz & Rainer Unland (Hrsg.): CSCW-Kompendium. Lehr- und Handbuch zum computerunterstützten kooperativen Arbeiten. Berlin. Heidelberg, 251-263.

Zigurs, Ilze & Bonnie Buckland (1998): A theory of task/technology fit and group support systems effectiveness. In: MIS Quarterly 22 (3), 313-334.

Martin Mühlpfordt & Martin Wessner

Die Rolle von Kommunikationsprotokollen und Referenzierungen in der Chat-Kommunikation

1   Einleitung

Beim Einsatz von Chat in realen Lernsituationen können meist recht schnell die Nachteile des Mediums beobachtet werden: die Chats verlaufen ungeordnet, es fällt schwer, die Beiträge und ihre Bezüge zu verstehen, die Teilnehmer sind durch die hohe Frequenz eintreffender Nachrichten überfordert. In der Literatur wird davon ausgegangen, dass diese Nachteile entweder direkt durch die Eigenschaften des Mediums oder indirekt durch das induzierte Nutzerverhalten verursacht werden. Wenn dies der Fall ist, so muss die Frage gestellt werden, wie ein textbasiertes synchrones Medium technisch gestaltet sein muss, damit diese Nachteile nicht mehr zum Tragen kommen. Hierfür fehlt jedoch eine systematische Untersuchung der Zusammenhänge zwischen den verschiedenen Chat-Eigenschaften bzw. ihrer Alternativen und den Folgen dieser Eigenschaften für die Nutzung. In diesem Beitrag werden erste Schritte dieser Analyse beschrieben, wobei der Schwerpunkt auf der Anwendung von Chat für das diskursive kooperative Lernen liegt.

2   Das Lernen im Diskurs

Beim diskursiven kooperativen Lernen erfolgt die Erarbeitung und Vertiefung von Wissen durch und im Diskurs einer Gruppe, wobei der Gruppe in realen Lernsituationen meist Lernmaterial für die entsprechende Aufgabe zur Verfügung steht.

Die Wirkungsanalyse der technischen Medieneigenschaften muss auf zwei Ebenen erfolgen. Auf individueller Ebene wird geprüft, welchen Einfluss die medialen Eigenschaften auf die individuellen kognitiven Prozesse haben: Wie beeinflussen die Medieneigenschaften die Rezeption des Diskurses, also inwieweit fördern oder behindern sie das Extrahieren relevanter Information und deren Integration in das eigene Wissen? Und wie beeinflussen die Medieneigenschaften die Produktion eigener Beiträge, also inwieweit fördern oder behindern sie das Identifizieren fehlender Information bzw. unklarer Passagen im Lernmaterial und Explizieren eines entsprechenden Beitrags an geeigneter Stelle im Diskurs? Auf der Ebene des von der Gruppe gemeinsam produzierten Diskurses muss der Zusammenhang zwischen den Medieneigenschaften und der Funktionalität des Diskurses für das diskursive Lernen geklärt werden. Ein Diskurs kann z.b. hinsichtlich der inhaltlichen Struktur wie auch der zeitlichen Charakteristika des gemeinsamen Diskursprozesses eine mehr oder weniger gute Voraussetzung für das jeweilige individuelle Lernen sein.

3   Die medialen Eigenschaften von Chat und ihre Folgen

Zwei Eigenschaften des Mediums Chat werden üblicherweise als problematisch beschrieben:

- Die prinzipielle Simultanität der Beitragsproduktion: Die TeilnehmerInnen im Chat können simultan Beiträge produzieren und senden.
- Die Asynchronität von Beitragsproduktion und -rezeption: Die Produktion eines Beitrages durch einen Teilnehmer im Chat ist prinzipiell zeitlich getrennt von der Rezeption dieses Beitrags durch die anderen TeilnehmerInnen, da erst nach der vollständigen Eingabe, dem Absenden und Zustellen der Beitrag bei den anderen TeilnehmerInnen erscheint und rezipiert werden kann[1].

Hieraus resultieren drei allgemeine Kommunikationsaufgaben, vor denen Chat-NutzerInnen stehen (McCarthy et al. 1993):

- Die TeilnehmerInnen müssen ihre Kommunikation zeitlich synchronisieren. Die im *face-to-face*-Gespräch angewandten Mechanismen zum Sprecherwechsel (*turn taking*) stehen im Chat nicht zur Verfügung. Einem Teilnehmer ist nicht bekannt, ob die anderen Teilnehmer gerade einen Beitrag erstellen, neue Beiträge lesen oder überhaupt dem Diskurs folgen. Während der Produktion eines Beitrages können jederzeit neue Beiträge anderer TeilnehmerInnen eintreffen, die den gerade in Arbeit befindlichen Beitrag überflüssig oder missverständlich werden lassen können.
- Die TeilnehmerInnen müssen die strukturelle Kohärenz des Diskurses herstellen und bewahren. Die strukturelle Kohärenz im Sinne der Übereinstimmung von thematischer und sequentieller Ordnung der Beiträge ist durch das Fehlen der üblichen Sprecherwechselmechanismen permanent gefährdet, denn über die genaue Position eines Beitrages im Diskurs entscheidet allein der Zeitpunkt des Absendens und nicht die Intention des Autors.
- Hieraus ergibt sich eine dritte Aufgabe. Da ein Beitragsproduzent nicht davon ausgehen kann, dass sein Beitrag direkt auf den folgt, auf den er sich bezieht (Verletzung der Adjazenz), muss der Bezug explizit werden. Bleibt dies aus, kann sein Beitrag durch zwischenzeitlich eintreffende andere Beiträge ambigue werden. Diese Aufgabe kann verallgemeinert als das Herstellen der referentiellen Identität (Clark & Brennan, 1991) aufgefasst werden, welches auch bei der Verwendung von Lernmaterial besteht: Die Rezipienten eines Beitrages müssen in der Lage sein, den vom Autor gemeinten Bezug zu erkennen.

---

1   Nach Clark & Brennan (1991) betrifft dies die Kotemporalität von Produktion und Rezeption, die im Chat nicht gegeben ist.

Im Kontext des diskursiven Lernens sind dies Aufgaben, die die Lerner zusätzlich zu ihrer primären Lernaufgabe zu bewältigen haben[2]. Hinsichtlich der in Abschnitt 2 eingeführten Analyseebenen stellen diese Aufgaben auf individueller Ebene eine zusätzliche Belastung des kognitiven Apparates dar, auf Ebene der Diskurse führt ein unzureichendes Bewältigen der Aufgaben unter Umständen zu dysfunktionalen Resultaten[3]. Linder & Wessner (in diesem Band) zeigen, vor welchen Schwierigkeiten die TeilnehmerInnen einer realen Lernsituation bei der Verwendung eines Standard-Webchats stehen und welchen Einfluss dies auf den Erfolg der Lernsitzung hat.

4   Zwei Gestaltungsmaßnahmen

Im Folgenden werden zwei Gestaltungsmaßnahmen vorgestellt, mit denen versucht wird, die Teilnehmer bei der Bewältigung der Kommunikationsaufgaben zu unterstützen.

4.1 Kommunikationsprotokolle

Von Pfister et al. (1998) (siehe auch Wessner, Pfister & Miao 1999) wurde der Ansatz der Lernprotokolle vorgestellt. Lernprotokolle sind in das System implementierte und von diesem kontrollierte Abfolgen von Lernschritten, in denen die Teilnehmer abhängig von ihren Rollen, die sie zu Beginn haben (z. B. Tutor und Lerner) und im Laufe des Protokolls zugewiesen bekommen (z. B. Sprecher), vorgegebene Aktivitäten durchzuführen haben.

Sind diese geforderten Aktivitäten das Erstellen eines Beitrags im Chat, so sprechen wir von Kommunikationsprotokollen. Kommunikationsprotokolle geben somit vor, welche Teilnehmer zu einem Zeitpunkt einen Beitrag erstellen dürfen. Nach dem Senden eines Beitrages wird durch das System mittels Regeln ermittelt, welche Teilnehmer (genauer, welche Rolleninhaber) als nächstes an der Reihe sind.

Im Falle, dass immer nur ein Teilnehmer das Recht zur Beitragserstellung erhält, steuert das Kommunikationsprotokoll den Sprecherwechsel, womit die Teilnehmer insbesondere bei den ersten beiden oben aufgeführten Kommunikationsaufgaben (Synchronisation der Kommunikation und Wahrung der strukturellen Kohärenz) unterstützt werden, denn die Kontrolle des Sprecherwechsels verhindert sowohl die systembedingte Verletzung der Adjazenz wie auch die Notwendigkeit, während der Produktion den Chat zu verfolgen.

---

2   Den Chatteilnehmern kann bei der Bewältigung der Kommunikationsaufgaben auf verschiedenem Wege geholfen werden: Training der Teilnehmer; Einführung von Chatiketten, also Regeln, an die sich die Teilnehmer zu halten haben, um den Chat geordneter zu gestalten; Instruktionen, die aufgabenbezogen die Teilnehmer zu kooperativem Verhalten anhalten. In diesem Beitrag wird davon ausgegangen, dass durch Modifikation der medialen Eigenschaften bzw. durch Anreicherung des Mediums um weitere Funktionalität der Aufwand zur Bewältigung der Kommunikationsaufgaben reduziert werden kann.

3   Herring (1999) weist zu Recht darauf hin, dass jenseits der funktionalen Betrachtungsweise die Teilnehmer am Chat offensichtlich Spaß haben, der gerade auch durch die potentielle Inkohärenz bedingt ist.

Abhängig vom gewünschten Diskurstyp, beispielsweise dem Erklären von Sachverhalten oder der Pro-Kontra-Diskussion von Standpunkten, müssen spezifische Kommunikationsprotokolle definiert werden. Die Modellierung eines konkreten Kommunikationsprotokolls kann mittels eines Zustandsgraphen erfolgen. Die Knoten im Graphen stellen die Zustände, die Kanten die Zustandsübergänge dar. An den Knoten ist annotiert, welche Rollen welche Art von Aktionen ausführen dürfen, an den Kanten, welche Aktion diesen Zustandsübergang auslöst und welche Änderungen in den Rollenzuweisungen beim Zustandsübergang erfolgen sollen.

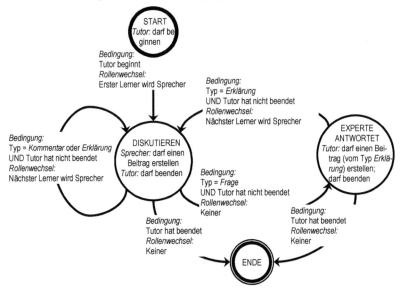

Abb. 1: Modellierung des Erklärungsprotokolls als Zustandsdiagramm (Erklärung im Text).

Als Beispiel sei das Erklärungsprotokoll angeführt (siehe Abb. 1). Mittels des Erklärungsprotokolls sollen sich Lerner unter Mithilfe eines Fachexperten (des Tutors) in ein Wissensgebiet auf Basis eines vorgegebenen Lernmaterials einarbeiten. Hierbei sind die Lerner reihum aufgefordert, einen Beitrag zu erstellen. Diesen Beitrag müssen sie hinsichtlich der Kategorien *Frage*, *Erklärung* und *Kommentar* typisieren. Zu Beginn werden den Teilnehmern die Rollen *Lerner* und *Tutor* zugewiesen. Wenn der *Tutor* die Sitzung beginnt, erhält der erste *Lerner* die Rolle des *Sprechers*. Dieser kann nun im Zustand DISKUTIEREN einen Beitrag erstellen und versenden. Nach Senden des Beitrages prüft das System den Beitragstyp:

-    Ist der Beitrag eine Frage, so wird als nächster Zustand EXPERTE ANTWORTET gewählt. Nachdem der Tutor seine Erklärung verschickt hat, wird wieder der Zustand DISKUTIEREN erreicht, wobei der nächste *Lerner* die Rolle des *Sprechers* erhält.

– Ist der Beitrag keine Frage, sondern ein Kommentar oder eine Erklärung, so wird als nächster Zustand DISKUTIEREN erreicht, wobei ebenfalls der nächste *Lerner* die Rolle des *Sprechers* erhält.

Diese Prozedur wird solange wiederholt, bis der Tutor dem System signalisiert, dass die Sitzung zu beenden sei. In diesem Falle wird nach dem nächsten Senden eines Beitrages in den ENDE-Zustand übergegangen, womit das Erklärungsprotokoll beendet ist.

4.2 Explizite graphische Referenzierung

Die Produzenten eines Chat-Beitrages müssen entsprechend der in Abschnitt 3 aufgeführten dritten Kommunikationsaufgabe sicherstellen, dass der Bezug ihres Beitrages auf andere Beiträge oder das gemeinsame Lernmaterial für die anderen Teilnehmer erkennbar und eindeutig ist. Die im *face-to-face*-Gespräch üblicherweise gegebene Adjazenz aufeinander bezogener Beiträge ist durch die prinzipielle Simultanität der Produktion nicht gegeben. In Chats besteht deshalb die Notwendigkeit, den Bezug zu explizieren. Erfahrene Chatteilnehmer benennen hierzu den Autor oder das Thema des Beitrages, auf den sie sich beziehen (Storrer 2001). Auf Seiten der Rezipienten muss dieser Bezug beim Lesen aufgelöst werden. Ambiguität entsteht hierbei potentiell durch ungenaue Angaben und das zwischenzeitliche Eintreffen anderer Beiträge, die als Bezug interpretiert werden könnten.

Abhilfe schafft hierbei die Möglichkeit, bei der Produktion eine explizite Referenz zu setzen.

Eine Übernahme des aus Newsgroups bzw. Foren bekannten „Threadings", also der Bildung thematischer Bäume durch die Möglichkeit zur Zuordnung eines neuen Beitrages zu einem bereits veröffentlichten, schlagen Smith, Cadiz, & Burkhalter (2000) vor (siehe auch Holmer & Wessner in diesem Band). Hierbei werden jedoch im Chatfenster die Beiträge nicht mehr in chronologischer Reihenfolge, sondern in ihrer thematischen Ordnung gezeigt.

Eine Alternative hierzu besteht in der Visualisierung der Referenz innerhalb der normalen Chatansicht durch eine Linie, die den Beitrag mit dem Bezug verbindet (ähnlich ist der von Harnoncourt et al. in diesem Band vorgestellte Ansatz). Die Beitragsproduzenten können zu ihrem Beitrag explizit durch Selektion mit der Maus angeben, auf welchen anderen Beitrag bzw. welche Stelle in dem gegebenenfalls im Chatwerkzeug präsentierten Lernmaterial sie sich in ihrem Beitrag beziehen[4]. Dieser Bezug wird im Chatfenster graphisch als Pfeil ausgehend von dem Beitrag und zielend auf den Bezugspunkt dargestellt (siehe Abb. 2).

---

4   Bei den bisher von uns getesteten Chatwerkzeugen hatte ein Beitrag genau eine Referenz. Im Kontext eines Sprachtrainings wurde jedoch von den Tutorinnen angemerkt, dass sie eine Mehrfachreferenzierung benötigen, um auf dieselben Fehler in mehreren Beiträgen hinweisen zu können. Technisch ist diese Erweiterung wenig problematisch, jedoch führt die Mehrfachreferenzierung schnell zu einer hohen Komplexität in der graphischen Darstellung. In Usability-Studien muss geklärt werden, welche Visualisierungsformen hier sinnvoll sind.

5   Experiment: Erklärungsdiskurs

In dem in Pfister, Mühlpfordt und Müller (2003) beschriebenen Experiment[5] wurde die Wirksamkeit von Lernprotokollen in zwei verschiedenen Wissensdomänen (einer naturwissenschaftlichen und einer philosophischen) und für verschiedene Gruppengrößen (Gruppen von zwei, drei bzw. vier LernerInnen) geprüft. Das Design des Experiments ermöglicht es, die Daten hinsichtlich der Gestaltungsmaßnahmen *Kommunikationsprotokoll* und *Direkte Referenzierung* zu reinterpretieren. In der folgenden Darstellung werden nur die Daten der naturwissenschaftlichen Wissensdomäne verwendet.[6]

Für das Experiment wurde eine Lernaufgabe konstruiert, welche die Teilnehmer zur Kommunikation anregen sollte. Die Teilnehmer hatten die Aufgabe, in einer Gruppe bestehend aus zwei, drei oder vier Lernern und einem Tutor sich in ein durch einen einführenden Text vorgegebenes Themengebiet einzuarbeiten (die Ursachen, Entstehung und Wirkung von Erdbeben). Der einführende Text wurde bewusst knapp gehalten, so dass die Teilnehmer angehalten waren, ihr Wissen auszutauschen und durch Fragen an den Tutor zu erweitern.

5.1   Lernbedingungen

Die Gruppen hatten die Lernaufgabe in einer von drei Lernbedingungen zu absolvieren. In der Komplettbedingung wurde das in Kap. 4.1 beschriebene Erklärungsprotokoll zusammen mit der Referenzierungsfunktion implementiert. In der Nur-Protokoll-Bedingung kam nur das Erklärungsprotokoll unter Wegfall der Referenzierungsfunktion zum Einsatz. In dieser Variante folgen die Teilnehmer dem gleichen Ablaufschema wie in der Komplettbedingung, d. h. die Reihenfolge ist durch das Protokoll definiert und jeder Beitrag muss typisiert werden. Der Wegfall der Referenzierungsfunktion bedeutet, dass für den jeweiligen Beitrag nicht markiert werden muss (und kann), worauf er sich bezieht; entsprechend erfolgt auch keine Visualisierung der Beitragsbezüge im Chat-Interface. Neben den beiden experimentellen Varianten wurde eine Kontrollgruppe untersucht, die mittels eines üblichen unstrukturierten Chats kommunizierte, d. h. die weder Erklärungsprotokoll und Beitragstypisierung noch explizite Referenzierung zur Verfügung hatte.

Das Erklärungsprotokoll stellt sicher, dass alle Fragen vom anwesenden Tutor beantwortet werden. Unter der Kontrollbedingung war der Tutor angehalten, sich analog zum Erklärungsprotokoll zu verhalten: Er greift nur dann in den Diskurs ein, wenn eine eindeutig erkennbare Frage gestellt wird. Die Fragen wurden in der Reihenfolge

---

5   Das Experiment wurde im Rahmen des DFG-Projekts „Lernprotokolle" von Hans-Rüdiger Pfister, gefördert im Schwerpunktprogramm „Netzbasierte Wissenskommunikation", durchgeführt.

6   In der philosophischen Wissensdomäne zeigten die Gestaltungsmaßnahmen keinen Effekt, wobei einiges darauf hinweist, dass die Lernaufgabe („Diskutieren Sie die Bedeutung von Wissen und Meinen sowie Gemeinsamkeiten, Unterschiede und die Beziehung zu ähnlichen Begriffen") ungünstig konstruiert war: die Teilnehmer diskutierten auf Basis ihres Alltagsverständnisses und weniger hinsichtlich der von im Lernmaterial vorgegebenen Kantschen Definitionen.

des Stellens vom Tutor beantwortet, wobei mit fortschreitendem Diskurs der Abstand zwischen Fragen und Erklärungen meist größer wurde, da die Teilnehmer oft schneller Fragen stellten als sie vom Tutor beantwortet werden konnten.

Abb. 2: Benutzungsschnittstelle für den Erklärungsdiskurs mit Referenzierung.

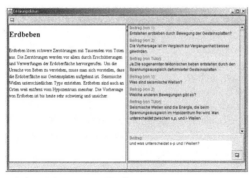

Abb. 3: Benutzungsschnittstelle in der Kontrollbedingung.

5.2 Durchführung

Die experimentellen Sitzungen wurden in einem Computer-Labor durchgeführt, wobei die einzelnen Arbeitsplätze durch Stellwände voneinander getrennt waren, um eine räumlich verteilte Lernsituation zu simulieren. Nachdem die Teilnehmer einen kurzen Fragebogen zur Erfassung allgemeiner Computerkenntnisse ausgefüllt hatten, wurden sie in die Bedienung der Software eingewiesen. Anschließend erfolgten zwei Lernsitzungen mit den unterschiedlichen Wissensgebieten in ausbalancierter Reihenfolge. Vor Beginn der eigentlichen Lernsitzung wurde von den Teilnehmern ein Vortest zum Erfassen des Vorwissens im jeweiligen Wissensgebiet, nach dem Ende der Wissenstest bearbeitet.

Den Teilnehmern wurde für die Lernsitzung ein Lernziel vorgegeben: „Diskutieren Sie, wie Erdbeben entstehen, ihre Ursachen und Konsequenzen, und welche Arten von Erdbeben man unterscheiden kann". Nach dem Start der Lernsitzung durch den Tutor öffnete sich bei den Teilnehmern ein den gesamten Bildschirm bedeckendes und entsprechend der Lernbedingung konfiguriertes Anwendungsfenster. Ein kurzer Initialtext, der den Gegenstandsbereich umreißt, führt in das vorgegebene Thema ein. Dieser Text bleibt während der gesamten Sitzung neben dem Chatfenster sichtbar (siehe Abb. 2 und Abb. 3, jeweils links im Bild).

In der Komplettbedingung wurde folgender Ablauf umgesetzt:

1. Zu Beginn wird das Erklärungsprotokoll gestartet und einem zufällig gewählten Lerner die Rolle des Sprechers vom System zugewiesen.

2. Ist ein Teilnehmer an der Reihe, so muss zuerst von diesem markiert werden, worauf sich der Beitrag bezieht: dies kann ein vorangegangener Beitrag, ein Teil eines vorangegangenen Beitrages oder ein Teil des Initialtextes sein. Danach ist der Beitragstyp festzulegen, indem nach Klick auf die rechte Maustaste aus einem Auswahlmenü der entsprechende Typ (Frage, Erklärung oder Kommentar) gewählt wird. Anschließend kann der Beitrag im Eingabefeld eingegeben und durch Klick auf den Senden-Button verschickt werden. Der Beitrag ist nun für alle im Chatfenster sichtbar, der vom Produzenten gewählte Bezug wird graphisch durch einen Pfeil ausgehend vom Beitrag auf den gewählten Bezug dargestellt; wenn ein Teil eines Beitrages bzw. des Lernmateriales gewählt wurde, so wird dieser farblich hervorgehoben.

3. Vom Erklärungsprotokoll (siehe Abb. 1) gesteuert wird der nächste Zustand hergestellt.

In der Nur-Protokoll-Bedingung erfolgte keine explizite Referenzierung. Um die Interaktionsfolge zur Produktion eines Beitrags vergleichbar zur Komplettbedingung zu halten, hatten die Teilnehmer, sofern sie an der Reihe waren, vor dem Eingeben des Beitrags zuerst mit der rechten Maustaste in das Eingabefeld zu klicken und aus einem Auswahlmenü den Beitragstyp (Frage, Erklärung oder Kommentar) auszuwählen. In der Kontrollbedingung ist die Bedienung analog zu einem Standard-Chat-Werkzeug: alle Teilnehmer können simultan und jederzeit Beiträge erstellen und versenden.

Die Lernsitzung dauerte 25 Minuten, dann wurde sie vom Tutor beendet.

5.3 Die Software

Für die Durchführung kam eine basierend auf dem DyCE-Framework (Tietze 2001) entwickelte Experimentalsoftware zum Einsatz, welche die verschiedenen Versuchsbedingungen realisierte und die relevanten Interaktionsdaten für die spätere Analyse speicherte.

5.4 Stichprobe

An der Untersuchung nahmen insgesamt 127 Studierende verschiedener Fachrichtungen der Universität Tübingen teil (63 weibliche, 64 männliche Teilnehmer; Durchschnittsalter 25,6 Jahre; durchschnittliche Semesterzahl 6,9). Die Teilnehmer enthielten eine Aufwandsentschädigung von € 15. Die Zuordnung zu den experimentellen Bedingungen erfolgte zufällig in der Reihenfolge der Anmeldung. Auf Grund technischer Ausfälle ergab sich insgesamt eine ungleiche Häufigkeitsverteilung über die sechs Bedingungskombinationen (Tab. 1).

	Kontrollbedingung (Kein Erklärungsprotokoll und keine Referenzierung)		Nur-Protokoll-Bedingung (Erklärungsprotokoll und keine Referenzierung)		Komplettbedingung (Erklärungsprotokoll und Referenzierung)		Σ	
Dyade	14	(7)	12	(6)	12	(6)	38	**(19)**
Triade	15	(5)	15	(5)	15	(5)	45	**(15)**
Quartett	16	(4)	16	(4)	12	(3)	44	**(11)**
Σ	45	(16)	43	(15)	37	(13)	127	**(44)**

Tab. 1: Anzahl Teilnehmer und Gruppen (in Klammern) pro Bedingungskombination.

5.5 Ergebnisse

5.5.1 Lernerfolg

Eine Kovarianzanalyse mit der abhängigen Variablen Lernerfolg (Wissenstestergebnis, siehe Abb. 4), der Kontrollvariablen Vortest-Ergebnis und den unabhängigen Variablen Lernbedingung und Gruppengröße zeigt bei signifikantem Einfluss der Kontrollvariablen ($F(1,117) = 11.76$, $p<.01$) einen signifikanten Haupteffekt für den Faktor Lernbedingung ($F(2,117) = 4.77$, $p = .01$), während sich für den Faktor Gruppengröße wie auch die Interaktion kein signifikanter Effekt findet. Eine Analyse der Unterschiede zwischen den Lernbedingungen (einfache Kontraste) zeigt, dass allein die Unterschiede zwischen der Komplettbedingung und der Nur-Protokoll-Bedingung ($p < 0.01$) sowie zwischen der Komplettbedingung und der Kontrollbedingung ($p=.01$) signifikant sind.

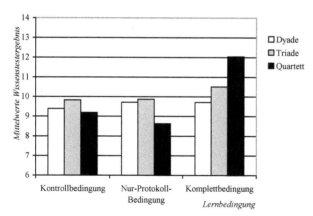

Abb. 4: Mittelwerte im Wissenstest pro Versuchsbedingung.

5.5.2 Post-Hoc-Analysen

Erstaunlich an dem gefundenen Ergebnis ist, dass die Gruppen in der Nur-Protokoll-Bedingung nicht von der Strukturierungsmaßnahme profitieren können.

Ausgehend von der Annahme, dass die Gestaltungsmaßnahmen gerade auch auf Ebene der Diskurse wirken, wurde in einer explorativen Post-Hoc-Analyse der Frage nachgegangen, hinsichtlich welcher Merkmale sich die Diskurse unter den verschiedenen Lernbedingungen systematisch unterscheiden und als Erklärung für das Abschneiden im Wissenstest identifiziert werden können. Hierfür wurden 33 Chat-Transkripte (11 pro Lernbedingung) hinsichtlich inhaltlicher und struktureller Eigenschaften analysiert.

5.5.2.1 Inhaltliche Diskursmaße

Um zu prüfen, inwieweit sich die Diskurse unter den verschiedenen Lernbedingungen systematisch in ihrem Inhalt unterscheiden, wurden alle Chat-Transkripte sowie der Initialtext und die korrekten Antworten im Wissenstest propositional kodiert (Hennings, 2002), um die Inhalte unabhängig von der Formulierung und der Nennungshäufigkeit vergleichen zu können. Anschließend wurden pro Chat-Transkript die Propositionen hinsichtlich folgender Kategorien ausgezählt, wobei Mehrfachnennungen von Propositionen jeweils eliminiert wurden:

- n_{Thema} sei die Anzahl der Propositionen mit themenbezogener Kommunikation,
- $n_{Erklärung+Kommentar}$ die Anzahl der Propositionen in themenbezogenen Erklärungen und Kommentaren,
- $n_{Diskurs}$ die Gesamtzahl der Propositionen in einem Diskurs.

Basierend hierauf wurden folgende Inhaltsmaße definiert:

- Die *Information* $= n_{Erklärung+Kommentar}$ erfasst die in einem Diskurs vermittelte absolute Menge themenbezogener Information.
- Die *Sachorientierung* $= n_{Thema} / n_{Diskurs}$ erfasst, wie hoch der Anteil der themenbezogenen Kommunikation am Diskurs ist. Eine Sachorientierung von 1 heißt, dass der gesamte Diskurs ausschließlich das Thema Erdbeben zum Thema hat.

Die Bewertung des Lernerfolges erfolgte über den Wissenstest. Dieser stellt im Kontext des Experiments das „Gütekriterium" des Lernens dar. Um einschätzen zu können, ob sich unter den verschiedenen Lernbedingungen die Diskurse systematisch hinsichtlich dieses Gütekriteriums unterscheiden, wurden die korrekten Antworten des Wissenstest propositional kodiert und die Propositionen der Chat-Transkripte hinsichtlich des Wissenstests ausgezählt:

- n_{Test} Anzahl der Propositionen der korrekten Antworten im Wissenstest,
- $n_{Test\&Diskurs}$ Anzahl aller Propositionen eines Diskurses, die auch Bestandteil einer korrekten Antwort im Wissenstest sind,

und folgende Maße definiert:

- Die *Testorientierung* $= n_{Test\&Diskurs} / n_{Diskurs}$ erfasst, wie groß der Anteil der testrelevanten Information im Diskurs ist. Eine *Testorientierung* von 1 heißt, dass der gesamte Diskurs ausschließlich den Inhalt korrekter Wissenstestantworten zum Gegenstand hat.
- Im Gegensatz dazu erfasst die *Testabdeckung* $= n_{Test\&Diskurs} / n_{Test}$, inwieweit ein Diskurs den Inhalt des anschließenden (unbekannten) Wissenstests vermittelt. Eine *Testabdeckung* von 1 heißt, dass der gesamte Inhalt der korrekten Testantworten im Laufe des Diskurses besprochen wurde.

Die Auswertung der inhaltlichen Maße erfolgt aggregiert über die verschiedenen Gruppengrößen über die Lernbedingungen. Für die absolute Informationsmenge ergibt eine Varianzanalyse wie erwartet einen signifikanten Haupteffekt ($F(2,30)=20.7$, $p <$ 0.01), wobei sich nur die Kontrollgruppe signifikant von den beiden anderen Bedingungen unterscheidet. Erwartet wurde dieser Befund, da unter den beiden Protokoll-Bedingungen immer nur ein Teilnehmer zu einem Zeitpunkt einen Beitrag erstellen kann und somit die Anzahl der Beiträge beschränkt wird. Die Sachorientierung liegt unter allen Lernbedingungen sehr hoch bei über 90%, was darauf hinweist, dass die TeilnehmerInnen der ihnen gestellten Aufgabe nachgehen. Es findet sich kein signifikanter Effekt der Lernbedingung (siehe Abb. 5).

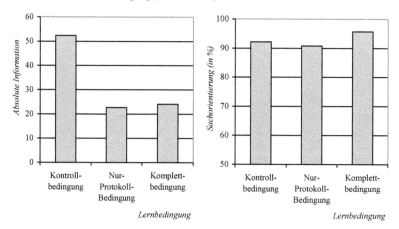

Abb. 5: Absolute Informationsmenge und Sachorientierung (in Prozent) pro Lernbedingung.

Hinsichtlich der Testabdeckung (d.h. dem Anteil der im Diskurs vermittelten korrekten Wissenstestantworten) finden sich keine bedeutsamen Unterschiede zwischen den verschiedenen Lernbedingungen, die Korrelation von $r=0.32$ zwischen den Gruppenwerten der Testabdeckung und den individuellen Wissenstestergebnissen ist jedoch signifikant ($p<0.01$).[7] Im Gegensatz dazu unterscheidet sich die Testorientierung der Diskurse signifikant zwischen den Lernbedingungen ($F(2, 30)=7.17$, $p<0.01$), wobei sich die Kontrollgruppe jeweils von den anderen beiden Bedingungen unterscheidet. Dies kann auf den vergleichsweise hohen absoluten Informationsgehalt und ähnlich hohe Testabdeckung der Kontrollgruppe zurückgeführt werden (siehe Abb. 6).

---

7   Dies heißt nichts anderes, als dass die unterschiedlichen Lernbedingungen nicht dazu führten, dass die Teilnehmer den Wissenstest unterschiedlich gut erahnen konnten. Der korrelative Zusammenhang spiegelt den zu erwartenden Zusammenhang zwischen vermittelten Wissen und individuellem Lernerfolg wider. D.h. je mehr korrekte Wissenstestantworten im Diskurs behandelt wurden, desto mehr korrekte Antworten wurden auch gegeben.

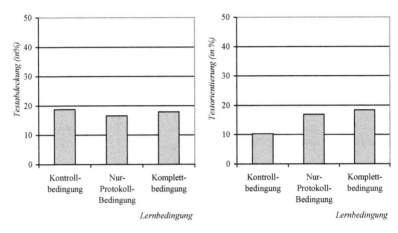

Abb. 6: Prozentuale Testabdeckung und prozentuale Testorientierung pro Lernbedingung.

Von den analysierten inhaltlichen Maßen liefert keines eine Erklärung für das unerwartet schlechte Abschneiden der Nur-Protokoll-Bedingung im Vergleich zur Komplettbedingung. Es konnte somit kein Hinweis gefunden werden, dass sich die Gestaltungsmaßnahmen auf den (lernrelevanten) Inhalt der Diskurse auswirkt.

5.5.2.2 Strukturelle Diskursmaße

Um zu prüfen, ob die Struktur der Diskurse den Lernerfolg erklären kann, wurde nach einem Strukturmaß gesucht, welches analog zu den Wissenstestergebnissen bzgl. der Lernbedingung variiert und den Lernerfolg der Teilnehmer vorhersagen kann. Es wurden hierzu alle Beiträge der 33 Chat-Transkripte hinsichtlich der von Boos & Cornelius (2001) vorgeschlagenen Themenkoordinationsmechanismen (siehe Tab. 2) kategorisiert.

Tab. 2: Themenkoordinationsmechanismen nach Boos & Cornelius (2001). Abhängig von dem Thema eines Beitrages und dem im Chat zu diesem Zeitpunkt aktuellen Thema wurde ein Beitrag der entsprechenden Kategorie zugeordnet.

Name	Beschreibung	Beitrag bezieht sich auf ...
Maintaining	Aufrechterhalten des aktuellen Themas	dasselbe Thema wie der vorherige Beitrag
Topic Shading	Verschiebung des Themas durch Ausbildung von Subthemen	ein ähnliches Thema wie der vorherige Beitrag
Fremd-Renewal	Aufgreifen des Themas eines Gruppenmitglieds	ein bereits genanntes, aber nicht im vorherigen Beitrag behandeltes Thema
Gruppen-Renewal	Wiederaufgreifen eines bereits in der Gruppe etablierten Themas	ein bereits etabliertes, aber nicht im vorherigen Beitrag behandeltes Thema
Selbst-Renewal	Wiederaufgreifen eines zuvor selbst eingeführten Themas	ein bereits vom Beitragsautor genanntes, aber nicht aufgegriffenes Thema
Initiation	Einführung eines neuen Themas	ein neues Thema
Insert	Nicht aufgegriffener Einwurf	ein neues Thema
Sonstiges	Nicht klassifizierbare Beiträge	

Boos & Cornelius (2001) definieren basierend auf der Anzahl der Beiträge in den Kategorien Maintaining (n_{Ma}), Topic Shading (n_{TS}), Fremd-Renewal (n_{FR}), Gruppen-Renewal (n_{GR}), Selbst-Renewal (n_{SR}), Initiation (n_{It}) und Insert (n_{Is}) sowie der Gesamtzahl aller Beiträge mit Themenkoordination (n_{koord}) als Kohärenzmaß für einen Diskurs

$$k_{original} = \frac{n_{Ma} + n_{TS} + n_{FR} + n_{GR} - (n_{SR} + n_{It} + n_{Is})}{n_{koord}} = 2\frac{n_{Ma} + n_{TS} + n_{FR} + n_{GR}}{n_{koord}} - 1 .$$

Das Maß liefert einen Wert aus dem Intervall -1 bis +1. Positiv in das Maß gehen somit all die Beiträge ein, die in der Gruppe etablierte Themen aufrechterhalten bzw. Themen anderer Teilnehmer aufgreifen. Die Analyse der Kohärenz der Diskurse unter den verschiedenen Lernbedingungen liefert aufgrund der hohen Streuung keinen signifikanten Haupteffekt. Tendenziell ergibt sich ein erstaunliches Bild (siehe Abb. 7, links): Die gemessene Kohärenz ist in der Kontroll-Bedingung (Standard-Chat) am höchsten. Das so definierte Strukturmaß scheint nicht geeignet, eventuell vorliegende lernbeeinflussende Strukturunterschiede abzubilden. Bei näherer Betrachtung der Maßdefinition ist dies nicht erstaunlich: in das Maß gehen positiv all jene Beitragspaare verschiedener Beitragsproduzenten ein, die thematisch aufeinander bezogen sind. Potentiell große Abstände zwischen den Beiträgen wie auch parallel laufende Themenstränge, die für die Wissenserarbeitung sicherlich hinderlich sind, werden im Maß nicht abgebildet. Als Alternative wurde deshalb ein sehr strenges Maß definiert, in welches nur adjazente aufeinander bezogene Beitragspaare positiv eingehen[8]:

$$k_{Adjazenz} = 2\frac{n_{Ma} + n_{TS}}{n_{koord}} - 1 = k_{original} - 2\frac{n_{FR} + n_{GR}}{n_{koord}} .$$

Für das so definierte Maß (siehe Abb. 7, rechts) zeigt eine einfaktorielle Varianzanalyse mit dem Faktor Lernbedingung einen signifikanten Effekt ($F(2,22)= 5.0$, $p < 0.05$). Eine Analyse der Unterschiede zwischen den Lernbedingungen (Bonferroni-Test) zeigt, dass allein der Unterschied der Komplettbedingung zur Kontrollbedingung ($p<.05$) signifikant ist. Die Partialkorrelation zwischen dem individuellen Wissenstestergebnissen und dem modifizierten Kohärenzmaß mit dem individuellen Vor-Test-Ergebnis als Kontrollvariablen ergibt eine signifikante Korrelation von $r=0.27$ ($p<0.01$).

---

8 Dieses Maß benachteiligt offensichtlich die Kontrollgruppe, in der medial bedingt die Adjazenz verletzt werden kann. Unserer Meinung nach gibt es zwei Quellen von Inkohärenz: einerseits das Medium, welches die Beiträge in der Reihenfolge des Eintreffens sortiert, andererseits der Teilnehmer, der bewusst Inkohärenz in Kauf nimmt, um eigene Fragen beantwortet zu bekommen. Es scheint so zu sein, dass die medial bedingte Verletzung von Adjazenz von den Teilnehmern zu bewältigen ist, während dessen das parallele Diskutieren verschiedener Themen zumindest im Kontext der Wissenserarbeitung zu einer lernhinderlichen Diskursstruktur führt. Für die Bewertung der Lerndiskurse muss ein Kohärenzmaß entwickelt werden, welches dies abbilden kann. Hilfe hierbei verspricht der Ansatz von Holmer & Wessner (in diesem Band).

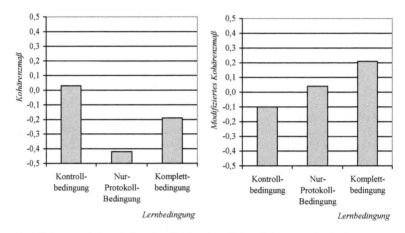

Abb. 7: Kohärenz nach Boos & Cornelius (2001) und modifizierte Kohärenz pro Lernbedingung.

5.6 Interpretation

Für den Wissensbereich „Entstehung von Erdbeben" konnte exemplarisch gezeigt werden, dass die Gestaltungsmaßnahmen *Kommunikationsprotokoll* und *Direkte Referenzierung* bei gleichzeitiger Anwendung den Lerngewinn verbessern können. Aufgrund des experimentellen Designs kann nicht entschieden werden, ob der Zugewinn auf die Maßnahme *Direkte Referenzierung* allein zurückgeht, oder aber nur die Kombination wirksam ist.[9]

Die Wirkungsanalyse der Gestaltungsmaßnahmen auf Diskursebene lieferte keinen Hinweis darauf, dass die Gestaltungsmaßnahmen den *Inhalt* der Diskurse systematisch beeinflussen. Es zeigten sich jedoch Unterschiede in der *Struktur* der Diskurse: Das die Adjazenz messende Kohärenzmaß korreliert mit dem individuellen Abschneiden im Wissenstest und spiegelt die bessere Struktur der Diskurse in der Komplettbedingung gegenüber denen in der Kontrollbedingung wider. Es ist jedoch nicht in der Lage, die Diskurse unter den drei Lernbedingungen ausreichend zu diskriminieren. Insgesamt zeigt die Analyse auf Diskursebene, dass die durch die Gestaltungsmaßnahmen verursachten Unterschiede nicht in dem erwarteten Maße ausgeprägt sind.

6   Ausblick

Die präsentierten Befunde zeigen die Wirksamkeit der zwei Gestaltungsmaßnahmen für das diskursive Lernen. Entsprechend Abschnitt 2 muss ergänzend zur Analyse der

---

9   Zur Klärung der Frage, ob nur die Kombination oder auch die Referenzierung allein zu einer Verbesserung des Lernerfolgs führt, wurde eine Nacherhebung der Daten in der Lernbedingung mit Referenzierung und ohne Kommunikationsprotokoll durchgeführt. Deren Ergebnis legt nahe, dass der Effekt allein auf die *direkte Referenzierung* zurückgeführt werden kann.

Wirkung auf Ebene der Diskurse eine Analyse der Wirkung auf individueller Ebene erfolgen. Hieraus ergeben sich nahe liegende Untersuchungsfragen:

– Warum führte das *Kommunikationsprotokoll* allein nicht zu einer Verbesserung des Lernerfolges, wenn doch davon auszugehen ist, dass durch das Protokoll die Frequenz eintreffender Beiträge und somit die kognitive Belastung der Teilnehmer reduziert wird bzw. ohne das Protokoll die Synchronisation der Kommunikation (siehe Abschnitt 3) erschwert ist? Das genauso schlechte Abschneiden der Gruppen in der Nur-Protokoll-Bedingung wie der in der Kontroll-Bedingung legt die Vermutung nahe, dass die Teilnehmer mit einem gewissen Anteil simultaner Produktionen (und einer damit erhöhten Beitragsfrequenz) umgehen können.

– Auf welche individuellen kognitiven Prozesse hat die *direkte Referenzierung* einen Einfluss? Wirkt die Referenzierung vorrangig bei der Beitragsproduktion, indem sie den Aufwand zur Bezugnahme reduziert, oder bei der Beitragsrezeption, indem sie das Erkennen des Bezugs und die Integration des Beitragsinhaltes in die eigenen Wissensstrukturen erleichtert?

Neben der weiteren Untersuchung der beiden Gestaltungsmaßnahmen erscheint es notwendig, den *Design Space* für Chat-Werkzeuge zu beschreiben: Welche Optionen gibt es für die Gestaltung welcher technischen Eigenschaften und wie wirken die jeweiligen Optionen auf individueller Ebene und Ebene des Diskurses?

7 Literatur

Boos, Margarete & Caroline Cornelius (2001): Bedeutung und Erfassung konversationaler Kohärenz in direkter und computervermittelter Kommunikation. In: Friedrich W. Hesse & Helmut F. Friedrich (Hrsg.): Partizipation und Interaktion im virtuellen Seminar. Münster, 55-80.

Clark, Herbert H. & Susan E. Brennan (1991): Grounding in communication. In: Lauren B. Resnick, John M. Levine & Stephanie D. Teasley (Hrsg.): Perspectives on socially shared cognition. Washington, 127-149.

Harnoncourt, Max, Astrid Holzhauser, Ursula Seethaler & Paul Meinl (in diesem Band): Referenzierbarkeit als Schlüssel zum effizienten Chat.

Hennings, Mareike (2002): Computervermitteltes kooperatives Lernen. Die Wirkweise von Lernprotokollen. Diplomarbeit, Institut für Psychologie, TU Darmstadt.

Herring, Susan C. (1999): Interactional coherence in CMC. Journal of Computer-Mediated Communication 4 (4). WWW-Ressource: http://www.ascusc.org/jcmc/vol4/issue4/herring.html.

McCarthy, John C., Victoria C Miles, Andrew F. Monk, Michael D. Harrison, Alan J. Dix, & Peter C. Wright, Peter (1993): Text-based on-line conferencing: a conceptual and empirical analysis using a minimal prototype. In: Human-Computer Interaction, 8 (2), 147-183.

Pfister, Hans-Rüdiger, Martin Mühlpfordt & Werner Müller (2003): Lernprotokollunterstütztes Lernen – ein Vergleich zwischen unstrukturiertem und systemkontrolliertem diskursivem Lernen im Netz. In: Zeitschrift für Psychologie, 211, 98-109.

Pfister, Hans-Rüdiger, Martin Wessner, Jennifer Beck-Wilson, Yongwu Miao & Ralf Steinmetz (1998): Rooms, protocols, and nets: Metaphors for computer supported cooperative learning of distributed groups. In: Amy S. Bruckman, Mark Guzdial, Janet L. Kolodner & Ashwin Ram (Hrsg.): Proceedings of ICLS 98, International Conference of the Learning Sciences. Atlanta, GA. Charlottesville, VA, 242-248.

Smith, Marc, Cadiz, J. J. & Byron Burkhalter (2000): Conversation Trees and Threaded Chat. Proceedings of CSCW 2000, Philadelphia, USA, 97-105.

Storrer, Angelika (2001): Getippte Gespräche oder dialogische Texte? Zur kommunikationstheoretischen Einordnung der Chat-Kommunikation. In: Andrea Lehr, Matthias Kammerer, Klaus-Peter Konerding, Angelika Storrer, Caja Thimm & Werner Wolski (Hrsg.): Sprache im Alltag. Beiträge zu neuen Perspektiven in der Linguistik. Herbert Ernst Wiegand zum 65. Geburtstag gewidmet. Berlin. New York, 439-465.

Tietze, Daniel (2001): A framework for developing component-based cooperative applications. St. Augustin (GMD Research Series 7/2001).

Wessner, Martin, Hans-Rüdiger Pfister & Yongwu Miao (1999): Using Learning Protocols to Structure Computer-Supported Cooperative Learning. In: Proceedings of the ED-MEDIA 1999 – World Conference on Educational Multimedia, Hypermedia & Telecommunications. Charlottesville, 471-476.

Karin Naumann

Kann man Chatten lernen?

Regeln und Trainingsmaßnahmen zur erfolgreichen Chat-Kommunikation in Unterrichtsgesprächen

1   Einleitung

Im Zentrum des Aufsatzes steht die Nutzung von Chat-Werkzeugen für didaktische Zwecke innerhalb virtueller Unterrichtsveranstaltungen. Als Fallbeispiel werden zwei chat-basierte Seminare beschrieben, die das Seminar für Sprachwissenschaft der Universität Tübingen im Fachbereich Computerlinguistik seit 2000 bzw. 2002 anbietet. Der erste Teil des Aufsatzes konzentriert sich auf den organisatorischen Rahmen der hier vorgestellten Unterrichtsveranstaltungen und das mediendidaktische Rahmenkonzept, das hierfür entwickelt wurde. Dies beinhaltet u. a. eine Beschreibung der verwendeten Lernumgebungen MOST[1] und ILIAS[2] sowie des in beiden Seminaren eingesetzten Chat-Werkzeuges TULKA[3]. Daneben behandelt dieser Abschnitt aber auch Fragen nach dem Anteil von individuellen Lernprozessen gegenüber Gruppenarbeitsphasen sowie ihrem Verhältnis zu synchronen / asynchronen Arbeitsmethoden.

Es sprechen einige Gründe für den Einsatz von Chat im instruktionalen Rahmen. Den Vorteilen textbasierter Chat-Kommunikation, die in der Fachliteratur selten oder gar nicht betont werden, soll daher ausreichend Rechnung getragen werden, basierend auf den konkreten Erfahrungen aus den virtuellen Lehrveranstaltungen. Diesen Vorteilen stehen jedoch auch Nachteile und Probleme gegenüber, die in der Forschung zur computervermittelten Kommunikation (cvK) wohl bekannt sind und denen man entgegenwirken muss. Dazu wurden im Laufe der wiederholten Durchführung der Seminare effektive Methoden entwickelt, um die Probleme zu reduzieren und die Vorteile bestmöglich auszuschöpfen. Im Zentrum steht dabei der Einsatz von Chat-Regeln, von

---

1   http://www.mm-lab.uni-tuebingen.de/lab/most/
2   http://www.ilias-uni-koeln.de/
3   giotto.mathematik.uni-tuebingen.de/~mibe/tulka

Chat-Training sowie einer die Lehrkraft unterstützenden ModeratorIn. Als Ergebnis der Beschreibung kann gezeigt werden, dass der Einsatz textbasierter Chat-Kommunikation im E-Learning-Bereich nicht nur möglich, sondern aufgrund der gezeigten Vorteile auch empfehlenswert ist.

2   Projekthintergrund

Am Seminar für Sprachwissenschaft (SfS) der Universität Tübingen wurden zwei virtuelle Online Seminare entwickelt, bei denen hauptsächlich ein Chat-Werkzeug für die synchrone Kommunikation und Kooperation zwischen Studierenden mehrerer Universitäten im deutschsprachigen Raum[4] eingesetzt wird. Eines dieser beiden Seminare ist eine Einführung in die angewandte Computerlinguistik mit dem Titel *Introduction to Applied Computational Linguistics (ACL)*. Die Veranstaltung richtet sich an fortgeschrittene StudentInnen und Graduierte. Der Kurs wird seit dem Sommersemester 2000 als Teil des Forschungsprojektes *VirtuGrade (Virtuelle Graduiertenausbildung an der Universität Tübingen)* angeboten und wurde vom Ministerium für Wissenschaft, Forschung und Kunst Baden-Württemberg im Rahmen des Programms *Virtuelle Hochschule Baden-Württemberg* von Juni 1998 bis Mai 2003 gefördert. Die Lehrveranstaltung ist im Curriculum der beteiligten Universitäten zum Teil als Pflichtveranstaltung bzw. als Wahlveranstaltung traditionell verankert. Das bedeutet, dass das Seminar auch weiterhin unabhängig von dem ursprünglichen Forschungsprojekt angeboten wird. Die 15-20 TeilnehmerInnen werden von 2-3 TutorInnen aus Tübingen betreut. Für die asynchrone Kooperation wird die vom Multi-Media-Labor der Universität Tübingen entwickelte Lernumgebung MOST[5] verwendet. Dort sind neben den webbasierten Lehrmaterialien auch die Chat-Protokolle der Online-Sitzungen abgelegt. Daneben steht ein asynchroner Kommunikationsmodus für die Arbeitsbereiche *Ganzer Kurs*, *Gruppen* und *Privat* zur Verfügung. Als Chat-Werkzeug für die synchrone Zusammenarbeit dient das vom Institut für Mathematik der Universität Tübingen entwickelte Tool TULKA[6], das von einer *Shared Whiteboard*-Anwendung ergänzt wird. Beide Anwendungen sind Produkte aus dem VirtuGrade-Projekt. TULKA ist als Open Source Lösung zudem für Veränderungen und Anregungen bei der Weiterentwicklung offen.

Das zweite Online Seminar ist eine Einführung in die Computerlexikographie (*Introduction to Computational Lexicography*) und richtet sich an Graduierte ebenso wie an Studierende im Hauptstudium. Es gehört zum Forschungsprojekt MiLCA (*medienintensive Lehrmodule in der Computerlinguistik-Ausbildung*) und wird seit Juli 2001 bis Dezember 2003 vom Bundesministerium für Bildung und Forschung (BMBF) innerhalb des Forschungsprogramms *Neue Medien in der Bildung* gefördert[7]. Der Kurs wurde im Sommersemester 2002 zum ersten Mal mit acht Studierenden der Universitäten Tübingen und Bochum unter der Leitung von drei Tübinger DozentIn-

---

4   Neben den Standorten in Deutschland ist auch die Universität Zürich an den Kursen beteiligt.
5   Informationen unter: http://serv4.mm-lab.uni-tuebingen.de/mml/lab/04-MOST
6   Homepage des Entwicklers: http://www.fa.uni-tuebingen.de/~mibe/tulka/
7   Informationen zum MiLCA Projekt unter: http://milca.sfs.uni-tuebingen.de

nen durchgeführt. Im Sommersemester 2003 nahmen bereits etwa 20 StudentInnen aus insgesamt fünf Universitäten teil. Als asynchrone Lernumgebung wird das System ILIAS[8] der Universität Köln eingesetzt. Auch dort gibt es einen Bereich, in dem die Chatprotokolle abgelegt sind. Als Chat-Werkzeug wird wie im vorher beschriebenen Kurs TULKA eingesetzt.

3   Mediendidaktischer Rahmen

Bei beiden Online Seminaren standen zwei verbindliche Chat-Sitzungen pro Woche im Mittelpunkt. Diese Sitzungen entsprechen traditionellen Face-to-Face-Seminarsitzungen und dauern neunzig Minuten. In dieser Zeit arbeiten die StudentInnen im Plenum sowie in Kleingruppen von ca. vier bis sechs TeilnehmerInnen. Für diese Zwecke gibt es in TULKA ein *Online Klassenzimmer* und mehrere *Chat-Gruppenräume*. Die Chat-Sitzungen sind streng in Unterrichtsphasen gegliedert, um die Kohärenz der Diskussionen zu gewährleisten. Zu Beginn werden organisatorische Punkte, Fragen zur Sitzung der Vorwoche und allgemeine Ankündigungen besprochen. Danach wird der Ablauf der aktuellen Sitzung als sog. *Advanced Organizer* erläutert.

Beispiel 1 (aus dem ACL Chat-Klassenzimmer)[9]

Moderatorin (for all): der Ablauf heute wird so sein,...
Moderatorin (for all): dass zunaechst alle Gruppen ihre Loesungen vorstellen...
Moderatorin (for all): soweit einE vertreterIn anwesend ist...
Moderatorin (for all): und danach gebe ich ein Feedback zu den aufgaben...
Moderatorin (for all): allerdings wahrscheinlich aufgrund der begrenzten Zeit...
Moderatorin (for all): eher als Pauschalfeedback...

Dieser Einführung in die Unterrichtssitzung folgt die Vermittlung und Diskussion des Wochenthemas, das von den TeilnehmerInnen eigenständig vorbereitet wurde. Während dieser Phase werden die Studierenden angeregt, sich aktiv mit dem Thema auseinander zu setzen. Dazu werden kontroverse Ansätze, Fallbeispiele, zentrale Fragen und Anliegen der aktuellen Forschung vorgestellt. Die Betonung liegt hier auf der aktiven Beschäftigung mit dem Stoff und dem Meinungsaustausch im Sinne des diskursiven Lernens im Gegensatz zur reinen Wissensvermittlung. Anschließend treffen sich die TeilnehmerInnen in ihren Gruppenräumen, um die Wochenaufgabe, die bis zur nächsten Chat-Sitzung gelöst werden soll, zu besprechen, in Teilaufgaben zu zerlegen und auf die einzelnen Gruppenmitglieder zu verteilen.

Beispiel 2 (aus dem ACL Gruppen-Chatraum)

Studentin (for all): Ja, lass uns von Aufg. 1 meine Lsg abgeben...
Studentin (for all): und von Aufg. 2 den ersten Teil von Dir...
Studentin (for all): zum 2. Teil habe ich vielleicht sogar noch eine Idee...

---

8   Homepage der Lernplattform: http://www.ilias.uni-koeln.de
9   Die Namen der TeilnehmerInnen sind in allen Beispielen anonymisiert

Nach dieser Phase der Gruppenarbeit folgt wieder eine Plenumsphase im *Online Klassenzimmer*. Dort können nun Fragen zur Sitzung oder zur Gruppenaufgabe geklärt werden. Am Ende einer Online Sitzung stehen Ankündigungen für die kommende Woche und der Ausblick auf die nächste Lehreinheit im Zentrum.

Die asynchrone Arbeit zwischen den Chat-Sitzungen erfolgt individuell auf der Grundlage der Chat-Protokolle und der Lehrmaterialien, welche über die Lernumgebung MOST bzw. ILIAS zur Verfügung stehen. Dies beinhaltet im Wesentlichen die selbständige Vor- und Nachbereitung des Unterrichtsstoffes. Andererseits müssen in der Zeit zwischen den synchronen Unterrichtssitzungen auch die Gruppenaufgaben gelöst werden. Dies kann entweder asynchron über den Kommunikationsbereich der jeweiligen Lernumgebung geschehen oder in synchroner Zusammenarbeit mithilfe des Chat-Werkzeugs erfolgen. Das Gruppenergebnis wird in jedem Fall im asynchronen Tutorenbereich der Lernumgebung abgelegt.

Der folgende Abschnitt beschreibt die verwendeten Werkzeuge und Funktionen der Lernumgebung.

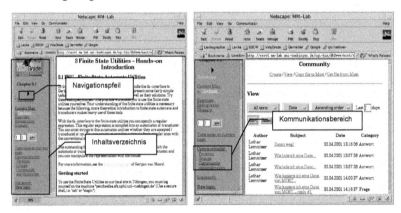

Abb. 1: Das Lehrbuch in *MOST*.   Abb. 2: Kommunikation in *MOST*.

Abbildung 1 zeigt ein Kapitel des Online Lehrbuchs *Applied Computational Linguistics* in MOST. Die Navigation durch das Lehrmaterial erfolgt entweder durch Auswahl eines Kapitels bzw. Inhaltsbereiches über die Inhaltsübersicht auf der linken Seite oder durch Benutzung der Navigationspfeile im linken Frame. Abbildung 2 zeigt den asynchronen Kommunikationsbereich in MOST. Dort können Dokumente heruntergeladen oder in die Umgebung hochgeladen sowie Textbeiträge an verschiedene Nutzergruppen erstellt und abgesendet werden. Es wird unterschieden zwischen den Bereichen *Ganzer Kurs*, *Gruppen* und *Privat*.

Abb. 3: Das Lehrbuch in *ILIAS*.   Abb.4: Kommunikation in *ILIAS*.

Abbildung 3 zeigt das Inhaltsverzeichnis des Online Lehrbuchs *Computational Lexicography* in ILIAS. Der Gruppenbereich für asynchrone Kooperation und Kommunikation inklusive des Dateiordners für die Chat-Protokolle ist in Abbildung 4 zu sehen.

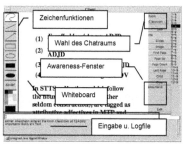

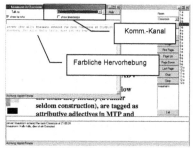

Abb. 5: TULKA mit *Shared Whiteboard*.   Abb. 6: TULKA mit Zusatzfenster.

Abbildung 5 zeigt das textbasierte Chat-Werkzeug TULKA mit integriertem *Shared Whiteboard*. Auf der linken Seite der Anwendung finden sich verschiedene Funktionen zum Schreiben und Zeichnen im Whiteboard-Bereich. Auf diese *virtuelle Tafel* können auch Dateien unterschiedlicher Formate projiziert, d.h. geladen werden. Auf der rechten Seite befinden sich Funktionen, um zwischen mehreren Whiteboard-Inhalten zu wählen und den Inhalt zu löschen. Im gleichen Bereich oben ermöglicht ein Auswahlmenü, zwischen dem Chat-Klassenzimmer und den Gruppenräumen zu wechseln. Auf dieser Seite befindet sich unten zudem ein *Awareness-Fenster*, das die Login-Namen der gerade anwesenden Chat-TeilnehmerInnen anzeigt. TULKA bietet auch die Möglichkeit, ein separates Zusatzfenster mit weiteren Funktionen zu öffnen (siehe Abbildung 6). Dort werden verschiedene Schriftfarben für unterschiedliche Nutzer(gruppen) angezeigt. In diesem Fenster lassen sich außerdem Servermeldungen und Timestamp-Angaben an- und abschalten. Darüber hinaus können bestimmte, von der TooladministratorIn festgelegte NutzerInnen (oder Nutzergruppen) zwischen einem öffentlichen und einem privaten Kommunikationskanal (Flüsterkanal) wählen. In den beschriebenen Lehrveranstaltungen steht dieser Kanal lediglich der Gruppe *teachers* zur Verfügung.

4   Vorteile der Chat-Kommunikation

Textbasierte Chat-Kommunikation bietet neben der Ortsunabhängigkeit, die für alle Formen der cvK gilt, einige besondere Vorteile, die für den Einsatz entsprechender Werkzeuge im instruktionalen Rahmen virtueller Seminarveranstaltungen sprechen.

Textbasierte Chat-Werkzeuge stellen im Vergleich zu beispielsweise Videokonferenzsystemen oder Audio-Anwendungen nur geringe technische Anforderungen. Die TeilnehmerInnen müssen keine aufwändigen High-End-Anwendungen installieren. Sie können daher sowohl vom Computerpool ihrer Universität als auch vom heimischen Rechner aus am Unterricht teilnehmen. Im Fall von webbasierten Tools ist nicht einmal die Installation einer Client-Software, sondern lediglich ein Internetzugang notwendig.

Chat-Kommunikation besitzt nicht die Flüchtigkeit des gesprochenen Wortes – sie ist persistent. Das schriftliche Resultat der Online Sitzung steht auch später noch zur Verfügung, und zwar in nützlicher und überarbeitbarer Form[10]. Die Protokolle der textbasierten Sitzungen können als verlässliche Grundlage zur Fortführung der Diskussion oder zur Rekapitulierung des Unterrichtsablaufs genutzt werden, da sie den exakten Wortlaut der Diskussion darstellen.

Das schriftliche Medium bietet aber noch einen weiteren Vorteil. Sprachliche Information kann problemlos über die Tastatur eingegeben sowie aus anderen Texten heraus- und in den Chat hineinkopiert werden bzw. umgekehrt. Dies ist besonders nützlich im Falle von komplexen Zeichen(ketten) wie z.B. Formeln, Servermeldungen oder Sonderzeichen.

Beispiel 3 (aus dem ACL-Kurs)

Student (for all): Lothar: ich kriege dauernd „DTWF023E: Net.Data is unable to execute the SQL statement [IBM][CLI Driver][DB2/6000] S" o.ae. um die Ohren gehauen.

Die Copy&Paste-Funktion kann aber auch für Zitate einzelner Chat-Beiträge, auf die man sich beziehen will, genutzt werden. Darüber hinaus können DozentInnen oder ExpertInnen für längere Vorträge vorgefertigte Unterrichtsskripts in den Chat hineinkopieren, um die Geschwindigkeit der *getippten Gespräche* zu erhöhen. Diese sollten sich jedoch an der konzeptuellen Mündlichkeit orientieren[11].

Schließlich ist auch die geringe kognitive Belastung bei der rein visuellen Rezeption textueller Signale von Vorteil, da die GesprächsteilnehmerInnen sich voll und ganz auf den Wortlaut und Gegenstand der Diskussion konzentrieren können und nicht

---

10   Vgl. Video-/Audio-Dateien, die nicht ohne spezielle Abspielgeräte rezipiert und auch nicht wie ausgedruckte Protokollseiten mit Notizen versehen werden können.

11   Vgl. dazu die Unterscheidung zwischen medialer und konzeptueller Schriftlichkeit / Mündlichkeit nach Koch & Oesterreicher (1994) sowie die kommunikationstheoretische Einordnung von Chat als medial schriftlich und konzeptuell mündlich in Storrer (2001).

durch parasprachliche und andere zur Kommunikationssituation gehörige jedoch für das Gespräch nicht relevante Informationen wie z.b. Lärm abgelenkt werden. Es sei an dieser Stelle darauf hingewiesen, dass nicht alle Eigenschaften mündlicher Direktkommunikation unbedingt vorteilhaft für die störungsfreie Kommunikation sind.

Als letztes Argument für das Medium Chat steht ihre Synchronizität, die durch ihre Unmittelbarkeit lebhafte und interaktive Kommunikation erleichtert. Der synchrone Kommunikationsmodus ermöglicht es, neue Ideen und Meinungen zu entwickeln und geht somit hin zum diskursiven Lernen und weit über die reine Wissensvermittlung hinaus.

Beispiel 4 (aus dem ACL-Kurs)

Dozentin (for all):   man denke nur an spanisch: tengo oder gar damelo
Studentin (f or all):   was ist das Problem bei "tengo"?
Dozentin (for all):   tengo # PPERS VVFIN
Dozentin (for all):   sonst findet der Parser kein Subjekt, oder?
Studentin (for all):   !
Dozentin (for all):   direkt Rückantwort StudentIn?
Studentin (for all):   ja
Dozentin (for all):   OK
Studentin (for all):   das wuerde dann aber fuer jede finite Verbform gelten...
Studentin (for all):   da tengo einfach Verb in 1.Person Sg Praesens ist.*E*
Dozentin (for all):   im Spanischen ja, es sei denn dass man aus fokusgründen z.b. das PPERS
Dozentin (for all):   anführt: YO no tengo dinero dder so
Studentin (for all):   ok

5   Nachteile der Chat-Kommunikation

Die Probleme, die sich aus der Chat-Situation mit ihren spezifischen technischen Rahmenbedingungen ergeben, sind in der Forschung zur cvK wohl bekannt. Dieser Abschnitt fasst daher lediglich die größten Nachteile zusammen bzw. die Probleme, denen wir im Seminaralltag begegneten.

Im Chat-Raum beschränkt sich die gemeinsame Wahrnehmung auf die Schriftsignale des Chat-Protokolls. Außerhalb des Protokolls gibt es weder sprachliche noch parasprachliche Informationen zur Gesprächssituation. Die Möglichkeiten, parasprachliche Signale aus Mimik, Gestik, Tonfall, usw. zu erhalten und ein gemeinsames Bewusstsein über die Gesprächssituation zu entwickeln sind stark begrenzt[12]. SprecherInnen können nicht anhand ihrer physischen Erscheinung oder dem Klang ihrer Stimme identifiziert werden. Es ist auch nicht möglich, zu sehen, was die anderen GesprächsteilnehmerInnen im Moment gerade tun, um z.B. herauszufinden, warum jemand nicht antwortet oder zu bemerken, dass jemand gerade einen Beitrag formuliert.

---

12   Erwähnenswert sind hier konventionalisierte Verwendungen von Smileys zur Imitation mimischer Information bzw. zur Übermittlung konnotativer Bedeutung oder typographische Hervorhebung zur Imitation akustischer Signale wie z.b. schriftlich: Großschreibung für mündlich: Schreien.

Beispiel 5 (ACL Klassenzimmer)

Dozent (for all): im whiteboard oben rechts steht "Rooms" OK? [15:01]
Dozent (for all): hallo [15:01]
Dozent (for all): hallo hallo [15:01]
Dozent (for all): hallo hallo hallo [15:01]
Dozent (for all): hallo hallo hallo hallo [15:02]

Der Raum für Zeigehandlungen ist eingeschränkt. Die Chat-TeilnehmerInnen können nicht direkt, sondern nur sprachlich auf Objekte oder Personen einer gemeinsamen nicht-sprachlichen Umgebung verweisen. Der Raum, auf den man sich beziehen kann, ist zudem mehrdeutig. SprecherInnen können sich auf den tatsächlichen Ort, an dem sie sich befinden oder auf den Chat-Raum beziehen. Sie können ebenso auf bestimmte Stellen im Chat-Protokoll, also auf einzelne Chat-Beiträge, deiktisch verweisen.

Beispiel 6

Studentin 1 (for all): Die anderen 2 kenn ich, die sitzen neben mir, woher seid Ihr/du?
Studentin 2 (for all): was heisst "die andern zwei"? von welchen unis seid ihr? ich bin
                        von zürich

Ein weiteres Problem stellt die Serververarbeitung der Chat-Beiträge dar. Die Beiträge erscheinen in streng sequentieller Reihenfolge auf dem Bildschirm so wie sie vom Server verarbeitet werden. Das bedeutet, dass auch zeitgleich produzierte Beiträge einer nach dem anderen dargestellt werden. Man spricht hier vom *Mühlenprinzip*[13] der Verarbeitung. SprecherInnen können diese Reihenfolge nicht beeinflussen, sie ist rein technisch verantwortet. Die SprecherInnen geben ihre Verantwortung über die Textrezeption bzw. die Visualisierung und damit Realisierung ihrer Beiträge an das Werkzeug ab[14]. So kommt es, dass Adjazenzpaare wie *Frage – Antwort* oder *Bitte – Gewähren der Bitte* durch andere, nicht dazugehörige Beiträge unterbrochen werden. Dies stört die Kohärenz der Gespräche erheblich.

Auch die im Chat (noch) fehlenden Diskurskonventionen tragen zum Problem der Inkohärenz bei. Den TeilnehmerInnen ist nicht klar, wer in einem bestimmten Moment sprechen darf und wie das Rederecht beantragt oder an andere TeilnehmerInnen übergeben wird. Technisch gesehen können bei den gängigen Chatwerkzeugen alle SprecherInnen gleichzeitig und jederzeit Beiträge produzieren. Daneben gilt die Verpflichtung, auf Beiträge zu reagieren, die an eine Person adressiert wurden, weitaus weniger als in der medial mündlichen Kommunikation. Insofern gilt das Konzept des Rederechts im Chat zunächst nicht. Es geht vielmehr darum, die Aufmerksamkeit der anderen TeilnehmerInnen auf den eigenen Beitrag zu ziehen.

Schließlich muss noch darauf hingewiesen werden, dass das schriftliche Medium die Chat-Diskussionen oft zäh erscheinen lässt, da Tippen nun mal zeitaufwändiger ist als Sprechen. Die Beiträge eines Chat-Monologes zu lesen ohne die Möglichkeit, aktiv am Gespräch teilzunehmen, wird schnell langweilig und frustrierend[15].

---

13   Vgl. Wichter (1991).
14   Vgl. dazu den Begriff der *trägermedialen Bedingtheit* in Beißwenger (2001).
15   Allerdings gilt dies auch für das passive Zuhören im Face-to-Face-Frontalunterricht.

6 Reduzierung der Probleme und Ausschöpfen der Vorteile

6.1 Verbindliche Chat-Regeln: unsere Chatiquette

Um Chat-Kommunikation effektiv einzusetzen, Fehler zu vermeiden, Probleme zu überwinden und die Vorteile auszunützen, wurden seit Beginn der Chat-Seminare die folgenden Chat-Regeln entwickelt und in den Chat-Sitzungen eingesetzt. Einige davon entstammen der frei im Internet verfügbaren *Netiquette*[16]. Andere sind chat-spezifisch und wurden aufgrund der Erfahrungen in den Online Kursen entwickelt. Sie orientieren sich an den Strategien, die von den TeilnehmerInnen und VeranstalterInnen der Chatsitzungen eingesetzt wurden.

Allgemeine Regeln:

1. *Bitte seien Sie höflich und geduldig im Umgang miteinander. Denken Sie auch daran, dass einige Bemerkungen im Chat weitaus roher klingen als in der mündlichen Situation*
   → allgemeine ethische Grundregel aufgrund der Unverbindlichkeit von cvK

2. *Bitte akzeptieren Sie den/die ModeratorIn als GesprächsleiterIn: sie/er erteilt die Erlaubnis, zu sprechen bzw. zu tippen. Bitte beginnen Sie Ihren Beitrag nicht ohne Aufforderung*
   → im Gegensatz zur traditionellen Unterrichtssituation ist die besondere Stellung von DozentIn / ModeratorIn im Chat nicht von vorneherein klar bzw. ungewohnt. Daher wird besonders darauf hingewiesen.

3. *Bitte lesen Sie nicht nur die Beiträge anderer TeilnehmerInnen, sondern tragen Sie selbst zur Diskussion bei. Stellen Sie Fragen, auch wenn Sie diese für dumm halten. Es gibt in diesem Kurs keine dummen Fragen.*
   → Diese Regel orientiert sich an der stillschweigenden Übereinkunft von Internet-Kommunikation und -Kooperation im allgemeinen, dass Information allen NutzerInnen frei zur Verfügung gestellt wird, aber nicht nur verwendet sondern auch erweitert werden soll. Die Regel soll zudem das sog. Trittbrettfahren (engl. Lurking) verhindern.

Regeln für erfolgreiche Kommunikation:

1. *Bitte bleiben Sie beim Thema und achten Sie auf die Relevanz Ihres Beitrages für die Diskussion. Seien Sie kurz und präzise: liefern Sie nur so viel Information wie für das Verstehen notwendig*
   → diese Regel fasst die wichtigsten Punkte der Konversationsmaximen (Maxim of Manner, Maxim of Relation) nach Paul Grice zusammen (Grice 1975).

2. *Wenn Sie eine bestimmte Person ansprechen wollen, nennen Sie den Login-Namen dieser Person:*
   Peter: Sabine, ich stimme dir zu, aber...
   → diese Regel hilft dabei, den Bezug eines Beitrags klarzustellen und kompensiert das Fehlen perzeptueller Informationen, wie z.B. Zuwenden des Kopfes, Herstellen des Blickkontaktes

3. *Wenn Sie sich direkt auf einen bestimmten Chat-Beitrag beziehen wollen, machen Sie den Bezug klar:*
   Peter: was Sabines Frage von vorhin betrifft....
   oder zitieren Sie direkt die relevante Zeile (mit Copy und Paste). Sie können auch feste Wendungen aus der Schriftsprache benutzen, z.B. siehe vorherige Frage, siehe oben/unten.
   → dies erleichtert ebenfalls das Signalisieren des Bezugs auf andere Beiträge

---

16 Vgl. z.B.: www.albion.com/netiquette/

Beispiel 7

Dozentin (for all): sondern es gilt das von Studentin P gesagte: wenn x groesser als y..
Dozentin (for all): und y groesser als z, dann ist x auch groesser als z..

4. *Wenn Sie einen längeren Beitrag formulieren, unterteilen Sie diesen in kleine Abschnitte und beenden Sie diese mit dem Fortsetzungssignal (s.u.) Dadurch wissen alle: Ihr Beitrag ist noch nicht zu Ende. Denken Sie daran, wie frustrierend es ist, vor einem leeren Bildschirm zu warten. Markieren Sie den Abschluss des Beitrags durch das Endsignal *E* oder durch das Wort (Ende). Wenn sie als Zuhörer das Fortsetzungssignal sehen, dann seien Sie geduldig und übereilen Sie Ihre Antwort nicht. Warten Sie, bis der Beitrag wirklich beendet ist*
→ diese Regel ersetzt die fehlenden Diskurskonventionen für Chat-Kommunikation (siehe oben) und führt somit das Konzept des Rederechts wieder ein. Eine Missachtung des Fortsetzungssignals entspricht dem Dazwischenreden in der Direktkommunikation.

5. *Wenn Sie während eines längeren Beitrages eine Bemerkung machen oder eine Frage stellen wollen, senden Sie das entsprechende Signal zur Rederechtsbeantragung (siehe spezielle Symbole unten). Warten Sie dann, bis Sie aufgerufen werden.*
→ ein einfaches Mittel, um das Rederecht zu beantragen ohne die laufende Diskussion zu unterbrechen

6. *Wenn Sie von dem/der DozentIn / ModeratorIn direkt angesprochen werden, geben Sie bitte eine Antwort, auch wenn Sie nur sagen wollen, dass Sie momentan nichts sagen wollen. Beachten Sie, dass wir Ihre Reaktion nicht sehen können und nicht wissen, warum Sie nicht antworten.*
→ Maßnahme zur Kompensation der reduzierten gemeinsamen Wahrnehmung

7. *Wenn der/die ModeratorIn die Diskussion restrukturieren oder entwirren möchte, sendet er/sie drei Ausrufungszeichen (*Moderatorin: !!! *). Wenn Sie dieses Notsignal sehen, hören Sie bitte auf zu tippen und warten Sie, bis die Diskussion wieder freigegeben wird*
→ Die Notbremse der DozentIn / ModeratorIn: sehr hilfreich, wenn eine Gesprächsrunde außer Kontrolle gerät. Sie wurde allerdings im Kurs selten gebraucht.

8. *Spezielle Symbole*
→ verbessert die Ökonomie und erhöht die Geschwindigkeit textbasierten Chats.

Wir verwenden die folgenden Symbole / Abkürzungen, um den Tippaufwand gering zu halten. Bitte benutzen Sie möglichst nur die hier angegeben Symbole und keine Insider-Zeichen, die Chat-Newbies nicht kennen.

E = Ende eines Beitrages
A = Antwort
? = Frage
! = Einwand
... = noch nicht beendet (Fortsetzungssignal)
!!! = nicht mehr tippen (Notbremse der ModeratorIn)

Verwenden Sie gerne die folgenden Smileys, um die Intention Ihres Beitrages deutlich zu machen. Dies hilft, Missverständnisse zu vermeiden → ersetzt parasprachliche Signale, wie Mimik und Tonfall.

:-) = Ich bin froh darüber
:-(= Ich bin traurig darüber
;-) = nicht ernst gemeint

6.2 Einführendes Chat-Training

Chatten will gelernt sein. Eine wichtige Methode zur Erlangung von Chat-Kompetenz kann ein einführendes Training vor Kursbeginn sein, bei dem einerseits Schwierigkeiten und Anforderungen von Chat-Kommunikation erklärt, andererseits Aufgaben zum Verstehen und Produzieren von Chat-Beiträgen gelöst werden. Dieses Training sollte jedoch unbedingt vor der ersten inhaltlichen Online Sitzung stattfinden. Die TeilnehmerInnen der hier vorgestellten beiden Kurse bearbeiten seit dem Sommersemester 2002 zunächst eine Aufwärmübung, um sich mit der Lernumgebung vertraut zu machen. Diese Übung beinhaltet Aufgaben zur Navigation durch das Lehrmaterial, Upload und Download von Dateien, Erstellung von Textbeiträgen im asynchronen Kommunikationsbereich und Kennenlernen der wichtigsten Chat-Funktionen wie Zeichnen und Schreiben in das Whiteboard, den Chat-Raum wechseln usw. Diese Übungsaufgabe wird eine Woche vor der ersten Chat-Sitzung bearbeitet. Zusätzlich soll ein vorbereitendes Kapitel (*Preliminaries*) gelesen werden, das eine ausführliche Beschreibung der Lernumgebung, des mediendidaktischen Konzepts sowie der Chat-Regeln und Regeln für die Gruppenarbeit beinhaltet. Während der ersten Chat-Sitzung wird die Chatiquette ausdrücklich erklärt, wobei auf die Probleme und Vorteile von Chat hingewiesen wird. Danach folgt eine Vorstellungsrunde der Studierenden, bei der v.a. die vorher erklärten Chat-Regeln beachtet und angewendet werden sollen. Die Studierenden nennen in dieser Runde ihren Namen, ihre Universität, Studienfächer, Motivation für die Teilnahme am virtuellen Seminar und Vorerfahrungen mit virtuellen Lehr-/Lernformen. Im Anschluss daran folgt eine Gruppenarbeitsrunde, in der Übungsaufgaben zur Chat-Produktion und –Rezeption in Kleingruppen von 4-6 Mitgliedern gelöst werden müssen. Dazu wechseln die Studierenden in ihren jeweiligen Gruppen-Chatraum. Die Aufgabe für Rezeption bzw. Chat-Verstehen besteht aus der Analyse eines längeren Chat-Auszugs. Dabei sollen die verschiedenen Gesprächsstränge identifiziert und den SprecherInnen zugeordnet werden, explizite Bezugnahme auf SprecherInnen oder Beiträge gekennzeichnet und fehlende Chat-Signale wie Fortsetzungs- oder Endsignal ergänzt werden. Für die Aufgabe zur Produktion von Beiträgen sollen die Gruppen über die Themen *Chat-Erfahrung* und *Vorerfahrung mit der inhaltlichen Materie des Kurses* diskutieren und dabei die Regeln beachten. Dadurch sollen Konventionen für die Rederechtsbeantragung und -weitergabe eingeübt und gefestigt werden, so dass jedes Gruppenmitglied gleichermaßen am Gespräch teilnehmen kann.

Im Vergleich zu den vorherigen Kursen konnte ein unmittelbarer positiver Effekt des Trainings von den DozentInnen festgestellt werden, der auch durch die subjektive Einschätzung der Studierenden in einer Abschlussbefragung bestätigt wurde.

6.3 Einführung eines Moderators / einer Moderatorin

Wenn Chat-Kommunikation für instruktionale Zwecke eingesetzt wird, ist es schnell offensichtlich, dass der/die DozentIn des Kurses sich nicht gleichzeitig auf das Vermitteln und Vertiefen der fachlichen Inhalte einerseits und auf die Leitung des Gesprächsverlaufs andrerseits konzentrieren kann. Daher ist eine weitere Person in der Funktion einer ModeratorIn unbedingt empfehlenswert. Diese Person ist für die Kohärenz und Effektivität der virtuellen Sitzung verantwortlich. Im einzelnen können die folgenden Aufgaben für diese Funktion spezifiziert werden:

1. *Der / die ModeratorIn kontrolliert den Gesprächsverlauf* → er/sie entscheidet, ob ein Beitrag für das Hauptthema oder die Unterthemen der Diskussion relevant ist und deshalb weiterverfolgt werden sollte, ob die Diskussion zu einem bestimmten Thema zurückgeführt werden muss, usw.

2. *Der / die ModeratorIn kontrolliert die Struktur der Online Sitzung* → er/sie überwacht die zeitliche und inhaltliche Einhaltung der Unterrichtsphasen (s.o.)

Beispiel 8

Dozentin (for all): ich moechte jetzt den Praesentationsteil... [10:40]
Dozentin (for all): gerne schliessen.. [10:40]
Dozentin (for all): damit ich noch kurz Zeit fuer ein Gesamtfeedback habe... [10:40]

3. *Der / die ModeratorIn kontrolliert und hält Schritt mit eingehenden Fragen / Anmerkungen* → häufig ist es sinnvoll, einen fortlaufenden Beitrag nicht durch Fragerunden zu unterbrechen, sondern Anmerkungen und Fragen zu sammeln und zu einem späteren Zeitpunkt darauf einzugehen.

4. *ModeratorIn und DozentIn vergeben das Rederecht an die Studierenden. Dieses Recht geht danach automatisch wieder an sie zurück.* → Aufgrund der fehlenden Diskurskonventionen im Chat braucht man eine klare Vereinbarung darüber, wer wann sprechen darf. Die hier genannte Konvention entspricht genau der traditionellen Face-to-Face Unterrichtssituation, in der auch nur der/die LehrerIn jederzeit sprechen darf, das Rederecht weitergibt und es danach automatisch zurückerhält. Sie wird hier nur explizit genannt und in einer Chat-Regel erfasst, um den TeilnehmerInnen den Unterschied zwischen einem Unterrichts-Chat und den Konventionen in sog. *Freizeit-Chats* in *Chat-Communities* deutlich zu machen.

Der letztgenannte Punkt macht die enge Beziehung zwischen DozentIn und ModeratorIn deutlich. Beide sollten ihre Aktivitäten stets koordinieren, um Konflikte um Verantwortlichkeiten zu verhindern. Daher ist es sinnvoll, einen Flüsterkanal für diese Zwecke einzusetzen, der nur den beiden Personen zugänglich ist und die fortlaufende Diskussion nicht durch meta-kommunikative Beiträge stört.

6.4 Anforderungen an ein Chat-Werkzeug (für die Lehre)

Wenn ein Chat-Werkzeug in die virtuelle Lernumgebung integriert wird, sollte dieses bestimmte Anforderungen erfüllen:

1. *Es sollte stets das gesamte Chat-Protokoll speichern und anzeigen* → da das Protokoll als gemeinsame Diskussionsgrundlage dient, sollte jede/ jeder TeilnehmerIn das gesamte Logfile sehen, selbst nach technischen Problemen wie z.B. einem Serverabsturz.

2. *Es sollte mehrere Chat-Räume für Gesamt- und Gruppenarbeit bieten* → im Vergleich zur traditionellen Unterrichtssituation in realen Unterrichtsräumen bietet der Chat-Unterricht die einmalige Gelegenheit, kleine Arbeitsgruppen einzurichten, die sich auf ihre Gruppenaufgabe konzentrieren können ohne einander zu stören. Darüber hinaus sind Chaträume persistent, d.h. sie stehen im Gegensatz zu realen Seminarräumen einer Universität auch nach der Sitzung zur Verfügung und können von den KursteilnehmerInnen jederzeit genutzt werden.

3. *Es sollte die Vergabe eindeutiger und unveränderlicher Login-Namen ermöglichen. Weitere Zugriffsbeschränkungen wie z.B. Paßwortschutz und Einladungsrestriktionen sind wünschenswert*
→ diese Anforderung ist wichtig, um eine klare Identifizierung der TeilnehmerInnen zu gewährleisten. Es ist nicht wünschenswert, dass Teilnehmer ihre Nutzernamen für jede Sitzung ändern.

4. *Es sollte ausreichend Awareness-Funktionen zur Verfügung stellen*
→ die TeilnehmerInnen sollten sehen können, wer in welchem Chat-Raum anwesend ist. Andere Funktionen wie Information darüber, ob eine Person gerade liest, schreibt oder reden möchte, wären ebenfalls sehr empfehlenswert.

5. *Es sollte einen Flüsterkanal für bestimmte, von der/dem AdministratorIn festzulegende Nutzergruppen bereitstellen*
→ ein privater Kommunikationskanal für DozentIn und ModeratorIn ist wichtig für die Koordination der Meta-Aktivitäten (s.o.). Dieser Kanal sollte den Studierenden aus den gleichen Gründen wie im Face-to-Face-Unterricht nicht zur Verfügung stehen.

6. *Es sollte eine virtuelle Tastatur zur Verfügung stellen*
→ dies ist v.a. für Chat-Gespräche in solchen Sprachen wichtig, die Sonderzeichen wie Umlaute oder andere diakritische Zeichen (Akzente) beinhalten.

7. *Es sollte eine kontext-sensitive Hilfefunktion bieten*
→ NutzerInnen sollten einige der technischen Probleme oder Schwierigkeiten in der Benutzung des Tools selbst lösen können.

8. *Es sollte graphische Textauszeichnung ermöglichen*
→ empfehlenswert ist z.B. die farbliche Unterscheidung von Beiträgen bestimmter TeilnehmerInnen (s.o.), aber auch bestimmter Beitragsarten (z.B. Servermeldungen), um das Lesen durch das Protokoll zu erleichtern. Auch die Hervorhebung von Redeteilen gehört in diese Rubrik.

9. *Es sollte Servermeldungen und Timestamps anzeigen. Diese Funktion sollte aber auf Wunsch auch abgeschaltet werden können*
→ diese Informationen sind v.a. für die KursveranstalterInnen wichtig, um technische Probleme schnell analysieren und beheben zu können. Servermeldungen sind aber auch als Erweiterung der Awareness anzusehen, da sie das Betreten und Verlassen des Chat-Raums anzeigen.

Beispiel 9

server (for all):   Dozent XY entered the room Classroom at 09:16:28 [09:16]
server (for all):   Dozent XY left the room Classroom [09:18]
server (for all):   Dozent XY entered the room Classroom at 09:19:50 [09:19]
server (for all):   Dozent XY left the room Classroom [09:19]
Dozentin (for all):   Der andere heut anwesende Dozent... [09:20]
Dozentin (for all):   Dozent XY... [09:20]
Dozentin (for all):   hat wohl gerade Probleme mit dem Einloggen,... [09:20]
Dozentin (for all):   kommt aber bestimmt noch dauerhaft dazu... [09:20]

10. *Es sollte ein Whiteboard beinhalten*
→ dies ist wichtig, um den gemeinsamen Wahrnehmungsraum um eine Projektionsfläche zu erweitern. Es kann für textuelle Information, die länger vor Augen bleiben soll, für illustrative Zwecke (Grafiken, Entwürfe) oder für die interaktive Entwicklung gemeinsamer Ideen z.B. in Form von Mindmaps verwendet werden.

7   Schlussfolgerung

Chat-Kommunikation kann erfolgreich für die Durchführung synchroner virtueller Lehrveranstaltungen genutzt werden. Die Nachteile können durch die o.g. Methoden ausgeglichen werden. Im Vergleich zu anderen synchronen Anwendungen der cvK ist textbasierter Chat für instruktionale Ziele aber auch sehr empfehlenswert aufgrund der in Abschnitt drei genannten Vorteile. Jedoch muss ein Chat-Seminar sorgfältig geplant werden. Im Einzelnen müssen die folgenden, das mediendidaktische Konzept der virtuellen Unterrichtsveranstaltung betreffenden Fragen beantwortet werden:

1. *Welche Art von traditionellem Kurs soll ersetzt bzw. ergänzt werden?*
    → weder ist es vernünftig, eine traditionelle Vorlesung in ein synchrones Szenario zu übertragen, noch bietet sich ein einführendes Tutorium, das wissenschaftliche Grundlagen vermitteln soll, automatisch für interaktive Kursformen an.

2. *Welche Inhalte sollen vermittelt werden?*
    → wenn Inhalte einfach auswendig gelernt und nicht diskutiert werden sollen oder problemorientiertes Lernen im Vordergrund steht, genügt eine Kurswebsite oder eine asynchrone Umgebung wie WBT / CBT

3. *Welche Zielgruppe hat der Kurs?*
    → verfügen die TeilnehmerInnen über ausreichende Medienkompetenz, Erfahrungen mit Gruppenarbeit und selbstorganisiertem Lernen?

4. *Welche Art von Werkzeug wird benötigt?*
    → Wenn Gruppenarbeit nicht Teil des didaktischen Konzeptes ist, werden auch nicht mehrere Chat-Räume gebraucht. Das Chat-Werkzeug sollte immer die Bedürfnisse des Kurses erfüllen und nicht umgekehrt.

Es ist keine leichte Aufgabe, einen virtuellen Kurs zu entwickeln. Die didaktischen Konzepte traditioneller Lehrveranstaltungen können und sollen nicht eins zu eins übernommen werden. Es entsteht etwas völlig Neues im Vergleich zum Face-to-Face-Seminar und die Rolle des/der LehrerIn ist auch eine völlig andere. Aber trotz der Hürden kann diese Aufgabe als positive Herausforderung für die Lehre überhaupt angesehen werden.

8   Perspektiven

Das *VirtuGrade* Projekt und das *MiLCA* Projekt werden und wurden vom Institut für Wissensmedien (IWM), engl. *Knowledge Media Research Center* (KMRC)[17], in Tübingen evaluiert. Die Ergebnisse daraus gehen kontinuierlich in die Weiterentwicklung der Seminare ein und helfen dabei, das mediendidaktische Konzept zu verbessern und den speziellen Bedürfnissen der Kurse anzupassen.

---

17   Institut für Wissensmedien (IWM): www.iwm-kmrc.de

Die Chat-Protokolle werden qualitativ und quantitativ im Rahmen einer Doktorarbeit analysiert, um neue Einsichten in die Diskurskonventionen von Chat-Kommunikation zu gewinnen und bessere Methoden zur Bekämpfung der Probleme und Ausnutzung der Vorteile zu entwickeln.

Das Chat-Werkzeug TULKA wurde in der Zwischenzeit wesentlich modifiziert und erlaubt eine Unterscheidung in moderierte Räume mit technisch verantworteter Rederechtsvergabe und unmoderierte Räume. Das bedeutet, dass im moderierten virtuellen Klassenzimmer immer nur eine Person tippen kann, die anderen müssen das Rederecht bei der Dozentin / dem Dozenten beantragen. Auch die Awareness wurde um eine Warteliste für die Rederechtsbeantragung erweitert. Diese Version des Chat-Tools wird zur Zeit (Sommersemester 2003) im Kurs *Applied Computational Linguistics* eingesetzt. Welchen Einfluss die Änderungen auf die Qualität der Diskussionen haben, muss sich erst noch erweisen.

9 Literatur

Beißwenger, Michael (2001): Getippte „Gespräche" und ihre trägermediale Bedingtheit. Zum Einfluß technischer und prozeduraler Faktoren auf die kommunikative Grundhaltung beim Chatten. In: Ingo W. Schröder & Stéphane Voell (Hrsg.): Moderne Oralität. Marburg.

Grice, Herbert Paul (1975): Logic and conversation. In: Peter Cole and Jerry Morgan (Hrsg.): Syntax and Semantics: Volume 3, Speech Acts. New York: Academic Press.

Koch, Peter & Wulf Oesterreicher (1994): Schriftlichkeit und Sprache . In: Hartmut Günther & Otto Ludwig (Hrsg.): Schrift und Schriftlichkeit. Berlin, 587 – 604.

Lemnitzer, Lothar, Karin Naumann, & Peter Zentel (2001): Im Wortlaut – Didaktisches Design eines virtuellen Seminars mittels cvK. In: Wagner & Kindt (Hrsg.): Virtueller Campus. Szenarien - Strategien – Studium. Münster, 128-136.

Lemnitzer, Lothar & Karin Naumann, (2001a): Synchrone, computervermittelte Kommunikation für virtuelle Seminare. Eine didaktische Handreichung. In: Expertennetzwerk der Virtuellen Hochschule Baden-Württemberg. WWW-Ressource: http://virtuelle-hochschule.de.

Lemnitzer, Lothar & Karin Naumann, (2001b): Auf Wiederlesen! – Das schriftlich verfasste Unterrichtsgespräch in der computervermittelten Kommunikation. Bericht von einem virtuellen Seminar. In: Michael Beißwenger (Hrsg.): Chatkommunikation. Sprache, Interaktion, Sozialität und Identität in synchroner computervermittelter Kommunikation. Perspektiven auf ein interdisziplinäres Forschungsfeld. Stuttgart, 469-492.

Lemnitzer, Lothar & Karin Naumann, (2003): „Lernen von der Bettkante aus" – Der virtuelle Kurs Applied Computational Linguistics. In: Lothar Lemnitzer & Bernhard Schröder (Hrsg.): Computerlinguistik – Neue Wege in der Lehre. Bonn, 143-159.

Lemnitzer, Lothar & Karin Naumann (2004): Ein überregionales, rein virtuelles Lernangebot zur angewandten Computerlinguistik. In: Friedrich W. Hesse & Peter Zentel (Hrsg.): Netzbasierte Wissenskommunikation in Hochschule und Weiterbildung. Bern, 101-121.

Naumann, Karin & Lothar Lemnitzer (2002): Lernen im Chat – ergebnisorientierte Kommunikation in einem synchronen Virtuellen Seminar. In: Rinn, Ulrike und Joachim Wedekind (Hrsg.): Referenzmodelle netzbasierten Lehrens und Lernens. Virtuelle Komponenten in der Präsenzlehre. Münster, 201-220.

Storrer, Angelika (2001): Getippte Gespräche oder dialogische Texte? Zur kommunikationstheoretischen Einordnung der Chat-Kommunikation. In: Andrea Lehr, Matthias Kammerer, Klaus-Peter Konerding, Angelika Storrer, Caja Thimm, Werner Wolski (Hrsg.): Sprache im Alltag. Beiträge zu neuen Perspektiven in der Linguistik. Herbert Ernst Wiegand zum 65. Geburtstag gewidmet. Berlin.

Wichter, Sigurd (1991): Zur Computerwortschatz-Ausbreitung in die Gemeinsprache. Elemente der vertikalen Sprachgeschichte einer Sache. In: Germanistische Arbeiten zur Sprache und Kulturgeschichte 17. Frankfurt.

Matthias Otten

Die interkulturelle Dimension in der computervermittelten Kommunikation

Das Beispiel der virtuellen interkulturellen Teamarbeit [1]

1   Einleitung

Aus der Perspektive der interkulturellen Forschung besteht weitgehend Konsens, dass erfolgreiche interkulturelle Kommunikation ein voraussetzungsreiches soziales Interaktionsarrangement darstellt, das den Kommunizierenden gewisse interkulturelle Kompetenzen abverlangt. Für die computervermittelte Kommunikation (CVK)[2] wird indessen auf die Notwendigkeit einer spezifischen Medienkompetenz als Voraussetzung effektiver Kommunikation verwiesen. Beide Perspektiven fallen im virtuellen Kulturaustausch, wie er zum Beispiel bei der Zusammenarbeit global verteilter internationaler Projektteams unter Nutzung von computervermittelter Kommunikation vorkommt, zusammen. Damit entsteht die hybride Form einer *computervermittelten interkulturellen Kommunikation* (Hart 1998; Olaniran 2001), um die es in diesem Beitrag gehen soll.

---

1   Für wertvolle Anregungen zu diesem Beitrag bedanke ich mich bei den Teilnehmerinnen und
    Teilnehmern des Symposiums Chat-Kommunikation sowie den Mitgliedern der Regionalgruppe
    von *SIETAR – Society for Intercultural Education, Training and Research*, mit denen ich eine
    „Rohfassung" des Vortrags kritisch-konstruktiv diskutieren konnte.
2   Ich verwende das Akronym CVK als Sammelbegriff für unterschiedliche Formen computervermittelter Kommunikation, das sowohl zeitversetzte (asynchrone) als auch zeitgleiche (synchrone) Kommunikation einschließt. Für andere Formen nichtmedialer interpersonaler Kommunikation verwende ich den Begriff der Face-To-Face Kommunikation bzw. das entsprechende Akronym FTF.

Die Beantwortung grundsätzlicher Fragen nach den Herausforderungen, Chancen und Schwierigkeiten computervermittelter interkultureller Kommunikation in Gruppen oder Teams scheint nur im Licht einer gemeinsamen Betrachtung von Online- und Offline-Kommunikation sinnvoll (Bell 2001). Der folgende Beitrag wird dafür Ansätze zur interkulturellen Kommunikations- und Gruppenforschung mit medientheoretischen Überlegungen zur computervermittelten Kommunikation verbinden. Ziel ist es, beide Perspektiven zu befruchten, in dem einerseits die potenzierte Komplexität interkultureller Interaktion unter Bedingungen der technischen Medialität aufgezeigt wird. Zum anderen sollen Grundannahmen über kulturell bedingte Variationen von Kommunikationsstilen und -präferenzen im Hinblick auf ihren Niederschlag in der CVK diskutiert werden.

Ausgehend von einem sozialphänomenologischen Kulturverständnis, wie es sich in der (deutschen) Wissenssoziologie in der Tradition von Alfred Schütz, Thomas Luckmann und anderen entwickelt hat, wird interkulturelle Kommunikation – zunächst unabhängig davon, ob sie computervermittelt oder als Face-to-Face Interaktion stattfindet – als prinzipiell deutungsproblematische Verstehens- und Interaktionssituation skizziert (2). Anschließend wird der soziale Charakter interkultureller Teamprozesse dargestellt, in dem die Strukturen und Prozesse (virtueller) interkultureller Teamarbeit genauer beleuchtet werden (3). Anhand ausgewählter Problemfelder werden dann mögliche Einflüsse der Computervermitteltheit von Kommunikation auf interkulturelle Gruppenprozesse herausgearbeitet (4). Einige Gedanken zu praktischen und forschungsleitenden Ausblicken beschließen den Beitrag (5).

2   Interkulturelle Kommunikation als Deutungs- und Handlungsproblem

Interkulturelle Kommunikation bedeutet zunächst die soziale Begegnung mit zumeist Fremdem und Unbekanntem und rekurriert auf das sozialwissenschaftliche Basiskonzept des Fremdverstehens. In einer wissenssoziologischen Betrachtung ist das zentrale Merkmal interkultureller Kommunikation nicht die Tatsache der unterschiedlichen ethnischen oder nationalen Gruppenzugehörigkeit der Interaktionspartner, sondern die Entstehung einer spezifischen deutungsproblematischen Fremdheitsbeziehung, die Hallam & Street (2000) als „encountering otherness" charakterisieren. Nationalkulturelle Differenz ist nur *eine* mögliche, gleichwohl wichtige von vielen denkbaren Differenzkonstruktionen für die kommunikative Evidenz der Fremdheitsthematik (Bergmann 2001).

Interkulturelle Kommunikationssituationen sind vor allem dadurch geprägt, dass die Einordnung, Interpretation und Bewertung von Äußerungen und Handlungen des anderen nach eigenkulturellen Wahrnehmungs-, Deutungs- und Erwartungsmustern erfolgt. Menschen orientierten sich in solchen Situationen mit einer mehr oder minder ausgeprägten ethnozentristischen Perspektive (Bennett 1993; Brocker & Nau (Hrsg.) 1997; Horstmann 1999). Ethnozentrismus ist eine bestimmte Form der kulturellen Selbst- und Fremdrelation, die sich in einem geschlossenen, nicht fragmentarischen Weltbild manifestiert (vgl. Antweiler 1994: 143 ff). Die Mitglieder einer Gruppe stellen sich selbst bzw. die Eigengruppe ins Zentrum der Betrachtung und nehmen dies zum Maßstab der Beurteilung anderer Personen, Handlungen und Sichtweisen. Ein weiteres Merkmal des Ethnozentrismus besteht darin, dass die Mitglieder einer kulturellen Gruppe ihre Wirklichkeitskonstruktionen, Werte und Verhaltensweisen gegenüber anderen als überlegen sehen und oft als einzig möglichen Weg zur Entscheidung über gesellschaftliche Fragen oder zur Lösung eines bestimmten Handlungsproblems betrachten.

Außerdem ist jede Kommunikation strukturell in ein bestimmtes „soziales Feld" (Bourdieu 1998) eingebettet, das nie völlig symmetrisch strukturiert ist, sondern institutionellen, sozialen, wissensbezogenen oder anderweitig bedingten Asymmetrien unterliegt (Günthner & Luckmann 1995; Günthner & Luckmann 2002; Liedke 1997). Die institutionelle Rahmung einer interkulturellen Interaktion bringt unterschiedlich verteilte Ressourcen und Möglichkeiten zur Gestaltung der Kommunikationssituation mit sich. Besonders deutlich zeigt sich die kommunikative Asymmetrie beispielsweise in der interkulturellen Behördenkommunikation (Riehle & Seifert (Hrsg.) 2001). Aber auch andere Felder, wie die Zusammenarbeit in und zwischen internationalen Unternehmen und Projektgruppen, bieten Beispiele für institutionell bedingte Kommunikationsasymmetrien.

Was bedeutet diese verstehenstheoretische Ausgangsbestimmung interkultureller Kommunikation nun für das interkulturelle Handeln der Akteure? Die Fähigkeit zur situationsbezogenen Reflexion eigenkultureller Prägungen, fremdkultureller Erfahrungen und institutioneller Strukturen wird allgemein als interkulturelle Kompetenz bezeichnet (Auernheimer (Hrsg.) 2002; Wiseman 2002). Es lassen sich hier drei Kompetenzebenen differenzieren:

Auf der *kognitiven Ebene* geht es darum, das Wissen über eigene und fremde Kulturen zu ergänzen und zu modifizieren. Dies ist keineswegs so trivial, wie es auf den ersten Blick klingt, denn in weiten Teilen des Alltagslebens gehen Menschen von „Normalitätskonstruktionen" und „Konsensfiktionen" aus (Hahn 1994). Kulturelle Unterschiede werden kaum antizipiert, wenn die Akteure darauf nicht durch kognitive und evaluative Irritationen aufmerksam werden (Günthner & Luckmann 2002). Das kulturelle Weltbild kommt meistens erst mit so genannten „kritischen Ereignissen" (critical incidents) (Flanegan 1954; Thomas 1996) ins wanken und auch nur dann, wenn sie als Anlass zur kulturbewussten Selbstreflexion zugelassen und genutzt werden. Kritische Ereignisse in einer Kulturbegegnung bilden Momente der Irritation, der Verwirrung oder des Zweifels über die Passfähigkeit der eigenen Deutungen. Im Hinblick auf die CVK wäre beispielsweise zu fragen, wodurch kritische Ereignisse in der CVK entstehen und sich überhaupt als solche erkennen lassen. Eine weitere Frage betrifft die Aneignung und die Reflexion von kontextspezifischem kulturellen Wissen, wenn dieses ausschließlich oder überwiegend medial erworben werden muss, da direkte Kontakte mit Personen anderer Kulturen und Reisen in fremde Länder entfallen.

Auf der *affektiven Ebene* bedeutet interkulturelle Kompetenz unter anderem die Fähigkeit zur Ambiguitätstoleranz. Ambiguität stellt gewissermaßen das psychoemotionale Korrelat zu den skizzierten kognitiven Normen- und Interpretationsdiskrepanzen in bestimmten Interaktionssituationen dar (Reis 1997). Eine Haltung des „Verstehen des Nichtverstehens" (Dibie & Wulf 1999) und das vorläufige Aushalten von Ungewissheit und Ambivalenz sind in unterschiedlichen Disziplinen oft als die eigentlichen Fluchtpunkte des Fremdverstehens hervorgehoben worden. Mit der Frage kulturell codierter Gefühlsregulierung und Emotionalität in interkulturellen Bezügen ist hier ein Bereich angedeutet, der auch in der Forschung zur CVK besondere Aufmerksamkeit erfährt.

Auf der *Verhaltensebene* geht es schließlich darum, wie angesichts möglicher kognitiver und emotionaler Dissonanzen, weiterhin ziel- und ergebnisorientierte Verhaltensweisen aufrechterhalten werden. Entscheidend ist dabei, inwieweit die InteraktionspartnerInnen in der Lage sind, die Kommunikationssituation aktiv zu gestalten und durch eigenes Handeln zu verändern. Welche Möglichkeiten bieten sich diesbezüglich in der CVK und welche Medienkompetenzen sind dazu notwendig? Zu denken wäre hier zum Beispiel an kulturvermittelnde Formen der Online-Moderation oder gar die Bearbeitung kultureller Konflikte im Sinne einer Online-Mediation (Märker & Trénel (Hrsg.) 2003).[3] Wer derartige Techniken schon einmal in monokulturellen Settings erprobt hat, wird erahnen können, wie anspruchsvoll dies in interkulturellen Kontexten wäre.

Interkulturelle Kompetenz stellt letztlich also eine Synthese von sozialer *Handlungs*kompetenz (Eder 1996) und *kommunikativer* Kompetenz (Knapp-Potthoff 1997; Luchtenberg 1999) dar. Im Idealfall entwickeln die Akteure dabei eine Vorstellung davon,

- welche Wirkungen das eigene Verhalten bei anderen auslösen könnte,
- wodurch das eigene Handeln im Sinne „kultureller Handlungsorientierungen" (Layes 2000) angeleitet wird (z. B. soziale Normen, Präferenzen, Geschmack, Ängste, Gewohnheiten etc.),
- welche Handlungsorientierungen und Motive einem fremden Verhalten oder einer fremden Äußerung zugrunde liegen und vor welchem kulturellen Hintergrund sie vorgenommen werden und
- welche Spielräume für die kulturelle Selbstpräsentation und eigene Handlungsvariationen zur Anpassung an andere kulturelle Kontexte zur Verfügung stehen (Demorgon & Molz 1996).

3 Strukturen und Prozesse interkultureller Teamarbeit

Für die interkulturelle Teamarbeit müssen sich fachlich und interkulturell mehr oder minder kompetente Einzelpersönlichkeiten angesichts einer gemeinsamen Aufgabenstellung unter bestimmten strukturellen Rahmenbedingungen zu einem Team zusammenfinden und entwickeln. Die interkulturell interessierte Organisations- und Kleingruppenforschung spricht uneinheitlich von „multikulturellen" (Podsiadlowski 2002),

---

3   Als Mediation wird ein bestimmtes Verfahren der Konfliktvermittlung durch Dritte bezeichnet, das in interkulturellen Zusammenhängen bereits seit längerem diskutiert und angewendet wird (Haumersen & Liebe 1999). Mittlerweile werden auch erste Ansätze der Online-Mediation diskutiert und erforscht – siehe dazu z. B. eine Fachtagung des Fraunhofer Instituts für Autonome Intelligente Systeme http://ais.gmd.de/MS/symposium2003/ (20.6.2003) oder die Informationen der Arbeitsgruppe Online-Mediation am Wissenschaftszentrum Berlin http://www.wz-berlin.de/online-mediation/ (20.6.2003).

„multiethnischen" (Marburger, Rösch, et al. 1998), „plurikulturellen" (Zeutschel 1999) Arbeitsgruppen, während im englischsprachigen Raum oft von „intercultural" bzw. „cross-cultural" (Adler 1997; Berger 1996) oder „global teams" (Hofner Saphiere 1996; Jarvenpaa & Shaw 1998; Jarvenpaa & Leidner 1998; Maznevski & Chuboda 2000) die Rede ist. Während man in den 90er Jahren mit wenigen Ausnahmen von FTF Teamarbeit ausging, treten seit einigen Jahren auch verstärkt „virtual teams", die oft international besetzt sind, in das Blickfeld der Teamforschung (Dafoulas & Macaulay 2000; Lipnack & Stamps 1998).

Der Begriff der interkulturellen Teamarbeit erschließt sich am ehesten, wenn man sich den Entwicklungskontext eines Teams vor Augen führt: sie hängt zum einen von der *Zusammensetzung* ab, also den strukturellen und persönlichkeitsbezogenen Aspekten. Zum anderen bestimmt die konkrete *Aufgabenstellung* als Form „komplexer Problemlösung" (Hussy 1998; Stempfle & Badke-Schaub 2002), wie sich die *Prozesse und Dynamik* der Teamentwicklung entfalten (Otten, Mallmann, et al. 2003).

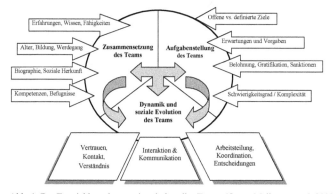

Abb. 1: Der Entwicklungskontext interkultureller Teams (Otten, Mallmann et al. 2003).

Angesichts der Verschmelzung bislang oft getrennt behandelter Bereiche der Kleingruppenforschung – hier Interkulturalität, dort Virtualität als Fluchtpunkt – ist zunächst eine genauere Klärung des Begriffs *virtuelle interkulturelle Teamarbeit* notwenig. Im Anschluss an eine Kriteriensammlung von Dafoulas & Macauley (2000) lässt sich von virtuellen interkulturellen Teams sprechen, wenn Arbeitsgruppen durch folgende Merkmale gekennzeichnet sind:

- Die Mitglieder stammen aus unterschiedlichen Ländern mit unterschiedlicher ethnischkultureller Sozialisation und sprechen unterschiedliche Muttersprachen.
- Die Kommunikation erfolgt überwiegend computervermittelt unter Nutzung asynchroner und/oder synchroner Formen der Internetkommunikation, während Face-to-Face-Kommunikation und persönliche Begegnungen die Ausnahme sind.
- Das Team arbeitet geographisch getrennt, gelegentlich in unterschiedlichen Zeitzonen an einem gemeinsamen komplexen Projekt zusammen.
- Die gemeinsame Aufgabenstellung entspricht dem Typus des komplexen Problemlösens und verlangt im Gegensatz zu etablierten oder hochstrukturierten Routineaufgaben ein ho-

hes Maß an Kreativität, Innovation, Vertrauen sowie Koordinations-, Planungs- und Entscheidungsautonomie.

– Die Teammitglieder nehmen unterschiedliche organisationale Rollen und Funktionen ein und/oder gehören unterschiedlichen Organisationen an. Als Team haben sie ein hohes Maß an Entscheidungsspielraum bei der Gestaltung der Zusammenarbeit, wobei die formalen Befugnisse der einzelnen Personen seitens der Organisation variieren können.

Neben diesen strukturellen Bedingungen interessieren vor allem die sozialen Prozesse und die Frage, wie und mit welchen Effekten in virtueller interkultureller Teamarbeit verschiedene Kommunikationsmedien und -formen genutzt werden. Es ist hilfreich, sich auf wichtige Formationsphasen interkultureller Teams zu konzentrieren und ein Modell von Smith und Noakes (1996) bietet dafür eine erste Orientierung. Virtualität als Prozess- und Strukturmoment wurde von den Autoren seinerzeit noch nicht berücksichtigt; hierauf werde ich in Kapitel 4 ausführlich eingehen.

Formationsphase im Team	mögliche interkulturelle Schlüsselprozesse	(positives) Ergebnis der jeweiligen Prozesse	Bezugsebene
Phase 1: Teamaufbau und Einfinden in die Teamsituation	Klärung der Sprachsituation Kulturschock Handlungsunsicherheit Neigung zur Stereotypisierung Ungeklärte Spannung zwischen Aufgaben- und Personenorientierung	Gegenseitiges „Abtasten", erstes Kennenlernen der anderen, Eigenes Befinden in der Gruppensituation herausfinden	die eigene Person
Phase 2: Bestimmung von Aufgaben und Arbeitsprozessen	Erste Bewertung von Äußerungen und Ereignissen Spannung zwischen kurzfristiger und langfristiger Orientierung – zwischen „anpacken" und analysieren Klärung des Entscheidungsmodus im Team Klärung einer Leitungsfunktion	Annäherung an die Aufgabe sowie die Art und Weise, wie diese (zunächst aus eigener Sicht) zu bearbeiten ist	die eigene Person
Phase 3: Zusammenschlüsse zwischen einzelnen Individuen	Vertrauensaufbau Eingehen von Koalitionen Etablieren von Spielregeln und sozialen Ordnungen Klärung von Führungsrolle(n)	Untergruppenbildung z.B. nach Nationalität oder anderen Gemeinsamkeiten	Dyaden (Paare)
Phase 4: Absicherung der ausgewogenen Mitwirkung aller Teammitglieder	Ausweitung des Vertrauens Gegenseitige Ergänzung kultureller Stile und Ressourcen im Sinne kultureller Synergie Ausgewogenes Wechselspiel der Stärken und Schwächen	Anpassung und Feinabstimmung als Gesamtteam Gemeinsame erfolgreiche Aufgabenbewältigung	Gesamtteam

Abb. 2: Modell der Teamentwicklung nach Smith und Noakes (1996); Abbildung in leicht modifizierter Form aus Otten (2001: 237).

Das Modell unterscheidet vier verschiedene Phasen der Teambildung (formation), bei denen jeweils unterschiedliche interkulturelle Schlüsselprozesse (key processes) im Mittelpunkt stehen. Aus den Schlüsselprozessen gehen wiederum gruppendynamische Prozessergebnisse (outcomes) als Voraussetzung für die nächste Phase hervor. Die

Teammitglieder fokussieren in den Phasen unterschiedliche Bezugsebenen (levels), wobei eine Tendenz von einer anfänglich erhöhten Selbstaufmerksamkeit hin zu einer stärkeren Gruppen- und Aufgabenorientierung erwartbar ist.

Mit der Annahme zeitlich aufeinander folgender Phasen greift das Entwicklungsmodell vermutlich zu kurz, denn es ist keineswegs ungewöhnlich, dass ein Teamprozess immer wieder zwischen den Phasen hin und her wechselt, einzelne Schlüsselprozesse unbearbeitet oder ungeklärt in andere Phasen hineinragen oder dort wieder aufbrechen (Otten, Mallmann, et al. 2003). Das Modell soll insofern auch nicht als Abbildung eines empirischen Phasenverlaufes dienen, sondern vielmehr als heuristischer Ausgangspunkt, um entlang konstitutiver interkultureller Aspekte des Teamprozesses die Bedeutung der Computervermitteltheit in den gruppendynamischen Etappen zu beleuchten.

4 Ausgewählte Problemfelder virtueller interkultureller Teamarbeit

Ich werde mich im Folgenden von der Phaseneinteilung lösen und stattdessen selektiv einige prägnante interkulturelle Schlüsselprozesse und Strukturfragen interkultureller Teamarbeit näher diskutieren, die mir im Zusammenhang mit computervermittelter Kommunikation besonders relevant erscheinen.

4.1 Mehrsprachigkeit und Wahl der Arbeitssprache(n)

Zunächst zu den sprachlichen Unterschieden: Die Tendenz zur Nutzung der englischen Sprache als *lingua franca* in vielen interkulturellen und internationalen Arbeitszusammenhängen (Hartwig 1993) scheint sich auf den ersten Blick durch die CVK nochmals zu forcieren. In manchen Branchen, die besonders auf virtuelle Teamarbeit setzen, wie z.b. das Software Engineering (Dafoulas & Macaulay 2000) hat sich Englisch als Berufs- und Arbeitssprache etabliert und die Arbeit wäre hier in einer anderen Sprache kaum noch denkbar. Dies ist sicher ein Hinweis, dass Englisch im beruflichen Kontext bislang relativ resistent bleibt, während sich andere Teilsektoren der Internetkommunikation sprachlich-kulturell zunehmend lokalisieren. Multi- und Monolingualität als Grundprobleme der CVK sind damit keineswegs obsolet, sondern erhalten eine neue Wendung.[4]

Für Englisch als tragfähige Arbeitssprache spricht, dass viele Formulierungen, Redewendungen und Abkürzungen in englischer Sprache quantitativ weniger Schrifttext erfordern als in vielen anderen Sprachen. Für die englische Sprache gibt es also sprachökonomische Argumente, auch wenn damit natürlich erhebliche (kultur-) semantische Probleme verbunden sind. Offenbar gelingt es vielen NutzerInnen den-

---

4   Die Aktualität dokumentiert sich u.a. in der von Brenda Danet und Susan Herring editierten Special Issue des Journal of Computer-Mediated Communication zum Thema „The Multilingual Internet", online verfügbar unter http://www.ascusc.org/jcmc/cfpmultilingual.html (20.06. 2003).

noch, die Sprachwahlentscheidung im Alltag recht pragmatisch abzuwägen, wie die Studie von Warschauer et al. (2002) zum beruflichen und informellen Online-Sprachgebrauch ägyptischer User zeigt.[5] In professionellen beruflichen Kontexten überwiegt hier Englisch als Onlinesprache und wird primär in der Email-Kommunikation genutzt. In informellen Bereichen, die auch stärker auf Chats basieren, wird hingegen eine von den Autoren als „Romanized version of Egyptian Arabic" bezeichnete lokale Sprachvariante genutzt. User praktizieren hier ein sehr flexibles Code-Switching, wie es z.b. auch für manche Ethno-Chats beobachtet wurde (Androutsopoulos & Hinnenkamp 2001).

Eigene Untersuchungen zur interkulturellen FTF-Teamarbeit (Otten, Mallmann, et al. 2003) haben gezeigt, dass Teams, denen es gelingt, Arbeitsprozesse zumindest zeitweilig mehrsprachig zu organisieren, eine optimalere Einbindung der fremdsprachlich weniger versierten Teammitglieder erreichen konnten. Dem erheblichen Mehraufwand der sprachlichen Übersetzung stand hier der nicht unerhebliche Effekt gegenüber, dass niemand allein schon aus sprachlichen Gründen zu Beginn aus dem Teamprozess ausgeschlossen wurde.

Da die Mitglieder eines Teams sich zu Beginn meist kaum kennen und der Vertrauensaufbau durch Vorsicht und Abwarten gekennzeichnet ist, kann es anfangs leicht zu längeren Schweigephasen kommen. In der CVK entspräche das dem so genannten „Lurking". Das schweigende Bobachten des Kommunikationsgeschehens im Schutz der Anonymität bzw. unsichtbaren virtuellen Anwesenheit durch Lurker ist zwar ein allgemein verbreitetes medienspezifisches Phänomen (Stegbauer & Rausch 2001). Im interkulturellen Kontext gewinnt es allerdings nochmals an Komplexität und kann nur schwer von Sprachproblemen oder anderen kulturellen Gründen für die sprachlich-kommunikative Zurückhaltung unterschieden werden. Dadurch droht die in vielen Kulturen wichtige kundgebende Funktion des Schweigens (Ishii & Bruneau 2000) in der computervermittelten Kommunikation leicht übersehen zu werden.

4.2 Vertrauensaufbau und soziale Beziehungen

Es ist nahe liegend, dass jede Form der interkulturellen Teamarbeit, die mit komplexen Problemen zu tun hat, Vertrauen und stabile soziale Beziehungen etablieren muss. Vertrauen erlaubt es einem Team soziale Beziehungen und die Aufgabenbearbeitung so zu gestalten, dass rigide Regelungen wie Hierarchie, Verträge und Sanktionen entbehrlich werden, wenngleich sie vermutlich nie ganz entfallen (siehe dazu Kapitel 4.4). In theoretischer Hinsicht können rationale und soziale Vertrauenskonzepte unterschieden werden (Jarvenpaa & Leidner 1998; Lane & Bachmann (Hrsg.) 1998) *Rationale Konzepte* basieren auf einer *Nutzen-Erwartungs-Kalkulation*, in der die zu erwartenden Ergebnisse des Vertrauens, das man in andere setzt, den vermuteten oder absehbaren Risiken gegenübergestellt werden. Für derartig kalkulierte Vertrauenseinschätzungen muss genügend Information über Motive, Fähigkeiten, Erwartungen der

---

5   Die Stichprobe bildeten 43 „young professionals" im Alter von 24-36 Jahren in Ingenieur- und Managementberufen, die beruflich und privat intensiv das Internet nutzen.

beteiligten Personen und Organisationen sowie über die Rahmenbedingungen der einzugehenden sozialen Beziehung vorliegen. In internationalen Projekten, die in der Regel neuartig, einmalig und mit hoher Unsicherheit verbunden sind, in denen sich die Partner noch wenig kennen, sind solche Informationen naturgemäß rar. Sie können daher meistens nicht als Ausgangspunkt der Kooperation dienen, sondern bestenfalls frühzeitig im Prozess ihres Entstehens thematisiert und transparent gemacht werden.

Soziale Vertrauenskonzepte basieren auf der *Annahme sozial geteilter Werte und Normvorstellungen*, die eine ähnliche Vorstellung von Gerechtigkeit, Solidarität und Offenheit sowie entsprechende Verhaltenserwartungen aller Teammitglieder unterstellen. Dazu wurde eingangs bereits festgestellt, dass kulturell *unterschiedliche* Situationsdeutungen, Wertvorstellungen und Normen nun aber gerade das charakteristische Kennzeichen interkultureller Beziehungen sind (siehe Abschnitt 2). Hinzu kommt die Gefahr einer ethnozentristischen Perspektive, in der eigenkulturelle Werte als überlegen, wertvoller, kurzum als ‚richtiger' erlebt werden und die Wahrnehmung fremdkultureller Wertvorstellungen zumeist undifferenzierter erfolgt (Bennett 1993).

Jarvenpaa und Shaw (1998) neigen in ihrer Studie zur Vertrauensentwicklung in gemischtkulturellen Teams zu der Einschätzung, dass die CVK letztlich eine differenznivellierende Wirkung entfaltet, bei der in der Kommunikation eher auf Ähnlichkeit denn auf Differenz rekurriert wird. Kulturelle Werte und Werteunterschiede treten demnach als Vertrauens- und Organisationsproblem im Teamprozess in den Hintergrund. Wichtig kann das sozial-normative Vertrauenskonzept indessen bei der Frage der Medienwahl sein (siehe dazu Abschnitt 4.5), da abhängig vom kulturellen Bedürfnis nach Vertrauen und Diskretion bestimmte Medien für die Übermittlung einer Nachricht geeigneter erscheinen als andere. Das rationale Vertrauenskonzept ist insofern relevant, als dass rationale Vertrauenseinschätzungen in der CVK auf wenige dafür aber essentielle Informationen reduziert werden, die oft aus dem konkreten Medienverhalten des anderen und der eigenen Medienerfahrung abgeleitet werden.

4.3 Kontextualität und Kommunikationsstil

Die Überlegungen zur Vertrauensbildung zeigen, dass es einem Team gelingen muss, relativ früh explizite und berechenbare Kommunikationsstrukturen auf Gegenseitigkeit zu entwickeln, die einen ausreichend großen Nenner an geteiltem Kontextwissen herstellen. Im Kern geht es dabei um die Verbindung kultureller Bedeutungskodierungen von Erwartungen, Zuständigkeiten, Rollen, Emotionen etc. einerseits und der Erschließung der jeweiligen kontextuellen Reichweite solcher Kodes andererseits.

Für die interkulturelle Kommunikation lässt sich das unter anderem anhand der Kulturdimension „High Context vs. Low Context" (Hall 1990; Hall & Hall 1990) verdeutlichen. In Low Context-Kulturen werden die zur Situationsdeutung notwendigen Informationen explizit kommuniziert und es sind relativ wenig Informationen über die kontextuelle Umgebung der Kommunikationssituation zu beziehen. In High Context-Kulturen werden sprachliche Botschaften erst unter Einbeziehung der nicht verbalisierten Kontextinformationen verständlich. Sprachliche Äußerungen sind in der Regel weniger explizit und lassen sich nur durch den – unbewussten – Rückgriff auf implizites kulturelles Wissen und latente soziale Deutungsmuster erschließen (Korac-Kakabadse, Kouzmin et al. 2001).

Die Auswirkungen dieser Dimension in der computervermittelten Kommunikation liegen auf der Hand: Das Medium zwingt zur (schrift-)sprachlichen und damit expliziten Kommunikation, was als solches bereits kulturbedingt unterschiedlich bevorzugt wird. Welchen Stellenwert hat eine geschriebene Nachricht gegenüber dem gesprochenen Wort? Welche Verbindlichkeit ist damit verbunden? Wer darf wem was sagen? Aufgrund der unterschiedlichen Kontextualität sind auch unterschiedliche Verarbeitungsgeschwindigkeiten und unterschiedliche Anforderungen an die Informationsdichte zu erwarten. Während einige im Team noch dabei sind, Informationen zu sammeln und zu formulieren, um sich über die Aufgabe oder die Teamsituation kognitive und affektive Klarheit zu verschaffen, handeln andere womöglich schon.

Darüber hinaus – und das scheint auch das interkulturell gravierendere Problem der CVK darzustellen – können explizite Mitteilungen erhebliche Irritation, Verletzungen und Missverständnisse auslösen, allein weil sie *sprachlich* und nicht anders (z.B. durch Gestik oder nichtsprachliche Handlungen) expliziert wurden. CVK mag daher Personen aus Kulturen mit einer starken schriftsprachlichen Orientierung generell leichter fallen als Angehörigen oraler Kulturen. Der Grad der Explizitheit kann in Kulturen mit indirekter Kommunikationsweise leicht als grobe Rücksichtslosigkeit aufgefasst werden. Umgekehrt könnte jemand aus einer Low Context-Kultur in manchen Emails oder Chat-Beiträgen von Personen aus High Context-Kulturen Präzision und Inhalt vermissen. Beides kann die Kommunikationssituation gefährden und zu interkulturellen Konflikten führen.

Das Konzept des „Gesichtswahrens" (face) (Ting-Toomey & Kuroi 1998) weist auf eine weitere Problemquelle interkultureller Kommunikation hin. Das soziale Konzept des „Gesichts" bezeichnet die Unversehrtheit der persönlichen und sozialen Integrität einer Person. Oft wird es besonders mit asiatischen Kulturen in Zusammenhang gebracht, doch die soziale Kategorie des Gesichtwahrens gibt es in allen Kulturen. Interkulturelle kommunikative Kompetenz impliziert Sensibilität dafür zu entwickeln, dass eigene Äußerungen nicht dazu führen sollten, jemand anderen vor der Gruppe bloß zu stellen und einem Gesichtsverlust auszusetzen. Eine in organisatorischer Absicht geschickte Email an das Gesamtteam, in der ein fälliger Abgabetermin eines Kollegen benannt wird, könnte unter bestimmten Umständen beispielsweise zu einem solchen Gesichtsverlust führen.

Viele Kulturen pflegen auch die soziale Kunst des „Gesicht*gebens*" (Matthes 1998). Dabei gilt es in der Interaktion Möglichkeiten zu schaffen, die es dem Gegenüber erlauben, sich würdig zu präsentieren, ohne sich dabei jedoch aufdrängen oder exponieren zu müssen. Der Aufbau von Vertrauen und Beziehung erfolgt hier über subtile soziale Tauschbeziehungen, in dem sich die Beteiligten gegenseitig darstellungsgünstige Gelegenheiten einräumen oder auch verwehren. Möglicherweise ließen sich diskursive Formen der Verhaltenskontrolle in der CVK auch als eine virtuelle Praktik des Gesichtsgebens und Verwehrens interpretieren (Döring 2001).

Das Beispiel des Gesichtes mag als exemplarische Veranschaulichung genügen, um deutlich zu machen, welche subtilen aber essentiellen Formen und Funktionen

Kommunikationsstrategien in interkulturellen Kontexten annehmen können. Vor diesem Hintergrund ließe sich zum Beispiel begründet vermuten, dass in High Context-Kulturen Emails und andere Formen schriftsprachlicher Kommunikation situativ auf geringe Akzeptanz stoßen (vgl. Apfelthaler 1999: 47), da sie die Kommunizierenden erstens zu einer kulturell unüblichen Explizitheit und Direktheit nötigen und zweitens weniger Möglichkeiten zum Gesichtgeben bieten.

4.4 Arbeitsorganisation und Kohärenz

Neben der Schwierigkeit des Vertrauens- und Beziehungsaufbaus und kommunikationsspezifischer Probleme, stellt die thematische bzw. aufgabenorientierte Kohärenz (interactional coherence) in der computervermittelten Kommunikation eines virtuellen interkulturellen Teams eine weitere besondere Herausforderung dar (Boos & Cornelius 2001; Herring 1999). Kohärente Teamarbeit benötigt ein gewisses Maß an Regeln und verbindlichen Vereinbarungen. Auf der anderen Seite zeichnen sich virtuelle interkulturelle Teams oft durch organische und wenig kodifizierte Strukturen aus.

Pinto (2000) hat mit der Analogie von „feinmaschigen" und „grobmaschigen" Kulturen eine anschauliche Kulturbeschreibung vorgeschlagen, um diesen Spannungszustand zu verstehen. In feinmaschigen Kulturen besteht ein ausgeprägtes Bedürfnis, ein dichtes Netz aus expliziten und impliziten Regeln zu etablieren, nach denen sich die Menschen in dieser Kultur verhalten. Die feinmaschige soziale Netzstruktur findet sich in allen sozialen Bereichen wie Bildung, Beruf, Familie oder öffentlicher Ordnung wieder. Grobmaschige Strukturen sind hingegen in solchen Kulturen vorhanden, die lediglich Eckpunkte an allgemeinen Normen und Regeln definieren und das soziale Geschehen dazwischen eher naturwüchsig entstehen lassen. Engere Regeln werden, wenn überhaupt, erst bei Bedarf aufgebaut.

Wie könnte sich das Weben eines kulturellen Regelnetzwerkes nun also bei einem virtuellen interkulturellen Team darstellen? Launonen und Kess (2002) zeigen, dass verschiedene Funktionsrollen innerhalb eines Teams anfallen und zu besetzen sind, angefangen von organisatorischen Aufgaben bis hin zur Pflege des sozialen und emotionalen Gruppenklimas. Vielfach rotieren und wechseln diese Funktionsrollen unter den Personen, es sind also keine statischen Aufgabenzuweisungen.

Auf technischer Seite gibt es mittlerweile viele Möglichkeiten, um kodifizierende Steuerungs- und Regelsysteme in virtuellen Arbeitsumgebungen zu implementieren. Für den Bereich organisatorischer Funktionen bieten Groupware-Programme, Wissensmanagement- und Gruppenentscheidungssysteme (sogenannte *Group Decision Support Systems, GDSS*) über die genaue Steuerung von Zugriffsrechten, Terminplanungen, Workflows etc. ein ausgefeiltes elektronisches Erinnerungs- und Mahnwesen, das Teams für komplexe Entscheidungsprozesse nutzen können (El-Shinnawy & Vinze 1997). So lassen sich beispielsweise bestimmte Moderatorfunktionen theoretisch von einem GDSS oder in einem Chat durch eine technisch gesteuerte Rederechtsvergabe regeln. Daily et al. (1996: 283) behaupten, dass kulturell bedingte Spannungen im Team durch das GDSS abgefedert werden.

Anonymität und Statusnivellierung, so die These, würden sich förderlich auf eine intensivere Beteiligung der Teammitglieder und die Reduktion des dominanten kulturellen Bias einzelner Kulturen auswirken. Dem GDSS käme somit eine Art elektronische Moderatorfunktion zu, durch die prozessuale Konvergenz in der Gruppe entsteht, ohne dass eine Person als leitende Autorität in Erscheinung treten muss. Die CVK würde demnach kulturneutralisierende Wirkungen zu Gunsten des Teams entfalten.

Diese Potentiale sollten allerdings nicht den Blick für die Kulturgebundenheit technologischer Lösungen verstellen: „...effects of technology on the process and outcomes of group decision making will vary as a function of the social environment and culture within which groups interact." (El-Shinnawy & Vinze 1997: 474).

Problematisch sind viele Softwarelösungen zur Unterstützung von Gruppenentscheidungsprozessen, weil sie meistens eine explizite Kommunikation und monochrone, lineare Arbeitsstrukturen voraussetzen. Dies ist in vielen Kulturen allerdings weniger ausgeprägt als beispielsweise in Deutschland, skandinavischen Kulturen oder zum Teil in den USA. Polychrone Arbeitsabläufe, komplexe und nichtlineare Entscheidungsprozeduren und implizite kontextreiche Kommunikation können bislang nur schwer virtualisiert werden und die dafür vorgesehenen Instrumente bergen die Gefahr, kulturelle Werte und Normen zu verletzen (Olaniran 2001). Aus diesem Grund plädiert Simons (2000a; 2000b) dafür, sich nicht allein auf die medien*technischen* Möglichkeiten zu verlassen, sondern in virtuellen interkulturellen Teamprozessen bei Bedarf einen interkulturell versierten Online-Coach hinzuzuziehen.

4.5 Medienwahl und das Verhältnis von FTF und CVK

Abschließend noch ein kurzer Blick auf die Frage der Medienwahl und das Verhältnis von CVK und FTF-Kommunikation: Produktive und weniger produktive interkulturelle Teams unterscheiden sich vor allem darin, wie sie verschiedene Kommunikationstypen miteinander verbinden und sequenzieren (Hofner Saphiere 1996; Maznevski & Chuboda 2000). Hofner Saphiere betont in ihrer Untersuchung über Kommunikations- und Medienpräferenzen internationaler Teams, dass unproduktive Teams deutlich weniger sozialen und informellen Austausch hatten und sich ausschließlich auf Emails als Hauptmedium beschränkten. Produktive Teams kombinierten demgegenüber *unterschiedliche* Medien und FTF Kommunikation. Dadurch wurden kulturbedingte und medienspezifische Übermittlungsverluste der Einzelmedien kompensiert, inklusive der ausschließlichen FTF Kommunikation (vgl. Hofner Saphiere 1996: 235).

Wichtiger als die Menge und Häufigkeit an persönlichen FTF-Kontaktmöglichkeiten ist jedoch die sequenzielle Rhythmik zwischen FTF-Kontakten und CVK (Maznevski & Chuboda 2000). FTF-Kontakte dürften sich in der Teamentwicklung dort als sinnvoll erweisen, wo interkulturelle Schlüsselprozesse zur Bearbeitung anstehen und deren erfolgreiche Lösung dem Team Kohärenz verleiht, damit es über eine längere Zeit auch auf Distanz kommunikativ nah beieinander und an der gestellten Aufgabe bleibt. Das in Kapitel 3 präsentierte Modell zur Teamentwicklung bietet eine Hilfe, um Schlüsselprozesse zu identifizieren, zu deren Lösung eventuell persönliche Teamtreffen sinnvoll sein könnten.

5 Ausblicke zur Praxis und Erforschung virtueller interkultureller Teamarbeit

In einer selektiven Sichtung von interkulturellen Schlüsselprozessen, die auch für die virtuelle Teamarbeit relevant sein dürften, zeigen sich zahlreiche offene Fragen. Sie betreffen beispielsweise die Chancen und Grenzen von Mehrsprachigkeit und die Integration kulturell unterschiedlicher Kommunikations- und Diskursstile in der CVK oder auch die Entwicklungsperspektiven kultursensibler Medientechnologien.

Auf der *Praxisebene* ist eine rasche technische Entwicklung zu beobachten, die zunehmend auch kulturelle Bedingungen der Mediennutzung berücksichtigt, auch wenn diesbezüglich noch immer viele Aspekte ungelöst sind. Im Hinblick auf Zugriff und Management von Wissen und Information hat das Internet zu einer rasanten Beschleunigung geführt und immer mehr Personen verfügen zumindest über basale Medienkompetenz, die in der internationalen und interkulturellen Zusammenarbeit heute unerlässlich ist. Dem steht auf der anderen Seite eine (derzeit noch) medienbedingte Entschleunigung vieler interkultureller Gruppenprozesse gegenüber. Sie sollte allerdings nicht nur als Defizit begriffen werden sollte, denn sie bietet Gelegenheit für verstehens- und verständnisfördernde Reflexions- und Ruhephasen. In Zeiten immer schnellerer Organisationsveränderungen und Innovationszyklen, die allenthalben nach dem „flexiblen Menschen" (Sennett 1998) rufen, mag das auf den ersten Blick anachronistisch anmuten. Aber gerade die Ungleichzeitigkeit bietet meines Erachtens für die interkulturelle Kooperation die Chance, sich seiner (kulturellen) Positionen und Handlungen bewusster zu werden.

Entscheidend für den Erfolg virtueller interkultureller Teamarbeit ist die Verbindung von interkultureller Sensibilität, Wissen um gruppendynamische Aspekte und einer fundierten Medienkompetenz. Forschungsergebnisse zur virtuellen Gruppenkommunikation und Teamarbeit zeigen, dass NutzerInnen mit der Zeit pragmatische und zum Teil wohl auch kulturübergreifende Mediennutzungsgewohnheiten und Konventionen entwickeln, die sich für die interkulturelle virtuelle Kooperation nutzen lassen (Döring 2003).

Im Hinblick auf *forschungsleitende Perspektiven* bleibt angesichts der Neuartigkeit der Schnittstelle von interkultureller und virtueller Kommunikation noch viel zu tun. Der überwiegende Teil der Forschung zur virtuellen Teamarbeit entsteht derzeit in quasi-experimentellen Settings von studentischen Lern- und Vergleichsgruppen (überwiegend im angloamerikanischen Kontext) und es ist eine deutliche Dominanz von positivistisch-quantitativen Studien zu beobachten. Dort werden zwar viele Einzelaspekte der CVK kulturvergleichend untersucht, aber es fehlt häufig eine kommunikationssoziologische Fundierung interkultureller Kommunikation, wie sie zu Beginn dieses Beitrags vorgeschlagen wurde. Die interpretativen Kultur-, Sprach- und Sozialwissenschaften wären an dieser Stelle gefordert, ihr reiches Repertoire an kommunikationstheoretischen Konzepten und qualitativen Analyseansätzen zur Virtualisierung kultureller Symbol -und Bedeutungspraktiken einzubringen, insbesondere dort, wo es um die Konstitution und den Vergleich von Kultur jenseits einfacher nationalkultureller Kontrastierungen geht.

6 Literatur

Adler, Nancy J. (1997): International Dimensions of Organizational Behavior. (3. Auflage). Cincinnati. Ohio.

Androutsopoulos, Jannis & Volker Hinnenkamp (2001): Code-Switching in der bilingualen Chat-Kommunikation: Ein explorativer Blick auf #hellas und #turks. In: Michael Beißwenger (Hrsg.): Chat-Kommunikation. Sprache, Interaktion, Sozialität & Identität in der computervermittelten Kommunikation. Perspektiven auf ein interdisziplinäres Forschungsfeld. Stuttgart, 367-401.

Antweiler, Christoph (1994): Eigenbilder, Fremdbilder, Naturbilder. In: Anthropos 89, 137-168.

Apfelthaler, Georg (1999): Interkulturelles Management. Wien.

Auernheimer, Georg (Hrsg., 2002): Interkulturelle Kompetenz und pädagogische Professionalität. Opladen.

Bell, Daniel (2001): An introduction to cybercultures. London. New York.

Bennett, Milton J. (1993): Towards ethnorelativism: A developmental model of intercultural sensitivity. In: R. Michael Paige (Hrsg.): Education for the intercultural experience. 2. Aufl. Yarmouth, 21-71.

Berger, Mel (1996): Introduction to cross-cultural team building. In: Mel Berger (Hrsg.): Cross-cultural team building. Guidelines for more effective communication and negotiation. London, 1-12.

Bergmann, Jörg (2001): Kommunikative Verfahren der Konstruktion des Fremden. In: Cornelia Bohn & Herbert Willems (Hrsg.): Sinngeneratoren. Fremd- und Selbstthematisierung in soziologisch-historischer Perspektive, Konstanz, 35-56.

Boos, Margarete & Caroline Cornelius (2001): Zur Bedeutung und Erfassung konversationaler Kohärenz in direkter und computervermittelter Kommunikation. In: Friedrich W. Hesse & Hermann F. Friedrich (Hrsg.): Partizipation und Interaktion im virtuellen Seminar. Münster, 55-80.

Bourdieu, Pierre (1998): Praktische Vernunft. Zur Theorie des Handelns. Frankfurt am Main.

Brocker, Manfred & Nau, Heino Heinrich (Hrsg., 1997): Ethnozentrismus. Möglichkeiten und Grenzen des interkulturellen Dialogs. Darmstadt.

Dafoulas, Georgios & Linda Macaulay (2000): Investigating cultural differences in virtual software teams. In: Electronic Journal on Information Systems in Developing Countries 4, 1-14.

Daily, Bonnie, Art Whatley, Steven R. Ash & Robert L. Steiner (1996): The effects of a group decision support system on culturally diverse and culturally homogeneous group decision making. In: Information & Management 6, 281-289.

Demorgon, Jacques & Markus Molz (1996): Bedingungen und Auswirkungen der Analyse von Kultur(en) und interkulturellen Interaktionen. In: Alexander Thomas (Hrsg.): Psychologie interkulturellen Handelns. Göttingen, 43-86.

Dibie, Pascal & Christoph Wulf (1999): Zur Sozioethnologie interkultureller Begegnungen. In: Pascal Dibie & Christoph Wulf (Hrsg.): Vom Verstehen des Nichtverstehens. Ethnosoziologie interkultureller Begegnung. Frankfurt am Main. New York, 9-16.

Döring, Nicola (2001): Belohnungen und Bestrafungen im Netz: Verhaltenskontrolle in Chat-Foren. In: Gruppendynamik und Organisationspsychologie 2, 109-143.

Döring, Nicola (2003): Sozialpsychologie des Internet: Die Bedeutung des Internet für Kommunikationsprozesse, Identitäten, soziale Beziehungen und Gruppen. 2. Aufl. Göttingen.

Eder, Gudrun (1996): Soziale Handlungskompetenz als Bedingung und Wirkung interkultureller Verständigung. In: Alexander Thomas (Hrsg.): Psychologie interkulturellen Handelns. Göttingen, 411-422.

El-Shinnawy, Maha & Ajay S. Vinze (1997): Technology, culture and persuasiveness: a study of choice-shifts in group settings. In: International Journal of Human-Computer Studies 47, 473-496.

Flanegan, John C. (1954): The Critical Incident Technique. In: Psychological Bulletin 51, 327-358.

Günthner, Susanne & Thomas Luckmann (2002): Wissensasymmetrien in interkultureller Kommunikation. In: Helga Kotthoff (Hrsg.): Kultur(en) im Gespräch. Tübingen, 214-243.

Günthner, Susanne & Thomas Luckmann (1995): Asymmetries of knowledge in intercultural communication. The relevance of cultural repertoires of communicative genres. Konstanz: Fachgruppe Sprachwissenschaft der Universität Konstanz.

Hahn, Alois (1994): Die soziale Konstruktion des Fremden. In: Walter Sprondel (Hrsg.): Die Objektivität der Ordnungen und ihre kommunikative Konstruktion. Frankfurt am Main, 140-163.

Hall, Edward T. (1990): The Silent Language. New York.

Hall, Edward T. & Mildred R. Hall (1990): Understanding Cultural Differences. Yarmouth.

Hallam, Elizabeth & Brian V. Street (2000): Cultural Encounters. Representing „Otherness". London.

Hart, William B. (1998): Intercultural Computer-Mediated Communication. Editorial Essay. In: The Edge – The E-Journal of Intercultural Relations. WWW-Ressource: http://www. interculturalrelations.com/v1i4Fall1998/f98hart.htm (20.06.2003).

Hartwig, Dieter (1993): Internationales Führungskräfte Management. Erfahrungen in internationalen Organisationen. In: Klaus Macharzina & Jürgen Wolf (Hrsg.): Handbuch internationales Führungskräfte-Management. Stuttgart, 165-187.

Haumersen, Petra & Frank Liebe (1999): Multikulti: Konflikte konstruktiv. Mülheim.

Herring, Susan (1999): Interactional Coherence in CMC. In: Journal of Computer-Mediated Communication 4 (4). WWW-Ressource: http://www.ascusc.org/jcmc/vol4/issue4/herring.html (20.06. 2003).

Hofner Saphiere, Dianne (1996): Productive Behaviors of Global Business Teams. In: International Journal of Intercultural Relations 2, 227-259.

Horstmann, Axel (1999): Interkulturelle Hermeneutik. In: Deutsche Zeitschrift für Philosophie 3, 427-448.

Hussy, Walter (1998): Denken und Problemlösen. 2., überarb. u. erw. Aufl. Stuttgart.

Ishii, Satori & Tom Bruneau (2000): Silence and Silence in Cross-Cultural Perspective: Japan and the United States. In: Larry A. Samovar & Richard E. Porter (Hrsg.): Intercultural Communication. A Reader. 9. Aufl. Wadsworth, 221-245.

Jarvenpaa, Sirkka L. & Dorothy E. Leidner (1998): Communication and trust in global virtual teams. In: Journal of Computer-Mediated Communication 4 (3). WWW-Ressource: http://www.ascusc. org/jcmc/vol3/issue4/jarvenpaa.html (20.06.2003).

Jarvenpaa, Sirkka, L. & Thomas R. Shaw (1998): Global Virtual Teams. Integrating Models of Trust. In: Pascal Sieber & Jochen Griese (Hrsg.): Organizational Virtualness. Proceedings of the VO-Net Workshop 1998. Bern, 35-51.

Knapp-Potthoff, Annelie (1997): Interkulturelle Kommunikationsfähigkeit als Lernziel. In: Annelie Knapp-Potthoff & Martina Liedke (Hrsg.): Aspekte interkultureller Kommunikationsfähigkeit. München, 181-206.

Korac-Kakabadse, Nada, Alexander Kouzmin, Andrew Korac-Kakabadse & Lawson Savery (2001): Low and high-context communication pattern. Towards mapping cross-cultural encounters. In: Cross Cultural Management 2, 3-24.

Lane, Christel & Richard Bachmann (Hrsg., 1998): Trust within and between organisations. Oxford.

Launonen, Martti & Pekka Kess (2002): Team roles in business process re-engineering. In: International Journal of Production Economics 3, 205-218.

Layes, Gabriel (2000): Grundformen des Fremderlebens: eine Analyse von Handlungsorientierungen in der interkulturellen Interaktion. Münster. New York. München. Berlin.

Liedke, Martina (1997): Institution und Interkulturalität. In: Annelie Knapp-Potthoff & Martina Liedke (Hrsg.): Aspekte interkultureller Kommunikationsfähigkeit. München, 155-180.

Lipnack, Jessica & Jeffrey Stamps (1998): Virtuelle Teams. 2. Aufl. Wien.

Luchtenberg, Susanne (1999): Interkulturelle kommunikative Kompetenz. Wiesbaden. Opladen.

Marburger, Helga, Heide Rösch, Joyce Dreezens-Furke, Achim Hoch & Silke Reisner (1998): Interkulturelle Kommunikation in multiethnischen Pädagoginnenteams. Frankfurt am Main.

Märker, Oliver & Matthias Trénel (Hrsg., 2003): Online-Mediation. Neue Medien in der Konfliktvermittlung – mit Beispielen aus Politik und Wirtschaft. Berlin.

Matthes, Joachim (1998): Interkulturelle Kompetenz. In: Merkur. Deutsche Zeitschrift für europäisches Denken 3, 227-238.

Maznevski, Martha L. & Katherine M. Chuboda (2000): Bridging space over time. Global virtual team dynamics and effectiveness. In: Organizational Science 5, 473-492.

Olaniran, Bolanle A. (2001): The effects of computer-mediated communication on transculturalism. In: Virginia H. Milhouse, Molefi Kete Asante & Peter O. Nwosu (Hrsg.): Transcultural realities. Interdisciplinary perspectives on cross-cultural realities. Thousand Oakes, 83-105.

Otten, Matthias, Yvonne Mallmann & Imke Scheurich (2003): Bedingungen erfolgreicher interkultureller Teamarbeit. Eine Analyse der Zusammenarbeit interkultureller pädagogischer Leitungsgruppen in drei europäischen Jugendbegegnungen. Bensberg.

Otten, Matthias, Imke Scheurich & Yvonne Mallmann (2001): Bedingungen erfolgreicher interkultureller Teamarbeit. In: IJAB (Internationaler Jugendaustausch- und Besucherdienst der Bundesrepublik Deutschland) (Hrsg.): Forum Internationale Jugendarbeit 2001. Münster, 232-247.

Pinto, David (2000): Intercultural Communication. A three step method of dealing with differences. Leuven.

Podsiadlowski, Astrid (2002): Multikulturelle Arbeitsgruppen in Unternehmen. Bedingungen für erfolgreiche Zusammenarbeit am Beispiel deutscher Unternehmen in Südostasien. Münster.

Reis, Jack (1997): Ambiguitätstoleranz: Beiträge zur Entwicklung eines Persönlichkeitskonstruktes. Heidelberg.

Riehle, Eckart & Michael Seifert (Hrsg., 2001): Interkulturelle Kompetenz in der Verwaltung? Opladen.

Sennett, Richard (1998): Der flexible Mensch. Die Kultur des neuen Kapitalismus. Berlin.

Simons, George F. (2000a): Mind the Gap! How to ensure that global e-training meets local requirements. A Whitepaper. WWW-Ressource: www.diversophy.com (20.06.2003).

Simons, George F. (2000b): Online! The Challenge for Interculturalists and Diversity Specialists. In: Sietar Europe Newsletter 3, 6-8.

Smith, Peter, M. & Julia Noakes (1996): Cultural differences in group processes. In: Michael A. West (Hrsg.): Handbook of work group psychology. Chichester, 477-501.

Stegbauer, Christian & Alexander Rausch (2001): Die schweigende Mehrheit. „Lurker" in internetbasierten Diskussionsforen. In: Zeitschrift für Soziologie 30/1, 48-64.

Stempfle, Joachim & Petra Badke-Schaub (2002): Kommunikation und Problemlösen in Gruppen: Eine Prozessanalyse. In: Gruppendynamik 1, 57-81.

Thomas, Alexander (1996): Analyse der Handlungswirksamkeit von Kulturstandards. In: Alexander Thomas (Hrsg.): Psychologie interkulturellen Handelns. Göttingen, 107-136.

Ting-Toomey, Stella & Atzuko Kuroi (1998): Facework competence in intercultural conflict. An pdated face-negotiation theory. In: International Journal for Intercultural Relations 2, 187-225.

Warschauer, Marc, Ghada R. El Said & Ayman Zohry (2002): Language Choice Online: Globalization and Identity in Egypt. In: Journal of Computer Mediated Communication 4 (7). WWW-Ressource: http://www.ascusc.org/jcmc/vol7/issue4/warschauer.html (20.06.2003).

Wiseman, Richard L. (2002): Intercultural communication competence. In: William B. Gudykunst & Bella Mody (Hrsg.): Handbook of international and intercultural communication. 2nd ed. Thousand Oakes, 207-224.

Zeutschel, Ulrich (1999): Interkulturelle Synergie auf den Weg. Erkenntnisse aus deutsch/U.S.-amerikanischen Problemlösegruppen. In: Gruppendynamik 2, 131-149.

Jonas F. Puck & Andreas Exter

Der Einsatz von Chats im Rahmen der Personalbeschaffung

1 Einleitung

In den letzten Jahren hat sich das Internationale Management gewandelt. Insbesondere das Personalmanagement und der Einsatz moderner Kommunikationstechniken haben intensiv an Bedeutung gewonnen. Eine der in Literatur und Praxis am stärksten beachteten Verknüpfungen von Personalmanagement und den neuen Technologien stellt die Personalbeschaffung mit Hilfe des Internets dar. Vor allem der Einsatz der Personalbeschaffung über die unternehmungseigene Personalhomepage wird in der Literatur diskutiert. Eine zunehmende Anzahl der Unternehmungen nutzt diesen neuen Weg zur Ansprache von potenziellen BewerberInnen. In den großen Industrienationen liegt der Anteil der Unternehmungen, die diese Form der Personalbeschaffung nutzen, zwischen 70% und 90%. Jene Unternehmungen verbinden Erwartungen im Hinblick auf Zeitersparnis und Kostenreduktion mit der Rekrutierung von Personal im Internet. Über diese unmittelbar messbaren Aspekte hinaus führen die interaktiven Fähigkeiten des Mediums Internet auch zu verbesserten Möglichkeiten im Bereich der Personalwerbung.

Eine der Möglichkeiten, mögliche BewerberInnen über die Personalhomepage mit Informationen zu versorgen, ist der Einsatz von Chats. Die *Siemens AG* praktiziert dies im Rahmen ihres Online-Auftrittes bereits seit mehr als drei Jahren. Anhand einer Fallstudie dieser Unternehmung werden der Einsatz dieses Tools im Rahmen der Personalbeschaffung erarbeitet und die Erfahrungen sowohl von BewerberInnen als auch aus Sicht der *Siemens AG* dargestellt. Aus den unternehmungsspezifischen Erkenntnissen werden anschließend mögliche Ursachen für den zögerlichen Einsatz durch andere Unternehmungen abgeleitet.

2   Personalbeschaffung im Internet

Innerhalb der letzten Jahre hat der Technologieeinsatz im Rahmen der Personalbeschaffung stark zugenommen. Die Personalbeschaffung über das Internet erfährt in diesem Rahmen sowohl in der Theorie als auch in der Praxis starke Beachtung (vgl. z.b. Bussler & Davis 2001; Cisik 2001; Eggert & Nitzsche 2001; Piturro 2000). Innerhalb dieses neuen Mediums haben sich verschiedene Methoden herausgebildet, so z.b. die Personalbeschaffung über unternehmungsexterne Jobbörsen, Career Networks, Newsgroups, Chats, aktive Bewerbersuche und die Personalbeschaffung über die Personalhomepage. Letzterer wird dabei die größte Bedeutung zugesprochen, da hier einfache Möglichkeiten zur Datenverknüpfung mit internen Informationssystemen vorliegen, weitere Zusatzangebote einfach in das Angebot mit aufgenommen werden können und eine umfassende Darstellung im Rahmen der firmeneigenen Corporate Identity möglich ist (Detken & Pohl 2000: 24; Finn 2000: 43; Riederer von Paar & von Braun 1998: 47). Insgesamt erscheint dieser Weg der Personalbeschaffung insbesondere für diejenigen Unternehmungen preiswerter, aktueller und authentischer als die Nutzung anderer Rekrutierungswege im Internet, die über eine stark frequentierte Homepage verfügen (Scholz 1998: 428). Dies ist, aufgrund ihrer Attraktivität bzw. ihres hohen Bekanntheitsgrades bei den ArbeitnehmerInnen/BewerberInnen, vor allem bei Großunternehmungen der Fall.

Es muss allerdings in diesem Zusammenhang erwähnt werden, dass die erhofften Effektivitätsgewinne in vielen Fällen noch nicht eingetreten sind. Kumar & Mohr (2000: 251) begründen dies beispielsweise mit der fehlenden Erfahrung der Unternehmungen mit dem Medium und der fehlenden Integration computergestützter Geschäftsabläufe. Scholz (1997: 241) weist darauf hin, dass vor allem die Stimmigkeit des Einsatzes der Personalrekrutierung über das Internet mit der Personalstrategie der Unternehmung den Erfolg bzw. den Misserfolg eines Einsatzes bestimmt.

Als Ziel der Personalbeschaffung über die Personalhomepage wird hier die Bereitstellung von genügend BewerberInnen mit ausreichenden Qualifikationen und ausreichender Motivation verstanden. Alle Aufgaben der Personalauswahl und der Personaleinführung fallen hier somit nicht unter diese Thematik. Dies soll jedoch nicht darauf hindeuten, dass diese Aufgaben weniger wichtig seien als die Bereitstellung von MitarbeiterInnen.

Die einzelnen Ziele der Personalbeschaffung lassen sich aus dem AIDA-System (Nieschlag et al. 1997: 580) ableiten. Dieses benennt die Ziele der Absatzwerbung mit *Attention, Interest, Desire* und *Action*. Es gilt, zunächst die Aufmerksamkeit eines potenziellen Kunden zu wecken und diese dann, z.B. durch Informationen, in ein tiefergehendes Interesse umzuwandeln. Aus diesem Interesse heraus soll dann der Wunsch zum Kauf erzeugt und der Kauf selbst erreicht werden. Die Personalbeschaffung verfolgt identische Ziele, jedoch nicht bezogen auf ein materielles Gut, sondern auf eine Unternehmung (vgl. Puck 2002, 2002a, 2003; Puck et al. 2004).

Das Ziel *Attention*, also das Erzeugen von kurzfristigem Interesse, rückt bei der Personalwerbung über die Personalhomepage in den Hintergrund. Ausschlaggebend hierfür ist die selektive Nutzung des Internets: Es liegt beim Besuch einer Homepage bereits Interesse an der Unternehmung vor, das durch die Informationen und die Nutzung der Interaktionsmöglichkeiten auf der Homepage befriedigt werden soll (Riedl 2000: 245). Somit kann dieses Ziel im Rahmen der Personalbeschaffung über die Personalhomepage vernachlässigt werden.

Das Ziel *Interest*, also das Erzeugen weitergehenden Interesses durch Information, ist jedoch relevant: Vergleicht man die *Informationsmöglichkeiten* eines Stellenangebotes auf der Personalhomepage beispielsweise mit einer Stellenanzeige in den Printmedien, so bietet das Internet, bedingt durch die Interaktions- und Multimediafähigkeiten, erhebliche Vorteile (Jäger 2000: 18). Insbesondere ist es möglich, den Informationswünschen der NutzerInnen intensiver und individueller gerecht zu werden, indem Stellenangebote mit interaktiven Unternehmungsportraits verbunden werden (Giesen & Jüde 1999: 65).

Eine tiefergehende Betrachtung erfordert ebenfalls das Ziel *Desire*, also das Erzeugen eines Bewerbungswunsches. Einige Autoren vertreten die Meinung, dass durch die Nutzung des Mediums Internet zur Personalbeschaffung eine starke Fokussierung auf die Zielgruppe der Hochschulabsolventen erfolgt (vgl. z.B. Giesen & Jüde 1999: 64; Jäger 1998: 110). Aufgrund steigender Nutzerzahlen in allen soziodemographischen Gruppen zeigt sich in der Realität häufiger eine andere Problematik: Eine auf Unternehmungsseite häufig nur schwer zu bearbeitende Menge an Bewerbungen unzureichend qualifizierter Bewerber (Hays 1999: 80). Dies resultiert aus der Tatsache, dass sich über das Netz innerhalb kürzester Zeit nahezu kostenfrei zahlreiche vorformulierte Bewerbungen versenden lassen. Unternehmungen versuchen diesem Problem zu begegnen, indem sie z.B. interessierten Kandidaten die Gelegenheit bieten, auf ihrer Personalhomepage zu testen, ob sie zu Kultur und Anspruch der Unternehmung passen, um so eine verstärkte Selbstselektion zu erreichen (z.B. Texas Instruments).

Unter dem Aspekt der *Action* soll hier vor allem auf die notwendige Nutzerfreundlichkeit und Funktionalität der Personalhomepage hingewiesen werden (vgl. Känzig 1998: 54ff.). Sie sind die Grundsteine der Aktivierung möglicher BewerberInnen. Es muss z.B. gewährleistet sein, dass der Weg von der Homepage der Unternehmung zur Personalhomepage leicht erkennbar ist, um interessierten NutzerInnen überhaupt die Möglichkeit zur Bewerbung zu geben. Gleiches gilt für die Funktionalität der eigentlichen Bewerbung. Diese muss leicht durchführbar und auch für den Laien verständlich sein. Hier wird zwischen zwei verschiedenen Methoden unterschieden: Einerseits kann die Bewerbung per E-Mail erfolgen, andererseits kann ein standardisiertes Formular zur Abfrage biographischer *Daten* auf der Personalhomepage bereitgestellt werden. Während erstere den Fokus auf die individuell ausgestaltete Bewerbung legt, stellt die Formular-Methode die standardisierte Bearbeitung der Bewerbung in den Vordergrund. Je nach Anzahl und durchschnittlicher Qualifikation der BewerberInnen gilt es hier für jede Unternehmung, den für ihre Anforderungen besten Ansatz auszuwählen. Im Rahmen der oben geschilderten Problematik einer sehr großen Anzahl von Bewerbungen ist für diese betroffenen Unternehmungen jedoch in jedem Fall die Formular-Methode zu empfehlen (Kumar & Mohr 2000).

Chats können im Rahmen der Personalbeschaffung über die Personalhomepage zur Erreichung aller drei relevanten Ziele eingesetzt werden: Die individuelle Information zu konkreten Fragestellungen steigert das *Interest* und im persönlichen Gespräch kann direkt zur *Action* angeregt werden. Der interaktive Charakter erlaubt darüber hinaus auch eine verstärkte Anregung zur „Selbstselektion" bei den Bewerbern (*Desire*). Um diese Ziele zu erreichen, bedarf es jedoch einer langfristig geplanten und zielgruppenadäquaten Lösung. So wäre es z.b. sinnvoll, den NutzerInnen des Angebotes die Möglichkeit zum one-to-one-Gespräch anzubieten, um Fragen, die einer intensiveren Diskussion bedürfen oder ungern in Gegenwart von anderen diskutiert werden, zu klären. Auch die Auswahl der Betreuer auf Seiten der Unternehmung sollte gut geplant sein, um FragestellerInnen in jeder Hinsicht weiterhelfen zu können. Vor allem sollten die Betreuer intensiv im Umgang mit Chats geschult werden, um möglichen Missverständnissen sowohl technischer als auch kommunikativer Art vorzubeugen. Bei sorgsamer und langfristiger Planung bieten Chats jedoch eine interessante Möglichkeit der Personalbeschaffung im Internet. Zwar gibt es auch Versuche, Chats im Rahmen der Personalauswahl sowie der Personalvorauswahl einzusetzen (so z.b. durch ZF Friedrichshafen im Rahmen von Online Assessment Centern), solche Angebote sind jedoch noch seltener als die Anwendung im Rahmen der Beschaffung.

3   Chaträume und Chats in Computernetzwerken – ein kurzer Überblick

Die Entwicklung preisgünstiger PCs sowie die Entwicklung und Verbreitung von Netzwerkprotokollen, die unabhängig von den verwendeten Computerplattformen einen Datenaustausch ermöglichen, trugen wesentlich dazu bei, dass die heute bekannten Formen der Online-Kommunikation entstehen konnten. Zu diesen neuen Formen der Kommunikation zählt auch die Konversation in Form der so genannten Chat-Foren. Der Begriff *Chat* lehnt sich an das englische Verb „to chat" an, was sich mit „reden", „schwätzen" oder „plaudern" übersetzen lässt. Unter einem Chat wird ein Live-Dialog mit anderen, in der Regel unbekannten TeilnehmerInnen, verstanden. Die Anmeldung in einem Chat-Raum erfolgt über einen beliebig wählbaren Zugangsnamen. Im Gegensatz zum E-Mailing erfolgt die Kommunikation beim Chat – abgesehen von der Zeit für das Eintippen der Nachrichten – ohne jegliche zeitliche Verzögerung (Böhringer et al. 2000: 272). Durch den beliebig wählbaren Zugangsnamen können sich die NutzerInnen eine virtuelle Identität zulegen und so in den Chat-Foren unter dem Deckmantel einer gewissen Anonymität agieren.

Seit den Anfängen hat sich eine Vielzahl von Chats und Diskussionsforen herausgebildet, in denen zwei oder mehr TeilnehmerInnen themenbezogen oder zwanglos in schriftlicher, elektronischer Form miteinander kommunizieren. Abb. 1 versucht ohne Anspruch auf Vollständigkeit eine Systematisierung der verschiedenen Formen und Ausprägungen von Chats wiederzugeben. Die Hervorhebung durch Fettdruck macht deutlich, wie der Karriere-Chat der *Siemens AG* in diese Systematisierung einzuordnen ist.

Im Hinblick auf die zugrunde liegende Technologie stellen Text-Chats (insbesondere Web-Chats) wie der *Siemens Karriere-Chat* die einfachste und am weitesten verbreitete Form dar. Neben einem PC mit Zugang zum WWW wird lediglich ein

Web-Browser (*Microsoft Internet Explorer, Netscape Communicator* o.Ä.) benötigt. Der Karriere-Chat der *Siemens AG* ist weiterhin den Chat-Events zuzuordnen, da dieser zwar in relativ regelmäßigen Intervallen stattfindet, aber ohne einem festgelegten zeitlichen Plan zu folgen. Weiterhin ist festzuhalten, dass die *Siemens AG* ihren Chat themenzentriert („On-Topic") und moderiert ausgestaltet. Von dem Angebot der *Siemens AG* fühlt sich eher eine wechselnde Nutzergruppe angesprochen. Dies kann darin seine Ursache haben, dass die Themen des Chats wechseln und sich somit jedes Mal andere NutzerInnen oder Nutzergruppen angesprochen fühlen und dieses Online-Informations- und Beratungsangebot wahrnehmen.

Chat-Technologie	Video-Chats	Grafik-Chats	**Text-Chats**	
			IRC	**Web-Chat**
Zeitliche Ausdehnung und Regelmäßigkeit	Chat-Foren	Chat-Sitzungen	**Chat-Events**	
Thematische Fokussierung	**On-Topic**	Off-Topic		
Art der Nutzer	Angestammte Nutzergruppe	**Wechselnde Nutzergruppe**		
Leitung/Organisation	**Mit Moderator**	Ohne Moderator		

Abb. 1: Vorschlag für eine Typologie von Chats (in Anlehnung an Döring 2001; Thimm 2001).

4   Der Einsatz von Chats im Rahmen der Personalbeschaffung der *Siemens AG*

4.1 Themenstellung und zeitlicher Rahmen der Chats

Thimm (2001: 256) hält fest, dass Chats mittlerweile in zunehmendem Maße nicht mehr nur als Kontaktmedium, sondern auch als Kommunikations*instrument* genutzt werden, beispielsweise in Form von Online-Beratungen. Neben Kirchen und anderen sozialen Einrichtungen nutzen auch professionelle Einrichtungen und Verbände Chats als Foren für Beratungen verschiedenster Art. Die *Siemens AG* macht im Rahmen ihrer Online-Maßnahmen der Personalbeschaffung, insbesondere der Personalwerbung, seit mehr als zwei Jahren auch von Chats Gebrauch (Abb. 2).

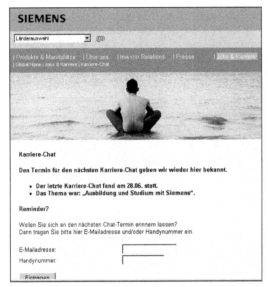

Abb. 2: Startseite des *Siemens Karriere-Chats.*

Die Chat-Events der *Siemens AG* sind ausnahmslos themenbezogen, meist wird lediglich ein einziges Thema besprochen, im Ausnahmefall werden zu einem Chat-Termin
auch mehrere Problemstellungen erörtert. Sowohl der Termin als auch das Thema des
nächsten Chat-Events werden mit ausreichender Vorlaufzeit von der *Siemens AG* auf
der Personalhomepage bekannt gegeben. Im Einzelfall wird gegen Ende einer Chat-
Sitzung bereits auf Zeit und Inhalt des nächsten Chat-Events im Rahmen des *Siemens
Karriere-Chats* hingewiesen. Darüber hinaus gibt die *Siemens AG* den Termin und das
Thema auch über einen Newsletter bekannt, den allerdings lediglich Personen erhalten,
die sich zuvor für diesen registriert haben. Der Chat-Event zu den festgesetzten Terminen dauert jeweils zwei Stunden und findet üblicherweise am Nachmittag mitteleu-
ropäischer Zeit statt. Die Events werden moderiert, wobei die Moderation sich beinahe
ausschließlich auf die offizielle Eröffnung und Beendigung des Chats reduziert. Die
Siemens AG veranstaltete die Chats im Regelfall in zeitlichen Intervallen von etwa
zwei Monaten, zuletzt jedoch am 18.07.2002. Nachfolgende Aufzählung zeigt eine
Auswahl möglicher Themen bei den Chat Sitzungen:

–   *Work-Life Balance – nur ein Frauenthema?*
–   *Ausbildung und Studium mit Siemens?*
–   *Was zählt mehr – kurzes Studium oder freiwilliges Praktikum?*

Bei der Analyse der Chat-Protokolle fällt allerdings auf, dass die TeilnehmerInnen
während einer Chat-Sitzung Fragen aller Art stellen, die sich teilweise nur mit Mühe
dem entsprechenden Thema zuordnen lassen und mitunter auch keine Verbindung zur
Thematik aufweisen. Das angekündigte Thema zieht sich also nicht immer vollständig

als roter Faden durch eine Chat-Sitzung. Bisweilen versucht der Moderator, den TeilnehmerInnen das Thema des Chats wieder in Erinnerung zu rufen, um so mehr zielge-
richtete sowie zum Thema passende Fragen zu erhalten. Dies gelingt jedoch nur bedingt. Im Verlauf einer Chat-Sitzung wechseln sich also sehr kurze Phasen mit hoher
Sachbezogenheit immer wieder mit Phasen ab, die von einem hohen Anteil an „Plauderei" und wenig Sachlichkeit gekennzeichnet sind. Die Plauderei findet – nebenbei
bemerkt – zum Großteil zwischen den TeilnehmerInnen statt, die BetreuerInnen der
Siemens AG beteiligen sich nicht an Diskussionen, die wenig oder gar keinen Bezug
zur aktuellen Themenstellung aufweisen. Trotzdem gelingt es den BetreuerInnen eher
selten, die Fokussierung auf das Thema des Chat-Events zu erhalten, obwohl einige
BetreuerInnen immer wieder auf die Themenbezogenheit des Chats hinweisen, wie
dieses Beispiel aus dem Chat vom 14.11.2001 zum Thema „Traumjob trotz Krise?!"
zeigt:

Siemens: „Liebe Chat-Teilnehmer, ich möchte noch einmal darauf hinweisen, dass der
             Chat heute themengebunden ist. Allgemeine Fragen zu Bewerbungen wer-
             den wir gerne im persönlichen E-Mail Kontakt klären."

Linn: „Claudia Klein [Betreuerin der *Siemens AG*, Anmerkung der Verfasser]:
             Können Sie allgemein aufzeigen, was einem nach der Tätigkeit als Werks-
             student für Möglichkeiten gibt"

(...)
Paulina: „Ich mache momentan ein Aufbaustudium an der Uni in München, vorher
             habe ich Wirtschaft studiert. Ich habe eine Bewerbung als Werkstudentin ge-
             schickt und die Antwort war, dass das SSPS für Nicht-Mitglieder keine
             Werkstudententätigkeiten vermittelt. Bei wem soll ich mich bewerben ei-
             gentlich?"

(...)
Jörg: „Hallo." (...) „Sehen Sie für mich eine Beschäftigungsmöglichkeit im Be-
             reich Customer-Care, Manager Service-Center, o.ä?"

(...)
Siemens: „Liebe Chat-Teilnehmer, ich möchte noch einmal darauf hinweisen, dass der
             Chat heute themengebunden ist. Allgemeine Fragen zu Bewerbungen wer-
             den wir gerne im persönlichen E-Mail Kontakt klären. Infos hierzu auch auf
             unserer Homepage www.siemens.de/career."

Weiterhin ist es den BetreuerInnen nicht immer möglich, die Fragen der Chatter zufrieden stellend zu beantworten. Selbst auf Fragen wie „wo muss ich mich bewerben,
wenn ich in Abteilung XY arbeiten will", kann häufig keine Antwort gegeben werden.
Ein gutes Beispiel, da es sich weder um eine themenbezogene Frage, noch um eine
befriedigende Antwort handelt, ist diese kurze Sequenz aus dem Chat-Event vom
18.07.2002 zum Thema „Work-Life Balance – nur ein Frauenthema?".

sohel: „an Mr. RainerIf I want to work particularly in the area of High Frequency---
             -do u know who is responsible?"

(...)
Siemens: „an sohel, sorry, I don't know the huge organisation by ICM."...

4.2 Betreuer und Teilnehmer der Chats

Neben dem Moderator, der eher technische und administrative Aufgaben wahrnimmt, werden die Chat-Events von drei bis sechs Experten der *Siemens AG* betreut. Die Teams, die sich anlässlich einer Chat-Sitzung den Fragen der Interessenten stellen, wechseln in der Zusammensetzung, lediglich ein Mitarbeiter der *Siemens AG* betreute alle der von den Verfassern untersuchten Chat-Protokolle. Bemerkenswert ist ebenfalls die Tatsache, dass *Siemens* im Rahmen der Chats lediglich eigene MitarbeiterInnen zur Beratung sowie zur Beantwortung der Fragen einsetzt. Externe Experten – wie beispielsweise mit dem jeweiligen Thema vertraute Wissenschaftler – werden nicht hinzugezogen. Die Mitarbeiter der *Siemens AG* benutzen im Verlauf des Chats keine Deck- oder Spitznamen (Nicknames), sondern verwenden ihre tatsächlichen Namen. Weiterhin ist in den meisten Fällen ein Bild des entsprechenden Mitarbeiters auf der Homepage abgebildet; dazu erfährt der Nutzer einige Eckdaten zu dessen Lebenslauf (bisherige/derzeitige Position/Funktion bei *Siemens*, Alter usw.). Die Identität der Berater bzw. Experten wird also einseitig offen gelegt. Die Mehrzahl der in den Chats eingesetzten *Siemens*-MitarbeiterInnen ist zu diesem Zeitpunkt in der Personalabteilung tätig, die wenigsten stammen aus anderen Fachbereichen. Die BetreuerInnen der *Siemens AG* sitzen während des Chats räumlich voneinander getrennt, vermutlich jeder an seinem üblichen Arbeitsplatz.

Im Verlauf einer zweistündigen Chat-Sitzung beläuft sich die Anzahl der TeilnehmerInnen im Normalfall auf 25 bis 40 aktiv an der Diskussion teilnehmende Personen. Lediglich in einem Fall nahmen im Verlaufe der zwei Stunden nur 15 Personen teil. Die Verweildauer der Personen im Chatraum ist sehr heterogen, von wenigen Sekunden oder Minuten bis hin zu annähernd zwei Stunden, während derer der Raum geöffnet ist. Die TeilnehmerInnen betreten im Gegensatz zu den BetreuerInnen der *Siemens AG* den Chatraum unter dem Deckmantel einer gewissen Anonymität. Im Hinblick auf den Typ der verwendeten Nicknamen fällt auf, dass relativ wenige kryptische oder phantasiebehaftete Namen vertreten sind. Nicknames wie etwa „ccie" oder „DrEraser" finden sich demnach nur selten. In den meisten Fällen verwenden die Nutzer mehr oder minder geläufige Vornamen wie „Alex", „Roland" oder „Sandra". Der absolut größte Teil der Kommunikation findet in Deutsch statt, woraus man schließen kann, dass der Großteil der NutzerInnen aus dem deutschsprachigen Raum stammt. Diese Schlussfolgerung wird durch die Beobachtung gestützt, dass die wenigen auf Englisch gestellten Fragen von den betreffenden TeilnehmerInnen mit der Entschuldigung versehen werden, sie stammten nicht aus Deutschland (sondern etwa aus Indien) und seien des Deutschen daher nicht mächtig.

Abschließend sei noch erwähnt, dass die Chat-Sitzungen bei der *Siemens AG* vollkommen öffentlich stattfinden. Aufgrund der untersuchten Unterlagen war nicht zu erkennen, dass ein privater Chat-Bereich existiert, in welchen sich ein Betreuer mit einem Teilnehmer für eine bestimmte Zeit zurückziehen kann, um einen Sachverhalt unter Ausschluss der übrigen TeilnehmerInnen zu klären. Jeder Beitrag im Chat – Frage wie auch Antwort – ist für alle beteiligten Personen uneingeschränkt einsehbar. Einschränkend muss dieser Aussage allerdings entgegengehalten werden, dass schwierige Einzelfragen durchaus privat, wenn auch nicht im Chat, geklärt werden: Die Betreuerinnen geben in diesen Fällen ihre E-Mail-Adresse oder auch ihre geschäftliche Telefonnummer bekannt. Auf diese Weise werden dann Sachverhalte, deren Klärung via Chat zu viel Zeit in Anspruch nehmen würde, im unmittelbaren Dialog zwischen BetreuerIn (*Siemens*-Experte) und NutzerIn gelöst. Bei solchen komplizierten Sachverhalten, deren Klärung im Chat voraussichtlich sehr viel Zeit in Anspruch nehmen würde, wechseln die BetreuerInnen somit häufig das Kommunikationsmedium.

4.3 Verlauf und sprachliche Aspekte der Chats

Auffallend ist, dass die BetreuerInnen der *Siemens AG* um die Einhaltung grammatischer und orthografischer Regeln bemüht sind. Die Antworten der BetreuerInnen zeigen im Wesentlichen korrekte Groß- und Kleinschreibung, weisen wenig Rechtschreib- bzw. Tippfehler auf und bestehen meistens aus korrekten und vollständigen Sätzen. Nur in Einzelfällen – vermutlich unter Zeitdruck angesichts vieler aktiver TeilnehmerInnen und offener Fragen – vernachlässigen die Experten der *Siemens AG* mitunter diese offenbar selbst auferlegten Regeln. Es ist zu vermuten, dass das Streben nach einem grammatisch und orthografisch korrekten Deutsch entweder auf eine mangelnde Einweisung in die „Kultur des Chattens" oder auf eine Vorgabe seitens *Siemens* (u. U. zur korrekten Vermittlung der Unternehmungskultur) zurückzuführen ist. Diese Beobachtungen bei den Beiträgen der BetreuerInnen stehen im absoluten Gegensatz zu den sprachlichen Gepflogenheiten der übrigen TeilnehmerInnen der Chats. Die meisten der TeilnehmerInnen vernachlässigen die Groß- und Kleinschreibung bzw. wenden diese nicht konsequent an. Rechtschreibfehler werden in den Fragen oder Kommentaren nicht verbessert. Die Fragen bestehen häufig nicht aus vollständigen Sätzen.

Der Kommunikationsstil in den *Siemens Karriere-Chats* kann als ungezwungen bezeichnet werden. Vor allem die TeilnehmerInnen verzichten weitgehend auf Formalitäten im Umgang mit den Experten der *Siemens AG* und stellen ihre Fragen unvermittelt und gradlinig. Die TeilnehmerInnen nutzen folglich den Deckmantel der Anonymität, um direkt und ohne Scheu ihre Anliegen vorzutragen. Es ist der *Siemens AG* folglich gelungen, die in Chaträumen vorherrschende zwanglose Art der Kommunikation auf die Karriere-Chats zu übertragen. Die weitgehend anonyme Verständigung durch die Karriere-Chats ermöglicht einen multilateralen und vor allem zwanglosen Dialog, wie dieser in persönlichen Informations- und Rekrutierungsgesprächen in der Regel nicht möglich ist. Allerdings muss in diesem Zusammenhang auch Erwähnung finden, dass von einigen wenigen TeilnehmerInnen die Grenze zwischen einem Gedankenaustausch in legerer Atmosphäre einerseits und forschen, mitunter auch respektlosen Kommentaren andererseits nicht immer eingehalten wird. Beispielhaft für dieses Phänomen seien hier einige Beiträge eines Teilnehmers des Chats vom 14.11.2001 („Traumjob trotz Krise") chronologisch zitiert:

Siemens: „Martin [anderer Teilnehmer, Anm. der Verfasser], die Broschüre ist im Internet abgebildet, und auch als Download abrufbar".

Lilly:	„Viel Spaß beim nachhaken, mir haben Leute erzählt, dass es sinnvoll ist sich auf der Internetpage beim Button Initiativbewerbung zu melden, da bekommt man sehr schnell Antwort".
Lilly:	„Übrigens, www.jobfair24.de läuft zeitgleich [zum *Siemens Karriere-Chat*, Anmerkung des Autors] – ziemlich ungeschickt, oder?"
Lilly:	„@moderator – aufgewacht?"
Siemens:	„Lilly, lassen Sie uns fair bleiben, das ist auch im Unternehmensalltag sinnvoll, erhöht einfach die Freude am arbeiten".
Lilly:	„@frerker: ja, dennoch gibt es da schnellere Unternehmen".
Siemens:	„Lilly, wegen fehlender Konstruktivität hätten Sie jetzt im Bewerbungsgespräch schon keine Chance mehr!!"
Lilly:	„Schön, da verzichte ich dann aber auch drauf, ich dachte sie interessieren sich hier auch für Chatter als kommende Mitarbeiter, schade, schade".

Einerseits ist es schwer vorstellbar, dass sich ein potenzieller Bewerber mit derartigen oder vergleichbaren Kommentaren in einem persönlichem Rekrutierungs- oder Informationsgespräch – etwa auf einer Jobmesse – vor einer Unternehmung wie der *Siemens AG* präsentiert. Andererseits scheint es, als seien Moderator und Betreuer im Umgang mit dem Medium nicht ausreichend geschult, da sie Äußerungen wie „@moderator – aufgewacht" bereits als einen Angriff interpretieren.

Grundsätzlich kann weiterhin an folgendem Beispiel (Chat vom 14.11.2001, „Traumjob trotz Krise?!") festgestellt werden, dass von den TeilnehmerInnen bisweilen auch Emoticons eingesetzt werden, um Gefühle zu beschreiben und zu vermitteln, die andernfalls bei dieser Form der Kommunikation verloren gehen würden (vgl. Grosch 1997: 77).

Dirk Schneider:	„Könnte ich nach meinem MBA und trotz dann 4 Jahren Siemens noch ein Traineeprogramm anfangen, um vielleicht auf diesem Weg meinen Traumjob zu finden?"
Siemens:	„Nein, es gibt eine Altersgrenze"
Dirk Schneider:	„Schade :-(So alt bin ich noch nicht"

Die Emoticons stellen den Versuch dar, die grundsätzlich recht kalte und unpersönliche Art der Kommunikation in Chats mit Emotionen zu befüllen. Der Einwand, in Chaträumen zum Thema Karriere stehe primär die Vermittlung von Informationen im Vordergrund, Gefühlsregungen seien eher nebensächlich, kann nicht vollständig ausgeräumt werden. Die Tatsache, dass in den Karriere Chats der *Siemens AG* dennoch Emoticons zum Einsatz kommen, die TeilnehmerInnen sich folglich verhalten, wie dies in Chats üblich ist, kann als Indiz dafür gelten, dass dieses Informationsangebot der *Siemens AG* von den NutzerInnen generell als zeitgemäß und authentisch aufgefasst wird.

5   Diskussion und Fazit

Fasst man die Erkenntnisse der Fallstudie zusammen und verknüpft sie mit den oben erarbeiteten Zielen der Personalbeschaffung, so lassen sich folgende Schlussfolgerungen ziehen:

- Durch die individuelle *Information* können Chats den einzelnen Teilnehmer absolut bedarfsgerecht informieren.
- Die Interaktion mit den „Experten" verstärkt die Möglichkeit zur *Selbstselektion* unter den TeilnehmerInnen. Personen, die nicht zur Kultur der Unternehmung passen, bekommen dies im Laufe eines Chats mit großer Wahrscheinlichkeit mit und werden auf eine Bewerbung verzichten (z.B. „Lilly", siehe oben).
- Weiterhin können im Chat TeilnehmerInnen gezielt zur Bewerbung (*Action*) angeregt werden und Kontaktadresse sowie Informationsquellen bekannt gegeben werden.

Der Chat kann also durchaus helfen, die im Rahmen des Internet relevanten Ziele der Personalbeschaffung für eine Unternehmung zu erreichen. Warum also der zögerliche Einsatz durch andere Unternehmungen? In einer groß angelegten Studie, in der 330 Personalhomepages von Unternehmungen aus 11 Nationen untersucht wurden, konnte der Einsatz von Chats nur bei der *Siemens AG* festgestellt werden (Puck 2002). In diesem Zusammenhang lohnt ein Blick auf die Kosten-Nutzen-Relation des Einsatzes von Chats im Rahmen der Personalbeschaffung. So liegt vor allem der personelle, aber wohl (dadurch) auch der finanzielle Aufwand der Durchführung eines erfolgreichen Chats sehr viel höher als der Aufwand für den Einsatz anderer Elemente der Personalbeschaffung im Internet. Somit werden risikoaverse Unternehmungen nur sehr zögerlich Chats im Rahmen ihrer Personalbeschaffung einsetzen. Weiterhin ist der Erfolg eines Einsatzes von Chats sehr schwer zu messen: Ob ein Bewerber an einem Chat teilgenommen hat, lässt sich im Nachhinein nur schwer feststellen. Somit lassen sich nur schwerlich objektive Kriterien *für* den Einsatz von Chats finden.

Weiterhin werden – wie aus der Fallstudie ersichtlich – die Potenziale des Chats durch *Siemens* offenbar nur ungenügend genutzt. Eine nicht immer ausreichende Schulung der BetreuerInnen, die offenbare Einstellung des Chats seit mehr als einem Jahr, sowie eine Software, die sich nicht auf dem neuesten Stand der Technik befindet, machen hier unter Umständen aus einem „First Mover" ein schlechtes Beispiel, das andere Unternehmungen abschrecken könnte. Weiterhin negativ, und das gilt natürlich auch für das Angebot von *Siemens*, wirkt sich die gegenwärtige Lage auf dem Arbeitsmarkt aus, da Unternehmungen ihre Personalwerbeaktivitäten aufgrund des Bewerberüberschusses momentan generell zurückfahren.

Zusammenfassend lässt sich festhalten, dass der Einsatz von Chats eine sinnvolle Ergänzung einer Personalhomepage im Internet ist, von der in Zukunft wohl weitere Unternehmungen Gebrauch machen werden. Der bisher zögerliche Einsatz resultiert wohl vor allem aus der Unsicherheit über die Kosten-Nutzen-Relation, den Schwierigkeiten bei der Erfolgskontrolle sowie dem nicht einhundertprozentig perfekten Einsatz durch die *Siemens AG*.

6   Literatur

Böhringer, Joachim, Peter Bühler, Patrick Schlaich & Hans-Jürgen Ziegler (2000): Kompendium der Mediengestaltung für Digital- und Printmedien. Berlin. Heidelberg. New York.

Bussler, Lori & Elaine Davis (2001): Information Systems: The Quiet Revolution in Human Resource Management. In: Journal of Computer Information Systems, 42. Jg, Nr. 2, 17-20.

Cisik, Alexander (2001): Stellenmärkte im Internet. In: Pepels, Werner (Hrsg.): Erfolgreiche Personalwerbung in Medien. München. Wien. Oldenburg, 81-92.

Detken, Kai-Oliver & Kerstin Pohl (2000): Personalauswahl online: Das Internet als zeitgemäße Jobbörse. In: NET, o. Jg., Nr. 6, 23-26.

Döring, Nicola (2001): Sozialpsychologische Chat-Forschung: Methoden, Theorien, Befunde. In: Beißwenger, Michael (Hrsg.): Chat Kommunikation. Sprache, Interaktion, Sozialität & Identität in synchroner computervermittelter Kommunikation. Perspektiven auf ein interdisziplinäres Forschungsfeld. Stuttgart, 141-186.

Eggert, Ferdinant & Alexander Nitzsche (2001): Erfolgreiche Personalwerbung durch E-Cruiting. In: Pepels, Werner (Hrsg.): Erfolgreiche Personalwerbung in Medien, München. Wien. Oldenburg, 93-111.

Finn, Widget (2000): Screen Test. In: People Management, 22. Juni 2000, 38-43.

Giesen, Birgit & Peter Jüde (1999): Personalmarketing im Internet. In: Personal, 51. Jg., Nr. 2, 64-67.

Grosch, Yvonne (1997): Schreibend sprechen? Zur Gesprächshaftigkeit in Computer-Mediated Communication (CMC), dargelegt an Internet Relay Chat (IRC), Magisterarbeit (Sprach- und Literaturwissenschaften), Friedrich-Alexander-Universität Erlangen-Nürnberg.

Hays, Scott (1999): Hiring on the Web. In: Workforce, 77. Jg., Nr. 8, 76-84.

Jäger, Wolfgang (1998): Personalmarketing in Internet und Intranet. In: Personal, 50. Jg. Nr. 3, 110-113.

Jäger, Wolfgang (2000): Kandidaten meistbietend ersteigern. In: Personalwirtschaft, 27. Jg., Sonderheft 5, 18-19.

Känzig, Thomas (1998): Rekrutierungskonzept für das Internet. In: Personalwirtschaft, 25. Jg., Nr. 12, 54-58.

Kumar, Brij N. & Alexander T. Mohr (2000): Rekrutierung von Führungsnachwuchs via Internet. Eine empirische Untersuchung über Einsatz und Erfolg aus Sicht von Unternehmen und Bewerbern. In: Scheffler, Wolfram & Kai-Ingo Voigt.: Entwicklungsperspektiven im Electronic Business. Wiesbaden, 245-273.

Nieschlag, Robert, Erwin Dichtl & Hans Hörschgen (1997): Marketing, 18. Auflage, Berlin.

Piturro, Marlene (2000): The Power of E-Cruiting. In: Management Review, Vol. 89, No. 1, 33-37.

Puck, Jonas F. (2002): Personalrekrutierung über die Personalhomepage. Eine empirische Untersuchung der Umfeldeinflüsse auf Einsatz und Einsatzform im europäischen Vergleich, Stuttgart.

Puck, Jonas F. (2002a): Convergence and Divergence of Management Practices: Corporate Web Site Recruiting in Asia and Europe. In: Mirza, Hafiz, Axele Giroud, Deli Yang & Alexander T. Mohr (Hrsg.): Competition and Cooperation in Asia and Europe: Corporate and Government Perspectives and Strategies.Bradford, 213-227.

Puck, Jonas F. (2003): The Influence of National Culture on the Use of Management Practices: The Case of Corporate Web Site Recruiting. In: Fink, G., A.-K. Neyer & W. Reichel (Hrsg.): Theory and Methods in the Study of Intercultural Knowledge and Interaction, Wien, 119-134.

Puck, Jonas F., David Rygl, Andreas Exter & Dirk Holtbrügge (2004): Kulturelle Einflüsse auf internetbasierte HR-Managementtechniken. Verliert die nationale Kultur an Bedeutung? In: Zeitschrift für Personalforschung, 18. Jg., Nr. 1, 24-39.

Riederer von Paar, Tonio & Dominik von Braun (1998): Rekrutierungsmedium der Zukunft. In: Personalwirtschaft, 25. Jg., Nr. 1, 47-51.

Riedl, Joachim (2000): Rahmenbedingungen der Online-Kommunikation. In: Bliemel, Friedhelm, Georg Fassot & Axel Theobald (Hrsg.): Electronic Commerce: Herausforderungen – Anwendungen – Perspektiven, 3., überarbeitete und erweiterte Auflage, Wiesbaden, 239-258.

Scholz, Christian (1997): Computerunterstützung im Internationalen Personalmanagement: Keine Frage der Technologie, sondern der strategischen Stimmigkeit. In: Clermont, Alois & Wilhelm Schmeisser (Hrsg.): Internationales Personalmanagement. München, 238-254.

Scholz, Christian (1998): Bewerbung im Internet. In: WiSt, 27. Jg., Nr. 8, 427-432.

Thimm, Caja (2001): Funktionale Stilistik in elektronischer Schriftlichkeit: Der Chat als Beratungsforum. In: Michael Beißwenger (Hrsg.): Chat Kommunikation. Sprache, Interaktion, Sozialität &

Identität in synchroner computervermittelter Kommunikation. Perspektiven auf ein interdisziplinäres Forschungsfeld. Stuttgart, 255-278.

Claudia Sassen

Grenzen des Right Frontier Constraint im Chat

1 Zusammenfassung

Der *Right Frontier Constraint* (RFC) ist ein Wohlgeformtheitskriterium, das Aussagen über die anaphorische Erreichbarkeit durch Pronomina im Diskurs macht. Erstmals von Livia Polanyi in einem formalen Modell angewandt (Polanyi 1988), wurde dieser Constraint seitdem in vielen Diskurstheorien berücksichtigt. In der vorliegenden Untersuchung geht es darum herauszufinden, ob der Chat beim RFC eine Ausnahme macht. Vorab wird der RFC am Beispiel von Polanyis linguistischem Diskursmodell (LDM), das sich auf traditionelle Kommunikationssysteme bezieht, anhand monologischer Diskurse eingeführt. Unter Verwendung von Daten aus Multi-Party Chats sowie Beratungschats wird schließlich überprüft, ob die Gültigkeit des RFC im Chat eingeschränkt werden kann bzw. muss. Dazu wird ein Baumgraph vom Polanyi-Typ exemplarisch für ein Chat-Fragment konstruiert.[1]

2 Der Right Frontier Constraint im Diskurs

Antezedenten anaphorisch verwendeter Pronomina im Diskurs sind nur dann erreichbar, wenn sie sich an der rechten Grenze einer Diskursstruktur befinden. Die Diskursstruktur wiederum hängt von subordinierenden und koordinierenden Relationen zwischen den Diskurssegmenten ab. Allgemein können sich jedoch nur der letzte Satz eines Diskurses und solche Diskurssegmente, die diesen letzten Satz dominieren, an der rechten Grenze befinden. Sätze, die links von diesen Segmenten in der Diskursstruktur stehen und in diesen enthaltene Konstituenten sind für den anaphorischen Zugriff blockiert (Polanyi 1988: 602). Der RFC kann daher als Beschränkung über Verbindungsstellen verwendet werden, d.h. er macht Aussagen darüber, an welcher Stelle in einer

---

1   Mein Dank gilt dem *Beranet*, dessen Beratungsdaten ich durch die Vermittlung von Michael Beißwenger, dem ich ebenfalls danke, freundlicherweise verwenden durfte sowie dem Kolloquium von Angelika Storrer für die anregende Diskussion und dem Team Storrer, besonders Claudia Beißwanger, die die Daten zu den Multiparty-Chats eingeholt hat. Außerdem danke ich Peter Kühnlein für Korrekturen und Ideen.

Kontextstruktur eine neue Äußerung „andocken" kann. Die Beobachtung, dass hierarchische Relationen zwischen Sätzen sowohl Interpretation als auch anaphorische Erreichbarkeit beeinflussen, führte unter anderem zur Formulierung des RFC. Polanyi
war in diesem Zusammenhang die erste, die den RFC in ein formales Modell über
Diskursstrukturen einbaute (Polanyi 1988; Eickmann 2003; Webber 2003). Seitdem
wird der RFC in vielen Diskurstheorien und -grammatiken berücksichtigt. Genannt
seien in diesem Zusammenhang die noch relativ junge *Tree Adjoining Grammar* von
Gardent 1998 und das Modell von Asher & Lascarides 2003, die eine abgeschwächte
Variante des RFC verwenden (zu Kritik am RFC siehe Eickmann 2003; Webber
2003).

Im folgenden soll der RFC anhand von Polanyis Diskursmodell vorgestellt werden. Später wird dann ein sogenannter Baumgraph vom Polanyi-Type (auch *Polanyi-
Type-Tree*) verwendet, um die Überprüfung der Gültigkeit des RFC im Fall des Chat
zu illustrieren. Auch wenn andere Autoren das Modell des RFC behandelt haben, stüt-
ze ich mich in meiner Betrachtung auf das Modell von Polanyi, da ihre Arbeit die
Wurzel der formalen RFC-Untersuchung darstellt. Ich skizziere soweit wie ich es
brauche anhand von Polanyi die Darstellung und erkläre inwieweit wir es mit einer
RFC-Verletzung zu tun haben.

2.1 Polanyis Linguistic Discourse Model

Polanyi (1988) entwickelt ein Diskursmodell, das auf früheren, thematisch verwandten
Arbeiten aufbaut (z.B. Grosz 1974 und Linde 1979). Eine der zentralen Behauptungen
von Polanyis Diskursmodell besteht im Postulat einer rekursiven Diskursstruktur, in
die man Diskurseinheiten verschiedenster Typen einbetten kann und die sich in den
meisten Theorien zu Diskursstrukturen wiederfindet:

> [...] discourse structure can be represented as the recursive sequencing and embedding of
> discourse units of various types (Polanyi 1988: 603).

DCUs und Diskursoperatoren

Die grundlegenden Typen, die Polanyi als Bausteine für einen Diskurs festlegt, werden
als *discourse constituent units* (DCUs) bezeichnet. Eine DCU kann aus rekursiv eingebetteten DCUs aufgebaut sein oder nur aus einem einzigen Satz. Der Begriff der DCU
ist mit drei Typen von Diskursoperatoren verknüpft, die Polanyi *assigners, connectors*
und *discourse PUSH/POP markers* nennt. Assigners operieren auf der Ebene von Interaktion und (gesprochener) Sprache, wobei sie pragmatische Faktoren anzeigen, wie
z.B. wer an einer Interaktion teilnimmt (vgl. Polanyi 1988: 605). *Konnektoren* (connectors) wie *und, oder, aus diesem Grund* werden oft dazu verwendet, um Einzelsätze
zu verbinden. Oft haben sie aber Skopus über weitaus größere Diskursabschnitte, wobei sie komplexe DCUs und DUs (*discourse units*) mit Einzelsätzen bzw. miteinander
verketten können. Es gibt koordinierende und subordinierende Konnektoren. *Discourse PUSH/POP markers* zeigen die Einbettung, Weiterführung und Wiederkehr zu und
von Diskurskonstituenten auf verschiedenen Ebenen an. PUSH und POP Marker können Diskurspartikeln sein wie *ok, also, so* oder auch suprasegmentale Signale, wie die

Änderung im Tonfall oder extralinguistische, wie die Blickrichtung. Ein PUSH-Marker zeigt die Einführung einer neu eingebetteten Diskurskonstituenten an, während ein POP Marker Wiederkehr zu einer einbettenden Konstituente (damit ist nicht unbedingt die unmittelbar einbettende gemeint) indiziert und dabei diese Konstituente und alle von ihr eingebetteten (intermediären) Konstituenten abschließt.

Multiple DCUs

Semantische Objekte, die aus multiplen DCUs aufgebaut sind, lassen sich in vier Gruppen einteilen: *Sequentielle DCUs* bestehen aus beliebig vielen Konstituenten, die über eine *common relation* mit einem *higher order predicate*, also einer übergeordneten Proposition verbunden sind. Diese Proposition ist nicht zwingend auf der Oberfläche des Textes repräsentiert. Konstituenten sequentieller DCUs stehen zueinander in einer Koordinationsrelation. Bei *Expansions-DCUs* wird die in einer DCU kodierte Proposition semantisch durch den propositionalen Gehalt von Sätzen weitergeführt, die eine unmittelbar folgende, subordinierte DCU konstituieren. *Binäre Strukturen* realisieren eine DCU aus zwei DCUs, die über einen expliziten logischen Operator wie *und, weil, oder, wenn* oder *dann* verbunden sind. Sogenannte *Interruptions* liegen vor, wenn eine DCU von etwas semantisch Irrelevantem unterbrochen wird. Sätze (*clauses*) sind minimale propositionstragende Struktureinheiten und stellen als DCU mit nur einem Element einen Spezialfall sequentieller DCUs dar (Polanyi 1988: 605). Sätze wiederum bestehen aus einem oder mehreren Wörtern und sind entsprechend der Satzsyntax aufgebaut, wobei Einwortäußerungen wie Häsitationen oder Fehlstarts auch als Sätze gelten. Der Ausdruck „sentence" in Polanyis Artikel ist angemessenerweise mit „Äußerung" im Deutschen gleichzusetzen. Die einzige andere Elementareinheit in diesem Modell stellen die Diskursoperatoren dar (siehe oben). Beispiel (1) ist angelehnt an das von Polanyi (s. Polanyi 1988: 608) und zeigt den Aufbau einer möglichen sequentiellen Diskursstruktur.

(1)
a. Peter hat blondes Haar.
b. Er wiegt 75 kg.
c. Er hat eine nette Freundin.
d. Er arbeitet als Berater in einer Bank.

Dieser spezielle Typ einer sequentiellen DCU wird Themenkette (*topic chain*) genannt, weil ein Thema in sämtlichen Äußerungen behandelt wird, die in diesem Diskurs verkettet sind. Mit anderen Worten: Es werden unterschiedliche Prädikationen über das selbe Argument ausgedrückt. Dabei bestehen Themenketten keineswegs aus bloß aneinander gereihten Sätzen, die das selbe Satzthema beinhalten. Vielmehr konstituieren Topic-Chain-DCUs ein semantisch restriktives System, dessen Constraints von den Konstituenten bestimmt werden: Alle hinzukommenden Konstituenten müssen mit diesen Constraints kompatibel sein, so dass die Diskursentwicklung weitergeführt werden kann (Polanyi 1988: 608). Technisch ausgedrückt ist die Menge der Constraints nicht streng monoton zunehmend. Nach Polanyi instantiieren alle Propositionen, die von den Sätzen 1a-d in Beispiel (1) kodiert werden, Spezifikationen einer

Proposition auf einer höheren Ebene, die hier nicht explizit ausgedrückt ist und als die aktuellen Eigenschaften von Peter betrachtet werden können. Für den Baumgraphen dieser Diskursstruktur führt Polanyi den Typ C-Knoten (für das nicht-hierarchisierende *coordinate*) ein, der von der ausgedrückten Proposition benannt wird und dem alle Eigenschaften von Peter in den einzelnen Propositionen als Blätter angehängt werden. Die unter dem C-Knoten angeführten Eigenschaften sind also sequentiell bzw. gleichgeordnet, siehe Abb. 1.

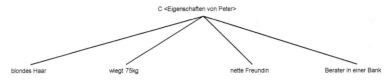

Abb. 1: Baumgraph zur sequentiellen Diskursstruktur, Beispiel (1).

Beispiel (2) (nach Polanyi 1988: 609, für das Deutsche abgewandelt) zeigt, wie man Expansions-DCUs – oder anders ausgedrückt, Elaborationen – beschreiben kann:

(2)
a. Peter kennt sich gut mit Film aus.
b. Er hat die einschlägige Literatur gelesen.
c. Er war jahrelang Filmvorführer in einem Programmkino.
d. Er hilft Archiven bei der Identifizierung von Filmen.

Dem *Linguistic Discourse Model* (LDM) entsprechend handelt es sich um eine DCU, bei der eine Proposition erläutert wird, die im Diskurs in einem Satz ausgedrückt wird, dem wiederum ein oder mehrere Sätze untergeordnet sind, die diese Proposition erläutern. Abb. 2 stellt Beispiel (2) als Baumgraph dar:

Abb. 2: Darstellung einer Expansions-DCU nach Beispiel (2).

Diese Form der Darstellung erlaubt auch die Beschreibung komplexerer Fälle, wie Beispiel (3) (aus Asher & Lascarides 2003: 8, übersetzt):

(3)
a. Max hatte gestern einen schönen Abend.
b. Es gab viel zu essen.
c. Er aß Lachs.
d. Er verschlang Unmengen an Käse.
e. Hinterher gewann er noch einen Tanzwettbewerb.

Beispiel (3) muss nach Asher & Lascarides 2003 wie folgt analysiert werden: (3a) wird von (3b) und (3e) elaboriert, wobei (3b) und (3e) gemeinsam eine Narration darstellen. (3b) wiederum wird von (3c) und (3d) elaboriert. Die Darstellung der Diskursstruktur durch den Polanyi-Type-Tree erfolgt in Abb. 3:

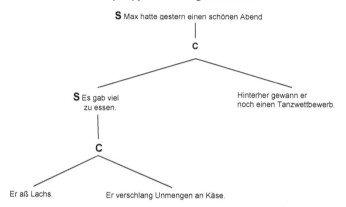

Abb. 3: Baumgraph mit Expansions-DCUs zu Beispiel (3), aus Asher & Lascarides (2003: 8), übersetzt.

Dieser Baumstrukturtyp ist komplexer als derjenige in Asher & Lascarides (2003: 9): Die Konjunktion bzw. Koordination der DCUs erhält ihren eigenen Knoten, wohingegen sie bei Asher & Lascarides durch eine horizontale Linie repräsentiert wird. Die komplexere Darstellung erlaubt es, sich auf DCU-Konjunktionen im Rahmen von Polanyi zu beziehen.

Der RFC ist, wie Eickmann (2003: 7) bemerkt, eine teilweise Antwort auf die allgemeine Frage, an welcher Stelle in einer Kontextstruktur ein neues Diskurssegment andocken wird. Die meisten Theorien umgehen diese Frage mit der Behauptung, dass Diskurssegmente an adjazenten Segmenten im Diskurs „andocken" (vgl. Hobbs et al. 1990, Mann & Thompson 1988). Dass diese Theorien problematisch oder doch wenigstens nicht ausreichend sind, kann man an Beispiel (4) sehen (von Eickmann nach Asher & Lascarides 2003 leicht abgewandelt, übersetzt):

(4)
a. John hatte gestern einen schönen Abend.
b. Er hatte ein reichhaltiges Abendessen.
c. Er aß viel Fisch.
d. Er trank viel Wein.
d' Dann ging er in die Disko.
d" Der nächste Morgen war grausam.

Während Satz (4d) an Satz (4c) mit einer rhetorischen Relation (hier Narration) anschlösse, würde dies Satz (4d') bei Satz (4b) durch eine Narrations- bzw. Elaborationsrelation und Variante (4d") bei Satz (4a). Dem RFC entsprechend dominiert Satz (4a) alle folgenden Sätze bis (4d'). Satz (4d") ist koordiniert an (4a) durch eine Narrations-Relation angeschlossen Wegen der inhaltlichen Verhältnisse könnte es sich auch um einen Kontrast handeln. Das Prinzip der Adjazenz reicht nicht aus, um zu erklären, was an welcher Stelle aus welchem Grund „andockt" (Eickmann 2003: 11f).

2.2 Baumgraphen vom Polanyi-Typ und der RFC

Nach der Übersicht über die relevanten Komponenten von Polanyi's LDM geht es nun um die Anwendung von Polanyi-Type Trees auf den RFC. Polanyi formuliert die Anweisung für die Erzeugung eines Baumgraphen während der Analyse folgendermaßen:

> A new constituent is attached to the Discourse Parse Tree as the rightmost constituent at a structurally accessible existing level in the Tree. In LDM Trees, ALL rightmost nodes are open, whether they are Coordination, C, nodes or Subordination, S, nodes [...] Depending on the configuration at existing nodes and the exact encoding form and semantic properties of an incoming unit, it will be coordinated or subordinated at an open node (Polanyi 1988: 613).

Die entstehenden Bäume sind Parsingbäume, die dem Diskurs eine strukturelle Beschreibung auf einer Von-Links-Nach-Rechts und Satz-für-Satz-Basis zuweisen. Auf ihrer Grundlage kann man jederzeit Aussagen darüber machen, welche Diskurseinheiten strukturell erreichbar sind und welche nicht (Polanyi 1988: 611). Darüber, ob eine gegebene Diskurseinheit nun subordiniert oder koordiniert werden muss, entscheiden Weltwissen und Inferenzprozeduren (Polanyi 1988: 611). Abgesehen von subordinierenden und koordinierenen Knoten ist der maximal rechte Knoten in einem Baum als „Andockpunkt" (*attachment point*) zugänglich. Der RFC erkennt nur solche Diskurse als wohlgeformt an, die den hier gegebenen Konstruktionsregeln entsprechen. Das erklärt, warum in Diskurs (3) die Erweiterung

3f. Er war leuchtend rot.

merkwürdig klingt. Abgesehen von dem Satz *Hinterher gewann er noch einen Tanzwettbewerb* ist der einzig mögliche Andockpunkt in Abb. 3 der C-Knoten, der sich auf der übergeordneten Ebene befindet und dem der Satz *Max hatte gestern einen schönen Abend* entspricht. Keiner der beiden genannten Sätze hält jedoch einen aus semantischer Sicht angemessenen Antezedenten für das Pronomen in (3f) (s.u.) bereit. Bei der Darstellung müsste es zu Überkreuzungen im Baum kommen, die symptomatisch für eine RFC-Verletzung sind. Überkreuzungen sind bei Polanyi jedoch nicht zulässig. Allerdings wäre (3f) ein geeigneter Anschluss für (3e):

3f. Es handelte sich um einen Tangowettbewerb.

Der RFC ist selbstverständlich nicht die einzige Beschränkung über die Zugänglichkeit von Andockpunkten. Weitere Beschränkungen werden in Kehler (2002) diskutiert. Interessanterweise scheint der RFC in den neueren automatischen Algorithmen zur Anaphernauflösung nicht berücksichtigt zu werden (Mitkov 2002: Kap. 5.7). Dort findet sich lediglich eine restringierte Auffassung vom RFC, die besagt, dass Nomina in unmittelbar voraufgehenden Sätzen früheren, und damit weiter entfernten Sätzen, vorgezogen werden.

3 Der Right Frontier Constraint im Chat

3.1 Vorgehensweise bei der Untersuchung

Kommunikative Einheiten

Plauderchats, in der speziellen Form des Multiparty-Chats mit Flüsterlounge sowie Beraterchats wurden auf den RFC überprüft, was stillschweigend eine Ähnlichkeit von Chat und traditionellen Kommunikationssystemen, insbesondere mündlicher Kommunikation unterstellt. Für die Bezeichnung kommunikativer Einheiten bediene ich mich deshalb der Terminologie nach Beißwenger (Beißwenger 2003: 212), der differenzierte Überlegungen darüber angestellt hat, unter welchen Umständen von der für die mündliche Kommunikation zentralen Eigenschaft des Turn-Taking und damit verbundenen Termini der Diskursanalyse auch im Chat die Rede sein kann. Daraus ergibt sich für den Kontext des von mir analysierten Plauder- und Beraterchats die Verwendung zweier kommunikativer Einheiten:

- *Chat-Beitrag*: Teilnehmeräußerung, die per vorausgehendem und nachfolgendem Absatzreturn begrenzt und an den Server abgeschickt wurde. Es handelt sich um eine formale, jedoch keine funktionale Einheit.
- *Kommunikativer Zug*: Pragmatische Einheit, die durch propositionalen Gehalt und illokutive Funktion konstituiert wird, wobei ich zu den kommunikativen Zügen auch solche Äußerungen zähle, die auf die Illokution beschränkt sind. Kommunikative Züge sind im Logfile bzw. auf dem Bildschirm durch mindestens einen Chat-Beitrag repräsentiert.

Beißwenger schlägt darüber hinaus auch den Begriff des *Turn* vor, dessen Verwendung allerdings nur für solche kommunikativen Züge gilt, für die sich nachweisen lässt, dass sie konform mit etablierten oder vereinbarten Turn-Taking Regeln realisiert wurden. In diese Kategorie fallen Politiker-, Prominenten- und Expertenchats sowie chatbasierte virtuelle Seminare, die an feste Regeln für Senderechtsbeanspruchung und -vergabe geknüpft sind (Beißwenger 2003: 199/229; s. a. Sacks et al. 1974). In Standard-Chat-Umgebungen, wie den zu untersuchenden Plauder- und Beraterchats, sind Rederecht und Sprecherwechsel außer Kraft gesetzt. Nach Storrer besteht

eine wesentliche Voraussetzung für die Anwendbarkeit der Regeln des Turn-Taking [darin], daß – von Überschneidungen an den Übergangspunkten abgesehen – nur ein Gesprächsteilnehmer redet, während die anderen schweigen und einen geeigneten Moment für die Ergreifung des Rederechts abwarten (Storrer 2001: 12).

Diese Voraussetzung gilt für die zu untersuchenden Chats nicht, da in ihnen die Option auf einen jederzeitigen Wechsel von der Rezipienten- in die Produzentenrolle, der nicht wie im diskurs-analytisch für den *face-to-face*-Fall beschriebenen Sprecherwechsel ausgehandelt werden muss, durch fehlende technische und soziale Restriktionen gegeben ist (vgl. Beißwenger 2003: 204/209).

Anwendung des Linguistic Discourse Model (LDM) auf den Chat

Wenn der RFC in traditionellen Kommunikationssystemen verletzt wird, kommt es zu Störungen der Kommunikation, da der pronominale Bezug auf Antezedenten nicht eindeutig geklärt werden kann oder nicht im intendierten Sinne herstellbar ist. Die Ü-berprüfung der Gültigkeit des RFC im Chat basiert auf der Hypothese, dass diese Be-schränkung für den Chat nicht gilt. Um die Überprüfung des Chat auf Geltung des RFC zu veranschaulichen, werde ich einen Chat-Beitrag exemplarisch auf Polanyi's LDM (*Linguistic Discourse Model*) abbilden und auch in diesem Fall eine Ähnlichkeit von Chat und traditionellen Kommunikationssystemen unterstellen (vgl. Abschnitt „Kommunikative Einheiten"). Die Übertragung von Polanyi's LDM auf den Chat ver-langt nach einer weiteren Erläuterung, da die Einordnung des Chat als Kommunikati-onsform nicht unproblematisch ist. Beißwenger rechnet die Chat-Technologie zu den auf dialogischen Austausch hin konzipierten Diskurstechnologien, zu denen auch die Telefontechnologie gehört, da die Kommunikationsform Chat den Eigenschaften der annähernden Synchronizität, potenzieller Multilateralität, medialer Graphizität (Ver-pflichtung kommunikativen Handelns auf eine schriftliche Repräsentation) und Dis-kursivität (die Option auf ein schnelles, spontanes *Zuspiel kommunikativer Bälle* und ein dynamisches kommunikatives Wechselspiel, weniger die kollaborative Produktion textueller Artefakte) gerecht wird. Trotz außer Kraft gesetzter Mechanismen des Turn-Taking und der auf die Übertragungsprotokolle zurückzuführende Auflösung von Dis-kurssträngen in der Bildschirmanzeige sind im Chat gängige, an alltäglichen Ge-sprächsformen orientierte Sprachhandlungsmuster in den Diskurssträngen deutlich zu erkennen. Diese sind bedingt durch die wechselseitige Aufeinanderbezogenheit der kommunikativen Züge, die wiederum in einer auf die gegenseitige Verständigung zie-lende gesellschaftlich verankerte Handlungskoordination begründet ist (Beißwenger 2003: 213; Zifonum et al. 1997). Bedingt durch die technischen Gegebenheiten des Chat

> herrscht im Gegensatz zu mündlichen Gesprächsformen zwischen den an der Entwick-lung eines Chat-Strangs beteiligten Kommunikanten allerdings nie eine vollständige Syn-chronisation der geplanten, der erwarteten oder der aktual in Realisierung befindlichen Handlungsmusterpositionen (Beißwenger 2003: 213).

Die Anwendung des LDM auf den Chat ist vertretbar, da Polanyi ihr Modell durch entsprechende Erweiterungen für die Darstellung beliebiger Diskursformen wie Frage-Antwort-Sequenzen beispielsweise in Kundengesprächen oder der Arzt-Patient-Kom-munikation vorgesehen hat (vgl. Polanyi 1988: 603). Polanyi integriert in ihr Baum-modell allerdings keine Parameter zum Turn-Taking. Ein plausibles Argument gegen Diskursmodellierungen, die Effekte des Turn-Taking vernachlässigen, gibt Ginzburg (1997). Er zeigt, dass beim Sprecherwechsel semantische Effekte auftreten, die den Bezug pronominaler Anaphern auf drastische Weise verändern. Die von Ginzburg be-obachteten Phänomene sind für die hier zugrunde gelegte Datenbasis jedoch nicht ein-schlägig.

> In the LDM [...] every possible discourse unit type is associated with its own formal desc-ription – which specifies its characteristic constituent structure and is interpreted accor-ding to specific rules of semantic interpretation (Polanyi 1988: 603).

Das LDM enthält andererseits einen computationalen Mechanismus, der die Kohärenz-relationen anhand semantischer Kongruenz und struktureller Angemessenheit überwacht. Es operiert auf *context frames* und repräsentiert die Bedeutung sowie den Interpretationskontext jeder DCU in Form eines *semantic frame*. Der *semantic frame* stellt *slots* für temporale und räumliche Parameter und Informationen über die Dimensionen propositionaler Information, etwa im Fall exophorischer Ausdrücke zur Verfügung. Polanyi bezieht sich bei der Definition des *semantic frame* auf die Kaplansche Auffassung vom Funktionieren demonstrativer Ausdrücke. Diese Auffassung wird hinsichtlich der *semantic frames* bei Kaplan an seiner Festlegung der Bestandteile von LD-Strukturen deutlich (Kaplan 1979: 88). Jede hinzukommende Diskurskonstituente hat einen assoziierten *context frame*, genauso wie jede DCU die durch Koordination oder Subordination entstanden ist (Polanyi 1988: 616).

> With the LDM, our goal is to explain how speakers achieve their goals and purposes by exploiting the discourse structuring conventions of language to construct discourse surface structure by means of dcu formation rules and strategies (Polanyi 1988: 627).

Polanyi (1988) arbeitet mit unterspezifizierten Angaben, bei der Diskursäußerungen nicht direkt in die Baumstruktur einbezogen werden, sondern durch die Angabe von kommunikativen Zügen (bei Polanyi *moves* und *sub-moves*, siehe dazu auch Levin & Moore 1977), in die ein Sprechereignis zerfällt, paraphrasiert werden *while the talk itself proceeds segmented into Topics* (Polanyi 1988: 631). In späteren Arbeiten vertieft sie die Formalisierung von Diskursen im DRT-Stil (siehe zum Beispiel Polanyi 1996, Polanyi 2001). Da eine detaillierte Diskursrepräsentation jedoch nicht Ziel der vorliegenden Betrachtung ist, werde ich in diesem Rahmen Polanyis unterspezifizierte Darstellung verwenden. Zur besseren Orientierung innerhalb des Chat und zur Illustration der Diskursentwicklung werde ich den Polanyi-Type-Tree an den Blättern um die jeweiligen Chat-Beiträge erweitern. Da Polanyi zur Etikettierung ihrer Knoten sowohl kommunikative Züge als auch Diskursphasen bzw. Themen auf einer Ebene verwendet, wirkt ihre Zuordnung in Polanyi (1988) unsystematisch. Ich werde mich auf die Verwendung von Themen konzentrieren.

Das für die Untersuchung verwendete Datenmaterial stammt einerseits aus 28 Mitschnitten des nicht mehr existierenden Allegra-Chat und 8 Auszügen aus dem Beratungschat des BeraNet (http://www.beranet.de/). Der Allegra-Chat bietet die Option einer Flüsterlounge, also die Möglichkeit zu privater, restriktiv sichtbarer Kommunikation. Da die Protokollantin des Multi-Party Chat auch auf diesem Kanal kommunizierte, konnten geflüsterte Chats in die Analyse einbezogen werden. Orthographiefehler bzw. Inkonsistenzen in der Schreibung wurden nicht verbessert bzw. angeglichen.

Die Chatdaten werden exemplarisch an einem in einen Polanyi-Type Tree überführten Chatfragment diskutiert. Durch Pfeile wird die ursprüngliche, im Chatprotokoll dokumentierte Reihenfolge rekonstruiert. Diese ist bei einigen Beispielen auch aus den Timestamps zu ersehen.

Extraktion der Belege

Um Chatbeiträge aus den Logfiles herauszufiltern, die Kandidaten für eine RFC-Verletzung sind, ist zu beachten, dass es niemals sicher ist, dass Beiträge in identischer Reihenfolge auf den Bildschirmen verschiedener Benutzer erscheinen. Lediglich solche Chat-Beiträge, in denen eine DCU geschlossen wird und eine neue eröffnet, können als Beleg gewertet werden. Die Verletzung des RFC muss daran zu erkennen sein, dass sie unabhängig von der Repräsentation des Chat auf dem Bildschirm des jeweiligen Chatters auftritt. Dies wäre der Fall, wenn in einem einzigen Chat-Beitrag der Bezug auf zwei verschiedene Themen erfolgt. Das Verschränkungsmuster für die Identifizierung möglicher RFC-Verletzungen sähe im Falle von Frage-Antwort-Paaren aus wie in den Beispielen (5) und (6) bzw. Abb. 4 und 5.

(5)   Chatter A: $DCU_{FrageThema1} + DCU_{FrageThema2}$
        Chatter B: $DCU_{AntwortThema2} + DCU_{AntwortThema1}$
oder
(6)   Chatter A: $DCU_{FrageThema1} + DCU_{FrageThema2}$
        Chatter B: $DCU_{AntwortThema1} + DCU_{AntwortThema2}$

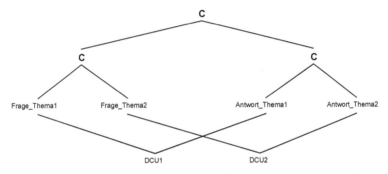

Abb. 4: Muster zur Identifizierung einer RFC-Verletzung. Die oberen Kanten stellen die zeitliche Reihenfolge der Chatbeiträge dar, die unteren die Zuordnung zu DCUs. Die Verletzung ist durch überlappende Kanten indiziert.

Das durch das Muster definierte Idealbeispiel (Beispiel (5) bzw. (6)) konnte in den zur Verfügung stehenden Mitschnitten nicht gefunden werden. Dass der Idealtypus im Korpus nicht lokalisiert wurde, bedeutet keineswegs, dass er durch Chatter nicht produziert wird: Ein Chatter kann durchaus innerhalb eines Chat-Beitrags zwei kommunikative Züge realisieren, die zwei unterschiedliche DCUs konstituieren und ein antwortender Chatter auf die vorgenannten kommunikativen Züge wahlweise mit einer Verschränkung der Beantwortungsreihenfolge (siehe Abb. 4) ohne pronominalen Bezug reagieren oder die Beantwortungsreihenfolge, jedoch ebenfalls ohne pronominalen Bezug, einhalten (siehe Abb. 5).[2] In beiden Fällen wäre der RFC verletzt: In Beispiel

2   Dem mag man entgegenhalten, dass Schemata dieser Art beispielsweise auf Pressekonferenzen häufig vorkommen und dort eine RFC-Verletzung quasi gang und gäbe ist. Bei Ereignissen dieser Gestalt werden von Journalisten oft mehrere Fragen hintereinandergestellt, auf die sich der Befragte dann in einer selbstgewählten Reihenfolge beziehen kann. Wichtig für die RFC-Verletzung ist, dass der pronominale Bezug in der Beantwortung der Fragen fehlt. Bei Pressekonferenzen ist jedoch zu beobachten, dass der Befragte die Reihenfolge der Beantwortung durch ebendiesen pronominalen Bezug („*Um auf die zweite Frage zu kommen,...*") transparent macht, auf welche Frage er genau eingeht, wodurch eine RFC-Verletzung in der Regel ausge-

(6) sogar zwei Mal, da bei Erstbeantwortung von Frage 1 die Erreichbarkeit von Frage 1 durch Frage 2 schon gar nicht mehr gegeben ist und durch Beantwortung von Frage 1 die Erreichbarkeit von Frage 2 blockiert ist. Die Darstellung der beiden Beispiele durch Baumgraphen ist für Polanyi nicht machbar, da es zu Überkreuzungen der Kanten (siehe Abb. 4) bzw. zur Einschachtelung von DCUs (siehe Abb. 5) kommt. Ich verwende diese Überkreuzungen, um die Stellen, an denen die Verletzung stattfindet, kenntlich zu machen.

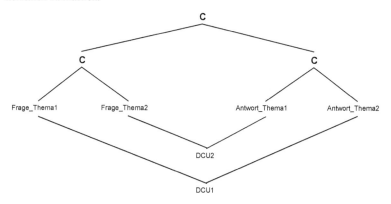

Abb. 5: Muster zur Identifizierung einer RFC-Verletzung. Die oberen Kanten stellen die zeitliche Reihenfolge der Chatbeiträge dar, die unteren die Zuordnung zu DCUs. Die Verletzung ist durch verschachtelte DCUs indiziert.

Obschon sich das in den Abb. 4 bzw. 5 illustrierte Idealbeispiel im Korpus nicht lokalisieren ließ, habe ich mit Beispiel (7) einen Beleg gefunden, das obenstehendem Muster am nächsten steht. Ich werde dieses Beispiel diskutieren und zwar besonders mit Blick auf die Frage, ob ein bloßer Mitschnitt ausreichen kann, um eine RFC-Verletzung nachzuweisen. Diese Diskussion wird sich auch auf die Bewertung der Muster auswirken, die zur Illustration eines Idealbeispieles herangezogen wurden.

3.2 Ergebnisse

Für den öffentlichen Teil der Plauder-Chats konnte keine einzige Verletzung des RFC festgestellt werden, dafür aber für den Chat in der Flüsterlounge (1 Beispiel) und für den Beratungschat, der gemessen an einer verhältnismäßig geringen Anzahl kommunizierter DCUs eine vergleichsweise hohe Dichte an RFC-Verletzungen aufwies (3 Beispiele).

Die Frage einer möglichen RFC-Verletzung wird nun anhand eines Auszugs aus einem Beratungschat erörtert. Der Beratungschat des Beranet setzt sich stets aus zwei Chattern zusammen, einer beratenden Person und einer ratsuchenden Person. Der Grad

---

schlossen werden kann. Das Verfahren ist so standardisiert, dass eine Auflösung der pronominalen Bezüge durch Grice'sche Inferenzmechanismen ohne Schwierigkeiten erfolgt.

an Privatheit des Beratungschat ist vergleichbar mit dem der Flüsterlounge. Die Bildschirmperspektive ist immer aus Sicht des Beratenden dokumentiert.

Chatfragment

Die Ratsuchende ist Studentin. Sie meldet sich wegen Prüfungsangst und weil sie den Eindruck hat, dass ihre Eltern sie im Vergleich zu ihrer Schwester benachteiligen.

(7)
(16:59:39) A: ich empfehle dir sehr, dir für beide Probleme Unterstützung zu holen!
(16:59:56) A: Wir müssen hier nämlich gleich aufhören!
(17:00:05) yyy: und meine ältere Schwester ruft mich auch nur noch an, damit ich den Babysitter spiele oder mit ihr und den Kindern was unternehme, aber nicht mehr so von Schwester zu Schwester, das finde ich auch schade. (...)
(17:00:33) yyy: meinen sie dass ich echt nur eifersüchtig bin?
(17:00:41) yyy: haben sie demnächst wieder termine?
(17:00:58) A: Versuche, bei Dir zu bleiben und dich auch nicht zu sehr einspannen zu lassen, du machst immerhin deinen Studienabschluss!
(17:01:29) yyy: mhm, ja, aber das geht oft nicht, dass ich mich auf mein Studium konzentriere
(17:01:41) A: Ja, immer Montags. Nur eifersüchtig, das würde auch schon reichen als Problem, aber ich denke, da steckt mehr dahinter
(17:01:57) A: deswegen, geh zur Beratungsstelle!

Beispiel 7: Chatfragment aus dem Beraterchat des *Beranet* (*A* = Berater, *yyy* = Ratsuchende).

Beschreibung des Chatfragments

Dem im Baumgraphen dargestellten Gespräch geht eine Unterhaltung über das Lebensselbstmanagement von yyy voraus. A empfiehlt yyy, sich Beratung zu holen, worauf yyy mit einer Beschreibung ihres Verhältnisses zu ihrer Schwester eingeht. Dieser Chat-Beitrag erscheint auf dem Bildschirm von A zum Zeitpunkt (17:00:05). Von A ist allerdings bis zum nächsten Chat-Beitrag von yyy noch kein Beitrag erschienen. Eine Antwort durch A erfolgt erst zum Zeitpunkt (17:00:58), nachdem yyy zwei thematisch unterschiedliche Beiträge produziert hat: Der eine bezieht sich durch einen kommunikativen Zug in Form einer Elaboration auf das vorgenannte Problem und erfragt eine Stellungnahme zu yyy's Problemursache. Der andere Chat-Beitrag referiert auf den Zeitplan und mögliche weitere Beratungstermine. 17 Sekunden nach Erscheinen des letzten Beitrags von yyy erscheint A's nächster Beitrag auf dem Bildschirm. Allerdings lässt sich feststellen, dass A servertechnisch bedingt die Möglichkeit hatte, yyy's Beiträge zu perzipieren. Ihr Beitrag zielt jedoch auf das Lebensmanagement von yyy und beinhaltet den kommunikativen Zug eines Ratschlags mit einer Begründung. Es ist möglich, dass A zum Zeitpunkt der Produktion ihres Chat-Beitrags das Erscheinen der beiden letzten Beiträge der Ratsuchenden yyy nicht wahrgenommen hat. Genauso ist es denkbar, dass sie eine Reihenfolge der Beantwortung wahren wollte. yyy geht in ihrem folgenden Beitrag (17:01:29) auf den letzten Beitrag A's ein und formuliert einen Widerspruch. 12 Sekunden später erscheint A's nächster Beitrag auf dem

Bildschirm, dessen erster kommunikativer Zug sich mit dem zweiten Beitrag yyy's zum Zeitpunkt (17:00:41) beschäftigt und damit die Frage nach neuen Terminen beantwortet. Der zweite kommunikative Zug beantwortet yyy's Frage nach der Ursache für ihr Empfinden und Verhalten. Der letzte Beitrag des Chatausschnittes stammt wiederum von A und ist eine Elaboration des von A zuvor Beigesteuerten. Betrachtet man die Reihenfolge der Beiträge im Logfile ohne kontextuelle Parameter, sondern nur auf Ebene einer Serversicht, dann lassen sich Argumente für eine Verletzung des RFC anführen.

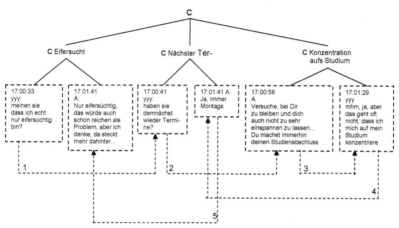

Abb. 6: Graphische Darstellung des Beratungschat in Beispiel (7). Die Nummern an den Pfeilen etikettieren die eigentliche Reihenfolge der Beiträge im Chatmitschnitt.

Die Ratsuchende yyy hakt in Chat-Beitrag (17:00:33) bei dem vorher besprochenen Problem der Eifersucht noch einmal ein und schickt eine weitere, jedoch thematisch anders orientierte Frage in einem neuen Chat-Beitrag hinterher (17:00:41). Beide Chat-Beiträge eröffnen zwei verschiedene, koordinierte DCUs (s.a. Abb. 6). Die Beratende A äußert in Chat-Beitrag (17:00:58) einen Ratschlag, der sich auf das Fortkommen von yyy im Studium bezieht. Dies bedeutet die Eröffnung einer weiteren DCU, worauf yyy im direkt nachfolgenden Chat-Beitrag (17:01:29) reagiert und die DCU schließt. A fährt in Chat-Beitrag (17:01:29) mit der Beantwortung der Frage in (17:00:41) fort und geht auch auf die Frage in (17:00:41) ein. Jedoch befindet sich keine der beiden Fragen an der rechten Grenze des Diskurses, so dass Chat-Beitrag (17:01:41) die Kriterien für den RFC durchbricht. Der Fall pronominaler Referenz ist wiederum in keinem der beiden Antwortsätzen gegeben. Bei *Ja, immer Montags* handelt es sich um eine elliptische Konstruktion, bei *Nur eifersüchtig, das würde auch schon reichen als Problem* ist die wörtliche Wiederaufnahme durch Teilstücke der Frage in (17:00:33) durch *nur eifersüchtig* als Referenz zu werten.

3.3 RFC-Verletzung und Interpretationsperspektiven

Betrachtet man das Chatfragment wie hier geschehen auf der Grundlage des Mit-schnitts, so kann man strukturell nachweisen, dass der RFC von den Teilnehmern in bestimmten Chats verletzt wurde.

Aber was heißt Verletzung des RFC im Rahmen von Internet-Chat? Die Polanyi-Beispiele sind Verschriftungen von monologischen oder bestenfalls dialogischen Tex-ten in *face-to-face*-Situationen. Hier stellt sich nicht die Frage nach verschiedenen Wahrnehmungen, die es geben kann. Für den Chat könnte es von Interesse sein, zu untersuchen, ob im Falle einer *Verletzung* der Produzent ausschlaggebend ist oder die Wahrnehmung des Rezipienten miteinbezogen werden muss. Oder man könnte fragen, ob eine Verletzung nur dann von Belang ist, wenn mindestens ein Rezipient eine Re-aktion produziert, die indiziert, dass an einer bestimmten Stelle etwas nicht verstanden wurde.

Um die Überprüfung der Relevanz von Verletzungen des RFC im Chat adäquat zu untersuchen, halte ich es für erforderlich, eine Fallunterscheidung vorzunehmen, die einerseits die strukturelle Sicht, andererseits eine kontextbasierte Sicht, die zu einer eher kognitionswissenschaftlichen Analyse des Gegenstandes führt, auf den Chat-mitschnitt beinhaltet.

Mit dem Chatlogfile haben wir eine im Diskursverlauf entstandene Skizze des eigentlichen Chatereignisses vorliegen, das entscheidender kontextueller, produktions-spezifischer Eigenschaften entkleidet ist. Realisiert als ein *schriftrollenartiges Ver-laufsprotokoll*, werden dem Mitschnitt aktuell eintreffende Chat-Beiträge in strikt line-arer Reihenfolge hinzugefügt (Beißwenger 2003: 204/207). Dabei ist zu beachten, dass die jeweiligen Beiträge als Multiplex (Sassen 2000: 93) bzw. nach dem Mühlenprinzip (Beißwenger 2003: 204) protokolliert werden: Sie werden nicht in kohärenter Abfolge abgebildet, sondern in der Reihenfolge ihres Eingangs, d.h. das Serverrelais arbeitet die Beiträge, die zuerst bei ihm eintreffen, zuerst ab und leitet sie in dieser Reihenfolge an die Adressatenrechner weiter. Die zeitgleiche Darstellung oder die Darstellung sich überlappender Beiträge ist nicht möglich (vgl. Beißwenger 2003: 210).

> Da das Ziel chatbasierter Konversation nicht (oder bestenfalls in Ausnahmefällen) darin besteht, einen abspeicherbaren Text zu produzieren (d.h.: nicht auf die Produktion eines Mitschnitts zielt), sondern darin, interaktiv kommunikative Probleme zu lösen, darf sich eine Analyse der Interaktionsstrukturen in Chat-Konversationen nicht ausschließlich auf die Bearbeitung von Mitschnitten beschränken, sondern muss darüber hinaus auch die technologischen Rahmenbedingungen, die Besonderheiten der Produktion von Chat-Beiträgen (die sich in Mitschnitten nicht dokumentiert) sowie die Dynamik des Aus-tauschs (die in Mitschnitten bestenfalls anhand sogenannter „Timestamps" sowie anhand von Indizien für sprachliche Ökonomie auf der Oberfläche von Chat-Beiträgen rekon-struiert werden kann) miteinbeziehen. (Beißwenger 2003: 199f.)

Um die Gültigkeit des RFC über die Untersuchung an Chatlogs hinaus zu testen, ist eine Beschäftigung mit Chatkonversationen als *Vollzügen diskursiver Praxis* (Beiß-wenger 2003: 200) erforderlich. Diese erweiterte Perspektive würde, um in ihrer Inter-pretation spekulationsfrei zu sein, die Dokumentation der Blickbewegungen sämtlicher beteiligter Chatter erfordern und darüber hinaus die Aufzeichnung aller individueller

Aktivitäten wie Texteingabe, Mausbewegungen und auch Reaktionen auf Ablenkungen aller Art, seien sie chatgebunden oder chatextern. Deshalb kann es im Rahmen dieser Arbeit nur eine spekulative Interpretation der Mitschnitte geben, die dennoch ausreicht, um zu zeigen, wie kritisch eine Analyse zu sehen ist, die auf einem Logfile basiert, hinsichtlich der Klärung der Frage, ob eine RFC-Verletzung zu Änderungen in der Diskursstrategie führt.

Beiträge können in der Bildschirmansicht weder überlappen noch zeitgleich dargestellt werden: Daraus ergibt sich zunächst, dass kein Betrag Gefahr läuft, für den Kommunikationspartner prinzipiell nicht wahrnehmbar zu sein (Beißwenger 2003: 210).

> Da aufgrund der medialen Schriftlichkeit des Chat die schriftlich realisierten Beiträge im Verlaufsprotokoll der Bildschirmanzeige (zumindest für einen bestimmten Zeitraum) dokumentiert bleiben, kann man nichts „verpassen": Im Eifer des Gefechts übersehene Beiträge bleiben erhalten und können auch zu späteren Zeitpunkten (z.B. durch Zurückscrollen im Verlaufsprotokoll) noch nachgelesen und dann nachträglich erwidert werden (Beißwenger 2003: 208).

Bei der Verarbeitung der beim Server eingehenden Chat-Beiträge liegen im Idealfall zwischen der Verschickung eines Beitrags und seiner Anzeige auf dem Bildschirm der Teilnehmer nur Sekundenbruchteile. Kommt es zu einer Serverüberlastung kann die Verzögerung auch mehrere Sekunden betragen. Im seltenen Fall einer Extremüberlastung werden nur Teile der gerade abzuarbeitenden Beiträge weiterübermittelt, was erhebliche Auswirkungen auf die Entwicklung kommunikativer Episoden haben kann (Beißwenger 2003: 217).

Unter Berücksichtigung der oben ausgeführten Anfälligkeiten der Übertragungswege für Störungen nahm der Chat aus der Sicht der Beraterin möglicherweise folgenden Verlauf: Die Ratsuchende schickt den Beitrag (17:00:05), in dem sie ihre problematische Lage darlegt. Beraterin A liest diesen Beitrag und beginnt ihren Beitrag (17:00:58) zu tippen bzw. zu formulieren, wobei sie sich auf die Produktion ihres Beitrags konzentriert. Evtl. kommt es zu Tippfehlern, die sie korrigiert und vielleicht wird sie durch ein chatexternes Signal abgelenkt. Auf diese Weise hat sie bislang weder Beitrag (17:00:33) noch Beitrag (17:00:41) wahrgenommen. Nachdem sie Beitrag (17:00:58) abgeschickt hat, perzipiert sie Beitrag (17:00:41), auf den sie in Beitrag (17:01:41) eingeht und dann noch Beitrag (17:00:33), den sie ebenfalls kommentiert, bevor sie Beitrag (17:01:41) absendet. Während der Produktion dieses Beitrags hat Beraterin A yyy's Beitrag (17:01:29) noch nicht gelesen. A's Schlussbeitrag (17:01:57) verrät nicht, ob sie dies noch nachgeholt hat oder ob er als Elaboration auf den zweiten kommunikativen Zug (17:01:41) referiert, also auf yyy's Eifersucht.

4   Diskussion

Verletzungen des RFC traten nur in Dialogsträngen auf, die aus einem bestimmten Chattyp isoliert wurden: In Chats mit einer niedrigen Frequenz an geflüsterten Botschaften, d.h., wo nur Sender und Adressat den Chat-Beitrag sehen können, wird der RFC größtenteils eingehalten. Für Flüsterlounges und Beraterchats trifft dies nicht so zu. Eine mögliche Erklärung für dieses Phänomen lässt sich unter der folgenden Annahme geben: Flüsterlounges sind für die Etablierung von speziellen Kontakten gemacht, genauso Beraterchats. Hier hat man ein privates Forum, auf dem intime Kommunikation stattfindet, ohne dass sie von Außenstehenden sanktioniert wird. Auf Grund der Schriftlichkeit der Kommunikation, die im Vergleich zu gesprochener Interaktion schwerfällig ist, gibt es im Chat keine unmittelbaren Backchannelsignale (s. Herring 1999; Krauss & Fussell 1990). *Eine* Option, die Kommunikation aufrecht zu erhalten, Pausen zu überbrücken und fehlende Backchanneloptionen zu kompensieren besteht in der Initiierung einer neuen DCU, um Antworten auf die vorhergehende DCU nicht vorzugreifen. Beispielsweise hätte yyy nach ihrer Frage an Beraterin A *meinen sie dass ich echt nur eifersüchtig bin?* der Antwort auf diese Frage beispielsweise mit der Äußerung *Das ist dann wohl so* vorgreifen können, doch sie signalisiert mit ihrer zweiten Frage (nach den Terminen), dass sie A's Reaktion abwarten will. Sowohl in Flüsterlounges als auch in Beraterchats ist dies offensichtlich durch das Bedürfnis motiviert, den Kommunikationskanal offen zu halten und zu signalisieren, dass der Kommunikationspartner noch da ist. Für Beraterchats ist diese Notwendigkeit besonders evident.

In Chats, in denen ein geringerer Druck der Kontaktaufrechterhaltung herrscht, waren nur wenige Verletzungen des RFC zu beobachten. Offenbar besteht in öffentlichen Chats ein Bewusstsein der kommunikativen Handlungen der anderen und Chatter verfolgen diese. Wann immer Uneindeutigkeiten die Kohärenz der Kommunikation beeinträchtigen, an der sie selbst beteiligt sind, scheinen Chatter simple pronominale Referenz zu vermeiden und stattdessen komplexere Ausdrücke zu gebrauchen. Manchmal werden die Partner explizit adressiert, um den Diskursstrang und den darin enthaltenen Antezedenten eineindeutig zu benennen. Dies könnte ein Fall von Rezipientendesign, im Sinne von Brennan (2002) sein.

Was wäre zu erwarten, wenn der RFC in traditionellen Kommunikationssystemen verletzt würde? Für die mündliche Kommunikation kann man bei den Gesprächspartnern mit einem Wechsel von der Objekt- auf die Metaebene rechnen, also dem Eintritt in einen Verständnissicherungsdialog, der unter Umständen das mehrmalige Durchlaufen einer *uptake*-Schleife (vgl. Gibbon 1981, Sassen (erscheint 2005)) bestehend aus Bitte um Klärung sowie einer durchgeführten Klärung bzw. Reparatur beinhalten kann. Diese Schritte werden ausgeführt, bevor der Teilnehmer, der das Verständnisproblem hat, optional bestätigt, dass er die problematische Äußerung nun inhaltlich nachvollziehen kann. Im schriftlichen Medium wie Brief oder Buch ist es schwieriger festzustellen, wie der Rezipient auf eine Durchbrechung des RFC reagieren würde. Vielleicht überliest er die Problemzeilen oder schreibt einen Brief an den Autor, in dem er um Erklärung der kryptischen Zeilen bittet oder er ruft ihn an. Die Verständnissicherung würde mit einer deutlichen Verzögerung zwischen Rezeption und Klärung einhergehen.

Im Chat konnte ich anhand zahlreicher Beispiele feststellen, dass bei Nichtverstehen bzw. Kohärenzproblemen Reaktionen auftraten, die dem oben genannten Eintreten in einen Verständnissicherungsdialog entsprechen. Beispiele (8) und (9) stammen aus der Flüsterlounge der analysierten Plauderchats bzw. aus den Beratungschats und illustrieren, was bei unklarer Referenz geschieht. In Chat-Beitrag (18:26:56)/Beispiel (8) produziert A die Aussage *ich find das nett*, worauf B um Klärung bittet, was A nicht (= „net") findet und verstärkt bzw. paraphrasiert in (18:27:53) seine Bitte bzw. den Ausdruck des Nichtverstehens durch eine Sequenz von Fragezeichen und befindet sich damit auf der Metaebene des Dialogs. A löst die unklare Referenz mit einer weiteren Aussage auf, auf die B mit einer Bestätigung des Verstehens reagiert und so den Dialog wieder auf die Objektebene umleitet.

(8)
(18: 26: 56) A zu B: ich find das nett
(18: 27: 09) B zu A: was findest du net
(18: 27: 53) B zu A: ???????
(18: 28: 10) A zu B: ich find bayerisch nett, das meinte ich damit
(18: 28: 19) B zu A: achso

Diese Chat-Konversation wurde auf die für die Erläuterung der Verständnissicherung wesentlichen Bestandteile gekürzt.

In Beispiel (9) treten zwei hintereinander geschachtelte Verständnissicherungsschleifen auf, indem die Beraterin A jeweils nachhakt, was die Ratsuchende mit *Angst* meint und wie es zu verstehen ist, dass *einer kommt*. Die Ratsuchende klärt die Verständnisprobleme in jedem Fall, wodurch diese Dialogform der Verständnissicherung wohlgeformt ist.

(9)
(17: 34: 38) Ratsuchende an A: die angst wird mehr
(17: 36: 19) A an Ratsuchende: Welche angst meinst du Ratsuchende
(17: 36: 34) Ratsuchende an A: das einer kommt
(17: 36: 41) A an Ratsuchende: einer kommt?
(17: 36: 59) Ratsuchende an A: ja, also ich bin halt so leise damit keiner
(17: 37: 17) Ratsuchende an A: bei jedem Geräusch denke ich das einer
                                  kommt

Beispiele (8) und (9) können als Hinweis darauf gewertet werden, dass der Umgang mit diskursiven Unklarheiten im Chat eine sehr hohe Ähnlichkeit mit der mündlichen Kommunikation zeigt. Es wäre zu erwarten, dass eine Verletzung des RFC mit dem Auftreten von Verständnissicherungsdialogen einhergeht. Während in traditionellen Kommunikationssystemen, eine Durchbrechung des RFC die Kommunikation negativ beeinflusst, lässt sich diese Beobachtung für keines der mir vorliegenden Chatbeispiele machen. Keiner der Kommunikanten war aufgrund der vom Mitschnitt ableitbaren Verletzung in einen Verständnissicherungsdialog eingestiegen, um die Zuordnung der einzelnen kommunikativen Züge zu klären. Die Vermutung liegt nahe, dass die Kommunikanten eine, aus der Perspektive traditioneller Kommunikationssysteme so zu nennende, Verletzung des RFC gar nicht als solche empfinden, was im Umkehrschluss nahelegt, dass die Verletzung des RFC unter Hinzunahme der Kontextparameter ohne Probleme aufgelöst werden kann. Die Kommunikationsteilnehmer können RFC-Verletzungen ohne Zusammenbrechen der Kommunikation bewältigen, weil sie in der Lage sind, die Kontextinformationen auszubeuten.

Der RFC gilt nach Korpuslage nicht für Flüsterlounges und Beraterchats. Für

Multiparty-Chats scheint er dagegen zu gelten. Meine Hypothese, dass der RFC für den Chat nicht gilt, muss ich für den allgemeinen Fall von Chat, sprich Multiparty-Chats, verwerfen. Für den speziellen Fall von Flüsterlounges und Beraterchats gibt das Korpus Belege für die Gültigkeit des RFC her.

Bei Vorkommen der RFC-Verletzung in einer ganzen Gattung von Chats stellt sich die Frage, ob die Definition des RFC überhaupt sinnig ist. Alternativ wäre eine Definition erwägenswert, die die zur Verfügung stehende Kontextinformation hinlänglich berücksichtigt. Hierzu gibt es zweierlei Antworten: Einerseits halten sich die Chatter im Großen und Ganzen an den RFC, was dafür spricht, dass er weitestgehend Geltung hat. Andererseits ist zu bedenken, dass eine Aufweichung durch Hinzunahme von Kontextinformationen die Trennschärfe eines solchen Constraints wohl soweit schwächen würde, dass es überhaupt keine nicht-wohlgeformten Fälle mehr gäbe. Es scheint sinnvoll, den RFC in seiner Form zu belassen und für die Erklärung von Ausnahmefällen auf Grice'sche Mechanismen zurückzugreifen, wie dies üblicherweise bei Verletzungen syntaktischer und semantischer Restriktionen gehandhabt wird.

5   Nutzen für die professionelle Chat-Kommunikation

Die Untersuchungen zeigen, dass in Chats mit vielen Teilnehmern die Einhaltung des RFC überwiegt. Dies lässt sich durch einfache kognitive Verarbeitung erklären, die durch die Einhaltung des RFC ermöglicht wird. In kleinen Chats mit wenigen Teilnehmern lässt sich argumentieren, dass eine höhere kognitive Last, die durch das Durchbrechen des RFC erzeugt wird, für die Teilnehmer nicht nur tragbar ist, sondern sogar positive Effekte hat. Daraus lässt sich schließen, dass für professionelle Chatkommunikanten, die beispielsweise in Beraterchats arbeiten, gilt: Es kann förderlich sein, durch Eröffnen neuer DCUs zwar die kognitive Last zu erhöhen, dadurch aber andererseits das Fortbestehen des Kommunikationskanals zu signalisieren. Für Konstrukteure von Chat-Bots gilt es umgekehrt, darauf zu achten, dass ihre Algorithmen den RFC respektieren. Das wiederum bedeutet, dass bei der Konstruktion von Chat-Bots linguistische Erkenntnisse zugrundegelegt werden müssen.

6   Literatur

Asher, Nicholas & Alex Lascarides (2003): Logics of Discourse. Cambridge.

Beißwenger, Michael (2003): Sprachhandlungskoordination im Chat. In: Zeitschrift für germanistische Linguistik 3, 198-231.

Brennan, Susan. E. (2002): Audience Design and Discourse Processes: Do Speakers and Addressees Really Adapt to One Another in Conversation? In: Johan Bos, Mary Ellen Foster & Colin Matheson (Hrsg.): EDILOG 2002 – Proceedings of the Sixth Workshop on the Semantics and Pragmatics of Dialogue. Univ. Edinburgh (Abstract), 1.

Eickmann, Bernd (2003): Incrementality in Discourse Update. Master's thesis, Cognitive Science and Natural Language Processing. School of Informatics. University of Edinburgh.

Gardent, Claire (1998): Discourse Tree Adjoining Grammar. CLAUS Report 91, Univ. des Saarlandes.

Gibbon, Dafydd (1981): Idiomaticity and Functional Variation. A Case Study of International Amateur Radio Talk. In: Language in Society 10, 21-42.

Ginzburg, Jonathan (1997): On Some Semantic Consequences of Turn Taking. In Anton Benz & Gerhard Jäger (Hrsg.): Proceedings of the Munich Workshop on Formal Semantics and Pragmatics of Dialogue. Univ. München.

Grosz, Barbara (1974): The structure of Task Oriented Dialogs. In: IEEE Symposium on Speech Recognition, Contributed Papers, Pittsburgh, PA.

Grosz, Barbara & Candice Sidner (1986): Attention, Intentions, and the Structure of Discourse. In: Computational Linguistics 12 (3), 175-204.

Herring, Susan C. (1999): Interactional Coherence in CMC. In: Journal of Computer Mediated Communication 4(4). WWW-Ressource: http://www.ascusc.org/jcmc/vol4/issue4/herring.html.

Kaplan, David (1979): On the Logic of Demonstratives. I: Journal of Philosophical Logic (8): 81-98.

Kehler, Andrew (2002): Coherence, Reference and the Theory of Grammar. Stanford.

Krauss, Robert M. & Susan R. Fussell (1990): Mutual Knowledge and Communication Effectiveness. In: Jolene Gallagher, Robert E. Kraut & Carmen Egido (Hrsg.): Intellectual Teamwork. Social and Technological Foundations of Cooperative Work. Hillsdale, 111-145.

Levin, James & James Moore (1977): Dialogue Games: Meta-Communication Structures for Natural Language Interaction. Technical Report, University of Southern California. ISI/RR-77-53.

Linde, Charlotte (1979): Focus of Attention and the Choice of Pronouns in Discourse. In: Talmy Givon (Hrsg.): Discourse and Syntax. New York, 337-354.

Mitkov, Ruslan (2002): Anaphora Resolution. London.

Poesio, Massio & David Traum (1997): Conversational Actions and Discourse Situations. In: Computational Intelligence 13 (3), 309-347.

Polanyi, Livia (1988): A formal model of the structure of discourse. In: Journal of Pragmatics 12, 601-638.

Polanyi, Livia & Martin van den Berg (1996): Discourse Structure and Discourse Contexts. In: Paul Dekker & Martin Stokhof (Hrsg.): Proceedings of the Tenth Amsterdam Colloquium, ILLC/Department of Philosophy, University of Amsterdam.

Polanyi, Livia (2001): The Linguistic Structure of Discourse. In: Deborah Schiffrin, Deborah Tannen & Heidi E. Hamilton (Hrsg.): Handbook of Discourse Analysis. Blackwell (Blackwell Handbooks in Linguistics). Oxford & Cambridge.

Polanyi, Livia & Remko Scha (1983a): On the Recursive Structure of Discourse. In: Konrad Ehlich & Henk van Riemsdijk (Hrsg.): Connectedness in Sentence, Discourse and Text. Tilburg University, 141-178.

Polanyi, Livia & Remko Scha (1983b): The Syntax of Discourse.In: Text 3 (3), 261-270.

Sacks, Harvey, Emanuel Schegloff & Gail Jefferson (1974): A simplest systematics for the organization of turn-taking for conversation. In: Language 50(4), 696-734.

Sassen, Claudia (2000): Phatische Variabilität in Internet Chat Dialogen. In: Caja Thimm (Hrsg.): Soziales im Netz. Sprache, soziale Beziehungen und Identität im Internet. Opladen, 89-108.

Sassen, Claudia (erscheint 2005): Linguistic Dimensions of Crisis Talk. Formalising Structures in a Controlled Language. Pragmatics & Beyond New Series. Amsterdam.

Storrer, Angelika (2001): Sprachliche Besonderheiten getippter Gespräche: Sprecherwechsel und sprachliches Zeigen in der Chat-Kommunikation. In: Michael Beißwenger (Hrsg.): Chat-Kommunikation. Sprache, Interaktion, Sozialität & Identität in synchroner computervermittelter Kommunikation. Perspektiven auf ein interdisziplinäres Forschungsfeld. Stuttgart, 3-24.

Webber, Bonnie, Matthew Stone, Aravind Joshi & Alistair Knott (2003): Anaphora and discourse structure. In: Computational Linguistics 29(4), 545-587.

Zifonum, Gisela, Ludger Hoffmann &Bruno Strecker (1997): Grammatik der deutschen Sprache. Berlin. New York (Schriften des Instituts für Deutsche Sprache 7.1-7.3).

Till Schümmer & Jörg M. Haake

Kooperative Übungen im Fernstudium: Erfahrungen mit dem Kommunikations- und Kreativitätswerkzeug FUB

1   Einleitung – Zur Situation der FernUniversität

Die FernUniversität in Hagen bietet ihren Studierenden traditionell verschiedene Lernformen: Kurse, Seminare und verschiedene Arten der praxisorientierten Problemlösung. Nach der Belegung eines Kurses werden den Studierenden das Kursmaterial und dazugehörende, individuell zu bearbeitende, Übungsaufgaben über den Postweg oder das Internet zugänglich gemacht. Während der Veranstaltung können die Studierenden asynchrone Diskussionsmedien wie veranstaltungsspezifische Newsgroups und direkte E-Mail-Kommunikation mit den ProfessorInnen, BetreuerInnen oder MentorInnen nutzen. Die Studierenden können auch per Telefon direkt mit dem Lehrpersonal in Verbindung treten.

Direkter Kontakt unter den Studierenden gestaltet sich als schwierig. Zwar können sich Lerngruppen in einem der über 60 Studienzentren treffen, diese sind jedoch größtenteils in Nordrhein-Westfahlen angesiedelt. Für viele Studierende gestaltet sich der Weg zum Studienzentrum demnach als zeit- und kostenintensiv. Des Weiteren können nicht alle Studienzentren Betreuungsangebote für alle Studiengänge leisten. Deshalb ist das nächste passende Studienzentrum oft noch weiter entfernt.

Ein weiterer Aspekt ist, dass an der FernUniversität häufig Lernende mit eingeschränkter zeitlicher oder räumlicher Mobilität eingeschrieben sind. Am häufigsten sind Studierende mit eingeschränkter zeitlicher Mobilität anzutreffen. Hierunter verstehen wir Studierende, die aufgrund beruflicher Rahmenbedingungen den Zeitpunkt ihrer Studien nicht frei wählen können. Dies wird zum Problem, sobald eine festgelegte Gruppe von Studenten einen gemeinsamen Termin finden muss. Räumliche Mobilität hängt oft mit zeitlicher Mobilität zusammen (wenn die räumlichen Distanzen groß sind, steigt auch die Reisezeit), es gibt jedoch auch noch andere Ursachen. Menschen mit Behinderungen können aufgrund ihrer Behinderung lange Strecken oft nur schwer bewältigen. Inhaftierte, die auch an der FernUniversität studieren können, haben eine sehr eingeschränkte Mobilität (im realen und virtuellen Raum) (vgl. FernUniversität,

2002). Für letztere bieten virtuelle Kommunikationswege den einzigen Zugang zu Beratung und Kooperation.

Die oben skizzierte besondere Natur der FernUniversität wirft deshalb einige Probleme auf. Studierende lernen primär allein, da es schwierig für sie ist, passende Mitlernende zu finden und dann mit ihnen gemeinsam zu lernen. Konsequenzen sind u.a.: Studierende fühlen sich isoliert, sie haben Probleme bei der Erreichung ihrer Lernziele, die sie ohne Unterstützung anderer schwerer überwinden können als z.b. Präsenzstudierende auf einem Campus, und Fernstudierenden fehlt die Erfahrung beim Zusammenarbeiten. Wegen ihrer Isolation fehlt ihnen die Motivation, die Gruppenarbeit und Gruppenmitglieder in einer Präsenzuniversität bieten können.

Typische Ansätze in der Fernlehre, die einige dieser Probleme adressieren, sind (1) die Unterstützung von Kommunikation durch Newsgroups, Diskussionsforen oder in Chat-Räumen, (2) die Live-Übertragung von Vorlesungen über das Internet oder Satellitenfernsehen, mit der eingeschränkten Möglichkeit von Rückfragen an den Dozenten, und (3) asynchrone Gruppenarbeit in praktisch orientieren Lehrveranstaltungen (z.B. Praktika oder Seminaren) oder anderen Formen des problemorientierten Lernens (Koschmann et al. 1996; Miao & Haake 2001).

Unglücklicherweise verfehlen diese Ansätze einige wesentliche Bedürfnisse von Fernstudierenden, z.B. schnelles Feedback auf akute Lernprobleme oder die gleichzeitige gemeinsame Konstruktion von Wissen in einer Sitzung. Deswegen haben wir uns entschieden, diese Defizite durch eine neue Lehrveranstaltungsform zu adressieren: mittelfristige, geplante kooperative Übungen von verteilten Fernstudierenden, die in einen Kurs an der FernUniversität eingebettet sind. Die Studierenden korrigieren sich hier gegenseitig während der Übung, sie beginnen sich aufgrund der Gruppenerfahrung als Gruppe zu fühlen, und sie bekommen KollegInnen, die sie motivieren. Zur Unterstützung dieser Lernform haben wir die kooperative Lernumgebung FUB entwickelt. Haake, Schümmer & Haake (2003) beschreiben Design und Implementierung von FUB.

In diesem Beitrag berichten wir über unsere Erfahrungen mit dem Einsatz von FUB in vier Kursen. Im Abschnitt *FUB in Kürze* werden zunächst die Struktur der kooperativen Übungen und die Benutzung des dafür erstellten Werkzeuges FUB erläutert. Im anschließenden Abschnitt *Erfahrungen mit kooperativen Übungen* werden zunächst die Rahmenbedingungen der Evaluation beschrieben und dann die Fragestellungen definiert, hinsichtlich derer die bisher durchgeführten kooperativen Übungen untersucht werden sollen. In diesem Beitrag legen wir den Schwerpunkt auf die Analyse der Interaktion in den Übungsgruppen. Ein Vergleich mit dem *Stand der Wissenschaft* und ein *zusammenfassender Ausblick* schließen diesen Beitrag ab.

2   FUB in Kürze

Um Kooperation zwischen Studierenden zu stärken, werden an der FernUniversität im Rahmen der Kurse „Verteilte Systeme" und „Betriebssysteme" seit dem Sommersemester 2002 kooperative Gruppenübungen als neuer Typ von Einsendeaufgaben angeboten. Zwei bis vier Studierende erhalten dabei die Aufgabe, sich unter Benutzung des

Kommunikations- und Kreativitätswerkzeuges FUB über einen in der Aufgabenstellung vorgegebenen Sachverhalt auszutauschen. Dabei steht die Diskussion der im Kurs diskutierten Konzepte im Vordergrund. Eine typische Fragestellung ist die folgende:

Als Chefentwickler der Firma eVoteSoft bekommen Sie den Auftrag, ein Stimmabgabesystem für die nächste Bundestagswahl zu entwickeln. Ihr Auftraggeber ist sich jedoch nicht sicher, welche Architektur (reines Client-Server, RPC, RMI, CORBA, replizierte Objekte oder P2P) dafür benutzt werden soll. Um ihm seine Entscheidung zu erleichtern, stellen Sie Vor- und Nachteile der Realisierung mit den jeweiligen Technologien gegenüber.

Die Fragestellung erhalten die Studierenden zusammen mit den traditionellen Einsendeaufgaben per Post. Auf dem Aufgabenblatt ist sowohl die Aufgabenstellung, als auch eine Hilfestellung zur Bearbeitung der Aufgabe in Form eines typischen Benutzungsszenarios des Werkzeuges abgedruckt. Das Szenario besteht aus den folgenden Phasen:

1. *Bilden einer Lerngruppe:* Die Studierenden finden sich mittels der kurseigenen Newsgroup zu Lerngruppen zusammen und vereinbaren einen Termin für eine synchrone Lernepisode.

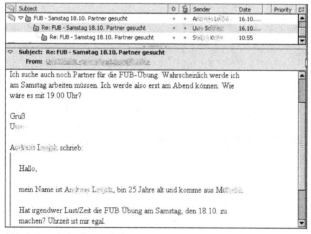

Abb. 1: Ausschnitt eines typischen Newsgroup-Threads zur Gruppenbildung und Terminfindung.

2. *Starten der kooperativen Lernepisode:* Zum vereinbarten Zeitpunkt treffen sich die Studierenden in FUB. Hier sehen sie, welche anderen Studierenden zurzeit am System angemeldet sind. Durch Auswahl einer Aufgabe und der gewünschten GruppenteilnehmerInnen treten die Studierenden einer synchronen Sitzung bei.
3. *Sammeln von Konzepten:* In einer Brainstorming-Phase sammeln die Studierenden Konzepte, die zur Beantwortung der Fragestellung hilfreich sein können. Dabei nutzen sie zwei verschiedene Formen der Chat-Kommunikation: Ein traditionelles Chat-Fenster (vgl. Abb. 2, links) dient der allgemeinen Diskussion über die Fragestellung. Wie gewohnt sind die Beiträge in diesem Chat mit Namen gekennzeichnet. In einem Brainstorming-Fenster (vgl. Abb. 2, rechts) werden Begriffe anonym gesammelt. Die einzige Zuordnungsmöglichkeit zu einem Autor besteht in der Unterscheidung zwischen eigenen und fremden Beiträgen.

Der Benutzer sieht seine eigenen Beiträge in kursiver Schrift, während fremde Beiträge in einer normalen Schrift dargestellt werden.

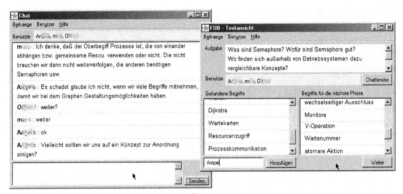

Abb. 2: Werkzeuge für die Brainstorming-Phase.[1]

Gegen Ende der Brainstorming-Phase muss sich die Gruppe entscheiden, welche Begriffe für die nächste Phase zur Weiterarbeit übernommen werden.

4. *Organisation der Konzepte in einem Konzeptnetz:* Die im Brainstorming identifizierten Begriffe werden in dieser Phase nun in einem grafischen Editor in Beziehungen gesetzt (vgl. Abb. 3). Dabei werden die zuvor gefundenen Begriffe automatisch in das Konzeptnetz übernommen. Die Studierenden müssen daraufhin die Position der einzelnen Konzepte festlegen und die Konzepte durch Beziehungen verbinden. Der Chat aus der Brainstorming-Phase bleibt auch in der Konzeptnetz-Phase verfügbar, sodass kein Bruch in der Kommunikation stattfindet.

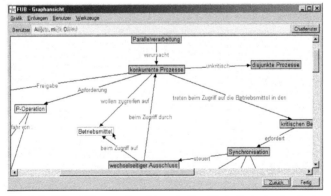

Abb. 3: Grafischer Editor zum Organisieren der Begriffe des Brainstormings in einem Konzeptnetz.

---

1   In diesem und in allen folgenden Abbildungen wurden die Namen aus Datenschutzgründen bis auf den ersten Buchstaben unkenntlich gemacht.

5. *Einreichen der Lösung:* Sobald die Gruppe mit dem erzeugten Konzeptnetz zufrieden ist, betätigt ein Gruppenmitglied den Button „Fertig", um zu signalisieren, dass die Lösung zur Korrektur eingereicht werden soll. Alle anderen Gruppenmitglieder werden daraufhin vom Werkzeug gebeten, die Zustimmung zur Abgabe zu erteilen. Hat sich eine Mehrheit für die Abgabe entschieden, so wird das Aufgabenergebnis für die Korrektur im System hinterlegt. Die Studierenden erhalten die Ergebnisse der Korrektur einige Tage später per e-Mail und können diese in FUB besprechen.

Aus technischer Sicht ist es wichtig zu bemerken, dass Übergänge zwischen den Phasen der Übung in FUB vom Werkzeug unterstützt werden. Hierbei werden die Arbeitsergebnisse in die nächste Phase übernommen und ein gemeinsamer Fokus der Gruppe (bzgl. der aktuell eingesetzten Werkzeuge) gefördert:

Wenn ein Gruppenmitglied auf „Weiter" oder „Fertig" in einem Werkzeug drückt, dann wird der aktuelle Inhalt des Werkzeuges als Gruppenergebnis dieser Phase betrachtet. Der Inhalt des Werkzeuges dient automatisch als Ausgangspunkt für die nächste Phase und wird im Folgewerkzeug geeignet angezeigt. Dies ist vor allem bei dem Übergang zwischen der Brainstorming- und der Konzeptnetz-Phase wichtig.

Wenn ein Benutzer von einem Schritt zum nächsten geht, sorgt FUB dafür, dass die gesamte Gruppe folgt: Wenn ein Studierender z.B. in Abbildung 2 auf „Weiter" drückt, dann wird das Brainstormingwerkzeug bei allen Gruppenmitgliedern geschlossen und das Werkzeug zur Konstruktion von Konzeptnetzen (siehe Abbildung 3) bei allen Gruppenmitgliedern geöffnet. So kann ein Benutzer als Leiter der gesamten Gruppe agieren.

Wenn ein Benutzer auf „Zurück" drückt, dann geht die Gruppe zur vorherigen Phase zurück (bspw. vom Konzeptnetz- zum Brainstorming-Werkzeug). Auf diese Weise kann die Gruppe einfach zwischen den Phasen wechseln. Wenn die Gruppe in einer späteren Phase ein Defizit entdeckt, dann kann sie einfach eine oder mehrere Phasen zurückgehen und das Defizit reparieren. Anschließend werden die nachfolgenden Phasen erneut durchlaufen (unter Verwendung der zuvor erstellten Ergebnisse und Änderungen), um die Konsistenz der Lösung zu sichern. So kann interaktives und entdeckendes Lernen stattfinden.

Das oben beschriebene Szenario eröffnet durch den Einsatz von Newsgroups und FUB den Studierenden die Möglichkeit, in Gruppen zu lernen. Durch die geeignete Kombination der Einzelwerkzeuge gelingt die Unterstützung sämtlicher Gruppenaktivitäten, wie z.B. Abstimmung, Koordination, Kommunikation und gemeinsames Konstruieren von Lösungen (z.B. gemeinsames Zeichnen, Schreiben, Brainstorming). Die Studierenden können ihre LernpartnerInnen frei wählen, Lerngruppen wechseln oder in derselben Gruppe mehrere Übungen bearbeiten. Die Planung und Durchführung wird von den Studierenden kontrolliert – die Dozenten können jedoch durch Bereitstellung von Materialien und Hinweisen oder die Vorgabe von expliziten Teilschritten (z.B. Brainstorming, Konstruktion eines semantischen Netzes) einen bestimmten Lernablauf nahe legen und besonders unterstützen.

3   Erfahrungen mit kooperativen Übungen

Inzwischen wurde FUB in vier Kursen erfolgreich eingesetzt, die von jeweils etwa 250 Studierenden belegt wurden. Etwa ein Drittel der Studierenden nahm aktiv an Übungen teil. Jeder Kurs besteht aus sieben Kurseinheiten mit zugehörigen Einsendeübungen. Aus rechtlichen Gründen konnten wir die Teilnahme an den kooperativen Übungen nicht verbindlich für alle Studierenden machen. Um Übungen mit FUB durchzuführen, mussten die Studierenden den FUB-Client auf ihrem Computer zu Hause installieren. Die Dozenten erzeugten Übungsaufgaben auf dem FUB-Server. Studierende nutzten dann das Internet (Kurs-Newsgroup, E-Mail), um Lerngruppen zu bilden und um mit FUB synchrone Übungssitzungen mit den entfernten Gruppenmitgliedern abzuhalten.

3.1   Rahmenbedingungen der Evaluation

Der erste Piloteinsatz fand im Sommersemester 2002 im Kurs *Betriebssysteme* des Diplomstudiengangs Informatik statt. In den letzten beiden Kurseinheiten wurde je eine kooperative Übungsaufgabe angeboten, an denen die Studierenden freiwillig teilnehmen konnten. Eine ausführlichere Analyse des ersten Piloteinsatzes findet sich in Haake, Schümmer & Haake (2003).

Der zweite Einsatz fand im Kurs *Verteilte Systeme* des Diplomstudiengangs Informatik im Wintersemester 2002/03 statt. Auch dieser Kurs bestand aus sieben Kurseinheiten, wovon die ersten vier Einheiten kooperative Übungen enthielten.

Ein dritter Einsatz erfolgte im Sommersemester 2003 im Kurs *Betriebssysteme*, wobei hier analog zum Einsatz im Kurs *Verteilte Systeme* bereits die ersten Einsendeaufgaben kooperative Übungen beinhalteten. Dieser Einsatz war von der Organisation her vergleichbar mit dem Einsatz im Kurs *Verteilte Systeme* (Wintersemester 2002/03).

Der vierte Einsatz dauert zurzeit noch an (wieder im Kurs *Verteilte Systeme*; analog zum Einsatz im Wintersemester 2002/03). Wir können hiervon lediglich die ersten Übungen mit in die Analyse einbeziehen.

Für die Analyse sammelten wir die folgenden Daten:

- Sitzungsrelevante Daten: Anfangs- und Endzeitpunkt, Gruppenmitglieder, eingereichte Lösung, persistente Zwischenlösungen (z.B. Ergebnisse des Brainstorming oder des semantischen Netzes) und das Chat-Log (Beiträge mit Zeitstempel)
- Log der Newsgroup: Beiträge mit Zeitstempel

In diesem Beitrag betrachten wir vor allem die Kommunikations- und Interaktionsformen in FUB. An Stellen, an denen die Analyse auf einzelne Kommunikationsepisoden eingeht, beschränken wir uns auf die Daten aus dem Wintersemester 2002/03. Übungsgruppen in den anderen Veranstaltungen verhielten sich vergleichbar, sodass eine Ausweitung der Detailanalyse auf diese Veranstaltungen keine weiteren Erkenntnisse brachte. Für weitere Beobachtungen, die sich nicht auf Interaktion in den Übungsgruppen beziehen, verweisen wir auf Haake und Schümmer (2003).

3.2 Fragestellungen

Auf der Basis dieser Daten analysierten wir die folgenden Fragestellungen: *Gruppenbildung und Beteiligung.* Konnten die Studierenden mit FUB tatsächlich Gruppen bilden? Hierfür untersuchten wir die Zusammensetzung der Gruppen der Sitzungen und die Chat- und Newsgroup-Beiträge nach Hinweisen darauf, ob sich die Gruppenmitglieder vorher kannten. Des Weiteren waren wir daran interessiert, wie viele der aktiven Studierenden an den freiwilligen Zusatzaufgaben teilnahmen. Dazu verglichen wir die Anzahl der Studierenden in den kooperativen Übungen mit der Anzahl der Studierenden, die traditionelle Einsendeaufgaben einreichten.

Gruppenstabilität. Blieben Lerngruppen über mehrere Übungen konstant? Hierzu analysierten wir die Überlappung zwischen den Mitgliedern der Sitzungen zu verschiedenen Übungen. Identische Teilnehmermengen oder eine große Überlappung, weisen auf das Fortbestehen einer Gruppe hin. Chat- und Newsgroup-Beiträge, die explizit die Abstimmung eines Folgetermins enthalten, unterstützen diese Interpretation. Wir nutzten Interaktionsdiagramme zur Darstellung der Ergebnisse.

Interaktion. Wie war das Verhältnis zwischen sozialer und inhaltsorientierter Interaktion in kooperativen Übungen? Beiträge wurden dazu in drei Klassen eingeteilt: *Inhaltliche Beiträge* beschreiben Äußerungen, die sich auf die Lösung der Fragestellung beziehen. Sie müssen einen inhaltlichen Bezug zu einem der Fachbegriffe der Aufgabenstellung besitzen oder wiederum auf einen Beitrag Bezug nehmen, der solche Bezüge enthält. *Koordinatorische Beiträge* beziehen sich auf den Fortgang im Gruppenprozess. Sie dienen zur Strukturierung der Kooperation. *Soziale Beiträge* haben keinen Bezug zu der Aufgabenstellung. Vielmehr werden in ihnen Informationen ausgetauscht, die dazu dienen, die Gruppe besser kennen zu lernen und eine höhere Gruppenbindung zu erreichen.

Teilnahme der einzelnen Gruppenmitglieder. In welchem Ausmaß arbeiteten die Gruppenmitglieder zusammen? Hierzu betrachteten wir die individuellen Beiträge der Mitglieder im Chat-Log und in den Event-Logs der FUB-Editoren, und bestimmten die individuelle Sitzungslänge.

Gruppenleistung. Haben die Gruppen korrekte Lösungen entwickelt? Dazu analysierten wir die Sitzungsdaten bezüglich der Anzahl und Korrektheit der eingereichten Lösungen.

3.3 Ergebnisse

Gruppenbildung: In allen Kursen fanden bisher alle interessierten TeilnehmerInnen MitlernerInnen. In wenigen Fällen kam es vor, dass sich eine Gruppe zusammengefunden hat, ohne die dafür vorgesehene Newsgroup zu benutzen (2 Fälle im WS 2002/03, 2 Fälle im SS 2003). Im WS 2002/03, in dem die kooperativen Übungen erst relativ spät im Kurs eingeführt wurden, konnte man beobachten, dass Studierende sich erst kurz vor dem vorgeschlagenen Bearbeitungsbeginn auf die Suche nach MitlernerInnen machten. In den darauffolgenden drei Kursen war hingegen zu beobachten, dass die Gruppenbildung sehr früh (direkt nach Versand der Übungsblätter) geschah.

Wir gehen davon aus, dass dies auf den günstigeren Startpunkt der kooperativen Übungen zurückzuführen ist.

Analog zu dieser Beobachtung lag auch die Beteiligung in den späteren Kursen prozentual über der Beteiligung im ersten Kurs. So nahmen im ersten Kurs 12 von 80 aktiven Studierenden an kooperativen Übungen teil. Im Kurs *Verteilte Systeme* waren es 2002/03 hingegen 28 von 48 im Internet aktiven Studierenden.[2] Im aktuellen Durchlauf des Kurses *Verteilte Systeme* lag die Beteiligung an der ersten Übung schon deutlich über der Beteiligung im Vorjahr. Innerhalb der ersten beiden Wochen nahmen bereits 33 Studierende an der ersten Übung teil, wobei sich die Menge der aktiven BelegerInnen nicht gravierend verändert hat. Zu Beginn des Semesters haben sich die Studierenden gegenseitig in der Newsgroup vorgestellt. Wir vermuten, dass die Studierenden hierdurch offener für Terminabsprachen in der Newsgroup wurden.

Selbst bei der hohen Zahl an TeilnehmerInnen stellt die Terminfindung nach wie vor ein Problem dar. Im Gegensatz zu den klassischen Einsendeaufgaben müssen die kooperativen Übungen in einer Gruppe synchron bearbeitet werden. Für die Studierenden bedeutet das höheren Koordinationsaufwand, der bei einigen Studierenden auf Widerstand stößt. Dies ist ein Problem, welches bei allen synchronen Kooperationsformen, auch bei Chat-Technologie, anzutreffen ist.

Gruppenstabilität: Wie zu erwarten war, nahm die Menge der Gruppen über das Semester ab. Dies ist vor allem dadurch zu erklären, dass im Laufe des Semesters die Arbeit in allen Kursen ansteigt und somit oft auf freiwillige Zusatzaufgaben verzichtet wurde. Bearbeiteten Gruppenteilnehmer mehr als eine Übung in FUB, so kam es jedoch in den meisten Fällen zu einer Kontinuität in der Bearbeitung. Detailliert soll dies am Beispiel des Kurses *Verteilte Systeme* im Wintersemester 2002/03 beschrieben werden:

Für die erste Übung organisierten sich die Studenten mittels der Newsgroup. Ein Student schlug eine Tabelle vor, in der sich die Teilnehmer in freie Übungsgruppenplätze der Gruppen A bis F eintrugen. 18 Studenten formten so sechs Gruppen, die in Abb. 4 dargestellt sind.

Rechtecke stehen in Abb. 4 für Studenten, die an einer Übung teilnahmen. Graue Quadrate bezeichnen den Fall, in dem der Benutzer in der Gruppe eingetragen war, aber nicht teilnahm. Die Dicke der Umrandung der Quadrate ist proportional zur Anzahl der durchgeführten Übungen. Kanten zwischen den Knoten zeigen, welche Benutzer an einer Übung zusammenarbeiteten. Zahlen an Kanten bezeichnen die Nummer der Übungen, an denen der Benutzer teilnahm. Falls der Benutzer in der Newsgroup der Teilnahme an der Gruppe zustimmte, aber dann nicht teilnahm, ist die Nummer in Klammern gesetzt. Ein Fragezeichen an einer Kante zeigt, dass der Benutzer Mitglied der Gruppe werden wollte, diese ihn aber ablehnte. Die Strichstärke der Kanten spiegelt die Anzahl der Übungen wieder, an denen die verbundenen Benutzer gemeinsam teilnahmen.

---

2   Um festzustellen, welche Studierenden über eine Internetanbindung verfügten, wurde eine nicht-kooperative Aufgabe in das erste Übungsblatt aufgenommen, die nur über das Internet bearbeitbar war.

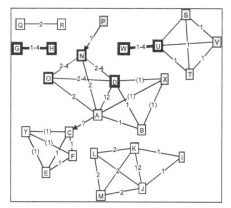

Abb. 4: Interaktionsdiagramm für die zweite Studie.

Schon während der ersten Übung konnte man Veränderungen in der anfangs geplanten Gruppenkonstellation feststellen: Die Gruppe (S, T, U, V) in Abb. 4 begann mit den TeilnehmerInnen der Tabelle. Nach der ersten Sitzung wollte ein Teilnehmer (U) einen Freund (W) in die Gruppe einladen. Da die Gruppe jedoch schon vier Mitglieder hatte (das Maximum), war dies nicht möglich. Deswegen verließ der Teilnehmer (U) die Gruppe und bildete zusammen mit W eine neue Gruppe. Die verbleibenden Mitglieder der ersten Gruppe trafen sich nicht mehr und beendeten die erste Übung nicht erfolgreich.

Von den sechs Gruppen der ersten Übung bestanden nur zwei in der zweiten Übung unverändert fort. Diese Gruppen (siehe (G, H) und (W, U) in Abb. 4) waren Zweiergruppen, bei denen sich die TeilnehmerInnen vorher kannten, und sie blieben für die ersten vier Übungen unverändert. Eine Analyse der Überlappung der Mitglieder der Sitzungen zu verschiedenen Übungen zeigte identische Untermengen der ursprünglichen Teilnehmermengen. Dies weist auf die Stabilität von Untergruppen hin. Beiträge im Chat-Log und der Newsgroup mit der expliziten Verabredung von Folgeterminen bestätigten dies.

Interaktion. Die Interaktion in den Gruppen verlief in allen Kursen vergleichbar. Aus diesem Grund beschränken wir uns in folgender Darstellung auf die Erfahrungen aus dem Kurs *Verteilte Systeme* im Wintersemester 2002/03. Die TeilnehmerInnen benötigten für die kooperativen Übungen zwischen 5 und 397 Minuten. Gruppen mit korrekten Ergebnissen benötigten mindestens 38 Minuten (zwei Sitzungen von 5 und 14 Minuten Dauer wurden erfolglos abgebrochen). Im Durchschnitt benötigten die Gruppen 133 Minuten. Wir gingen bei dem Design der Übungen von einer Bearbeitungsdauer von etwa 45 Minuten aus. Die Gruppen benötigten also deutlich länger als erwartet.

Wir werden im Folgenden die Chat-Kommunikation einer Gruppe, die drei Kurseinheiten gemeinsam bearbeitete, genauer darstellen.

332 Till Schümmer & Jörg M. Haake

In Abb. 5 ist der Verlauf der Kommunikation in der Gruppe dargestellt. Die einzelnen Diagramme stehen von links nach rechts für die 2., 3. und 4. Kurseinheit. Die Gruppe (in Abb. 4 repräsentiert durch die Knoten O, N und D) traf sich für drei Übungen. Sie benötigten 224, 171 und 180 Minuten und lagen eher bei den langsameren Gruppen. Abb. 5 zeigt für jede Chat-Äußerung eines Benutzers, zu welchem Zeitpunkt diese Äußerung abgeschickt wurde, und welcher Klasse sich die Äußerung zuordnen ließ. Wir unterscheiden zwischen koordinatorischer (Δ), inhaltlicher (×) und sozialer (o) Kommunikation.

In dem Diagramm lassen sich verschiedene Phasen erkennen, die in den einzelnen Diagrammen durch Buchstaben gekennzeichnet sind. In der ersten Sitzung begann die Gruppe mit einem kurzen sozialen Austausch (Begrüßung – A), um dann in die Diskussion über die Konzepte der Aufgabe einzutreten (B). Bei C führte die Gruppe einen expliziten Themenwechsel durch. Dieser war mit einer koordinatorischen Diskussion verknüpft, in der die Gruppe ihren Arbeitsprozess in der Aufgabe abstimmte. Die Abstimmung nahm etwa 10 Minuten in Anspruch, bevor die Gruppe dann ihre Arbeit im Brainstorming fortsetzte. In dem Zeitraum zwischen 90 und 110 Minuten erkennt man einen schnellen Austausch von neuen Konzepten (bzw. die Diskussion der Konzepte). Danach setzen immer wieder Pausen ein, die eine Verlangsamung des Brainstormings anzeigen. Bei D diskutiert die Gruppe einen Wechsel in die nächste Bearbeitungsphase: Das Anordnen der Konzepte in einem Konzeptnetz. Wieder wird erörtert, ob die Aufgabenstellung dieses Vorgehen jetzt zulässt. Nach einem positiven Konsens beginnt die Gruppe bei E mit ihrer Arbeit im grafischen Editor. Während dieser Phase der Arbeit kann man häufiger Lücken in der Kommunikation erkennen. In diesen Zeiten haben die BenutzerInnen die Anordnung der Konzepte bearbeitet.

Bei F koordiniert die Gruppe die Einsendung der Aufgabenlösung. Danach ist die Sitzung beendet.

Die folgenden beiden Übungen weisen ähnliche Muster auf, wobei hier der Anteil der koordinatorischen Beiträge bezüglich der Aufgabenstellung deutlich abgenommen hat. Es ist zu beobachten, dass die Gruppe gelernt hat, einen solchen Typus von Aufgaben zu strukturieren. Auf der anderen Seite wächst der Anteil an sozialer Kommunikation zu Beginn der Sitzungen (2. Sitzung-A und Dritte Sitzung-A/B). Die Arbeitsabläufe der zweiten Sitzung gliedern sich in die Abschnitte Begrüßung und Austausch über den Wohnort (A), Diskussion von Konzepten (B), Wechsel zum Konzeptnetz-Editor (C), Anordnung der Konzepte (D), Sammeln vergessener Konzepte (E), erneutes Brainstorming zu weiteren Konzepten (F), Überarbeitung des Konzeptnetzes (G) und Einsenden der Lösung (H).

In der dritten Sitzung ist zu erkennen, dass die Gruppe begonnen hat, ihren Arbeitsprozess erneut anzupassen. Nach einer Begrüßung (C) und einem anfänglichen Brainstorming (D) beschließt die Gruppe bei E bereits in den grafischen Editor zu wechseln. Die Arbeit mit dem grafischen Editor beginnt bei F und ist im Vergleich zu den vorangegangenen Übungen mit deutlich mehr inhaltlicher Diskussion verbunden. Bei H reicht die Gruppe die Lösung ein.

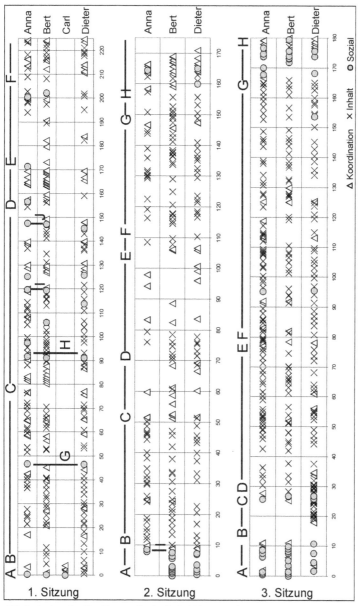

Abb. 5: Analyse der Chat-Kommunikation in drei Sitzungen einer Gruppe. Die Buchstaben geben Bereiche an, auf die im Text genauer eingegangen wird.

Neben der oben dargestellten Übersicht sind vor allem die Punkte, welche soziale Interaktion beinhalten, von Interesse, um zu erkennen, ob die Gruppe zusammenwächst. Deshalb sollen einige soziale Beiträge genauer dargestellt werden. Zum besseren Verständnis haben wir den BenutzerInnen die Namen Anna, Bert, Carl und Dieter gegeben. Carl taucht nur in der ersten Sitzung auf. Wir betrachten zunächst die erste Sitzung: Bei G beginnen die TeilnehmerInnen den Wohnort auszutauschen. Dann kommt es bei H zu einer Kommunikation, die auf den ersten Blick wenig mit dem Gruppenprozess zu tun hat, sich in der Folge jedoch als wichtig für den Gruppenzusammenhalt erweist:

Anna:	Ich glaube, mein Mann wird langsam hungrig.
Bert:	Ach lass den ruhig quengeln ;-)
Anna:	Er musste schon heute Mittag auf sein warmes Essen verzichten.
Dieter:	Anna, bitte Grüße, aber die Wissenschaft fordert eben Opfer.

Hiermit ist das Gespräch kurzzeitig auf einer persönlichen Ebene angelangt. Wir haben in diesem und anderen Protokollen der Kommunikation erkannt, dass gerade solche Exkurse für den Zusammenhalt wichtig sind. Das Thema „Kochen" zieht sich durch die folgende Stunde. Nachdem Anna für eine Zeit inaktiv war (I), kommt von Bert eine Anspielung auf das Thema:

Bert:	Anna: kauf deinem Mann bis zum nächsten mal ein Kochbuch, ok? ;-)
Anna:	Hat er schon

Bert deutet auch die folgende Pause Annas (J) als Indikator für ein paralleles Kochen:

Bert:	Anna: bist du kochen gegangen?
Anna:	Nein, aber ich denke, dass wir die wesentlichen Punkte inzwischen gefunden haben

In der zweiten Sitzung wird dieses Thema als Aufhänger genutzt, um die Gruppe wieder zusammenzuführen: Nachdem sich Bert und Dieter etwas vor dem vereinbarten Zeitpunkt in FUB getroffen haben und sich über den Wohnort und den Fortschritt im Studium ausgetauscht hatten (A) kommt es bei I zu folgender Kommunikation:

Anna:	Hallo miteinander, wenn Bert in Musterstadt wohnt, sind wir ja gar nicht weit auseinander. Schön, dass Ihr wieder da seid.
Bert:	Hallo Anna, ist Dein Mann versorgt?
Anna:	Mein Mann ist heute gut versorgt, da dieses Wochenende nicht ganz so stressig war, wie das vorletzte.

In der dritten Sitzung ist der Aufhänger des Kochens nicht mehr nötig. Die Gruppe beginnt sofort über Probleme in einem anderen Kurs zu diskutieren und gemeinsam Lösungen hierfür zu finden. Da von den Problemen nur Anna und Bert betroffen sind, schlägt Dieter eine Verschiebung des Treffens vor. In der Zwischenzeit beginnt Dieter schon einmal mit der Vorbereitung der Lösung, und am vereinbarten Folgetermin trifft sich die Gruppe, um eine gemeinsame Lösung zu erstellen. Man merkt in Phasen D, E und F, dass hier Koordination nicht mehr so häufig nötig ist und auch die Kommunikationsdichte (Beiträge pro Zeit) höher ist, als in den vorangegangenen Sitzungen. Bei G ist die Lösung fertig gestellt, und die Gruppe diskutiert wieder über die Probleme im anderen Kurs. Die TeilnehmerInnen beschließen, sich später erneut zu treffen, um den anderen Kurs gemeinsam zu bearbeiten.

An dem oben skizzierten Beispiel wird deutlich, wie eine Gruppe über den Zeitraum von gut vier Wochen zu einer Lerngruppe zusammenwächst. Eine wichtige Rolle spielt dabei soziale Kommunikation, die ein Zusammengehörigkeitsgefühl wachsen ließ. Dass die Gruppe auch über den Zeitraum der Übungen gemeinsam lernen möchte, ist eines der Hauptziele, die wir mit dem Angebot der kooperativen Übungen erreichen wollen.

Teilnahme der einzelnen Gruppenmitglieder: Wir konnten in allen eingereichten Übungen keinen nennenswerten Unterschied zwischen der Beteiligung einzelner Gruppenmitglieder feststellen. Alle nahmen aktiv am Lösungsprozess teil.

Gruppenleistung: Die Qualität der einzelnen Gruppenlösungen konnte von den Korrektoren durchweg positiv bewertet werden. In allen Lösungen konnte man erkennen, dass die Gruppen in der Lage waren, komplexe Zusammenhänge zwischen den im Kurs diskutierten Konzepten herzustellen. Ein Ausschnitt aus einer der eingereichten Lösungen ist in Abb. 6 dargestellt.

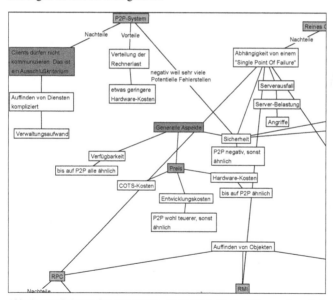

Abb. 6: Ausschnitt aus dem Konzeptnetz der für die in Abschnitt 2 angegebene Aufgabe.

4 Vergleich mit dem Stand der Wissenschaft

In der Literatur wurden computergestützte kooperative Übungen am selben Ort ausführlich behandelt. So beschreiben z.B. Inkpen et al. (1999) die synchrone Zusammenarbeit von durch den Lehrer gebildeten Gruppen von GrundschülerInnen in einem Klassenraum an einem Computer mit verschiedenen Eingabegeräten (Papier vs. üblicher Desktop vs. mehrere Mäuse/Cursor). Die Gruppen, die mehrere Mäuse/Cursor parallel benutzen konnten, waren aktiver und engagierter als SchülerInnen in den Vergleichsbedingungen. FUB hingegen adressiert verteilte Lernende, die selbstständig Gruppen bilden und Termine abstimmen müssen, Übungen in mehreren Phasen mit verschiedenen Werkzeugen zusammen bearbeiten müssen und auf Chat-Kommunikation angewiesen sind. Tanikawa et al. (1999) beschreiben eine Studie über MittelschülerInnen, die in einem Raum an mehreren Computern gemeinsam eine Wandzeitung erstellen. Die Lernumgebung unterstützt asynchrones Bearbeiten von Artikeln und bietet Werkzeuge für Group Awareness. Die SchülerInnen nutzten extensiv die Möglichkeit zur direkten Kommunikation und zu Treffen vor einem Computer. Verteiltes kooperatives Lernen mit Möglichkeiten zur selbstständigen Gruppenbildung, Scheduling und mehr-phasige Aufgaben fehlen bzw. wurden nicht betrachtet.

Berichte über synchrone verteilte Gruppenübungen fehlen in der Literatur. Während z.B. Gold (2001) über das Training von Lehrkräften für die Durchführung kooperativer Übungen berichtet, behandeln wir in diesem Beitrag die Perspektive der Studierenden. Die kooperative Lernumgebung L^3 (Wessner et al. 2002) unterstützt mit dem Konzept der „Points of Cooperation" (PoC) auch die Implementierung synchroner kooperativer Übungen. Es wurden über L^3 jedoch noch keine diesbezüglichen Benutzungserfahrungen veröffentlicht. Andere Lernplattformen (z.B. WebCT, Centra One) unterstützen asynchrone und synchrone Kommunikation und das Scheduling von Klassen, es fehlen jedoch Möglichkeiten zur dynamischen Gruppenbildung und zur Durchführung synchroner kooperativer Übungen. Daraus mag auch der Mangel an diesbezüglichen Erfahrungsberichten resultieren.

Die Klassifizierung von Chat-Beiträgen, wie sie in unserer Analyse angewandt wurde, ist nicht neu. Cerratto (2001) benutzt beispielsweise eine Klassifizierung in sechs verschiedenen Klassen. Döring (2003) unterscheidet bezüglich themenbezogenen Beiträgen, nicht themenbezogenen Beiträgen und Beiträgen, die der sozialen Beziehung dienen. Für unsere Analyse war neben themenbezogenen und sozialen Beiträgen auch die Koordination innerhalb der Gruppe ein wichtiges Analysekriterium. Dies war vor allem dadurch bedingt, dass die Studierenden parallel zur Chat-Kommunikation auch noch eine Aufgabenlösung konstruieren mussten.

5 Zusammenfassung und Schlussfolgerungen

In diesem Beitrag haben wir unsere Erfahrungen mit der Durchführung synchroner kooperativer Übungen mit verteilten Studierenden in FUB vorgestellt. In der Literatur (siehe Abschnitt 4) liegen bisher keine Erfahrungen mit synchronen verteilten kooperativen Gruppenübungen vor. Nach unseren Erfahrungen können sich untereinander nicht bekannte Studierende zu arbeitsfähigen Gruppen formieren. Diese Gruppen tendieren dazu, um eine Menge von Kernmitgliedern bestehen zu bleiben. Gruppen können in FUB erfolgreich Lösungen konstruieren. Wir stellten außerdem fest, dass sich die TeilnehmerInnen verstärkt mit Fakten auseinander gesetzt haben und diese auch auf andere Fälle anwendeten. Tendenziell scheinen die TeilnehmerInnen Fakten in einem größeren Kontext zu verstehen. TeilnehmerInnen beginnen, ihre Ideen zu erklären und ihr Verständnis zu verteidigen – diese Fähigkeit halten wir für sehr wichtig.

Alle bisherigen Gruppen mochten die Möglichkeit zusammenzukommen und eine Gruppenerfahrung zu teilen. Wie in der Analyse der einzelnen Chat-Protokolle einzelner Gruppen deutlich wurde, wachsen die Gruppen nach mehreren Sitzungen stärker zusammen. Soziale Kommunikation spielt dafür eine wichtige Rolle. In mehreren Fällen ließ sich so beobachten, dass eine Gruppe auch über die Übungen hinaus gemeinsam lernte. Dies bestärkt uns darin, kooperative Übungen weiter anzubieten.

Die Gruppenbildung (Wessner & Pfister 2001) ist eine wichtige Herausforderung für kooperative Lernumgebungen. Trotz Bildung von Gruppen werden wahrscheinlich nicht alle TeilnehmerInnen immer an allen Sitzungen teilnehmen können. Viele Sitzungen fanden abends statt, da die meisten Fernstudierenden arbeiten. Daraus resultiert ein Problem der Terminabsprache, dass wir in einer zukünftigen Version besser unterstützen wollen.

In einer neuen Version von FUB sollen zusätzlich andere Arten der Gruppenbildung sowie andere Typen von mehr-phasigen Übungen unterstützt werden.

6   Literatur

Cerratto, Teresa. (2001): The use of synchronous text-based environments for teacher professional development. In: Michael Beißwenger (Hrsg.): Chat-Kommunikation. Sprache, Interaktion, Sozialität & Identität in synchroner computervermittelter Kommunikation. Perspektiven auf ein interdisziplinäres Forschungsfeld. Stuttgart, 493-514.

Döring, Nicola & Sandra Pöschl (In diesem Band): Wissenskommunikation in themenbezogenen Online-Chats. Eine empirische Analyse von drei IRC-Channels zu Computerthemen.

FernUniversität (2002): Für Studierende in der JVA Tegel gibt es online direkt nach Hagen. WWW-Ressource: http://www.fernuni-hagen.de/FeU/Aktuell/2002/04/ak_2002-04-19-Tegel.html.

Gold, Sanford (2001): A Constructivist Approach to Online Training for Online Teachers. In: Journal of Asynchronous Learning Networks, Volume 5, Issue 1 (June 2001).

Inkpen, Kori, Wai-ling Ho-Ching, Oliver Kuederle, Stacey D. Scott & Garth B. D. Shoemaker (1999): This is fun. We're all best friends and we're all playing!: Supporting Children's Synchronous Collaboration. In: Christopher M. Hoadley & Jeremy Roschelle (Eds.): Proceedings of the Computer Support for Collaborative Learning (CSCL) 1999 Conference. Palo Alto, CA, 252-259.

Haake, Jörg & Till Schümmer (2003): Kooperative Übungen im Fernstudium. In: DELFI-2003 – 1. Fachtagung „e-Learning" der Gesellschaft für Informatik. München (Lecture Notes in Informatics).

Haake, Jörg, Till Schümmer & Anja Haake (2003): Supporting Collaborative Exercises for Distance Education. In: Ralph H. Sprague (Ed.): Proceedings of the 36th Annual Hawaii International Conference on System Sciences (HICSS-36), Big Island, Hawaii, January 5-9, 2003.

Koschmann, Timothy, Ann C. Kelson, Paul J. Feltovich & Howard S. Barrows (1996): Computer-Supported Problem-Based Learning: A Principled Approach to the Use of Computers in Collaborative Learning. In: Timothy Koschmann (Hrsg.): CSCL: Theory and Practice of an Emerging Paradigm. Mahwah, NJ, 83-124.

Miao, Yongwu & Jörg M. Haake (2001): Supporting Problem Based Learning by a Collaborative Virtual Environment: A Cooperative Hypermedia Approach. In: Ralph H. Sprague Jr. (Ed.): Proceedings of the 34th Annual Hawaii International Conference on System Sciences (HICSS-34), Maui, Hawaii, USA, January 3-6 [CD-ROM].

Wessner, Martin & Hans-Rüdiger Pfister (2000): Points of Cooperation: Integrating Cooperative Learning into Web-Based Courses. In: Proceedings of the NTCL2000, The International Workshop for New Technologies for Collaborative Learning, Hyogo, Japan, 33-41.

Wessner, Martin & Hans-Rüdiger Pfister (2001): Group formation in computer-supported collaborative learning. In: Clarence Ellis (Ed.): Proceedings of the 2001 International ACM SIGGROUP Conference on Supporting Group Work (GROUP'01). Boulder, CO, USA, 24-31.

Wessner, Martin, Jörg M. Haake & Daniel Tietze (2002): An infrastructure for Collaborative Lifelong Learning. In: Ralph H. Sprague (Ed.): Proceedings of the 35th Hawaii International Conference on System Science (HICSS-35), Hawai, January 2002 [CD-ROM].

Tanikawa, Yukiko, Hideyuki Suzuki & Hiroshi Kato (1999). A Synchronous Collaborative Editing-System for Learning to Write. In: Christopher M. Hoadley & Jeremy Roschelle (Eds.), Proceedings of the Computer Support for Collaborative Learning (CSCL) 1999 Conference. Palo Alto, CA, 621-630.

Dieter Stein

Distanz und Nähe in interaktiver Internetkommunikation

1   Zum Konzept von „Nähe" und „Distanz"

Entscheidend für Gebrauch und Akzeptanz des Internets sind, wie in jedem anderen Medium, neben einer Reihe von Faktoren wie Kosten und kulturellem Stellenwert auch persönliche Gratifikationseffekte, wie sie im Bereich dessen zu lokalisieren sind, was in der Sprachwissenschaft als „Nähe und Distanz" (Koch & Österreicher 1985) charakterisiert worden ist, also eines Syndroms von psycho-sozialen und emotionalen Größen und Effekten in der Kommunikationssituation. Dieses Konzept spielt bei der Charakterisierung der beiden traditionellen Sprachmedien in der deutschen Sprachwissenschaft eine wichtige Rolle, vor allem in der Romanistik und der Germanistik, weniger schon in der Anglistik. In der englischsprachigen Literatur innerhalb der angelsächsisch-amerikanischen Forschung ist das Konzept so gut wie nicht zur Kenntnis genommen worden. So wird es von Biber (1995) noch nicht einmal erwähnt.

Im Bereich des Internets gibt es eine weit verbreitete Unsicherheit, was die Empfindung von Nähe und Distanz betrifft, insbesondere scheint der Status von interaktiver Internet-Kommunikation in diesem Bereich noch ein offenes Kapitel zu sein, was den Status des Mediums an sich und innerhalb interaktiver Internet-Kommunikation des sprachlichen Managements dieser Effekte anbelangt. Es gibt so etwas wie ein *consensus omnium*, dass es häufig konzeptionell nähesprachliche Elemente in diesem Medium gibt (Storrer 2001, Beißwenger 2002), genauer gesagt, dass Elemente in diesem Medium auftauchen, denen in gesprochener und geschriebener Sprache der Effekt von „Nähe" zugesprochen wird.

Es ist klar, dass bei der Analyse eines Mediums, dessen Status relativ zu gesprochener und geschriebener Sprache ein Gegenstand von Diskussion und empirischer Forschung ist, der Analyse dieser Dimension besondere Bedeutung zukommt, insbesondere angesichts der Tatsache, dass es sich um ein Medium mit einem sehr hohen Grad an zwischengeschalteter Träger- und Übertragungs-Technik handelt, um ein so genanntes „quartäres Medium" (Döring 2003), bei dem also schon allein die physische Distanz der Dimension von Nähe und Distanz eine andere Qualität vorgibt.

Die Dimension von Nähe und Distanz stellt eine Hypothese und eine Abstraktion dar, die die Korrelation von rein sprachlichen Formen oder Optionen und bestimmten

Kommunikationskonstellationen erklärt. In den Nachbarwissenschaften ist diese Dimension eher als unabhängige Variable konzipiert. Die Beziehung zwischen dem traditionellen Konzept von Nähe und Distanz, also einer Erklärungshypothese, und den in der Sozialpsychologie üblichen Konzepten von Nähe ist sehr komplex. In der Sozialpsychologie wird Nähe operationalisiert (Höflich 1996: §2.2.2.3) als ein Komplex von Eigenschaften wie Interaktivität, Einstellung zum Medium und Telepräsenz.

In der Sozialpsychologie sind verschiedene Modelle der Operationalisierung von Nähe und Distanz vorgeschlagen worden (Ditton & Lombard 1997, Korzenny 1992, Höflich 1996 und Döring 2003). Höflich (1996: 76) trifft folgende Feststellung:

> Wenngleich, analog zur sozialen Präsenz, die Grenzen der Telepräsenz durch die jeweilige Technologie abgesteckt sind, ist das Wirklichkeitsempfinden in einem technisch geschaffenen, virtuellen Umfeld von den Perzeptionen und imaginativen Leistungen der Nutzer abhängig.

Nun ist insbesondere von Höflich (1996) und Ditton & Lombard (1997) darauf hingewiesen worden, dass Nähe und Distanz nicht objektiv gegeben sind, sondern die Perzeption dieser psycho-emotionalen Dimension durch die Nutzer entscheidend ist. Es handelt sich um „die Perzeptionen von vermittelter Nähe oder Distanz, die analog zu den Einstellungen gegenüber einem Medium verstanden werden" (Höflich 1996: 76). Diese Perzeptionen sind vorgegeben durch das Einschalten einer Textsorte in einem bestimmten Medium. Man spricht von der Eigensemantik dieses Genres (Höflich 1996), die massiv als Kontextualisierung wirkt (Höflich 1996, Döring 2003). Innerhalb dieses Rahmens ist die Herstellung einer Perzeption von Nähe und Distanz auch das Ergebnis von Kontextualisierung durch bestimmte sprachliche Wahlen. Was nun die Perzeption von Nähe und Distanz in technisch vermittelter Kommunikation anbetrifft, so ist bekannt, dass hier die Frage der persönlichen Effekte besonders virulent ist. So wurde ein so genannter „Enthemmungseffekt" für das Telefon diskutiert, ferner wird eine Nähebedrohung durch Email diskutiert, wesentlich bedingt durch den Wegfall der Kontrolle durch die Augen.

Nun basiert das Nähe-Konzept von Koch & Österreicher auf einer Induktion von Daten aus primärer und sekundärer Kommunikation, also mit leichten und mit keinen technischen Hilfsmitteln (im Sinn von Pross 1972 und Döring 2003: 40). Die Frage muss zumindest im Auge behalten werden, ob in einem quartären Medium, also bei massiver zwischengeschalteter Technizität, und angesichts der „Eigensemantik" des Mediums Nähe und Distanz in der gleichen Weise zu konzipieren sind wie bei primären und sekundären Medien, also gesprochener und geschriebener Sprache. Es ist eine vorgängige Frage, ob die bisherigen Konzepte von Nähe und Distanz überhaupt prinzipiell übertragbar sind. Dies gilt sicher für einen Standpunkt, der digitale interaktive Kommunikation bei den Chats als eine „hybride" Kommunikationsform betrachtet und medial gesprochen und geschrieben als eine einzige atomare Möglichkeit sieht. Bei einer Sichtweise als genuin drittes Sprachmedium wäre auch die Dimension Nähe und Distanz durch die Definition eines dritten Modus zu modifizieren.

Ein letzter theoretischer Aspekt betrifft die Frage der sprachlichen Manifestation von Nähe und Distanz. Mit den funktionalen und perzeptionellen Aspekten dieser Dimension, wie raum-zeitliche Nähe, also physische und temporale Kopräsenz, soziale und emotionale Nähe sowie Vertrautheit (Storrer 2001), korrespondiert eine lange Liste von sprachlichen Elementen, die in diesem Zusammenhang genannt wurden, und die hier nicht wiederholt werden muss. Für das Deutsche gehören dazu in jedem Fall die Partikeln, umgangssprachliche und dialektale Elemente und nicht-standardsprachliche Elemente (Androutsopoulos & Ziegler 2003), letztere als Symbol emotionalen „bondings", also als klassisches Nähe-indizierendes Element.

Natürlich ist interessant zu fragen, warum genau diese sprachlichen Elemente diese Funktion haben, und nicht andere. Die Frage taucht auf, wenn man die vor allem im germanistischen und romanistischen Raum vorgenommenen Untersuchungen in den englischsprachigen Raum, oder gar in andere Sprachen oder Kulturen übertragen will – warum haben welche Formen welche Funktionen? Dass diese Frage nicht trivial ist, zeigt sich bei einem Blick auf andere Sprachen, in jedem Fall schon bei einem Vergleich Englisch-Deutsch. So kommen allein aus typologischen Gründen (Haase 2003) andere Ausdruckstypen in Frage, auch ist die Varietalarchitektur keinesfalls vergleichbar. Insofern steht z.b. dahin, ob die in Androutsoulopous & Ziegler (2003) sowie in Christen et al. für das Deutsche vorgelegten Befunde ohne weiteres auch für das Englische zu erwarten sind.

Wenn diese generellen und theoretischen Bemerkungen zur Dimension von Nähe und Distanz prinzipiell im Auge zu behalten sind, muss sich die folgende Darstellung auf die Untersuchung einiger weniger Strukturen an einem englischen Korpus[1] beschränken, die von ihrer Semantik oder Pragmatik her im Verdacht stehen müssen, im weitesten Sinn Nähe- und Distanz-bezogene Bedeutung zu haben, und fragen, was genau an situationeller Perzeption sie indizieren und wie sie zu einer Charakterisierung der Sprache und der Perzeption der Kommunikationssituation beitragen könnten. Es wird also das Auftreten – oder Nicht-Auftreten – bestimmter Formen als Hintereingang, als „back way", zu den Situationsperzeptionen von Internetgenres benutzt.

In diesem Zusammenhang soll noch eine letzte theoretische Warnung ausgesprochen sein. Die prinzipielle Möglichkeit muss theoretisch offen gelassen werden, dass die mentalen Konzeptionen der Diskurswelten im Internet, also der Raum, in dem diese Ausdrücke ihren Job tun, anders sind als in gesprochenen und geschriebenen Situationen, deshalb auch die Funktionen und Perzeptionen selbst vielleicht anders sind, oder gar sein müssen. Vielleicht sind konzeptuelle Nähe und Distanz in der bisher diskutierten Form einfach nicht übertragbar oder anwendbar. Weitere Untersuchungen werden dies zeigen müssen. Um jedoch überhaupt einen Einstieg zu bekommen, soll jetzt einfach als operative Annahme so getan werden, als ob das alles keine Rolle spielen könnte.

Zwar steht im Zentrum der Diskussion des vorliegenden Bandes der Chat, jedoch sollen auch Daten für andere Internetgenres vorgelegt werden, da dadurch die Stellung des Chats auch relativ zu diesen anderen Genres sichtbar wird und damit auch besser bestimmt werden kann.

---

1   Zur Beschreibung des Korpus siehe den Beitrag von Michaela Zitzen in diesem Band.

2   Fragen

Man kann für das Englische drei grundsätzliche Fragetypen unterscheiden:

1. Syntaktische Fragen:
   Are there any tigers in this room?
2. Intonationsfragen:
   There are tigers in this room?
3. Elliptische Fragen:
   perhaps tigers? in the back of a car? no? if you could add your talker to your list? anybody there? any other triangles associated with this list?

Der Unterschied zwischen den drei Fragetypen liegt formal darin, dass die Intonationsfrage (Nr. 2) die Satzstellung des kanonischen Aussagesatzes beibehält, und der Typ 3 zusätzlich Oberflächenmaterial getilgt hat. Der Typ 2 ist konzeptionell der gesprochenen Sprache zugeordnet, wie auch der Typ 3. Der Typ 2 verlagert in der gesprochenen Sprache die Information über den Satztyp und damit die pragmatischen Funktionen in die Prosodik, in der „getippten" Sprache ausschließlich in das Satzzeichen. Der Typ 3 führt dieses Explizitätsgefälle weiter und setzt aufgrund der fehlenden Oberflächensignalisation am meisten geteilte Wissensfokussierung, also „shared domains", voraus. Die Verteilung dieser formal und funktional sehr unterschiedlichen Fragerealisierungen (die nur unter großen theoretischen Mühen als „Variable" anzusehen wären) in den unterschiedlichen Internetgenres ergibt folgendes Bild:

		Elliptisch	Intonation	Syntaktisch
Lists	in 35937	5 ~ 0,36	13 ~ 0,95	37 ~ 2,72
Guestbooks	in 33065	4 ~ 1,20	1 ~ 0,30	5 ~ 1,51
MOOS	in 41053	6 ~ 1,46	13 ~ 3,16	43 ~ 10,47
Newsgroups	in 76489	13 ~ 1,71	9 ~ 1,17	41 ~ 5,37
Chats	in 83950	42 ~ 5,00	22 ~ 2,62	167 ~ 19,89

Tabelle 1: Fragerealisation in CMC-Genres

Inwiefern lässt die Verteilung der Fragetypen Rückschlüsse zu auf Qualitäten von Nähe und Distanz als Perzeptionen der Kommunikationssituation? Grundsätzlich muss der Chat als „kommunikativstes", also am wenigsten „einsames" aller Genres angesehen werden, da in ihm die häufigsten Fragen vorliegen. Auch muss der MOO noch als relativ kommunikatives Genre angesehen werden. Hinsichtlich der Verteilung der einzelnen Fragetypen können die Intonationsfragen als Indikator einer Situationsauffassung gesehen werden, die eine relativ unmittelbare Antworterwartung, also eine hohe perzipierte Dialogizität indiziert. Hier liegen MOOs und Chats an der Spitze. Die elliptischen Fragen indizieren zusätzlich eine referentiell enger fokussierte Situation, also ein Zusätzliches an unterstellter kognitiver Fokussierung. Hier behauptet der Chat eine ausgezeichnete Stellung weit vor allen anderen Genres. Während der Chat somit durch sämtliche Parameter in seiner Situationsperzeption sehr eindeutig gekennzeichnet ist, gilt dies für den MOO in eingeschränktem Maße. Bemerkenswert ist auch bei den Listen der geringere Grad an explizierter referentieller Fokussierung – wahrscheinlich eine Folge der diskutierten Thematik, wie (sprach-)wissenschaftlichen Gegenständen – und der relativ höhere Grad an Dialogizität, der darauf zurückzuführen sein könnte, dass sich die Listenmitglieder eher persönlich kennen und einen dialogischen Charakter des Diskurses unterstellen, wie er etwa in „threads" organisiert ist: man erwartet eine Antwort oder einen Kommentar.

3   Ellipse

Dieser Parameter untersucht die Häufigkeit von elliptischen Sätzen, bei denen entweder die Subjektnominalphrase oder das Auxiliar oder beides fehlen, allerdings ausschließlich in Aussagesätzen. Dieser Parameter ist also von der Datenbasis völlig unabhängig von den elliptischen Fragesätzen.

	Absolute Zahlen	Index (pro tausend Wörter)
Guestbooks	349	10,55
Chats	262	3,12
Newsgroups	186	2,43
MOOS	65	1,58
Mailing Lists	46	0,33

Tabelle 2: Elliptische Aussagesätze.

Auch dieser Parameter zeigt die ausgezeichnete Stellung des Chats, wie sie nach dem Wert für den Chat bei den elliptischen Fragesätzen auch zu erwarten war. Der hohe Wert für die Guestbooks kann nicht überraschen: Sätze wie „Great food here" sind typische Gästebucheinträge bei voreingestelltem Wissen über den im Internet definierten Ort, das sämtliche Explikaturen automatisch vorgibt. Auch bestätigt sich der referentiell explizitere Charakter der Listen.

Damit ist der Chat gut charakterisiert im Vergleich mit anderen Internetgenres: Diese Feststellung gilt allerdings nur für den Vergleich innerhalb des Englischen und nicht für den Vergleich mit anderen Sprachen.

Zudem muss festgelegt werden, dass die bisher getroffenen Feststellungen etwas aussagen über den Chat relativ zu anderen Internetgenres, aber noch nichts über den Chat, oder die anderen Internetgenres relativ zu benachbarten gesprochenen und geschriebenen Textsorten. Auch die Datenaufbereitung in der *Longman Grammar of Spoken and Written English* (Biber et al. 1999) gibt hier keinen Vergleichsmaßstab ab.

4   „Tags" und verwandte Ausdrücke

Eine das Englische charakterisierende Struktur sind die so genannten „tag questions", also Intonationsfragen nachgestellte Strukturen mit klitischem Auxiliar:

> „You will come here, won't you?"
> „It has started raining, hasn't it?"

Typisch für diese Strukturen ist ihr „conducive" (Biber et al. 1999: 1113) Charakter: sie haben eine „built-in bias toward one answer rather than another" (ebd). Dies wiederum impliziert einen hohen Grad an direkter Dialogizität, an „onlineness", also einem wichtigen Element von Nähe, nämlich zeitlicher Kopräsenz und Fokussierung.

Von Bedeutung ist hier die Tatsache, dass im gesamten Korpus insgesamt nur 21 Belege aufgefunden wurden. Zwar stehen mir keine Vergleichsdaten für die gesprochene Sprache, wo diese Struktur allgemein als sehr häufig gilt, zur Verfügung, doch scheint die Vermutung plausibel, dass es sich im Vergleich dazu bei den Korpusdaten um eine sehr geringe Zahl handelt, die die Internetsituation als im Ganzen deutlich weniger dialogisch perzipiert kennzeichnen würde.

Die Subkategorisierung nach Genres erbringt ein Bild, das der gradierten Dialogizität wie bei den Fragen sehr parallel ist: Chat 10, MOO 9, Newsgroups und Guestbooks je 1, Listen keine.

Ein ähnlicher Befund gilt für eine Klasse von Ausdrücken, für die kennzeichnend ist, dass sie ausschließlich in dialogischem Kontext auftreten, also einen direkten, kopräsenten Dialogpartner voraussetzen: für „anyhow", „anyway", „in any case" liegen im Korpus insgesamt nur 23 Belege vor.

Wenn an dieser Stelle eine Zwischenbilanz gezogen werden soll, dann kann sie nur lauten, dass das sich abzeichnende Bild alles andere als eindeutig ist. Es lassen sich Elemente erkennen, die durchaus auf Nähe hindeuten. Andere Näheelemente jedoch fehlen oder sind so selten vertreten, dass möglicherweise mit einer anderen Qualität von Nähe gerechnet werden muss. Dies scheint sowohl auf der Ebene des interaktiven Internets als Ganzes zu gelten wie auch auf der Ebene des einzelnen Genres, wie des Chats, der sicher nicht von einer „normalen" Dialogizität oder Näheperzeption wie in der gesprochenen Sprache gekennzeichnet ist.

5   Partikeln

In diesem Bereich liegen zwischen dem Deutschen, einer Partikelsprache, und dem Englischen deutliche strukturelle Unterschiede vor, sowohl was die strukturelle Verfügbarkeit als auch den varietalen Status der Partikeln betrifft.

		well		though		you see
		absolut	Index	absolut	Index	absolut
Chats	56277	74	1,31	19	0,34	-
Lists	29442	10	0,34	9	0,30	-
News	40915	28	0,68	13	0,31	3
MOO	56277	55	0,98	28	0,50	2
Guestbooks	23437	8	0,34	3	0,12	-

Tabelle 3: Partikeln.

Grundsätzlich liegen auch hier sehr wenige Partikeln vor, wobei bei diesem Parameter die interne Gradierung nur sehr schwach ausgeprägt ist. Bei MOOs und Chats ist eine gewisse Gebrauchspräferenz zu erkennen. Für diesen Parameter liegen nun Vergleichsdaten pro tausend Wörter für gesprochene und geschriebene Sprache vor, wie sie anhand von Biber et al. (1999) erschlossen werden können (siehe Tabelle 4).

Obgleich durchaus Unterschiede zwischen amerikanischem und englischem Standardenglisch vorliegen, geht aus dem Vergleich der Internetgenres und der gesprochenen Sprache deutlich hervor, dass in der Internet-Sprache 10 mal weniger Partikeln als in der gesprochenen Sprache vorliegen. Insbesondere für den Chat gilt, dass ein deutlicher Unterschied im Charakter zwischen echter Oralität und der Perzeption der Chat-Situation vorliegt. Wenn Partikeln im Englischen eine nähesprachliche Qualität wie „onlineness" indizieren, dann muss Internetsprache allgemein und Chat im Besonderen als deutlich weniger nähesprachlich als gesprochene Sprache gelten.

	American English	English English
Well	6	5,5
You know	4,5	1,5
I mean	2	1,5

Tabelle 4: Partikeln in der gesprochenen und geschriebenen englischen Sprache.

Das amerikanische und kanadische Englisch kennen einen Gebrauch von „like" als Partikel („I was like giving this paper", „A demon might like appear") in einer von Erwachsenen oft als penetrant empfundenen Weise, die als typisch für Jugendsprache gelten kann. Der Gebrauch dieser Partikel scheint typisch zu sein für eine Situation, in der der Sprecher eine Art Bestätigung der fokussierten Interaktion sucht. Es ist ein aufschlussreicher Befund, dass im gesamten Korpus kein einziger Gebrauch dieses „like" als Partikel gefunden wurde, also auch nicht im Chat. Offensichtlich wird die Kommunikationssituation des Chats dieser Art der Indizierung des Beziehungsaspekts als nicht angemessen empfunden, d.h. dieser spezifische Aspekt von Nähe ist nicht gegeben.

Ein ähnlicher Befund kommt aus einem deutschen Chat-Korpus[2]. Es wurden die deutschen Partikeln „doch", „also", „ja" und „denn" untersucht. Obwohl die Zahlen auf die Gesamtgröße des Korpus relativiert werden müssen, scheint die gering erscheinende Gesamtzahl der Belege (160 „doch", 41 „also", 149 „ja" und 42 „denn") in die gleiche Richtung zu deuten wie die geringe Zahl der Partikelbelege im englischsprachigen Korpus.

Ein weiterer Hinweis kann der Tatsache entnommen werden, dass in dem deutschsprachigen Korpus kein einziger Beleg von so genanntem „epistemischem weil" (Keller 1995) vorgefunden wird (neben 15 Belegen von „weil" mit normaler Nebensatzstellung), eine Beobachtung, die den Befund in Kilian (2001) repliziert. Der Gebrauch dieses epistemischen „weil" wurde oft nur als umgangssprachlich gesehen. Eine andere Interpretation erscheint jedoch plausibler. „weil" gibt eine Meta-Auskunft, die auf der Ebene des Sprechens über Diskurse liegt. Voraussetzung dafür ist, dass eine Perzeption einer zeitlichen Kopräsenz, einer „onlineness", besteht. Vielleicht kann man sagen, dass es einer noch engeren Art von „onlineness" bedarf, wahrscheinlich mit direkter visueller oder auditorischer Kopräsenz, wobei technisch vermittelte Kommunikation vierten Grades diese Art von Kopräsenz nicht mehr herstellen kann.

Vielleicht gibt es eine Klasse von Ausdrücken, die bei dieser Art von Kopräsenz kaum vorkommen und die auf eine sehr spezielle Qualität der Situationsperzeption hindeuten, in der es nur noch so etwas wie die zweite Ableitung von „Nähe" gibt.

---

2   Das Korpus wurde mir freundlicherweise von Angelika Storrer und Michael Beißwenger zur Verfügung gestellt.

6 Schlussbemerkung

Offensichtlich ist es für die Bestimmung von Perzeptionen der Nähe und Distanz mindestens genauso wichtig, was *nicht* vorkommt, wie was effektiv vorkommt. Wie bereits angedeutet, ist festzuhalten, dass die bisherigen Beobachtungen von nähesprachlichen Elementen im Chat nicht hinreichend sind, den Chat generell als „nähesprachlich" zu kennzeichnen. Zumindest gibt es traditionell als nähesprachlich bezeichnete Parameter, die im vorliegenden Material nicht beobachtet werden. Ganz offensichtlich liegt hier eine andere Kommunikationssituation vor, die möglicherweise nicht mehr durch ein Kontinuum zu kennzeichnen ist, das zur Beschreibung von konzeptionell geschriebener und gesprochener Sprache entwickelt wurde. Um auf unsere theoretischen Vorbemerkungen in Punkt 1 zurückzukommen: Es ist durchaus denkbar, dass – positiv gesprochen – vielleicht ganz andere Marker von Nähe vorliegen, bei einem für Sprache im quartären Medium anders zu konzipierenden Konzept von Internet-Nähe, dem vielleicht das bei primären und sekundären Medien entwickelte Konzept nicht kongenial ist.

In Zitzen & Stein (2004) wird der Standpunkt vertreten, dass interaktionale Gesichtspunkte eher für ein drittes Sprachmedium zu sprechen scheinen. Die hier vorgelegten ersten Befunde aus der Untersuchung von nähesprachlichen Elementen wären zumindest konsistent mit dieser Annahme.

Ein letzter Aspekt betrifft auch anwendungsorientierte Aspekte. In dem Maße, wie nähesprachliche Elemente als Optionen identifiziert werden konnten, etwa im Fall der Fragen oder der Tilgungen, besteht eine echte Gebrauchsoption. Diese Optionalität könnte analytisch-reaktiv gesehen werden als der Effekt einer Perzeption auf die sprachliche Wahl an einer gegebenen Stelle. Umgekehrt kann diese Abhängigkeit jedoch auch pro-aktiv gesehen werden: Eine Beherrschung der Medien- und Registerkompetenz schließt auch ein reflektiertes Wissen darüber ein, wie ich im Sinne eines aktiven Angebotes der Situationsdefinition Optionen einsetze, also etwa eine elliptierte Frage, eine Intonationsfrage oder eine syntaktische Frage wähle, um dadurch ein Näheangebot zu machen (zur Chance des Scheiterns siehe Stein demnächst) oder ein gemachtes Näheangebot zu ratifizieren. Dieses Medien-Register-Wissen schließt auch ein, welche Nähemarkierer nicht in Frage kommen, weil möglicherweise oder wahrscheinlich ein anderer Grundtyp von Nähe vorliegt – vielleicht so etwas wie eine distanziertere Nähe, die fokussierte Interaktion in der aktionalen und referentiellen Dimension einschließt, aber andere soziale und emotionale Dimensionen enthält, die aus der Analyse der geschriebenen oder gesprochenen Sprache nicht bekannt sind und deren Nicht- oder Unkenntnis, zusammen mit der daraus resultierenden Normenunsicherheit, ein wichtiger Grund für nach wie vor zögerliche Akzeptanz des Mediums ist.

7 Literatur

Androutsopoulos, Jannis & Evelyn Ziegler (2003): Sprachvariation und Internet: Regionalismen in einer Chat-Gemeinschaft. In: Dies. (Hrsg.) ‚Standardfragen': Soziolinguistische Perspektiven auf Sprachgeschichte, Sprachkontakt und Sprachvariation. Frankfurt a.M., 251-280.

Beißwenger, Michael (2002): Getippte ‚Gespräche' und ihre trägermediale Bedingtheit. In: Ingo W. Schröder & Stéphane Voell (Hgg.): Moderne Oralität. Marburg, 265-299.

Beißwenger, Michael (Hrsg.; 2001): Chat-Kommunikation. Sprache, Interaktion, Sozialität & Identität in synchroner computervermittelter Kommunikation. Perspektiven auf ein interdisziplinäres Forschungsfeld. Stuttgart.

Biber, Douglas (1995): Dimensions of Register Variation. Cambridge.

Biber, Douglas et al. (1999): Longman Grammar of Spoken and Written English. London.

Christen, Helen et al. (demnächst): Chat und regionale Identität. In: Norbert Wolf (Hrsg.): Bayerische Dialektologie. Tagungsakten.

Döring, Nicola (2003): Sozialpsychologie des Internet. Die Bedeutung des Internet für Kommunikationsprozesse, Identitäten, soziale Beziehungen und Gruppen. 2., vollst. überarb. u. erw. Aufl. Göttingen.

Haase, Martin (2003): How to feign orality in internet chats in different languages. Paper read at the 8th International Pragmatics Conference, Toronto, 13-18 July 2003. Workshop on „Interactive language in the Internet: written, spoken or of a third kind?"

Höflich, Joachim R. (1996): Technisch vermittelte interpersonale Kommunikation. Grundlagen, organisatorische Verwendung, Konstitution „elektronischer Gemeinschaften". Opladen.

Keller, Rudi (1995): The Epistemic Weil. In: Dieter Stein, Susan Wright (Hgg.): Subjectivity and Subjectivisation: Linguistic Perspectives. Cambridge, 16-30.

Kilian, Jörg (2001): T@stentöne. Geschriebene Umgangssprache in computervermittelter Kommunikation. In: Beißwenger (Hrsg.), 55-78.

Koch, Peter & Wulf Österreicher (1985): Sprache der Nähe – Sprache der Distanz. In: Romanistisches Jahrbuch 36, 15-43.

Lombard, Matthew & Theresa Ditton (1997): At the heart of it all: The concept of presence. In: Journal of Computer-Mediated Communication 3(2). WWW-Ressource: http://www.ascusc.org/jcmc/vol3/issue2/lombard.html.

Korzenny, Felipe (1992): Mass media effects across cultures. Newbury Park.

Pross, Harry (1972): Medienforschung. Film, Funk, Presse, Fernsehen. Darmstadt.

Storrer, Angelika (2001): Getippte Gespräche oder dialogische Texte? Zur kommunikationstheoretischen Einordnung der Chat-Kommunikation. In: Andrea Lehr, Matthias Kammerer et al. (Hgg.): Sprache im Alltag. Beiträge zu neuen Perspektiven in der Linguistik. Herbert Ernst Wiegand zum 65. Geburtstag gewidmet. Berlin u.a.

Storrer, Angelika (2001a): Sprachliche Besonderheiten getippter Gespräche: Sprecherwechsel und sprachliches Zeigen in der Chat-Kommunikation. In: Beißwenger (Hrsg.), 3-24.

Stein, Dieter (demnächst): Scheitern in der Internet-Interaktion. Erscheint in: Osnabrücker Beiträge zur Sprachtheorie.

Zitzen, Michaela (in diesem Band): Themenmarkierungen in Chats.

Zitzen, Michaela & Dieter Stein (2004): Chat and Conversation: A case of Transmedial Stability? Linguistics 42 (5), 983-1021.

Edgar van Eckert

Termingebundene Chats *one-to-one* in der psycho-sozialen Beratung

1   Einleitung

Über 50% der deutschen Bevölkerung verfügen über einen Zugang zum Internet und nutzen diesen regelmäßig. Am stärksten ist dabei die Altersgruppe der 14-29jährigen im Internet vertreten (über 80%; siehe Abb. 1). Die Suchmaschine www.google.de ergibt derzeit (Stand Juli 2003) rund 283.000 Links aus, wenn pauschal nach dem Begriff „Online-Beratung", und gar 3,6 Mio. Links, wenn nach „Beratung im Internet" recherchiert wird, was denn auch als Hinweis auf die generellen Einsatzmöglichkeiten des Internet in diesem Bereich bewertet werden kann. Geschuldet ist diese Entwicklung – neben dem allgemeinen Internetboom – nicht zuletzt einer zunehmenden Komplexität und Unüberschaubarkeit unserer Gesellschaft und Umwelt. Unsere Informations- und Leistungsgesellschaft stellt die Menschen vor komplexe Anforderungen und Probleme und steigert so den Bedarf an kompetenter Hilfe und Information durch professionelle und erfahrene BeraterInnen. Es verändern sich die traditionellen familiären und sozialen Beziehungsgeflechte, im sozialen Nahbereich finden Erfahrungsaustausch und Wissenstransfer immer seltener statt und die Beratungsprozesse passen sich den veränderten gesellschaftlichen Bedingungen und medialen Möglichkeiten an. Wir befinden uns denn auch nach Ansicht einiger Experten auf dem Weg in die „Beratungsgesellschaft" (Bergmann, Goll & Wiltschek 1998).

Dazu passt auch, dass manche SoziologInnen angesichts dieser Tendenzen enorme soziale Aufgaben auf das WorldWideWeb zukommen sehen:

> Das Internet wird zur ultimativen Rettung vor den Folgeproblemen der Moderne – es ermöglicht Heimatgefühl trotz zunehmender Anonymisierung, Lokalität im Dickicht der Städte, persönliche Bindungen trotz Zunahme indirekter Beziehungen, und es überschreitet soziale und kulturelle Grenzen, indem es die Seelen der Menschen in einem weltumspannenden ‚globalen Dorf' zusammenführt. (Heintz 2000: 188)

So liegt auch die wachsende Anzahl an Beratungsstellen für psychologische, soziale und gesundheitliche Onlineberatung im Internet durchaus im Trend. Die Telefonseelsorge Deutschland erreichten noch im Jahr 2000 „nur" rund 5000 E-Mails, ein Jahr später waren es bereits über 14.000(!) E-Mail- und Chatkontakte mit ratsuchenden

Menschen (vgl. Eisenbach-Heck & Weber 2003: 77). In *www.das-beratungsnetz.de* wurden in den letzten beiden Jahren rund 6.500 Onlineberatungen zu psycho-sozialen und gesundheitsrelevanten Themen abgehalten, davon allein 2700 via Einzelchat zwischen Ratsuchendem und BeraterIn plus rund 250 moderierte Gruppenchats. Im Beratungsnetz treffen Ratsuchende inzwischen auf über 200 Beratungsstellen mit Chat- und E-Mailberatungsangeboten.

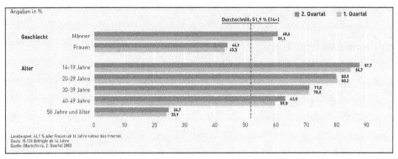

Abb. 1: Demographie der Internet-Nutzer in Deutschland. Quelle: atfacts.de, 2. Quartal 2003.

Die Erfahrungen insbesondere mit der Chatberatung zeigen, dass die Qualität dieser Beratungen entscheidend von der Medienkompetenz der Fachleute und BeraterInnen, wie auch von der eingesetzten Technik und Usability der Nutzeroberflächen abhängt. Nur wenn beides gewährleistet ist, gelingt es, die herkömmliche Beratungsarbeit um die Möglichkeiten des Mediums effektiv zu ergänzen. Bei der Entwicklung und Qualifizierung sind daher alle Akteure wie Verbände, Software-Anbieter, die Träger der Beratungseinrichtungen und deren MitarbeiterInnen aufgerufen, ihre Erfahrungen und Anforderungen aktiv einzubringen, denn noch ist die psycho-soziale und gesundheitliche Onlineberatung Neuland. Die auf dieser Grundlage stattfindende Entwicklung verbindlicher Qualitätsstandards liefert dabei erste Resultate, etwa im Bereich der öffentlichen Wohlfahrtspflege[1], die hierzu eine gemeinsame Arbeitsgruppe innerhalb der *Bundesarbeitsgemeinschaft der Freien Wohlfahrtspflege* (*BAGFW*) gründete oder das Gütesiegel „Onlineberatung" des *Bundes deutscher Psychologen* (*BdP*). Die Systemlösung *beranet 2.3* bietet für diese Entwicklung die notwendige Software auch zur Chatberatung, die es praktisch jeder Einrichtung und deren MitarbeiterInnen ermöglicht, die individuellen beraterischen Kompetenzen für Ratsuchende auch im Internet anzubieten. Die geringen Kosten, eine praxisorientierte Qualifizierung und die nachhaltige Betreuung berücksichtigen die verschiedenen Anforderungen der beteiligten Beratungseinrichtungen und ihrer MitarbeiterInnen mit den unterschiedlichen Beratungsfeldern. Sie ermöglichen die Konzentration auf die inhaltliche Weiterentwicklung der notwendigen Online-Kompetenzen. Inhaltlich orientierte Curriculi und Workshops sollen Qualifizierungsmaßnahmen in Zukunft ergänzen, dies verschafft mehr Sicher-

---

1   Vgl. z.B. die Empfehlungen zur Qualität von Internetberatung der Arbeitsgemeinschaft der Freien Wohlfahrtspflege in NRW vom Februar 2003.

heit im Umgang mit dem Medium, der Technik und vermittelt wertvolle Erfahrungen für den wissenschaftlichen und fachspezifischen Diskurs, was letztlich den Ratsuchenden und den beteiligten BeraterInnen bei der praktischen Arbeit zugute kommt.

2 Computervermittelte Kommunikation (CvK)

In diesem Kapitel sollen einige Aspekte der CvK beim Einsatz in der Chatberatung beleuchtet werden. Im Hinblick auf ihren Einsatz in der psycho-sozialen Beratungsarbeit lässt sich vorausschickend sagen, dass die Eigenheiten und vor allem die Stärken der CvK (englisch *CmC*) unter kommunikations- und sozialwissenschaftlichen Aspekten betrachtet bis dato nur wenigen BeraterInnen geläufig sind und dabei insbesondere das Chatten unter einem Imageproblem leidet. Gilt es doch erfahrungsgemäß bei von Hause aus eher medienkritisch eingestellten PsychologInnen und SozialarbeiterInnen oftmals als Domäne von Computerfreaks und obskuren Kleinzirkeln, die diese Kommunikationsform als exzessiven Flirt- und Kontaktweg nutzen. Dass neben der weit anerkannteren E-Mail sich das Chatten zunehmender Beliebtheit erfreut, ist dabei nur wenig bekannt.[2] Insbesondere unter Psychologen und Soziologen existieren starke Vorbehalte und Unkenntnis im Hinblick auf die Stärken der CvK. Der Hauptvorwurf, der aus den 70er und 80er Jahren stammt, lautet, ein für die soziale Interaktion notwendiger „gemeinsamer Interpretationshorizont" könne mit der CvK nicht erreicht werden, da „der Computer als Kommunikationsmedium gewisse objektive Merkmale aufweist, welche nicht nur eine bestimmte Verwendungsweise festlegen, sondern auch den kommunikativen Output der an der Kommunikation beteiligten Personen determinieren würden" (Gebhardt 2001: 2). Man befürchtete mithin die „Entkontextualisierung" und damit verbunden, eine Verarmung zwischenmenschlicher Kommunikation, denn die Kommunikation per Computer finde im „sozialen Vakuum" statt.

Verschiedene neuere Untersuchungen, insbesondere zur Chatkommunikation, widersprechen dieser These. So konnte beispielsweise mit dem zu Beginn der 90er Jahre wieder auflebenden *social information processing*-Ansatz nachgewiesen werden, dass die Qualität eines computervermittelten Kommunikationsprozesses viel weniger von den „objektiven" Eigenschaften des Computers abhängt, als vielmehr von der Kompetenz bei der Verwendung dieser Kommunikationsform durch die Computernutzer selbst (vgl. Walther & Burgoon 1992). Menschen stellen sich, so die Beobachtung der Untersuchungen, im Zuge aktiver Aneignungsprozesse in ihrem Nutzungsverhalten, bei Interpretation und Erwartung auf die Besonderheiten der computervermittelten Kommunikation ein. Dieser Aneignungsprozess ermöglicht letztlich die Kompensation der medialen Restriktionen: die NutzerInnen entwickeln nicht nur Fähigkeiten, um in einem *nicht-angesichtigen Kommunikationskontext* nonverbale und metasprachliche Hinweisreize auszusenden („elektronische Parasprache"), sondern bilden auch entsprechende Kompetenzen aus, den Gesprächspartner anhand seiner netzspezifischen Merkmale (z.B. Schreibstil, Tippgeschwindigkeit, usw.) zu verorten, um sich ein

---

2   Fittkau & Maaß GmbH, 16. WWW-Benutzer-Analyse W3B, 1. April bis 6. Mai 2003, 99.364 befragte Internet-Nutzer („Internet-Messaging erobert das Netz"), http://www.w3b.de.

„Bild" des Gegenübers – etwa hinsichtlich seiner Einstellungen, Interessen und Motive
– zu machen. Dies geschieht durch die Aneignung und die Verwendung der die fehlenden Informationskanäle substituierenden und simulierenden Mittel der CvK. Ein
typisches Beispiel hierfür sind die Emoticons und die Verwendung von Inflektiven,
mit denen versucht wird, Gefühle nachzubilden oder Aktivitäten zu beschreiben. Die
CvK ist daher bei entsprechenden Milieu- und Sprachkenntnissen weder sozial verarmt
noch emotional defizitär, sondern bietet kreative Freiräume deren Erkennen und
Einsatzmöglichkeiten für BeraterInnen stark abhängig sind von Qualifizierung und
wachsender eigener Chat-Erfahrung. Auf dieser Basis gegenseitiger Bedeutungszuwei-
sung erfolgt eine Verortung des virtuellen Gegenübers im Chatroom nach den gleichen
Prinzipien der Kommunikation und Milieuanpassung, wie sie in den 70er Jahren bei
der Rahmenanalyse beobachtet wurden:

> Wenn Menschen zusammentreffen [...] versuchen sie für gewöhnlich Informationen über-
> einander (hinsichtlich Status, Fähigkeiten, Glaubwürdigkeit, Einstellungen, etc.) zu er-
> halten oder ins Spiel zu bringen, um sich in einem möglichst vorteilhaften Licht darzu-
> stellen. [...] Tritt ein Akteur in eine soziale Situation ein, so muss er sich das, was vor
> sich geht (einigermaßen) verständlich machen („Interpretationszwang") und den anderen
> gleichzeitig (hinlänglich) zu erkennen geben, als was und wie er selbst vorgeht bzw. vor-
> zugeben beabsichtigt („Kundgabezwang"). In diesem „Identifikations- und Signifikati-
> onsspiel" versuchen die Teilnehmer so viele Informationen wie möglich über den anderen
> einzuholen, um sich aufgrund dieser Informationen ein Bild des Gegenübers zu machen
> und gleichzeitig zu ermitteln, was von ihnen erwartet wird bzw. was sie von dem oder
> den anderen erwarten können. (Hettlage 1991: 111)

Deutlich wird dabei, wie entscheidend die Kenntnis der „ethnografischen" Kultur der
Onlinekommunikation und ihrer TeilnehmerInnen gerade für den Erfolg in der Beratungsarbeit ist. Grundlegend für die Kultur der computervermittelten Kommunikation
(CvK) und damit auch der Onlineberatung ist ihre Abhängigkeit von der Schrift- und
tastaturabhängigen Zeichenkommunikation. Diese birgt Eigenheiten, die es zu erkennen und erlernen gilt, besonders wenn es darum geht, professionelle Beratung zu psycho-sozialen und gesundheitlichen Fragen und Problemlagen im Chat durchzuführen.
Spezielle Interfaces und Chatsysteme sind für einen solchen Einsatz allerdings ebenfalls unabdingbar und ihr Fehlen hat zu so manchen Rückschlägen in der Entwicklung
der Chatberatung geführt.

3   Entwicklung der terminbasierten Chatberatung one-to-one

Falls die Beratungsleistungen bisher schon dialogisch in einem Chatroom realisiert
werden, handelt es sich oft um Chatsysteme, die für den beraterischen Einsatz recht
kostenarm zu lizenzieren sind, wie z.B. *mainchat.de*. Diese Chats verfügen über wenige Moderationsmöglichkeiten. Alle Anwesenden teilen sich in der Regel einen
Raum/Interface aus dem heraus sie problemlos in andere Chatrooms und Channel
wechseln können, etwa vom Freizeit- in den Flirtchannel. Diese Interfaces verfügen
dabei selten über Terminierungs- und Moderationsmöglichkeiten, denn die zugrunde
liegende Chat-Software wurde in der Regel nicht für die Beratungsarbeit one-to-one
konzipiert und ein virtuelles Sprechzimmer der Beratenden mit den dazu notwendigen

Moderations- und Transfermöglichkeiten ist in der Regel nicht vorhanden. Oft bietet in diesen Chats die Flüsterfunktion als einzige eine Chance zur diskreten Beratung. Das Szenario eines solchen Chats ist damit für alle Anwesenden, Beratende wie Ratsuchende, meist identisch, da sie sich in einem gemeinsamen Chatroom aufhalten und der berüchtigte *Noise,* also die vielen parallelen und unspezifischen Gesprächsstränge und -themen, machen eine solche Chatberatung schwierig. Erfahrungsgemäß fehlt der beratenden Person dann schnell die Übersicht über die aktuellen Gesprächsfäden und -anfragen und die Gefahr, beispielsweise die falsche Person anzuflüstern, um eine Frage zu beantworten oder möglicherweise einzelne Anfragen zu übersehen, bedeutet für die Beratenden eine enorme Konzentrationsleistung. Missverständnisse sind hier vorprogrammiert und die Beratenden können ihre psychologischen und sozialpädagogischen Kompetenzen oft nur unzureichend zur Wirkung bringen. Dem versucht man zu begegnen, indem man solche Chats nur zu gewissen Zeiten, für eine begrenzte Besucherzahl und für ein spezifisches Thema[3] mit einer Fachkraft besetzt. Dennoch können auch dabei wichtige Erfahrungen gemacht werden; und nicht zuletzt können aufgrund der Gruppengrößen und der daraus entstehenden Multichannel-Situation beraterische Grenzen erkannt werden (bke 2003: 60f.).

Offensichtlich wurden und werden die technischen Möglichkeiten im Hinblick auf die Durchführung diskreter Einzelchats nach Terminvereinbarung nur unzureichend genutzt – mit wenigen Ausnahmen. So bietet das Online-Beratungsportal *www.das-beratungsnetz.de* seit Juni 2001 eine Chatberatung *One-to-One,* die individuell von jedem einzelnen Beratenden terminiert werden kann. Deren Vorläufer wurde 1999 erstmals innerhalb der virtuellen Community *www.das-berlin.de* programmiert. Hier hatten sich Nachbarschaftsbeziehungen innerhalb virtueller Hausgemeinschaften gebildet, bei denen sich die „Bewohner" via Citymail, in den regulären Chatrooms, wie z.B. Funchat oder Flirt, und in den Foren auch über Fragen zu Partnerschaft, über Lebens- und Sinnkrisen, über Drogenabhängigkeit, Suizidalität, HIV und andere Probleme untereinander austauschten. Entsprechende Anfragen und Beratungswünsche wurden auch an die „Stadtverwaltung" der Community herangetragen. Der Betreiber entwickelte daraufhin das erste Instrument zur diskreten, Termin-gestützten Chatberatung, bei welcher der Beratende einen Chattermin via Datenbank zur Buchung durch eine(n) Ratsuchende(n) auf der Website anbieten konnte. Die fachliche Kompetenz der Beratung wurde ausschließlich den etablierten Beratungseinrichtungen überlassen, die diese neue Form psycho-sozialer Arbeit im Internet modellhaft erproben wollten. Als Pioniere dieser Chatberatung sind die *Telefonseelsorge* Krefeld und Köln, und der Verein *Beratung und Lebenshilfe e.V.* aus Berlin/Brandenburg zu nennen.

---

3   Ein gutes Beispiel ist hierfür ist die tägliche helpline-Orientierungsberatung von 15 bis 18 Uhr auf www.das-beratungsnetz.de und die ebenfalls hier stattfindenden Gruppenchats.

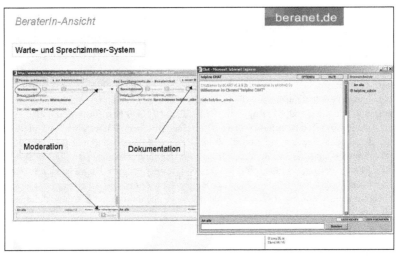

Abb. 2: Links das Warte- und Sprechzimmer für BeraterInnen, rechts der Chatroom für Ratsuchende.

Bis zum Start des Portals *www.das-beratungsnetz.de* im Jahr 2001 arbeiteten bereits 13 Einrichtungen, darunter *ProFamilia*, die Berliner Aidshilfe und *BOA*-Drogenberatung erfolgreich mit dieser Form der Chatberatung. Im September 2003 erfolgte die technische Trennung zwischen *www.das-beratungsnetz.de* und der Systemlösung für Träger, Einrichtungen und BeraterInnen unter *www.beranet.de*. Damit können Onlineberatungen realisiert werden, ohne automatisch im Beratungsportal *www.das-beratungsnetz.de* erscheinen zu müssen. Inzwischen (2004) beläuft sich die Zahl der beteiligten Beratungsstellen auf ca. 250 mit insgesamt über 400 Beratenden. Die Administration der terminierten Beratungen im Chatroom erfolgt über *www.beranet.de*, von wo aus alle BeraterInnen der Einrichtungen und Träger ihre Chatberatungen nach einem Login individuell und autonom mittels einer Termindatenbank im System eintragen können. Möglichkeiten für Einzel- und Gruppenchat stehen allen MitarbeiterInnen der Beratungseinrichtungen individuell und Passwortgeschützt für die persönliche Termingestaltung zur Verfügung. So bieten die Beratenden ihre individuellen Termine mittels eines Pop-Up auf ihrer Website an. Ratsuchende können sich hier den Termin mit Tag, Uhrzeit, Dauer und BeraterIn durch wenige Mausklicks buchen. Die Buchung ermöglicht den zeitgenauen Zugang zum Chat nur für diese eine Person. Jede(r) Beratende verfügt über ein Chatinterface mit Doppelfenster: links der öffentliche Chatroom der Einrichtung, rechts ein eigenes, virtuelles Sprechzimmer, dazu die komplette Moderation, Transfermöglichkeiten für beide Chats und Dokumentationsmöglichkeiten (Abb. 2). Zur angegeben Zeit erreicht hier der sich per Nicknamen und Passwort authentifizierende Ratsuchende den Beratenden in dessen Chatroom, ohne vorher mit anderen Chattern in Kontakt zu kommen. Das System ermöglicht das Transferieren der Ratsuchenden aus einem offenen Chatroom (linkes Fenster) in das erwähnte individuelle Sprechzimmer. Diskretion und Vertrautheit werden so garantiert und bieten ein optimales Umfeld. Ratsuchende sehen dabei immer nur jeweils einen der beiden Chatrooms.

Die Zahl der zur Verfügung gestellten Chat-Termine ist dabei theoretisch unbegrenzt. Ratsuchende(r) und Beratende(r) werden bei erfolgreicher Buchung eines Termins per E-Mail informiert. Der Beratende erfährt den Nickname des Ratsuchenden und die freiwilligen Angaben, wie etwa zum Beratungsgrund und der Person. Zum vereinbarten Zeitpunkt treffen sich beide namentlich im diskreten *Sprechzimmer* (vgl. Abb. 3). Sämtliche Angaben sowie die bei der Beratung erlangten Informationen und Chatprotokolle bilden die Grundlage für eine statistische Auswertung der klientenorientierten Onlineberatung, etwa nach Anlass der Beratung, Herkunft, Geschlecht und Altersstruktur etc.

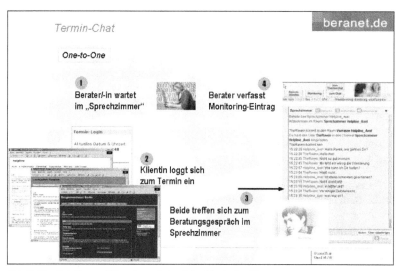

Abb. 3: User-Interfaces mit Terminangebot und der Weg in den Chat.

Onlineberatung mit dem System *www.beranet.de* erlaubt es, das Onlineberatungsangebot auf den Websites der Träger und Beratungseinrichtungen im gewünschten Design zu steuern, um die Besucher themenorientiert (*on-topic*) beraten zu können. So können die an der jeweiligen Einrichtung interessierten Ratsuchenden ihre Anfragen und Chats direkt mit den BeraterInnen realisieren.

4   Evaluation

Diese Möglichkeit der Chatberatung bietet inzwischen Chancen für ExptertInnen, BeraterInnen und Ratsuchende, schnell und flexibel miteinander in Kontakt zu treten. Vor allem der niedrigschwellige, weil anonym von zuhause aus erfolgende Erstkontakt im diskreten Einzelchat schafft neue Formen für Prävention und Betreuung Ratsuchender. Ende März 2002 wurde eine Evaluation zur Wirksamkeit der Onlineberatung auf *www.das-beratungnsetz.de* durchgeführt, die die Ergebnisse des Projektes „Psychologische und sozialpädagogische Beratung nach dem Kinder- und Jugendhilfegesetz (KJHG)" seit 1. Juli 2000, ermitteln sollte (vgl. Hinsch & Schneider 2002). Im zugrunde liegenden Projekt der Beratungseinrichtung *Beratung und Lebenshilfe aus Berlin Pankow* wurden in der Zeit vom 1.7.2000 bis 30.6.2001 von insgesamt 959 Ratsuchenden Beratungsangebote in Anspruch genommen, davon 812 per Chat und 147 per E-Mail. Fragen der Evaluation waren hierbei:

- Welche Effekte hat die Online-Beratung und inwieweit kann Online-Beratung ressourcenaktivierend und kompetenzerhöhend wirken?
- Wie zufrieden sind die Ratsuchenden mit den Angeboten und welche Motive bringen die Ratsuchenden in die Onlineberatung?

4.1 Stichprobe und Durchführung

Die BesucherInnen von www.das-beratungsnetz.de wurden per Pop-Up und Newsletter zur Teilnahme aufgefordert, falls sie jemals ein Onlineberatungsangebot in Anspruch genommen hatten, außerdem wurde an alle Personen, die sich dort hatten beraten lassen und deren E-Mailadresse vorhanden war, eine Mail mit der Bitte, sich an der Umfrage zu beteiligen, verschickt. Dabei wurde die Anonymität voll gewahrt. Im zweiten Schritt wurden dann aus dieser Stichprobe Personen ausgewählt und in halbstrukturierten Interviews ausführlicher zu ihren Erfahrungen befragt, darunter 9 Personen, die sich bei der Einrichtung *Beratung und Lebenshilfe* (B&L) haben beraten lassen.

Der Fragebogen wurde von insgesamt 205 Personen ausgefüllt, von denen sich 71 von B&L hatten beraten lassen, davon haben sich 32 (45%) per Chat beraten lassen. Die übrigen 132 verteilten sich auf 16 andere beratende Institutionen und bildeten eine Vergleichsgruppe. Ca. 80% der an der Umfrage teilnehmenden B&L-KlientInnen waren weiblichen Geschlechts, was in etwa der Klientel der Beratungsstelle entspricht. Beratungen zur Suizidalität, Partnerschaft, zu Ängsten und Depressionen bildeten 55% der Beratungsanlässe. 30% der TeilnehmerInnen hatten sich bis zu diesem Zeitpunkt bereits auch professionelle Hilfe geholt. Rund 36% verfügen über Mittlere Reife, 31% haben ein Abitur.

4.2 Befragungsdesign und Ergebnisse

Zunächst wurde die Erwartungshaltung der Ratsuchenden an die Onlineberatung abgefragt, um zu ermitteln, mit welchen Voraussetzungen und Wünschen diese Menschen den OnlineberaterInnen begegnen und was sie zur Nutzung der Onlineberatung motiviert. Hier war die Erwartung, bei den Beratenden „Verständnis" und „Objektivität" zu finden am wichtigsten. Chattern war der Wunsch nach „Informationen" und „Ratschlägen" weniger wichtig als den E-Mail-Nutzern. Chattern war der persönliche Kontakt und der Dialog wichtiger. Die Chatberatung zu nutzen wurde überwiegend mit dem Wunsch begründet, bei einem solchen Beratungsgespräch völlig anonym bleiben zu wollen. Die „Verfügbarkeit" (wann kann ich die Beratungsanfrage stellen und den

Kontakt aufnehmen?) und die „Gesprächskontrolle" (wann und wie kann ich ihn wieder beenden?) waren wiederum den E-Mail-NutzerInnen wichtiger. Vor diesem Erwartungshorizont äußerten sich alle Befragten erstaunlich positiv über ihre tatsächlichen Erfahrungen mit der Online-Beratung und den BeraterInnen. Die Schriftlichkeit und die Kanalreduktion der CvK wurden dabei seitens der Befragten als sehr positiv erlebt. Zuschreibungen an die beratenden wie „sympathisch", „vertrauenerweckend", „geduldig" sowie Kompetenz und Engagement der Beratenden wurden ebenfalls sehr positiv beurteilt, wobei es zwischen Chat- und E-Mailberatung keine signifikanten Unterschiede im Ergebnis gab:

- 82,6% waren „überwiegend" bzw. „vollkommen zufrieden" mit der Chat-Beratung;
- 75% gaben an, bei Bedarf wieder eine Chat-Beratung in Anspruch zu nehmen;
- 83% gaben an, die Chat-Beratung weiterempfehlen zu wollen, da sie persönlich positive und stärkende Erfahrungen damit gemacht hätten;
- immerhin fast 50% der Klienten gaben an, Probleme, die innerhalb der Chats bearbeitet wurden, zum Zeitpunkt der Befragung, also Monate später, als weniger belastend zu empfinden;
- zwischen 80 und 90% der Befragten äußerten sich zufrieden über die Beratenden: sie seien verständnisvoll, informiert und geduldig, die Kontakte seien kommunikationsfördernd und problemorientiert;
- nur ca. 15% gaben an, die Chat-Beratung nicht weiterempfehlen zu wollen; hier handelte es sich überwiegend um weibliche Nutzer, die angaben, doch den direkten, persönlichen Kontakt mit einem Beratenden vorzuziehen.

Die anschließend geführten Interviews unterstrichen den Vorteil des Chats, sich dabei jemandem unmittelbar mitteilen zu können. Besonders wenn man sich in einer akuten Problemsituation befinde, sei eindeutig die synchrone Kommunikation im Chat die bessere. Die Möglichkeit zu sofortiger Reaktion, sich unmittelbar äußern und umgehend auf Nachfragen oder Antworten des Beraters reagieren zu können, wurde eindeutig als Vorteil gesehen. Bedauert wurde von allen InterviewpartnerInnen, dass der Beratungschat nur nach vorheriger Vereinbarung möglich sei und man bis zum nächsten freien Termin warten müsse. Grundsätzlich wurde die Onlineberatung auch als ideale Vorbereitung und Erstberatung im Hinblick auf eine Therapie oder den Kontakt zu einer Beratungsstelle vor Ort bewertet.

5   Resümee

Insbesondere die diskrete Chatberatung bietet eine *niedrigschwellige,* also Schamgrenzen und Ängste umgehende Möglichkeit, den persönlichen Beratungskontakt zu einer professionellen Einrichtung und deren MitarbeiterInnen herzustellen und zu pflegen, ohne dabei die schützende Anonymität und subjektive Gesprächskontrolle aufgeben zu müssen. Ein Ergebnis, wie es auch auf der Abschlusstagung des Projektes „Psychosoziale Beratung online" des Paritätischen Wohlfahrtsverbandes in Berlin im Oktober 2003 zur Sprache kam, lautet, dass viele der zumeist jugendlichen Ratsuchenden im Internet niemals eine reguläre Beratungsstelle aufgesucht hätten, gerade bei schweren Problemlagen, wie etwa sexuellem Missbrauch oder Suizidalität. Dieser Aspekt spielt insbesondere für die frühzeitige Intervention und Prävention eine wichtige Rolle, da via Chatberatung ein Problem erkannt und beraten werden kann, noch bevor schwerwiegende Folgen wie Isolation, Angst, Aggression und Abschottung zu einer ganzen Biographie werden.[4] Per diskretem Einzelchat können nicht nur Jugendliche dazu ermutigt werden, Vertrauen zu fassen, um schließlich auch eine Beratungsstelle vor Ort aufzusuchen.

Die Chatkommunikation hat in Anbetracht der Erkenntnisse dieser Befragung ihre Qualitäten und Effektivität gerade im Bereich psychologischer, sozialer und gesundheitlicher Beratung bewiesen. Es gilt hier weitere Analysen dessen vorzunehmen, was innerhalb einer oralliterarischen, zeitsynchronen Gesprächssituation per Computer und Internet geschieht. Die Stärken des Chat liegen auf der Hand. Es gilt nun, Begleitforschungen für verwertbare Analysen und Deutungsmuster als Ausbildungsgrundlage und Handwerkszeug für das interessierte Fachpublikum, für Beratungsanbieter und -projekte auf den Weg zu bringen, die dann als Grundlage und Arbeitsinstrumente innerhalb der psychosozialen Beratung eingesetzt werden können. Erste Ansätze, wie eine weitergehende Analyse der Chatkommunikation und deren Professionalisierung in diesem Bereich aussehen könnte, brachte ein Workshop innerhalb der bereits erwähnten Abschlussveranstaltung des Paritätischen Wohlfahrtsverbandes/Landesverband Berlin. Hierbei wurden vorher eingebrachte Chatprotokolle auf Basis einer linguistischen Analyse vorgestellt, die aufschlussreiche Informationen über die Möglichkeiten und Schwierigkeiten der beraterischen Arbeit via Chat lieferten. Weitere Veranstaltungen sollten daran anknüpfen und dazu beitragen, die Chatkommunikation als volltaugliche Kommunikationsform der psycho-sozialen Beratungsarbeit zu erschließen.

6   Literatur

Bergmann, Joerg R., Michaela Goll & Ska Wiltschek (1998): Beratungseinrichtungen als intermediäre Institution. In: Thomas Luckmann (Hrsg.). Moral im Alltag. Guetersloh, 143-218
bke – Bundeskonferenz für Erziehungsberatung (2003): Online-Beratung, Hilfe im Internet für Jugendliche und Eltern.
Eisenbach-Heck, Cordula & Traugott Weber (2003): Sechs Jahre Telefonseelsorge im Internet. In: Elmar Etzersdorfer, Georg Fiedler & Michael Witte (Hrsg.). Neue Medien und Suizidalität. Göttingen, 73-86.
Empfehlungen zur Qualität von Internetberatung für Eltern, Kinder und Jugendliche in der Erziehungs- und Familienberatung der Träger der Freien Wohlfahrtspflege in NRW vom Februar 2003.
Gebhardt, Julian (2001): Inszenierung und Verortung von Identität in der computervermittelten Kommunikation. In: kommunikation@gesellschaft 2, Beitrag 7-21. WWW-Ressource: http://www.uni-frankfurt.de/fb03/K.G/B7_2001_Gebhardt.pdf.
Heintz, Bettina (2000): Gemeinschaft ohne Nähe? In: Udo Thiedeke (Hrsg.): Virtuelle Gruppen. Wiesbaden, 188-218.
Hettlage, Robert (1991): Rahmenanalyse – oder die innere Organisation unseres Wissens um die Ordnung der Wirklichkeit. In: Robert Hettlage & Karl Lenz (Hrsg.): Erving Goffman – ein soziologischer Klassiker der zweiten Generation. Bern, Stuttgart, 95-157.

---

4   Siehe hierzu auch S. 4ff. im Abschnitt „Dokumente" des *Zwischenberichts 2001 Beratung und Lebenshilfe e.V.* unter http://www.das-beratungsnetz.de/media.

Hinsch, Rüdiger & Carola Schneider (2002): Evaluationsstudie zum Modellprojekt „Psychologische und sozialpädagogische Beratung nach dem JHG im Internet". WWW-Ressource: https://www.beranet.de/content/artikel/downloads/0.813001001090339626EvaluationsstudieOn lineberatungfinal.pdf

Walther, Joseph B. & Judee K. Burgoon (1992): Relational communication in computer-mediated interaction. In: Human Communication Research 19: 50-89.

Zwischenbericht 2001 Beratung und Lebenshilfe e.V. WWW-Ressource: http://www.das-beratungsnetz.de/media.

Michaela Zitzen

Themenmarkierungen in Chats

1   Einleitung

Im Rahmen des vorliegenden Beitrages steht das Kriterium der gemeinsamen thematischen Orientierung in englischsprachigen Chats im Mittelpunkt. Hierbei gilt mein pri-
märes Interesse expliziten bzw. metadiskursiven Mitteln, die Gesprächsteilnehmende
in Chats einsetzen, um sich die Handhabung von Themen wechselseitig anzuzeigen
und verständlich zu machen. Beispiele für solche expliziten Strukturierungsmittel sind
Äußerungen wie „by the way", „this reminds me of", „on a downer note". Diese
sprachlichen Mittel werden nachstehend unter dem Begriff metadiskursive Themenmarker (TM) und als Manifestation von Orientierungsvorgängen gefasst, die dadurch
gekennzeichnet sind, dass sie zu einer gemeinsamen thematischen Aufmerksamkeitsausrichtung bzw. zu einem gemeinsamen thematischen Fokus beitragen.

2   Diskursthemen und thematische Handlungen

Die Art und Weise des Zur-Sprache-Bringens eines Gesprächsthemas, wie sie z.B. in
Äußerungen des Typs „Worüber redet ihr gerade?" anstelle von „Was ist das Thema
eures Gesprächs?" oder „Was thematisiert ihr gerade?" verdeutlicht, dass (a) Gesprächsthemen handlungskonstituierenden Aktivitäten zugeschrieben werden, und (b)
die Handhabung von Themen funktional in die Handlungskonstitution eingebunden ist.
Aus diesem Sachverhalt ergibt sich die von Bublitz (1988: 40) angeführte Komplexität
von thematischen Handlungsmustern:

> For instance, a speaker introduces a topic by asking whether... or by reporting that....or by
> suggesting that... etc. Similarly he changes a topic, closes a topic, digresses from a topic
> and shifts a topic. The topical action patterns changing a topic and closing a topic can
> only be realized via performance of speech act patterns like announcing or stating with

utterances such as I would like to change the topic (or subject) or I don't want to talk about it anymore.

Zweischrittige Themenwechsel, die sowohl mit Blick auf die Themenschließung als auch auf die Themeneinführung markiert sind, verdeutlichen, dass Themen nicht völlig willkürlich gehandhabt werden können, sondern immer nur in gegenseitigem Einvernehmen aller Gesprächsteilnehmenden, ein Sachverhalt, den Bublitz (1988: 42) umschreibt als „principle of mututal consent". Themen werden somit interaktiv ausgehandelt, was seitens der Gesprächsteilnehmer erfordert, dass sie sich gegenseitig anzeigen, inwiefern sie mit den Themen und den damit verbundenen thematischen Handlungen einverstanden sind und diese nachvollziehen können. In diesem Zusammenhang stellt Reichman (1990: 28) heraus, dass

> educated, mainstream, middle-class adults expect a lot of feedback on topics that they introduce into the conversation. They expect their coparticipants to engage in the topic with them. They expect them to develop the topic, discuss alternatives to the proposed content, and provide variations on a same theme with them. Main-stream-educated middle-class adults expect interruptions and digressions to be signalled (often with clue words suc as „By the way", or „Incidentally"), and they expect a return to the topic after a digression is completed.

Solche Erwartungen sind Ausdruck dafür, dass eine lückenlose und schrittweise Themenprogression bevorzugt wird, auf deren Basis Themenkontinuität erzielt und beibehalten werden kann. Thematische Diskontinuität, die sich in abrupten Themenwechseln manifestieren, ist dann gegeben, wenn eine Äußerung keinen sequentiellen und/oder referentiellen Bezug zu einer Vorgängeräußerung beinhaltet (cf. West & Garcia 1988). Allerdings hebt Bublitz (1989) hervor, dass selbst im Falle von abrupten Themenwechseln die Tendenz zu Themenkontinuität über die Verwendung von so genannten „coherence joker" wie z.B. „well", „apropos", „that reminds me of" etc. beibehalten wird. Mit diesen sprachlichen Mitteln wird seitens des Sprechers entweder eine thematische Kohärenz vorgetäuscht, die als solche aber nicht existiert, oder der Sprecher legt offen, dass er sich der Diskontinuität bewusst ist.

3   Metadiskursive Themenmarker als Manifestation von Orientierungsvorgängen

Die sprachlichen Mittel, die Bublitz (1989) als „coherence joker" bezeichnet, stellen den Untersuchungsgegenstand meiner Arbeit dar, nämlich die funktionale Kategorie der metadiskursiven TM. Ihre Rolle in der interaktiven Konstitution von Themen lässt sich am besten anhand von Kallmeyers (1978) Theorie der fokussierten verbalen Interaktion beschreiben. Die Interaktionstheorie beruht auf der Annahme, dass Interaktionsvorgänge stets wechselseitig konstituiert werden, d.h. dass die Gesprächsteilnehmenden „jeweils eine Aufmerksamkeitsausrichtung als gemeinsame Orientierung zu akzeptieren und als verbindlich anzusehen haben" (Kallmeyer 1978: 193). Die Orientierungsvorgänge, die zu der Herstellung, und/oder Beibehaltung einer gemeinsamen Aufmerksamkeitsausrichtung bzw. eines gemeinsamen Fokus auf der Ebene der Dialogkonstitution, der Handlungskonstitution und Themenkonstitution (Sachverhaltsdarstellung) beitragen, bezeichnet Kallmeyer (1978) als „Fokussierungen". Diese drei Orientierungsebenen sind aufeinander bezogen, stellen zugleich aber drei analytisch zu differenzierende Ebenen dar. Die Art der Bezogenheit der Organisationsebenen untereinander beschreibt Kallmeyer (1978: 193f.) wie folgt:

> Die Gesprächsorganisation gibt die Trägerstruktur für die Handlungskonstitution ab, Sachverhaltsdarstellungen sind funktional in die Handlungskonstitution eingebettet. Die Konstitution dieser Schemata folgt jedoch unterschiedlichen Gesetzen und ist jeweils getrennt nachweisbar.

Fokuswechsel können entweder durch vorgreifende Verhaltensfestlegungen strukturiert werden oder aber durch Aktivitätskomplexe, die sich aus dem Übergang von einer Aktivität zu einer nächsten konstituieren. Der Übergang gestaltet sich als komplex, da er zur Bewerkstelligung drei Einzelschritte erfordert, die Tiittula (1993: 198) wie folgt zusammenfasst:

(1) der Aktivitätszusammenhang muss von einem Hintergrund abgelöst werden;
(2) der Aktivitätszusammenhang muss in wesentlichen Merkmalen vorgreifend verdeutlicht werden;
(3) der Aktivitätszusammenhang muss vom Partner akzeptiert werden.

Übertragen auf die Ebene der Themenorganisation und in Übereinstimmung mit dem bereits erwähnten „principle of mutual consent" (Bublitz 1988) bedeutet dies, dass (1) die Themeneinführung die Schließung des vorherigen Themas voraussetzt, (2) ein neues Thema eingeführt wird und (3) die thematische Handlung seitens der Gesprächsteilnehmenden akzeptiert werden muss.

Fokussierungen, die der Abwendung von Foki und der Zuwendung zu Foki dienen, ergeben die so genannte Anwendungsstruktur von Aktivitäten. Anwendungsstrukturen können sich hierbei in mehr oder weniger elaborierten, impliziten oder expliziten sprachlichen Formen manifestieren. Die Art der Realisation der Anwendungsstruktur hängt nach Kallmeyer (1978: 198ff.) mit drei Aspekten zusammen:

(1) *dem Typ der Ordnungsstruktur.* Die Konstitution von Handlungsschemata ist als konditionell relevant meist stärker erwartbarer als die Konstitution von Themen, und bedarf daher einer weniger markanten Vorbereitung. Im Gegensatz dazu ist die Konstitution von Themen aufgrund der Asymmetrie in der Verteilung der Sprecher- und Hörerrollen weitaus stärker markiert. Die Konstitution der Gesprächsorganisation erfolgt hauptsächlich über konventionalisierte Formen und in Face-to-face Gesprächen verstärkt über nichtsprachliche Mittel, wie z.B. Körperhaltung und Blickkontakt.
(2) *dem Status der anvisierten Aktivitäten als selbständiger Aktivitätskomplex oder als Einzelaktivität im Rahmen eines solchen Komplexes.* Selbständige Aktivitätskomplexe sind nicht aus dem Aktivitätszusammenhang ableitbar oder über konditionell relevante Verhaltensfestlegungen antizipierbar. Zwischen der vorgreifenden Verhaltensfestlegung, durch die bestimmte Einzelaktivitäten konditionell relevant gemacht werden, und der Realisation von Anwendungsstrukturen besteht ein unmittelbarer Zusammenhang: Vorgreifende Verhaltensfestlegungen führen zu einer Reduktion von Abwendungs-Strukturen, während die Reduktion von vorgreifenden Verhaltensfestlegungen zu einem Ausbau der Anwendungsstrukturen führt.
(3) *den Bedingungen der Reziprozitätskonstitution.* Reziprozität bezeichnet die hinreichende Übereinstimmung der Gesprächsteilnehmenden mit Blick auf die Bedingungen der Interaktionskonstitution. Auch zwischen der Reziprozitätskonstitution und der Realisierung der Anwendungsstruktur besteht ein enger Zusammenhang: Unsicherheit hinsichtlich der Re-

ziprozitätsgrundlage und darauf zurückgeführte Störungen führen zu einem Ausbau der Anwendungsstrukturen, umgekehrt führt Sicherheit in der Reziprozitätsgrundlage zu einer Reduktion von Anwendungsstrukturen.

3.1 Verbale Interaktionsprozesse und Aufmerksamkeitssteuerung in Chats

Kommunikationstheoretisch werden Chats allgemeinhin Gesprächen zugeordnet. Schönfeldt (2001) begründet diese Zuordnung damit, dass Chats drei grundlegende gesprächskonstitutive Kriterien aufweisen, nämlich

(a) eine dialogische Ausrichtung, d.h. es findet Kommunikation zwischen mindestens 2 Teilnehmenden und einem Sprecherwechsel statt,

(b) zeitliche Kopräsenzbedingungen, d.h. die Chatter stehen in zeitlicher Hinsicht in unmittelbarem Kontakt zueinander, und

(c) eine gemeinsame thematische Orientierung, d.h. dass die einzelnen Beiträge einen erkennbaren thematischen Zusammenhang zu anderen Beiträgen und/oder einem übergeordneten Gesprächsthema aufzeigen. Ergänzend lässt sich als viertes und übergeordnetes Kriterium hinzufügen

(d) eine gemeinsame Aufmerksamkeitsausrichtung, d.h. die wechselseitige Konstitution von Interaktionsprozessen auf verschiedenen Ordnungsebenen.

Allerdings zeigen jüngere Studien auf, dass die Interaktionskonstitution in Chats aufgrund der Pragmatik des Mediums in mehrerlei Hinsicht von der in Gesprächen abweicht. Wie Beißwenger (2002), Zitzen (2004) und Zitzen & Stein (demnächst) herausstellen, führen die trägermedialen Bedingungen zu einer Trennung von Produktionskontext und Rezeptionskontext, wodurch Interaktionszusammenhänge, die in Face-to-face Gesprächen zusammengehören, auseinander gerissen werden. Des Weiteren führt die trägermediale Sequenzierung der einzelnen technisch übermittelten Beiträge zu anderen Organisationsprinzipien des Sprecherwechsels (vgl. Herring 1999). Ebenso haben die Chat-spezifischen Kopräsenzbedingungen, die man auch als diskontinuierliche Kopräsenzbedingungen bezeichnen kann, Einfluss auf die Art und Häufigkeit der Beitragskonstruktion, welches sich u.a. in der Technik des „turn splitting" widerspiegelt (vgl. Zitzen & Stein demnächst). Die technisch-pragmatischen Begebenheiten untermauern somit die gängigen Organisationsprinzipien des Sprecherwechsels, mit der Konsequenz, dass ein größerer Formulierungsaufwand eingesetzt werden muss, um eine gemeinsame Aufmerksamkeitsausrichtung zu erzielen und aufrechtzuerhalten (vgl. Hancock 2001). In Anbetracht der Tatsache, dass die Gesprächsorganisation die Trägerstruktur für die Handlungskonstitution und die Handlungskonstitution wiederum die Matrixstruktur für die Themenorganisation darstellt, ist anzunehmen, dass der erhöhte Bedarf an Explizierung alle drei Organisationsebenen betrifft. Für die Themenorganisation lässt sich vor allen Dingen die eingeschränkte Reziprozitätsgrundlage, d.h. die wechselseitige Verständnissicherung der Themen und thematischen Handlungen über Rückmeldesignale, anführen. Wie wir in Abschnitt 6 sehen werden, führt diese Restriktion zu einem Ausbau der Anwendungsstruktur zur Markierung von jenen thematischen Handlungen, die in natürlichen Gesprächen über den Einsatz von impliziten Mitteln durchgeführt werden.

4 Typologisierung von metadiskursiven Themenmarkern

In Anlehnung an die nachstehend seitens von Tiittula (1993: 48) angeführten Definitionskriterien von Metadiskurs, betrachte ich metadiskursive TM als eine funktionale Kategorie, die der Explizierung von Themen und thematischen Handlungsmustern dienen:

> Metadiskursive Elemente sind nicht auf Äußerungen mit propositionalem Gehalt zu begrenzen, während es sich bei der Metakommunikation nach vielen Auffassungen um Aussagen (und damit um Propositionen) über Gegebenheiten des Diskurses handelt. Der Bezug auf den Diskurs ist dagegen eine wesentliche Bedingung. Somit können zu Metadiskurs auch kleinere sprachliche Elemente, einzelne Lexeme, gezählt werden, die die Funktion der Diskurs-Deixis haben, also solche Elemente, die den Zusammenhang zwischen Äußerungen und dem Diskurs indizieren.

Die Vorrangstellung von Funktion über Form ermöglicht es, verschiedene Realisationsformen von TM zu berücksichtigen, die mit den in Abschnitt 3 dargelegten Aspekten (1) - (3) zusammenhängen.

TM können von unterschiedlicher syntaktischer Komplexität sein; sie treten als vollständige Sätze, Fragmente, Nebensätze, Phrasen, Syntagmen und lexikalische Elemente in Erscheinung.

Die metadiskursiven TM wurden im Rahmen dieser Studie nach semantischen Merkmalen typologisiert. Ausgehend von der Art des metadiskursiven Referenzbezuges lassen sich die metadiskursiven Themenmarker drei unterschiedlichen Explizitheitsklassen zuordnen, die im folgenden anhand von Textauschnitten aus dem CMC-Corpus erklärt werden.

Primäre TM referieren explizit auf das Thema und/oder die thematische Richtung. Diese können in Gestalt von so genannten *Topicalizer* in Erscheinung treten, wie es aus (1a), einem Ausschnitt aus einer Mailingliste, zu entnehmen ist. *Topicalizer* werden oft verwendet, um ein zurückliegendes Thema wieder aufzugreifen, d.h. als thematisch relevant aufzuwerten. Primäre Themenmarker treten auch in Form von *Topic Shift Formulation* auf, wie in dem Chat-Ausschnitt (1b), wo der Teilnehmer <JHoppis> mit „Hate to intro another topic..." einen abrupten Themenwechsel ankündigt.

(1)
a. > > Yes, just as things other than measles can produce >>spots on the face.
    ----------------------(21 lines snipped)---
    >*For measles*, doctors know very well what healty people look like.

    (CMC Corpus, @histling)

b. JHoppis: Rory, *Hate to intro another topic, but I need*
    add for the Quick Pro Booklet.
    Thimble888 :   Nite ,nite and thanks everyone
    Comfortex :   Good Night Thim

    (CMC Corpus, chat-latest-win)

Sekundäre TM[1] referieren hauptsächlich auf Trägeraktivitäten, in welche die Handhabung der Themen eingebettet ist. Textausschnitte (2a) und (2b), welche zwei unterschiedlichen Chats entnommen sind, verdeutlichen die handlungsschematische Einbettung. In (2a) ist der Themenwechsel durch die Vorankündigung einer Frage, in (2b) durch die Markierung des Handlungskomplexes *Erzählen einer Geschichte* markiert.

(2)

a. <PersonI> PersonA, *may I have one last tech question please even though we are over time ?*
    <PersonA> PersonI we are never overtime. Shoot

    (CMC Corpus: chat-farmwide)

b. Kadarab: *I'm formulating something...* Colin mentioned the inverted V's on Eddowes -- would look like ^.
    Kadarab: Chapman's coins were laid out in a triangle -- ^.
    Kadarab: JtR had something with the ^ shape, didn't he??
    Vanda: Go on. See where it leads you, Arab.

    (CMC Corpus:chat-irc1124)

Die Kategorie der *Tertiären TM* umfasst globale Discourse Marker (DM) (Lenk 1998), die den Bezug einer Äußerung zum Diskurs rein funktional anzeigen. Ihren Status als metadiskursive Elemente begründet Tiittula (1993: 123-124) wie folgt:

> Wenn bei der Abgrenzung des Metadiskurses von der Referenz im engeren Sinne (d.h. das Element referiert auf den Diskurs bzw. einen Teil des Diskurses) ausgegangen, wird, müssten solche Lexeme ausgegrenzt werden. (...) [Es] gilt auch für diese Lexeme das Kriterium der Referenz in einem weiteren Sinne; sie enthalten nämlich in ihrer Bedeutung eine Referenz auf textuelle Verhältnisse und die Art dieser Verhältnisse.

Tertiäre TM können für eine Vielzahl von Funktionen eingesetzt werden, wie z.B in der nachstehenden Passage aus einer privaten Email-Korrespondenz (3a), zur Markierung einer Digression und der Wiedereinführung eines bereits an anderer Stelle angeführten Themas. Globale DM können auch gleichzeitig auf mehreren Organisationsebenen operieren. Ein solcher Fall ist in (3b) gegeben, wo „actually" sowohl auf der Handlungsebene als auch auf der thematischen Ebene eine zukünftige Handlung, näm-

---

1   Ebenfalls als Sekundäre TM kategorisiert sind TM, die
     1. in erster Linie auf der Ebene der Dialogkonstitution operieren, z.B. *als turn exit marker,* wie in dem folgenden Chat-Auszug: „IMTEN7: anyway...thanks for letting me have my say...who's next";
     2. auf vorherige Sprechakte referieren, wie z.B. in dem Beitrag aus einer Newsgroup: „Thanks for replying Paul, but *as I said in my first post* MAPI/shell shortcuts from the SendTo",
     3. metasprachliche Substantive oder *Abstrakta* beinhalten, die erklärungsbedürftig sind und eine Fortsetzung erfordern, wie z.B. in *„Just a couple of things...."* aus einer Newsgroup und
     4. die einen diskursdeiktischen Bezug herstellen, z.B. anaphorisch, wie in dem folgenden Chat-Ausschnitt:
        NaikB   : (...) What does a typical day look like for them?/ga
        ----------------------------(20 lines snipped)------------------------------------
        DabrieoCo : *And that's how they run their day.* Did that answer you? /ga

lich eine kommende Frage und damit verbunden einen Themenwechsel, als disjunktiv und nicht erwartbar markiert.

(3)

a.   I spent more time with Susan 's friends than with Susan doing fun things and that was ok too. It was a holiday, I met some nice women, we became friends, we will visit each other from time to time. Gee it wasn't a bloody life crisis situation. I just didn't find it all that heavy. *Anyway* this seems to be a pattern in Ssan 's life so i'm just part of it. I still like her. She was a good friend during a rough period in my life. ...

(CMC corpus: e.martins)

b.   LP.: hEY bONNIE
BM.: Hello Hang man
LB: *Actually, I had a question for all of you.* Are Swags still the rage everywhere.
(CMC corpus: chat-lastest-DesignerPro)

5   Empirische Untersuchung

Metadiskursive TM stellen explizite Mittel der Themenhandhabung dar, die von den impliziten Mitteln, wie z.b. das Stellen von Fragen, zu unterscheiden sind. Eine Gegenüberstellung zwischen expliziten, d.h. metadiskursiven, und impliziten Mitteln der Themenorganisation kann im Rahmen dieser Studie nicht geleistet werden. Vielmehr soll der Frage nachgegangen werden, warum an bestimmten Stellen gerade explizite und keine impliziten Mittel verwendet werden. Von besonderem Interesse hierbei ist die Fragestellung, welche Wechselwirkung zwischen den spezifischen TM und den chat-spezifischen Interaktionsbedingungen besteht.

5.1 Korpus

Die quantitative und qualitative Analyse der metadiskursiven TM beruht auf einem englischsprachigen CMC-Korpus mit einem Umfang von 228.952 Wörtern, das Bestandteil einer annotierten Online CMC Datenbank[2] ist. Das CMC-Korpus gibt einen querschnittartigen Ist-Zustand von asynchroner (ASY) CMC und synchroner (SY) CMC wieder. Der Anteil an ASY CMC beläuft sich auf 116.028 Wörter und umfasst Kommunikation in Newsgroups, Mailinglisten, Guestbooks und Emails. SY CMC ist quantitativ mit einer Wortanzahl von 112.924 vertreten und bezieht sich auf Kommunikation in Chats und in MOOs[3]. Da MOOs ein spezielles Chat-Werkzeug darstellen, betrachte ich Kommunikation in MOOs ebenfalls als Chat-Kommunikation, oder allgemeiner, als eine Ausprägung von SY CMC.

---

2   Die CMC Datenbank wurde im Rahmen des Lehrstuhlprojekts der Anglistik III *Language and Communication in the Internet* an der Heinrich-Heine-Universität in Düsseldorf erstellt.

3   MOO steht für „Multi-User-Object-Oriented". Es handelt sich um eine abgewandelte Form von textbasierten MUDs (Multi-User-Dimension) basierend auf einer objektorientierten Programmiersprache. Für weitere Information siehe Cherny (1999) and Haynes & Holmevik (2001).

5.2 Methode

Die metadiskursiven TM wurden sowohl im Hinblick auf ihre sprachlich-strukturellen Erscheinungsformen als auch im Hinblick auf ihre funktionalen Erscheinungsformen untersucht. Die sprachlich-strukturelle Analyse hat die in Abschnitt 4 dargelegte Typologie der TM zum Ergebnis. Die Analyse der funktionalen Verteilung der TM beruht auf folgenden Kategorien[4]:

TOC_{re}	*Refokussierungen*: Wiederaufnahme eines bereits geäußerten Themas oder thematischen Aspekts
TOC $TOC_{unanchored}$	*Themenwechselverfahren* *Abrupter Themenwechsel*: Sequentiell und/oder referentiell unabhängiger Themenwechsel
TOC_{shift} $TOC_{digression}$	*Topic Shift Verfahren* = Einbringen eines neuen Themenaspekts *Abschweifung* = Ein aktuelles Thema wird temporär durch ein anderes ersetzt, nicht aber geschlossen
TOC + TOB	*Zweischrittiges Themenwechselverfahren*: Explizite Abwendung von einem thematischen Fokus und Zuwendung zu einem neuen thematischen Fokus
TOB	*Themenschließung*: Explizite Beendigungung von thematischen Verfahren

Tabelle 1: Funktionale Erscheinungsformen der metadiskursiven TM.

Ausgangspunkt bildet die Gegenüberstellung der Vorkommensverteilung von TM in ASY und SY CMC. Darauf aufbauend soll der Gebrauch von metadiskursiven TM in Chats mit Blick auf ihre Anwendungsszenarien hin untersucht werden. Um einen Vergleich zwischen den Vorkommenshäufigkeiten trotz unterschiedlicher Textlängen zu gewährleisten, wird nachstehend stets die normierte Vorkommenshäufigkeit mit einer Normgröße von 10.000 Wörtern angegeben.

6 Distribution von metadiskursiven Themenmarkern in asynchroner und synchroner CMC: Eine Gegenüberstellung

ASY und SY CMC weisen signifikante Verteilungsunterschiede in Bezug auf das Vorkommen von TM auf. Es zeigt sich, dass TM mit einer normierten Vorkommenshäufigkeit von 47,90 weitaus häufiger in Chats auftreten als in ASY CMC, die eine Verteilungshäufigkeit von 26,46 aufweisen. Aufgeschlüsselt nach Primäre TM, Sekundäre TM und Tertiäre TM ergibt sich folgende normierte Häufigkeitsverteilung:

---

4   Der Einfachheit halber wurden die englischen Annotationen übernommen: TOC = Topic Change, TOB = Topic Boundary.

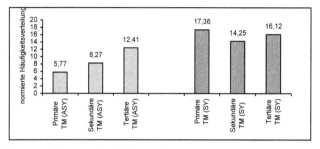

Diagramm 1: Normierte Häufigkeitsverteilung von Primären TM, Sekundären TM und Tertiären TM in ASY und SY CMC.

Diagramm 1 veranschaulicht, dass Primäre TM, Sekundäre TM und Tertiäre TM in den beiden CMC-Modi mit Blick auf ihre Distribution jeweils in zwei entgegengesetzte Rangreihenfolgen verteilt sind. Während in ASY CMC mit aufsteigender Reihenfolge Primäre TM am seltensten vertreten sind, gefolgt von Sekundären TM und schließlich von Tertiären TM, die am häufigsten auftreten, verhält es sich in Chats nahezu umgekehrt. Dort zeigt sich, dass Primäre TM am häufigsten auftreten, gefolgt von Tertiären TM und an letzter Stelle von Sekundären TM. Ausgehend von den Häufigkeitswerten ist des Weiteren herauszustellen, dass die Unterschiede in der Verteilung unter den drei Markertypen in asynchroner CMC wesentlich größer ist, als die in Chats. Global gesehen sind dort Primäre TM, Sekundäre TM und Tertiäre TM gleichmäßiger verteilt als in ASY CMC.

Zusammenfassend lässt sich an dieser Stelle sagen, dass in ASY CMC die Notwendigkeit zur Explizierung von Themen und thematischen Handlungen weitaus geringer ist als in SY CMC. Wie Tiittula (1993: 276) in diesem Zusammenhang herausstellt,

> [trägt] zur Explizitheit der Fokussierungen (und Defokussierungen) [...] die Gemeinsamkeit der Aktivitäten bei: Wenn Übergänge zwischen Aktivitäten gemeinsam vorbereitet werden, bedürfen sie einer weniger expliziten Markierung als bei jenen Übergängen, die von nur einem Sprecher durchgeführt werden.

Die Einbeziehung der funktionalen Verteilung der TM in ASY CMC und SY CMC in Tabelle 2 gibt weitere Anhaltspunkte zur Klärung des kausalen Zusammenhanges zwischen Explizitheit der Fokussierungen und Gemeinsamkeit der Aktivitäten, bedingt durch die verschiedenen Kommunikationsbedingungen in ASY CMC und SY CMC.

CMC Ausprägung	Funktionale TM				
	TOC_{re}	TOC	TOB	TOB + TOC	insgesamt
ASY CMC	4,65	13,96	4,22	3,72	26,46
SY CMC	7,44	27,21	6,90	5,41	47,73

Tabelle 2: Normierte Häufigkeitsverteilung von funktionalen TM in ASY und SY CMC.

Tabelle 2 veranschaulicht, dass sämtliche funktionalen TM, insbesondere Themenwechsel (TOC), in Chats häufiger vertreten sind als in ASY CMC. Markierte Fokussierungen (TOC$_{re}$) reflektieren ein wechselseitiges Wahrnehmen der Gesprächsteilnehmenden und der jeweiligen Themen untereinander. Markierte Refokussierungen, dargestellt in Textbeispiel (1a), dienen vorrangig dazu, weiter zurückliegende Themen mit einer gegenwärtigen Äußerung abzugleichen. Das geringe Vorkommen von Fokussierungen in ASY CMC kann auf die Zitier- und Editiermöglichkeiten (vgl. Daly 1996) zurückgeführt werden. Die Möglichkeit, seinen Antworttext direkt unter der Bezugspassage zu setzen, macht die Explizierung von Refokussierungen eher überflüssig. Eine solche Möglichkeit ist in SY Chats nicht gegeben. Zwar kann man dort im Text zurückblättern (*scroll*), aber es ist nicht möglich, seine Antwort unmittelbar unter einer Bezugsäußerung zu setzen.[5] Die Antwort erscheint immer am unteren Ende in dem öffentlichen Dialogfenster, so dass zwei aufeinander bezogene Beiträge über mehrere Zeilen hinweg auseinander gerissen sind, und dadurch der Bezug sprachlich expliziert werden muss.

Markierte Themenschließungen (TOB), oder in Kallmeyers (1978) Terminologie „Defokussierungen", treten in natürlichen Gesprächen äußerst selten auf. Vielmehr wird die Beendigung von Themen implizit über nonverbale oder verbale Rückmeldesignale organisiert. „Wenn das *Feedback* aufgrund der technischen Merkmale des Kommunikationsmediums verzögert oder gar nicht übermittelt wird, können Gesprächsteilnehmende nicht mehr im erforderlichen Ausmaß aufeinander eingehen und das Aufrechterhalten von Themen ist erschwert." (Cornelius 2001: 21) Nicht nur das Aufrechterhalten, sondern auch die Beendigung von Themen wird durch die verzögerte Übertragung von Rückmeldesignalen in Chats erschwert. Ob und wie schnell ein Thema versandet, lässt sich in mündlicher Kommunikation z.B. an einer geringeren Beitragsabgabe einschätzen. In Chats kann das verzögerte Abschicken eines Beitrages auf eine Vielzahl von Aktivitäten, wie z.B. Lesen, Tippen einer Antwort, aber auch fehlende Aufmerksamkeit (vgl. Garcia et al. 1999; Cherny 1999) zurückgeführt werden. Der höhere Anteil an Explizierungen von Themenschließungen in Chats gegenüber ASY CMC deutet ebenso wie markierte Refokussierungen auf eine wahrgenommene Unmittelbarkeit zwischen den Teilnehmenden hin, und damit auf die Notwendigkeit, thematische Handlungen in wechselseitigem Einverständnis durchzuführen. Aufgrund der restriktiven Reziprozitätsgrundlage in Chats müssen diese aber explizit ausformuliert werden, um dem Prinzip des „mutual consent" (Bublitz 1988) gerecht zu werden.

Ähnliches kann in Bezug auf die Markierung von zweischrittigen Themenwechseln (TOB + TOC) in Chats angeführt werden. Auch diese reflektieren das interaktive Aushandeln von Themen und thematischen Handlungen, was wiederum eine wechselseitig wahrgenommene Kopräsenz unter den Teilnehmenden voraussetzt. In diesem Zusammenhang stellt sich aber die Frage, warum die Häufigkeit von markierten

---

5   Einige software-technische Lösungsansätze, wie z.B. die des Prototyps *ThreadChat* oder des Chatwerkzeuges *factChat*, versuchen diesem Manko im ersten Fall durch explizite Referenzierungsmöglichkeiten und im zweiten Fall durch freie Positionierung der Beiträge im Dialogfenster entgegenzuwirken.

zweischrittigen Themenwechseln im Vergleich zu einschrittigen Themenwechseln relativ gering ist. Möglicherweise ist dieser Sachverhalt auf die Intention zurückzuführen, möglichst wenig Rückmeldesignale zu bekommen. Denn verbunden mit der bereits erwähnten medial bedingten Verzögerung von Beiträgen, ist eine adjazente Platzierung von Rückmeldungen in Chats kaum möglich. Während SprecherInnen in mündlichen Gesprächen bei Metamarkierungen, wie z.b. „Genug davon. Lass uns nun zu den wichtigeren Punkten übergehen". an Ort und Stelle Einspruch einlegen können, kann es in einem Chat passieren, dass ein neues Thema bereits aufgegriffen und behandelt wird, bevor der Einspruch von einem Teilnehmenden auf dem Bildschirm erscheint. Es ist aber auch denkbar, dass markierte zweischrittige TM seltener benutzt werden, um einer Rückmeldeüberflutung entgegenzuwirken. Wenn in einem Chat 10 Teilnehmende anwesend sind, und 9 davon geben Rückmeldesignale ab, so werden 9 sukzessive Nachrichten gesendet, die mit dem Platz, den sie einnehmen, die vorherigen Beiträge aus dem Blickfeld des öffentlichen Dialogfensters drücken.

Als Fazit lässt sich an dieser Stelle herausstellen, dass die funktionale Verteilung von TM in Chats im Vergleich zu ASY CMC stärker auf eine interaktiv ausgerichtete Themenhandhabung, verbunden mit einer stärkeren Kopräsenzwahrnehmung, ausgerichtet ist. Diese Orientierung manifestiert sich an der Markierung von zweischrittigen Themenwechseln, Refokussierungen und Themenschließungen. Im Gegensatz zu mündlichen Gesprächen, in welchen solche Themenbewegungen über den Einsatz von impliziten Mittel gehandhabt werden, werden diese und damit die Gemeinsamkeit der thematischen Aktivitäten in Chats expliziert.

6.1   Chat-Szenarien

In Anlehnung an die Betrachtungsweise von Beißwenger (in diesem Band), Chats als Kommunikationstechnologien anzusehen, die in ihren Anwendungen zur Nachbildung von verschiedenen Diskursszenarien dienen, habe ich die in dem Korpus befindlichen Chat-Mitschnitte in sechs verschiedene Chat-Szenarien gruppiert. Die Zuordnung basiert auf den von Beißwenger & Storrer (in diesem Band) angeführten diskursstrategischen und chat-systemischen Variablen, die Chat-Szenarien entweder einzeln oder in Kombination zugrunde liegen.

Chat-Szenario 1: *Experteninterview*

Bei diesem Chat-Szenario handelt es sich um eine Nachbildung einer öffentlichen Radio oder TV Talk Show, in welcher Laien telefonisch die Möglichkeit bekommen, Expertenmeinungen und Stellungnahmen einzuholen. Ähnlich wie bei den Radio/TV Talk Shows, werden die Beiträge im Hintergrund entgegengenommen und in Warteschleife gehalten, bevor sie nacheinander freigeschaltet werden. Diese Vorgehensweise ermöglicht eine quantitative und qualitative Vorstrukturierung des Gesprächsverlaufes, die in den nachgebildeten Chat-Experteninterviews über Instant Messages (IM) oder aber über asynchrone Messages (ASY M) erfolgt. Im Gegensatz zu den traditionellen Talk Shows, wo eine Anzahl von technischen Leitungen zur Verfügung stehen, so dass die Anrufenden zugeschaltet werden können, um dann selbst zu reden, werden

Publikumsbeiträge in Chat-Experteninterviews über ModeratorInnen, oder vielmehr über deren <handle> eingeblendet. Somit erscheinen Publikumsmeldungen entweder alias <Moderator>, depersonifiziert unter dem Namen <audience> oder personfiziert unter den jeweiligen Namen, mit denen die Teilnehmenden eingeloggt sind. Die administrative Steuerung über den Einsatz von IM stellt einen Kompromiss zwischen Offline- und Online-Kommunikation dar, wodurch eine eingeschränkte Form von unmittelbarer Partizipation und Live-Erlebnis für alle Beteiligten gegeben ist. Bei der administrativen Steuerung über den Einsatz von ASY M, die z.b. über Mailinglisten oder Message Boards verschickt werden, ist die Authentizität der Gesprächssituation nur noch insofern gegeben, als die Antworten der ExpertInnen auf die redaktionell eingespielten Beiträge online mitgelesen werden können. Gesprächsorganisatorisch hat diese Art der Moderation zur Folge, dass das Gespräch in sukzessive Sequenzpaare strukturiert wird, getragen von dem jeweiligen Experten und den nacheinander redaktionell freigegebenen Teilnehmerbeiträgen. Die soziale Rolle der Gesprächsteilnehmenden als Sprecher ist nur noch bedingt gegeben, da ihre Beiträge meist unter einem Sammelnamen oder über den Namen eines Moderators eingespielt werden. Der/die Experte/in hat dadurch uneingeschränktes und ungestörtes Rederecht. In einem der als Chat-Szenario 1 klassifizierten Chats erfolgt die Moderation nicht über IM, sondern über festgelegte Regeln, an die sich die Teilnehmenden zu halten haben. Diese Regeln werden seitens des Moderators in (4) zu Beginn des Experteninterviews wie folgt angekündigt:

(4)
WPLC SharZ : Our topic today is: "IT'S SUPPOSED TO BE FUN, ISN'T
WPLC SharZ : IT? HOW TO PUT THE JOY BACK INTO YOUR
WPLC SharZ : BUSINESS" .. with our guest,Teresita Dabrieo
WPLC SharZ : DabrieoCo) - We'll be starting soon and following
WPLC SharZ : "Protocol" !! :)
WPLC LanJ : *Type to ask a question, and to make a*   ◄
              comment. :)   ◄
WPLC SharZ : DabrieoCo, if you'd like to introduce yourself or say
              a few
WPLC SharZ : words, we'll start taking questions when you're
              ready. ga
WPLC SharZ : PROTOCOL IS IN EFFECT:
WPLC SharZ : type: *Only ? to ask each individual question.*   ◄
WPLC SharZ : type: *Only ! to make a comment.*   ◄
WPLC SharZ : *WAIT TO BE CALLED ON... THEN ask your question...*   ◄
WPLC SharZ : *type: /ga (go ahead) when finished speaking.*   ◄
              Thanks :)

(CMC-Korpus, chat-suppoesed to be fun)

Die Teilnehmenden müssen nicht nur für ihren Beitrag „Schlange stehen", sondern auch angeben, ob sie eine Frage oder eine Stellungnahme abgeben möchten. Auf dieser Basis kann das Gespräch mit Blick auf Gesprächshandlungsmuster und thematische Akzentuierungen vorstrukturiert werden. So werden Fragen meist verwendet, um neue Themen oder neue Aspekte einzubringen, während sich Stellungnahmen meist auf das aktuelle Thema beziehen.

Chat-Szenario 2: *Öffentliche Chat-Diskussionsrunden*

Chats können auch als öffentliche Diskussionsrunden nachgebildet sein. Im Gegensatz zu Experteninterviews sind in Diskussionsrunden alle Teilnehmenden gleichberechtigte ExpertInnen. Die Gesprächsorganisation ist über die Rederechtvergabe seitens des Moderators geregelt. Ähnlich wie in Textbeispiel (4) illustriert, müssen die Teilnehmenden ihren Wunsch, einen Beitrag abzugeben, vorab ankündigen. Die Ankündigung kann hierbei entweder für alle lesbar in dem öffentlichen Dialogfenster über emotes, wie z.B. „B. raises hand" erfolgen, oder aber über IM. Im Gegensatz zu dem in Bezug auf Chat-Szenario 1 besprochenen Einsatz von IM, dienen IM in den Chat-Diskussionsrunden zur Vorselektion von „Handzeichen", nicht aber zu der redaktionellen Aussortierung nach inhaltlichen Kriterien. Der Sprecher, der aufgerufen wurde, kann so lange sprechen, wie er möchte. Nach Beendigung seines Beitrags folgt eine Fragerunde, die durch den Moderator eingeleitet wird, wonach dann der nächste Sprecher aufgerufen wird.

Chat-Szenario 3: *Öffentliche Diskussion mit Gastredner*

Im Gegensatz zu den beiden bisher aufgeführten Chat-Szenarien, sind Chat-Szenarien des Typs „Öffentliche Diskussion mit Gastredner" weniger formell organisiert. Zwar ist auch hier jeweils ein Moderator anwesend, seine Interventionen sind aber weniger regulativ als vielmehr vermittelnd. Die Aufgabe des Moderators besteht darin, das Gespräch offiziell zu eröffnen, Nachzügler zu begrüßen und gegebenenfalls neue Themen anzuschneiden, wenn die Beteiligung zu sehr abflacht. Die ModeratorInnen tragen auch inhaltlich oder thematisch zu der Diskussion bei, die größtenteils von den GastrednerInnen getragen wird. Die GastrednerInnen fungieren ähnlich wie in Chat-Szenario 1 als ExpertInnen, haben aber keinerlei gesonderte Rederechte. Es scheint ganz so, als ob hier die soziale Rolle „Gastredner" eingesetzt wird, um das Gespräch thematisch zu lenken.

Chat-Szenario 4: *Tutorien im Rahmen von Online- Maßnahmen*

Chats können auch als komplementäre Kommunikationsmöglichkeiten zu Online Trainings- oder Forschungsprogrammen sowie zu berufsbezogenen Beratungszwecken eingesetzt werden. In solchen Chat-Szenarien fällt die Rolle des Moderators mit der des Tutors oder Mentors zusammen, der quasi AnsprechpartnerIn für jegliche Fragen und Probleme ist. Der Sprecherwechsel ist nicht reguliert, da der Moderator/Tutor aber den Hauptansprechpartner darstellt, bilden sich meist Zweiergespräche zwischen dem Moderator/Tutor und einem der anwesenden Teilnehmer heraus. Im Unterschied zu den bisher genannten Chat-Szenarien, basiert die Organisation von Chats, die als Tutorien nachgebildet sind, hauptsächlich auf Sprachhandlungsmuster, die auch außerhalb von CMC mit Tutorien assoziiert werden.

Chat-Szenario 5: *Öffentliche Diskussionen mit Moderator als Experte*

In diesen Chat-Diskussionen ist der Moderator zugleich Gastgeber und Experte. Chat-Szenarien dieser Art zeichnen sich ähnlich wie die Kategorie „Chat-Szenario 3" durch einen geringen Formalitätsgrad aus, unterscheiden sich aber mit Blick auf die soziale Rollenverteilung voneinander. Die ModeratorInnen haben auch hier keine Kontrollfunktion, sondern eine Vermittlerfunktion. Sie greifen nur dann regulativ ein, wenn sie von anderen Teilnehmenden auf Störungen oder Missstände angesprochen werden.

Chat-Szenario 6: *IRC-Diskussionen und Chanops*

IRC (Internet Relay Chat) stellt die älteste Internet-basierte Mehr-Personen-Kommunikation in synchroner Ausprägung dar.[6] Wesentliches Merkmal für IRC ist das Konzept *Channel* und die dazugehörigen Channel-Modi, die über direkte Befehlseingabe seitens des Chanops (Channel Operators) eingestellt und verändert werden können. Diese Optionen ermöglichen verschiedene territoriale Aktivitäten, die wie Hentschel (1998) herausstellt, auf die Abgrenzung und den Schutz virtueller Räume ausgerichtet sind. Einige der Channel-Modi können aber auch gleichzeitig zu moderativen Zwecken eingesetzt werden, wie z.B.:

m – moderated channel. Only the chanop can „speak".
t – topic changing command . Topic of the cannel can be changed.
l – limited channel. The number of chatters is limited to the number stated.

Der Chanop hat die administrativen Rechte für den Channel und verfügt daher auch über moderative Rechte. Die Gesprächssteuerung in IRC ist somit in erster Linie technisch gestützt, was allerdings auch tendenziell andere computertechnische Vorkenntnisse und Kompetenzen erfordert und damit eine andere Nutzergruppe anspricht. Ansonsten wird IRC sowohl für Zweiergespräche als auch für Diskussionsrunden zwischen mehreren Personen genutzt.

6.2 Metadiskursive Themenhandhabung in den Chat-Szenarien 1-6

Die Vorkommensverteilung der TM in den im vorherigen Abschnitt beschriebenen Chat-Szenarien ist nachstehend im Diagramm 2 in abfallender Reihenfolge veranschaulicht.

Entlang der Häufigkeitsskala weist Kategorie „Chat-Szenario 2" mit einem normierten Häufigkeitswert von 75,90 die größte Anzahl an TM auf. Am anderen Ende der Skala steht die Kategorie „Chat-Szenario 6", deren Häufigkeitswert mit 24,47 nur ca. ¼ der Häufigkeitsverteilung in Chat-Szenario 2 ausmacht. Setzt man diese Werte nun in Relation zu den jeweiligen chat-systemischen und diskursstrategischen Variablen der beiden gegenpoligen Chat-Szenarien, so lässt sich feststellen, dass Chat-Szenario 2 einen wesentlich höheren Formalitätsgrad aufweist als alle anderen Chat-Szenarien, wobei Chat-Szenario 6 den geringsten Formalitätsgrad aufweist. Während

---

6   Siehe Reid (1991) und Schade (2000) für entwicklungsgeschichtliche Hintergründe und für einen Überblick der Funktionsweisen von IRC.

die Gesprächsorganisation in Chats, die als Chat-Szenario 2 nachgebildet sind, hauptsächlich über moderativ kontrollierte Konversationsregeln in Bezug auf Sprecherwechsel (siehe Textbeispiel (4)) gesteuert wird, gibt es in Chats des Typs „Chat-Szenario 6" keine offiziellen Kontrollmechanismen. Der Formalitätsgrad der einzelnen Chat-Szenarien beeinflusst somit die gemeinsame Handhabung der Themen, ein Sachverhalt, der ebenfalls von Tiittula (1993: 275) mit Blick auf den Einsatz von expliziten Strukturierungsmitteln in mündlichen Gesprächen herausgestellt wird:

> Mit dem Formalitätsgrad scheint auch die gemeinsame Beteiligung der Interaktanten an der Diskursproduktion zu variieren: In spontanen Gesprächen entsteht der Diskurs auf eine andere Weise durch die gemeinsame Leistung als in formellen Interaktionen. Dies gilt für die Konstitution aller Ordnungsebenen.

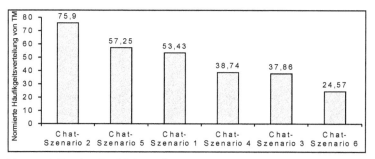

Diagramm 2: Normierte Häufigkeitsverteilung von TM in Chat-Szenarien 1-6.

Der gesteuerte Sprecherwechsel hat zur Folge, dass sich Themen nicht schrittweise und assoziativ entwickeln können, so dass hier ein größerer Formulierungsaufwand von Nöten ist, um den jeweiligen thematischen Bezug kenntlich zu machen. Ähnlich wie in mündlichen, formellen Diskussionen bilden die einzelnen Beiträge in den Chats des Typs „Chat-Szenario 2" kleine Monologe, da die Gesprächsteilnehmenden nicht unterbrochen werden dürfen. Die Themenentwicklung, d.h. die Aufrechterhaltung des thematischen Fokus, liegt bei dem jeweiligen Teilnehmer allein. Beibehaltung und Änderungen in der thematischen Aufmerksamkeitsausrichtung erfordern daher ein höheres Maß an Explizierung als interaktiv ausgehandelte Themen. Der Formulierungsaufwand wird in Chats durch die restriktive Reziprozitätskonstitution, bedingt durch die physische Getrenntheit der Gesprächsteilnehmenden und die medial-bedingten Schwierigkeiten bei der verzögerten Übermittlung von Rückmeldesignalen, noch vergrößert.

Der Formalitätsgrad scheint sich auch auf die funktionale Verteilung der TM auszuwirken, also darauf, welche Themenbewegungen in welchen Chat-Szenarien am häufigsten markiert werden.

Als besonders auffällig lassen sich u.a. folgende Verteilungswerte nennen: Die Kategorie „Chat-Szenario 2" weist im Vergleich zu allen anderen Szenarien eine relativ hohe Häufigkeit an Themenschließungen (TOB) auf. Dieser Sachverhalt lässt sich auf den eben genannten monologischen Charakter der einzelnen Beiträge zurückführen. Der jeweilige Chatter, der gerade an der Reihe ist, hat einen exponierten Sprecherstatus: Er kann so lange reden, wie er möchte, ohne unterbrochen zu werden. Aufgrund dieser strikten Organisation muss der jeweilige Gesprächsteilnehmende auf dem „floor" die Beendigung seines Gesprächsbeitrages mit der Schließung seines Themas eindeutig markieren, damit die anderen das Wort ergreifen können.

Chat-Szenarien	Funktionale TM			
	TOC_{re}	TOC	TOB	TOB + TOC
Chat-Szenario 2	7,25	40,18	16,18	12,28
Chat-Szenario 5	9,25	34,99	6,36	6,36
Chat-Szenario 1	15,80	20,32	9,78	7,52
Chat-Szenario 4	8,54	21,00	2,63	6,57
Chat-Szenario 3	5,82	21,36	8,74	1,94
Chat-Szenario 6	4,32	1,67	1,45	2,18

Tabelle 3: Normierte Vorkommenshäufigkeit von funktionalen TM in den Chat-Szenarien 1-6.

Diese Notwendigkeit ist in Chat-Szenario 1, das eine Nachbildung von Experteninterviews in Radio/TV Talkshows darstellt, nur in Bezug auf die Beiträge des Experten gegeben. Denn wie wir weiter oben gesehen haben, handelt es sich bei allen anderen Beiträgen, die sich an die Experten richten, nicht um Live-Beiträge, sondern um vorab redaktionell vorsortierte Beiträge. Diese redaktionell vorsortierten Beiträge sind aus diesem Grund auch monologischer Natur und beinhalten meist mehr als eine Frage. Der Experte, der auf diese Beiträge „live" reagiert, muss also meist mehrere thematische Punkte abhandeln, was durch die relativ hohe Häufigkeit an Refokussierungen widergespiegelt wird.

In einem letzten Schritt soll überprüft werden, ob und inwiefern sich der hohe Formalitätsgrad in Chat-Szenario 2 in der Verteilung der TM, nach Primäre TM, Sekundäre TM und Tertiäre TM sortiert, widerspiegelt.

Chat-Szenarien	Primäre TM	Sekundäre TM	Tertiäre TM
Chat-Szenario 2	24,00	36,83	28,46
Chat-Szenario 5	18,02	18,02	24,38
Chat-Szenario 1	17,31	14,30	23,33
Chat-Szenario 4	22,32	5,25	17,07
Chat-Szenario 3	18,44	12,62	9,22
Chat-Szenario 6	18,17	6,54	6,54

Tabelle 4: Distribution von Primären TM, Sekundären und Tertiären TM in den Chat-Szenarien 1-6.

Aus Tabelle 4 ist zu entnehmen, dass Chat-Szenario 2 im Vergleich zu den anderen Chat-Szenarien eine relativ hohe Vorkommenshäufigkeit an Sekundären TM aufweist, die zu ca. 60% TM beinhaltet, die auf Trägerhandlungen referieren, wie in den Textauszügen (2a) und (2b) dargestellt. Mit dieser Art der Themenmarkierung „können zugleich sequentielle Handlungsimplikationen etabliert werden, d.h. dass der Themeninitiator an die Bearbeitung gewisse Anforderungen stellt" (Tiittula 2001: 1370). In (2a) wird mit der Markierung von thematischen Handlungen zugleich eine Antwort als konditionell relevant markiert, während in (2b) sowohl die Etablierung eines neuen Themas als auch die Konstitution eines neuen Handlungskomplexes sowie die Konstitution eines längeren Redebeitrages markiert wird.

7 Zusammenfassung

Metadiskursive Elemente können als ein Indiz dafür angesehen werden, dass kommunikative Normen in CMC noch nicht etabliert sind. Hierbei scheint es so zu sein, dass die Notwendigkeit zur Explizierung von Themen und thematischen Handlungen in Chats gemessen an der Vorkommenshäufigkeit von TM größer ist als in ASY CMC. Wiederholte Themenbewegungen in Gesprächen werden auf uninteressante und schlechte Gesprächsführungen zurückgeführt, da sie den präferierten Themenverlauf, nämlich den schrittweisen und gemeinsam aufgebauten Verlauf von Thema zu Thema, untermauern.

Die in Gesprächen zugrunde liegende Einvernehmlichkeit bei der Handhabung von Themen scheint in Chats nicht gegeben zu sein. Vielmehr deutet das Vorkommen von metadiskursiven TM gerade daraufhin, dass thematische Handlungen nicht gemeinsam vorbereitet werden können. In dieser Hinsicht lassen sich TM als einen zusätzlichen Formulierungsaufwand bezeichnen, den die Gesprächsteilnehmenden betreiben, um die medial-bedingte eingeschränkte Reziprozitätsgrundlage zu kompensieren.

Des Weiteren hat die Ausdifferenzierung der Chats in Chat-Szenarien 1-6 ergeben, dass je nach Einsatz von diskursstrategischen und/oder chat-systemischen Maßnahmen unterschiedliche Formalitätsgrade generiert werden. Mit den unterschiedlichen Formalitätsgraden der jeweiligen Chat-Szenarien variiert der Grad und die Art und Weise der gemeinsamen Beteiligung bei der Vorbereitung und Durchführung von thematischen Handlungen, was sich in der Verwendung von unterschiedlichen TM niederschlägt.

8 Literatur

Beißwenger, Michael (2002): Getippte „Gespräche" und ihre trägermediale Bedingtheit. Zum Einfluß technischer und prozeduraler Faktoren auf die kommunikative Grundhaltung beim Chatten. In: Ingo W. Schröder & Stéphane Voell (Hrsg.). Moderne Oralität: Ethnologische Perspektiven auf die plurimediale Gegenwart. Marburg, 265-299.

Beißwenger, Michael (in diesem Band): Interaktionsmanagement in Chat und Diskurs. Technologiebedingte Besonderheiten bei der Aushandlung und Realisierung kommunikativer Züge in Chat-Umgebungen.

Beißwenger, Michael & Angelika Storrer (in diesem Band): Chat-Szenarien für Beruf, Bildung und Medien.

Bublitz, Wolfram (1989): Topical coherence in spoken discourse. In: Studia Anglica Posnaniensia 22, 31-51.

Bublitz, Wolfram (1988): Supportive Fellow-Speakers and Cooperative Conversations. Amsterdam. Philadelphia.

Cherny, Lynn (1999): Conversation and Community. Chat in a Virtual World. Center for the Study of Language and Information. Standford, California.

Cornelius, Caroline (2001): Gegenseitiges Verständnis in Computerkonferenzen. Münster.

Daly, Bill (1996): Electronic mail: strangely familiar texts. AVL online. WWW-Ressource: http://cougar.vut.edu.au/~dalbj/email.htm (04.01.99).

Garcia, Angela Cora & Jennifer Baker Jacobs (1999): The Eyes of the Beholder: Understanding the turn-taking system in quasi-synchronous computer-mediated communication. In: Research on Language and social Interaction, 32, 4, 337-367.

Hancock, Jeffrey T. (2001): Language use in Computer-mediated communication: the role of coordination devices. In: Discourse Processes 31.1, 91-110.

Haynes, Cynthia & Jan Rune Holmevik (Hrsg., 1998): High Wired. On the design, use and theory of educational MOOs. Ann Arbor, Michigan.

Hentschel, Elke (1998): Communication on IRC. AVL online. WWW-Ressource: http://www.linguistik-online.de/irc.htm. (24.01.00)

Herring, Susan (1999): Interactional coherence in CMC. In: Journal of Computer-Mediated Communication 4 (4). WWW-Ressource: http://www.ascusc.org/jcmc/vol4/issue4/herring.html (22.01.01).

Kallmeyer, Werner (1978): Fokuswechsel und Fokussierungen als Aktivitäten der Gesprächskonstitution. In: Reinhard Meyer-Hermann (Hrsg.): Sprechen – Handeln – Interaktion. Ergebnisse aus Bielefelder Forschungsprojekten zu Texttheorie, Sprechakttheorie und Konversationsanalyse. Tübingen, 191-239.

Lenk, Uta (1998): Marking discourse coherence. Functions of Discourse Markers in spoken English. Tübingen.

Reichman, Rachel (1990). Communication and Mutual Engagement. In: Bruce Dorval (Hrsg.): Conversational Organisation and its Development. (Volume XXXVIII in the Series Advances in Discourse Processes). Norwood, New Jersey, 23-48.

Reid, Elizabeth M. (1991): Electropolis: Communication and community on Internet Relay Chat. AVL online. WWW-Ressource: http://www.ee.mu.oz.au/papers/emr/electropolis.html (11.09.00).

Schade, Oliver (2000): Dienste im Internet. In: Bernad Batinic (Hrsg.): Internet für Psychologen. 2. überarb. u. erw. Auflage. Göttingen. Bern. Tonronto. Seattle, 39-85.

Schönfeldt, Judith (2001): Die Gesprächsorganisation in der Chat-Kommunikation. In: Michael Beißwenger (Hrsg.): Chat-Kommunikation. Sprache, Interaktion, Sozialität & Identität in synchroner computervermittelter Kommunikation. Perspektiven auf ein interdisziplinäres Forschungsfeld. Stuttgart, 25-53.

Tiittula, Liisa (2001): Formen der Gesprächssteuerung. In: Klaus Brinker et al. (Hrsg.): Text- und Gesprächslinguistik. Ein internationales Handbuch zeitgenössischer Forschung. 2. Halbband. (Linguistics of Text and Conversation. An international handbook of contemporary research vol. 2. Berlin. New York, 1361-1374.

Tiittula, Liisa (1993): Metadiskurs. Explizite Strukturierungsmittel im mündlichen Diskurs. Hamburg.

West, Candace & Linda Garcia (1988): Conversational Shift Work: A Study of Topical Transitions Between Women and Men. In: Social Problems 35.5, 551-573.

Zitzen, Michaela (2004): Establishing Topical Coherence in Electronic Communications. A Corpus-Based Analysis of Metadiscursive Topic Shift Markers in asynchronous and synchronous Computer-mediated Communication (CMC). Stuttgart.

Zitzen, Michaela & Dieter Stein (demnächst). Chat and conversation: A case of transmedial stability? In: Linguistics.

Jörg Zumbach & Peter Spraul

Tutoring in synchronen Lernumgebungen

1 Einleitung

Aus- und Weiterbildung über das Internet gehört mittlerweile zu einem Gebiet, das ebenso alltäglich geworden ist wie z.b. das Homebanking oder die Internetauktion. So nutzen beispielsweise Unternehmen die weltweite Vernetzung, um firmeneigene Akademien für ihre Mitarbeiter zugänglich zu machen. An nationalen und internationalen Universitäten können zum Teil komplette Studiengänge online absolviert werden.

Die Technologien, die hierbei eingesetzt werden, bieten ein breites Spektrum an Möglichkeiten, auf Informationen zuzugreifen bzw. sich mit anderen Lernenden oder Lehrenden auszutauschen. So kommen verschiedenste technologische Innovationen zum Einsatz, die allesamt bemüht sind, die Schnittstelle zwischen Lernenden untereinander und vor allen Dingen mit der Technologie selbst zu optimieren. In diesem Bereich sind Hard- und Softwarelösungen angesiedelt, die auf Basis der computervermittelten Kommunikation (*Computer-Mediated Communication, CMC*) die *face-to-face* Kommunikation direkt abbilden möchten. Neben technischen Einschränkungen wie eine mangelnde Qualität der audiovisuellen Daten gibt es noch weitere Nachteile dieses Mediums, welche die CMC nicht zu einem vollwertigen Ersatz der natürlichen Kommunikation erheben. Einschränkungen sind hier zum Beispiel ein mangelnder Überblick über die Gesamtgruppe, das Fehlen einer sozialen Präsenz, die normalerweise durch die bloße Anwesenheit mehrerer Menschen in einem Raum geschaffen wird sowie ein erschwerter Sprecherwechsel (*turn-taking*). Letzteres ist nicht auf Videokonferenzen beschränkt, sondern ist vielmehr ein Problem aller synchronen Kommunikationsangebote im Bereich der CMC. Diese Problematik tritt zwar primär bei synchronem Austausch auf, findet aber auch ein ähnliches Pendant beim asynchronen Austausch mittels Newsgroups oder Diskussionsplattformen. Hier ist es für den einzelnen Lernenden nicht immer einfach, sich einen Überblick über bestimmte diskutierte Themenbereiche zu schaffen. Auf diese Weise ist die Kohärenzbildung erschwert, was sich in erster Linie durch folgende exemplarische Schwierigkeiten bemerkbar machen kann:

–   Man kann nicht erkennen, welcher Gesprächsfaden aktuell diskutiert wird.
–   Man verpasst einzelne Meldungen, die an anderen Stellen der Diskussion verlaufen.

–   Man leistet einen Beitrag, der nicht zum aktuellen Thema passt und wiederum von anderen
nicht wahrgenommen wird.

Es gibt selbstverständlich Bestrebungen, solche Probleme – sei es in synchronen oder
in asynchronen Kommunikationsszenarien – auf Basis der technischen Umsetzung und
Gestaltung zu kompensieren bzw. zu lösen. Hierzu gehören Ansätze, die in den Bereich der Kommunikationsstrukturierung fallen (vgl. z.b. Jonassen & Remidez 2002;
Zumbach & Reimann 1999). Das wesentliche Prinzip besteht dabei darin, neue Beiträge seitens der Teilnehmerinnen und Teilnehmer bei der computervermittelten Kommunikation auf Basis vorgegebener Ontologien zu kategorisieren und so entsprechend
gekennzeichnet in den Diskurs einzubringen. Verschiedene Studien zeigen hier einen
positiven Einfluss solcher Strukturierungen zugunsten der Förderung kritischen Denkens (z.b. Orth & Reimann in Vorbereitung). Einen anderen Ansatz zur Strukturierung
von Diskursen verfolgen Pfister und Mühlpfordt (2002). Sie legen feste Regeln für die
Abfolge von Beiträgen von einzelnen Lernenden fest. Ob diese Zwangssequenz überhaupt noch mit einem freien Diskurs vergleichbar ist und die zugrunde liegende Untersuchung der Konsequenzen dieses Vorgehens nicht eher rein akademischer Natur ist,
bleibt natürlich offen. Auch zeigt die Arbeit dieser Autoren, dass solche Strukturierungen oder auch Sequenzregeln nicht zwangsläufig Vorteile für die (Wissens-)Kommu-
nikation mit sich bringen.

Eine weitere technische Möglichkeit, die Kohärenzbildung in der computerver-
mittelten Wissenskommunikation zu unterstützen, bieten verschiedenste Ansätze des
Wissensmanagements, bei denen durch gezielte Indizierung und Verschlagwortung der
Zugriff auf Daten erleichtert wird.

Jenseits der technischen Gestaltung synchroner und asynchroner Kommunikationsmöglichkeiten über Datennetze, kommen auch verhaltensbasierte Ansätze zur Unterstützung von Wissenserwerbsprozessen im Verlauf der CMC zum Tragen. Hierzu
gehören beispielsweise Schulungs- oder Trainingsprogramme, innerhalb derer die Medienkompetenz von Lernenden gefördert und verbessert wird.

Eine weitere Möglichkeit zu verhaltensbasierter Förderung netzbasierter Wissenskommunikation ist die Anleitung und Begleitung von Lernenden durch eine gezielte Gesprächsführung. Die Möglichkeiten zur Betreuung von Lerngruppen sind
recht vielfältig und finden sich mittlerweile in einer Vielzahl von pädagogischen Ansätzen oder auch praktischen Ratgebern wieder (vgl. z.b. Seifert 2000, 2002). Recht
neu ist allerdings die Verlagerung dieses Tätigkeitsbereiches der Moderation von
Lerngruppen aus dem traditionellen Seminarraum heraus in virtuelle Räume hinein.
Entsprechende Begrifflichkeiten für diese Form der Betreuung werden mittlerweile als
*e*Tutoring oder *e*Moderation geführt (vgl. Rautenstrauch 2001; Salmon 2000).

Prinzipiell sind solche Formen der Intervention immer zur Koordination von (virtuellen) Gruppen geeignet. Es gibt allerdings auch gezielte didaktische Ansätze, bei
denen das Beisein eines Tutors oder Moderators unabdingbar ist. Hierzu gehören beispielsweise der *Cognitive Apprenticeship* Ansatz (vgl. Collins, Brown & Newman,
1989) oder das problembasierte Lernen (PBL; vgl. Barrows 1985). In eigenen Ansätzen zur Forschung und Praxis in Aus- und Weiterbildung greifen wir auf das problem-

basierte Lernen zurück, da hier das Lernen in Kleingruppen unter tutorieller Betreuung einen hohen Stellenwert einnimmt.

2 Problembasiertes Lernen und die Bedeutung von Tutoren

Problembasiertes Lernen (PBL) hat unter dieser Bezeichnung seinen eigentlichen Ursprung in der medizinischen Ausbildung. An der kanadischen McMaster-University wurde erstmals unter der Bezeichnung Problem-Based Learning eine Form der Ausbildung eingeführt, mit der man das medizinische Studium optimieren wollte (Barrows 1985). Die Ausbildung gestaltete sich dort bis zu diesem Wechsel, wie auch heute noch an vielen Universitäten und Lehreinrichtungen, in Form von klassischem Frontalunterricht mittels Vorlesungen und Seminaren.

Diese Form der traditionellen Ausbildung mittels Frontallehre weist folgende Merkmale auf, die zum Teil mit erheblichen Problemen behaftet sind:

- Der Lehrende übernimmt eine überwiegend aktive Rolle und steuert den Prozess der Wissensvermittlung.
- Die Lernenden sind dabei primär passiv und wenig (re-)aktiv.
- Die Wissensvermittlung erfolgt als Wissenstransport vom Lehrenden zu den Lernenden.

Die am intensivsten diskutierte Konsequenz dieser Unterrichtsform ist der häufig beobachtete mangelhafte Transfer des auf diese Weise erworbenen Wissens auf alltägliche Anforderungen und Probleme. Mit dem PBL-Ansatz versucht man daher, eine Form der Ausbildung zu realisieren, die anwendbares und transferierbares Wissen vermitteln kann und dabei auch primär theoretisches Hintergrundwissen nicht vernachlässigt. Die wesentlichen Merkmale von problembasiertem Lernen sind zum einen die

- Problemstellungen: Wissenserwerbsprozesse werden anhand authentischer Problemstellungen initiiert und getragen.
- Diese Probleme werden in Kleingruppen gelöst: Lernen findet so immer im Diskurs zwischen Lernenden statt.
- Eine wichtige Rolle übernehmen die TutorInnen: Zur Unterstützung der Organisation der Kleingruppen und des Problemlösens stehen den Lernenden TutorInnen zur Seite.
- Weiterhin sind auch Ressourcen für den individuellen Wissenserwerb notwendig: Beim problembasierten Lernen wechseln sich Phasen des kollaborativen und des individuellen Lernens regelmäßig ab.
- Zur Unterstützung selbstgesteuerten Lernens müssen den Lernenden ausreichende Ressourcen zur Verfügung stehen.

Die Kombination dieser Elemente macht die Besonderheit von PBL aus. Der Ablauf problembasierten Lernens ist durch die Abfolge von Problempräsentation, Problemdiskussion, individueller Lernphase und Abschlussdiskussion gekennzeichnet. Diese Schleife wird dabei mehrmals mit aufeinander aufbauenden Problemstellungen in einem Curriculum durchlaufen (z.B. Bligh 1995; Fogarty 1997).

Eine wichtige Rolle nehmen die Probleme ein, die den Lernenden präsentiert werden. Die Probleme sollen die Lernenden zu einer intensiven Auseinandersetzung mit dem jeweiligen Themengebiet anregen. Im günstigsten Fall entsteht bei der Bearbeitung der Problemstellungen eine Inkongruenz zwischen dem Vorwissen des einzelnen Lernenden und den intendierten Lernzielen auf Seiten des Problemautors (somit dem Lehrenden), aber auch zwischen den Lernenden untereinander. Die Inkongruenz resultiert z.B. aus der Kleingruppendiskussion, in der das Problem erörtert und besprochen wird. Der Konflikt zwischen Ausgangszustand und gewünschtem Endzustand – eine mögliche Lösung des Problems ist nur mit neu erworbenem Wissen zu erreichen – ist der Katalysator für den weiteren Wissenserwerbsprozess. Dabei ist sowohl von Seiten der curricularen Entwicklung als auch von Seiten der betreuenden TutorInnen darauf zu achten, dass sich die Lücke zwischen dem Stand der Lernenden und dem zu erwerbenden Wissen in einem optimalen Anforderungsbereich bewegt. Dieser Bereich liegt zwischen einer Unter- und einer Überforderung der Lernenden. So entsteht eine *Zone der proximalen Distanz* (vgl. Vygotsky 1978), die eine optimale Rahmenvoraussetzung für Lernprozesse bietet.

Um dieses Gleichgewicht zwischen Über- und Unterforderung zu wahren, stehen den Lernenden zusätzlich TutorInnen zur Verfügung. Die TutorInnen übernehmen bei der Diskussion die Gesprächsführung sowie die formale Organisation des Ablaufes der einzelnen Kleingruppensitzungen. Die erstere Funktion besteht hauptsächlich darin, die Kommunikation zwischen den einzelnen Lernenden zu koordinieren (und so z.B. übermäßiges oder unterdurchschnittliches Beitragsverhalten einzelner Lernender anzusprechen oder dem vorzubeugen, oder auch unfaires Argumentieren zu unterbinden). Bei der Gestaltung des formalen Ablaufes sollten die TutorInnen hauptsächlich gewährleisten, dass eine Problemstellung auch ausführlich und nicht nur oberflächlich behandelt wird, dass das Vorwissen der jeweiligen Teilnehmenden verbalisiert wird, dass Wissenslücken identifiziert werden und diese in Form von Lernzielen festgehalten werden. Diese Lernziele werden im individuellen Studium bis zur nächsten Sitzung durch die Lernenden bearbeitet. In den folgenden Sitzungen werden – wiederum unter tutorieller Betreuung – Diskussionen zum Problem geführt, Lösungsvorschläge und deren Alternativen erörtert. Dabei werden auch die zuvor festgehaltenen Lernziele und deren Relation zum zugrunde liegenden Problem diskutiert sowie reflektiert. Bleiben Fragen oder Aspekte des Problems offen, wiederholt sich dieser Prozess bis ein Problem abgeschlossen ist. Ist eine solche Einheit beendet, wird noch einmal summarisch das gesamte Problem reflektiert. Danach wendet sich die Gruppe der nächsten Problemstellung zu; der gesamte Zyklus wiederholt sich[1].

Wie bereits skizziert, nehmen die Tutorinnen und Tutoren eine zentrale Rolle im Verlauf eines PBL-Kurses oder -Curriculums ein. Das Treffen von Kleingruppen und die Problembesprechungen werden von ihnen fortlaufend betreut. Sie übernehmen die Rolle der Gesprächsführung in den Kleingruppensitzungen. Hierbei sorgen sie im Idealfall für eine ausgewogene Gruppendiskussion, vertiefen Inhalte, fragen nach, organisieren die Lernmaterialien und führen die Lernenden durch den Problemlöseprozess.

Um diese Aufgaben adäquat erfüllen zu können, müssen TutorInnen entsprechende Fertigkeiten und Eigenschaften aufweisen. Welche Rollen TutorInnen einneh-

---

1   Diese Form problembasierten Lernens wird als reiteratives PBL, bzw. closed loop PBL bezeichnet (vgl. Lloyd-Jones, Margetson & Bligh 1998). Wird das Problem nach dem Erwerb neuen Wissens nicht weiter behandelt und reflektiert, so handelt es sich um ein *open loop* PBL (vgl. Barrows 1986; Distlehorst & Robbs 1998). Die geschlossene Form dominiert bei der Gestaltung problembasierter Kurse und Curricula.

men sollen und welche Eigenschaften am lernerförderlichsten sind, wird in der Forschung allerdings sehr kontrovers diskutiert. Dem Stand der Forschung folgend kommen folgende Personengruppen, die ebenfalls ein sehr weites Feld an Merkmalen und Eigenschaften auftun, als TutorInnen zum Einsatz:

- Dozenten aus dem jeweiligen Fachbereich
- Fachfremde Tutoren aus dem Lehrkörper (ebenfalls hauptamtlich Dozierende)
- Fortgeschrittene Lernende, bzw. Studierende aus höheren Fachsemestern aus dem jeweiligen Fachbereich
- Fachfremde Studierende

Gerade die Frage, ob es besser ist, Dozierende einzusetzen anstatt TutorInnen aus der *Peer-Group* der Lernenden zu rekrutieren, ist unklar. Auch die Frage, ob fachspezifische Kenntnisse der zu vermittelnden Themenbereiche notwendig sind oder nicht (z.B. bei fachfremden DozentInnen und Studierenden nicht gegeben) ist weiterhin offen. Welche Rolle spielt nun das Wissen der TutorInnen bei der Betreuung der Lernenden? Kann man ohne weiteres fachfremde TutorInnen einsetzen, die sich auf Moderatorentätigkeit beschränken (wie z.b. bei Steele, Medder & Turner 2000)? Oder sollen ausschließlich TutorInnen mit Fachexpertise zum Einsatz kommen (vgl. hierzu Schmidt & Moust 2000)?

Neben diesen offenen Punkten bleiben die grundlegenden Aufgaben und Funktionen der TutorInnen wie zum Beispiel die Übernahme von Organisationsaufgaben sowie die Führung der Lernenden durch einen Kurs, ein Curriculum oder verfügbare Lernressourcen unbestritten.

3   Allgemeine Funktionen und Aufgaben eines Tutors

Bei der Unterstützung von Wissenserwerbsprozessen belegt die pädagogisch-psychologische Forschung verschiedene Wirkmechanismen menschlichen „*Tutorings*" (vgl. Chi, Siler, Jeong, Yamauchi & Hausmann 2001). Zum einen ist hier die Kontrolle des Lernprozesses zu nennen. Indem der Tutor bestätigendes und ablehnendes Feedback auf die Aussagen der Lernenden gibt, führt er diese durch einen Problemlöseprozess. Durch Feedback werden Wissenserwerbsprozesse unterstützt und gefördert. Dieses Vorgehen sollte systematisch und nicht nur punktuell erfolgen. Zum anderen stimuliert ein Tutor Reaktionen der Lernenden durch gezielte Aussagen und Fragen, die wiederum die Lernenden zu Feedback oder Aussagen veranlassen. Dadurch haben KursteilnehmerInnen die Gelegenheit, ihr Wissen mitzuteilen und damit zu vertiefen. Im Idealfall entsteht so ein interaktiver Austausch, bei dem Lernende und TutorInnen gleichermaßen am Austausch beteiligt sind.

Darüber hinaus muss ein Tutor verschiedene weitere Voraussetzungen und Funktionen erfüllen. Diese Grundanforderungen sind dabei für *face-to-face*-Szenarien oder für *e*Tutoren im Bereich der computervermittelten Kommunikation, die nachfolgend thematisiert wird, identisch (vgl. Rautenstrauch 2001; Salmon 2000; Zumbach 2003):

- Der Tutor sollte eher begleitend und anregend agieren und die Verantwortung für den Wissenserwerb bei den Lernenden lassen. *Tutoring* ist also nicht dem (direktiven) Dozieren gleichzusetzen, sondern primär beratend. Grundlegende didaktische Kompetenzen sind die Voraussetzung für diese Art der Lernerbetreuung.

– Für eine beratende Tätigkeit im Bereich der Aus- und Weiterbildung sind Kenntnisse über Grundlagen und Methoden des selbstgesteuerten Lernens notwendig.

– Die Hauptaufgabe des Tutors ist die Förderung kooperativen und kollaborativen Verhaltens. Dies erfordert die Kompetenz, soziale Prozesse in einer Gruppe wahrzunehmen, zu verstehen und entsprechend zu reagieren. Auch Wissen um die didaktische Inszenierung kollaborativen Lernens fällt in diesen Bereich.

– Nicht nur die Fähigkeit, sich in die soziale Lage der Lernenden hineinzuversetzen ist wichtig, sondern auch ein Hineinversetzen in die intellektuelle Situation einer Lerngruppe. Der Tutor muss verstehen, welche kognitiven Prozesse ablaufen und diese ggf. in Bezug zu sozialen Prozessen setzen.

– Neben dem Erkennen problematischer Situationen, ist auch das Handeln und vor allen Dingen die Art des Handelns von Bedeutung. Eine Tutorin oder ein Tutor muss über ein ausreichendes Repertoire an Kommunikations- und Moderationskompetenzen verfügen.

Gerade die Kombination aus sozialem und intellektuellem Verstehen sowie ein Erfahrungsschatz als Tutor sind die wichtigsten Prädiktoren für erfolgreiche Lerngruppen (vgl. Schmidt & Moust 1995).

4   Vom Tutoring zum *e*Tutoring

Verlässt man den klassischen Seminarraum, also die traditionelle *face-to-face*-Situation – und widmet man sich dem virtuellen Klassenzimmer – entstehen völlig neue Situationen und Anforderungen für Lehrende und Lernende. Gerade mit dem einhergehenden Wechsel der Kommunikationsumgebung resultiert ein eingeschränktes Spektrum an diagnostischen Möglichkeiten für TutorInnen. Umso mehr ist es wichtig, dass ein Tutor neben der fachlichen Betreuung auch gezielt auf individuelle Ziele und Bedürfnisse oder etwaige Krisensituationen eingeht und damit für eine optimale Lernerbetreuung sorgen kann. Der Sprung aus dem traditionellen Schulungsraum in das digitale Medium stellt deutlich mehr Anforderungen an so genannte „*e*TutorInnen". *e*TutorInnen müssen auf technischer wie auf moderierender Seite verschiedene Funktionen abdecken. Hierzu gehört 1.) die Gewährleistung des Zuganges zu dem Online-Kurs und die Aufrechterhaltung der Motivation der Lernenden. Darauf aufbauend beginnt 2.) die Bildung einer gemeinsamen Online-Gruppenidentität, also die „Online-Sozialisierung". 3.) Die Koordination des Austausches zwischen den Lernenden und wiederum darauf aufbauend 4.) die gemeinsame Wissenskonstruktion („*on-topic*"-Diskurs). Um diese Ebenen adäquat zu etablieren, sollten *e*TutorInnen folgende Anforderungen erfüllen:

– Eine der wichtigsten Voraussetzung für das *e*Tutoring ist die Medienkompetenz. Hierzu gehört das Wissen um mögliche technische Probleme, mit denen Lernende konfrontiert werden können, und deren Lösung. Aber auch das Wissen um die Nutzung von Online-Medien zu Zwecken der Aus- und Weiterbildung gehört hierzu.

– Eng damit verbunden ist das Verstehen der intra- und interpersonellen Prozesse bei der computervermittelten Kommunikation. Im Gegensatz zu *face-to-face*-Situationen, bei denen para- und nonverbale Signale der Lernenden als Information dienen können, muss sich ein *e*Tutor auf die Worte „hinter den Zeilen" konzentrieren.

– Neben genereller Kommunikationskompetenz ist auch eine Online-Kommunikationskompetenz unabdingbar. Dies umfasst zum einen das Wissen über sprachliche Eigenheiten aber auch Fertigkeiten im Bereich der Gesprächsführung und -organisation. Der *e*Tutor muss für ein Beitragen aller Lernenden sorgen und dabei gleichzeitig beachten, dass die Kommunikation nicht „*off-topic*" verläuft. Darüber hinaus ist eine der schwierigsten Aufgaben, die Teilnehmenden eines Kurses zu motivieren. Neben dem fachlichen Diskurs muss der *e*Tutor für eine angenehme Gesprächsatmosphäre sorgen, in der jeder Lernende seinen eigenen gleichberechtigten Raum einnimmt.

Die bislang geschilderten Merkmale bilden quasi das Grundrepertoire an Kompetenzen und Fertigkeiten für Online-TutorInnen. Ein Kompetenzbereich wurde in den bisherigen Ausführungen allerdings noch nicht adressiert: Die Frage des Fachwissens. Ob ein Tutor oder *e*Tutor Fachwissen mitbringen muss oder nicht, ist nicht nur aus finanzieller Sicht interessant: Die Verwendung fachfremder oder fachinterner studentischer TutorInnen oder die Verwendung fachfremder oder fachinterner TutorInnen mit umfangreicher Lehrerfahrung (Dozenten) ergaben – wie bereits skizziert – ein heterogenes Bild, ob nun inhaltliches Wissen notwendig ist oder nicht. So bleibt die Kontroverse, ob ein Tutor Fachwissen über den zu vermittelnden Inhaltsbereich haben muss. Weiterhin ist offen, was passieren sollte, wenn ein Tutor über inhaltliche Expertise verfügt. Soll dieses Fachwissen den Lernenden vermittelt werden oder sollte ausschließlich moderiert werden? Diese Fragestellung ist noch weitgehend unerforscht.

5   Eigene Forschungsarbeiten: Tutoring in traditionellen und synchronen computervermittelten Lernumgebungen

Die Analyse der Moderation/Leitung von Kleingruppen, die ausschließlich über netzbasierte Plattformen miteinander kommunizieren, zählt zu einem wenig erforschten Bereich. Insbesondere die Interaktion unterschiedlichen Tutorenverhaltens mit den Besonderheiten eines Kommunikationsmediums ist interessant, da hier Wechselwirkungen zu erwarten sind, die bislang nicht näher empirisch analysiert wurden.

Vorliegende Befunde zu internetbasierten Kursen belegen hohe drop-out Raten, die u. a. auf eine Unzufriedenheit der Beteiligung von Lernenden mit Kursen, KursleiterInnen oder mangelnder Forderung sowie Überforderung zurückzuführen sind (vgl. Astleitner 2001; Thomas 2000). Zudem geht bei Online-Zusammenarbeit die soziale Kontrolle deutlich zurück, d.h. der Einfluss von Gruppennormen nimmt ab: Das Ausscheiden aus einem Online-Kurs bleibt nahezu ohne Konsequenzen, da mit dem Ausscheiden auch der Kontakt zu der Gruppe in der Regel verloren geht (vgl. Reinmann-Rothmeier & Mandl 1999).

Eine Möglichkeit zur Förderung der netzbasierten Wissenskommunikation ist ein gezieltes *e*Moderating bzw. *e*Tutoring. Dabei stellt sich die Frage, welche Strategie ein solcher Tutor einschlagen muss, um sowohl soziale Gruppenbildungsprozesse als auch Wissenserwerbsprozesse möglichst günstig zu unterstützen. Um dieser Frage im Detail nachzugehen, haben wir in einer empirischen Studie die Auswirkung des Einsatzes von fachlichem vs. moderierendem Tutorenverhalten beim traditionellem vs. internetbasiertem problembasiertem Lernen näher untersucht. Dabei wurde insbesondere der Einfluss des Tutorenverhaltens auf die Aspekte des Beitragsverhaltens, des Wissenserwerbs sowie der Motivation und der subjektiven Wissenssicherheit der Lernenden untersucht.

Zentraler Bestandteil dieser Untersuchung bildete das synchrone Kommunikationswerkzeug *EasyDiscussing*. Dieses Produkt wurde speziell zu Untersuchungszwecken in einem Kooperationsprojekt mit der Forschungsgruppe *COLLIDE*[2] am Lehrstuhl Informatik der Universität Duisburg um Ulrich Hoppe und Martin Mühlenbrock entwickelt (vgl. Zumbach, Muehlenbrock, Jansen, Hoppe & Reimann 2003; vgl. Abb. 1).

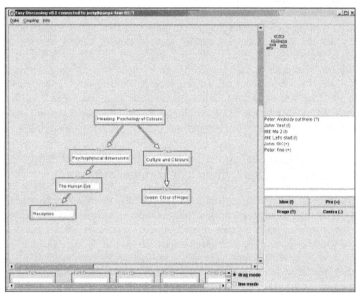

Abb. 1: Das synchrone Kollaborationswerkzeug *EasyDiscussing*.

Das in Java geschriebene Werkzeug ermöglicht das synchrone Arbeiten mittels eines geteilten Arbeitsfeldes. Dieses wird ständig unter den vernetzt arbeitenden TeilnehmerInnen aktualisiert und synchronisiert, so dass jede einzelne Aktion sofort auf jedem Bildschirm dargestellt wird. Das Interface von *EasyDiscussing* bietet verschiedene Teilarbeitsbereiche. In einem Teilarbeitsbereich (links) kann für beliebige Inhalte durch „drag & drop" von editierbaren Kärtchen und deren Verknüpfung mittels gerichteter Kanten ein semantisches Netzwerk entwickelt werden. Elementare Interaktionen in Form von Diskussionen, Entscheidungen, Fragen etc. können hierbei entweder in dem eigens dafür konzipierten Chat-Werkzeug (am Schirmrand rechts) oder durch entsprechende Annotations-Karten (Text, Idee, Frage, Pro, Contra) im geteilten Arbeitsbereich vorgenommen werden.

---

2   www.collide.info.

Für den hier vorgenommenen Vergleich unterschiedlicher Tutoring-Strategien sowie dem Vergleich computervermittelter und traditioneller Kommunikation wurde eine spezielle PBL-Einheit im klinisch-psychologischen Bereich entwickelt. Lernende bekamen eine schriftliche Darstellung einer ratsuchenden Patientin, die Merkmale einer Anorexie (Magersucht) und einer Depression aufwies. Die Lernenden sollten zunächst in einer tutoriell betreuten Kleingruppe mit jeweils drei Lernenden und einem Tutor die Fallbeschreibung hinsichtlich ihres Vorwissens und den in der Schilderung enthaltenen Informationen analysieren. In einem zweiten Schritt sollten dann etwaige Wissenslücken diskutiert und festgehalten werden (z.B. „Wir müssen mehr über die Merkmale und Behandlung einer depressiven Störung wissen").

Im Anschluss an die Kleingruppendiskussion fand eine individuelle Lernphase statt, in der die Lernenden anhand vorgegebener lösungsrelevanter Literatur die identifizierten Wissenslücken auffüllen sowie weiterreichendes Wissen erarbeiten konnten. In einer anschließenden tutoriell betreuten Kleingruppendiskussion wurde die Falldarstellung der fiktiven Patientin unter Einbezug des neu erworbenen Wissens erneut diskutiert und – so weit möglich – gelöst. Eine solche mögliche Lösung umfasste dabei die Erklärung und Diagnose depressiver sowie anorektischer Störungen unter Einbezug der Krankheitsgeschichte der geschilderten Patientin, die Herstellung von Verbindungen zwischen beiden Störungsbildern, die Erörterung verschiedener Therapiemöglichkeiten und deren Prognose sowie die Einigung auf eine gemeinsame Therapiestrategie. Die jeweiligen Abschnitte umfassten dabei in etwa 45 Minuten für jede Kleingruppendiskussion und für die individuelle Lernphase, so dass die eigentliche PBL-Einheit insgesamt etwa zwei Stunden und fünfzehn Minuten betrug. Dies wurde für alle untersuchten Bedingungen konstant gehalten, wobei jeweils die Rahmenbedingungen variiert wurden.

Die Hälfte der Gruppen arbeitete *face-to-face* in einem Seminarraum zusammen, die andere Hälfte arbeitete über die Kooperationsplattform *EasyDiscussing* miteinander. Jeweils die Hälfte dieser beiden Gruppen wurde ausschließlich moderiert, d.h. der Tutor übernahm die Rolle der Gesprächsführung, griff jedoch nicht fachlich in die Diskussion ein. In einer zweiten Bedingung übernahm der Tutor neben der Gesprächsführung auch die fachliche Kontrolle der Gesprächsinhalte: So wurden falsche Informationen richtig gestellt oder seitens der Lernenden unvollständig bearbeitete Inhaltsbereiche ergänzt.

Um eine gezielte Auswertung der hier geschilderten Interventionsansätze zu ermöglichen, wurden verschiedene Daten hinsichtlich Wissenserwerb und Wissenssicherheit, Motivation und Bewertung der Kommunikations- sowie Lernumgebung in Testungen vor und nach der Versuchsdurchführung erhoben. Dabei konnten wir folgende Ergebnisse ermitteln:

Die Probanden haben in der fachlich betreuten Bedingung quantitativ mehr gelernt als in der ausschließlich moderierten Bedingung. Bei der hier untersuchten Stichprobe erwies es sich als vorteilhaft, einen „Experten" zur Seite zu haben. Dabei machte es keinen Unterschied, ob die Lernenden und der Tutor mittels computervermittelter Kommunikation oder im traditionellen *face-to-face*-Austausch kollaborierten. Insgesamt scheint dieses Ergebnis nicht außergewöhnlich zu sein. Allerdings ist zu berücksichtigen, dass die bei den Wissenstests abgefragten Informationen allen Probanden in den individuellen Lernphasen zur Verfügung standen. Die fachliche Intervention des Tutors bot hier den Lernenden die Möglichkeit, ihre Wissensstrukturen zu optimieren bzw. zu korrigieren. Zudem handelte es sich bei allen Probanden um Lernende, die noch keine oder weinig Erfahrung im vermittelten Inhaltsbereich und auch mit dem hier gewählten Ansatz des problembasierten Lernens hatten. So konnten die fachlich betreuten Lernenden mehr von der Expertise und inhaltlichen Strukturierung des Tutors profitieren. Diesem Ergebnis gegenüber steht die subjektive Einschätzung der Probanden hinsichtlich ihrer Wissenssicherheit. Diese wurde vor und nach der Untersuchung mittels einer Selbsteinschätzung erhoben. Die Probanden in der ausschließlich moderierten Bedingung schätzten sich sicherer hinsichtlich ihres Wissensstandes ein als die Probanden in fachlich betreuten Lerngruppen.

Dieses Resultat legt die Vermutung nahe, dass der primär selbstgesteuerte Wissenserwerb ohne fachliche Tutorenhilfe ein sichereres Gefühl vermittelt. In der moderierten Bedingung waren die Lernenden auf sich selbst gestellt und erhielten keine bestätigenden Rückmeldungen oder Erklärungen und Hinweise vom Tutor. Auf diese Weise war auch kein normatives Vergleichsmodell wie beispielsweise bei einer fachlichen Tutorenbetreuung vorhanden.

Insgesamt können diese Ergebnisse mit der Unerfahrenheit der Probanden bzgl. problembasierten Lernens erklärt werden. Studierende, die mit PBL ihre ersten Erfahrungen machen, müssen sich erst an die Anforderungen dieses Lernens gewöhnen. Wenn die Lernenden mit zunehmender PBL-Erfahrung dann unabhängiger vom Tutor werden, wird sein Einfluss auf das Lernen geringer (Schmidt, van der Arend, Moust, Kokx & Boon, 1993).

Während sich die bislang geschilderten Ergebnisse auf die Unterschiede zwischen den unterschiedlichen Interventionsstrategien auf Seiten des Tutors bezogen haben, werden im Folgenden die Unterschiede zwischen der synchronen computervermittelten und der *face-to-face* Kommunikation geschildert.

So wird das moderierende Verhalten des Tutors in der virtuellen Umgebung seitens der Lernenden deutlich wichtiger bewertet als bei der traditionellen Lernumgebung. Bei der computervermittelten Kommunikation ist es erforderlich, dass der Tutor für eine gleichmäßige Beteiligung aller Lernenden und ein ausreichendes Maß an Stimulation sorgt. Da die computervermittelte Kommunikation para- und nonverbale Stimuli nicht berücksichtigt (*cues filtered out*) und auch durch technische Einschränkungen der Sprecherwechsel (*turn-taking*) erschwert wird, nimmt die Bedeutung des Tutors hinsichtlich der Gesprächsorganisation und -koordination zu.

Das Problem der *cues filtered out* kann auch als Erklärung dafür herangezogen werden, dass die Kleingruppe und deren Atmosphäre in der *face-to-face* Bedingung insgesamt positiver bewertet wurde als in der netzbasierten synchronen Bedingung. Die Kommunikation in einem traditionellen Setting kann direkter und ohne Verzögerungen ablaufen. Zudem sind zahlreiche nonverbale Informationen verfügbar, die die Äußerungen leichter verständlich machen und steuernd den Austausch zwischen den Lernenden fördern. Dies zeigt sich auch beim Vergleich der subjektiven Einschätzung der „Nützlichkeit" der Kleingruppendiskussion: In der *face-to-face* Bedingung wurden die Besprechungen nützlicher empfunden als bei der computervermittelten Kommunikation.

6   Zusammenfassung und Diskussion

Überall da, wo sich mehrere Individuen zu Gruppen zusammenfinden, um gemeinsam ein Ziel zu verfolgen, sind implizite oder explizite Regeln zur Kommunikation und zur Koordination notwendig. Insbesondere dann, wenn das oder die Ziele selbst zwischen den Individuen noch vereinbart und ausgehandelt werden müssen, gewinnt die Binnenstrukturierung in einer Gruppe eine zunehmende Bedeutung. Auch Gruppen, die sich dem gemeinsamen Wissenserwerb als Ziel widmen, profitieren von solchen Regeln und Strukturen. Der hier thematisierte Ansatz des problembasierten Lernens in Kleingruppen verfolgt dabei die Strategie, TutorInnen zur Unterstützung sozialer und kognitiver Prozesse einzusetzen. TutorInnen übernehmen dabei die Funktion der Organisation von Lernsitzungen, der Beitragskoordination und sorgen dafür, dass die Lehr- und Lernziele einer Gruppe letztlich auch erreicht werden. Verlässt man nun den klassischen Seminarraum oder das Klassenzimmer und nutzt die computervermittelte Kommunikation anstatt der *face-to-face* Kommunikation, ergeben sich neue Herausforderung hinsichtlich der tutoriellen Betreuung solcher aufgabenorientierter Gruppen (*task-oriented groups*). Phänomene wie *cues filtered out* und zum Teil damit einhergehend ein erschwertes *turn-taking*, eine fehlende soziale Präsenz von Mitlernenden, ein Ausbleiben negativer Konsequenzen bei destruktivem Verhalten und natürlich auch technologisch bedingte Probleme sorgen für völlig neue Anforderungen an *e*Tutoren.

Mit unserem Beitrag hier wollen wir dazu beitragen, die Rolle von TutorInnen und *e*TutorInnen beim traditionellen und beim netzbasierten synchronen problembasierten Lernen zu analysieren und etwaige Konsequenzen unterschiedlicher Tutorenmerkmale auf direkte und begleitende Ergebnisse des Lernprozesses hin zu untersuchen. Im Mittelpunkt der hier geschilderten Analyse stand dabei die Frage, wie sich fachliches Betreuen im Gegensatz zu ausschließlich moderierendem Verhalten ohne ein fachspezifisches Eingreifen in unterschiedlichen Kommunikationsmedien auf Lehr- und Lernprozesse auswirkt.

Wir konnten dabei zeigen, dass Lernende mit wenig Vorwissen eher von einer fachlichen Betreuung profitieren. Mit zunehmender inhaltlicher Expertise der Lernenden kann dann auf eine primär moderierende Betreuung übergangen werden. Ab einem gewissen Vorwissen können die Lernenden in aller Regel dann selbst den Umfang, die Struktur und die Art des Lerninhaltes abschätzen. Vergleicht man netzbasierte und traditionelle tutoriell betreute Ausbildungssituationen, so wird die Bedeutung von Moderationskompetenz beim *e*Learning deutlich höher eingestuft als bei *face-to-face*-TutorInnen. Während im Seminarraum einfache Verhandlungen zwischen den Lernenden selbst geführt werden, bedarf dies beim *e*Learning schon häufig der Koordination durch einen Außenstehenden. Zudem zeigte sich eine höhere Zufriedenheit mit der Ausbildungsmaßnahme auf Seiten der Lernenden im klassischen Seminarraum. Möglicherweise führt einfach die soziale Präsenz der Mitlernenden zu diesem Resultat. Nicht allein aus diesem Grund, sondern auch zum vereinfachten Kennen lernen und zur Bildung einer gemeinsamen Gruppenidentität bieten sich Lösungen an, die computervermittelte Kommunikation und traditionelle *face-to-face* Kommunikation im Sinne des *blended learning* in sich vereinen.

7   Literatur

Astleitner, H. (2001): Web-based distance education from a socio-emotional perspective. In W. Frindte, T. Köhler, P. Marquet & E. Nissen (Eds.): Internet-based teaching and learning (IN-TELE) 99. Frankfurt, 164-179.

Barrows, H. S. (1985): How to design a problem-based curriculum for the preclinical years. New York.

Barrows, H. S. (1986): A taxonomy of problem-based learning methods. In: Medical Education 20, 481-486.

Barrows, H. S. (1988): The tutorial process. Springfield: Southern Illinois University School of Medicine.

Bligh, J. (1995): Problem based, small group learning. In: Biomedical Journal 311, 342-343.

Chi, M. T., S.A. Siler, H. Jeong, T. Yamauchi & R.G. Hausmann (2001): Learning from human tutoring. In: Cognitive Science 25, 471-533.

Distlehorst, L. H. & R. S. Robbs (1998): A comparison of problem-based learning and standard curriculum students: Three years of retrospective data. In: Teaching and Learning in Medicine 10 (3), 131-137.

Fogarty, R. (1997): Problem-Based Learning and other Curriculum Models for the Multiple Intelligences Classroom. Arlington Heights, IL.

Jonassen, D. & H. Remides (2002): Mapping alternative discourse structures onto computer conferences. In G. Stahl (Ed.): Computer Support for collaborative learning: Foundations for a CSCL community. Hillsdale, NJ, 237-244.

Lloyd-Jones, G., D. Margetson & J. G. Bligh (1998): Problem-based learning: A coat of many colours. In: Medical Education 32 (5), 492-494.

Orth, O. & P. Reimann (in Vorbereitung). Argumentationsverhalten in netzbasierten Gruppen (Manuskript in Vorbereitung). Heidelberg: Psychologisches Institut der Universität Heidelberg.

Pfister, R. & M. Mühlpfordt (2002): Supporting discourse in a aynchronous learning environment: The learning protocol approach. In G. Stahl (Ed.): Computer Support for collaborative learning: Foundations for a CSCL community. Hillsdale, NJ, 581-582.

Rautenstrauch, C. (2001): Tele-Tutoren. Qualifizierungsmerkmale einer neu entstehenden Profession. Bielefeld.

Reinmann-Rothmeier, G. & H. Mandl (1999): Teamlüge oder Individualisierungsfalle? Eine Analyse kollaborativen Lernens und dessen Bedeutung für die Förderung von Lernprozessen in virtuellen Gruppen. Forschungsbericht Nr. 115, Universität München: Lehrstuhl für Empirische Pädagogik und Pädagogische Psychologie.

Salmon, G. (2000): E-moderating. London.

Schmidt, H. G. & J. H. Moust (1995): What makes a tutor effective? A structural-equations modeling approach to learning in problem-based curricula. In: Academic Medicine 70 (8), 708-714.

Schmidt, H. G. & J. H. Moust (2000): Factors affecting small-group tutorial learning: A review of research. In: D. H. Evenson & C. E. Hmelo (Eds.): Problem-Based Learning. A Research Perspective on Learning Interactions. Mahwah, NJ, 19-52.

Schmidt, H. G., A. Van der Arend, J. H. Moust, I. Kokx, I. & L. Boon (1993): Influence of tutors' subject matter expertise on student effort and achievement in problem-based learning. In: Academic Medicine 68, 784-791.

Seifert, J. W. (2000): Moderation und Kommunikation. Den Gruppenprozeß managen. Offenbach.

Seifert, J. W. (2002): Visualisieren. Präsentieren. Moderieren. Offenbach.

Steele, D. J., J. D. Medder & P. Turner (2000): A comparison of learning outcomes and attitudes in student- versus faculty-led problem-based learning: An experimental study. In: Medical Education 34, 23-29.

Thomas, R. (2000): Evaluating the Effectiveness of the Internet for the Delivery of an MBA programme. In: Innovations in Education and Training International 37 (2), 97-102.

Vygotsky, L. S. (1978): Mind in Society. Cambridge, MA.

Zumbach, J. (2003): eTutoring – Aufgaben und Anforderungen an ein neues Betätigungsfeld. In: e-learning Expo, 2003 (5). WWW-Ressource: www.elearning-expo.de (23.06.2003).

Zumbach, J., M. Muehlenbrock, M. Jansen,, P. Reimann, & H.-U. Hoppe, (2002): Multidimensional Tracking in Virtual Learning Teams. In: G. Stahl (Ed.): Computer Support for collaborative learning: Foundations for a CSCL community. Hillsdale, NJ, 650-651.

Zumbach, J. & P. Reimann (1999): Combining Computer Supported Collaborative Argumentation and Problem-Based Learning: An Approach for Designing Online Learning Environments. *Workshop Computer Supported Collaborative Argumentation at the CSCL99 conference*, December 10th to 16th in Stanford, CA. WWW-Ressource: http://d3e.open.ac.uk/cscl99/Zumbach/.

Jörg Zumbach

Web-Based Teaching

Eine praktische Einführung
in die Gestaltung von Online-Lernmaterial

ISBN 3-89821-075-8

134 S., Paperback. 2000. € 24,80

Erhältlich in jeder Buchhandlung
oder direkt bei

ibidem

Das "Lernen mit neuen Medien" nimmt eine mehr und mehr bedeuten-de Rolle in unserer Wissensgesellschaft ein. Insbesondere das Internet hat sich in den letzten Jahren als Plattform für Lehr- und Lernangebote verschiedenster Art entwickelt. Dieses Buch soll pädagogisch Tätigen den Einstieg in die Gestaltung von Online-Lernmaterial ermöglichen. Sowohl die Nutzung bereits vorhandener Internet-Ressourcen als auch die eigene Entwicklung von internet-basiertem Lernmaterial unter di-daktischen, technischen und gestalterischen Gesichtspunkten werden hierbei praktisch erläutert. Anhand kostenlos verfügbarer Software, aber auch professioneller Entwicklungswerkzeuge wird dabei der Ent-wicklungsprozess vom Kursdesign über das Scannen und Bearbeiten von Bildern, der Generierung interaktiver HTML-Seiten bis hin zur Nut-zung kollaborativer Lernplattformen im Internet auf nachvollziehbare Weise beschrieben.

Dieses Buch richtet sich an Lehrer, Trainer, Erziehungswissenschaft-ler, Psychologen und andere pädagogisch Tätige, die einen prakti-schen Einstieg in die Nutzung des Internets zu Lehr- und Lernzwecken suchen.

ibidem-Verlag • Melchiorstr. 15 • 70439 Stuttgart • Tel.: 0711/9807954 • Fax: 0711/8001889
ibidem@ibidem-verlag.de

Michael Beißwenger (Hrsg.)

Chat-Kommunikation

Sprache, Interaktion, Sozialität & Identität
in synchroner computervermittelter
Kommunikation
Perspektiven auf ein
interdisziplinäres Forschungsfeld

ibidem

Michael Beißwenger (Hrsg.)

CHAT-KOMMUNIKATION

Sprache, Interaktion, Sozialität & Identität
in synchroner computervermittelter
Kommunikation.
Perspektiven auf ein interdisziplinäres
Forschungsfeld

620 S., zahlr. Abb. 2001.

als Hardcover im Leineneinband (ISBN 3-89821-147-9): € 79,00

als Paperback in 2 Bänden (ISBN 3-89821-247-5): € 36,80

Erhältlich in jeder Buchhandlung
oder direkt bei

ibidem

Die Popularität und die Massennutzung von Kommunikationsdiensten im Internet hat in den letzten Jahren ein verstärktes Interesse der Sprach-, Kommunikations-, Sozial- und Verhaltenswissenschaften darauf gelenkt, wie sich der Vollzug kommunikativer Handlungen und sozialer Interaktion bei der Nutzung von computervermittelten Kommunikationsangeboten beschreiben läßt. Das spezifisch »Neue« von computervermittelter Kommunikation kann am sinnfälligsten am Beispiel der Chat- bzw. IRC-Kommunikation vorgeführt werden, da Chat und IRC (und daneben auch die sogenannten MUDs und MOOs) – u.a. aufgrund ihrer Nahezu-Synchronizität – als die innovativsten der mit dem Internet gegebenen Kommunikationsformen angesehen werden können. Bereits eine flüchtige Bestandsaufnahme der existierenden Ansätze zur Beschäftigung mit Chat-Kommunikation zeigt den Gegenstand als einen außerordentlich facettenreichen Komplex, der unter verschiedenerlei Perspektiven und unterschiedlichsten Frage- und Problemstellungen fokussiert werden kann (und wird). Vornehmliche Ansatzpunkte sind hierbei beispielsweise Fragen nach den Ausprägungen von Identität und Sozialität in der »Netzwelt«, Fragen nach Besonderheiten der Äußerungsproduktion und -rezeption, Fragen der kommunikationstheoretischen Einordnung der Chat-Kommunikation und der in Chat-Protokollen diagnostizierbaren sprachlichen Sonderformen und nicht zuletzt Ansätze, die auf den Inszenierungscharakter abheben, der nicht selten im Rahmen von kommunikativen Episoden in Chat-»Räumen« beobachtet werden kann. Weiterhin werden in verschiedenen Bereichen der universitären wie außeruniversitären Aus- und Weiterbildung die Einsatzmöglichkeiten von Chat-Werkzeugen, beispielsweise im Rahmen von via Internet abgewickelten Workgroups, Diskussionsgruppen und Lehrveranstaltungen, untersucht. Daneben sind Bemühungen um eine typologische Binnendifferenzierung des Phänomenbereichs »Chat-Kommunikation« feststellbar, etwa in Gestalt von Untersuchungen zu spezifischen Ausprägungsformen von Chat-Angeboten und zu unterschiedlichen Typen von via Chat abgewikkelter Konversation.

Dieser Band bringt in achtzehn Beiträgen die unterschiedlichen Zugangsweisen zu Phänomenen der Chat-Kommunikation zur Darstellung und dokumentiert somit zugleich die Interdisziplinarität des damit zusammenhängenden – spannenden wie facettenreichen – Forschungsfeldes.

www.chat-kommunikation.de

idem-Verlag • Melchiorstr. 15 • 70439 Stuttgart • Tel.: 0711/9807954 • Fax: 0711/8001889
ibidem@ibidem-verlag.de

Michael Beißwenger

Kommunikation in virtuellen Welten: Sprache, Text und Wirklichkeit

Eine Untersuchung zur Konzeptionalität von Kommunikationsvollzügen und zur textuellen Konstruktion von Welt in synchroner Internet-Kommunikation, exemplifiziert am Beispiel eines Webchats

ISBN 3-89821-020-0
225 S., Paperback. 2000. € 24,90

Erhältlich in jeder Buchhandlung
oder direkt bei

ibidem

Dieses Buch analysiert die Kommunikation in einem Webchat unter den folgenden Aspekten:

Konzeptionalität von Kommunikationsvollzügen: Chat-Kommunikation ist in ihrer Spezifik in zweierlei Hinsicht determiniert: Zum einen vollzieht sie sich – durch Vermittlung von Computersystemen – annähernd synchron, zum anderen materialisiert sie sich im Medium der Schrift als einem Medium der Distanz. Anhand einer Auswertung sprachlicher, textueller, semiotischer und prozeduraler Auffälligkeiten von Chat-Mitschnitten wird aufgezeigt, daß die kommunikative Grundhaltung beim Chatten als ein Hybrid anzusehen ist, der zwischen ›Mündlichkeit‹ und ›Schriftlichkeit‹ eine Sonderstellung einnimmt, die maßgeblich geprägt ist sowohl durch das Medium, in dem die zugehörigen sprachlichen Äußerungen realisiert werden (›graphisch‹ vs. ›phonisch‹) als auch durch die Gegebenheiten des (technischen) Trägermediums, welches das Zustandekommen des kommunikativen Austauschs erst ermöglicht.

Situiertheit – Theatralität – Inszenierung: Chat-Kommunikation weist mithin theatrale Züge auf, an denen sich studieren läßt, wie sich mittels sprachlicher Deklarationen auf spielerischem Wege »Welten« herstellen lassen, die für eine bestimmte Dauer (nämlich die Dauer des »Spiels«) als simulierte Bezugsgrößen für die an ihnen beteiligten Personen durchaus eine gewisse »Realität« besitzen können. Ausgangspunkt für die Frage nach den theatralen Aspekten von Chat-Kommunikation ist zunächst die Frage nach der Wirklichkeit der Situiertheit von Kommunikationsbeteiligten in sogenannten Chat-»Räumen«. Diese kann sowohl als Teilhabe an einer Sphäre potentieller kommunikativer Nähe als auch als metaphorisch konstituiertes Zugegensein auf einer virtuellen Spielbühne beschrieben werden. Davon ausgehend werden die Subjektkonstruktionen untersucht, mittels derer sich Chatter anhand von *Masken*, die in der Regel einen bestimmten *Figurentypus* repräsentieren, in unterschiedliche *Rollen* begeben und an kreativen *Inszenierungen* teilnehmen, in deren Rahmen *fiktive Schauplätze* etabliert werden, die dann kooperativ und auf dem Wege konsensuell ausgehandelter Simulationen als »virtuelle Welten« kommunikative Realität erhalten können.

ibidem-Verlag • Melchiorstr. 15 • 70439 Stuttgart • Tel.: 0711/9807954 • Fax: 0711/8001889
ibidem@ibidem-verlag.de

Jonas F. Puck

PERSONALREKRUTIERUNG ÜBER DIE PERSONALHOMEPAGE

Eine empirische Untersuchung der Umfeldeinflüsse auf Einsatz und Einsatzform im europäischen Vergleich

ISBN 3-89821-185-1
160 S., Paperback. 2002. € 24,90
Erhältlich in jeder Buchhandlung oder direkt bei
ibidem

In den letzten Jahren hat sich das internationale Management gewandelt. Insbesondere das Personalmanagement und der Einsatz moderner Kommunikationstechniken haben intensiv an Bedeutung gewonnen. Die Personalrekrutierung im Internet führt eben diese beiden Elemente zusammen und verspricht Effizienzgewinne im Prozess der Personalrekrutierung. Insbesondere der Einsatz der Personalrekrutierung über die firmeneigene Personalhomepage wird in der Literatur diskutiert.

Fraglich ist jedoch, ob Umfeldeinflüsse einen national differenzierten Ansatz der Personalrekrutierung über die Personalhomepage notwendig machen. Ziel dieser Studie ist es, diese Umfeldeinflüsse auf Einsatz und Einsatzform der Personalrekrutierung zu erarbeiten und empirisch zu überprüfen. Zur Überprüfung wurden dabei die Personalhomepages der jeweils 50 größten Unternehmen aus Deutschland, Italien und Großbritannien untersucht.

Der Autor:
Jonas F. Puck, Jahrgang 1974, studierte Betriebswirtschaftslehre mit internationalem Schwerpunkt in Berlin und Nürnberg. Er ist derzeit als Mitarbeiter am Lehrstuhl für Internationales Management der Friedrich-Alexander-Universität Erlangen-Nürnberg tätig.

ibidem-Verlag • Melchiorstr. 15 • 70439 Stuttgart • Tel.: 0711/9807954 • Fax: 0711/8001889
ibidem@ibidem-verlag.de

ibidem-Verlag

Melchiorstr. 15

D-70439 Stuttgart

info@ibidem-verlag.de

www.ibidem-verlag.de
www.edition-noema.de
www.autorenbetreuung.de